本丛书系国家社科基金"一带一路"建设研究专项"'一带一路'沿线国别研究报告"(批准号:17VDL002)的成果,并得到上海社会科学院"一带一路"建设专项经费资助

总主编 王振
副总主编 王健 李开盛 王震

"一带一路"国别研究报告
马来西亚卷

刘阿明 等著

The Belt and Road Country Studies
(Malaysia)

中国社会科学出版社

图书在版编目（CIP）数据

"一带一路"国别研究报告. 马来西亚卷 / 刘阿明等著. —北京：中国社会科学出版社，2023.4
ISBN 978-7-5227-1487-5

Ⅰ.①—… Ⅱ.①刘… Ⅲ.①政治—研究报告—世界②政治—研究报告—马来西亚 Ⅳ.①D52②D733.8

中国国家版本馆 CIP 数据核字（2023）第 032242 号

出 版 人		赵剑英
责任编辑		赵　丽
责任校对		王佳玉
责任印制		王　超

出　　版		中国社会科学出版社
社　　址		北京鼓楼西大街甲 158 号
邮　　编		100720
网　　址		http://www.csspw.cn
发 行 部		010-84083685
门 市 部		010-84029450
经　　销		新华书店及其他书店
印　　刷		北京明恒达印务有限公司
装　　订		廊坊市广阳区广增装订厂
版　　次		2023 年 4 月第 1 版
印　　次		2023 年 4 月第 1 次印刷
开　　本		710×1000　1/16
印　　张		45.75
插　　页		2
字　　数		746 千字
定　　价		239.00 元

凡购买中国社会科学出版社图书，如有质量问题请与本社营销中心联系调换
电话：010-84083683
版权所有　侵权必究

总　　序

自习近平总书记2013年分别在哈萨克斯坦和印度尼西亚提出建设"丝绸之路经济带"和"21世纪海上丝绸之路"以来,"一带一路"倡议得到了沿线国家的普遍欢迎,以政策沟通、设施联通、贸易畅通、资金融通、民心相通为代表的"五通"成为连接中国与世界的新桥梁与新通道。习近平总书记在第二届"一带一路"国际合作高峰论坛开幕式上发表的主旨演讲中特别指出:共建"一带一路",顺应经济全球化的历史潮流,顺应全球治理体系变革的时代要求,顺应各国人民过上更好日子的强烈愿望。面向未来,我们要聚集重点、深耕细作,共同绘制精谨细腻的"工笔画",推动共建"一带一路"沿着高质量发展方向不断前行。

2014年以来,上海社会科学院积极推进"一带一路"相关研究和国别数据库建设。2017年4月,正值第一届"一带一路"国际合作高峰论坛召开之际,我们与中国国际经济交流中心紧密合作,联合推出了智库型"丝路信息网"。在创建"一带一路"数据库的过程中,我们深感以往学术界、智库对"一带一路"沿线国家的国情、市情研究在广度和深度上都存在着明显不足。比如,传统的区域国别研究或以历史、语言等为背景,或主要局限于国际问题领域,往往缺乏国情、市情研究的多学科特点或专业性调研;对于当下"一带一路"建设中的实际需求也考虑较少。"一带一路"沿线国家各有其不同的历史文化和国情,只有深入了解和认识这些国家的国情、市情,才能为"一带一路"建设和相关决策提供较为扎实的智力保障和知识依托。

全国哲学社会科学工作办公室为推进"一带一路"国情研究,于2017年专门设立了"一带一路"国别与数据库建设研究专项,并组织上海社会科学院、中国人民大学国家发展与战略研究院、兰州大学中亚研究所三家智库组成联合课题组，系统开展"一带一路"国别研究。2018年正式启动第一期研究，三家智库根据各自专业优势，分别选择不同国家开展研究，并在合作交流中逐步形成了体现国情研究特征的国别研究框架体系。

上海社会科学院高度重视"一带一路"相关研究，并具有较为扎实的国际问题研究和国别研究基础。在王战教授（原院长）、张道根研究员（原院长）、于信汇教授（原党委书记）等原领导和权衡党委书记、王德忠院长、干春晖副院长的支持和指导下，由副院长王振研究员牵头，组成了跨部门研究团队。其中，既囊括了本院国际问题研究所、世界经济研究所、应用经济研究所、城市与人口研究所、宗教研究所、社会学研究所、本院数据中心等相关研究部门的科研骨干，还特邀上海外国语大学、同济大学、复旦大学等上海高校的学者担任国别研究首席专家。在各位首席专家的牵头下，不仅有我院各个领域的科研骨干加入各国别研究团队，还吸收了国内外的一流专家学者参与国别研究，真正形成了跨学科、跨领域的国际化研究格局。

为深化"一带一路"国别研究，有力地推动"一带一路"国别数据库建设，我们在充分总结、评估和吸收现有各类研究文献基础上，更为突出国情研究的特定类型和方式，并在课题研究和数据库建设中特别重视以下几方面特征。一是内容的相对全面性。即除了研究各个国家的资源禀赋、对外开放、人口结构、地域政治外，还要研究各个国家的综合国力、中长期战略、产业结构、市场需求、投资政策、就业政策、科教文化、政治生态、宗教文化等，同时涉及重点城市、产业园区的研究等。特别是用了较大篇幅来梳理、分析我国与这些国家关系的发展。二是调研的一线性。课题组既要收集、整理对象国政府和智库的最新报告，并动员这些国家的优秀专家参与部分研究，增强研究的客观性和实地性，又要收集、整理来自国际组织、国际著名智库的最新国别研究报告，以便多角度地进行分析和判断。三是观察的纵向时序性。课题研究中既有对发展轨迹的纵向梳理和评价，同时还包括对未来发展的基本展望和把握。四是数据库建设内容更新的可持续性与实用性。课题组既要研究国情信息来源渠道的权威性、多样性和长期性，确保国情研究和数据库建设基础内容的需要，同时还要研究如何把汇集起来的大量国情内容，经过专业人员的分析研究，形成更加符合政府、企业和学者需要的国情研究成果。

在研究过程中，课题组经过多次讨论、反复推敲，最终形成了包括基本国情、重大专题和双边关系三方面内容的基本研究框架，这一框架所蕴含的研究特色至少体现在以下三个方面：一是通过跨学科协作，突出基本国情研究的综合性。在第一篇"基本国情"部分，我们组织了来自经济学、地理学、人口学、政治学、国际关系学、宗教学等学科和领域的专家，分别从综合国力、人口结构、资源禀赋、基础设施、产业结构、政治生态、民族宗教、对外关系等方面对"一带一路"沿线国家的基本国情进行深度剖析。二是结合"一带一路"建设需要，突出重大专题研究的专业性。本书第二篇为"重大专题"，我们采取了"3+X"模式，其中"3"为各卷均需研究的基本内容，包括国家中长期战略、投资与营商环境、中心城市与区域影响力。"X"为基于各国特定国情，以及"一带一路"建设在该国的特定需要而设置的主题。三是着眼于务实合作，突出双边关系研究的纵深度。第三篇主要侧重于"双边关系"领域，我们同样采取了"3+X"模式。其中，"3"仍为各卷均需研究的基本内容，具体内容包括双边关系的历史与前瞻、对象国的"中国观"、"一带一路"与双边贸易。这些内容对于了解中国和"一带一路"沿线国家双边关系的历史与现实有着非常重要的意义。"X"则着眼于"一带一路"背景下的双边关系特色，以突出每一对双边关系中的不同优先领域。

经过科研团队的共同努力，首期6项国别研究成果（波兰、匈牙利、希腊、以色列、摩洛哥和土耳其）在2020年、2021年由中国社会科学出版社出版，并得到了学界和媒体的较高评价。第二期课题立项后，我们立即组织国内外专家分别对埃及、阿尔及利亚、印度尼西亚、巴基斯坦、菲律宾、斯里兰卡、伊朗、沙特、捷克、马来西亚10国进行了全面研究。第二期课题在沿用前述研究思路和框架的同时，还吸取了首期课题研究中的重要经验，进一步增强了研究的开放性和规范性，强化了课题研究质量管理和学术要求，力求在首期研究成果的基础上"更上一层楼"。

我们特别感谢全国哲学社会科学工作办公室智库处和国家哲学社会科学基金（以下简称"全国社科规划办"）对本项目第二期研究所给予的更大力度的资助。这不仅体现了全国社科规划办对"一带一路"国别研究和数据库建设的高度重视,也体现了对我们首期研究的充分肯定。我们要感谢上海社会科学院有关领导对本项研究的高度重视和大力支持,感谢参与这个大型研究项目的全体同仁,特别要感谢共同承担这一专项研究课题的中国人民大学和兰州大学研究团队。五年来,三家单位在各自擅长的领域共同研究、分别推进,这种同侪交流与合作既拓展了视野,也弥补了研究中可能出现的盲点,使我们获益良多。最后,还要感谢中国社会科学出版社提供的出版平台,他们的努力是这套丛书能够尽早与读者见面的直接保证。

王　振

上海社会科学院副院长、丝路信息网负责人

2022 年 2 月 25 日

序

　　马来西亚与中国是缔结千年友谊的好邻居,是共建"一带一路"的好伙伴,也是携手抗疫的好朋友。两国关系在历届国家领导人的真诚与坦率互动下,不断得到深化与发展,上海社会科学院策划出版《"一带一路"国别报告·马来西亚卷》,不但切合时宜,也对进一步提升马中关系起着正面和积极作用。

　　作为中国的国家高端智库,上海社会科学院是中国最早建设起来,也是最大的地方社科院。历年来,上海社科院的调研成果不但对上海市的许多重要决策产生影响力,在中国国家战略布局方面,也扮演着重要的建言献策角色。这部马来西亚国别研究报告,不但集合了中国方面的马来西亚专家,也邀请了马来西亚拉曼大学学院及其他大专院校学者参与。两国专家学者携手展开科研合作,是一项值得高度肯定,并且必须持续推动的重要工作。

　　在拉曼大学学院方面,此次参与撰写报告的单位分别来自商业与政策研究中心,以及社会经济研究中心。报告范围主要涵盖:(1)"一带一路"的机遇与挑战;(2)马中经贸发展现状;(3)马中教育、文化及社会交流展望。

　　拉曼大学学院是马来西亚一所历史悠久的老牌大学。作为一所教学与研究并重的综合型大学,拉曼大学学院在持续提升整体教学品质的同时,也投放更多资源在科研工作方面,以放眼成为一所更全面、更具影响力的大学。拉曼大学学院冀望,在履行大学为社会、国家培养具备独立思维与负责任的公民同时,也能与国际一流的大学、智库展开对话、交流与合作,共同为建设一个文明、进步的美好地球村贡献一份绵力。

　　改革开放以来,中国在经济与社会建设方面取得了长足的进展,综合国力与日俱增。加入世界贸易组织（WTO）20年间，中国发展成为全球第二大经济体、第一大货物贸易国、第一大外资吸收国，对全球经济增长的年均贡献率接近30%。中国入世不仅实现了与世界的互利共赢，也凸显了中国国家主席习近平提出共建"一带一路"、促进全球共同繁荣、打造人类命运共同体的宏伟构想。

作为古代海上丝绸之路的重要节点，也是21世纪海上丝绸之路建设构想提出后习近平主席出访的第一批国家，马来西亚在"一带一路"倡议初期，就预见了这项构想对未来国际社会合作所将带来的巨大互利共赢成果，并成为最早参与"一带一路"倡议的国家之一。《"一带一路"国别报告·马来西亚卷》，共分3卷，24章，涵盖了马来西亚地理、历史、文化、教育、社会、经济、国家制度与政策、马中关系等方方面面，是一部记述翔实、可靠的马来西亚研究专论。

在马中两国双边关系日益紧密、全球社会互联互通日益热络的当下，希望这部研究报告的出版能够让马中两国人民，乃至热衷于共建人类命运共同体的国际社会，得以对马来西亚有更亲切的认识与了解，在共建"一带一路"框架下，促成更多高质量的合作与建设。2021年正是中国共产党成立100周年，谨以此书献予中国共产党百年华诞，同时作为马中友谊长青的共同见证。

拉曼大学学院董事长
拿督斯里廖中莱

本卷作者

第一篇

第一章	周 琢	上海社会科学院世界经济研究所副研究员
第二章	周海旺	上海社会科学院城市与人口发展研究所副所长，研究员
第三章	海骏娇	上海社会科学院信息研究所博士
第四章	马 双	上海社会科学院信息研究所助理研究员
第五章	李 林	上海社会科学院信息研究所编辑
第六章	来庆立	上海社会科学院中国马克思主义研究所副研究员
第七章	史习隽	上海社会科学院宗教学研究所助理研究员
第八章	刘阿明	上海社会科学院国际问题研究所研究员

第二篇

第一章	黄雪菁	马来西亚拉曼大学学院副校长
	陈美颖	马来西亚拉曼大学学院商学院副院长
	符丽萍	马来西亚拉曼大学学院商业与政策研究中心高级讲师
第二章	蔡钰佳	上海社会科学院信息研究所马来语助理翻译
第三章	邓智团	上海社会科学院研究员
第四章	郑明瑜	马来西亚拉曼大学会计与管理系教授
第五章	马凌香	香港城市大学中文及历史学系博士研究生
第六章	蔡钰佳	上海社会科学院信息研究所马来语助理翻译
第七章	马凌香	香港城市大学中文及历史学系博士研究生
第八章	宋晓森	厦门大学南洋研究院博士研究生

第三篇

第一章	Md Nasrudin Md Akhir	马来西亚马来亚大学东亚系副教授
	李志良	马来西亚马来亚大学中国研究所副研究员
第二章	沈玉良	上海社会科学院世界经济研究所研究员
	彭 羽	上海社会科学院世界经济研究所副研究员
第三章	方奕鸿	马来西亚拉曼大学学院社会经济研究中心研究员
	詹中佑	马来西亚拉曼大学学院建筑研究中心首席讲师
第四章	刘 亮	上海社会科学院研究员
	宋怡雯	上海社会科学院应用经济研究所2019级硕士研究生
第五章	王丽琴	同济大学政治与国际关系学院副研究员
第六章	叶汉伦	马来西亚拉曼大学学院社会经济研究中心研究员
第七章	黄雪菁	马来西亚拉曼大学学院副校长
	黄雪莱	马六甲培风中学校长
第八章	陈亿文	马来西亚拉曼大学敦陈祯禄社会与政策研究中心主任
	李振源	马来西亚拉曼大学敦陈祯禄社会与政策研究中心副经理

目　录

第一篇　基本国情

第一章　综合国力评估 （3）
第一节　指标体系构建原则 （3）
第二节　指标体系构建内容 （5）
第三节　马来西亚综合国力评估 （14）

第二章　人口结构研究 （25）
第一节　人口发展状况 （25）
第二节　人口结构变化 （36）
第三节　人口就业状况 （44）
第四节　国际移民及首都人口发展情况 （49）

第三章　资源禀赋研究 （56）
第一节　土地资源 （56）
第二节　矿产资源 （61）
第三节　能源资源 （69）
第四节　生物资源 （82）

第四章　基础设施研究 （87）
第一节　交通基础设施 （88）
第二节　通信基础设施 （107）
第三节　能源基础设施 （110）

第五章　产业结构研究 (112)
第一节　产业结构概况 (113)
第二节　重点产业 (132)

第六章　政治生态研究 (145)
第一节　政治结构 (146)
第二节　全国选举 (153)
第三节　主要政党 (160)
第四节　政治生态的主要特征 (169)

第七章　民族与宗教研究 (179)
第一节　民族概况 (179)
第二节　宗教概况 (187)
第三节　民族与宗教问题 (198)

第八章　对外关系研究 (209)
第一节　影响因素 (209)
第二节　与东盟关系 (212)
第三节　与邻国关系 (216)
第四节　与东亚国家关系 (222)
第五节　与大国和伊斯兰国家关系 (226)

第二篇　重大专题

第一章　国家中长期发展战略 (239)
第一节　第十一个大马计划（2016—2020年） (239)
第二节　数字化转型与数字经济 (251)
第三节　与周边国家的经济合作战略 (263)

第二章　投资与营商环境述评 (270)
第一节　总体概况 (271)

第二节　重要环节 …………………………………………（278）
　　第三节　主要问题与改进 …………………………………（304）

第三章　城市化与重要城市的发展及影响 ………………………（314）
　　第一节　城市化进程 ………………………………………（314）
　　第二节　城市体系与重点城市规模的变化及趋势 ………（318）
　　第三节　吉隆坡的经济发展与区域影响 …………………（323）
　　第四节　新山市及柔佛州的经济发展与区域影响 ………（341）

第四章　经济发展和区域经济合作 ………………………………（353）
　　第一节　经济发展轨迹 ……………………………………（359）
　　第二节　与东盟经济关系 …………………………………（366）
　　第三节　区域投资合作 ……………………………………（368）
　　第四节　区域贸易合作 ……………………………………（373）
　　结　语 ………………………………………………………（379）

第五章　政党政治的重大发展及意义 ……………………………（381）
　　第一节　政党草创期：马来（西）亚独立前后的政治发展
　　　　　　（1945—1969年）………………………………（382）
　　第二节　后五一三：政治版图的关键变革期
　　　　　　（1969—2008年）………………………………（387）
　　第三节　后"308大选"：政党政治的新气象
　　　　　　（2008年至今）……………………………………（394）

第六章　种族社群主义和多元文化融合 …………………………（400）
　　第一节　多族群共处的社会形态 …………………………（400）
　　第二节　多元文化融合的表现 ……………………………（409）
　　第三节　多元文化融合面临的挑战及前景展望 …………（419）

第七章　教育政策的历史沿革与内在含义 ………………………（424）
　　第一节　独立前教育政策概述 ……………………………（425）

第二节　独立前后教育政策演进 …………………………………（431）
　　第三节　独立后国家教育政策发展 ………………………………（435）
　　第四节　20世纪90年代后的教育改革与影响 …………………（440）

第八章　旅游业概况与前景探析 …………………………………（449）
　　第一节　旅游业起步与发展 ………………………………………（449）
　　第二节　旅游业现状 ………………………………………………（459）
　　第三节　全球疫情下的旅游业 ……………………………………（465）
　　第四节　存在的问题与挑战 ………………………………………（470）

第三篇　双边关系

第一章　中马关系的历史与前瞻 …………………………………（475）
　　第一节　独立初期（1957—1974年） ……………………………（476）
　　第二节　中马建交初期（1974—1989年）………………………（478）
　　第三节　全球化时代的中马关系（1990—2008年）……………（480）
　　第四节　后全球化时代的中马关系：纳吉布政府时期
　　　　　　（2009—2018年）………………………………………（482）
　　第五节　后全球化时代的中马关系：希盟时代与国盟时代
　　　　　　（2018年至今）…………………………………………（492）

第二章　中马经贸合作 ……………………………………………（499）
　　第一节　经贸合作的基本特征 ……………………………………（499）
　　第二节　供应链贸易合作 …………………………………………（512）
　　第三节　跨境电子商务合作 ………………………………………（524）

第三章　厚积薄发：中马文化交流与"一带一路"倡议 …………（537）
　　第一节　文化交流概述 ……………………………………………（539）
　　第二节　1974年后的文化交流 ……………………………………（547）
　　第三节　马华公会与"一带一路"倡议 …………………………（563）

第四章　中马投资关系分析 ……………………………………（573）
　　第一节　两国 FDI 和 OFDI 的政策及趋势分析 …………（574）
　　第二节　近年来中马之间投资和贸易情况 ………………（582）
　　第三节　"一带一路"建设的价值链投资效应 ……………（593）
　　第四节　促进中马双边投资的建议 ………………………（599）

第五章　基础设施合作的影响因素及前景
　　——以东铁为例 ……………………………………………（604）
　　第一节　政府层面的影响因素 ……………………………（607）
　　第二节　双边关系层面的影响因素 ………………………（612）
　　第三节　基础设施合作的前景 ……………………………（618）

第六章　中马产业园区合作："两国双园" ………………（624）
　　第一节　"两国双园"计划的缘起与基本设定 ……………（624）
　　第二节　政府推动与政策扶持 ……………………………（631）
　　第三节　"两国双园"的具体建设进展 ……………………（637）
　　第四节　"两国双园"的发展优势和意义 …………………（645）

第七章　中马教育合作的发展现状与启示 ………………（654）
　　第一节　教育合作的发展 …………………………………（654）
　　第二节　"一带一路"倡议推动教育合作 …………………（659）
　　第三节　高等教育合作的挑战与现状 ……………………（672）
　　第四节　教育合作的长期战略 ……………………………（678）

第八章　马来西亚华裔知识青年对"一带一路"倡议的认知 ……（692）
　　第一节　研究背景 …………………………………………（693）
　　第二节　问题意识 …………………………………………（699）
　　第三节　调查结果 …………………………………………（702）
　　第四节　分析与建设 ………………………………………（711）

第一篇
基本国情

第一章 综合国力评估

综合国力评估是对一个国家基本国情的总体判断,也是我们进行国与国之间比较的基础。综合国力是一个系统的概念,涉及基础国力、消费能力、贸易能力、创新能力和营商环境。如何对其度量、将其量化是本章的主要工作。本章试图通过数量化的指标体系对马来西亚的综合国力进行评价,进而认识马来西亚在"一带一路"国家中和在全世界的排名情况。

第一节 指标体系构建原则

指标体系构建的原则是为了反映一个国家在某个时期内的综合国力。在参考国际上的指标体系和竞争力指标的基础上,立足于"一带一路"国家的特点,提出了"一带一路"国家综合国力指数,旨在揭示"一带一路"国家的综合国力和基本国情,以便我们可以更好地判断"一带一路"的现实。

从国际贸易角度出发,国际竞争力被视为比较优势。绝对优势理论、相对优势理论、要素禀赋理论,一国或一企业之所以比其他国家或企业有竞争优势,主要是因为其在生产率、生产要素方面有比较优势。从企业角度出发,竞争力被定义为企业的一种能力,国际经济竞争实质上是企业之间的竞争。从国家角度出发,国际竞争力被视为提高居民收入和生活水平的能力。美国总统产业竞争力委员会在 1985 年的总统经济报告中将国家竞争力定义为:"在自由和公平的市场环境下,保持和扩大其国民实际收入的能力。"[1]

---

[1] https://fraser.stlouisfed.org/title/economic-report-president-45/1985-8156.

裴长洪和王镭指出，所谓国际竞争力，有产品竞争力、企业竞争力、产业竞争力以及国家竞争力之分。[①] 从经济学视角看，关于各类竞争力的讨论有微观、中观和宏观三个不同层次。不同于以往的国家综合国力指数，"一带一路"国家综合国力评估立足于发展。发展是"一带一路"国家的本质特征，我们试图从基础国力、消费能力、贸易能力、创新能力和营商环境五个方面来评价"一带一路"国家发展的综合实力和潜力。

要建立一个科学、合理的"一带一路"国家国情评估体系，需要一个明晰、明确的构建原则：

（1）系统性原则。指标体系的设置要能全面反映"一带一路"沿线各国的发展水平，形成一个层次分明的整体。

（2）通用性原则。指标体系的建立需要实现标准统一，以免指标体系混乱而导致无法进行对比分析，指标的选取要符合实际情况和大众的认知，要有相应的依据。

（3）实用性原则。评价"一带一路"国情的目的在于反映"一带一路"沿线各国的发展状况，为宏观调控提供可靠的依据。因此，设置的评价指标数据要便于搜集和处理，要合理控制数据量，以免指标反映的信息出现重叠的情况。

（4）可行性原则。在设置评价指标时，要考虑到指标数据的可获得性，需要舍弃难以获取的指标数据，并采用其他相关指标进行弥补。

合理选取指标和构建"一带一路"国家综合国力指数评价体系，有利于真实、客观地反映"一带一路"国家质量与综合水平。本章在回顾既有研究成果的基础上，聚焦"国情"和"综合"，结合"一带一路"国家发展实践，提出"一带一路"国家综合国力指数的构建原则，并据此构建一套系统、科学、可操作的评价指标体系。

关于具体构建方法，首先，将原始数据进行标准化处理；其次，按照各级指标进行算术加权平均；最后，得出相应数值，进行排名。

本书所构建的国家综合国力指数的基础数据主要来源于：自世界贸易组织（WTO）、国际竞争力报告、联合国贸发会议（UNCTAD）、世界银行（WB）、

[①] 裴长洪、王镭：《试论国际竞争力的理论概念与分析方法》，《中国工业经济》2002年第4期。

国际货币基金组织（IMF）、世界知识产权组织（WIPO）、联合国开发计划署（UNDP）、联合国教科文组织（UNESCO）、世界能源理事会（WEC）、社会经济数据应用中心（SEDAC）以及"一带一路"数据分析平台。

关于数据可获得性的解释。指数所涉及的统计指标存在缺失的情况，特别是在一些欠发达国家。为了体现指数的完整性和强调指数的横向比较性，对缺失数值指标，我们参考过去年份的统计数据，采取了插值法来使其更为完整。

第二节 指标体系构建内容

本章拟构建一个三级指标体系来对一个国家的综合国力进行评估。

一 一级指标

本章的综合国力主要是基于"一带一路"国家的发展特点提出的，所以在选择基本指标时，我们倾向于关注国家的发展潜力。这里的一级指标体系包括四个"力"和一个"环境"，分别为基础国力、消费能力、贸易能力、创新能力和营商环境。

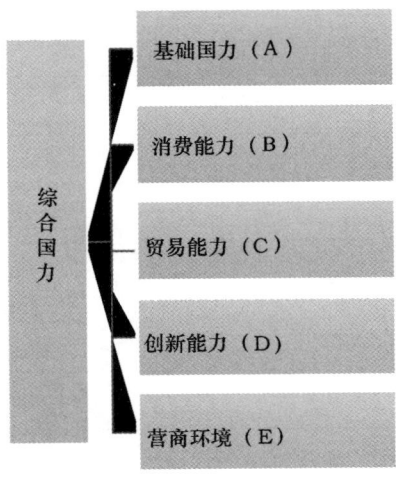

图Ⅰ-1-1 "一带一路"国家综合国力的一级指标

二 二级指标

在基础国力（A）中间，本章设置了四个二级指标，分别是资源禀赋（A1）、人口状况（A2）、教育水平（A3）和基础设施（A4）。

在消费能力（B）中，本章设置了两个二级指标，分别是消费总量（B1）和消费结构（B2）。

在贸易能力（C）中，本章设置了两个二级指标，分别是进口能力（C1）和出口能力（C2）。

在创新能力（D）中，本章设置了三个二级指标，分别是创新人才（D1）、研发投入（D2）和创新成果（D3）。

在营商环境（E）中，本章设置了四个二级指标，分别是制度环境（E1）、投资安全（E2）、外商政策（E3）和公共服务（E4）。

三 三级指标

本章的三级指标共有139个，具体见表Ⅰ-1-1：

表Ⅰ-1-1　　　　　　"一带一路"国家综合国力指标列表

一级指标	二级指标	三级指标	三级指标代码
基础国力	资源禀赋	地表面积	A101
		可再生内陆淡水资源总量	A102
		耕地面积	A103
	人口状况	总人口数	A201
		城市人口数	A202
		农村人口数	A203
		少儿人口抚养比	A204
		老龄人口扶养比	A205

续表

一级指标	二级指标	三级指标	三级指标代码
	教育水平	中学教育入学率	A301
		教育体系的质量	A302
		数学和科学教育质量	A303
		管理类教育质量	A304
		学校互联网普及程度	A305
		基础教育质量	A306
		基础教育入学率	A307
	基础设施	总体基建水平	A401
		公路长度	A402
		铁路长度	A403
		港口效率	A404
		空中运输	A405
		航线客座千米（百万/每周）	A406
		电力供应	A407
		手机普及程度（每百人）	A408
		固定电话数（每百人）	A409
消费能力	消费总量	GDP（PPP）百万美元	B101
		国内市场规模指数	B102
	消费结构	人均消费（底层40%的人口）（美元/天）	B201
		人均消费（总人口）（美元/天）	B202
		人均实际消费年化增长率（底层40%的人口）（%）	B203
		人均实际消费年化增长率（总人口）（%）	B204

续表

一级指标	二级指标	三级指标	三级指标代码
贸易能力	进口能力	保险和金融服务（占商业服务进口的比例）（%）	C101
		商业服务进口（现价美元）	C102
		运输服务（占商业服务进口的比例）（%）	C103
		旅游服务（占商业服务进口的比例）（%）	C104
		货物进口（现价美元）	C105
		农业原料进口（占货物进口总额的比例）（%）	C106
		食品进口（占货物进口的比例）（%）	C107
		燃料进口（占货物出口的比例）（%）	C108
		制成品进口（占货物进口的比例）（%）	C109
		矿石和金属进口（占货物进口的比例）（%）	C110
		通信、计算机和其他服务（占商业服务进口的比例）（%）	C111
	出口能力	保险和金融服务（占商业服务出口的比例）（%）	C201
		商业服务出口（现价美元）	C202
		运输服务（占商业服务出口的比例）（%）	C203
		旅游服务（占商业服务出口的比例）（%）	C204
		货物出口（现价美元）	C205
		农业原料出口（占货物出口总额的比例）（%）	C206
		食品出口（占货物出口的比例）（%）	C207
		燃料出口（占货物出口的比例）（%）	C208
		制成品出口（占货物出口的比例）（%）	C209
		矿石和金属出口（占货物出口的比例）（%）	C210
		通信、计算机和其他服务（占商业服务出口的比例）（%）	C211

续表

一级指标	二级指标	三级指标	三级指标代码
创新能力	创新人才	高等教育入学率	D101
		留住人才能力	D102
		吸引人才能力	D103
		科学家和工程师水平	D104
		每百万人中R&D研究人员（人）	D105
		每百万人中R&D技术人员（人）	D106
	研发投入	研发支出占GDP比例	D201
		最新技术有效利用程度	D202
		企业的科技运用能力	D203
		科学研究机构的质量	D204
		企业研发投入	D205
		产学研一体化程度	D206
		政府对高科技产品的采购	D207
		FDI和技术转化	D208
		互联网使用者（占总人口比例,%）	D209
		固定宽带用户（每百人）	D210
		互联网带宽	D211
		移动互联网用户（每百人）	D212
	创新成果	非居民专利申请数（个）	D301
		居民专利申请数（个）	D302
		商标申请（直接申请，非居民）（个）	D303
		商标申请（直接申请，居民）（个）	D304
		商标申请合计（个）	D305
		高科技产品出口（现价美元）	D306
		在科学和技术学术期刊上发表的论文数（篇）	D307
		高科技产品出口占制成品出口的比例（%）	D308
		工业设计应用数量，非居民（个）	D309
		工业设计应用数量，居民（个）	D310
		非居民商标申请（个）	D311
		居民商标申请（个）	D312
		中高技术产品出口占制成品出口的比例（%）	D313

续表

一级指标	二级指标	三级指标	三级指标代码
营商环境	制度环境	有形产权保护	E101
		知识产权保护	E102
		公共基金的多样性	E103
		政府公信力	E104
		政府的廉政性	E105
		公正裁决	E106
		政府决策偏袒性	E107
		政府支出效率	E108
		政府管制负担	E109
		争端解决机制的法律效率	E110
		改变陈规的法律效率	E111
		政府政策制定透明程度	E112
		审计和披露标准力度	E113
		公司董事会效能	E114
		金融服务便利程度	E115
		金融服务价格合理程度	E116
		股票市场融资能力	E117
		贷款便利程度	E118
		风险资本便利程度	E119
	投资安全	公安机关的信任度	E201
		恐怖事件的商业成本	E202
		犯罪和暴力的商业成本	E203
		有组织的犯罪	E204
		中小股东利益保护	E205
		投资者保护（0—10分）	E206
		银行的安全性	E207
	外商政策	当地竞争充分程度	E301
		市场的主导地位	E302
		反垄断政策力度	E303
		税率对投资刺激的有效性	E304
		总体税率（占总利润的比例,%）	E305
		开办企业的步骤	E306
		开办企业的耗时天数	E307
		农业政策成本	E308
		非关税壁垒的广泛程度	E309
		关税	E310
		外资企业产权保护	E311

续表

一级指标	二级指标	三级指标	三级指标代码
		当地供应商数量	E401
		当地供应商质量	E402
		产业集群发展	E403
		自然竞争优势	E404
		价值链宽度	E405
		国际分销控制能力	E406
		生产流程成熟度	E407
		营销的能力	E408
		授权的意愿	E409
		劳动和社会保障计划的覆盖率（占总人口的百分比）	E410
	公共服务	劳动和社会保障计划的充分性（占受益家庭总福利的百分比）	E411
		20%的最贫困人群的劳动和社会保障计划的受益归属（占总劳动和社会保障计划受益归属的百分比）	E412
		失业救济和积极劳动力市场计划的覆盖率（占总人口的百分比）	E413
		20%的最贫困人群的失业救济和积极劳动力市场计划的受益归属（占总失业救济和积极劳动力市场计划受益归属的百分比）	E414
		社会安全网计划的覆盖率（占总人口的百分比）	E415
		社会安全网计划的充分性（占受益家庭总福利的百分比）	E416
		20%的最贫困人群的社会安全网计划的受益归属（占总安全网受益归属的百分比）	E417
		社会保险计划的覆盖率（占总人口的百分比）	E418
		社会保险计划的充分性（占受益家庭总福利的百分比）	E419

从图Ⅰ-1-2中,我们看到,马来西亚的综合国力在"一带一路"国家中排第4名,在世界141个国家和地区中排第27名。2019年马来西亚的人口总数是3240万,人均GDP为10941.7美元,失业率为3.4%,基尼系数为41,可再生能源消费比重为5.2%。2014—2019年,FDI流入占GDP的比重为3.1%,2009—2019年,GDP增长率为4.8%。

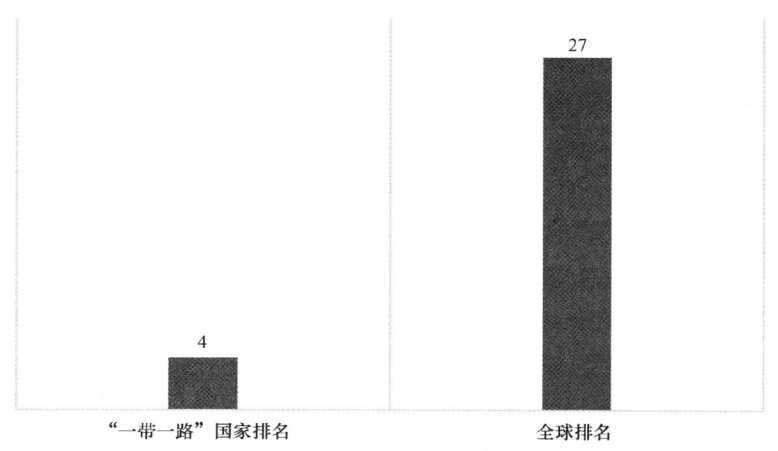

图Ⅰ-1-2 马来西亚的综合国力排名

马来西亚地处东南亚,由位于马来半岛南部的马来亚和位于加里曼丹岛北部的砂拉越、沙巴组成。地处北纬1—7度,东经97—120度,位于太平洋和印度洋之间。全境被南中国海分成东马来西亚(简称"东马")和西马来西亚(简称"西马")两部分。"西马"位于马来半岛南部,北与泰国接壤,南与新加坡隔柔佛海峡相望,东临南中国海,西濒马六甲海峡;"东马"位于加里曼丹岛北部,与印度尼西亚、菲律宾、文莱相邻;"西马"和"东马"最近处相距600海里。马来西亚国土总面积约33万平方千米,其中,"西马"13.2万平方千米,"东马"19.8万平方千米。海岸线长4192千米。

马来半岛地形北高南低,山脉由北向南纵贯,将半岛分成东海岸和西海岸两部分,沿海为冲积平原,中部为山地。"东马"主要是森林覆盖的丘陵和山地。

马来西亚分为13个州和3个联邦直辖区。13个州包括西马的柔佛、吉打、吉兰丹、马六甲、森美兰、彭亨、槟城、霹雳、玻璃市、雪兰莪、登嘉楼和东马的砂拉越、沙巴。3个联邦直辖区为首都吉隆坡（Kuala Lumpur）、联邦政府行政中心——布特拉加亚（Putrajaya）和东马的纳闽（Labuan）。马来西亚其他主要的经济中心城市包括：乔治市（槟城州首府）、新山（柔佛州首府）、关丹（彭亨州首府）和古晋（砂拉越州首府）。由于历史原因，东马的砂拉越和沙巴两州在政治和经济上拥有较大自主权。

图Ⅰ-1-3为我们展现了五大分指标的排名顺序。从图Ⅰ-1-3中，我们可以发现，马来西亚的基础国力在"一带一路"国家中排第8名，在世界141个国家和地区中排第35名。马来西亚的消费能力在"一带一路"国家中排第3名，在世界141个国家中排第24名。马来西亚的贸易能力在"一带一路"国家中排名第10位，在世界141个国家中排名第55位。马来西亚的创新能力在"一带一路"国家中排第5名，在世界141个国家中排名第30位。马来西亚的营商环境在"一带一路"国家中排第2名，在世界141个国家中排第18名。

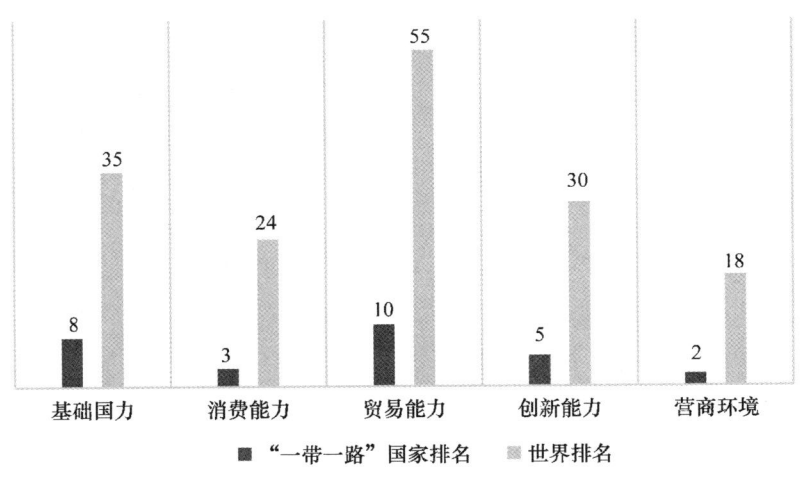

图Ⅰ-1-3 马来西亚综合国力一级指标排名

第三节　马来西亚综合国力评估

一　基础国力评估

基础国力是衡量一国在资源禀赋、人口状况、教育水平和基础设施方面的能力。从图Ⅰ-1-5中，我们可以看到，马来西亚的资源禀赋在"一带一路"国家中排第10名，在世界141个国家中排第36名。马来西亚自然资源丰富。农产品主要有棕榈油、橡胶、可可、木材、胡椒和热带水果等，马来西亚是世界第二大棕榈油及相关制品的生产国和出口国、世界第三大天然橡胶出口国。马来西亚曾是世界产锡大国，因过度开采，产量逐年减少。马来西亚石油和天然气储量丰富，据《BP世界能源统计年鉴》显示，截至2019年底，已探明石油储量4亿吨（约28亿桶），在亚洲位列中国、印度、越南之后，排第4名。2019年，马来西亚石油产量2980万吨，是东南亚仅次于印尼的第二大石油生产国。截至2019年，马来西亚已探明天然气储量9万亿立方米，在亚太地区排第6名。马来西亚是东南亚第一大天然气生产国，近10年天然气产量基本保持约700亿立方米的水平，可满足国内消费及出口需求。2019年天然气产量788亿立方米。此外，马来西亚铁、金、钨、煤、铝土、锰等矿产储量也很丰富。

马来西亚的人口状况在"一带一路"国家中排第7名，在世界141个国家中排第34名。自1963年成立以来，马来西亚共进行过5次人口普查，分别在1970年、1980年、1991年、2000年和2010年。据马来西亚统计局公布的统计数据，2019年，马来西亚总人口约3258万。其中，男性约有1683万人，女性约有1575万人。人口位居前5位的州是雪兰莪州、沙巴州、柔佛州、砂拉越州和霹雳州。华人约占马来西亚总人口的22.8%。图Ⅰ-1-4为马来西亚的人口密度指数，我们看到在过去的2007年至2020年间，马来西亚的人口密度不断上升，由2007年的82，上升到2020年的99。在国土面积不变的情况下，人口密度不断上升。

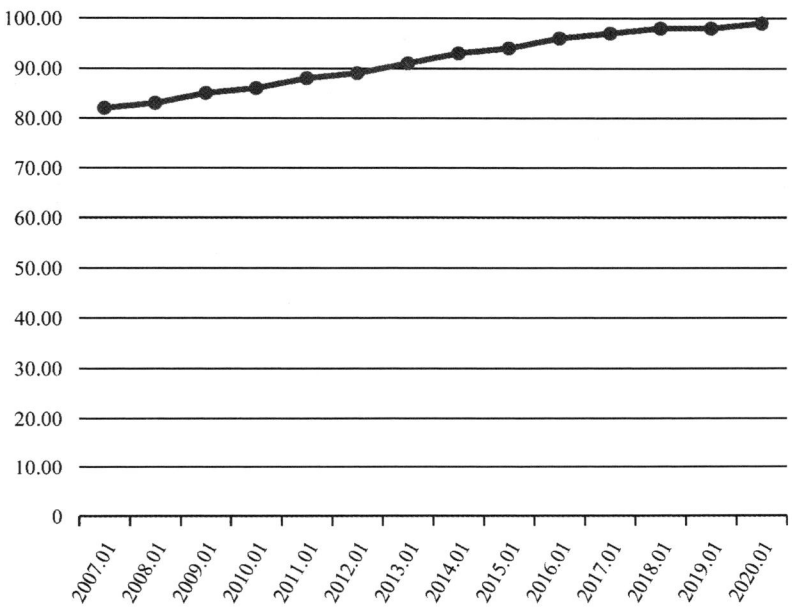

图Ⅰ-1-4　人口与国土面积之比（人口密度）

资料来源：联合国数据库。

马来西亚独立后，政府努力塑造一个以马来文化为基础的国家文化，极力推行国民教育计划，所有的国民学校采用统一的教学课程。国语是马来语，国民学校普遍采用国语作为教学媒体语。1961年，许多华文中学和泰米尔中学被改制成国民型中学，教学媒体语由母语改成马来语，母语学习只能当作其中一门语文课。改制后的国民型小学继续沿用母语教学，即国民小学（马来语）、国民型华文小学（华语）以及国民型泰米尔小学（泰米尔语）。2003年政府更改教学方针，采用英语作为国民学校数理科的教学语言。2009年，政府决定废除英语教授数理科的政策，并从2012年开始，分阶段恢复在小学以母语教数理、在中学以马来文教数理。马来西亚的教育水平在"一带一路"国家中排第5名，在世界141个国家和地区中排第30名。

马来西亚国民教育体系总体上以公立教育为主体，但在高等教育领域公立教育与私立教育并存。截至2018年底，马来西亚有20所公立大学，10所外国大学分校，600多所私立大学、学院等。马来西亚著名公立大学有马来亚大学（2018/2019 年 QS 世界大学排名第 87 位）、马来西亚国民大学（第 184 位）、马来西亚博特拉大学（第 202 位）、马来西亚理工大学（第 207 位）等。1997 年马政府通过了《私立教育法》，为私立高等教育的发展提供了法律保障。马来西亚私立院校一般采用与欧美、澳新等国的高等院校合作，开设学分转移和双联课程。这些私立高等院校每年招收的本国学生及国外留学生多达几十万名。为了保证私立高等院校规范发展，马来西亚教育部成立了私立教育及国家学术鉴定局（MQA），对私立教育机构的课程设置、学费以及教学水平进行监督和评估。

近年来，马来西亚以稳定的教学质量、低廉的费用成本、良好的社会环境及学分转移和双联课程等优势吸引了众多中国学生前去留学深造。根据教育部统计，2018 年，中国共有 3428 人赴马来西亚留学；截至 2018 年底，共有 15733 名中国人在马来西亚进行相关阶段的学习和研究。

马来西亚的基础设施在"一带一路"国家中排名第 5 位，在世界 141 个国家和地区中排名第 35 位。马来西亚的基础设施比较完善，政府向来重视对高速公路、港口、机场、通信网络和电力等基础设施的投资和建设。马来西亚现有的基础设施能较好地为各类投资者服务，同时政府未来的基础建设计划也为外商投资基础建设和开展工程承包提供了契机。马来西亚高速公路网络比较发达，主要城市中心、港口和重要工业区都有高速公路连接沟通。高速公路分政府建设和民营开发两部分，但设计、建造、管理统一由国家大道局负责。截至 2017 年，马来西亚公路总长约为 23.7 万千米。相较于西马，沙巴与砂拉越的公路系统发达程度较低，品质也较差。目前，马来西亚高速公路网络由贯穿南北的大道为中心构成。

马来西亚铁路网贯穿半岛南北，北面连接泰国铁路，南端可通往新加坡，负责运营的是马来西亚铁道公司（KTMB），该公司具备运送多种货物的能力。2018 年，马来西亚铁路共运载 352.7 万人次，货物 594.4 万吨。

目前，马来西亚共有 8 个国际机场，即吉隆坡国际机场、槟城国际机场、兰卡威国际机场、亚庇国际机场、古晋国际机场、马六甲国际机场（无国内航线）、柔佛士乃国际机场以及瓜拉登嘉楼苏丹马穆德机场

(2014年4月开通飞新加坡航线),这些机场与其他国内航线机场构成了马来西亚空运的主干网络。马来西亚是东南亚重要的空中枢纽之一,2018年空运旅客1.02亿人次,货物96.6万吨。

马来西亚的电力由公共能源公司[占98%,包括国家能源公司(TNB)和州立能源公司]和独立的私人发电厂(占2%)提供,2016年发电量约1560.0亿千瓦时,其中,燃气机组占43.5%、燃煤机组占42.5%、水电机组占13%、柴油机组占0.4%、其他约占0.3%。

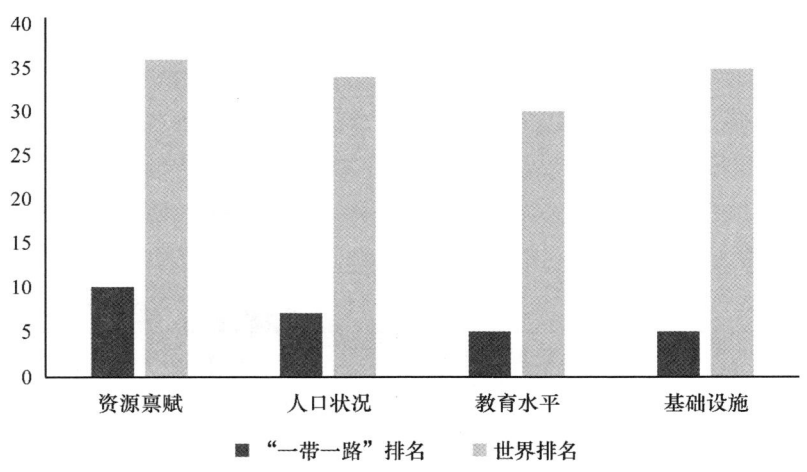

图Ⅰ-1-5 马来西亚基础国力二级指标排名

二 消费能力评价

消费能力是衡量一国内需的能力,消费能力包括了市场规模、人均GDP和人均消费增长等能力。马来西亚的消费总量在"一带一路"国家中排第3名,在世界141个国家和地区中排第25名。马来西亚的消费结构在"一带一路"国家中排第4名,在世界141个国家和地区中排第26名。2019年,马来西亚消费总额达10077.3亿马币,其中,私人消费总额为8346.2亿马币,公共消费总额为1731.1亿马币。

根据《2016年家庭收入调查》，2016年马来西亚每个家庭月平均总开销约为4033马币，相比2014年增长12.7%。其中，食物和软饮料的花费占18.0%，烟酒花费占2.4%，服装、鞋类花费占3.4%，住房、水电、燃气等花费占24.0%，家具及房屋维修花费占4.2%，医疗费占1.9%，交通费占13.7%，通信费占5.0%，文化休闲占5.0%，教育费用占1.3%，在外用餐住宿费用占13.4%，其他花费占7.7%。

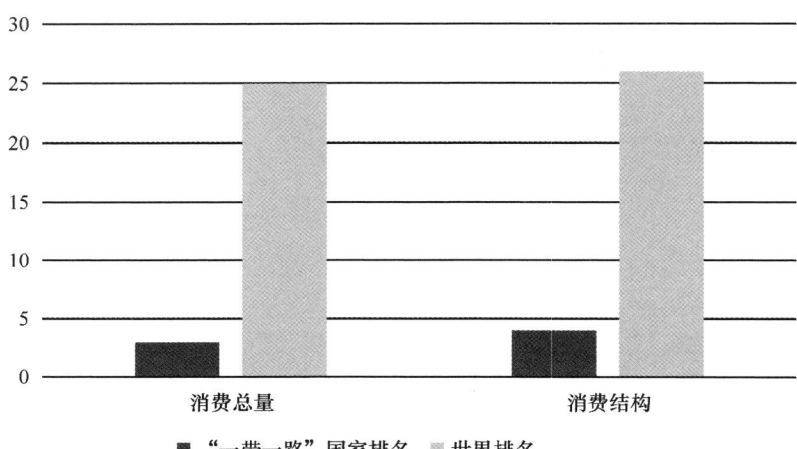

图Ⅰ-1-6 马来西亚消费能力二级指标排名

三 贸易能力评估

贸易能力是衡量一国对外开放的能力，是一国向全世界提供产品消费市场的能力。马来西亚的进口能力在"一带一路"国家中排第9名，在世界141个国家和地区中排第52名。马来西亚的出口能力在"一带一路"国家中排第10名，在世界141个国家和地区中排第56名。

马来西亚国际贸易与工业部统计显示，2019年，马来西亚对外贸易总额1.835万亿马币，同比下跌2.5%。其中，出口额9864亿马币，进口额8490.1亿马币，贸易顺差为1373.9亿马币，自1998年以来连续22年实现贸易顺差。尽管国际贸易环境复杂性增强，但在出口增长的带动下，马来西亚贸易仍得以维持相对稳定。

马来西亚国际贸易与工业部统计显示，2019年，马来西亚出口市场前五名的国家或地区分别是中国、新加坡、美国、中国香港和日本；进口来源地前五名的国家或地区分别是中国、新加坡、美国、日本和中国台湾。中国连续11年成为马来西亚最大的贸易伙伴。据马方统计，中马贸易额占2019年马来西亚贸易总额的17.2%。2019年，马来西亚是中国的第9大贸易伙伴和第8大进口来源地，是中国在东盟国家的第二大贸易伙伴和第一大进口来源地。

2019年，马来西亚前五大类出口产品分别是电子电器产品、石油产品、化工及化学产品、棕榈油及制品、液化天然气；前五大类进口产品分别是电子电器产品、化工及化学产品、石油产品、机械设备及零件、金属制品。从图Ⅰ-1-7中的纵轴可以看出，在过去三十多年里，马来西亚的对外贸易呈上升趋势。

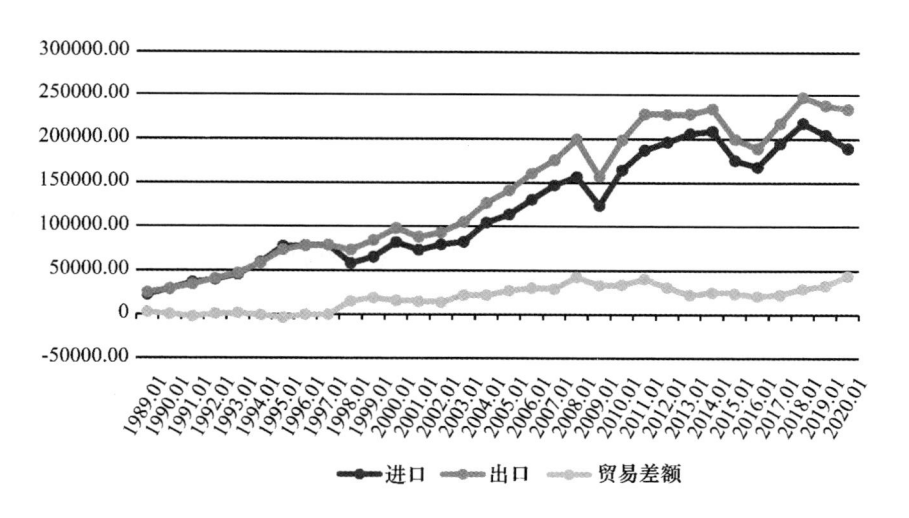

图Ⅰ-1-7　1989年至2020年马来西亚的对外贸易状况

资料来源：世界银行数据库。

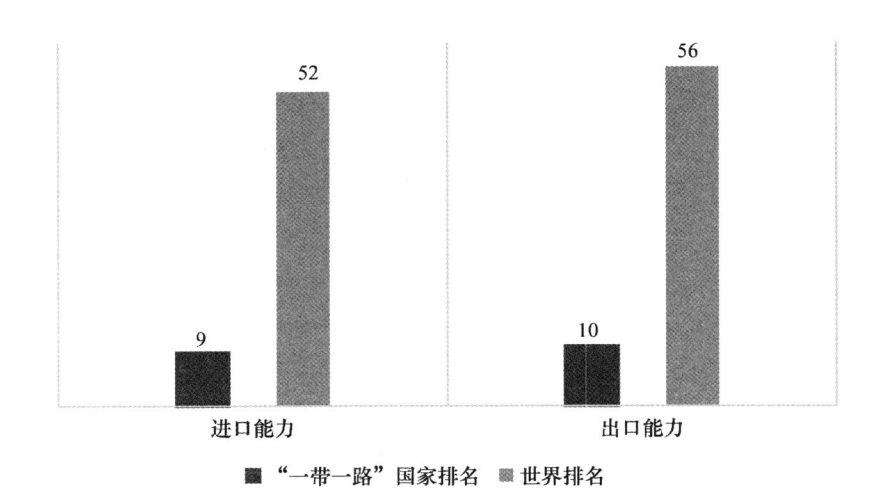

图 Ⅰ-1-8　马来西亚贸易能力二级指标排名

四　创新能力评估

创新能力是一个国家高质量发展的基础动力。习近平在国际合作高峰论坛中提道"创新就是生产力，企业赖之以强，国家赖之以盛。我们要顺应第四次工业革命发展趋势，共同把握数字化、网络化、智能化发展机遇，共同探索新技术、新业态、新模式，探寻新的增长动能和发展路径，建设数字丝绸之路、创新丝绸之路"。

马来西亚的创新人才在"一带一路"国家中排第 7 名，在世界 141 个国家和地区中排第 32 名。

马来西亚的研发投入在"一带一路"国家中排第 3 名，在世界 141 个国家和地区中排第 24 名。为了加强对国家知识产权的有效保护，2005 年，马来西亚政府成立了知识产权组织（IPO-P），由总理领导的内阁亲自指导。此后，马来西亚知识产权组织不断加大立法和执法力度，知识产权保护状况有较大改善。2015 年，马来西亚商务部发布了《2015—2018 年战略贸易政策框架》，参考中国、美国、印度、泰国等国的做法，在商务部内增设知识产权部门，促进市场化和可交易的知识产品的创新和生产。同时，马来西亚知识产权组织也划归商务部管理。马来西亚知识产权组织的职能主要有：（1）管理和协调政府关于知识产权保护的系统；（2）管理国家设立的知识产权机构；（3）提高国家的知识产权保护意识；（4）向联邦政府建议相关知识产权保护政策；（5）通过指定的知识产权保护执法机构保障对知识产权的有效保护。

马来西亚的创新成果在"一带一路"国家中排第8名，在世界141个国家和地区中排第35名。

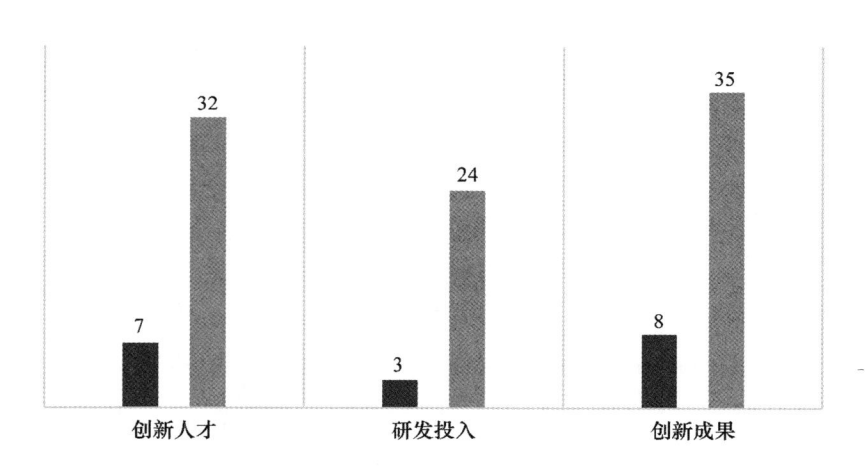

图Ⅰ-1-9 马来西亚创新能力二级指标排名

五 营商环境评估

营商环境是指市场主体在准入、生产经营、退出等过程中涉及的政务环境、市场环境、法治环境、人文环境等有关外部因素和条件的总和。马来西亚政府欢迎和鼓励外国投资者对其制造业及相关服务业进行投资，近年来一直致力于改善投资环境、完善投资法律、加强投资激励，以吸引外资进入马来西亚的相关行业。由于马来西亚投资法律体系完备、与国际通行标准接轨、各行业操作流程较为规范，加之其临近马六甲海峡、辐射东盟、印度、中东市场等独特的地缘优势，吸引了包括中国企业在内的各国企业赴马来西亚投资经营。

马来西亚投资环境的竞争优势主要体现在五个方面：地理位置优越，位于东南亚核心地带，可成为进入东盟市场和前往中东、澳、新的桥梁；经济基础稳固，经济增长前景较好；原材料资源丰富；人力资源素质较高，工资成本较低；民族关系融洽，三大民族和谐相处，政治动荡风险低。

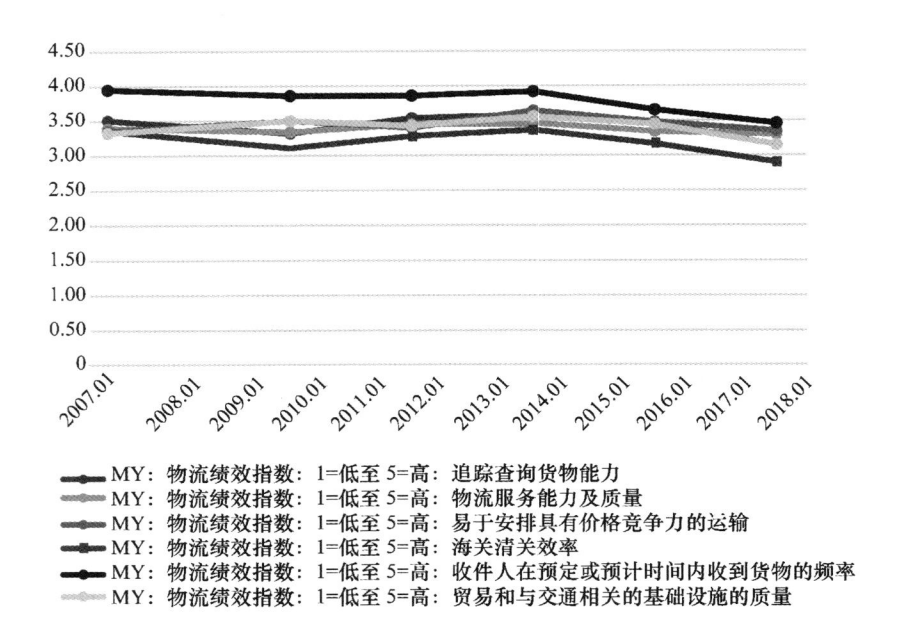

图 I－1－10　马来西亚的物流绩效水平发展变化

资料来源：联合国数据库。

联合国贸发会议发布的《2020年世界投资报告》显示，2019年，马来西亚吸收外资流量为76.5亿美元。截至2019年底，马来西亚吸收外资存量为1689.8亿美元。根据马来西亚投资发展局（MIDA）公布的数据，2019年，马来西亚在制造业、服务业和第一产业领域共计批准投资总额2079亿马币，同比增长1.7%。其中，国内直接投资（DDI）1255亿马币（占比60.37%）；外国直接投资（FDI）824亿马币（占比39.63%）。2019年，马来西亚政府共批准5140个投资项目。

从投资领域看，服务业投资1181亿马币（占比56.8%），同比增长

11.3%；制造业投资 827 亿马币（占比 39.8%），同比下降 5.4%；第一产业投资 70 亿马币（占比 3.4%），同比下降 35.8%。马来西亚政府鼓励外商在制造业领域的投资，目前外商投资已成为推动马来西亚经济发展的重要因素。2019 年，外商在马来西亚制造业领域的投资主要集中在电子电器、非金属矿产品、交通科技、食品制造、纸业等行业。

马来西亚的制度环境在"一带一路"国家中排第 2 名，在世界 141 个国家和地区中排第 25 名。在马来西亚，大多数知识产权都受法律保护，立法涉及商标、专利、版权、工业设计、地理标识、外观设计和植物品种。马来西亚还是若干国际公约、条约和协定的成员国并加入了一些国际公约、条约和协定，如《与贸易有关的知识产权协定》（TRIPs 协定）和《世界知识产权组织（WIPO）公约》。马来西亚涉及保护知识产权和工业产权的法律法规包括《专利法》《商标法》《工业设计法》《版权法》和《集成电路设计布局法》。《专利法》规定，专利保护期限为 20 年，工业创新证书保护期限为 10 年；保护期间应按规定缴纳年费，否则将导致专利失效。

马来西亚的投资安全在"一带一路"国家中排第 2 名，在世界 141 个国家和地区中排第 21 名。马来西亚社会比较稳定，但治安刑事案件时有发生，道路交通安全事故比较频繁。马来西亚东部沙巴州的南方与印度尼西亚接壤，往东则与菲律宾南部隔海相望。

马来西亚的外商政策在"一带一路"国家中排第 3 名，在世界 141 个国家和地区中排第 25 名。马来西亚政府鼓励外国投资进入其出口导向型的生产企业和高科技领域，可享受优惠政策的行业主要包括：农业生产、农产品加工、橡胶制品、石油化工、医药、木材、纸浆制品、纺织、钢铁、有色金属、机械设备及零部件、电子电器、医疗器械、科学测量仪器制造、塑料制品、防护设备仪器、可再生能源、研发、食品加工、冷链设备、酒店旅游及其他与制造业相关的服务业等。在制造业领域，从 2003 年 6 月开始，外商投资者投资新项目可以持有 100% 的股权。

马来西亚股票市场向外国投资者开放，允许外国企业或投资者收购本地企业上市。2009 年，马来西亚政府宣布取消外资公司在马来西亚上市必须分配 30% 土著（Bumiputera）股权的限制，变为规定在 25% 公众认购的股份中，要求有 50% 分配给土著，即强制分配给土著的股份实际只有

12.5%；此外，拥有多媒体超级走廊地位、生物科技公司地位以及主要在海外运营的公司不受土著股权需占公众股份50%的限制。同时废除外资委员会（FIC）的审批权，拟在马上市的外资公司可直接将申请递交给马来西亚证券委员会（Security Commission）。马来西亚的公共服务在"一带一路"国家中排第2名，在世界141个国家和地区中排第8名。

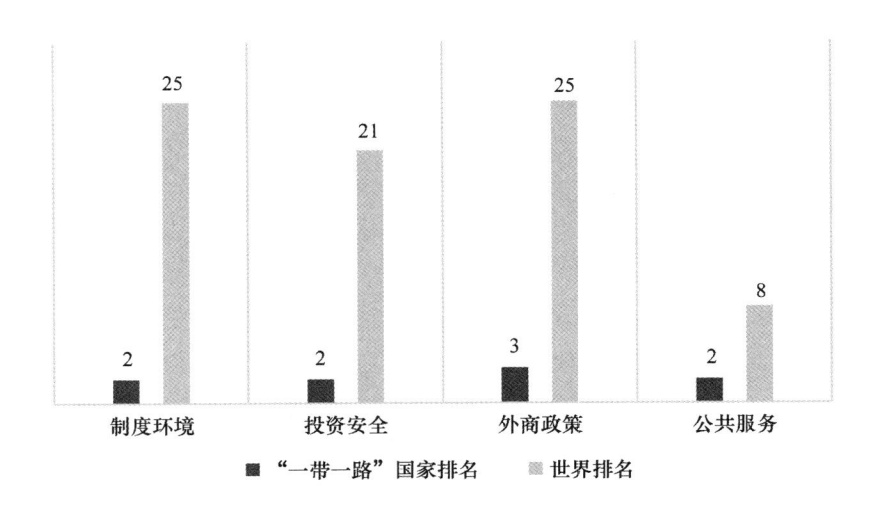

图Ⅰ-1-11　马来西亚营商环境二级指标排名

第二章 人口结构研究

马来西亚统计局2019年数据显示,全国总人口3195万。以族群来看,土著(马来人及原住民)共2007.19万(61.98%)、马来西亚华人共668.55万(20.64%)、马来西亚印度裔共201.04万(6.24%),其他人口共29.45万(0.90%),非国民332.27万(10.26%)。马来西亚分为13个州,包括柔佛、吉打、吉兰丹、马六甲、森美兰、彭亨、槟城、霹雳、玻璃市、雪兰莪、登嘉楼,以及沙巴和砂拉越,另有三个联邦直辖区:首都吉隆坡、纳闽和布城。

第一节 人口发展状况

一 人口总量发展变化趋势

(一)人口总量的发展变化情况

根据世界银行的统计,2019年马来西亚总人口中男性人口数量约为1642.3万,占总人口比例为51.4%;女性人口数量约为1552.7万,占总人口比例为48.6%,总人口性别比为105.8,马来西亚男女性别比例比较均衡,性别结构较合理。

从人口变化趋势看,2000—2019年马来西亚总人口数量整体呈大幅上升趋势,2000年总人口数量约为2319.4万,到2019年总人口数量约为3195万,总人口增加了约875.6万;2000—2019年马来西亚男性人口数量变动趋势同总人口数量变动趋势一致,呈大幅增长趋势,2000年男性人口数量约为1181.8万,到2019年男性人口数量约为1642.3万,男性人口增加了约460.5万;2000—2019年马来西亚女性人口数量变动趋势同总人口数量变动趋势一致,呈大幅度增长趋势,2000年女性人口数量约为1137.6万,到2019年女性人口数量约为1552.7万,女性人口增加了约415.1万。

表 I-2-1 2000—2019年马来西亚人口总数和分性别的变化情况

年份	总人口（万人）	男性（万人）	女性（万人）	总人口性别比
2000	2319.4	1181.8	1137.6	103.9
2001	2370.9	1209.1	1161.9	104.1
2002	2420.8	1235.8	1185.0	104.3
2003	2469.9	1262.4	1207.5	104.6
2004	2519.1	1289.3	1229.7	104.8
2005	2569.1	1316.8	1252.3	105.2
2006	2620.2	1345.1	1275.1	105.5
2007	2672.0	1373.9	1298.2	105.8
2008	2723.6	1402.4	1321.2	106.1
2009	2773.5	1429.7	1343.8	106.4
2010	2820.8	1455.0	1365.8	106.5
2011	2865.1	1478.1	1387.0	106.6
2012	2906.8	1499.2	1407.6	106.5
2013	2946.9	1519.0	1427.8	106.4
2014	2986.7	1538.6	1448.1	106.2
2015	3027.1	1558.5	1468.6	106.1
2016	3068.5	1579.1	1489.4	106.0
2017	3110.5	1600.1	1510.5	105.9
2018	3152.9	1621.2	1531.6	105.9
2019	3195.0	1642.3	1552.7	105.8

说明：总人口性别比,即人口中每100名女性对应的男性人数。

资料来源：世界银行：https://data.worldbank.org.cn/indicator/SP.POP.65UP.TO? locations=MY。

从性别结构看，2000—2019 年马来西亚男性人口数量一直多于女性人口数量，总人口性别比介于 103—107 之间，2000—2011 年总人口性别比处于上升阶段，从 2000 年的 103.9 上升到 2011 年的 106.6；2012—2019 年总人口性别比处于小幅度下降阶段，从 2012 年的 106.5 下降到 2019 年的 105.8。

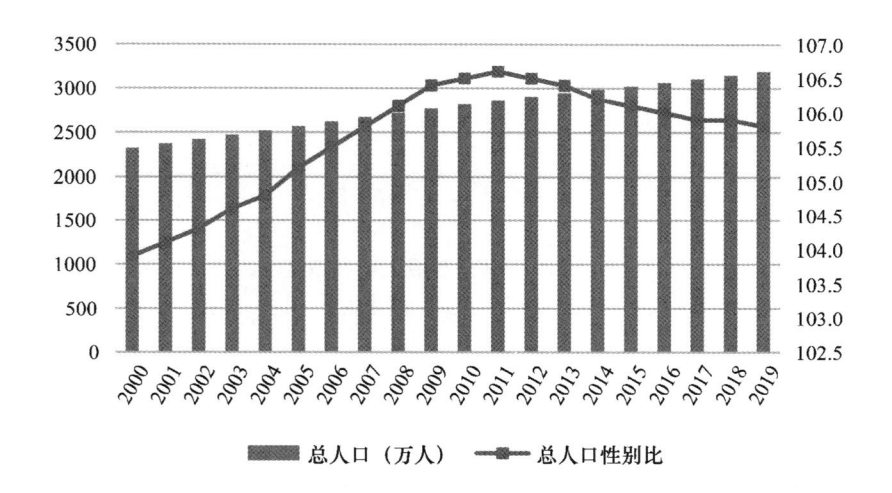

图 I-2-1　2000—2019 年马来西亚总人口数量和总人口性别比

资料来源：世界银行：https://data.worldbank.org.cn/。

根据世界银行 2020 年数据，从人口数量看，1960—2019 年马来西亚人口数量变动呈现不断上升的趋势。1960 年人口约为 816 万，2019 年人口约为 3195 万，人口增加了约 2379 万。

从人口增长率看，1950—2015 年，马来西亚的人口增长率变动趋势可以分为两个阶段：第一阶段，1950—2005 年人口增长率大于 2% 的阶段，如 1950—1955 年人口增长率 2.83%，2000—2005 年人口增长率为 2.04%；第二阶段，2005—2015 年人口增长率小于 2% 的阶段，如 2005—2010 年人口增长率为 1.87%，2010—2015 年人口增长率为 1.41%。

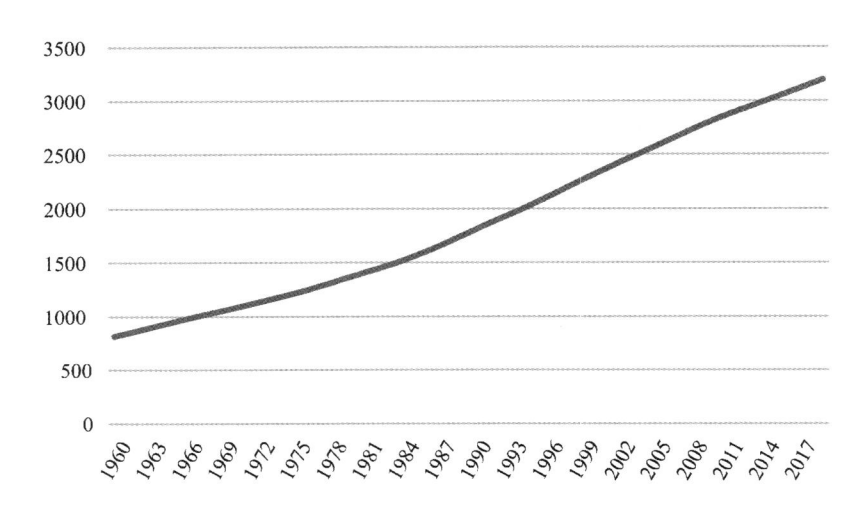

图Ⅰ-2-2 1960—2018年马来西亚人口数量变动（单位：万人）

资料来源：联合国人口司，https://esa.un.org/unpd/wpp/Download/Standard/Population/。

表Ⅰ-2-2　　　　　　　　马来西亚各时期人口增长率

时期	增长率
1950—1955	2.83
1955—1960	2.95
1960—1965	3.11
1965—1970	2.52
1970—1975	2.37
1975—1980	2.52
1980—1985	2.45
1985—1990	2.90
1990—1995	2.56
1995—2000	2.48
2000—2005	2.04
2005—2010	1.87
2010—2015	1.41

资料来源：联合国人口司，https://esa.un.org/unpd/wpp/Download/Standard/Population/。

（二）人口发展的前景预测

联合国编撰的《2019 世界人口展望》中预测 2020 年马来西亚总人口数量为 3236.6 万；2030 年马来西亚总人口数量为 3609.5 万；2050 年马来西亚总人口数量为 4055 万；2075 年马来西亚总人口数量为 4191.2 万；2100 年马来西亚总人口数量为 4007.8 万。从联合国的人口预测结果可以看出，未来马来西亚总人口数量变动将长期呈现上升趋势，到 21 世纪最后 20 年，人口才开始减少。

表Ⅰ-2-3　　　　　　　　马来西亚人口发展预测

年份	总人数（万人）
2020	3236.6
2030	3609.5
2050	4055.0
2075	4191.2
2100	4007.8

资料来源：联合国：《2019 世界人口展望》。

二　人口自然变动情况

（一）人口自然变化趋势与特点

根据联合国人口司的数据，截至 2019 年底，马来西亚出生人数为 53 万人，死亡人数为 16 万人，人口自然增长数为 37 万人。从图Ⅰ-2-3 中可以看出，出生人数、死亡人口和自然增长人数总体上均呈上升趋势。人口的自然增长过程大致可以分为两个阶段，第一个阶段：1955—2000 年波动中上升阶段，从 1955 年的 28.6 万上升至 2000 年的 43.8 万；第二个阶段：2000—2019 自然增长数放缓阶段，波动中上升。从 2000 年的 43.8 万人上升至 2019 年的 52.7 万人。从图中可以看出，死亡人数的变化趋势，总体上为平缓中呈上升趋势。

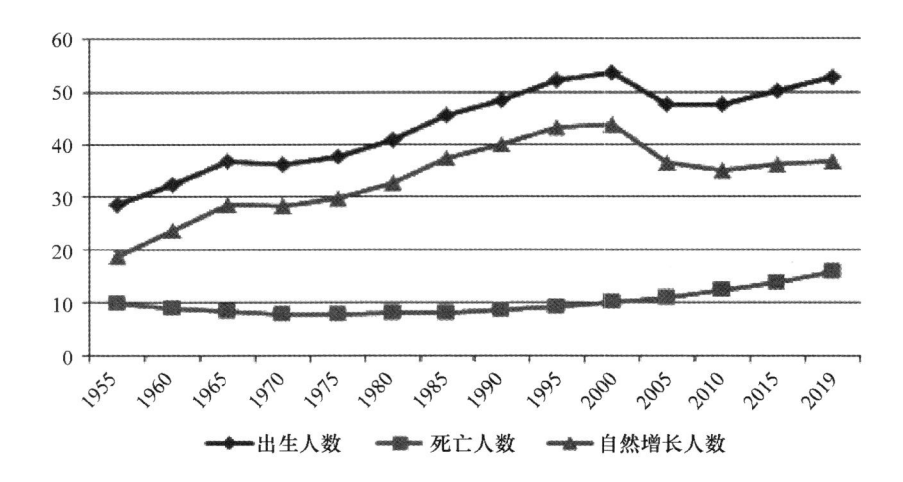

图Ⅰ-2-3 1955—2019年马来西亚出生、死亡和自然增长人数变化（单位：万人）

资料来源：联合国人口司，https://esa.un.org/unpd/wpp/Download/Standard/Population/。

表Ⅰ-2-4　　1950—2017年出生、死亡和自然增长人数变化

年份	出生人数（万）	死亡人数（万）	自然增长数（万）
1955	28.6	9.6	18.9
1960	32.5	8.9	23.6
1965	36.9	8.3	28.6
1970	36.2	7.9	28.3
1975	37.7	7.8	29.9
1980	40.8	8.0	32.8
1985	45.7	8.1	37.6
1990	48.6	8.5	40.1
1995	52.4	9.1	43.3
2000	43.8	10.0	43.8
2005	47.5	11.0	36.5
2010	47.5	12.4	35.1
2015	50.1	13.9	36.3
2019	52.7	15.8	36.9

资料来源：联合国人口司，https://esa.un.org/unpd/wpp/Download/Standard/Population/。

根据联合国人口司数据统计，截止到 2019 年，马来西亚的人口出生率为 16.8‰、人口死亡率为 5.1‰、人口自然增长率约为 11.8‰。截取 1955—2019 年的人口数据，从人口自然增长率看，可以分为两个阶段。第一阶段，1955—1965 年为上升阶段，这一阶段 1955 年人口自然增长率为 28.8‰，1965 年为 32.3‰，增加了 3.5‰；第二阶段，1965—2019 年波动中下降阶段，这一阶段人口自然增长率出现下降，在 2019 年时下降至 11.8‰。人口死亡率和人口出生率，都呈持续下降趋势。人口出生率 1955 年为 43.4‰，下降到 2019 年的 16.8‰；1955 年人口死亡率为 14.7‰，到 2019 年人口死亡率下降至 5.1‰。

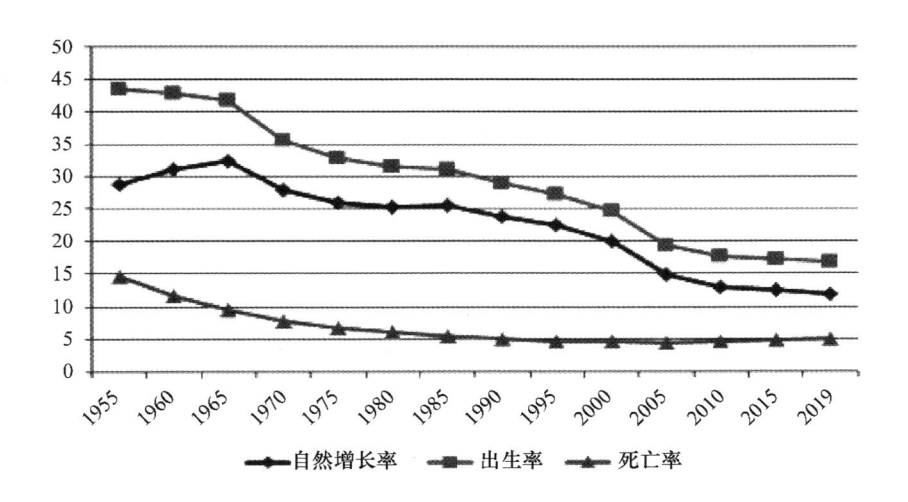

图Ⅰ-2-4　1955—2019 年马来西亚人口自然变动情况（单位：‰）

资料来源：联合国人口司，https://esa.un.org/unpd/wpp/Download/Standard/Population/

（二）生育水平变化趋势

从总和生育率看，截至 2018 年，马来西亚总和生育率为 2，截取 1960—2018 年的马来西亚总和生育率数据，可以看出，总和生育率变动整体呈波动下降趋势，波动范围在 2—7 之间，1960 年马来西亚总和生育率为 6.45，达到最大值，2018 年总和生育率为 2，为最小值。

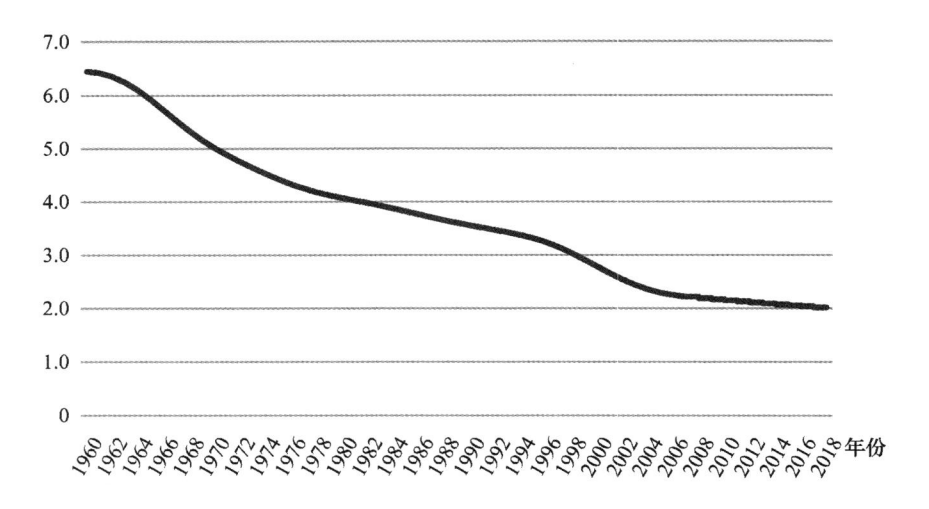

图Ⅰ-2-5　1960—2018年马来西亚总和生育率变动

资料来源：世界银行，https://data.worldbank.org.cn/。

（三）预期寿命变化

截止到2018年，马来西亚的总人口预期寿命为76岁，男性预期寿命为74.1岁，女性预期寿命为78.2岁。1960—2018年的马来西亚人口预期寿命数据显示，总人口预期寿命变动呈上升趋势，从1960年的60岁上升到2018年的76岁，其中男性人口预期寿命、女性人口预期寿命变动均呈上升趋势，且女性预期寿命一直高于男性预期寿命，男性人口预期寿命从1960年的68.8岁上升到2018年的74.1岁，女性人口预期寿命从1960年的61.4岁上升到2018年的78.2岁。

三　人口城乡分布情况

（一）城乡人口规模变化趋势

根据联合国人口司数据统计，截至2015年马来西亚总人口数量为3072.4万人，其中城市人口数量为2280.1万人，约占74.2%；农村人口数量为792.3万人，约占25.8%。

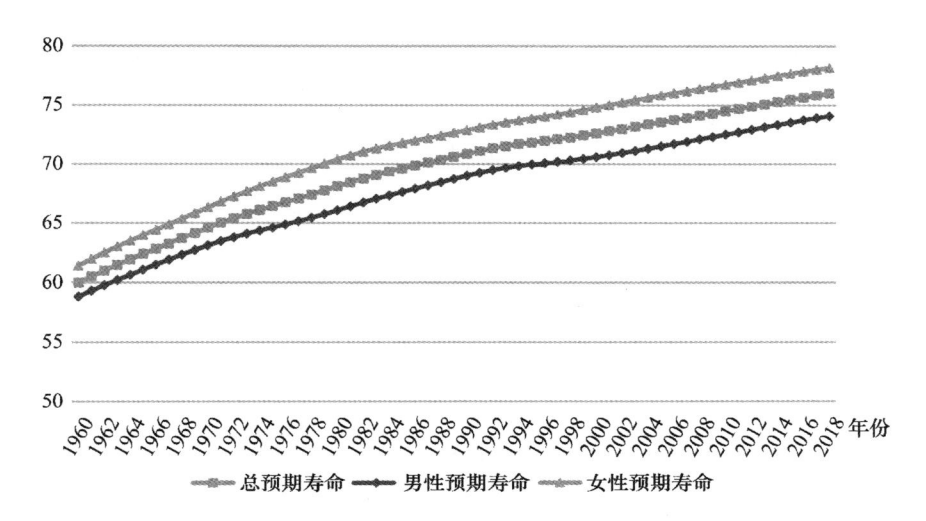

图 I-2-6 1960—2018 年马来西亚预期寿命变化（单位：岁）

资料来源：世界银行，https://data.worldbank.org.cn/。

截取 1950—2015 年的马来西亚城乡人口数据，从城市人口数量变动上看，城市人口数量变动呈上升趋势，1950 年城市人口为 124.4 万人，并且城市人口远低于农村人口，到 1995 年城市人口增加到 1141.4 万，城市人口超过农村人口；2015 年城市人口增加到 2280.1 万。

从农村人口数量变动上看，农村人口数量变动整体呈波动中上升趋势，具体来看大致也分为两个阶段：第一阶段，1950—1995 年马来西亚农村人口变动处于上升阶段，1950 年农村人口数量为 486.6 万，到 1995 年农村人口数量增加到 908.2 万；第二阶段，1995—2015 年马来西亚农村人口变动处于下降阶段，农村人口数量从 1995 年的 908.2 万下降到 2015 年的 792.3 万。

（二）人口城市化水平变化趋势

根据联合国人口司统计数据，截至 2015 年，马来西亚人口城市化水平达到了 74.2%。截取 1950—2015 年马来西亚人口城市化水平变动数据，马来西亚人口城市化水平较高，从整体趋势看，1950—2015 年马来西亚人口城市化水平呈上升趋势，2000 年人口城市化水平突破 60%，2005 年人口城市化水平突破 65%，2010 年人口城市化水平突破 70%。

表 I-2-5　　1950—2017年马来西亚城乡人口数量变动情况　　（单位：万人）

年份	城市	农村	总人口
1950	124.4	486.6	611.0
1955	164.9	539.1	704.0
1960	217.0	598.8	815.8
1965	285.0	667.7	952.7
1970	361.4	719.0	1080.4
1975	457.9	758.3	1216.2
1980	580.1	799.7	1379.8
1985	715.9	844.0	1559.9
1990	898.2	905.6	1803.8
1995	1141.4	908.2	2049.6
2000	1437.0	881.6	2318.6
2005	1708.8	857.2	2566.0
2010	1993.5	817.7	2811.2
2015	2280.1	792.3	3072.4

资料来源：联合国人口司，https://esa.un.org/unpd/wpp/Download/Standard/Population/。

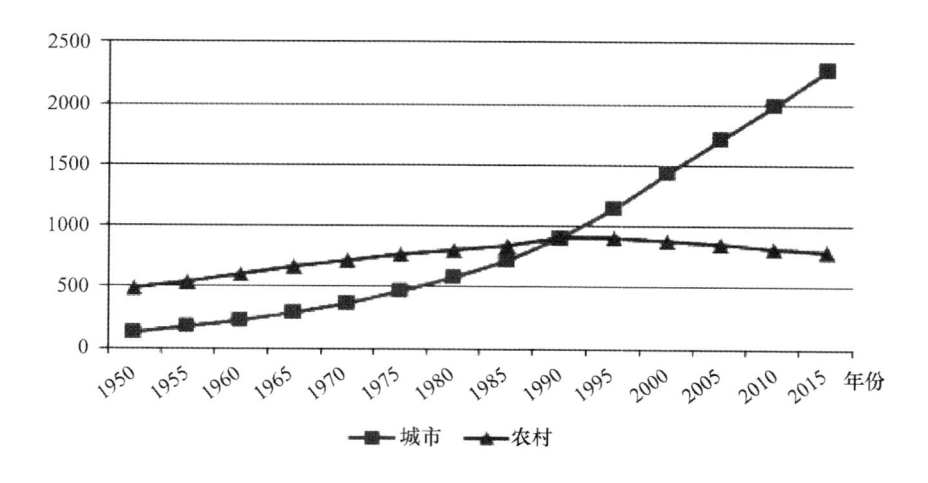

图 I-2-7　1950—2015年马来西亚城乡人口数量变动（单位：万人）

资料来源：联合国人口司，https://esa.un.org/unpd/wpp/Download/Standard/Population/。

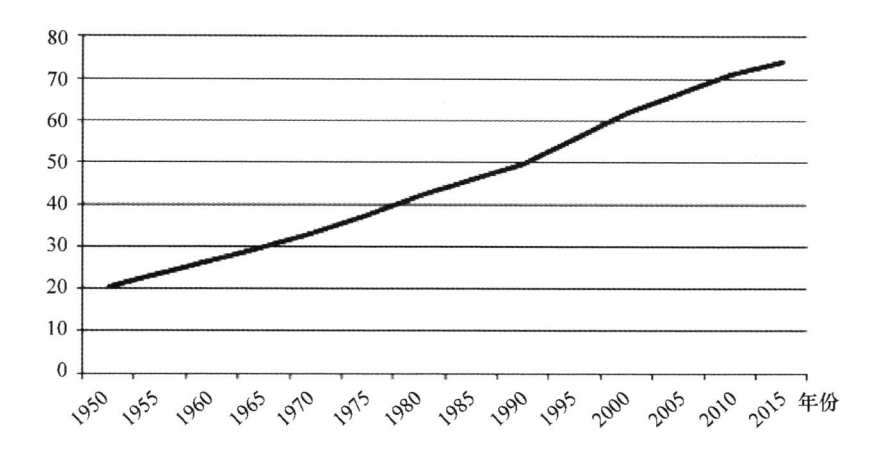

图 Ⅰ-2-8 1950—2015 年马来西亚人口城市化水平变动（单位:%）

说明：人口城市化水平=城镇人口/全国总人口×100%

资料来源：联合国人口司，https://esa.un.org/unpd/wpp/Download/Standard/Population/。

四 人口地区分布情况

根据马来西亚中央统计局统计数字，截至 2019 年底，马来西亚各州区人口占比如表 Ⅰ-2-6 所示。马来西亚行政区分为 16 个州，其中，雪兰莪州人口最多，为 654 万，占全国总人口的 20%。沙巴州为人口第二大州，人口为 393 万人，占全国总人口的 12%。柔佛州为人口第三大州，人口为 378 万人，占全国总人口的 11.6%。

表 Ⅰ-2-6   2019 年马来西亚不同州区人口情况

州区	2019 年	占全国比重（%）
雪兰莪州	654	20.0
沙巴州	393	12.0
柔佛州	378	11.6
砂拉越州	281	8.6
霹雳州	251	7.7
吉打州	218	6.7
吉兰丹州	188	5.8

续表

州区	2019年	占全国比重
吉隆坡	180	5.5
槟城州	178	5.5
彭亨州	168	5.1
登嘉楼州	125	3.8
森美兰州	114	3.5
马六甲州	93	2.8
玻璃市州	25.5	0.8
纳闽	10	0.3
布城	9.3	0.3

第二节 人口结构变化

一 人口年龄结构构成及变化情况

（一）总体情况

根据联合国人口司统计数据，截至2015年，从人口年龄结构图可看出，马来西亚人口金字塔为扩张型，中间宽、塔顶较窄，底较宽，少年儿童人口比重增加，老年人口比重较小。这种类型的人口由于育龄人群比重高，在生育水平几乎不变的情况下，未来人口变动趋势呈正增长，人口增加。

从人口数量上看，2015年马来西亚0—14岁人口数量为759.5万，占总人口数量比重为25.1%，其中0—14岁男性人口数量为391万，0—14岁女性人口数量为368.5万；15—64岁人口数量为2086.7万，占总人口数量比重为71.4%，其中15—64岁男性人口数量为1079.4万，15—64岁女性人口数量为1007.3万；马来西亚65岁以上人口数量为180.9万，占总人口数量比重为3.5%，其中65岁及以上男性人口数量为88.1万，65岁及以上女性人口数量为92.8万。

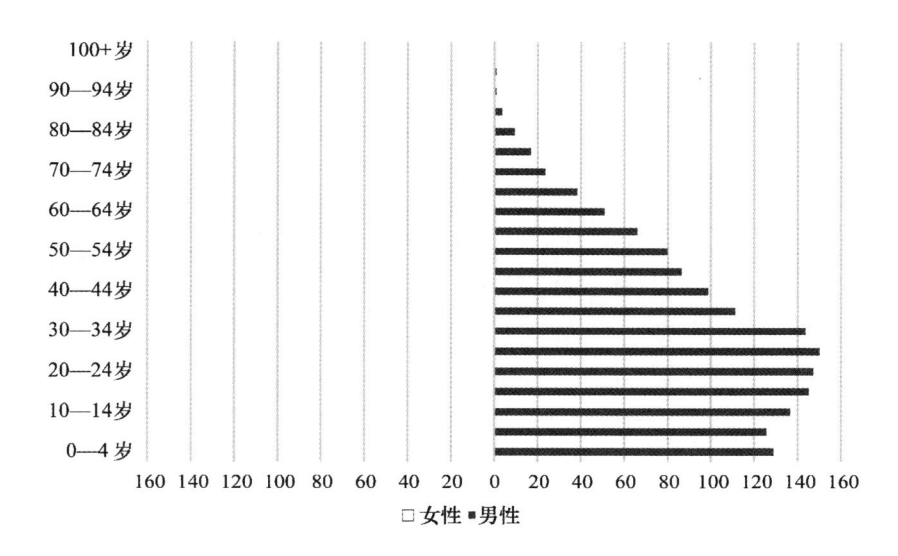

图Ⅰ-2-9 2015年马来西亚人口金字塔（单位：万人）

资料来源：联合国人口司，https://esa.un.org/unpd/wpp/Download/Standard/Population/。

（二）0—14岁人口情况

从人口比重看，马来西亚0—14岁人口数量占总人口数量的比重介于24%—47%之间，整体呈波动下降趋势，1960年马来西亚0—14岁人口数量占总人口数量的比重为45.5%，到1966年马来西亚0—14岁人口数量占总人口数量的比重增加到46.1%，到1979年马来西亚0—14岁人口数量占总人口数量的比重减少到40%以下，到2018年马来西亚0—14岁人口数量占总人口数量的比重减少到23.7%，为历史最低水平。

（三）15—64岁人口情况

从图Ⅰ-2-10人口比重看，马来西亚15—64岁人口数量占总人口数量比重介于50%—70%之间，整体呈波动上升趋势。

具体看，马来西亚15—64岁人口变化可分为两个阶段，第一阶段，1960—1966年小幅下降阶段，1960年马来西亚15—64岁人口数量占总人口数量的比重为51.1%，到1966年15—64岁人口数量占总人口数量的比重为50.7%，这一比重减少了0.4%；第二阶段，1967—2019年，15—64岁人口数量占总人口百分比处于上升趋势，从1967年的51.1%增加到2019年的69.4%，增幅约为18.3%。

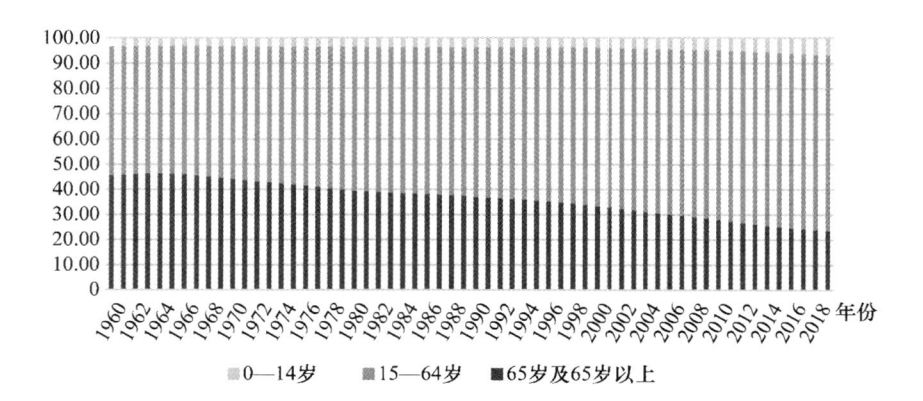

图Ⅰ-2-10　1960—2019年马来西亚各个年龄组人口占比变动（单位:%）

资料来源：世界银行，https://data.worldbank.org.cn/。

（四）65岁及以上人口情况

从人口年龄结构图Ⅰ-2-10看，马来西亚65岁及以上人口数量占总人口数量的比重介于3%—7%，整体呈波动上升趋势，分阶段看大致可以分为四个阶段：第一阶段，1960—1966年马来西亚65岁及以上人口数量占总人口数量的比重变动处于小幅下降趋势，1960年65岁及以上人口数量占总人口数量的比重为3.4%，到1966年65岁及以上人口数量占总人口数量的比重为3.2%，这一比重减少了0.2%；第二阶段，1967—1986年马来西亚65岁及以上人口数量占总人口数量的比重变动处于小幅度上升趋势，1967年65岁及以上人口数量占总人口数量的比重为3.23%，到1986年65岁及以上人口数量占总人口数量的比重为3.71%，这一比重增加了约0.5%；第三阶段，1987—1990年马来西亚65岁及以上人口数量占总人口数量的比重变动再次处于小幅下降趋势，65岁及以上人口数量占总人口数量的比重从1987年的3.71%下降到1990年的3.68%，这一比重下降了约0.03%。第四阶段，1991—2019年马来西亚65岁及以上人口数量占总人口数量的比重再次出现上升趋势，65岁及以上人口数量占总人口数量的比重从1991年的3.71%上升到2019年的6.92%，这一比重上升了约3.21%。

（五）抚养比

根据世界银行统计数据，从总抚（扶）养比来看，1960—2019年马来西亚总抚（扶）养比整体在44%—99%之间波动，1964年达到最大值，为98.3%；2019年达到最小值，为44.1%。

从少儿抚养比看，1960—2019年马来西亚少儿抚养比变动整体呈下降趋势，下降幅度较大，1964年少儿抚养比达到最大值，为91.8%；2019年少儿抚养系数为最小值，为34.2%。

从老年扶养比看，1960—2019年马来西亚老年扶养比变动整体呈波动上升趋势，具体来看大致分为两个阶段：第一阶段，1960—2005年马来西亚老年扶养比波动上升，1960年老年扶养比为6.7%，到2006年老年扶养比增加到6.8%；第二阶段，2006—2019年马来西亚老年扶养比变动处于小幅上升阶段，老年扶养比从2006年的7%上升到2019年的10%。

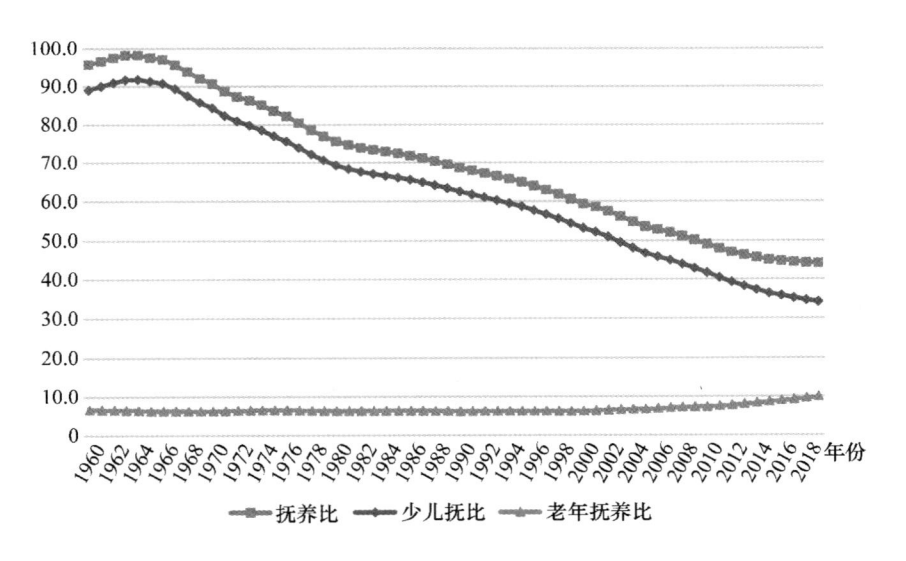

图Ⅰ-2-11 1960—2019年马来西亚抚（扶）养系数变动（单位:%）

说明：总抚养比=（0—14岁人口数量+65岁及以上人口数量）/15—64岁人口数量×100%，少儿抚养比=（0—14岁人口数量/15—64岁人口数量）×100%，老年扶养比=（65岁及以上人口数量/15—64岁人口数量）×100%。

资料来源：世界银行，https://data.worldbank.org.cn/。

二 人口受教育情况

(一) 人口文化程度变动情况

根据联合国教科文组织统计的1980年、1996年、2000年、2005年、2009年、2010年、2016年马来西亚25岁以上人口受教育程度数据,可以发现:受过中学、大学以上教育的人口比重逐年递增,未上过学的人口比重逐年递减。在2009年、2010年、2016年马来西亚人口的受教育程度超过半数为中学学历。大学及以上学历处于波动上升趋势,从1980年的1.9%上升到2010年的16.4%,2016年大学及以上学历教育的占比略有下降为11.3%。可见马来西亚人口整体的文化程度在不断提高。

表Ⅰ-2-7 马来西亚25岁以上人口受教育程度构成变动情况

年份	未上学率	小学未完成率	小学率	中学率	大学及以上百分率	未知率
1980	36.6	21.0	21.1	19.4	1.9	0
1996	16.7	13.0	20.6	42.8	6.8	0
2000	14.7	0	27.3	46.4	8.0	3.6
2005	17.6	0	35.9	41.4	5.1	0
2009	9.4	0	23.7	51.3	15.6	0
2010	8.8	0	23.0	51.8	16.4	0
2016	6.1	0	19.7	62.9	11.3	0

资料来源:联合国教科文组织,http://www.unesco.org。

(二) 教育的性别差异情况

在了解马来西亚25岁以上人口受教育程度的基础上,可以继续进一步研究马来西亚教育资源在男性与女性人口之间的差异问题。根据联合国教科文组织统计数据,可以得到1978—2016年马来西亚分别在小学、中学、高等教育各阶段男生与女生的入学比例。

结合数据和对应的折线图可以观察到:从整体来看,在小学,1980—

2016年马来西亚男生与女生的入学比例变化较大，在小学阶段，教育资源在男性与女性之间分布较均匀。

在中学，可以将马来西亚男生与女生的入学比例变化大致分为三个阶段：第一阶段，1980—2000年马来西亚女生入学人数低于男生入学人数，男生与女生的入学比例大于1，但这一比例逐步下降，男生与女生的入学比例从1980年的1.7下降到2000年的1.1；第二阶段，2000—2005年马来西亚男生入学人数高于女生入学人数，男生与女生的入学比例仍然大于1，但整体呈上升趋势，从2000年的1.1上升到2005年的1.2；第三阶段，2005—2016年马来西亚女生入学人数和男生入学人数比例维持稳定，男生与女生的入学比例大致保持在1.1。可以看出，在中学阶段，教育资源从初期较倾斜于男性上逐渐改变，经过调整和发展，实现了教育资源在男性与女性之间的较均匀分布。

在高等教育中，马来西亚男生与女生的入学比例可以大致分为两个阶段：第一阶段，1980—2010年马来西亚男生与女生的入学比例从2.7持续下降到1.1，男性与女性入学率在不断下降，但是男生入学人数仍然高于女生；第二阶段，2010—2016年男生与女生的入学比例从2010年的1.1逐步下降到2016年的0.8，女性入学人数多于男性入学人数。可以看出，在高等教育阶段，逐渐消除在性别上的差异并且从数量上更倾向于女性的过程中，男性接受高等教育比例反而低于女性，出现了新的性别差异问题。

（三）小学、中学和大学的入学率

1. 小学入学率

根据联合国教科文组织数据统计，1994—2015年马来西亚小学教育入学率（有部分数据缺失）情况如下：1994年总入学率为97.3%，从总入学率看，分为三个阶段。第一个阶段，1998—2005年整体呈波动上升趋势，总入学率由1998年的95.8%上升到2005年的99.6%，增加了3.8%；第二阶段，2005—2008年，总体呈下降趋势，由2005年的99.6%下降到2008年的95.1%；第三阶段，2008—2015年持续上升降阶段，从95.1%上升到99.9%。

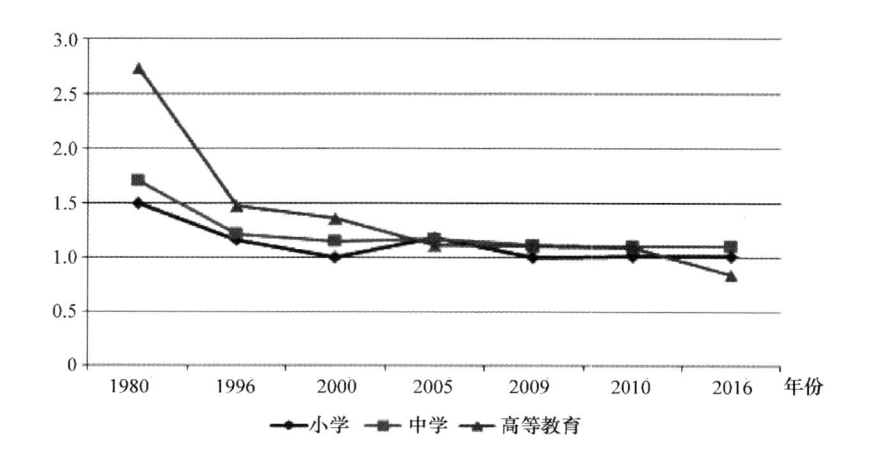

图Ⅰ-2-12　1980—2016年马来西亚男女生的入学比例变动

男女生入学比＝男生入学人数／女生入学人数，男女生入学比大于1，说明男生入学人数多于女生入学人数，男女生入学比小于1则男生入学人数少于女生入学人数。

资料来源：联合国教科文组织，http：//www.unesco.org。

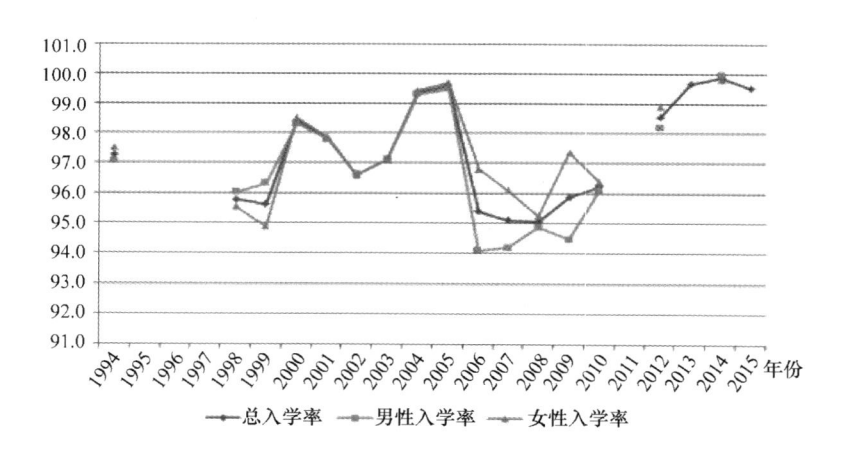

图Ⅰ-2-13　1994—2015年马来西亚小学入学率变化情况（单位:%）

说明：小学总入学率是指无论年龄大小，小学的总入学人数，与官方规定的小学适龄总人口的百分比值。总入学率可能超过100%，因为包含了较早或较晚入学及复读的超龄或小龄学生。

资料来源：世界银行，https：//data.worldbank.org.cn/indicator/SE.PRM.TENR? locations=MY。

2. 中学入学率

根据联合国教科文组织数据统计,1980—2019 年(1996 年男性、女性数据缺失)马来西亚中学教育入学率情况如下:从总入学率看,分为三个阶段。第一个阶段:1979—1997 年总体呈波动上升趋势;第二个阶段:1997—2005 年总体为略微上升趋势;第三阶段,2005—2019 年总体呈上升趋势。分性别来看,1979—1983 年男性入学率一直高于女性入学率,1984—2019 年女性入学率高于男性入学率与总入学率。

中学总入学率从 1980 年的 54.8% 增加到 2019 年的 83.7%,男性中学入学率从 1980 年的 56.0% 增加到 2019 年的 80.7%,女性中学入学率从 1980 年的 53.4% 增加到 2019 年的 87.0%。

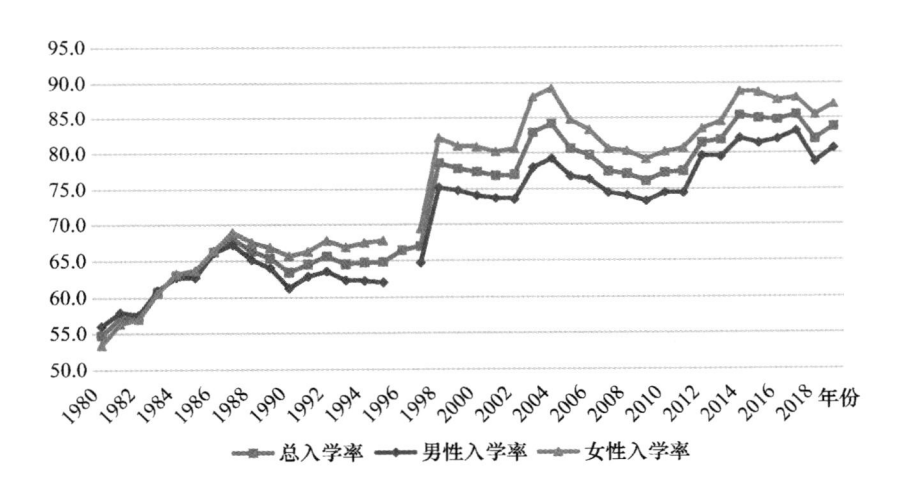

图 I-2-14　1980—2019 年马来西亚中学入学率变化情况（单位:%）

说明:中学所有课程总入学率,是指不论年龄大小,中学在校生总数占符合中学官方入学年龄人口的百分比。总入学率可能超过 100%,因为包含了较早或较晚入学及复读的小龄或超龄学生,(1996 年男性、女性数据缺失)。

资料来源:世界银行,https://data.worldbank.org.cn/indicator/SE.SEC.ENRR?locations=MY。

3. 高等教育入学率先升后降,女性高于男性

根据联合国教科文组织数据统计,1998—2019 年马来西亚大学入学率情况如下:从总入学率看,分为三个阶段。第一个阶段:1998—2003 年增长较为平缓;第二个阶段:2003—2006 年总入学率下降阶段;第三

个阶段：2006—2018 年，总入学率呈波动上升。分性别来看，1998—2016 年女性入学率高于男性入学率，且两者差距在不断加大。

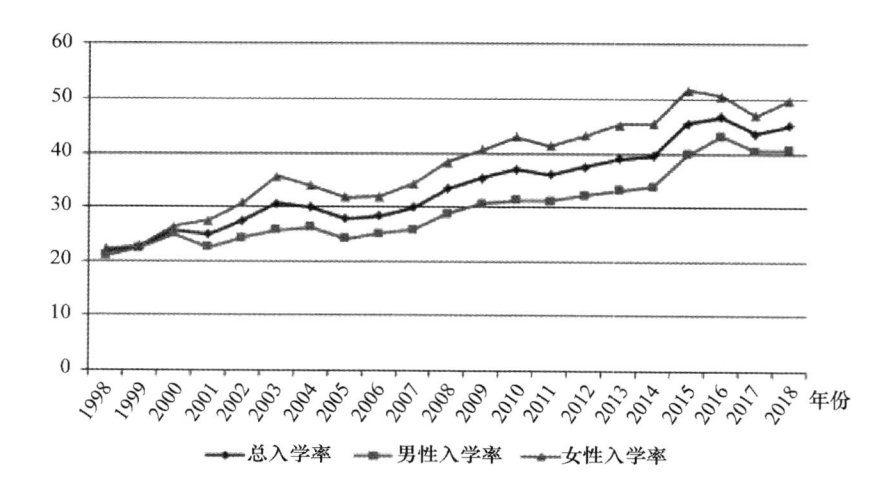

图Ⅰ-2-15 1980—2016 年马来西亚高等教育入学率变化情况（单位：%）

说明：高等教育总入学率，是指不论年龄大小，大学在校生总数，占中学之后 5 年学龄人口总数的百分比。

资料来源：联合国教科文组织，http://www.unesco.org。

第三节　人口就业状况

一　就业人口规模及变化情况

（一）2008 年以来劳动参与率持续提高

根据国际劳工组织统计数据，截止到 2018 年，15 岁及以上劳动参与率为 68.3%，其中，15 岁及以上男性劳动参与率为 80.4%，15 岁及以上女性劳动参与率为 55.2%。

2008—2018 年马来西亚 15 岁以上男性和女性劳动参与率的变动趋势同总劳动参与率的变动趋势一致，呈现不断上升趋势。2008 年总劳动参与率 62.6%，2018 年总劳动参与率为 68.3%。男性劳动参与率由 2008 年的 79.0% 增加到 2018 年的 80.4%，增幅为 1.4 个百分点，女性劳动参与率由 2008 年的 45.7% 增加到 2018 年的 55.2%，增幅为 9.5 个百分点。

从性别来看，2008—2018 年男性劳动参与率一直高于女性劳动参与率，但男性劳动参与率的增幅小于女性劳动参与率的增幅：女性劳动参与率约增加 10 个百分点，男性劳动参与率约增加 1.4 个百分点。

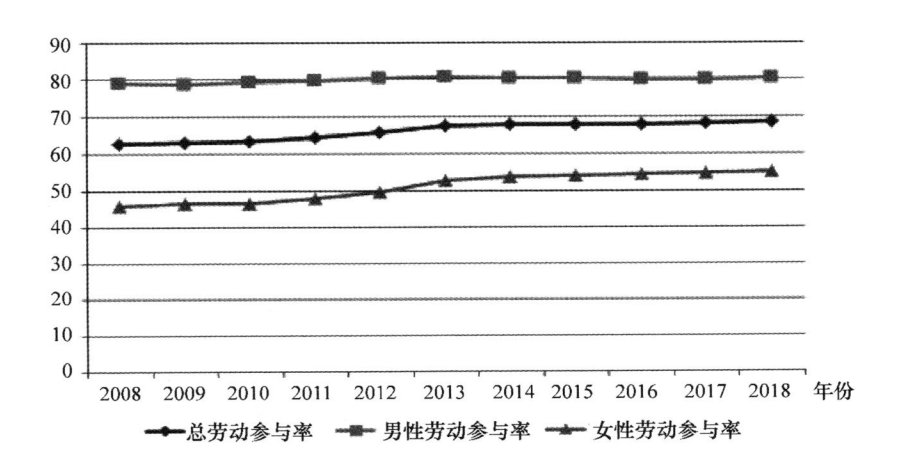

图 I-2-16　2008—2018 年马来西亚 15 岁及以上人口劳动参与率（单位：%）

说明：劳动参与率 = 从业人口/劳动年龄人口 ×100%。

资料来源：国际劳工组织，https://www.ilo.org/global/lang--en/index.htm

（二）失业率

从马来西亚 2008 年到 2018 年（缺失 2017 年数据）失业率数据看，总人口失业率大概可以分为四个阶段，第一阶段 2008—2009 年，总人口失业率呈小幅上升阶段；第二阶段，2009—2014 年，总人口失业率呈波动下降趋势；第三阶段，2014—2016 年，总人口失业率呈上升趋势。

从性别失业率来看，男性人口失业率可分为两个阶段。第一阶段 2008—2009 年，男性失业率呈小幅上升趋势；第二阶段 2009—2016 年，呈波动下降趋势。女性人口失业率可以分为三个阶段，第一阶段 2008—2009 年，女性人口失业率呈小幅上升阶段；第二阶段 2009—2014 年，女性人口失业率呈波动下降趋势；第三阶段 2014—2016 年，人口呈上升趋势。所有阶段中女性失业率一直高于男性人口失业率。

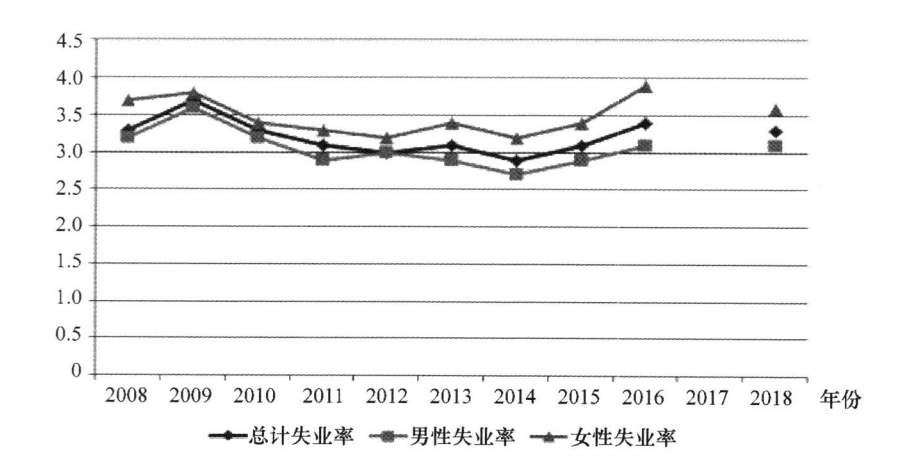

图 I-2-17　2000—2018 年
马来西亚失业率变动情况（单位:%）

资料来源：国际劳工组织，https://www.ilo.org/global/lang--en/index.htm。

说明：2017 年数据缺失。

二　就业人口的主要行业构成及变化特点

根据国际劳工组织、马来西亚统计局的统计数据，2017 年马来西亚总就业人口 2895.4 万，其中男性为 1782.7 万人，女性为 1112.7 万人，男性就业人口多于女性就业人口。

2017 年马来西亚就业人口的行业构成情况如下：农业就业占比 11.3%，工业就业占比 27.7%，服务业占比 61.0%，服务业成为就业的主要行业。根据马来西亚 2001—2017 年就业行业占比变化来看，服务业就业占比高于农业和工业就业占比，并且服务业就业占比自 2001 年以来一直呈现上升趋势，并且其就业占比一直高于 50%；农业和工业就业占比则表现为波动下降趋势，但工业就业占比高于农业就业占比。

表 I-2-8　2017年马来西亚分行业的就业人数（单位：万人）

行业	类别	人数
总就业人数	合计	2895.4
	男性	1782.7
	女性	1112.7
农业	合计	1447.7
	男性	891.3
	女性	556.3
工业	合计	163.5
	男性	126.3
	女性	37.2
服务业	合计	1284.2
	男性	765.1
	女性	519.1

资料来源：国际劳工组织，https://www.ilo.org/global/lang--en/index.htm。

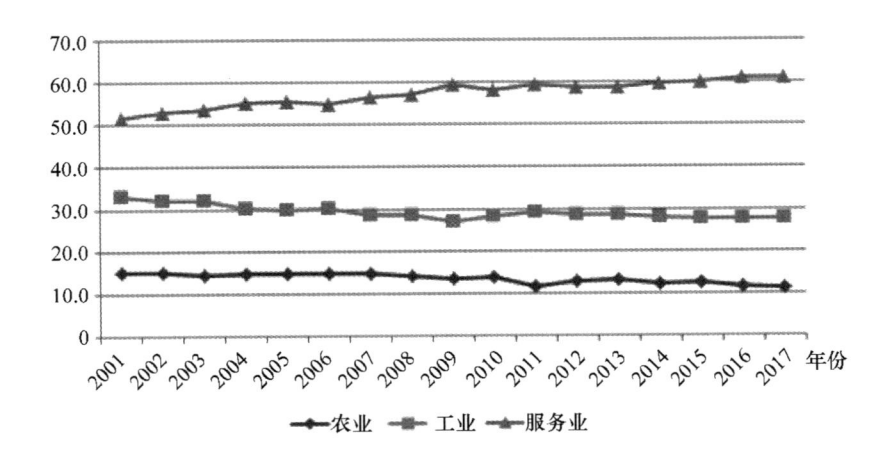

图 I-2-18　马来西亚分行业就业百分比（单位:%）

资料来源：马来西亚统计局，https://www.dosm.gov.my/v1_/。

三 就业人口的职业构成

马来西亚各职业大类的就业人数比较均衡，专业技术人员和技术工人的就业规模比较大。根据国际劳工组织统计数据，截至2018年马来西亚就业人口的职业分布如下：

管理者总数为66.1万人，其中女性人数为16.3万人、男性就业人数为49.8万人，管理者就业人数占总就业人数的4.47%。

专业技术人员总数为182.4万人，其中女性就业人数为100.3万人、男性就业人数为82.1万人，专业技术人员占总就业人数的12.34%。

一般技术人员总数为153.7万人，其中女性就业人数为48.7万人、男性就业人数为105.1万人，一般技术人员占总就业人数的10.4%。

文职人员总数为124.8万人，其中女性就业人数为89.9万人、男性就业人数为34.9万人，文职人员就业人数占总就业人数的8.45%。

服务和销售人员总数为342.3万人，其中女性就业人员为173.1万人、男性就业人员为169.1万人，服务和销售人员占总就业人数的23.17%。

熟练的农业、林业和渔业工人总数为92.2万人，其中女性就业人数为20.2万人、男性就业人数为72万人，熟练的农业、林业和渔业工人占总就业人数的6.24%。

工艺有关人员总数为154.6万人，其中女性就业人数为33万人、男性就业人数为121.6万人，工艺有关人员占总就业人数的10.46%。

工厂和机器操作员和装配工总数为178.8万人，其中女性就业人数为38.9万人、男性人数为139.9万人，工厂和机器操作员和装配工占总就业人数的12.1%。

简单劳动职员总数为182.9万人，其中女性就业人数为53.2万人、男性就业人数为129.7万人，简单劳动职员占总就业人数的12.38%。

表 I-2-9　　　　　2018年马来西亚分职业人口构成

类别	数量（万人）
就业总人数	1477.6
管理者	66.1

续表

类别	数量（万人）
专业技术人员	182.4
一般技术人员	153.7
文职人员	124.8
服务和销售人员	342.3
熟练的农业、林业和渔业工人	92.2
工艺有关人员	154.6
工厂和机器操作员和装配工	178.8
简单劳动职员	182.9

说明：此处的就业总人数为表中不同职业就业人数的总和，与社会上总的就业人口数据有出入，因为有一部分就业人口不在表所分职业中。

资料来源：国际劳工组织，https：//www.ilo.org/global/lang--en/index.htm。

第四节　国际移民及首都人口发展情况

一　国际移民数量

（一）总体情况

马来西亚半岛位于马来半岛南部，北与泰国接壤，西濒马六甲海峡，东临南中国海，南濒柔佛海峡与新加坡毗邻，并建有两条长堤相通，半岛上共11州属。马来西亚的国际移民来源覆盖亚洲、欧洲，其中大部分移民来源集中在亚洲国家。根据联合国人口司统计数据，截止到2019年，马来西亚国际移民数量为3430380人。国际移民主要来源为印度尼西亚、尼泊尔、孟加拉国、缅甸、印度、菲律宾、越南、新加坡、巴基斯坦、日本、柬埔寨、泰国、中国、英国等国家。其中，来自印度尼西亚的国际移民数为1225156人，占总国际移民比重为35.7%；来自尼泊尔的国际移民数为578082人，占总国际移民比重为16.9%；来自孟加拉国的国际移民数为410195人，占总国际移民比重为12.0%；来自缅甸的国际移民数为345947人，占总国际移民比重为10.1%；来自印度的国际移民数为146128人，占总国际移民比重为4.3%；来自菲律宾的国际移民数为 116423 人，占总国际移民比重为 3.4%；来自越南的国际移民数为 99875 人，占总国际移民比重为 2.9%；来自新加坡的国际移民数为 91002 人，占总国际移民比重为 2.7%；来自巴基斯坦的国际移民数为 83884 人，占总国际移民比重为 2.4%；来自日本的国际移民数为 18825 人，占总国际移民比重为 0.5%；来自柬埔寨的国际移民数为 16166 人，占总国际移民比重为 0.5%；来自泰国的国际移民数为 15580 人，占总国际移民比重为 0.5%；来自中国的国际移民数为 11864 人，占总国际移民比重为 0.3%；来自英国的国际移民数为 11273 人，占总国际移民比重为 0.3%。

（二）近年变动趋势

根据联合国人口司 2000 年、2019 年马来西亚国际移民数量及主要构成的数据。可以看出，2000 年马来西亚国际移民数量为 146.4 万左右，到了 2016 年，这一数据增加到 343.0 万，马来西亚不断吸引着国际移民的到来，国际移民数量逐步增加。其中印度尼西亚一直为其最大移民来源国，尼泊尔、孟加拉国、缅甸、印度、菲律宾、越南也提供了较多的移民来源。印度尼西亚和尼泊尔为来自亚洲的主要来源国，其中来自尼泊尔的国际移民有显著增加，2000 年，来自尼泊尔的移民数量为 4.8 万左右，在 2019 年，这一数据增加到 57.8 万左右。

在 2000 年，马来西亚国际移民来源地主要包括印度尼西亚、菲律宾、印度、中国、越南、孟加拉国、尼泊尔、新加坡、泰国、缅甸、日本、巴基斯坦、英国，其占马来西亚国际移民总数量的比重依次减少，分别为 49.7%、12.1%、6.0%、3.7%、3.7%、3.6%、3.3%、3.1%、2.4%、1.3%、0.6%、0.5%、0.4%。在 2019 年，马来西亚国际移民来源地主要包括印度尼西亚、尼泊尔、孟加拉国、缅甸、印度、菲律宾、越南、新加坡、巴基斯坦、日本、柬埔寨、泰国、中国、英国，但是具体占马来西亚国际移民总数量的比重发生了一定的变化，其占马来西亚国际移民总数量的比重依次减少，比重分别为 35.7%、16.9%、12.0%、10.1%、4.3%、3.4%、2.9%、2.7%、2.4%、0.5%、0.5%、0.5%、0.3%、0.3%。

表Ⅰ-2-10　　　　　　马来西亚国际移民变动情况

年份	主要来源国	移民数量（人）	移民总数（人）
2000 年	印度尼西亚	726961	1463598
	菲律宾	176961	
	印度	87900	
	中国	54430	
	越南	54395	
	孟加拉国	53272	
	尼泊尔	48253	
	新加坡	44779	
	泰国	34501	
	缅甸	19298	
	日本	8490	
	巴基斯坦	7140	
	英国	5547	
	其他国家	138258	
2019 年	印度尼西亚	1225156	3430380
	尼泊尔	578082	
	孟加拉国	410195	
	缅甸	345947	
	印度	146128	
	菲律宾	116423	
	越南	99875	
	新加坡	91002	
	巴基斯坦	83884	
	日本	18825	
	柬埔寨	16166	
	泰国	15580	
	中国	11864	
	英国	11273	
	其他国家	259980	

资料来源：联合国人口司，https：//esa.un.org/unpd/wpp/Download/Standard/Population/。

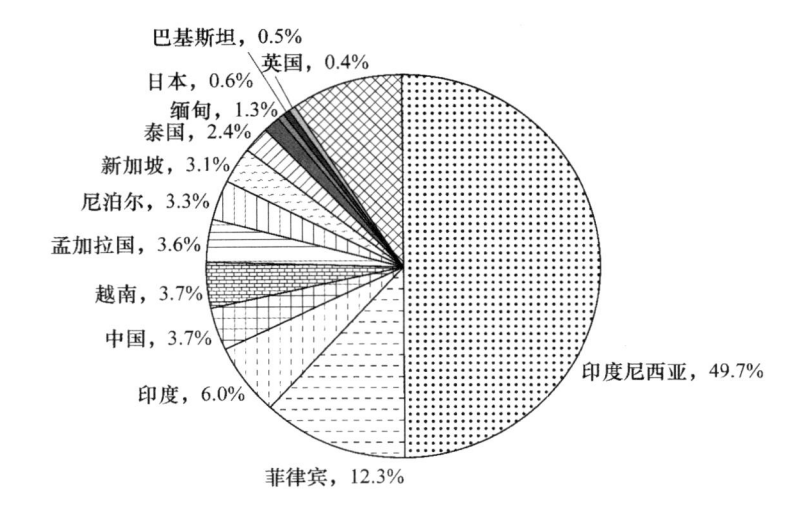

图Ⅰ-2-19　2000年马来西亚国际移民来源地构成

资料来源：联合国人口司，https://esa.un.org/unpd/wpp/Download/Standard/Population/。

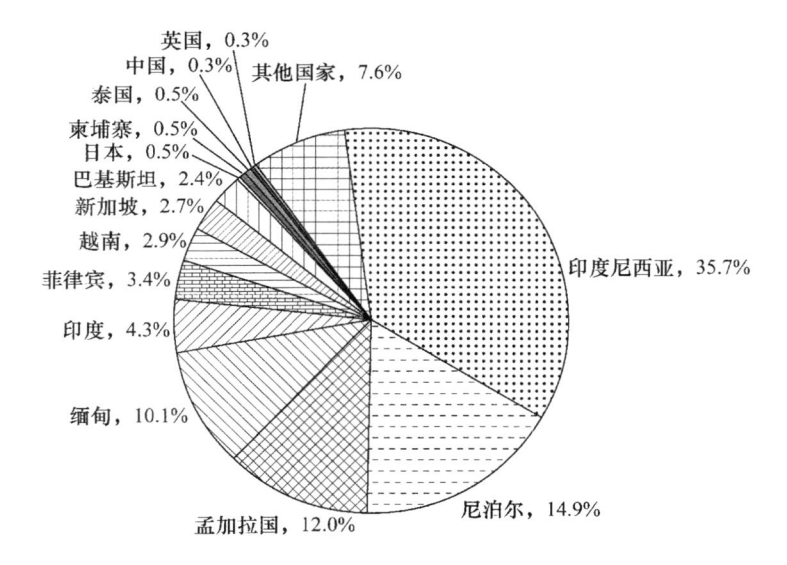

图Ⅰ-2-20　2019年马来西亚国际移民来源地构成

资料来源：联合国人口司，https://esa.un.org/unpd/wpp/Download/Standard/Population/。

二　国际移民净迁移情况

从表Ⅰ-2-11可以看出1950—2015年马来西亚国际移民净迁移的

变化趋势。1950—1955 年人口净迁出 1.7 万，到 2010—2015 年时期净迁入人口为 25 万人。马来西亚的净迁移可大致分为两个阶段，第一阶段 1950—1985 年，各时期净移民数小于 0，属于人口净迁出阶段；第二阶段，1985—2015 年各时期净移民数大于 0，属于人口净迁入阶段。

表 I-2-11　　马来西亚国际移民净迁移情况（单位：万）

年份	净迁移数
1950—1955	-1.7
1955—1960	-6.3
1960—1965	-5.9
1965—1970	-13.9
1970—1975	-13.5
1975—1980	-0.5
1980—1985	-7.7
1985—1990	42.5
1990—1995	29.2
1995—2000	51.7
2000—2005	67.1
2005—2010	76.2
2010—2015	25.0

资料来源：迁移数据，https://migrationdataportal.org/。

三　吉隆坡及其人口总数历史变动情况

吉隆坡是马来西亚的首都也是最大城市。吉隆坡是一座对东南亚的文化、教育、体育、财政、经济、商业、金融都具有极大影响力的国际大都市。许多在东南亚召开的国际外交会议都会在吉隆坡举行，因此，吉隆坡也被视为东南亚外交的两大中心之一。吉隆坡位于巴生河流域,东有蒂迪旺沙山脉为屏障,北方及南方有丘陵环绕,西临马六甲海峡。吉隆坡的马来语意指"泥泞河口",即巴生河和鹅唛河的交汇处。

吉隆坡地处雪兰莪州中心,曾受到雪兰莪州政府的管辖。马来半岛西侧海岸与东侧海岸相较起来,有较广阔的平原,因此有利于吉隆坡发展,比其他城市更有优势。都会区面积达 243 平方千米,平均海拔 21.95 米。西、北、东三面由丘陵和山脉环抱,巴生河穿城而过。

根据马来西亚统计局的数据,2018 年吉隆坡的总人口为 179.52 万(含 24.60 万外籍人士),男女比例为 1.38∶1,总人口占马来西亚总人口的 5.54%,吉隆坡三大族群为马来人、马来西亚华人、马来西亚印度裔人。其中土著 72.53 万,占总人口的 40.4%;华裔 65.41 万,占总人口的 36.44%;印裔 15.09 万,占总人口的 8.41%。

性别	土著*	华裔	印度	其他	非公民	总数
男性（万）	36.26	33.15	7.43	0.96	14.25	92.05
女性（万）	36.27	32.26	7.66	0.93	10.35	87.47
总数（万）	72.53	65.41	15.09	1.89	24.60	179.52
总数百分比（%）	40.40	36.44	8.41	1.05	13.70	100

* 土著：包含马来人及原住民。

图 Ⅰ-2-22 2018 年吉隆坡人口数量构成

资料来源：联合国人口司，https://esa.un.org/unpd/wpp/Download/Standard/Population/。

根据联合国人口司和马来西亚中央统计局的统计数据,吉隆坡人口数量变动呈不断上升趋势。从 1970 年的 48.5 万,上升到 2017 年的 179 万。

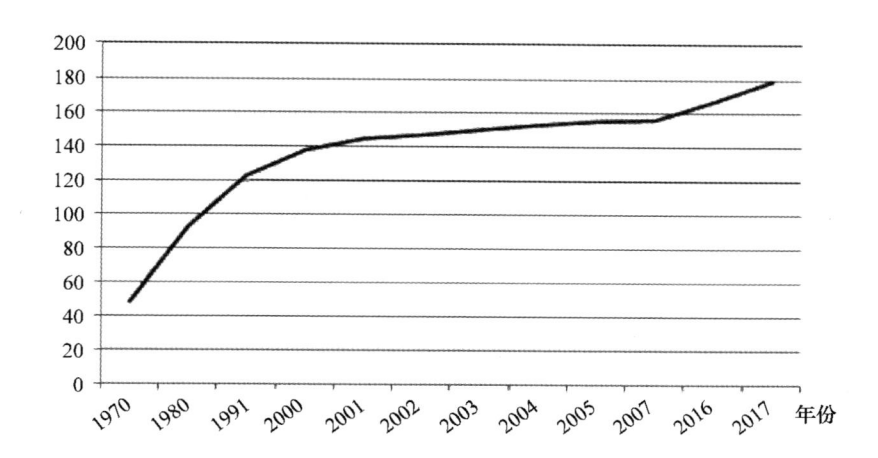

图Ⅰ-2-21 1970—2017年吉隆坡常住人口数量变化（单位：万）

资料来源：马来西亚统计局，https：//www.dosm.gov.my/；联合国人口司，https：//www.un.org/development/desa/zh/about/desa-divisions/population.html。

第三章　资源禀赋研究

马来西亚由十三个州和三个联邦领土组成，国土总面积330803平方千米（127720平方英里）。国土被南中国海分隔成东、西两部分，全国海岸线总长4192千米。西马位于马来半岛南部，北与泰国接壤，南与新加坡隔柔佛海峡相望，东临南中国海，西濒马六甲海峡。东马位于加里曼丹岛北部，与印度尼西亚、菲律宾、文莱相邻。马来西亚海岸线总长4192千米，森林面积占土地面积的比例缓慢降低。境内自然资源丰富，橡胶、棕油和胡椒的产量和出口量居世界前列。马来西亚曾是世界产锡大国，因过度开采，产量逐年减少。石油储量丰富，此外还有铁、金、钨、煤、铝土、锰等矿产。马来西亚属热带雨林气候，内地山区平均气温22℃—28℃，沿海平原平均气温为25℃—30℃。雨林气候为其丰富的生物资源多样性创造了良好的条件。马来西亚的原始森林中，栖息着濒于绝迹的异兽珍禽，如善飞的狐猴、长肢棕毛的巨猿、白犀牛和猩猩等，鸟类、蛇类、鳄鱼、昆虫等野生动物数量也很多。兰花、巨猿、蝴蝶被誉为马来三大珍宝。

第一节　土地资源

根据世界粮农组织统计数据，至2019年，马来西亚总耕地面积为828.6万公顷，占总土地面积的25.2%。其中，永久作物占该耕地面积的90%（746万公顷），其余10%（82.6万公顷）为一年生作物，主要是水稻。

一 耕地资源概况

至2009年,马来西亚从事农业经济活动总人口为164万,占经济活动人口的13%。2009年国内生产总值为1939.93亿美元,农业占GDP的10%,而1990年为15%。农业被划分为大型种植园,集中种植三种作物——橡胶、油棕和可可,大部分农业都是小农经济。1995年棕榈油、橡胶和锯材占农产品出口总额的58%以上。马来西亚也是世界最大的棕榈油生产国之一,拥有超过523万公顷的油棕种植园和超过400个棕榈油生产工厂。油棕19世纪70年代作为观赏植物开始在马来西亚种植,20世纪20年代,马来西亚开始企业化种植油棕。2006年以前,马来西亚是油棕种植面积和棕榈油产量全球第一大国。2012年马来西亚棕榈油行业大约雇佣49万名工人,棕榈油业已经成为马来西亚经济发展的重要组成部分。马来西亚农业以经济作物为主,主要有油棕、橡胶、热带水果等。粮食自给率约为70%。2010年农业总产值为1046亿林吉特,占国民生产总值的7.3%,就业人口147.5万。马来西亚盛产热带林木。渔业以近海捕捞为主,近年深海捕捞和养殖业有所发展。2011年鱼类捕捞量为52.6万吨。

世界银行农业发展统计报告数据显示,马来西亚农业用地2015年达7.839万平方千米,较2014年保持不变。1961—2015年间农业用地平均值为6.503万平方千米,最高值为2015年,最低值为1961年的3.1185万平方千米。农业用地占土地面积百分比2015年达23.859%,1961—2015年间平均值为19.796%,最高值为2015年,达23.859%,最低值为1961年,为9.492%。2015年农业灌溉土地占总农业用地的5.158%,比2013年的5.509%有所下降。马来西亚的农业灌溉土地2013—2015年平均占比5.333%。从土地资源利用变化来看,马来西亚农业用地总面积及所占比例2004—2015年间整体都呈不断上升趋势,可见,马来西亚农业发展规模逐渐增大,至2013年进入平稳发展期[①]。

农业用地的增加也促进了农产品产值及出口量的增加。马来西亚农产

---

① CEIC: Malaysia: Agricultural Irrigated Land, https://www.ceicdata.com/en/malaysia/land-use-protected-areas-and-national-wealth/amp。

品以经济作物为主，主要有棕榈油、橡胶、可可、稻米、胡椒、烟草、菠萝、茶叶等。据马来西亚棕榈油委员会数据显示，2017年马来西亚油棕种植面积为581万公顷，同比增长1.3%；原棕油产量为1992万吨，同比增长15%。马来西亚棕油产量和出口量都仅次于印尼，是世界第二大生产国和出口国。2017年马来西亚天然橡胶产量为74万吨，进口量为109.5万吨，出口119.4万吨，其中73.3%出口到中国。至2018年，马来西亚农业产值为955.5亿马币，占GDP的7.8%[①]。

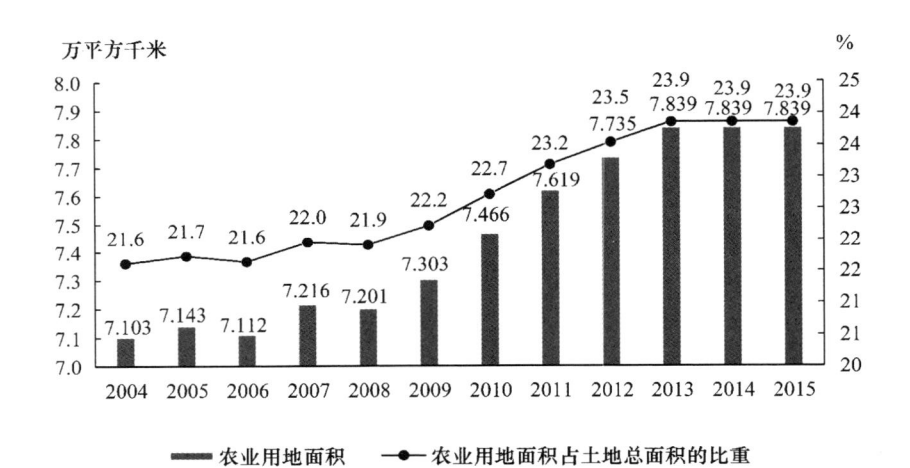

图Ⅰ-3-1 2004—2014年马来西亚农业用地面积及占土地面积的百分比

资料来源：CEIC，https://www.ceicdata.com/en/malaysia/land-use-protected-areas-and-national-wealth/amp.

马来西亚可耕地面积（非永久作物）在2015年达95.4万公顷，1961—2015年间可耕地面积平均值为98.5万公顷，最高值为1979年达111万公顷，最低值为1961年的78.8万公顷。可耕地面积占土地面积百分比在2015年达2.9%，1961—2015年间平均值为3%，最高值为1979年的3.37%，最低值为1961年的2.4%。

马来西亚人均可耕地面积2015年达0.031公顷，较2014年的0.032

---

① 中国驻马来西亚大使馆经济商务处，http://my.mofcom.gov.cn/article/ddgk/201407/20140700648581.shtml。

公顷有所下降。耕地人均公顷数 1961—2015 年间平均值为 0.061 公顷，最高值为 1970 年，达 0.095 公顷，而历史最低值为 2015 年，为 0.031 公顷。

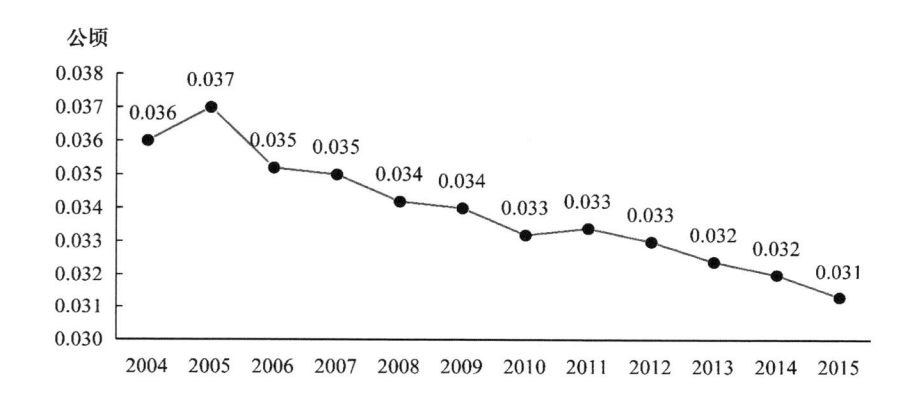

图Ⅰ-3-2 2004—2014 年马来西亚人均可耕地面积变化

资料来源：CEIC，https：//www.ceicdata.com/en/malaysia/land-use-protected-areas-and-national-wealth/amp.

由于城市化和工业发展，马来西亚正经历迅速变化。人口增长加之经济的快速发展，使土地资源的利用从森林转为农业，从农业区转为住宅和城市用地，对生态系统也产生重大影响。马来西亚农业土地覆盖、土地利用变化的增加正在破坏和干扰大气、森林资源、生物多样性、区域气候、生物地球化学循环、水资源和其他生态系统服务。因此如何平衡土地资源开发、土地利用方式转变和地方生态体系之间的关系是马来西亚土地资源利用需持续关注的重点问题之一。

二 林地资源概况

马来西亚是发展中的热带国家之一，从 20 世纪 50 年代到 70 年代，大部分天然林被改造成农业用地，主要用于橡胶和油棕种植园[①]。20 世纪 80 年代工业经济繁荣促进马来西亚土地资源的进一步利用和开发，如住

---

① Wong, K. H., 1974, *Land Use in Malaysia*, Ministry of Agriculture, Kuala Lumpur.

房、新城区和工业区。但土地资源的不合理及盲目开发利用对森林土地资源产生不可修复的破坏。天然林区压力越来越大，马来西亚土地利用活动导致了如滑坡等严重的自然灾害及生态环境问题[①]。

表 I -3-1　　　　1990—2019年马来西亚林地面积变化　　　　单位：万公顷

年份	林地面积 绝对面积	林地面积 占土地总面积比重（%）	其中：天然次生林面积	人工林面积
1990	2061.85	62.76	1868.38	193.47
1991	2052.58	62.47	1862.18	190.40
1992	2043.31	62.19	1855.98	187.32
1993	2034.04	61.91	1849.78	184.25
1994	2024.76	61.63	1843.58	181.18
1995	2015.49	61.35	1837.38	178.11
1996	2006.22	61.06	1831.18	175.04
1997	1996.95	60.78	1824.98	171.97
1998	1987.68	60.50	1818.78	168.90
1999	1978.41	60.22	1812.58	165.82
2000	1969.14	59.93	1806.38	162.75
2001	1961.70	59.71	1802.13	159.57
2002	1954.26	59.48	1797.88	156.38
2003	1946.82	59.26	1793.63	153.19
2004	1939.39	59.03	1789.38	150.01
2005	1931.95	58.80	1785.13	146.82
2006	1924.51	58.58	1780.88	143.64
2007	1917.08	58.35	1776.63	140.45

---

① Abdullah S. A., Nakagoshi N., Forest Fragmentation and Its Correlation to Human Land Use Change in the State of Selangor, Peninsular Malaysia, *Forest Ecology & Management*, 2007, 241 (1-3): 39-48.

续表

年份	林地面积		其中：天然次生林面积	人工林面积
	绝对面积	占土地总面积比重（%）		
2008	1909.64	58.12	1772.38	137.26
2009	1902.20	57.90	1768.12	134.08
2010	1894.77	57.67	1763.87	130.89
2011	1905.10	57.98	1766.22	138.87
2012	1915.43	58.30	1768.57	146.85
2013	1925.76	58.61	1770.92	154.84
2014	1936.09	58.93	1773.27	162.82
2015	1946.42	59.24	1775.62	170.80
2016	1931.46	58.79	1758.59	172.88
2017	1926.45	58.63	1754.36	172.09
2018	1921.43	58.48	1750.14	171.30
2019	1916.42	58.33	1745.92	170.50

资料来源：世界粮农组织统计数据库 – 土地利用情况 – 土地利用情况统计。

从马来西亚林地面积变化趋势来看，1990—2010 年全国林地面积及其占比均不断下降，从 2061.85 万公顷（62.76%）减少至 1894.77 万公顷（57.67%）；2010 年以后，得益于人工林面积快速增长，林地总面积的下降趋势得到缓解，维持在 1900 万公顷左右。其中，天然次生林面积占林地总面积的比重保持在 90% 以上，但是绝对面积逐年降低，至 2019 年仅有 1745.92 万公顷，较 1990 年减少 6.6%。1990—2019 年人工林面积先减少后增加，2010 年时仅有 130.89 万公顷，2019 年恢复至 170.50 万公顷。

第二节　矿产资源

矿产资源是马来西亚经济发展的重要资源，马来西亚探明矿产有 30

多种，锡矿资源非常丰富，素有"锡国"美称。除锡外，石油、天然气资源也比较丰富。丰富的矿产资源也带动了相关制造业的发展。马来西亚以锡、石油和天然气开采为主，重点发展带动电子、汽车、钢铁、石油化工和纺织品等产业发展。2015 年，马来西亚日产原油 69.3 万桶，出口额达 261 亿马币①。全年天然气开采量 682 亿立方米，液化天然气出口 2510 万吨，占天然气出口的 95%，主要出口日本、韩国和中国台湾。马来西亚石油和天然气行业管理及开采主要掌握在国家石油公司（PETRONAS）手中，2017 年该公司在《财富》杂志世界 500 强企业排名第 184 位，全年营业收入 494.8 亿美元，实现利润 40.9 亿美元。至 2018 年，马来西亚采矿业产值 969.7 亿马币，占 GDP 的 7.9%。

一 矿产资源多样性显著

马来半岛主要由中、古生界和海西—印支期花岗岩组成，大致可分为西部的冒地槽带和东部的优地槽带。中央山脉大致相当于冒地槽的中央隆起带。东马地区以卢帕河为界，可划分出西婆罗地斜和西北要罗地斜两个构造单元，表现不同的大地构造演化历史，造就了马来西亚丰富的矿产资源，在马来西亚经济中占据重要地位。2008 年矿产资源相关产业产值占国内生产总值的 17.2%，其中大部分来自天然气和石油。金属矿产只占其中的较小部分，主要产品包括锡、金、铝土矿、稀土金属、铁矿石等。

马来西亚资源丰富，已探明的主要矿产资源有：石油、天然气、锡、金、银、铁、铜、锑、锰、铝土、铬、钛、铀、钴、钽、重晶石、独居石。其中，锡矿资源非常丰富，开采历史悠久，素有"锡国"的美称。马来西亚的铁矿主要产自柔佛州、彭亨州、霹雳州和登嘉楼州的小型矿山。低品位铁矿石多供应本国，高品位的铁矿石多出口到中国。铜矿主要分布在西马彭亨州的 Mengapur 和东马沙巴州的基纳巴卢山的马穆，全国铜矿石储量近 2 亿吨。金矿在东马、西马一些地区都有分布，其中大部分位于西马的吉兰丹州、彭亨州、登嘉楼州，全国超过 90% 的金产量来自彭亨州，索谷金矿和东马的巴乌金矿带勘探程度较高。马来西亚的锰矿主

---

① 王海华：《马来西亚油气工业现状及未来发展趋势》，《国土资源情报》2013 年第 1 期。

要位于柔佛州、吉兰丹州、彭亨州和登嘉楼州，大部分锰矿品位低于 50%。

表 I-3-2　　　　2004—2013 年马来西亚矿产资源储量

年份	铝土矿	铁矿	金矿	银矿	锡土矿	锆石	锰矿
	吨	吨	千克	千克	吨	吨	吨
2004	2040	663732	4221	364	2745	6886	—
2005	4735	949605	4250	401	2857	4954	—
2006	91806	667082	3497	410	2398	1690	—
2007	156785	802030	2913	295	2263	7393	—
2008	150000	800000	2400	290	2578	7000	—
2009	263432	1470186	2794	367	2412	1145	468963
2010	124274	3465895	3765	436	2668	1267	899703
2011	188141	8077879	4219	459	3340	1685	597917
2012	121873	12143987	4625	1678	3726	442	1099585
2013	208770	12133556	3822	361	3697	379	1125127

资料来源：宋国明：《马来西亚金属矿业概览》，《中国金属通报》2010 年第 44 期；向文帅、高小卫、王建雄：《马来西亚金属矿产资源概况》，《华南地质与矿产》2019 年第 1 期。

（一）锡矿

马来西亚锡矿山总数量近年有所下降，20 世纪 80 年代马来西亚的锡资源储量曾占世界总储量的 36%，锡矿年开采量占世界总开采量的 20.6%，居第一位。但自 1986 年以来，由于国际锡价走低、高品位锡矿床的耗尽以及马来西亚通货膨胀等原因，马来西亚的锡采矿工业显著萎缩。锡矿山数量急剧减少，从 1980 年的 847 个减少到 1997 年 36 个。据 USGS 数据统计，2009 年锡储量 50 万吨（基础储量 60 万吨），居世界第 5 位。马来半岛各州中 9 个有锡矿资源，其中以霹雳州和雪兰莪州最多。2013 年马来西亚锡矿储量为 25 万吨，年产量 3697 吨，排名降至世界第 9 位。

马来西亚锡矿石类型以砂矿为主,主要为冲积砂。如世界著名的吉隆坡锡矿区,矿石矿物为锡石,伴有独居石、铁矿和磷钙矿等,多来自印支期花岗岩与志留二叠纪碎屑岩和灰岩内外接触带附近的锡石—石英脉。原生锡矿占次要地位,其成因类型主要可分为三种,(1)热液型矿床。多为锡石石英脉型矿床,矿石分布在泥质岩层的裂隙中。主要矿石矿物为锡石,伴生有黄铁矿、黄铜矿、毒砂、黄玉、黄锡矿、闪锌矿、石英和铭铁矿等。代表矿床如双溪林明锡矿。(2)接触交代型矿床。特征是锡石发育在花岗岩体与碳酸岩接触处的矿卡岩带中,锡矿化集中在断裂交叉部位及交汇处,如马樟萨塔洪、武吉伯西等矿体。(3)伟晶岩型矿床。规模较小,产于各类伟晶岩中,除锡石外主要伴生矿物有电气石、白云母、黄玉、萤石和绿柱石等,如柔佛州的巴克里矿床[①]。

(二) 金矿

马来西亚金矿勘查与开发活动频繁,导致金矿储量2004—2013年持续下降,由4221千克降至3822千克。马来西亚金矿主要分布在半岛中部金矿带、砂拉越西部的巴乌和武言涌、沙巴州的马穆特及塞加马河谷,多为砂矿。吉兰丹州南部的Sokor地区主要为砂金[②]。原生矿以巴乌金矿最大,矿区位于巴乌背斜与花岗二长斑岩侵入体的交界处,为硅化含金砂卡岩型矿床。具体来看,西马的多期造山运动和广泛发育的断裂带,为成矿作用提供了非常有利的成矿地质环境。西马中央金矿带主要与晚三叠世到早白垩世的黑云母花岗岩相关,它们沿南北向的文东-劳勿断裂带分布。而在东马,主要的金矿床形成于渐新世-中新世,金矿类型包括了斑岩型到浅成低温热液型等多种。

(三) 铁矿

马来西亚铁矿储量占比最高,且储量呈持续上升趋势。主要矿床有丁加奴州的武吉伯西、柔佛州的佩莱卡南和沙巴州塔瓦伊高原铁矿。武吉伯西和佩莱卡南铁矿均为接触交代矿床,与花岗质侵入岩有成因关系,主要矿石矿物为磁铁矿,塔瓦伊铁矿为残余矿床,产于超基性岩风化层中,矿石储量7500万吨,含铁量40%—49%,含镍量0.4%—0.55%,矿区面

[①] 《马来西亚矿业开发与投资环境》,《现代矿业》2009年第5期。
[②] 宋国明:《马来西亚金属矿业概览》,《中国金属通报》2010年第44期。

积约 15 平方千米。

(四) 铝土矿

马来西亚铝土矿储量为 4000 万吨，资源量较少。印尼实施原矿出口禁令后，马来西亚铝土矿遭受掠夺式开采，仅 2015 年就开采 2100 万吨，占总储量的 50%[1]。2016 年马来西亚自然资源与环境部颁布铝土矿开采禁令，马来西亚虽然颁布铝土矿开采禁令，但由于港口库存巨大，为防止已开采铝土矿对环境产生持续破坏，马来西亚自然资源与环境部在清空库存等特定条件下，考虑批准进口铝土矿，如 2017 年解封较早被充公的超过 1000 万吨彭亨铝土矿。整体来看，马来西亚对国外投资者的限制最少，铝土矿资源储量较低，无法满足氧化铝长期生产的需要，电解铝和铝加工市场规模相对较大[2]。铝土矿资源主要分布于马来西亚砂拉越州的 Bukit Batu、Bukit Gebong、Lundu-Semantan 和 Tanjung Seberang，沙巴州的 Bukit Mengkabau Labuk Valley 和柔佛州的 Bungai Ren。

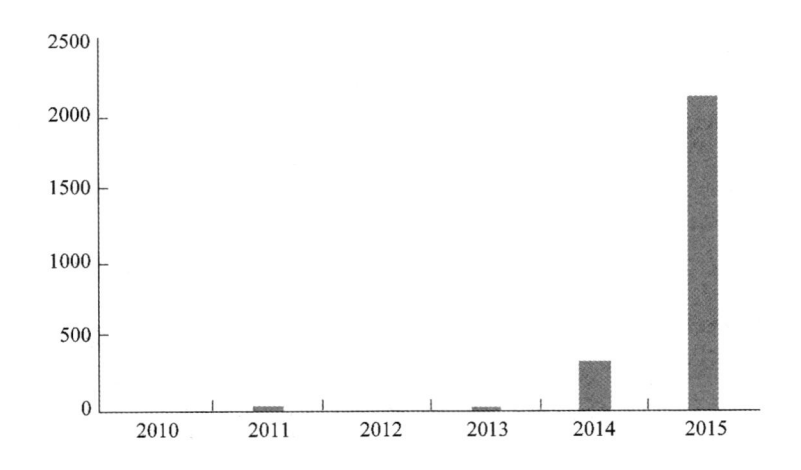

图 I-3-3　2013—2015 年马来西亚铝土矿产量变化 (万吨)
资料来源：USGS 矿产资源统计。

此外，稀土矿也是马来西亚重要的矿产资源，稀土矿储量约 3 万吨，

---

[1]《马来西亚矿业开发与投资环境》，《现代矿业》2009 年第 5 期。
[2] 刘连辉：《越南、印尼和马来西亚铝工业综述》，《轻金属》2018 年第 6 期。

基础储量 3.5 万吨。主要矿种为独居石和磷钇矿，广泛分布于马来半岛的砂锡矿中。锑、锰、汞等矿产也有较好的资源前景，锑主要分布在马来西亚中南部，有 20 多个矿床，属辉锑矿石英脉型，矿体产于火山岩附近的灰岩、黏土岩页岩中。

二 矿产资源空间集中度高

由于西马和东马的地质背景不同，二者成矿特征也具有明显差异，因此马来西亚的矿产资源集中度较高，形成了不同的矿产集聚带（图Ⅰ-3-4）。

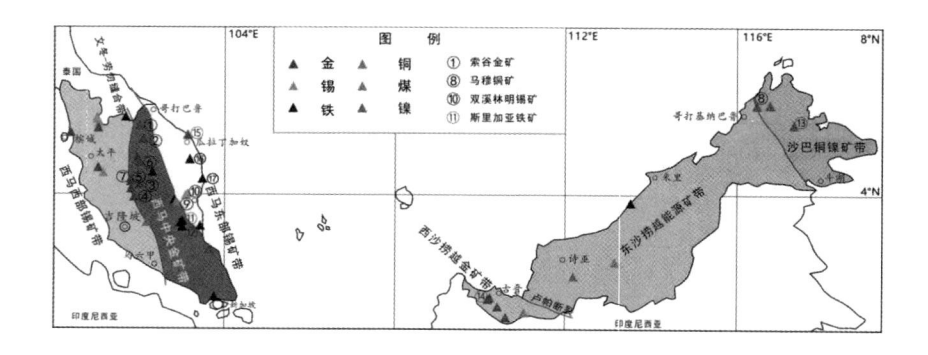

图Ⅰ-3-4 马来西亚主要矿床及矿产资源空间分布

资料来源：向文帅、高小卫、王建雄：《马来西亚金属矿产资源概况》，《华南地质与矿产》2019 年第 1 期。

具体来看，西马主要矿带包括：西马西部锡矿带，西马中央金矿带，和西马东部锡矿带。东马地区也主要分为三个矿带：西砂拉越金矿带，东砂拉越能源矿带和沙巴铜镍矿带。东南亚锡矿带北起缅甸东部、泰国西部，穿过马来半岛直到南部的印度尼西亚邦加勿里洞岛，这条锡矿带的锡资源占全球储量的 50%。西马的两条锡矿带都属于东南亚锡矿带的一部分，西部锡矿带和东部锡矿带都呈南北走向，锡矿以及相关矿化被认为与分布在成矿带上的花岗岩体相关，如主脉花岗岩和吉兰丹/丁加奴边界山脉花岗岩。锡矿带被开采的主要锡矿类型均为砂锡矿床，由于自三叠纪以来的抬升，以致含锡花岗岩体在新近纪晚期被揭去顶盖，产生巨大的坚打河谷、吉隆坡等第四纪冲积型矿床。西马中央金矿带位于东西两个锡矿带之间，其中发育金矿床，以及贱金属矿床如锰矿、铁矿、重晶石矿。

表Ⅰ-3-3　　　　　　　　马来西亚主要矿床分布

矿床	矿种	位置	资源量（t）	矿床类型
Ulu Sokor	金	吉兰丹	10750000	造山型
Sungai Pergau	金	吉兰丹	1000000	造山型
Penjom	金	彭亨	26287688	剪切带型金矿
Raub	金	彭亨	20330000	造山型
Selinsing	金	彭亨	7009000	造山型
Damar	金	彭亨	3661000	造山型
Bumi Emas	金	彭亨	1250000	造山型
Mamut	铜	沙巴	83000000	斑岩型
Mengapur	铜	彭亨	289209000	矽卡岩型
Sungai Lembing	锡	彭亨	757000	矽卡岩型
Sri Jaya	铁	彭亨	212000000	矽卡岩型
Bukit Ibam	铁	彭亨	831000	矽卡岩型
Tavai	镍	沙巴	270000000	红土型
Bau	金	砂拉越	72614300	低温热液型
Lubuk Mandi	金	登嘉楼	3487000	造山型
Bukit Besi	铁	登嘉楼	47500000	矽卡岩型
Kemaman	铁	登嘉楼	25000000	矽卡岩型

资料来源：向文帅、高小卫、王建雄：《马来西亚金属矿产资源概况》，《华南地质与矿产》2019年第1期。

东马主要金属矿产集中于卢帕河以西的西砂拉越成矿带，河谷东北的东砂拉越能源矿带，主要发育煤、石油、天然气等能源矿产。西砂拉越金矿带属于巽他陆块区域，以金为主，伴生有铜、铅、锌、银、铁、锑以及汞等。Bau地区的金锑矿和Tegora-Gading地区的汞矿都受北东—东向的

Bau 背斜和北—北东向中新世英安质斑岩、微晶闪长花岗斑岩侵入体控制，其他非金属矿产有白云石、玻璃砂、高岭土以及石油、天然气、煤等。东砂拉越能源矿带的大型煤矿发育于新近纪。

沙巴铜镍矿带的金属矿产沿 Banggi 岛—基纳巴鲁山—Labuk 河谷—Segama 河谷—Darvel 湾—仙本那半岛这一近南北向迹线分布。主要矿床为小型的热液型铜矿、镍矿，以及铬铁矿。已有研究表明，沿沙巴的蛇绿岩带超基性岩中发育有岩浆熔离型铬铁矿，在基性岩分布区域发育着残积矿床如铝土矿、红土型铁矿、红土型镍矿及锰矿，Segama 河与 Diwata 河流域发育有砂金矿。油气资源主要分布于 Lutong-Baram 地区的陆地和海洋区域及 Bintulu 附近的海域。石油主要产于晚中新世或早上新世地层中，天然气则产于 Bintulu 海域的中新世灰岩和白云岩中。

三　矿产资源开发利用情况

马来西亚矿业在马经济中占据重要地位。据 2007 年亚太矿业大会报告，早在 2007 年矿业就已为马来西亚 GDP 直接贡献 270 亿吉林特，占国内生产总值的 5.3%，其中 92.6% 来自天然气和石油。生产的其他主要矿产还有煤、锡、金、铝土矿、稀土矿物、铁矿石、钛铁矿、硅砂和高岭土等矿产。

马来西亚矿业开发环境立法是按照 1987 年《环境质量（受禁止的活动）环境影响评估法令》进行的。矿业是 19 个被限制的活动之一，法规修正案要求对这些活动进行环境影响评估。在新开发地区矿业执照申请面积超过 250 公顷时，需进行环境影响评估。申请采矿租约必须准一份环境保护规划，而这个规划必须由州政府会同环境司联合审查通过。这项规定将允许对危害环境者采取吊销采矿租约的处罚，对于违法行为责令关闭矿山。

在马来西亚矿山生产企业中，石油、天然气和工业矿物生产具有较大的规模，煤炭、黑色和有色金属开采均为小规模矿山。除石油和天然气的开采和加工企业外，其他矿业企业均为私人公司所有和经营。油气勘查和开发工作由马来西亚国家石油和天然气公司与外国公司组成的集团来进行。亚洲金融危机以后，马来西亚矿业增长趋缓，1999 年增长 3.1%，2000 年仅增长 0.5%，2001 年为负增长。矿业就业人数也急剧减少，

1997年矿业部门的雇用人员约为43900人，占全国总劳动力人数的0.5%，2000年已经下降到了28200人，仅占马来西亚全国劳动力的0.3%。2002年以后矿业形势开始好转，但2005年由于原油产量的下降，矿业部门的经济增长率仅为0.8%。

第三节　能源资源

马来西亚化石能源资源较为丰富，尤其是石油和天然气。从能源赋存看，截至2020年年底，该国原油储量占全球已探明总储量的0.16%，在全球排名第29位，在亚洲排名第13位，在东南亚国家中排名第2位（仅次于越南）；天然气储量占全球已探明总储量的0.48%，在全球排名第25位，在亚洲排名第13位，在东南亚国家中同样排名第2位（仅次于印度尼西亚）。

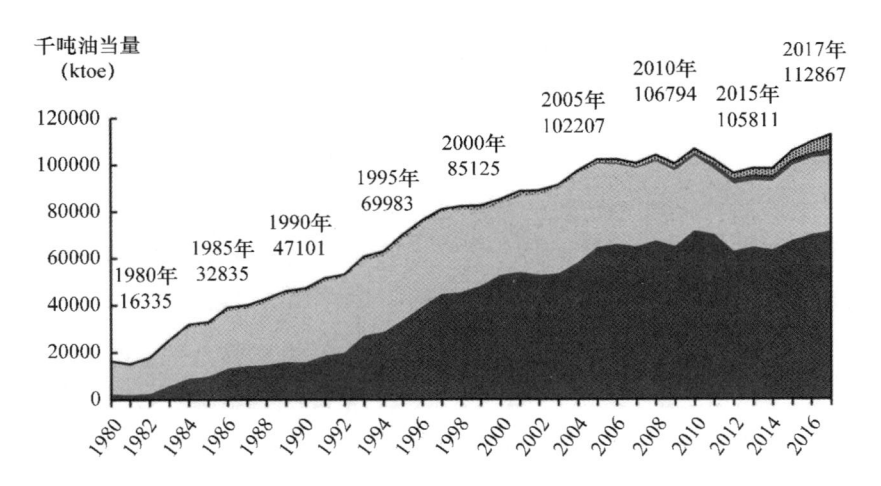

图Ⅰ-3-5　1980—2017年马来西亚一次能源产量及结构变化

资料来源：Malaysia energy statistic handbook 2019。

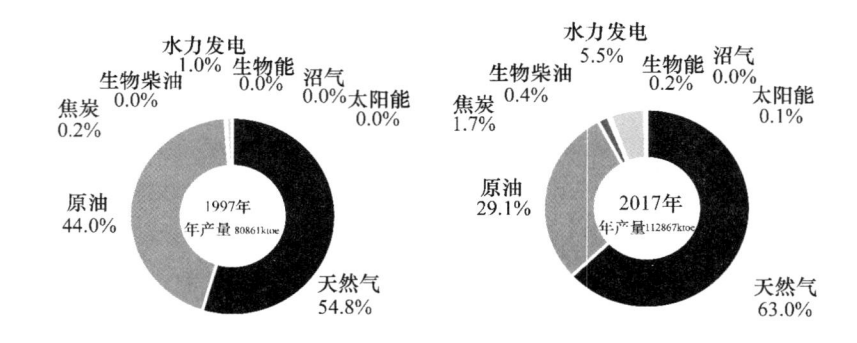

图Ⅰ-3-6　1997年、2017年马来西亚一次能源产量结构对比

资料来源：Malaysia energy statistic handbook 2019。

马来西亚石油和天然气产量相对其他能源占绝对优势，自1980—2017年，石油和天然气能源年产量呈直线上升趋势。1997年原油产量占能源总产量比例44%，天然气产量占比54.8%，至2017年天然气产量在马来西亚能源结构占比上升至63%，原油产量占比略降至29.1%。与国际水平相比，化石燃料能耗占总量的百分比很高，水能、太阳能、生物质能、核能等替代能源占总量的百分比近年有所上升，但仍然较低。

一　石油与天然气资源

马来西亚能源供应主要来源是石油及天然气，2017年两者占国家能源供应总量的89.1%。油气需求增长速率在第8个五年计划（2000—2005年）期间为4.5%，第9个五年计划（2006—2010）期间为6.1%。人均消费量每年都在增加，从第8个五年计划间的增长率3.3%增加到第9个五年计划间的4.2%。随着国内需求增加，马来西亚2017年成为石油与天然气净进口国。

2017年，马来西亚探明石油储量（含原油和凝析油）为40亿桶，比2012年最高峰时的近60亿桶有所下降。马来西亚石油储量大多分布在3个盆地：马来盆地、砂拉越盆地和沙巴盆地[①]。

---

① 《马来西亚矿业开发与投资环境》，《现代矿业》2009年第5期。

表Ⅰ-3-4　　1980—2017年马来西亚一次能源产量及结构变化

单位：千吨油当量

年份	天然气	原油	焦炭	生物柴油	水力发电	生物能	沼气	太阳能	总量
1980	2245	13707	0	0	383	0	0	0	16335
1981	1891	12815	0	0	403	0	0	0	15109
1982	2379	15048	0	0	394	0	0	0	17821
1983	5737	19045	0	0	454	0	0	0	25236
1984	8715	22207	0	0	913	0	0	0	31835
1985	9629	22187	0	0	1019	0	0	0	32835
1986	12950	24979	0	0	1070	0	0	0	38999
1987	14002	24742	0	0	1212	0	0	0	39956
1988	14455	26923	15	0	1288	0	0	0	42681
1989	15645	28967	76	0	1203	0	0	0	45891
1990	15487	30629	70	0	915	0	0	0	47101
1991	18390	31843	126	0	1053	0	0	0	51412
1992	19644	32264	53	0	997	0	0	0	52958
1993	26898	32218	264	0	1262	0	0	0	60642
1994	28335	32798	89	0	1652	0	0	0	62874
1995	33268	35090	85	0	1540	0	0	0	69983
1996	39031	35744	153	0	1243	0	0	0	76171
1997	44318	35600	153	0	790	0	0	0	80861
1998	45054	35784	221	0	1113	0	0	0	82172
1999	47746	32835	174	0	1668	0	0	0	82423
2000	52432	30839	242	0	1612	0	0	0	85125
2001	53659	32851	344	0	1687	0	0	0	88541
2002	52465	34838	223	0	1329	0	0	0	88855

续表

年份	天然气	原油	焦炭	生物柴油	水力发电	生物能	沼气	太阳能	总量
2003	53010	37026	107	0	1056	0	0	0	91199
2004	57768	38041	241	0	1329	0	0	0	97379
2005	64337	36127	430	0	1313	0	0	0	102207
2006	65752	34386	569	0	1568	0	0	0	102275
2007	64559	33967	576	0	1517	0	0	0	100619
2008	67191	34195	791	0	1964	0	0	0	104141
2009	64661	32747	1348	0	1627	0	0	0	100383
2010	71543	32163	1511	0	1577	0	0	0	106794
2011	69849	28325	1838	176	1850	0	0	0	102038
2012	62580	29115	1860	253	2150	183	4	11	96156
2013	64406	28576	1824	480	2688	297	6	38	98315
2014	63091	29545	1694	612	3038	181	12	63	98236
2015	67209	32440	1614	684	3582	189	18	75	105811
2016	69673	33234	1522	509	4501	198	21	90	109747
2017	71140	32807	1884	467	6240	194	41	93	112867

资料来源：Malaysia energy statistic handbook 2019。

表Ⅰ-3-5　　　　1990—2017年马来西亚原油和凝析油储量

单位：十亿桶

年份	马来西亚半岛	砂拉越	沙巴	全国总量
1990	2.943	—	—	2.943
1991	3.045	—	—	3.045
1992	3.743	1.267	0.604	5.614
1993	4.279	1.205	0.631	6.115
1994	2.500	1.200	0.600	4.300

续表

年份	马来西亚半岛	砂拉越	沙巴	全国总量
1995	2.455	1.067	0.590	4.112
1996	2.500	0.900	0.600	4.000
1997	2.700	0.680	0.470	3.850
1998	2.440	0.860	0.580	3.880
1999	2.080	0.830	0.510	3.420
2000	1.920	0.850	0.620	3.390
2001	1.920	0.850	0.620	3.390
2002	2.110	1.340	0.780	4.230
2003	2.040	1.300	1.210	4.550
2004	1.980	1.420	1.430	4.830
2005	1.770	1.560	1.970	5.300
2006	1.791	1.334	2.129	5.254
2007	1.452	0.889	1.975	4.316
2008	1.719	1.315	2.424	5.458
2009	1.781	1.388	2.348	5.517
2010	2.061	1.362	2.376	5.799
2011	2.374	1.492	1.992	5.858
2012	2.413	1.600	1.941	5.954
2013	2.335	1.592	1.923	5.850
2014	2.341	1.566	1.885	5.792
2015	2.205	1.693	2.009	5.907
2016	1.735	1.370	1.925	5.030
2017	1.669	1.290	1.767	4.727

资料来源：Malaysia energy statistic handbook 2019。

马来西亚的石油产量近年来总体呈先上升后下降的趋势，于 2004 年达到历史最高点，即 3804 万吨油当量。2017 年的平均产量为每天 8.99 万吨油当量，而石油消耗约 8.46 万吨油当量/天。马来西亚石油总产量 50% 以上来自马来盆地近海地区的塔皮斯（Tapis）油田。埃克森美孚公司与马来西亚国家石油公司 2009 年 6 月签署了为期 25 年的产品分成合同，对马来西亚半岛 7 个近海油田（Seligi、Guntong、Tapis、Semangkok、Irong Barat、Tebu 和 Palas）通过钻探及提高原油采收率来提高产量。

表 Ⅰ-3-6　　　　　　　　1990—2017 年马来西亚天然气储量

单位：万亿标准立方英尺

	马来西亚半岛			砂拉越			沙巴			全国总计
	非伴生	伴生	合计	非伴生	伴生	合计	非伴生	伴生	合计	
1990	21.350	6.080	27.430	1.320	1.030	2.350	23.840	3.310	27.150	56.930
1991	21.320	6.200	27.520	1.380	0.980	2.360	25.770	3.400	29.170	59.050
1992	22.500	6.700	29.200	1.800	1.100	2.900	31.900	3.800	35.700	67.800
1993	23.900	7.800	31.700	3.000	1.700	4.700	36.600	3.800	40.400	76.800
1994	26.600	7.900	34.500	2.900	1.200	4.100	37.900	4.200	42.100	80.700
1995	28.000	8.200	36.200	6.000	1.300	7.300	37.000	4.200	41.200	84.700
1996	28.300	8.300	36.600	4.900	1.200	6.100	33.200	4.300	37.500	80.200
1997	29.400	8.900	38.300	4.800	1.200	6.000	32.500	3.000	35.500	79.800
1998	27.700	8.900	36.600	4.900	1.200	6.100	40.600	3.700	44.300	87.000
1999	25.900	8.500	34.400	6.600	1.100	7.700	39.900	3.800	43.700	85.800
2000	25.300	8.400	33.700	6.700	1.300	8.000	37.400	3.400	40.800	82.500
2001	25.300	8.400	33.700	6.700	1.300	8.000	37.400	3.400	40.800	82.500
2002	24.900	8.400	33.300	6.800	1.200	8.000	42.600	3.400	46.000	87.300
2003	23.900	8.500	32.400	8.100	1.800	9.900	42.700	4.000	46.700	89.000
2004	21.740	9.520	31.260	7.750	1.880	9.630	42.750	3.380	46.130	87.020
2005	21.590	9.200	30.790	8.230	2.500	10.730	40.540	3.130	43.670	85.190

续表

	马来西亚半岛			砂拉越			沙巴			全国总计
	非伴生	伴生	合计	非伴生	伴生	合计	非伴生	伴生	合计	
2006	23.170	9.650	32.820	8.210	2.750	10.960	41.240	2.930	44.170	87.950
2007	24.030	9.440	33.469	8.461	3.137	11.598	40.850	3.008	43.858	88.925
2008	24.190	9.269	33.459	9.132	3.584	12.716	38.974	2.861	41.835	88.010
2009	24.079	9.153	33.232	8.578	3.523	12.101	39.727	2.908	42.635	87.968
2010	25.139	9.280	34.419	8.681	3.787	12.468	39.187	2.513	41.700	88.587
2011	25.337	9.797	35.134	8.638	3.327	11.965	39.856	3.033	42.889	89.988
2012	26.144	9.594	35.738	9.801	3.502	13.303	39.901	3.180	43.081	92.122
2013	25.649	9.325	34.974	9.454	3.764	13.218	46.798	3.330	50.128	98.320
2014	25.242	9.688	34.930	10.029	3.724	13.753	48.955	3.024	51.979	100.660
2015	24.022	8.471	32.493	11.884	3.149	15.032	50.034	2.853	52.888	100.410
2016	20.428	6.793	27.221	10.915	2.521	13.436	45.336	1.770	47.105	87.762
2017	19.327	6.333	25.659	11.060	1.487	12.547	43.184	1.508	44.692	82.897

资料来源：Malaysia energy statistic handbook 2019。

马来西亚天然气资源丰富，至 2017 年达到 83 万亿标准立方英尺。近年来，马来西亚天然气生产量稳步上升，天然气消费量同样稳步上涨。天然气的勘探开发活动主要集中在砂拉越及沙巴近海地区，其中，开发最活跃的地区之一是马来西亚—泰国联合开发区。据统计 JDA 拥有 9.5 万亿立方英尺的探明及可能天然气储量，该地区资源量高达 24 万亿立方英尺。区域主要划分为三大区块：A-18 区块、B-17 区块和 C-19 区块，由马来西亚—泰国联合委员会（MTJA）进行管理，两国各自拥有 JDA 油气资源的 50%。三大天然气运营公司是 Carigali-Triton、Petronas Carigali 和 Hess，三家企业合作共同经营 A-18 区块，而其余的两个区块是由马来西亚和泰国国家石油公司的合资企业 Carigali-Pttep 公司运营。

2020 年马来西亚出口液化天然气（LNG）约 328 亿立方米，占全球 LNG 总出口量的 6.7%，仅次于澳大利亚、卡塔尔、美国和俄罗斯，名列世界第五位。1980—2017年，马来西亚原油出口量从11619千吨油当量增至14958千吨油当量，最高值出现在1991年，后呈缓慢下降趋势。1993年前马来西亚管道天然气出口量很少，1993—2017年管道天然气出口量呈稳步增长趋势，但涨幅并不大（表Ⅰ-3-7）。LNG主要是由马来西亚国际航运有限公司（MISC）运输，该公司拥有并经营27艘液化天然气油轮，MISC有62%股权属于马来西亚国家石油公司。

从马来西亚能源进口来看，天然气是马来西亚能源进口占比最高的类型。天然气进口以液化天然气为主，增长势头迅猛，至2017年进口量为34611千吨油当量（其中液化天然气占比85%），远超其他能源类型。原油及石油产品进口量同样较大，2017年达到23387千吨油当量。焦炭是仅次于天然气和石油的马来西亚第三大进口能源，近年来增速很快，已由1980年的53千吨油当量增至2017年的19181千吨油当量。

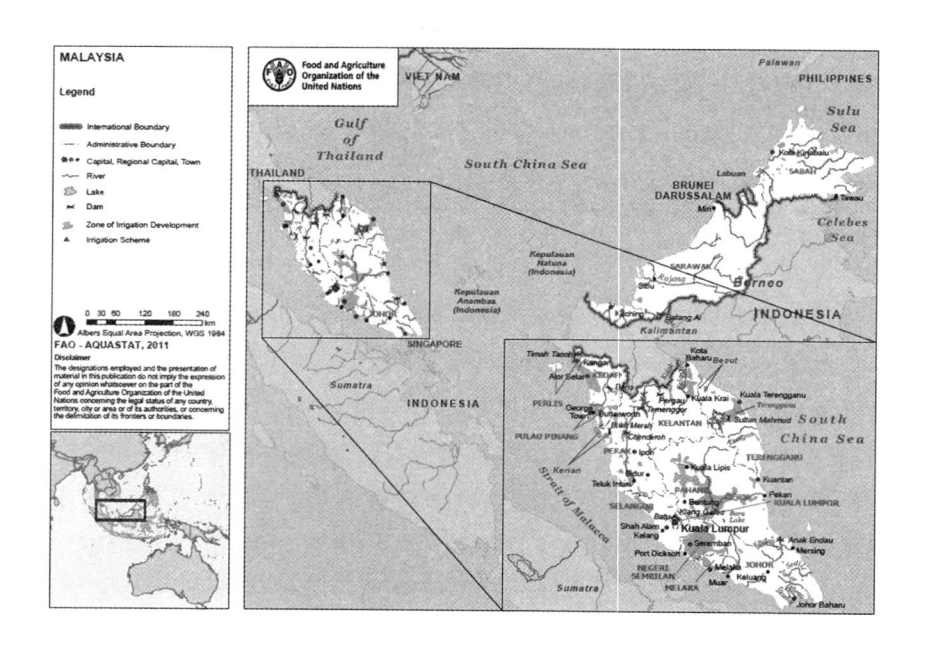

图Ⅰ-3-7　马来西亚天然气资源联合开发布局

资料来源：世界粮农组织报告 Country profile-Malaysia（2011）。

表Ⅰ-3-7　　　　　1980—2017年马来西亚能源出口量

单位：千吨油当量

年份	原油	石油产品	管道天然气	液化天然气	焦炭
1980	11619	132	8	—	—
1981	10497	123	10	—	—
1982	12392	291	11	—	—
1983	14720	976	2	—	—
1984	17073	1676	—	—	—
1985	17338	1949	—	—	—
1986	19683	2257	—	—	—
1987	18784	2425	—	—	—
1988	20593	2388	—	—	15
1989	22090	3960	—	—	11
1990	22949	3913	—	—	28
1991	23444	3272	—	—	66
1992	23374	2513	1	—	60
1993	21766	3507	1258	—	70
1994	19726	5094	1589	—	40
1995	19833	7261	1474	—	50
1996	18315	7317	1474	—	15
1997	17322	7840	1340	—	9
1998	18640	7194	1444	—	7
1999	18355	7161	860	—	8
2000	17254	8533	1198	—	19
2001	18018	8900	1178	—	34
2002	18100	8158	1098	—	37

续表

年份	原油	石油产品	管道天然气	液化天然气	焦炭
2003	18747	8972	1402	—	36
2004	19245	8912	1143	—	85
2005	18994	8435	1134	—	44
2006	17389	9535	1257	—	71
2007	16962	9780	1295	—	273
2008	15001	9527	1524	—	206
2009	12235	8419	1166	—	119
2010	17125	8431	1340	—	62
2011	11404	9421	1147	—	141
2012	11988	10785	1368	—	233
2013	10785	11983	1497	1450	326
2014	11831	10399	1129	2019	114
2015	16075	10219	1062	1873	156
2016	16605	12214	841	1275	15
2017	14958	11063	1452	1815	382

资料来源：Malaysia energy statistic handbook 2019。

表Ⅰ-3-8　　　　　1980—2017年马来西亚能源进口量

单位：千吨油当量

年份	原油	石油产品	管道天然气	液化天然气	焦炭
1980	4034	2658	—	—	53
1981	3622	3160	—	—	99
1982	2587	4011	—	—	93
1983	2709	3981	—	2416	249
1984	2690	3418	—	4603	270

续表

年份	原油	石油产品	管道天然气	液化天然气	焦炭
1985	2302	4062	—	5658	362
1986	1625	4162	—	6788	268
1987	1360	4259	—	7855	327
1988	1198	4211	—	8184	260
1989	1012	5490	—	8464	1093
1990	1047	6031	—	8686	1424
1991	1244	6728	—	8278	1407
1992	1159	6499	—	8262	1485
1993	1703	7835	—	8654	1158
1994	1566	7492	—	8938	1351
1995	1315	7411	—	10790	1588
1996	1446	7095	—	15251	1938
1997	1300	10331	—	16396	1446
1998	2014	9360	—	16429	1529
1999	2081	8357	—	15445	1321
2000	7218	6619	—	16633	1943
2001	8890	6881	—	16636	2665
2002	7083	7220	—	17803	3442
2003	7921	7116	1501	18965	5268
2004	7953	8980	999	22944	7498
2005	8031	7961	1340	23707	6612
2006	8048	7734	3676	22874	7988
2007	9453	8452	5435	23777	8425
2008	8519	7918	4565	22277	9725

续表

年份	原油	石油产品	管道天然气	液化天然气	焦炭
2009	5718	7243	5055	23606	9126
2010	7760	10359	7013	25487	13073
2011	9104	11579	6979	26856	13330
2012	9995	13243	7866	25547	14221
2013	9101	19383	7098	27089	13909
2014	9780	16009	6472	27835	13704
2015	8379	14219	5941	27018	16051
2016	10854	15342	5557	27457	17171
2017	10135	13252	5183	29428	19181

资料来源：Malaysia energy statistic handbook 2019。

二 电力资源

马来西亚供电行业不断发展，旨在平衡环境可持续性、能源安全和能源公平的关系。马来西亚能源基础设施行业主要由东南亚最大的电力公司 Tenaga Nasional 主导，资产超过 990.3 亿林吉特。用户通过国家电网接入电力，马来半岛有 420 多个变电站，由大约 11000 千米的输电线路连接在一起，输电线路的电压分别为 132 千伏、275 千伏和 500 千伏。2013 年，马来西亚的总发电量超过 29728 兆瓦。随着马来西亚对电力等能源需求量的增加，2015—2019 年间的需求增长达到 16822—18566MW。2015 年 COP 21 会议上，马来西亚承诺 2030 年将其单位国内生产总值（GDP）的碳排放强度较 2005 年降低 35%。

表 I-3-9　　　　　　1980—2017 年马来西亚发电量　　　单位：千吨油当量

年份	水力发电	热能发电	废热发电	总量
1980	120	744	—	864
1981	133	795	—	928

续表

年份	水力发电	热能发电	废热发电	总量
1982	128	885	—	1013
1983	149	948	—	1097
1984	294	888	—	1182
1985	321	964	—	1285
1986	351	1036	—	1387
1987	423	1075	—	1498
1988	488	1176	—	1664
1989	451	1399	—	1850
1990	343	1636	—	1979
1991	379	1904	—	2283
1992	375	2146	—	2521
1993	419	2568	—	2987
1994	561	2801	—	3362
1995	535	3374	—	3909
1996	446	3975	—	4421
1997	333	4644	—	4977
1998	417	4596	207	5220
1999	647	4762	200	5609
2000	599	5132	224	5955
2001	607	5333	172	6112
2002	456	5771	157	6384
2003	435	6134	179	6748
2004	501	6215	359	7075
2005	446	6259	403	7108

续表

年份	水力发电	热能发电	废热发电	总量
2006	554	6687	499	7740
2007	558	7366	461	8385
2008	642	7321	460	8423
2009	574	7957	560	9091
2010	540	8864	387	9791
2011	656	9648	442	10746
2012	779	10253	530	11562
2013	1003	10627	424	12054
2014	1152	11075	402	12629
2015	1346	11047	430	12823
2016	1723	11170	535	13428
2017	2309	11066	445	13820

资料来源：Malaysia energy statistic handbook 2019。

为在2025年前实现20%的可再生能源发电目标，2020年马来西亚半岛需开发3758MW可再生能源发电，包括2172MW太阳能和1586MW非太阳能发电。据2019年马来西亚电力发展计划，未来11年的电力需求预计将以每年1.8%的速度增长。同一时期，需要9321MW的新容量来满足需求增长、更换退役电厂和确保系统可靠性。未来马来西亚配电网将安装更多的可再生能源，以满足能源需求。因此，马来西亚半岛电力部门的碳排放强度预计将呈下降趋势，与2005年的水平相比，到2030年将减少47%。

第四节 生物资源

马来西亚动植物资源丰富多样，国家于1993年6月12日签署了《里约生物多样性公约》，并于1994年6月24日成为该公约的缔约国。马来西亚随后制订了国家生物多样性战略和行动计划，该计划于1998年4月16日得到该公约的批准①。

表 I -3-10　　　　　马来西亚生物总量概况

名称	总量
哺乳动物	307 种
鸟类	785 种
爬行动物	567 种
两栖动物	242 种
海洋鱼类	1619 种
淡水鱼类	449 种
无脊椎动物	15 万种（估计）
维管植物	15000 种（估计）
真菌类	>4000 种
苔藓类	522 种
硬珊瑚	612 种

资料来源：马来西亚政府生物多样性统计局，https://www.mybis.gov.my/one/analysis-db.php。

一　动物资源

马来西亚是一个生物多样性极强的国家，包含了全球20%的动物物种。具体而言，马来西亚大约有210种哺乳动物；鸟类超过620种，且大量为特有物种；已记录到250种爬行动物，其中包括150种蛇和80种蜥蜴；此外，还有约150种青蛙和数千种昆虫。

马来西亚的水生动物物种数量众多，其中，珊瑚三角洲附近水域、西帕丹岛（Sipadan island）周围水域、东部的苏禄海水域都是水生生物多样性热点区域，仅苏禄海水域就拥有约600种珊瑚和1200种鱼类。马来西

---

① Malaysia，https://encyclopedia.thefreedictionary.com/Malaysia。

亚的洞穴具有独特的生物多样性，形成了独特的旅游景观，吸引了来自世界各地的生态旅游爱好者。由于物种被低地森林相互隔离，婆罗洲山区（Borneo's mountains）森林的动物资源呈现高度地方性特征。马来西亚的高地区域也表现出丰富的生物多样性特征，其中山孔雀雉和马来口哨鸫是主要特有物种，然而，由于大规模森林砍伐，卡梅隆高地和云顶高原的气温不断升高，如果这一趋势持续，动植物物种将面临灭绝威胁，严重影响当地的生物多样性。

表 I-3-11　　马来西亚生物物种分布（按濒危程度）

	动物	植物	真菌	合计
灭绝	30	1	0	31
野生灭绝	2	1	0	3
极危	224	211	0	435
濒危	351	315	2	668
易危	573	676	2	1251
低危	513	202	0	715
无危	4004	1366	0	5370
数据缺乏	452	119	1	572
未评估	0	0	0	0
总计	6149	2891	5	9045

资料来源：马来西亚政府生物多样性统计局，https://www.mybis.gov.my/one/analysis-db.php。

二　植物资源

马来西亚约60%的土地被森林覆盖，部分森林有1.3亿年历史。马来西亚的林木资源以龙脑香科植物为主，森林类型主要包括低地龙脑香林、山地龙脑香林、上山龙脑香林、栎桂林、山地杜鹃林、泥炭沼泽林和红树林。此外，马来西亚还有较小面积的淡水沼泽林、石南林、石灰岩森林和石英山脊森林。

马来西亚的低地森林覆盖在海拔 760 米以下的区域,得益于其湿热的气候,该区域以雨林为主,拥有约 14500 种开花植物和树木。除雨林外,马来西亚还有 1425 平方千米的红树林和大量泥炭林。在海拔更高的地区,橡树、栗树和杜鹃花取代龙脑香,成为主要的植物物种。马来半岛(西马)还有约 8500 种维管植物,东马约有 15000 种。东马来西亚的森林是约 2000 种树木的生长地,也是世界生物多样性最丰富的地区之一,平均每公顷约有 240 种不同种类的林木资源。

表 I-3-12　　　马来西亚生物物种分布(按区域)

	动物	植物	真菌	色藻	细菌	合计
吉隆坡(Federal Territories of Kuala Lumpur)	64	0	17	463	0	544
纳闽岛(Federal Territories of Labuan)	0	0	0	0	0	0
布城(Federal Territories of Putrajaya)	411	0	0	167	0	578
柔佛(Johore)	1483	68	219	2415	0	4185
吉打(Kedah)	935	1	176	1406	0	2518
吉兰丹(Kelantan)	364	0	9	1165	0	1538
马六甲(Malacca)	16	2	4	261	0	283
森美兰(Negeri Sembilan)	328	2	314	465	0	1109
彭亨(Pahang)	2034	0	321	3871	0	6226
槟城(Penang)	171	1	25	320	0	517
霹雳(Perak)	1228	0	132	1504	5	2869
玻璃市(Perlis)	12	0	14	212	0	238
雪兰莪(Sabah)	1386	16	637	707	0	2746
登嘉楼(Sarawak)	557	0	51	444	0	1052
沙巴(Selangor)	207	0	381	1490	0	2078
砂拉越(Terengganu)	1528	3	44	2369	0	3944

资料来源:马来西亚政府生物多样性统计,https://www.mybis.gov.my/one/analysisdb.php。

马来西亚的低地森林，如 Sungai Buloh 保护区、Kanching 森林保护区和吉隆坡外的安邦森林保护区，正面临着来自城市发展、人工砍伐的巨大压力，森林面积迅速缩小。因此，如何保护马来西亚森林资源，为本地生物创造良好的生存环境是马来西亚保证生物资源多样性亟须解决的关键问题①。

三　菌类资源

马来西亚已记录到近 4000 种真菌，其中，种类最多的真菌类群分别为子囊菌门（Ascomycota）和担子菌门（Basidiomycota）。子囊菌及其无性态仅在腐烂的木头、海洋和淡水生态系统、植物寄生、腐败物等栖息环境中进行过部分研究；在担子菌门中，仅调查过檐状菌、蘑菇和毒蕈，马来西亚锈菌、黑粉菌仍然鲜为人知。因此，马来西亚仍有大量真菌物种尚未得到记录，研究空间仍然较大。

---

① 马来西亚政府生物多样性统计报告，https://www.mybis.gov.my/one/analysisdb.php。

第四章　基础设施研究

马来西亚地处东南亚中心，扼守马六甲海峡，连接海上东盟和陆上东盟，区位优势明显。中马两国经贸战略依存度高，经贸合作规模大、基础深厚。在推进"一带一路"建设及国际产能合作过程中，马方率先响应，积极参与，成为"21世纪海上丝绸之路"的重要节点国家。马来西亚的基础设施比较完善，政府向来重视对高速公路、港口、机场、通信网络和电力等基础设施的投资和建设。马来西亚现有的基础设施能较好地为各类投资者服务，同时政府未来的基础建设计划也为外商投资基础建设和开展工程承包提供了契机。

马来西亚主管基础设施建设的部门主要有：公共工程部和交通部，前者主要负责马来西亚联邦公路网的规划以及有关基础设施项目执行的监督和协调，后者主要负责铁路、海运及航空有关政策制定以及相关项目的实施管理。

基础设施规划方面，2015年纳吉布政府提交了"第十一个马来西亚计划"（2016—2020年）为马来西亚在未来五年的经济社会发展制定了多项举措，加强基础建设，支援经济扩张是该计划的六大策略之一。其中，在沙巴州和砂拉越州等地的高速公路网建设，将改善这些地区的基础设施，并为经济发展注入活力。吉隆坡、新山、古晋和哥打基纳巴卢被确定为促进国家经济增长、提升国家竞争力的关键城市，每个城市都会根据上述计划而量身定制自己的发展蓝图。

中国在马承包工程业务是中国企业与马来西亚务实合作的重要组成部分。中国在马承包工程主要着眼基础设施建设，积极实现建营一体化转型，在建项目主要集中在水电站、桥梁、铁路、房地产等领域。据商务部统计，2018年中国在马承包工程新签合同额93.5亿；完成营业额79.6

亿美元，同比下降 2.2%。中国在马承包工程项目范围已覆盖东西马全境，在通信、地铁、公路、电站、石化等重要领域均有所进展。

第一节 交通基础设施

一 公路

马来西亚高速公路网络比较发达，主要城市中心、港口和重要工业区都有高速公路连接沟通。高速公路分政府建设和民营开发两部分，但设计、建造、管理统一由国家大道局负责。[①] 截至 2018 年，马来西亚公路总长约为 25 万千米。相较于西马，沙巴与砂拉越的公路系统较不发达，品质也较差。目前，马来西亚高速公路网络主要由贯穿南北的大道构成。

从发展历程来看，2014—2018 年马来西亚公路总里程从 203791 千米波动上升至 250023 千米，总里程增加了 46232 千米，年均复合增长率达 5.2%。硬面道路从 154697 千米增加到 189800 千米，年均复合增长率为 5.2%，里程规模所占比重则一直保持在 76% 左右；石子道路里程逐年增加，年均增幅达 5.6%，石子道路所占比例呈现波动变化态势，但总体而言稳定在 16% 左右。泥土道路总长度增加了 3063 千米，但所占比例有微幅下降。截至 2018 年，马来西亚公路路网密度已达 0.76 千米/平方千米。总体而言，马来西亚公路基础设施建设取得一定的成效，道路总里程稳步增长，路网建设和道路质量不断优化升级，但道路内部结构变化不大，未来还有较大的发展空间。

随着道路设施的不断改善升级，马来西亚的机动车数量也呈现出不断上升的趋势。2015—2018 年，马来西亚登记的机动车数量从 2630.2 万辆迅猛上升至 2995.7 万辆，年均增幅达 4.4%。从登记车辆类型的情况来看，除了公务、急救、校车等其他类型车辆和公交车呈现下降趋势外（占比分别从 3.41%、0.91% 下降至 1.98%、0.62%），其余类型的机动车数量均稳步上升。其中，小汽车从 1209.5 万辆增加至 1419.0 万辆，年均增

[①] 中华人民共和国商务部：《对外投资合作国别（地区）指南·马来西亚（2020 年版）》，http：//www.mofcom.gov.cn/dl/gbdqzn/upload/malaixiya.pdf。

幅达 5.5%，所占比重从 45.99% 上升至 47.37%，是车辆数量最多、发展最快、占比最大的机动车类型。2018 年马来西亚摩托车的数量已接近 1400 万辆，近四年的年均增幅近 5%，在机动车中所占的比重一直稳定在 45% 左右。商务车的数量也有小幅提升，但所占比重却小幅下降了 0.4 个百分点。可见，马来西亚近年来经济的迅猛发展和道路状况的改善，小汽车、摩托车等私家车数量也呈现突飞猛进的增长态势，而公交车、公务用车等公共交通的发展却相对不匹配，这给马来西亚未来公路基础设施建设和公共交通发展提出了更多的要求和挑战。

表Ⅰ-4-1　　2014—2018 年马来西亚公路里程情况

年份	总里程（千米）	硬面道路 长度（千米）	硬面道路 占比（%）	石子道路 长度（千米）	石子道路 占比（%）	泥土道路 长度（千米）	泥土道路 占比（%）
2014	203791	154697	75.9	32810	16.1	16285	8.0
2015	216837	164036	75.6	36317	16.7	16484	7.6
2016	238790	180194	75.5	41139	17.2	17457	7.3
2017	237022	179518	75.7	42685	18.0	14820	6.3
2018	250023	189800	75.9	40875	16.3	19348	7.7

资料来源：马来西亚国家统计局：《马来西亚统计手册 2019》，https://www.dosm.gov.my/。

表Ⅰ-4-2　　2015—2018 年马来西亚登记车辆类型情况　　单位：万辆

年份	小汽车	摩托车	公交车	商务车	其他	总计
2015	1209.5	1187.2	23.9	119.8	89.8	2630.2
2016	1300.0	1267.7	18.4	119.1	56.1	2761.3
2017	1358.3	1317.3	18.3	122.3	57.6	2873.8
2018	1419.0	1372.6	18.7	126.2	59.2	2995.7

注：其他类型车辆包括政府公务用车、校车、残疾人车辆、急救消防车等。

资料来源：马来西亚国家统计局：《马来西亚统计手册 2019》，https://www.dosm.gov.my/。

二 铁路

马来西亚铁路网贯穿半岛南北,北面连接泰国铁路,南端可通往新加坡,负责运营的是马来西亚铁道公司(KTMB),该公司具备运送多种货物的能力。2018年,马来西亚铁路共运载352.7万人次,货物594.4万吨。

从铁路里程及运量情况来看,2008—2018年马来西亚铁路总里程从1622千米提升到1775千米,但2000—2010年和2011—2018年的轨道铺设长度一直没有变化,年均增幅仅为0.4%,发展极为缓慢。铁路客运周转量从1220百万人次·千米波动上升至2221百万人次·千米,客运周转量上升了1001百万人次·千米,年均增幅为3.4%。铁路货运周转量从916百万吨·千米上升至1315百万吨·千米,货运周转量增加了399百万吨·千米,年均增幅为2.0%。总体而言,马来西亚铁路里程规模发展极为缓慢,而铁路运输能力建设取得一定成效,客运和货运周转量均有较大提升,未来政府需投入更多资金以支持铁路发展。

表Ⅰ-4-3　　2000—2018年马来西亚铁路里程和运量情况

年份	总里程 (千米)	货运量周转量 (百万吨·千米)	客运周转量 (百万人次·千米)
2000	1622	916	1220
2001	1636	1094	1181
2002	1636	1107	2256
2003	1636	886	1931
2004	1667	1016	1931
2005	1667	1177	2152
2006	1667	1572	2120
2007	1667	1355	2193
2008	1667	1350	2268
2009	1665	1384	2346

续表

年份	总里程 （千米）	货运量周转量 （百万吨·千米）	客运周转量 （百万人次·千米）
2010	1665	1483	2415
2011	1775	1535	2497
2012	1775	1564	2321
2013	1775	1760	2498
2014	1775	1741	2059
2015	1775	1474	2052
2016	1775	1349	2225
2017	1775	1234	2029
2018	1775	1315	2221

资料来源：世界银行数据库，https://data.worldbank.org.cn/indicator。

2015—2018年，马来西亚城际铁路和轨道交通客运量略有下降，客运规模从23375.5万人次下降至20854.6万人次，年均降幅达3.7%。其中，通勤铁路降幅最大，达到13.6%；轻轨交通年均下降2.1%，其中单轨列车客运量下降近一倍。城际铁路和电汽火车客运量呈现快速增长态势，2018年客运量分别达到352.7万人次和393.3万人次，年均增幅分别为20.5%和24.1%。电汽火车自2010年8月开通服务以来，近几年的增长十分迅速。总体而言，马来西亚城际铁路和轨道交通的客运量有所下降，内部交通方式发生显著的结构性变化，城际铁路、电汽火车占比上升，轻轨交通占比下降。

马来西亚铁路运输系统分布于马来西亚半岛区和沙巴州区，其中巴生谷综合运输系统是马来西亚最重要的铁路网络。马来西亚自20世纪80年代起经济突飞猛进，首都吉隆坡的机动车数量和道路交通流量不断增加，加上马来西亚政府采取扶持国产汽车工业的政策，使马来西亚成为国民汽车拥有率最高的东南亚国家。为应对吉隆坡越来越严重的交通堵塞，马来西亚政府开始围绕吉隆坡市中心建设城市轨道交通运输系统。

表 I-4-4　　2015—2018 年马来西亚城际铁路和轨道交通客运量情况

（单位：万人）

类型	2015 年	2016 年	2017 年	2018 年
轻轨交通	17999.0	16902.1	16860.9	16900.8
其中：博拉特（PUTRA）轻轨线	8214.5	7900.3	8358.5	8702.6
实达（STAR）轻轨线	6280.9	5912.3	5946.2	6064.8
单轨列车	2506.8	2199.0	1684.2	1259.4
机场直达	347.1	242.0	227.6	220.0
机场转运	649.7	648.5	644.4	654.0
通勤铁路	4969.0	4140.7	3723.5	3207.8
城际铁路	201.5	279.2	309.2	352.7
电汽火车	206.0	356.5	414.8	393.3
总计	23375.5	21678.5	21308.4	20854.6

资料来源：《马来西亚统计手册 2019》。

该交通系统由吉隆坡机场快线（KLIA Ekspres）、吉隆坡机场支线（KLIA Transit）、大众快捷运输（MRT）、轻轨铁路（LRT）、通勤铁路（KTM）、单轨铁路（KL Monorail）组成。该铁路系统由马来西亚铁路有限公司（KTMB）负责运营，旗下包含了马来亚铁道公司（KTM）、沙巴州铁道公司（SSR）、快捷通轨道公司（Rapid Rail）、机场快铁公司（ERL）、马来西亚铁路衔接公司（MRL）。目前，巴生谷区域有 10 条运营的铁路线、2 条通勤铁路线、5 条快速交通线和 2 条连接吉隆坡国际机场（Kuala Lumpur International Airport）和苏邦（Subang）机场的机场铁路线。马来西亚半岛的铁路主要属马来亚铁路所有，该国营铁路公司经营管理 1677 千米的铁路；而沙巴地区的 134 千米铁路，则属于由沙巴州政府营运的沙巴州铁路（SRR）所有。截至目前，马来亚铁路运营的铁路线长度超过 2000 千米，主要使用 1000 毫米米轨轨距。马来西亚半岛的铁路系统在北面连接泰国铁路，而南端则可通往新加坡。虽然新加坡并非属于马来西亚的一部分，但新加坡不仅是马来亚铁道铁路网的最南端，兀兰关卡更是马来亚铁路唯一一个在新加坡境内的车站，新加坡与马来西亚之间的国际列车服务亦是由马来亚铁路营运。

（一）通勤铁路（KTM）。通勤铁路是马来西亚通勤铁路服务的重点品牌，由马来西亚铁路有限公司负责运营。它于1995年推出，为吉隆坡及巴生谷周边郊区提供本地铁路服务。目前，马来西亚铁路有限公司总共经营三条铁路，分别是1号线芙蓉线（Seremban Line）、2号线巴生港线（Port Klang Line）和天空公园终端线（Terminal Skypark Link）。

一号线芙蓉线（巴图洞穴—坦平）和二号线巴生港线（马里姆—巴生港）在巴生谷区域总共设立55个车站站点，两条线路之间的换乘可通过吉隆坡中央车站、吉隆坡车站和普特拉车站完成。天空公园连接线可将乘客直接送达苏邦机场的天空公园终端，该趟线路每天提供30次以上的旅行，每60分钟一次，两条主要子路线为吉隆坡机场中心—天空公园航站楼线（总里程26千米）、苏邦机场—天空公园航站楼线（总里程9千米）。

（二）快捷运输。快捷通轨道公司负责运营5条线路，分别为快捷运输线安邦线（3号线），轻轨铁路线大城堡线（4号线）、格拉那再也线（5号线）、双溪毛糯—加影线（9号线），以及吉隆坡单轨列车线（8号线）。

快捷运输线双溪毛糯—加影线（9号线）连接双溪毛糯站和加影站，全程51千米。该线由41.5千米的地上线路（24个站点）和9.5千米地下隧道（含7个地下站点）组成。加影还含7个换乘站点和16个配备骑乘停车设施的站点。高峰时段的列车频率为每4分钟一班。

轻轨线包含安邦线（Ampang）、大城堡线（Sri Petaling）和格拉那再也线（Kelana Jaya）三条线，这三条线在佳密清真寺（Masjid Jamek）和布特拉高原（Putra Height）两站交汇。格拉那再也线从布特拉高原出发经格拉那再也最终到达鹅麦（Gombak），线路将苏邦地区和八打灵再也（Petaling Jaya）地区与南部地区连接，接着将吉隆坡西南部和中部、吉隆坡市中心与中部地区相连，再向北延伸至低密度住宅区。格拉那再也线的终点站为鹅麦（北端终点站）和布特拉高原（南端终点站），车站总数为37个。高峰时段的列车频率为每3分钟一班。

安邦轻轨线和大城堡轻轨线是一条组合线路，包括45.1千米的轨道和 36 个车站。安邦轻轨线从安邦轻轨站开始，大城堡轻轨线从布特拉高原轻轨站开始（换乘至格拉那再也线），两条线在陈母林（Chan Sow Lin）轻轨站交汇，合并后的线路向北延伸，在冼都东（Sentul Timur）轻轨站终止。高峰时段的列车频率为每 6 分钟一班（从安邦和普特拉高地到陈母林）和每 3 分钟一班（从陈母林到冼都东）。

（三）机场线。机场快运线和机场支线是服务于机场交通的线路，它们连接了吉隆坡市中心和吉隆坡国际机场，两条线路共享同一轨道。机场支线停靠所有沿路站点，而机场快运则是直达路线，中间站点不停靠。机场支线共 6 个站点，机场快运线仅 3 个站点。高峰时段的列车频率为每 15 分钟一班。

（四）城际铁路。马来西亚半岛还有电气化动车组（电动动车组）的特快列车服务。列车在电气化双轨网络上运行，途经森美兰州（Negeri Sembilan）的杰马斯市（Gemas）至玻璃市州（Perlis）的巴东勿刹（Padang Besar）市。一旦杰马斯至新山市（Johor Bahru）的电气化复线工程完工，电气化特快列车服务将扩展至马来西亚南部地区。

对于单轨和非电气化轨道网络，马来西亚铁路有限公司提供了使用柴油动车组列车的城际服务。这项服务涵盖从森美兰州杰马斯市到吉兰丹州（Kelantan）道北市（Tumpat），以及从森美兰州杰马斯市到柔佛州的新山市。

（五）沙巴铁路。沙巴铁路网为单线，全程 134 千米，设有 15 个车站。这条线路连接沙巴州首府亚庇（Kota kinabalu）和沙巴州的其他地区。该铁路网络从丹容亚路（Tanjung Aru）起始，途经波弗特（Beaufort），到终点站泰诺（Tenom）结束。沙巴州铁路局负责该铁路的服务运营。

表 I-4-5　　　　　　　　　马来西亚主要铁路线路

铁路线路	运营方	类型	起点站—终点站
西海岸线	马来亚铁道公司	通勤铁路	巴东勿刹站—兀兰站
东海岸线	马来亚铁道公司	通勤铁路	道北站—金马士站

续表

铁路线路	运营方	类型	起点站—终点站
沙巴州铁路	沙巴州铁道公司	通勤铁路	丹绒亚路站—丹南站
东海岸衔接铁道	铁路衔接公司	通勤铁路	哥打峇鲁站—关税路站
芙蓉线（1号）	马来亚铁道公司	通勤铁路	黑风洞站—普罗士邦/淡边站
巴生港线（2号）	马来亚铁道公司	通勤铁路	丹绒马林站—巴生港站
安邦线（3号）	快捷通轨道公司	轻轨铁路	洗都东站—安邦站
大城堡线（4号）	快捷通轨道公司	轻轨铁路	洗都东站—布特拉高原站
格拉那再也线（5号）	快捷通轨道公司	轻轨铁路	鹅唛站—布特拉高原站
吉隆坡机场快铁（6号）	机场快铁公司	机场铁路	吉隆坡中央车站—吉隆坡第二国际机场站
吉隆坡机场支线（7号）	机场快铁公司	机场铁路	吉隆坡中央车站—吉隆坡第二国际机场站
吉隆坡单轨列车（8号）	快捷通轨道公司	单轨铁路	吉隆坡中央车站—蒂蒂旺沙站
双溪毛糯—加影线（9号）	快捷通轨道公司	大众捷运	双溪毛糯站—加影站
天空花园线（10号）	马来亚铁道公司	机场铁路	吉隆坡中央车站—天空花园航站楼
万达镇—巴生线（11号）	快捷通轨道公司	轻轨铁路	万达镇站—佐汉瑟迪亚站
双溪毛糯—沙登—布城线（12号）	快捷通轨道公司	大众捷运	桂莎白沙罗站—布城中央站
MRT环线（13号）	马来西亚捷运公司	大众捷运	
布城—加影线		单轨铁路	布城站—加影站
峇六拜轻快铁		轻轨铁路	光大站—峇东站

资料来源：马来西亚国家交通部。

表Ⅰ-4-6　　　　　　　　　马来西亚铁路系统发展进程

年份	大事件
1991	开始建设从吉隆坡到巴生港的双轨铁路。 1991年9月21日，"铁路计划1991"正式提交并由国会通过，同意成立国家铁路局，专门负责铁路系统的日常管理。
1992	1992年8月1日，在"铁路计划1991"的战略框架下，马来西亚铁路有限公司正式成立。 1992年11月13日，由9家公司合股成立的轻轨运输系统私人有限公司（Sistem Transit Aliran Ringan Sdn Bhd，STAR）正式成立，实达线（STAR Line，现称为安邦线）成为吉隆坡轻轨计划项目的首条轻轨铁路线。
1994	马来西亚铁路有限公司从奥地利/匈牙利的珍巴赫（Jenbacher）交通系统购买首套电汽火车。 1994年2月15日，自动便捷公交合作项目（Projek Usahasama Transit Ringan Automatik，PUTRA LRT）成为马来西亚轻轨系统的第二条路线。
1995	1995年8月3日，首条从首都吉隆坡到万挠（Rawang）的区域铁路线开始运营，免费试乘服务一直持续到8月11日。 1995年8月14日，吉隆坡到万挠的区域铁路商业服务开始运营。9月29日，该条铁路线扩展至萨拉克瑟拉坦（Salak Selatan）。
1996	马来西亚铁路有限公司引进新的铁路机车型号（EMU 82和EMU 83）。 EMU 82由南非货车行业协会制造，EMU 83由韩国现代、丸红商事等几家公司制造。 1996年12月16日，实达线安邦（Ampang）至苏丹伊斯梅尔（Sultan Ismail）段的站点开始运行。
1997	1997年8月25日，马来西亚政府向快铁联运有限公司（Express Rail Link，ERL）提供了30年的特许权，以资助、建造、维护和控制从吉隆坡国际机场到市中心的新铁路线的运营。 日本日立有限公司（Hitachi）于1997年12月开始兴建吉隆坡单轨铁路系统，但因亚洲金融危机而被搁置。
1998	1998年7月11日，实达轻轨线从陈母林站（Chan Sow Lin）至大城堡站（Sri Petaling）支线开始运营。 马来西亚单轨铁路公司（MTrans，即后来的马来西亚史格米铁路公司）从日本日立有限公司接管吉隆坡单轨铁路项目，并于1998年7月重新开始施工。 1998年9月1日，从格拉那再也（Kelana Jaya）至帕萨森尼（Pasar Seni）站的第1段开始运营。 1998年12月6日，实达轻轨线苏丹伊斯梅尔至冼都东（Sentul Timur）线开始运营。
1999	丹绒帕拉帕斯至柔佛线开始施工。 1999年6月1日，帕萨森尼至终点站博拉特（Putra）段开始运营，该路段包含了马来西亚的首条地下铁路。

第四章 基础设施研究　　97

续表

年份	大事件
2002	机场快铁服务（ERL）于2020年4月14日开始向公众开放。 2002年9月1日，自动便捷公交合作项目由马来西亚 Syarikat Prasarana Negara Berhad（SPNB）公司管理，在吉隆坡公共交通系统重组的第一阶段更名为布特拉线（Putra-line）。SPNB公司还接管了星光轻轨（Star LRT），并更名为实达线（Starline）。
2003	马来西亚铁路公司从美国通用电气公司引进26级机车。 2003年8月31日，吉隆坡单轨系统有限公司（KLMS）作为吉隆坡单轨系统的合法运营商开始运营。
2005	马来西亚铁路公司从中国大连机车有限公司引进29级车头。
2007	2007年11月28日，马来西亚国家基建公司（Prasarana）从吉隆坡单轨系统有限公司手中接管了铁路单轨系统。
2008	2008年1月8日，马来西亚 MMC Gamuda 公司启动了从怡保（Ipoh）到巴东勿刹（Padang Besar）的电气化双线项目。 2008年1月18日，美国爱光建筑公司启动了芙蓉市（Seremban）至杰马斯（Gemas）的电气化复线工程。
2009	2009年12月31日，马来西亚国家基建公司将4节轻轨列车投入商用。
2010	2010年8月12日，马来西亚铁路公司在吉隆坡到怡保段引入了电动列车服务（ETS），使用5台91级现代/罗腾机车车辆。 马来西亚政府于2010年12月批准了轻轨项目。 2010年11月：马来西亚国家基建公司宣布格拉那再也轻轨线扩建项目开始。
2011	2011年7月8日，马来西亚政府正式成立轻轨系统项目的建设。
2012	2012年3月12日，马来西亚铁路公司将中国南车株洲电力机车有限公司制造的六节编组列车引入通勤铁路线服务。 38台SCS（92级）将用于改善通勤铁路线的服务。
2014	2014年5月2日，机场快铁服务开始服务于吉隆坡国际机场2号航站楼（KLIA2）。 根据吉隆坡单轨列车扩建项目（KLMFEP），马来西亚史格米交通公司（Scomi Transit Projects，STP）同意分阶段供应12套四节车厢的单轨车辆。 2014年12月20日，四节编组的单轨列车开始投入使用。
2015	2015年7月10日，设立怡保—巴特沃斯（Butterworth）—巴东勿刹线。 2015年7月11日，设立杰马斯—吉隆坡市中心—怡保—巴特沃斯—巴东勿刹线。 马来西亚快铁联运有限公司将铁路线从吉隆坡市中心向南扩展至杰马斯。 快铁联运服务在2012年停止后再次返回芙蓉市。 快铁列车（93级）开始投入通勤铁路线运营。

续表

年份	大事件
2016	2016年6月30日，巴东勿刹—安邦延伸线正式开始全线运营。 格拉那再也线（轻轨五号线）扩展至13个车站，覆盖里程17千米。 安邦线（轻轨二号线）扩展至13个车站，覆盖里程17.7千米。 快捷通轨道公司引进新的机车车辆服务于格拉那再也线（轻轨五号线）和安邦线（轻轨二号线）。 2016年12月13日，马来西亚—新加坡高铁合作项目协议正式签署。 2016年12月16日，双溪毛糯—加影地铁1期工程双溪毛糯-士曼丹段开通。
2017	2017年3月8日，马来西亚政府正式展开对东海岸铁路线铁路计划的公开检查。 2017年7月，双溪毛糯—加影线线正式开始全线运营。
2020	2020年7月30日，柔佛—新加坡快速交通系统连接（RTS线）双边协议修正案正式签署，这标志着该项目重新恢复。

资料来源：马来西亚国家交通部。

三 航空

马来西亚拥有贯通国内外的机场网络，机场拥有世界一流的设施和机场容量，现代化机场设备齐全，能够满足国内外乘客和航空公司的需求。目前，马来西亚共有8个国际机场、16个国内机场和18个短途机场，较好地满足了日益增长的乘客需求和飞机起降需求。8个国际机场为吉隆坡国际机场、槟城国际机场、兰卡威国际机场、亚庇国际机场、古晋国际机场、马六甲国际机场（无国内航线）、柔佛士乃国际机场以及瓜拉登嘉楼苏丹马穆德机场（2014年4月开通飞新加坡航线），这些机场与其他国内航线机场构成了马来西亚空运的主干网络。

马来西亚是东南亚重要的空中枢纽之一，2018年空运旅客1.02亿人次，同比增长3.0%，运输货物96.6万吨。中国前往马来西亚有多条航线可供选择，航空公司包括中国国际航空公司、马来西亚航空公司、中国南方航空、东方航空、厦门航空、深圳航空及香港国泰航空，每周定期往返于中国北京、上海、广州、厦门、昆明、香港、澳门与马来西亚吉隆坡、槟城、兰卡威及哥打基纳巴卢之间。作为亚洲地区最大的廉价航空公司之一，亚航近年来陆续开通了多条前往中国主要旅游城市的航线，包括广州、桂林、海口、杭州、深圳、成都、香港和澳门等，往返吉隆坡和北京的直航也于2012年正式开通。

从航空运输情况来看，2015—2018年马来西亚飞机起降次数、客货运、包裹运输能力都有较大幅度提升。飞机起降次数从875604架次增加至915984架次，年均增幅达1.5%；其中，国内航班次数有微幅下降，但国际航班次数增速较快，达到6.1%。2018年马来西亚客运量已超过1亿人次，其中国际到达旅客人次增幅最大，达到9.3%。货运量从77.5万吨增加至96.6万吨，货物装载量和卸载量比例相当，两者增幅分别达到9.9%和5.4%。包裹运输量则有显著下降，年均降幅近13%，其中包裹卸载量和发送量所占比例也大致相同，降幅分别达到12.3%和12.9%。总体而言，马来西亚航空运输规模和运输能力有了显著提升，国际航班次数和国际往返乘客人数增速较快，航空运输结构的国际化水平进一步提升，区域性航空枢纽建设取得巨大进展和成效。

表Ⅰ-4-7　　　　2015—2018年马来西亚航空运输情况

指标	2015年	2016年	2017年	2018年
起降次数（架次）	875604	854141	894609	915984
其中：国内航班	576418	551507	557474	558672
国际航班	299186	302634	337135	357312
客运量（万人次）	8636.5	9145.6	9952.3	10243.2
其中：国内出发	2308.6	2399.5	2487.8	2508.0
国际出发	2017.7	2202.6	2519.6	2637.1
国内到达	2326.2	2397.0	2486.2	2510.6
国际到达	1984.0	2146.5	2458.7	2587.5
货运量（万吨）	77.5	87.3	94.8	96.6
货物装载量	37.7	44.6	48.3	50.0
货物卸载量	39.8	42.7	46.5	46.6
包裹运量（吨）	42233	35325	32808	28162
卸载量	20126	16714	15390	13555
发送量	22107	18611	17418	14607

注：货运量不包含转运货物。

资料来源：《马来西亚统计手册2019》。

2000—2018 年，马来西亚的航空货运周转量呈现先上升后下降的趋势。具体而言，2000—2009 年，马来西亚货运周转量呈现上升趋势，年均增幅近 5.0%。2009—2018 年，货运周转量开始出现波动下降的趋势，年均降幅达 7.6%，至 2018 年航空货运周转量已跌至 1404 百万吨·千米，比 2009 年下降了一倍多。出现以上现象可能与世界经济形势变化导致的包裹运量减少、航空货物的短途运输量增多有关。

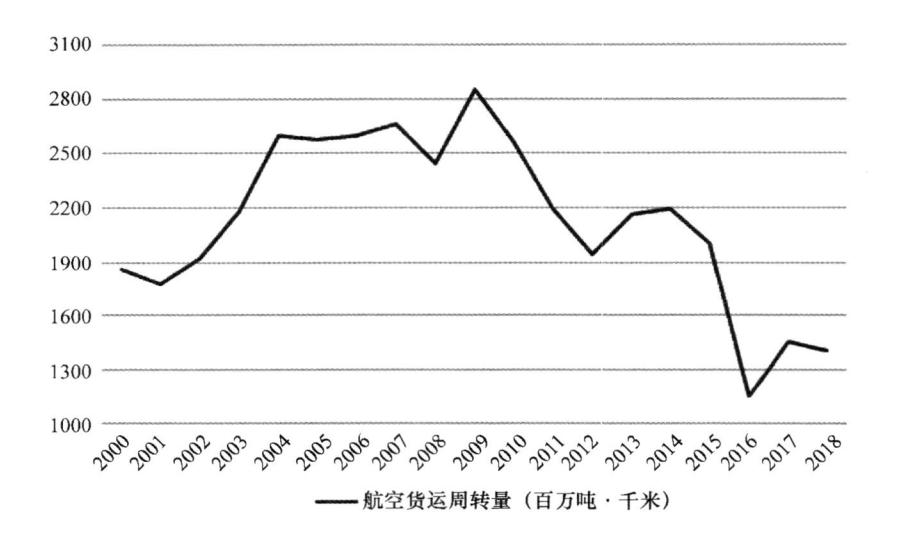

图Ⅰ-4-1 2000—2018 年马来西亚航空货运周转量变化情况
资料来源：世界银行。

吉隆坡国际机场是马来西亚最大、最繁忙的机场。机场位于马来西亚雪兰莪州雪邦，北距布城联邦直辖区和吉隆坡联邦直辖区分别为 19.5 千米和 43 千米，为 4F 级国际机场。1998 年 6 月，吉隆坡国际机场正式通航，梳邦国际机场（今苏丹阿都阿兹沙机场）除小型支线航司外，整体转场至吉隆坡国际机场运营；2014 年 5 月，吉隆坡国际机场 T2 航站楼启用。2018 年，吉隆坡国际机场共完成旅客吞吐量 5998.8 万人次，同比增长 2.4%；货邮吞吐量 71.5 万吨，同比增长 0.6%；飞机起降 39.9 万架次，同比增长 3.3%，各项指标均居马来西亚机场首位。

目前，吉隆坡国际机场共有 2 座航站楼和 2 座卫星厅，面积共 86.0

万平方米，站坪共设 242 个机位。机场内共有 3 条跑道，分别长 3960 米、4000 米和 4019 米，可满足年旅客吞吐量 7500 万人次的使用需求。吉隆坡国际机场 T1 航站楼名为 KLIA，主航站楼面积 39 万平方米，卫星厅 A 面积为 17.6 万平方米；T1 航站楼初始设计容量为 2500 万人次，后增至 3000 万人次。T1 航站楼采纳了"森林中的机场，机场中的森林"的设计理念，内部设计较为立体，巨型玻璃墙外面则是热带雨林的风景，国际出发厅的圆顶属伊斯兰风情，而转机走廊点缀着许多木制天花板聚光灯，卫星厅中部则是种植了热带树林的绿地。吉隆坡国际机场 T2 航站楼名为 KLIA2，为低成本航空专用航站楼，主航站楼面积 25.8 万平方米，设计容量为 4500 万人次。此外，机场内还有吉隆坡城市航站楼，专门为国泰航空、马来西亚航空和马印航空提供值机、候机服务。

四 水运

马来西亚内河运输不发达，95%的贸易通过海运完成，主要国际港口包括巴生港（Klang）、槟城港（Pulau Pinang）、柔佛港（Johor）、丹绒柏勒巴斯港（Tanjung Pelepas）、波德申港（Port Dickson）、关丹港（Kuantan）、古晋港（Kuching）、拉让港（Rajang）、美里港（Miri）、哥打基纳巴卢港（Kota Kinabalu）、山打根港（Sandakan）、拉哈达图港（Lahad Datu）、斗湖港（Tawau）、甘马挽港（Kemaman）以及民都鲁港（Bintulu）等。2018 年，马来西亚海运总运量 5.7 亿吨，同比增长 4.6%。2015 年 11 月，中国和马来西亚建立港口联盟关系。2017 年港口联盟成员从 16 个增至 21 个。目前成员涵盖大连港、太仓港、上海港、宁波舟山港、福州港、厦门港、广州港、深圳港、北部湾港、海口港、京唐港和天津港 12 个中方港口以及巴生港、民都鲁港、柔佛港、关丹港、马六甲港、槟城港、甘马挽港、沙巴港和古晋港 9 个马方港口。

2000—2018 年马来西亚集装箱吞吐量从 4.6 百万箱增长至 25.0 百万箱，增幅近 6 倍，年均复合增长率达 9.9%。其中，马来西亚半岛上的巴生港、槟城港、关丹港、丹绒柏勒巴斯港四个港口，2017 年集装箱总计出口 330 万标准箱，进口 313.1 万标准箱，分别比 2016 年增加了 4.8%和 7.0%。巴生港首位度极高，集装箱进出口量均占马来西亚半岛的 2/3 以上。

2007—2018 年，马来西亚港口基础设施质量指数[①]从 5.7 小幅下降至 5.4，班轮运输指数[②]从 74.6 增加至 93.8，年均增幅分别为 -0.5% 和 2.1%。总体而言，马来西亚集装箱进出口规模发展迅速，港口基础设施建设和服务效率有了很大提升，未来发展前景广阔。

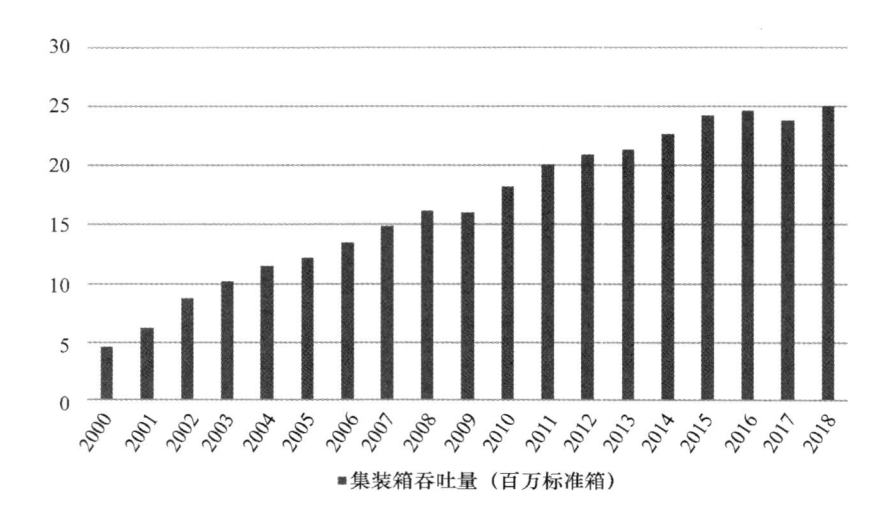

图Ⅰ-4-2 2000—2018 年马来西亚海港集装箱吞吐量变化情况
资料来源：世界银行。

[①] 港口基础设施的质量用于衡量企业高管对本国港口设施的感受。数据来自世界经济论坛与 150 家合作研究机构 30 年来合作进行的高管意见调查。2009 年的意见调查涉及 133 个国家的 13000 多名调查对象。抽样调查遵循基于公司规模和所经营行业的双层模式。通过在线或面谈的方式收集数据。调查问卷回复采用行业加权平均值进行汇总。最近一年的数据与上一年数据相结合创建出两年的移动平均值。分数从 1（港口基础设施十分不发达）至 7（根据国际标准，港口基础设施十分发达高效）。向内陆国家受访者询问港口设施可用性的情况（1 = 可用性极差；7 = 可用性极高）。

[②] 班轮运输相关指数指各国与全球航运网络的连通程度。该指数由联合国贸发会议（UNCTAD）根据海运部门的五部分数据计算得出：船舶数量、船舶集装箱承载能力、最大船舶规模、服务量、在一国港口部署集装箱船舶的公司数量。对于每一部分数据，各国的数值都要除以 2004 年每部分数据的最大值，然后取每个国家五部分数据的均值，再用均值除以 2004 年的最大均值，最后乘以 100。对于拥有 2004 年最高平均指数的国家，其值定为 100。基础资料来源：《国际集装箱化》杂志网站。

表Ⅰ-4-8　2016年、2017年马来西亚半岛集装箱吞吐量情况

单位：万标准箱

港口	2016年		2017年	
	出口量	进口量	出口量	进口量
巴生港	206.4	203.9	216.1	217.5
槟城港	68.5	66.1	72.7	70.6
关丹港	7.4	6.8	7.6	7.1
丹绒柏勒巴斯港	32.7	15.7	33.6	17.9

资料来源：《马来西亚统计手册2019》。

2017年，马来西亚主要港口实现货物吞吐量372.4百万吨，其中货物出口量202.5百万吨，货物进口量169.9百万吨，均比2016年有所下降，降幅分别达到7.2%、2.5%和11.3%。其中，巴生港货物吞吐量超过2亿吨，占比超过50%。民都鲁港接近5000万吨，货物出口量占据绝大部分。槟城港、波德申港、关丹港和哥打基纳巴卢港的货物吞吐量也都名列前茅。

表Ⅰ-4-9　2016年、2017年马来西亚主要港口货物吞吐量情况

单位：百万吨

港口	2016年		2017年	
	货物出口量	货物进口量	货物出口量	货物进口量
巴生港	113.7	131.7	103.2	108.1
槟城港	13.8	16.5	14.7	17.4
波德申港	2.1	11.7	4.2	11.8
关丹港	12.1	4.2	11.7	5.7
古晋港	2.3	6.9	1.9	6.8
民都鲁港	38.6	7.1	40.8	6.6
拉让港	0.3	1.1	0.2	1.0
美里港	4.4	0.6	4.0	0.6
哥打基纳巴卢港	9.9	1.1	11.6	1.1

续表

港口	2016年 货物出口量	2016年 货物进口量	2017年 货物出口量	2017年 货物进口量
山打根港	3.8	2.8	3.6	2.8
拉哈达图港	2.7	1.4	2.5	1.4
斗湖港	3.1	1.5	2.9	1.5
昔邦加湾港（油品码头）	0.3	2.1	0.5	2.0
昔邦加湾港（集装箱码头）	0.6	2.8	0.7	3.1
总计	207.7	191.5	202.5	169.9

资料来源：《马来西亚统计手册2019》。

从船舶进出港情况看，2016—2018年马来西亚到港船舶从30967艘次下降至28195艘次，离港船舶从31000艘次下降至29426艘次，年均降幅分别为4.6%和2.6%。其中，巴生港的船舶进出港艘次处于绝对领先地位，2018年进出港船舶达12998艘次，占比大约稳定在46%左右，比排在第二位的槟城港多出4倍。其他进出港船舶艘次超过1000次的还有丹绒柏勒巴斯港、波德申港、关丹港、民都鲁港、拉让港、美里港、哥打基纳巴卢港和山打根港。2017年，马来西亚主要港口到港船舶吨位426.7百万吨，离港船舶吨位423.0百万吨，同比增长0.3%和0.5%，变化幅度不大。其中，巴生港船舶吨位有所下降，但占比仍有50%左右，比第二位高出2倍多。进出港船舶吨位居第二到第五位的港口分别是丹绒柏勒巴斯港、槟城港、关丹港和民都鲁港。

巴生港是马来西亚最大的港口。该港坐落于马来半岛西海岸，濒临马六甲海峡，距巴生市西南方约6千米，首都吉隆坡西南方约38千米，港口与首都吉隆坡有公路和铁路连接。该港为马来西亚最大的港口，2019年集装箱吞吐量1358万标准箱，同比增长6.5%，全球排名第12位，是东南亚集装箱的重要转运中心。港口内设南港、北港和西港三个码头泊位。其中，西港共有15个远洋码头，包括2个长300米的供液体散货码头和1个供液体散货码头。集装箱运输设施包括11台集装箱起重机、30

表 I-4-10 2016—2018年马来西亚主要港口国际贸易船舶进出港情况

单位：次、百万吨

港口	2016年 到港 艘次	2016年 到港 吨位	2016年 离港 艘次	2016年 离港 吨位	2017年 到港 艘次	2017年 到港 吨位	2017年 离港 艘次	2017年 离港 吨位	2018年 到港 艘次	2018年 离港 艘次
巴生港	14195	226.7	14195	226.7	13413	207.6	13413	207.6	12998	12998
槟城港	3844	39.7	3948	40.2	3882	54.4	3875	53.4	3721	3776
丹绒柏勒巴斯港	2888	96.8	2865	96.3	2725	98.4	2716	98.1	3014	3012
波德申港	476	4.0	486	4.0	492	4.2	502	4.2	—	—
关丹港	1487	18.7	1487	18.7	1546	21.1	1546	21.1	1865	1865
古晋港	1265	3.7	1022	3.1	1078	3.3	838	2.8	1113	897
民都鲁港	1682	16.6	1965	17.8	1667	18.5	1937	17.3	2152	3574
拉让港	524	2.2	401	1.3	470	2.0	335	1.1	518	430
美里港	323	1.0	348	1.0	383	0.8	444	1.0	665	725
哥打基纳巴卢港	358	6.1	358	6.1	338	6.0	338	6.0	428	428
山打根港	1234	3.3	1234	3.3	1152	3.3	1152	3.3	1080	1080

续表

港口	2016年 到港 艘次	2016年 到港 吨位	2016年 离港 艘次	2016年 离港 吨位	2017年 到港 艘次	2017年 到港 吨位	2017年 离港 艘次	2017年 离港 吨位	2018年 到港 艘次	2018年 离港 艘次
拉哈达图港	556	3.0	556	3.0	528	3.2	528	3.2	—	—
斗湖港	1673	1.7	1673	1.7	1089	1.7	1089	1.7	641	641
昔邦加湾港（油品码头）	264	1.0	264	1.0	256	1.0	256	1.0	—	—
昔邦加湾港（集装箱码头）	198	1.1	198	1.1	218	1.2	218	1.2	—	—
总计	30967	425.6	31000	425.3	29237	426.7	29187	423.0	28195	29426

注：2018年船舶吨位数据暂缺。

资料来源：《马来西亚统计手册2019》。

台龙门起重架、66 台原动机、66 台拖车和 4 台装卸机。此外，还有一个专设的旅客登陆区，包括三个总长为 660 米的码头。西港码头具有良好的深水泊位，可以停靠世界最大吨位的货船。北港拥有集装箱装卸区、普通货物装卸区、干散货装卸区以及液体散货装卸区，码头线总长度达到 3939 米，内设 18 个远洋码头。其中包括 4 个集装箱泊位、2 个集装箱泊位、6 个集装箱泊位、2 个普通货物泊位、2 个干散货泊位和 2 个油轮系缆柱泊位。集装箱码头共有 24 台集装箱起重机，占地 84.6 公顷，存放区存储能力达 19212 标准箱，货运区占地面积 48462 平方米，杂货装卸区拥有 1 个食用油油库和 2 个燃料仓库。此外，还有 91 台载重能力为 30—35 吨的跨运车、168 台牵引车和原动机、168 台装载能力达 50 吨的拖车、30 台起重龙门架、45 台装载能力为 3—15 吨的铲车。南港码头前沿区大约宽 15.2 米，并有三条铁路路轨，主要作用为满足马来西亚半岛、沙巴州与砂拉越州之间的交通运输，以及巴生港的散装液体货物的运输。

第二节　通信基础设施

截至 2019 年底，马来西亚住宅固定电话用户数为 642 万。固定电话运营商是马来西亚电信公司（TM）。马来西亚移动电话网络覆盖全国大部分地区，截至 2019 年底，移动电话用户数达到 4337 万。主要移动电话运营商是 Celcom、Maxis 以及 DiGi。

截至 2019 年，马来西亚宽带互联网用户 269 万，移动宽带互联网用户 3916 万，互联网普及率为 127.7%。2019 年 5 月，马来西亚网速为 68.5Mbps，略高于全球平均网速 59.6Mbps。在马来西亚通信及多媒体委员会于 2018 年 10 月推行强制性定价（MSAP）计划后，马来西亚高速宽频配套的价格平均降低了 49%，其中 30Mbps 配套的价格介于 79—89 马币（约合 19.0—21.5 美元）。

2015—2019 年上半年，马来西亚家庭电话普及率从 27.9% 下降至 15.9%，家庭电话线路从 208.9 万条下降至 129.8 万条（商业线路从 137.7 万条下降至 104.6 万条，总电话线从 346.6 万条下降至 234.4 万条），年均降幅为 11.2%；手机普及率从 143.8% 下降至 132.4%，手机用户数从 2015 年的 4411.1 万人小幅下降至 2019 年的 4337.0 万人（其中后付款用户有所增加），年均降幅为0.4%。造成下降的原因一方面与马来西亚人口快速增加有关，另一方面也与移动互联网不断普及、家庭固定电话相应缩减有关。从宽带普及率来看，不论是家庭还是个人，都实现了快速增长，年均增幅分别达到7.5%和6.4%。此外，马来西亚社区通信设施和信息发送量规模也有显著下滑，到2018年底，社区无线网络覆盖有1944个，短信息发送量随着手机用户和手机普及率的减少而受到影响，规模仅有14亿条，而社区数字图书馆一直维持在44个。

表Ⅰ-4-11　　2015—2019年马来西亚电话和互联网发展情况

指标	2015年	2016年	2017年	2018年	2019年上半年
家庭电话普及率（%）	27.9	26.1	22.3	18.0	15.9
家庭宽带普及率（%）	74.2	81.5	85.7	—	—
手机普及率（%）	143.8	141.3	131.2	130.2	132.4
宽带普及率（%）	99.7	99.8	117.3	121.1	127.7
互联网中心（个）	657	758	850	869	871
社区数字图书馆（个）	44	44	44	—	—
社区无线网络（个）	2978	4190	2502	1944	1538
短信息发送量（亿条）	259	150	86	14	11
电话线路（万条）	346.6	329.9	295.6	255.5	234.4
其中：家庭线路	208.9	198.1	175.8	145.6	129.8
商业线路	137.7	131.8	119.8	109.9	104.6
手机用户（万人）	4411.1	4391.3	4233.9	4241.3	4337.0
其中：后付款用户	874.0	963.9	1023.1	1157.6	1233.0
预付款用户	3537.1	3427.3	3210.7	3083.7	3104.0

资料来源：《马来西亚统计手册2019》。

2010—2019年，马来西亚每百万人安全互联网服务器个数呈现指数上升的趋势，从2010年的45个迅猛增加至2019年的6724个，年均增幅近75%。可见，马来西亚互联网事业虽然起步晚，但是发展速度十分惊人，特别是近十年来安全服务器的发展规模突飞猛进，互联网基础设施建设取得巨大成效。

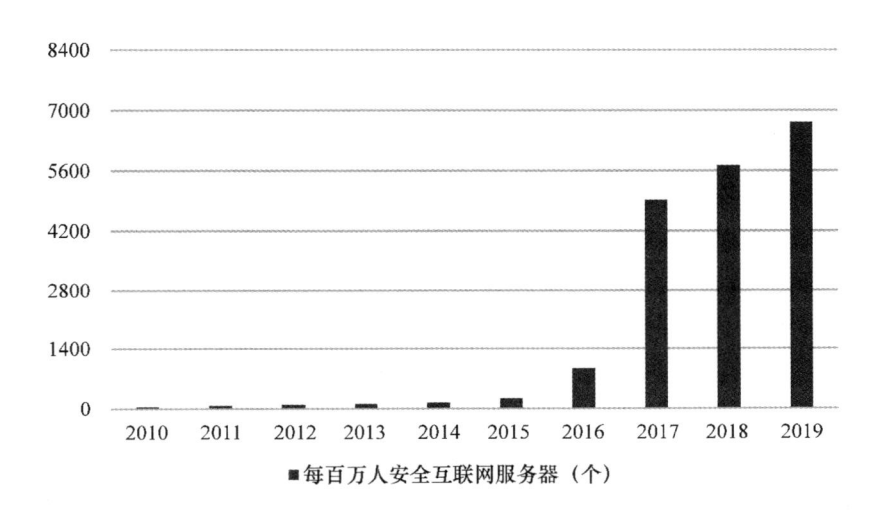

图Ⅰ-4-3　2010—2019年马来西亚每百万人安全互联网服务器数量

资料来源：世界银行。

根据马来西亚统计局数据，截至2018年，马来西亚共有各级各类邮政设施969个，并全部实现电脑化运营，其中包括687个邮政局、28个流动邮局、154个小型邮政所和100个邮政机构。2018年马来西亚国内外邮寄包裹数量7.25亿件，国内包裹数量7.20亿件，国际包裹数量536.8万件。此外，马来西亚还设有24小时自动服务终端（POS24），方便居民使用。

从发展历程来看，2015—2018年马来西亚邮政设施和服务均有所下滑。邮政设施数量从1052个减少到969个，年均降幅为2.7%。其中，除了流动邮局有微幅增加外，其他类型的邮政设施均有下降，邮政局、小型邮政所和其他邮政机构的数量年均降幅分别达到0.4%、11.1%和3.7%。包裹寄送数量从9.14亿件下降至7.25亿件，年均降幅达7.4%。其中国内包裹数量降幅较大，接近8%，国际包裹数量降幅则为5.9%。

表Ⅰ-4-12　　2015—2018年马来西亚邮政设施和服务情况

	2015年	2016年	2017年	2018年
邮政局（个）	696	698	690	687
流动邮局（个）	25	30	32	28
小型邮政所（个）	219	198	227	154
其他邮政机构（个）	112	113	107	100
小计	1052	1039	1056	969
国内包裹（千件）	908361	805128	791153	719747
国际包裹（千件）	6436	5276	5426	5368
小计	914797	810404	796579	725115

资料来源：《马来西亚统计手册2019》。

第三节　能源基础设施

马来西亚的电力由公共能源公司［占98%，包括国家能源公司（TNB）和州立能源公司］和独立的私人发电厂（占2%）提供，2016年发电量约1560.0亿千瓦时，其中，燃气机组占43.5%、燃煤机组占42.5%、水电机组占13.0%、柴油机组占0.4%、其他约0.3%。目前，马来西亚与新加坡、印度尼西亚等国家已经局部实现了小范围的电力互联互通。

从发展历程来看，2000—2015年马来西亚煤炭发电量占比从11.1%增加到42.3%，上升了31.2个百分点；石油发电量占比从5.2%下降至1.2%，下降了4.0个百分点；天然气发电量占比从73.6%大幅下降至46.6%，年均降幅达3%。火力发电量总占比从2000年的89.9%上升至2015年的90.1%，增幅不大。水力发电量占比从2000年的10.1%小幅下降到2015年的9.3%，其他能源发电量占比一直不到1%。总体而言，马来西亚现阶段的能源供应主要还是依靠不可再生的煤炭、天然气等能源，水力、风电、地热等清洁能源和可再生能源基础设施建设规模极小，能源基础设施发展水平仍待提高。

表Ⅰ-4-13　　2000—2015年马来西亚各能源发电量占比情况

单位:%

年份	火力发电量			水力发电量	其他能源发电量
	煤炭发电量	石油发电量	天然气发电量		
2000	11.1	5.2	73.6	10.1	0
2001	12.5	6.2	71.4	9.9	0
2002	15.2	10.3	67.4	7.1	0
2003	18.9	3.8	70.9	6.4	0
2004	23.4	3.0	66.5	7.1	0
2005	24.2	2.7	66.9	6.3	0
2006	23.1	3.5	66.3	7.2	0
2007	27.7	2.3	63.3	6.7	0
2008	26.8	1.8	63.8	7.6	0
2009	28.7	3.0	61.2	6.0	1.1
2010	34.3	2.9	56.7	5.2	0.9
2011	41.0	7.3	45.0	5.9	0.8
2012	41.5	4.5	46.6	6.7	0.7
2013	38.6	3.9	49.0	7.7	0.8
2014	37.9	2.4	50.1	9.1	0.5
2015	42.3	1.2	46.6	9.3	0.6

资料来源：世界银行。

2019年，马来西亚公布了电力领域的十年蓝图规划——"马来西亚电力改革2.0计划"，拟逐步开放马来西亚半岛电力燃料来源、发电、输电，以及配电与零售市场，从电力购买协议特许经营走向电力容量及能源市场，允许更多独立企业进入电力领域。近年来，马来西亚致力于调整能源结构，大力发展光伏产业，预计2025年将实现25%再生能源发电的目标。

第五章　产业结构研究

马来西亚不仅是东南亚地区的重要经济体，也是整个亚洲地区引人注目的多元化新兴工业国家和世界新兴市场经济体。2019年，其国内生产总值（简称GDP）为3647亿美元，居世界第35位，增长率为4.3%；人均国内生产总值（简称人均GDP）为11415美元（当年人口为3194.9万），略超过中国（人均GDP为10262美元），居世界第62位；人均国民收入（简称人均GNI）为11200美元（采用阿特拉斯方法计算，WDI）。依照世界银行2019年7月1日发布的按收入划分经济体国别标准，人均GNI达到12375美元即可迈入高收入国别行列（WDI数据博客）。单就该项指标来看，距马来西亚政府"2020宏愿"跨世纪战略目标之一——在2020年底迈入高收入国别组较近，仅差1175美元，但是距其另一目标——成为发达经济体，则还有待其他指标的实现。

1965年，马来西亚开始实施第一个经济发展规划，俗称"大马计划"，旨在以规划经济来推动国家发展，它以五年为一个阶段，对经济、社会、安全、交通和能源方面设下发展进步指标，进而使用集中投资在圈定领域，力图在五年内达到规划设定的指标额，今年已经是"第十一个大马计划"的最后一年。该规划在20世纪70年代之前侧重支持官联经济，80年代开始将重心转移到私营化经济，同时其经济开始起飞，并于90年代迈入中等收入国别组，有"亚洲四小虎"之称。

因为"大马计划"的实施，马来西亚经济发展历史过程中呈现明显的政府干预和规划性，这在本国的产业结构上反映得尤为明显。20世纪70年代前，以农业为主；70年代以来，推进出口导向型工业和引进外资，电子业、制造业、建筑业和服务业发展迅速；目前服务业已成为支柱产业，国家鼓励发展高新技术产业，经济处于工业化阶段后期，正试图迈入后工业化阶段。

第一节　产业结构概况

马来西亚的经济结构经历了两次大调整。第一次的分界线大致为20世纪70年代，从农业主导型经济向工业主导型经济转变，开始了初步工业化的步伐。1957年至1970年间，以出口橡胶、木材等原材料为主；1970年至1990年前后，重点发展进口替代型工业，加强对重工业的投资，并鼓励引进外资；80年代末，基本实现工业化。第二次的分界线为90年代，从工业化中期到工业化后期转变，注重增加工业附加值，发展高新技术产业和服务业。

一　三大产业结构现状

目前马来西亚经济产业呈现以服务业为主导、工业并重、农业占据很小部分的结构。根据马来西亚国家银行和马来西亚统计局数据整理显示，2019年马来西亚农业仅贡献国内生产总值的7.3%；工业贡献37.4%，其中以制造业为最重要产业，占据工业生产总值的57%，其次为采矿业、建筑业、水电气；而服务业却贡献了国内生产总值的54.2%，其中批发零售餐饮住宿类为第一大类产业，占据37%的份额，其次为金融保险房产商务为第二大类产业，占比20.5%，然后是交通仓储运输类，占比17.5%。总体看来，服务业中占比较大的子产业类都与旅游业相关，这与该部门吸纳的就业人数指标相契合——2019年马来西亚超过60%的就业者服务于旅游业。

从以上数据可以看出，马来西亚工业结构较为单一，门类不齐全；服务业以传统的批发零售、仓储物流为主，现代服务业中仅金融、保险、商业有一些发展，科技、教育等仍然缺乏。这预示着其从工业化向后工业化过渡还有漫长的路需要走。

二　三大产业结构演变

虽然马来西亚联合邦独立于1957年，但1965年新加坡退出了联邦，而后才形成了当今的马来西亚，同时考虑到其于 1965 年开始实行第一个经济发展规划，而后经济才开始明显发展，所以我们将从 1965 年的数据开始研究其产业结构的演变。通常，一国 GDP 等于三大产业增加值的总和。从各产业增加值在一国 GDP 中的占比可分析其产业结构的形态，大致判断经济所处发展阶段；从各产业增加值增速和一国 GDP 增速的分析可以更具体地了解产业结构的具体演变特点。因此，下文将首先对马来西亚 1965—2019 年之间 54 年的 GDP 总值情况进行概述，然后对其产业增加值占比进行横向和纵向比较分析，最后以动态视角解读三大产业各自增加值增速数据。

  图 I -5-1 和表 I -5-1 展示 1965—2019 年马来西亚以 2010 年不变价美元计 GDP 及其增速情况。从图标可得知，1965—1970 年的 GDP 曲线段基本呈现水平状态，1970—1973 年开始呈现向上趋势，并于 1980 年前后突破 500 亿美元，而后保持快速向上态势，于 1990 年前后翻倍，超过 1000 亿美元，2005 年再次翻番，突破 2000 亿美元，2019 年数据十分接近第三次翻番，达到 3987 亿美元。在这 54 年里，GDP 增长了 25.9 倍，平均增速达到 6.19%。近 40 年来，除了 1998 年和 2009 年增速为负，GDP 同比前一年明显回落，其他年份皆持续增长。这两次的经济回落分别受 1997 年东南亚金融危机和 2008 年国际金融危机的影响显著。究其原因，马来西亚为开放性经济体，以出口导向型为主，易受周围及世界经济环境的影响。但总体看来，过去的半个世纪中，在十一次"大马规划"的指引下，马来西亚经济总量实现大幅稳定增长，经济规划成效显著。（注：以购买者价格计算的 GDP 是一个经济体内所有居民生产者创造的增加值的总和加上任何产品税并减去不包括在产品价值中的补贴。计算时未扣除资产折旧或自然资源损耗和退化。数据以 2010 年不变价美元计算。GDP 数据采用 2010 年官方汇率从国内货币换算成美元。GDP 的美元数据采用单一年份官方汇率从各国货币换算得出。对于官方汇率不反映实际外汇交易中所采用的有效汇率的少数国家，采用的是替代换算因子。来源为世界银行国民经济核算数据，以及经济合作与发展组织国民经济核算数据文件。）

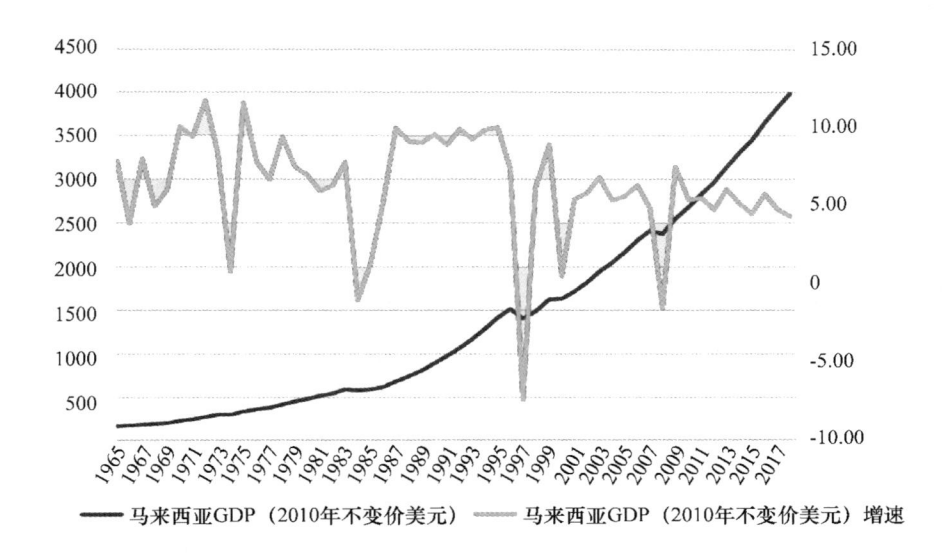

图Ⅰ-5-1 1965—2019 马来西亚 GDP 及增速（单位：亿美元，百分比）

资料来源：马来西亚统计局、马来西亚国家银行、世界银行。

图Ⅰ-5-2 和图Ⅰ-5-3 为 1965—2019 年马来西亚三大产业增加值及其各自占 GDP 百分比情况。其中，第一产业增加值占比从 1965 年的 31.01% 降至 2019 年的 7.28%，下降较快，尤其是在 20 世纪 80 年代开始出现明显下降，这与其大力发展私营经济、进入工业化第二阶段的时间节点相吻合。第二产业增加值占比则大致经历了一个抛物线形。首先在 1965—1970 年停滞，保持在 29%—30%，然后从 1970 年前后开始实现快速增长，从 30% 增至 40% 左右，然后在此缓慢保持了 15 年左右，再次增长并于 2004 年达到峰值，48.53%，而后锯齿状下降至 2019 年的 37.42%。这与不同阶段的产业基础和所实行的经济政策直接相关。

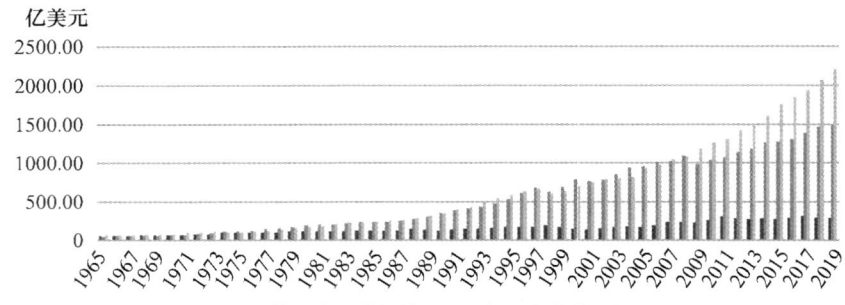

图 I-5-2　1965—2019 年马来西亚三大产业增加值（单位：亿美元）

资料来源：马来西亚统计局、马来西亚国家银行、世界银行。

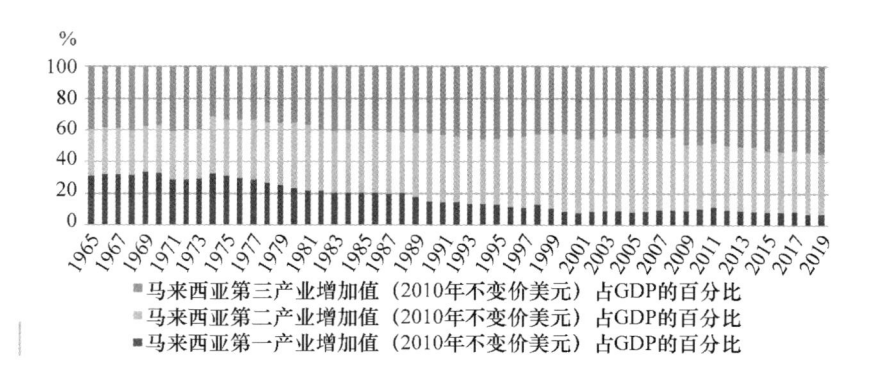

图 I-5-3　1965—2019 年马来西亚三大产业增加值百分比情况

资料来源：马来西亚统计局、马来西亚国家银行、世界银行。

第一阶段的停滞源于原有产业基础薄弱、经济落后，且第一次"大马计划"实施效果有时滞。第二阶段的快速增长源于经济政策刺激和原有产业结构存在第二产业较大可增长空间。马来西亚于 20 世纪 70 年代开始实行新经济政策，而该年代之前第一产业比重过高，第二产业比重过低。第三阶段的持平源于工业化加快，经济总体量快速增长，第二产业对第一、第三产业的反哺和带动作用，使得第一、第三产业也在总量上获得快速发展。

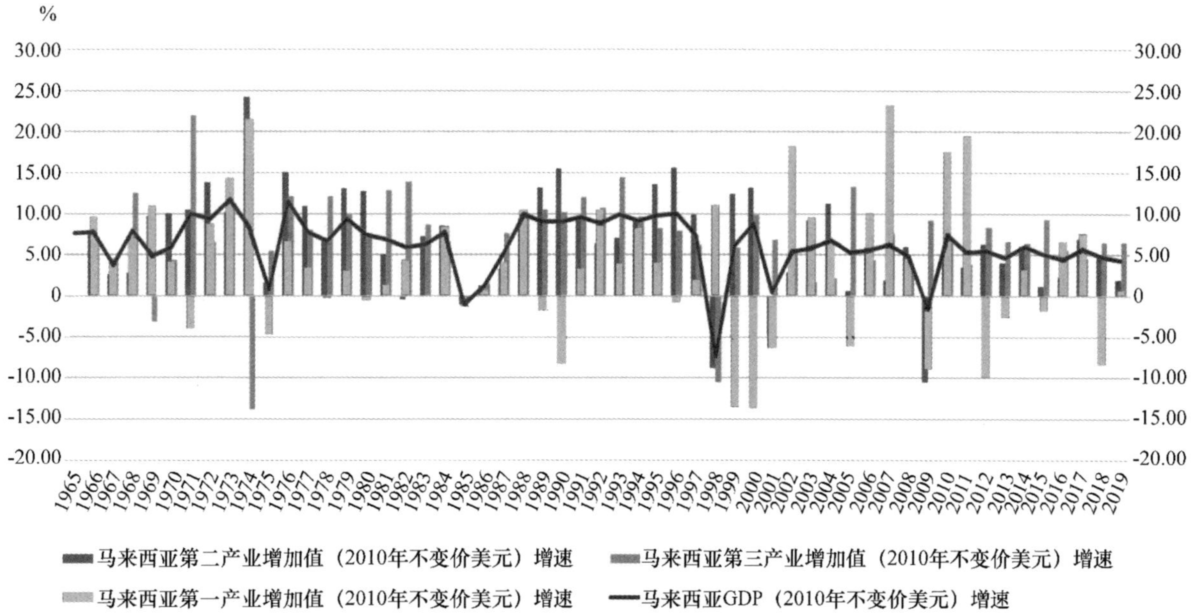

图 I-5-4 1965—2019年马来西亚三大产业增加值

资料来源：马来西亚统计局、马来西亚国家银行、世界银行。

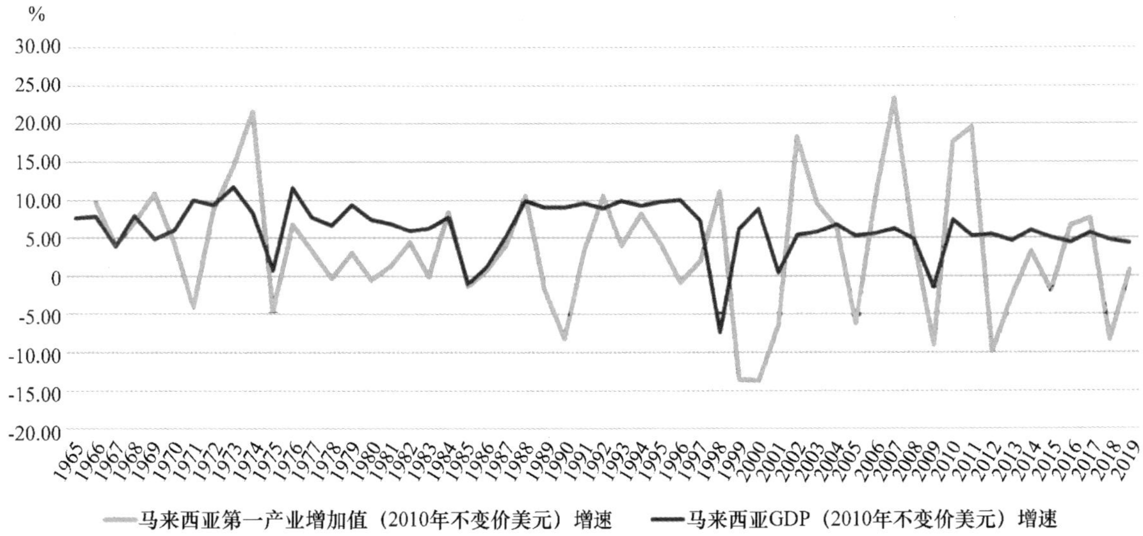

图1-5-5 1965—2019年马来西亚第一产业增加值增速与GDP增速对比

资料来源：马来西亚统计局、马来西亚国家银行、世界银行。

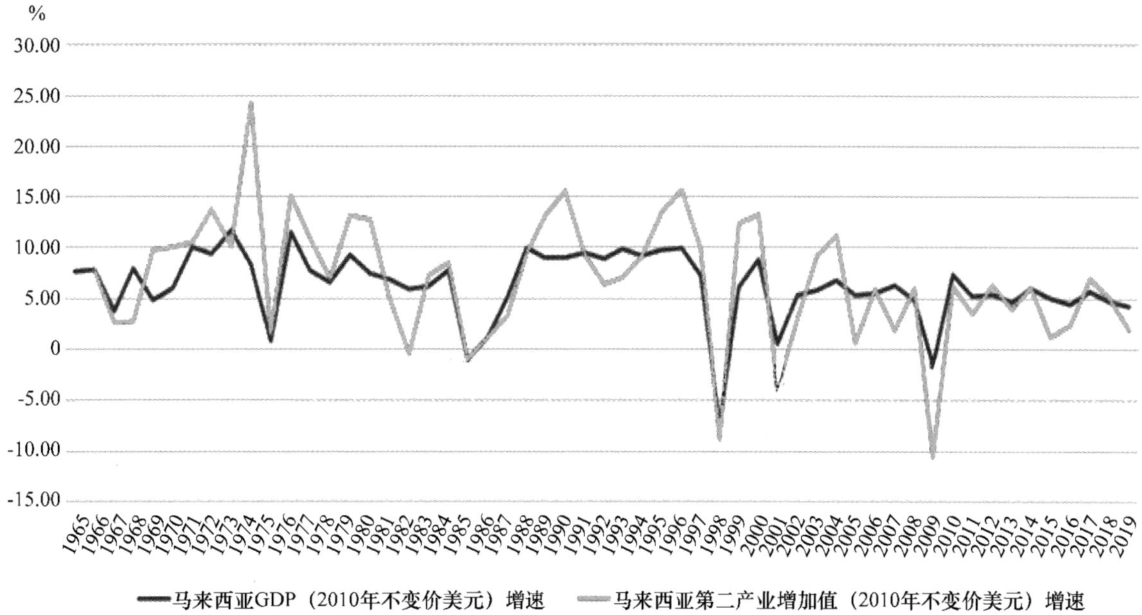

图 1-5-6 1965—2019年马来西亚第二产业增加值增速与GDP增速对比

资料来源：马来西亚统计局、马来西亚国家银行、世界银行。

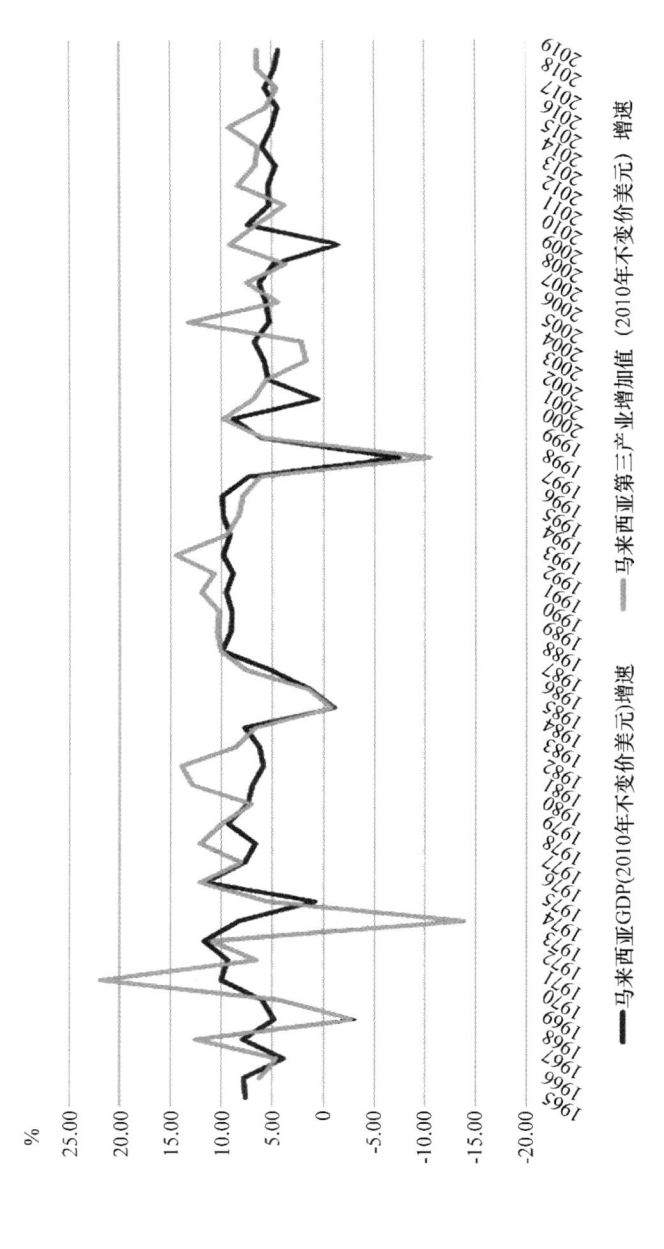

图 1-5-7 1965—2019年马来西亚第三产业增加值增速与GDP增速对比

资料来源：马来西亚统计局、马来西亚国家银行、世界银行。

第四阶段源于90年代开始鼓励高新技术产业的发展,使得第二产业再次获得更多的关注。第五阶段源于第二产业比重已经较大,可增长空间很小,而服务业在近几十年已经成为其支柱行业,使得第三产业相对第二产业有更大的增长空间。第三产业增加值占比在1973年触底后持续增长,第一产业增加值占比基本呈镜像形态,从最低占比31.7%增长至目前55.3%,成为目前占比最多的产业。这与其近几十年工业进步、大力发展旅游相关服务业有密不可分的关系。最终形成目前以第三产业为主、第二产业并重、第一产业占比较低的产业结构。

图Ⅰ-5-4至图Ⅰ-5-7为马来西亚GDP(2010年不变价美元)增速及三大产业增加值增速情况对比。其中第一产业在20世纪80年代末之前与GDP增速走势大致相似,90年代开始围绕GDP增速上下大幅波动。这说明了80年代末之前,第一产业增加值占比较高,90年代开始占比较低,其对GDP的影响力也下降较快。第二产业全程与GDP增速走势大体一致,尤其是1997年和2008年两次金融危机时,但整体波幅更大一些。这说明第二产业在马来西亚整个经济发展过程中有至关重要的作用,对第一产业的反哺和第三产业的带动作用明显,所以才能全面影响GDP整体增速。第三产业在80年代之前走势与GDP没有明显线性关系,除了GDP增速的峰值和谷值期。80年代至2000年之间,两者走势基本重合,2000年之后前者总体高于后者。这说明,在80年代之前第三产业的发展不是国民经济的重心所在,1980—2000年是马来西亚工业化第二阶段开始和完成的时间段,第三产业借力于第二产业的带动作用,获得了相应的发展。2000年以后,第三产业增加值增速高于GDP增速,也才使得第三产业逐渐成为马来西亚占比最高的产业,也是其支柱产业。

动态来看,无论哪个产业是马来西亚GDP中占比最高、增速最快的产业,其最重要的产业仍是第二产业。第二产业的发展推动了产业结构的变化,产业结构变化过程中产业增加值占比最高时,即为主导行业时,其发展影响着对应阶段马来西亚GDP的增长情况。结果分析验证了普遍的发展经济学理论之一,在经济发展过程中第二产业占据十分重要的地位。

三 制造业结构

制造业是马来西亚第一大外汇来源,是推动马来西亚国民经济发展的两个最重要的动力源泉之一。2019年，其制造业产值为3163.2亿林吉特，同比增长3.7%，占GDP的24.5%，雇佣劳动力占就业总数的17.79%。主要产业部门包括电子、石油、机械、钢铁、化工及汽车制造等。其中，电子业是制造业中GDP贡献最大的部门，也是最大的外汇创造部门，航天航空领域也取得了一定成就，仍是以对外贸易为主要方式推动制造业的发展。虽然在联合国工业发展组织等机构发布的全球竞争力排名中，马来西亚的制造业产业竞争力在新兴发展中国家中处于领先地位，但是其大部门仍是低端制造业产业，包括以加工组装为主的电子业和橡胶乳胶手套等低技术含量加工业等，而近年来随着全球经济持续低迷，高技术制造业回流，其发展高端制造业的路途再遇阻碍。

但是，从2008年国际金融危机以来马来政府下定决心要实现制造业的转型，注重"再工业化战略"出台多项政策，促进制造业向资本密集型类转型，包括《马来西亚生产力发展蓝图》、2050国家转型规划等。鼓励发展生物医药、新能源、信息通信等新兴行业；推行工业4.0、实现高度自动化，并鼓励数字经济发展、建立数字自由贸易区、尽快完成城市互联网的建设、鼓励电商行业的发展。

四 服务业结构

服务业是马来西亚经济中最大的产业部门，服务业也成为马来西亚外贸输出中最富有活力的行业，是推动马来西亚经济发展的两个最重要动力源泉之一。2019年，马来西亚服务业产值为8200.69亿林吉特，同比增长6.52%，占GDP的55.3%，雇佣劳动力占就业总数的61.15%。图Ⅰ-5-8展示了近五年来服务业的就业总数与所有产业就业总数的对比情况，可看出呈现整体向上的趋势，平均比例达到60%左右，是吸纳就业人口最多的产业部门。

马来西亚服务业的主要优势特色产业部门包括批发与零售、金融保险、教育旅游、房地产与商业服务、通信、运输与仓储、酒店饭馆业等领域。近五年来各细分行业的雇佣人数见图Ⅰ-5-9。其中批发零售摩托产业雇佣人数遥遥领先，平均达到28%左右，紧接着是餐饮住宿，逐年增长至17%左右，再接下来便是教育，稳定在10.5%左右，其余都在10%以下。前三项加起来达到服务业总人数的56%。

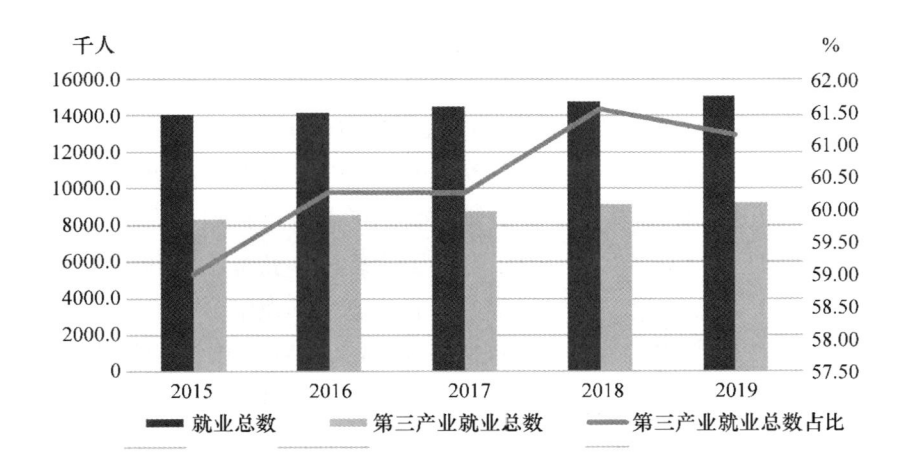

图Ⅰ-5-8 2015—2019年马来西亚服务业就业人数在总就业人数中的结构
资料来源：马来西亚统计局。

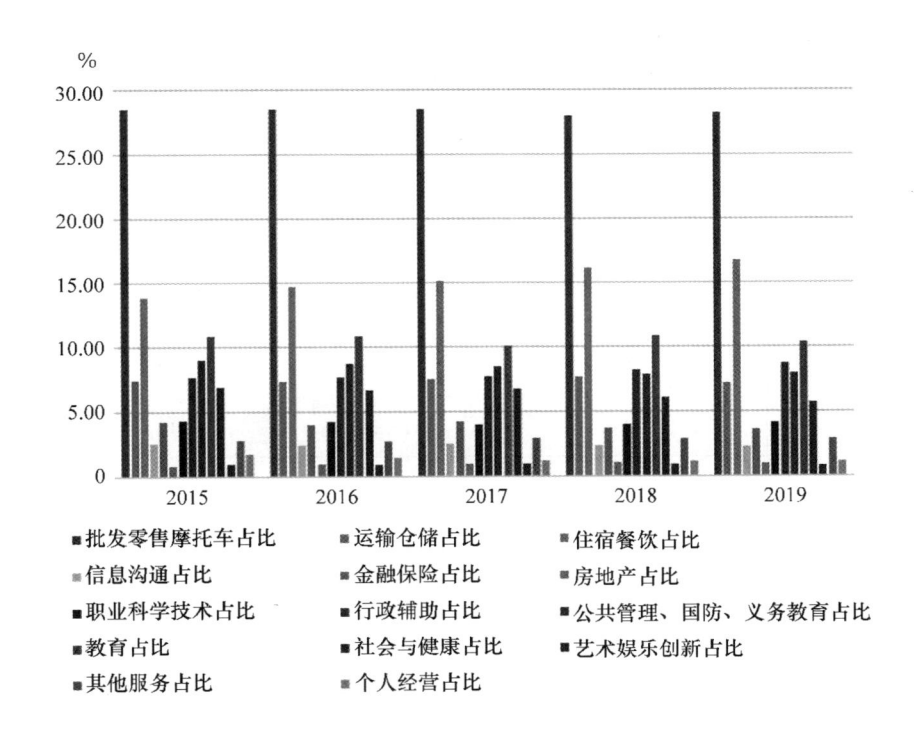

图Ⅰ-5-9 2015—2019年马来西亚服务业细分产业就业人数占服务业就业总数比例
资料来源：马来西亚统计局。

在服务业中，旅游业是其最重要的部门，也是马来西亚经济体最主要的驱动力之一。是马来西亚国民收入的第三大贡献者，外汇收入的第二大贡献者。2018年，马来西亚旅游业收入不仅占到国内生产总值的15.2%，而且提供了23.5%的就业岗位。[数据来自《马来西亚蓝皮书：马来西亚发展报告（2019）》]。从上文的雇佣人数也可以看出，雇佣人数多的三个部门都与旅游业相关，由于政府出台的医疗旅游、教育旅游和生态旅游等特色旅游相关刺激政策，使得旅游业对服务业中其他细分行业的拉动作用明显。所谓"医疗旅游"，就是将医疗或健康检查与旅游相结合。2012年，马来西亚政府已指定近50家私立医院和万余张病床参与这一计划。近年来，赴马来西亚进行医疗保健旅游的游客数以年平均15%—20%速度增长。多数国外患者赴马来西亚是进行心脏外科手术、骨科手术、整形手术、牙科手术、试管婴儿手术和健康检查等。2020年之前，马来西亚力争将外来赴马来西亚医疗的旅客的整体数字增加至190万人。所谓教育旅游，包括开发英语或一些独特行业课程，比如国际会计课程、管理课程、英语课程、资讯科技等。还有其他专业组织的商贸旅游配套等。表Ⅰ-5-1为旅游业在增加值和就业方面的贡献。

表Ⅰ-5-1　　2015—2020年马来西亚旅游业增加值和就业贡献

年份	旅游业收入（亿美元）	占GDP比例	旅游业就业总体占总就业比例（%）
2020	543	13.3	12.0
2019	489	13.3	12.0
2018	472	13.2	11.9
2017	427	13.6	12.1
2016	412	13.9	12.4
2015	401	13.5	12.0

资料来源：马来西亚统计局。

五 三大产业概况

(一) 农业概况

自工业化发展以来,马来西亚的第一产业增加值占比逐年下降,在 1999 年突破 10% 的历史低值后,近 20 年一直徘徊在 8%—10%,直至 2018 年首次突破 8%,为 7.54%,2019 年再次少许下降至 7.28%。但其增加值总值一直处于稳步上升阶段,2019 年达到 290 亿美元(按 2010 年不变价计),是 1965 年的 6 倍有余,远少于 GDP(2010 年不变价美元)同期 25.9 倍的增长;第一产业总体平均增速为 3.47%,也仅有 GDP(2010 年不变价美元)总体平均增速的一半左右,低 2.72 个百分点。相比第二产业和第三产业,增速缓慢且增加值体量较小。但是马来西亚的许多农产品在世界市场上占据举足轻重的地位,也使得这些农产品在其国民经济中仍占据重要地位。这是由其独特的地理位置和气候条件带来的。

马来西亚耕地面积约 485 万公顷,其第一产业以经济农作物为主,主要包括水稻、橡胶、油棕、可可等,粮食作物主要为水稻,粮食自给率约为 70%,盛产热带林木。渔业以近海捕捞为主,近年来深海捕捞和养殖业有所发展。图Ⅰ-5-10 和表Ⅰ-5-2 至表Ⅰ-5-4 显示了马来西亚 2019 年第一产业主要指标,以 2015 年为基期计价。

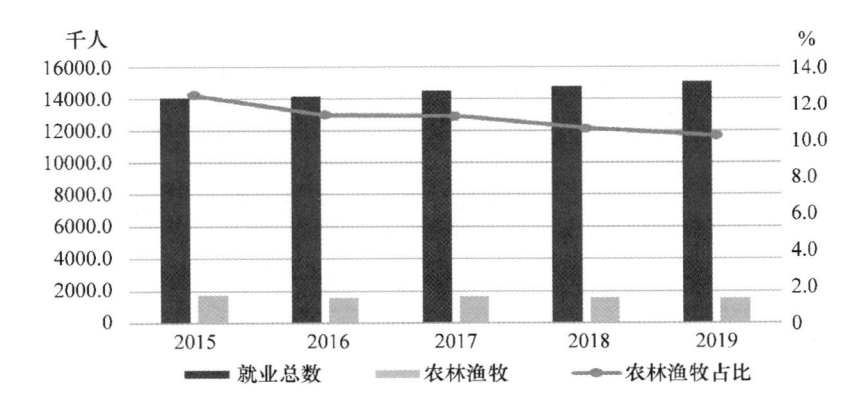

图Ⅰ-5-10 2015—2019 年马来西亚第一产业就业人数在总就业人数中的结构

资料来源:马来西亚统计局。

表Ⅰ-5-2　2015—2019年马来西亚第一产业主要细分产业就业人数

单位：千人

年份	橡胶种植雇佣人数	棕榈雇种植佣人数	林业雇佣人数	渔业雇佣人数
2015	11.60	437.50	249.86	140.95
2016	10.30	429.35	261.83	132.31
2017	10.30	430.84	271.99	130.65
2018	11.50	446.08	115.66	128.15
2019	11.10	437.70		

资料来源：马来西亚统计局。

表Ⅰ-5-3　2015—2019年马来西亚第一产业主要细分产业就业人数占就业总数比例

年份	橡胶种植雇佣人数占就业总数比（百分比）	棕榈雇种植佣人数占就业总数比（百分比）	林业雇佣人数占就业总数比（百分比）	渔业雇佣人数占就业总数比（百分比）
2015	0.01	0.42	0.24	0.14
2016	0.01	0.41	0.25	0.13
2017	0.01	0.41	0.26	0.12
2018	0.01	0.43	0.11	0.12
2019	0.01	0.43		

资料来源：马来西亚统计局。

表Ⅰ-5-4　2015—2019年马来西亚第一产业主要细分产业重要指标

2015	76800	4759939	14221	1998440
2016	77400	4804037	13948	1988430
2017	75100	4831387	12298	1897305
2018	73500	4869438	12681	1850416
2019	95400	4913826		

资料来源：马来西亚统计局。

以下具体分析马来西亚主要经济农作物、畜牧业、林业和渔业的生产种植情况。

马来西亚是世界第二大棕油及其制品生产国。其油棕 2019 年增加值为 109.38 亿美金，是马来西亚第一产业增加值最大贡献者，占比达到 37.7%。其产量较 2018 年增加 0.7 个百分点，达到 9841.9 万吨。同时，马来西亚也是世界第一大橡胶手套、导管、乳胶线出口国，第三大天然橡胶生产和出口国。其橡胶 2019 年增加值为 8.7 亿美金，占马来西亚第一产业增加值比例为 3%。其产量同比增长 6.1%，达到 64 万吨。

除以上两种主要经济农作物外，2019 年其他农作物增加值总计为 75 亿美金，占比为 25.9%。其中相对重要的作物有水稻、可可、胡椒、红麻，它们 2019 年的产量分别为 234 万吨（初步统计数据）、1000 吨（估计数据）、3.4 万吨和 7200 吨。水稻和红麻较 2018 年有小幅下降，而可可和胡椒则出现小幅上升。

畜牧业也是马来西亚第一产业的重要组成部分，仅次于经济农作物。2019 年增加值为 44.39 美元，在第一产业增加值中占比 15.3%。主要养殖品种为奶牛、水牛、山羊、绵羊、鸭、鸡、猪。2019 年养殖数量除了绵羊和猪有所下降以外，其他品种都有增加，尤其以鸭和鸡最为明显，分别增加 7.6% 和 5.8%，达到 1041 万只和 2.74 亿只。

马来西亚的渔业分为海域类、半咸水类和淡水类三大类。其中以海域类最为重要和庞大。2019 年海域类渔业产量达到 145.5 万吨，占渔业总产量的 78%。而其他两类 2019 年产量增幅远大于海域类，分别为 5.9% 和 3.3%，而海域类为 0.2%，但是总量不可相提并论。同样薄弱的产业还有林业，2019 年增加值占比仅为 6.3%。

上文指出过马来西亚是开放型经济体，其进出口指标也是分析其第一产业情况的重要指标。其 2019 年第一产业出口总值 1155 亿林吉特，增长 0.9%；进口总值为 935 亿林吉特，增长 0.2%。从全国范围看，第一产业并不是马来西亚最重要的就业部门，且就业人数占比从 1982 年至 2019 年逐步下降，从 31.2% 下降到 10.2% 左右。

(二) 工业概况

在马来西亚经济的发展过程中，工业的发展发挥了重大作用。在工业化的各个阶段中，不仅成为 GDP 增长的动力源，也大力拉动了第一产业和第二产业的发展与进步。20世纪80年代前，整体工业以出口导向型为主，主要出口经济农作物、矿产资源和电子类产品，对农业的反哺作用明显。80年代后，同时鼓励发展进口替代型工业，以家用轿车尤为明显，使得马来西亚人均拥车率高于俄罗斯、南非等国。1965—2019年间，第二产业增加值（2010年不变价美元）增长32.68倍，高于GDP（2010年不变价美元）同期增长倍数较多，达到1491.92亿美元；总体平均增速为6.65，略高于GDP（2010年不变价美元）总体平均增速0.36个百分点；拉高了整体经济的发展水平。

马来西亚第二产业主要为制造业、采矿业、建筑业。其中，前两类行业以利用本国人力资源和自然资源优势为主，后两种以政府政策鼓励和规划为主。在制造业中，电子、石油、机械、钢铁、化工及汽车制造为重点发展行业，也因此替代了传统的初级产品加工业的份额。在采矿业中，以开采石油和天然气为主，锡矿石储量也较为丰富，主要由国家背景公司经营，出口到日本、韩国、中国台湾等地。在建筑业中，房地产是最发达的行业，基础设施建设和政府部门工程也占据重要地位（引用商务部网站）。图Ⅰ-5-11至图Ⅰ-5-13显示了2015—2019年马来西亚第二产业细分产业的增加值和雇佣人口的结构。

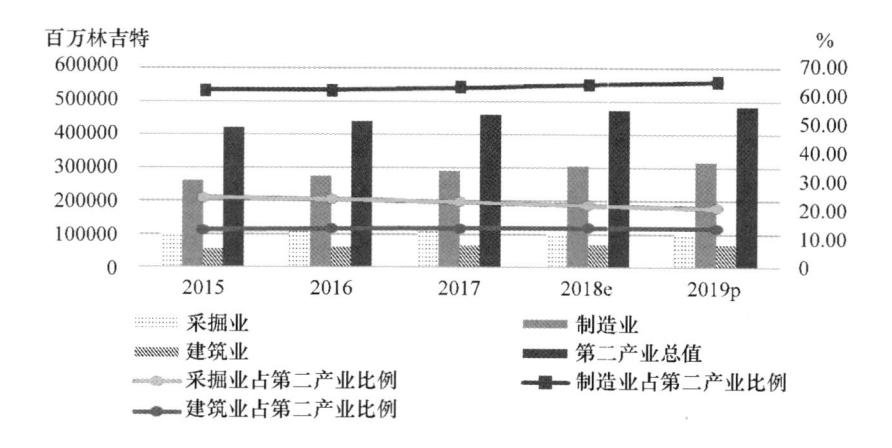

图Ⅰ-5-11 2015—2019年马来西亚第二产业细分产业增加值

资料来源：马来西亚统计局（以2015年为基期，2018年为初步估计值，2019年为预测值）。

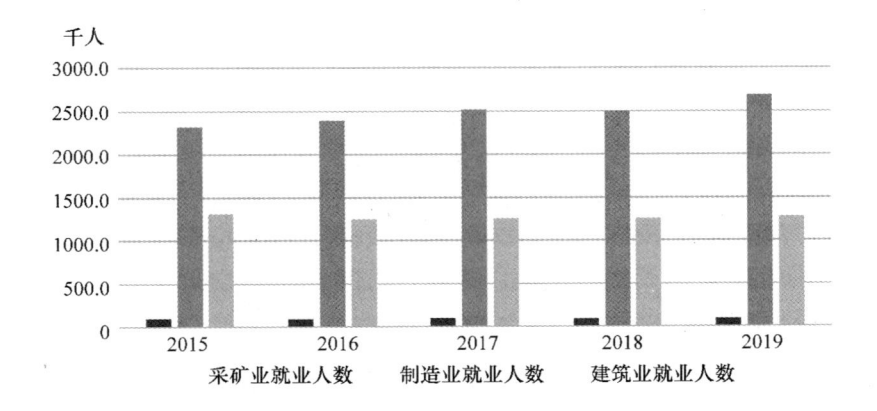

图Ⅰ-5-12　2015—2019年马来西亚第二产业细分产业就业人数

资料来源：马来西亚统计局。

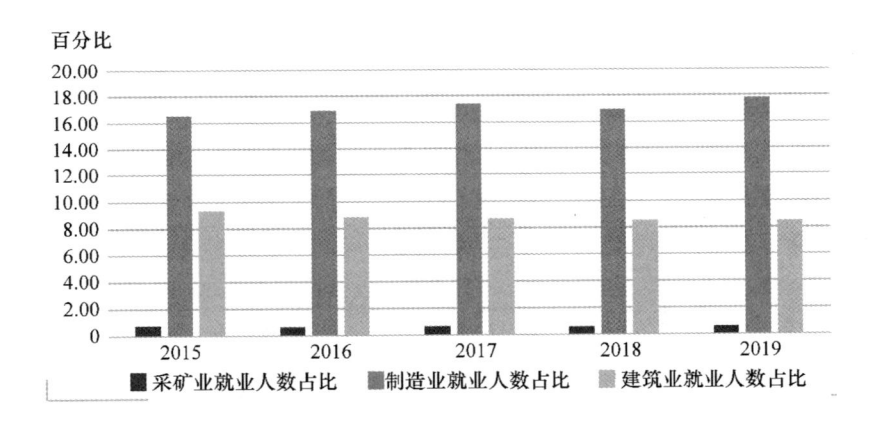

图Ⅰ-5-13　2015—2019年马来西亚第二产业细分产业就业人数占就业总数比例

资料来源：马来西亚统计局。

(三) 服务业概况

20世纪90年代，马来西亚实现工业化，迈入中等收入俱乐部后，陷入了中等收入陷阱。为摆脱该陷阱，迈入高收入和发达国家俱乐部，马来西亚政府颁布了"国家发展政策"和"国家宏愿政策"，促进经济多元化增长，发展高新技术产业并积极鼓励服务业发展。随后，服务业逐渐成为其经济的重要支柱产业，吸收超过60%的就业人口，其中旅游业为其最

130 第一篇 基本国情

重要的部门,近年来每年吸引游客超过 2500 万人次(引用驻马大使馆经济商务处)。这也使得第三产业增加值和增速对 GDP 的贡献在 20 世纪 90 年代之后明显上升,并具有明显拉动作用,详见本节第二部分分析。

1965—2019 年间,第三产业增加值(2010 年不变价美元)增长 36.5 倍,大幅高于 GDP(2010 年不变价美元)同期增长倍数,达到 2204 亿美元,增长倍数和 2019 年增加值皆居三大产业之首;总体平均增速为 6.93,高于 GDP(2010 年不变价美元)总体平均增速 0.7 个百分点左右,同时超过其他两类产业总体平均增速。由此可见,第三产业已经成为马来西亚名副其实的经济量贡献最大的产业类别。在第三产业中,批发零售餐饮住宿类、金融保险房产商务、交通仓储运输类为三类主要子产业。图Ⅰ-5-14 至图Ⅰ-5-16 显示了马来西亚第三产业主要指标。

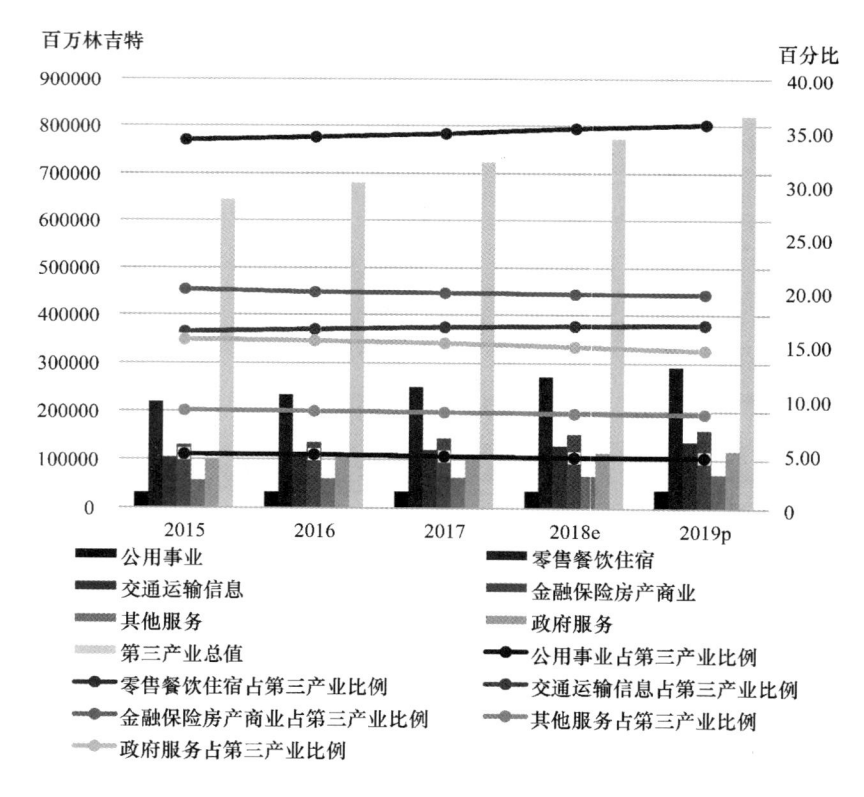

图 Ⅰ-5-14 2015—2019 年马来西亚第三产业细分产业增加值

资料来源:马来西亚统计局(以 2015 年为基期,2018 年为初步估计值,2019 年为预测值)。

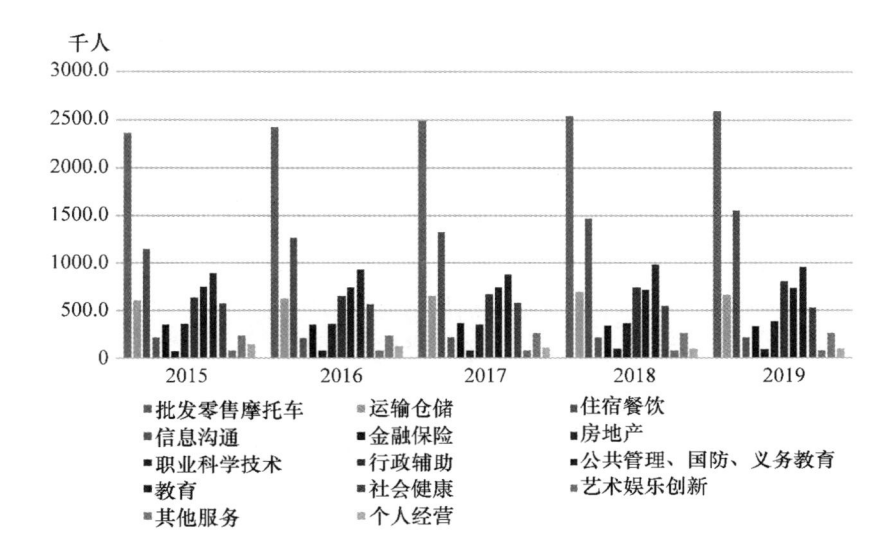

图 I-5-15 2015—2019 年马来西亚第三产业细分产业就业人数

资料来源：马来西亚统计局。

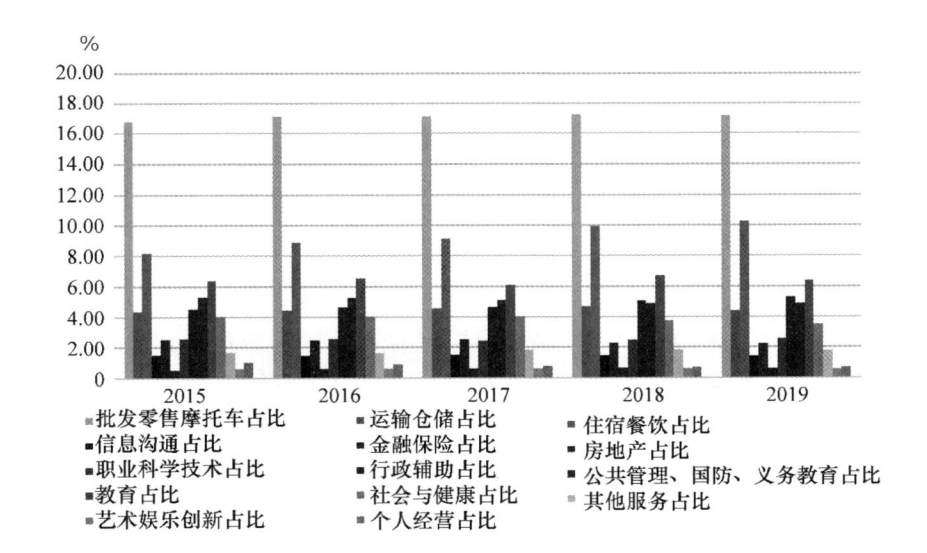

图 I-5-16 2015—2019 年马来西亚第三产业细分产业就业人数占就业总数比例

资料来源：马来西亚统计局。

第二节　重点产业

一　棕榈油业

油棕是目前马来西亚第一大经济作物，其主要产品棕榈油是世界上生产量、消费量和国际贸易量最大的植物油品种，与大豆油、菜籽油并称为"世界三大植物油"。据马来西亚棕油局（MPOB）统计，马来西亚油棕树的种植面积已由1975年的64.2万公顷增长到2008年底的580万公顷，占其全国农业可耕种面积的60%，其棕榈油产量占世界产量的30%，而居目前世界第一位的印度尼西亚生产了全世界约55%的棕榈油。在2006年之前马来西亚是世界第一大棕榈油生产国，且单产为当时第二大棕榈油生产国的1.3倍，所以尽管2000年开始印度尼西亚的油棕树产能已超过马来西亚，但到2006年总体棕榈油产能才得以跃居第一位。在同样具备全年高温，雨水丰富的热带气候条件下，马来西亚产量被印尼超越主要是因为耕地面积总量限制，即使单产较高，也不足以弥补印尼耕地扩张带来的差距。2018年马来西亚和印度尼西亚的棕榈油产量分别为4710万吨和1900万吨。

就种植区域来看，截至2017年，马来西亚棕榈油种植面积为5811145公顷，成熟面积为5110713公顷，约占总种植面积的87.9%，其中马来西亚半岛种植面积为2708413公顷（未成熟面积占12%）、占马来西亚总种植面积的47%；沙巴州种植面积为1546904公顷（未成熟占11%），约占马来西亚总种植面积的27%；砂拉越州种植面积为1555828公顷（未成熟占14%），约占总种植面积的27%。目前来看，马来半岛种植面积较大、砂拉越州和沙巴州比重稍小；但从未成熟面积来看，砂拉越州的占比最大，说明砂拉越州是马来西亚棕榈树面积增加的主要区域，将来可能会超过沙巴州。全马油棕种植以大企业为主，主要企业有FELDA，IOI，SIME DARBY，FELCRA，ASIATIC，KULIN，GOLDEN HOPE等。其中以私人种植园为主，截至2017年底，马来西亚棕榈树有61%是私有棕榈园，约354万公顷；16.9%的棕榈树由小农户持有，约为97.9万公顷；16.1%由三家大企业集团持有；最后约6%的棕榈园由州或政府机构持有。

就棕榈油业企业和从业人员来看,全国该行业各类企业超过400家,提供300多万人的就业岗位。包括油棕种植开发、棕榈油和相关制品生产、贸易及研究等。棕榈园雇佣工人由1974年的7万人增加到目前的43万人,并曾在2007年达到过50万的高峰。

就棕榈油产业来看,其产业链结构为种植油棕树,产出油棕果,提炼棕榈油,然后再进行油脂加工,应用于食品和工业消费领域。马来西亚的棕榈油产业发展经历的三个阶段基本与棕榈油产业链结构相吻合。1960年至1975年,油棕种植面积快速扩大,初步形成提炼毛棕榈油的工业体系,剩下的棕榈仁部分直接出口。1975年至1985年间,开始发展精炼棕榈油加工业,使单产油量增加,出口增多。1985年至今,政府不断加强对棕榈油的引导和研发,其油脂加工业得到快速发展,最初主要用于食品消费,近年来工业消费也获得明显发展。因为棕榈油库存压力巨大、国际石油市场的不稳定、国内能源紧缺,棕榈油基生物柴油项目得到政府大力支持,出台多项政策。经过40多年的发展,马来西亚的棕榈油产业目前已经拥有世界领先水平的科研机构、加工技术、生物工程技术,以及成熟的供销市场。

棕榈油业不仅有力地推动了马来西亚走出1997年金融危机,并在70—90年代工业化的过程中发挥了重要作用。近年来,其产业增加值占马来西亚第一产业的三分之一以上,是马来西亚农业甚至整个经济的支柱性产业。虽然近年来棕榈油价格较低,种植园种植区由于森林破坏带来的环境问题变得难以扩大,熟练劳动力短缺,最低工资上升,但总体棕榈油收益较高、从事棕榈树种植以及棕榈油产业的人员仍处于历史高位,仍有超过一半的耕地种植棕榈树,下游产业盈利水平高、产能利用率也维持高位水平,棕榈油本身是全球产出效率最高的油脂品种,远低于油菜籽和大豆的生产成本,棕榈油业仍将对马来西亚的发展具有重要作用。

二 橡胶业

除油棕种植业外,橡胶业是马来西亚第一产业的另一支柱产业。该产业的发展早于油棕业,曾是马来西亚第一产业中最重要的产业,但因经济效益不如油棕业,后续随油棕业的发展被超越。天然橡胶种植面积和产量从第二次世界大战结束之后就开始逐步增长,成为世界第一的橡胶生产国,但随着马来西亚工业化进程加快和油棕种植业发展,橡胶种植与生产逐年萎缩,并于1991年被泰国超越。但至今,马来西亚仍是世界上主要的产胶国之一,目前在种植方面处于世界第三位,在生产方面居世界第四位。

与油棕业不同,马来西亚的橡胶种植以小胶农种植为主,所以存在分散经营、市场风险较大等缺点,当橡胶价格下跌时,就会明显存在大片的小胶园放弃种植橡胶,转向其他的经济作物,尤其是棕榈树。这也是橡胶业和油棕业种植两者此消彼长的原因。在主要种植区方面也与油棕有所不同,橡胶种植园主要集中在马来西亚半岛,占到总种植面积的76%左右,沙巴半岛占到总种植面积的24%左右(2010年),但油棕还在砂拉越州有较大的种植面积,与沙巴州平分秋色。

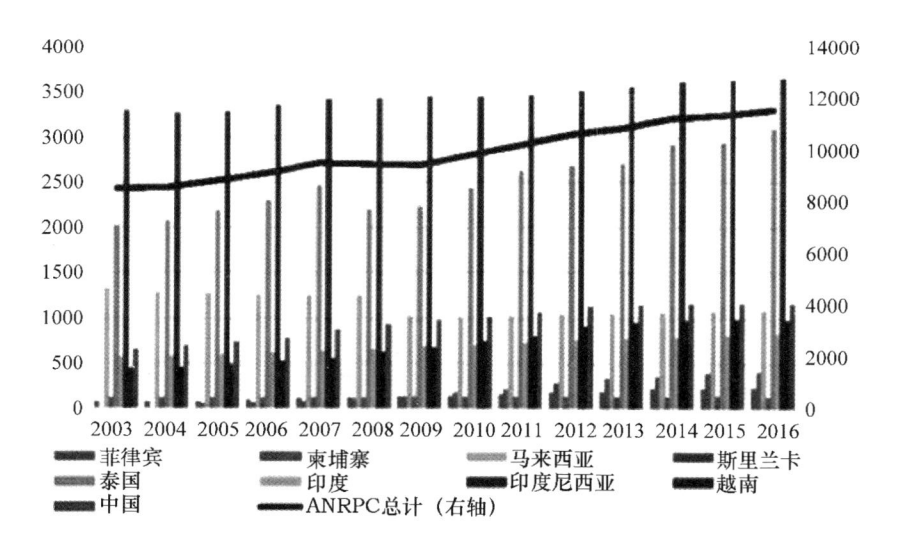

图Ⅰ-5-17 ANRPC成员国橡胶种植面积(2003—2016)

资料来源:Wind。

虽然马来西亚是橡胶生产大国,但是也是消费大国,不断攀升的橡胶需要和不断减少的橡胶种植面积的矛盾使马来西亚不得不从他国进口橡胶,并开始走上产业转型之路。20世纪90年代,正值马来西亚在完成工业化准备迈向现代化的经济进程时,政府经济政策鼓励发展高附加值产品，下游橡胶业便享受到了该类政策的红利。不仅橡胶制品得到长足发展，出口屡创新高，橡胶木业也逐渐与天胶和橡胶制品形成了三足鼎立的态势，其出口额也占到了橡胶工业出口额的三分之一。在其橡胶制品的加工和制造中以乳胶产品为主，轮胎及其他制品为辅。乳胶的主要产品有手套、避孕套、导尿管、胶丝胶带等产品，其中又以橡胶手套为绝对主导。到 2015 年，全马来西亚共有橡胶及其相关企业 300 家左右，其中制造乳胶手套的企业有 53 家（在 2005 年顶峰时期该数据为 107 家）；而生产气胎和内胎的企业分别只有 8 家（2015）和 9 家（2005）。在产值方面，橡胶手套的产值也远远超出其轮胎以及其他橡胶产品的产值。2015 年，橡胶手套产值为 103.7 亿林吉特，而轮胎产值为 19.23 亿林吉特。这种产业内部细分结构与其他国家和地区的橡胶产业分布恰恰相反，在全球范围内，轮胎消耗的橡胶占到 50% 以上，也正是这种互补的产业细分结构使橡胶加工制造业在全球产业链中十分具有竞争力，最终完成了从以橡胶种植和出口转型为主到以制造和出口高附加值的橡胶制品为主的产业升级，实现其下游橡胶产业遥遥领先于东南亚其他国家，成为东南亚橡胶主产国转型改革的路上的先锋。

三 电子业

马来西亚的电子业起步于 20 世纪 70 年代，政府开始进行工业化建设，鼓励进口加工企业和外资投资。全球多家电子产业企业在马来西亚建立工厂，利用其人力资源丰富的特性，共计 40 多个国家的 5000 多家外国公司，目前也成为制造业中最大的细分产业。目前的产品结构已经从 20 世纪 70 年代的加工等人力密集型转变为各类电子产品等人力兼资本密集型产品，包括半导体、电视、电脑等，提供了全国 25% 左右的就业岗位和三分之一的出口份额。

由于马来政府一直以来对低廉且多为熟练工人的外国投资者实行优惠政策，语言便利（英语为官方语言）、劳动力，使其电子产业不断在发展壮大，并对现有国际投资者具有较强吸引力，尤其是在中国制造业升级和结构调整的大趋势下，部分产业链溢出和转移到马来西亚。

然后，在全球电子产品的供应链上，日本、韩国、中国占据了主导地位，供应商数量总计占全球的 69.5%。

虽然马来西亚的电子产业发展较早并获得了长足进步，但仍主要属于劳动密集和粗放式生产。本土企业较少掌握核心技术，马来西亚电子产业后续想要变得更强大，其主要着力点应是加大科研投入、技术开发，提高"质"的发展，而不仅仅是"量"，需要向资本密集和技术密集型生产和企业转型，从而实现产业结构的升级。

四 石油与天然气

马来西亚具有丰富的化石燃料资源，其中石油与天然气开采是其最主要组成部分。马来西亚主要石油产区位于外海沿岸，大部分油田均含有低硫且高品质之原油，其中 Tapis 油田产油超过总产量之一半。根据 BP 统计资料显示，2013 年原油蕴藏量为 37 亿桶，天然气蕴藏量为 1.1 兆立方公尺。根据 EIA 统计，2015 年，马来西亚日产原油 69.3 万桶，平均日产天然气开采量 1.8 亿立方米，主要出口到日本、韩国和中国台湾。

马来西亚的石油和天然气行业管理及开采主要掌握在马来西亚国家石油公司（PETRONAS）手中，它管理所有马来西亚境内的上游作业，并通过生产共享合同聘用多家国际石油与天然气公司参与勘探、开发及生产马来西亚的石油与天然气。其旗下拥有三家子公司（马来西亚石油贸易有限公司、马来西亚石油天然气有限公司和马来西亚国际船务有限公司），并在海外三十几个国家设有 100 多家子公司。

在 2010 年初，马来西亚石油公司占据全国 6 座炼油厂中的 3 座，每日产量为 25.9 万桶，占当年总产量的 50% 以上。国际石油巨头壳牌拥有 2 座炼油厂，美孚石油公司拥有剩余的 1 座炼油厂，分别产量为 17 万桶和 8.6 万桶。由于近年来石油蕴藏量减少，马来西亚政府鼓励扩大深海区域探勘活动，马来西亚国家石油公司积极响应该政策，着力发展国际探勘与开采策略，目前主要合作国家包括叙利亚、土库曼斯坦、伊朗、巴基斯坦、中国、越南、缅甸、阿尔及利亚、利比亚、突尼斯、苏丹及安哥拉等国。由于鼓励外资勘探石油，东南亚在 2012 年度勘探到的石油与天然气储量中，马来西亚约占 72%，达到 14 亿桶，超过印度尼西亚，跃居石油与天然气上游产业第一位。

马来西亚生产天然气最活跃的地方是马来西亚与泰国的共同发展区域，由两国共同管理；共有 3 座 LNG 加工厂，坐落于 Bintulu 大型综合设施厂（2012 年该厂拥有全球最大 LNG 综合设施）。根据 BP 统计资料显示，其 2013 年天然气生产量达 691 亿立方米，而消费量约为 340 亿立方米，LNG 出口量约 338 亿立方米，日本约占 60%、韩国占 17%、中国占 11%，经管线进口天然气约 12 亿立方米，主要来自印尼。

五 汽车工业

马来西亚的汽车工业经历了从无到有的三个发展阶段，分别是建国之前的整装进口阶段、建国之后到 20 世纪 80 年代的散件组装阶段以及 20 世纪 80 年代至今的民族汽车工业发展阶段。由于马来西亚糟糕的公共交通系统，马来西亚人均拥车率居世界前列，达到 0.43，超过南非等发达国家，这为其国家汽车工业的发展提供了庞大的消费市场，同样也导致了汽车工业的快速发展。

其主要汽车生产厂商有普腾汽车、第二国产车、日本丰田、本田、韩国起亚、现代、德国奔驰、宝马和瑞典的沃尔沃。普腾汽车又名宝腾，也是马来西亚最大的汽车公司，是东南亚地区唯一成熟的整车制造商，业务范围覆盖包括东南亚各国、英国、澳大利亚、中东部分地区等。它在马来西亚境内分公司和经销商达 419 家，有两个主要生产基地，一个是莎阿南工厂，另一个是丹戎马林工厂。

2020 年颁布的《2020 年国家汽车政策》（NAP 2020）有许多激励措施，包括关税优惠，旨在确保新冠疫情后，推动行业的复苏。鼓励对高科技和环保汽车领域的投资，开发本地技术人、增加高价值的制造活动，尤其是针对售后市场产品以及在汽车供应链中应用先进技术。NAP 2020 还针对一代车辆（NxGV）、移动即服务（MaaS）和工业革命 4.0（IR 4.0）三方面做仔细的考虑，制定了未来十年汽车工业发展的方向，额外创造 32.3 万个新工作岗位，产业增加值达到 1042 亿林吉特，市场销售量达到 122 万辆，总产量达到 147 万辆。

六 旅游业

马来西亚自然旅游资源丰富，在国际旅游市场上占据重要地位，游客数量自 2007 年以来长年位居东南亚第一。世界经济论坛发布的 2019 年《旅游业竞争力报告》中，马来西亚的旅游竞争力在全球 140 个经济体中排名第 29 位，居东盟国家第 2 位。随着《RCEP 区域全面经济伙伴关系协定》正式达成，成员国之间的人员流动会变得更加便利，这也将进一步促进马来西亚旅游市场的发展。

旅游业是马来西亚的第三大国民收入来源，2018年旅游总收入达2206亿林吉特，也是马来西亚第二大外汇收入来源，以吸引外来游客为主，2018年，马来西亚共接待游客2583万人次。2019年马来西亚旅游业的发展目标是要吸引2810万名外国游客，旅游收入将达到2922亿林吉特。马来西亚旅游业之所以能成为其重要经济支柱之一，不仅是因为其增加值占到国内生产总值的15.2%且为重要创汇来源，还因为其提供了23.5%的就业岗位。其主要旅游点有吉隆坡、云顶、槟城、马六甲、兰卡威、刁曼岛、热浪岛、邦咯岛等；主要客源国为新加坡、印尼、中国、泰国、文莱、韩国等。据马旅游部统计，2018年全年的接待旅游总人次中有1061.5万人次来自新加坡，327.7万人次来自印尼，294.4万人次来自中国，191.4万人次来自泰国，138.2万人次来自文莱，61.7万人次来自韩国，以上六国人次总计占2018年全年人次的80%。

马来西亚实行以政府为主导的旅游业发展模式。自1975年起，马来西亚政府先后颁布了一系列国家旅游政策，大力推动旅游业的发展，推动医疗旅游、教育旅游、生态旅游等各类特色旅游发展，并先后确立了5个国家旅游年。2018年政府宣布2020年为其国家旅游年，但是突如其来的新冠疫情对该国旅游行业造成了巨大冲击。据估计，马来西亚旅游业2020年预估已损失超过约合人民币1611亿元。为刺激旅游业恢复，近期马来西亚政府推出了一项10年计划。该计划侧重于增强马来西亚旅游业的竞争力，推动"可持续和包容的旅游"，致力于在自然环境和遗产的开发和保护间取得平衡。

此外，马来西亚还鼓励外资进军旅游业，马来西亚政府将设立特别旅游投资区，鼓励以科技为主的旅游业投资。为吸引更多外资直接投资当地旅游项目，马来西亚政府允许外资100%持股。庞大的游客数量、开放的投资政策、便利的语言环境十分鼓励外资政策的实施。

除开展主流旅游业务外，马来西亚还另辟蹊径，吸引外国游客长期居住在马来西亚。1996年，马来西亚旅游部对外国退休老人实施的一项较长时间居住计划即"银发族项目"，鼓励外国的退休老人带着自己的退休金到马来西亚旅游并长期居留生活。该项目并不是移民项目，也无须放弃国内身份、事业、福利和社会关系，还可以随时撤销身份。实际是利用丰富的旅游资源、良好的居住环境吸引外国居民来长期旅游，同时拉动旅游胜地的房地产项目。这从其后续将年龄从退休老人放宽到21岁的年轻人这一变化上可见一斑（2002年政府决定把"银发族项目"正式更名为"马来西亚第二家园项目"（Malaysia My Second Home Program，简称MM2H，这一项目申请对象不再局限于退休老人，而是扩大到21岁以上的外籍人士）。

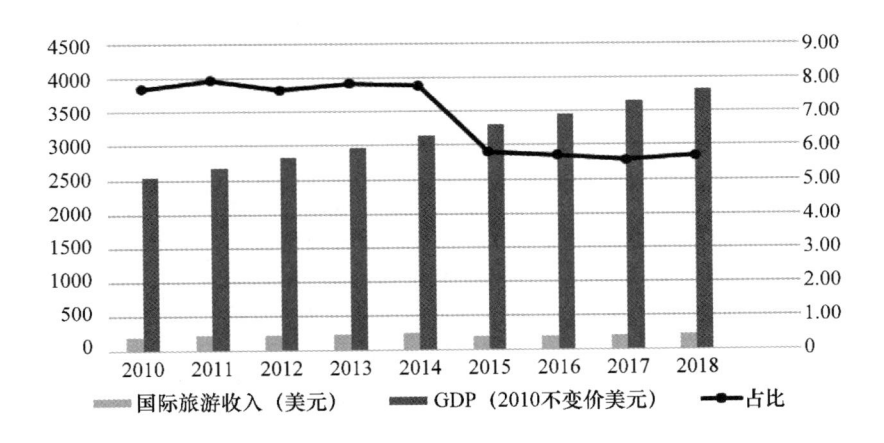

图Ⅰ-5-18 2010—2018年马来西亚国际旅游收入与GDP对比

资料来源：马来西亚统计局、马来西亚国家银行、世界银行。

总体来说，马来西亚的产业结构经历了三个阶段，分别是20世纪70年代以前的农业主导结构、八九十年代的工业主导结构和90年代至今的服务业主导结构。目前来看，对GDP贡献最大和对全国就业总人数贡献最大的都是服务业，分别达到55%和60%左右，使得服务业成为马来西亚名副其实的主导产业，是马来西亚经济腾飞的主要驱动力。但是在马来西亚产业结构的演变过程中，包括工业的作用同样不可忽视，对农业和服务业的发展一直发挥着带动作用，是马来西亚经济的稳定器。但是需要注意的是，服务业占主导地位并不是以工业化高度发达为基础，而是工业内部结构单一，以劳动力密集型等低端制造出口业为主带来的总量不高的情况下，天然旅游资源丰富带来的旅游业为主的服务业快速发展形成的。其整体产业都有待从传统工业、服务业向现代化、高新技术、新兴行业转型，并完善产业内部体系。

马来西亚的产业结构呈现单一、劳动密集型为主的特点。农业中棕榈业占主导地位，棕榈业雇佣了第一产业中28%的劳动力，工业中，电子业是主导产业，GDP贡献值最大，且为最大的外汇创收部分。第三产业中旅游业独树一帜，2020年贡献了服务业增加值的24.5%，雇佣了20%的就业人口，是服务业中的第一大外汇创收部门。这种产业结构也说明了马来西亚农业结构不均衡，工业体系不完善，服务业以传统产业为主，有待向新型服务业转型。

附录

附表Ⅰ-5-1　　1965—2019年马来西亚GDP（2010年不变美元）及其增速

年份	GDP（2010年不变价美元）	GDP（2010年不变价美元）增速（百分比）	年份	GDP（2010年不变价美元）	GDP（2010年不变价美元）增速（百分比）
1965	15399966772	7.68	1993	107225416092	9.89
1966	16603737673	7.82	1994	117103066235	9.21
1967	17244168158	3.86	1995	128613226384	9.83
1968	18619906970	7.98	1996	141478022462	10.00
1969	19530147388	4.89	1997	151838092822	7.32
1970	20699327206	5.99	1998	140663697157	-7.36
1971	22776434434	10.03	1999	149297089129	6.14
1972	24914787451	9.39	2000	162523121436	8.86
1973	27830087065	11.70	2001	163364463523	0.52
1974	30145177934	8.32	2002	172171422650	5.39
1975	30386661335	0.80	2003	182137564220	5.79
1976	33900419813	11.56	2004	194492752461	6.78
1977	36528739152	7.75	2005	204863376681	5.33
1978	38959322083	6.65	2006	216304682965	5.58

续表

年份	GDP（2010年不变价美元）	GDP（2010年不变价美元）增速（百分比）	年份	GDP（2010年不变价美元）	GDP（2010年不变价美元）增速（百分比）
1979	42601668037	9.35	2007	229929251896	6.30
1980	45772010379	7.44	2008	241038904255	4.83
1981	48949551034	6.94	2009	237390711223	-1.51
1982	51858697478	5.94	2010	255016609233	7.42
1983	55101022942	6.25	2011	268516966238	5.29
1984	59377848696	7.76	2012	283214119384	5.47
1985	58769077153	-1.03	2013	296507404302	4.69
1986	59498163342	1.24	2014	314317779626	6.01
1987	62587267590	5.19	2015	330321318799	5.09
1988	68807014797	9.94	2016	345019810726	4.45
1989	75040655705	9.06	2017	364830260262	5.74
1990	81800713540	9.01	2018	382129075415	4.74
1991	89608973996	9.55	2019	398676099010	4.33
1992	97570837055	8.89			

附表 I-5-2　　1965—2019年马来西亚三大产业增加值（2010年不变美元）及其所占GDP百分比　　单位：亿美元

年份	马来西亚第一产业增加值（2010年不变价美元）	马来西亚第一产业增加值（2010年不变价美元）增速	马来西亚第一产业增加值（2010年不变价美元）占GDP的百分比	马来西亚第二产业增加值（2010年不变价美元）	马来西亚第二产业增加值（2010年不变价美元）增速	马来西亚第二产业增加值（2010年不变价美元）占GDP的百分比	马来西亚第三产业增加值（2010年不变价美元）	马来西亚第三产业增加值（2010年不变价美元）增速	马来西亚第三产业增加值（2010年不变价美元）占GDP的百分比
1965	47.75		31.01	45.63		29.63	60.62		39.36
1966	52.37	9.68	31.54	49.22	7.87	29.65	64.45	6.31	38.81

续表

年份	马来西亚第一产业增加值（2010年不变价美元）	马来西亚第一产业增加值（2010年不变价美元）增速	马来西亚第一产业增加值（2010年不变价美元）占GDP的百分比	马来西亚第二产业增加值（2010年不变价美元）	马来西亚第二产业增加值（2010年不变价美元）增速	马来西亚第二产业增加值（2010年不变价美元）占GDP的百分比	马来西亚第三产业增加值（2010年不变价美元）	马来西亚第三产业增加值（2010年不变价美元）增速	马来西亚第三产业增加值（2010年不变价美元）占GDP的百分比
1967	54.49	4.04	31.60	50.55	2.70	29.31	67.40	4.59	39.09
1968	58.35	7.09	31.34	51.96	2.79	27.91	75.89	12.58	40.76
1969	64.72	10.91	33.14	57.03	9.76	29.20	73.55	-3.08	37.66
1970	67.44	4.21	32.58	62.76	10.04	30.32	76.80	4.41	37.10
1971	64.74	-4.00	28.43	69.37	10.53	30.46	93.65	21.95	41.12
1972	70.42	8.76	28.26	78.92	13.78	31.68	99.81	6.57	40.06
1973	80.53	14.36	28.94	86.98	10.20	31.25	110.80	11.01	39.81
1974	97.87	21.53	32.47	108.09	24.27	35.86	95.50	-13.81	31.68
1975	93.34	-4.63	30.72	109.79	1.58	36.13	100.74	5.49	33.15
1976	99.67	6.79	29.40	126.39	15.12	37.28	112.94	12.11	33.32
1977	103.06	3.40	28.21	140.22	10.94	38.39	122.00	8.02	33.40
1978	102.81	-0.24	26.39	150.01	6.98	38.50	136.77	12.11	35.11
1979	105.97	3.07	24.88	169.69	13.12	39.83	150.36	9.93	35.29
1980	105.40	-0.54	23.03	191.29	12.73	41.79	161.03	7.10	35.18
1981	106.81	1.34	21.82	200.97	5.06	41.06	181.71	12.84	37.12
1982	111.50	4.39	21.50	200.00	-0.48	38.57	207.08	13.96	39.93
1983	111.43	-0.07	20.22	214.63	7.31	38.95	224.95	8.63	40.83
1984	120.81	8.42	20.35	232.96	8.54	39.23	240.01	6.70	40.42
1985	119.19	-1.34	20.28	230.58	-1.02	39.23	237.92	-0.87	40.48
1986	120.09	0.76	20.18	233.43	1.24	39.23	241.45	1.48	40.58

续表

年份	马来西亚第一产业增加值（2010年不变价美元）	马来西亚第一产业增加值（2010年不变价美元）增速	马来西亚第一产业增加值（2010年不变价美元）占GDP的百分比	马来西亚第二产业增加值（2010年不变价美元）	马来西亚第二产业增加值（2010年不变价美元）增速	马来西亚第二产业增加值（2010年不变价美元）占GDP的百分比	马来西亚第三产业增加值（2010年不变价美元）	马来西亚第三产业增加值（2010年不变价美元）增速	马来西亚第三产业增加值（2010年不变价美元）占GDP的百分比
1987	124.93	4.02	19.96	241.13	3.30	38.53	259.81	7.60	41.51
1988	138.11	10.55	20.07	263.92	9.45	38.36	286.04	10.10	41.57
1989	135.69	-1.75	18.08	298.69	13.18	39.80	316.03	10.48	42.11
1990	124.47	-8.27	15.22	345.18	15.57	42.20	348.35	10.23	42.59
1991	128.64	3.35	14.36	377.31	9.31	42.11	390.14	12.00	43.54
1992	142.18	10.53	14.57	401.47	6.40	41.15	432.06	10.74	44.28
1993	147.84	3.97	13.79	429.81	7.06	40.08	494.61	14.48	46.13
1994	159.97	8.21	13.66	468.90	9.09	40.04	542.16	9.61	46.30
1995	166.55	4.11	12.95	532.48	13.56	41.40	587.10	8.29	45.65
1996	165.25	-0.78	11.68	615.83	15.65	43.53	633.70	7.94	44.79
1997	168.56	2.00	11.10	676.80	9.90	44.57	673.02	6.21	44.33
1998	187.25	11.09	13.31	617.17	-8.81	43.88	602.21	-10.52	42.81
1999	161.87	-13.55	10.84	693.62	12.39	46.46	637.48	5.86	42.70
2000	139.75	-13.66	8.60	785.32	13.22	48.32	700.16	9.83	43.08
2001	130.87	-6.36	8.01	754.79	-3.89	46.20	747.99	6.83	45.79
2002	154.70	18.21	8.99	776.76	2.91	45.12	790.26	5.65	45.90
2003	169.50	9.57	9.31	848.37	9.22	46.58	803.50	1.68	44.12

续表

年份	马来西亚第一产业增加值（2010年不变价美元）	马来西亚第一产业增加值（2010年不变价美元）增速	马来西亚第一产业增加值（2010年不变价美元）占GDP的百分比	马来西亚第二产业增加值（2010年不变价美元）	马来西亚第二产业增加值（2010年不变价美元）增速	马来西亚第二产业增加值（2010年不变价美元）占GDP的百分比	马来西亚第三产业增加值（2010年不变价美元）	马来西亚第三产业增加值（2010年不变价美元）增速	马来西亚第三产业增加值（2010年不变价美元）占GDP的百分比
2004	180.31	6.38	9.27	943.88	11.26	48.53	820.73	2.14	42.20
2005	169.26	-6.13	8.26	949.92	0.64	46.37	929.45	13.25	45.37
2006	186.24	10.03	8.61	1006.16	5.92	46.52	970.65	4.43	44.87
2007	229.63	23.30	9.99	1025.39	1.91	44.60	1044.27	7.58	45.42
2008	240.28	4.64	9.97	1087.21	6.03	45.11	1082.90	3.70	44.93
2009	218.85	-8.92	9.22	972.54	-10.55	40.97	1182.52	9.20	49.81
2010	257.31	17.57	10.09	1032.79	6.20	40.50	1260.07	6.56	49.41
2011	307.54	19.52	11.45	1069.35	3.54	39.82	1308.28	3.83	48.72
2012	277.37	-9.81	9.79	1136.68	6.30	40.14	1418.09	8.39	50.07
2013	270.22	-2.58	9.11	1182.63	4.04	39.89	1512.23	6.64	51.00
2014	278.90	3.21	8.87	1254.90	6.11	39.92	1609.38	6.42	51.20
2015	273.75	-1.85	8.29	1270.07	1.21	38.45	1759.38	9.32	53.26
2016	291.97	6.66	8.46	1300.15	2.37	37.68	1858.07	5.61	53.85
2017	314.16	7.60	8.61	1391.14	7.00	38.13	1943.01	4.57	53.26
2018	288.00	-8.33	7.54	1463.43	5.20	38.30	2069.86	6.53	54.17
2019	290.13	0.74	7.28	1491.92	1.95	37.42	2204.71	6.52	55.30

第六章　政治生态研究

18世纪末，马来亚沦为英国殖民地，英国人着眼于经济利益，大量引进华工及印度人从事生产，这是马来西亚成为多元族群（ethnic group）国家的主要原因。马来人、华人与印度人作为该国的三大族群，其中又以马来人与华人为数最多，因此，马来西亚的政治生态也以马来人与华人之间的互动关系为主轴。第二次世界大战结束后，英国对马来西亚的战后重建、宪制改革与自治等事宜做出调整，希望将马来半岛原有的殖民地合并成"马来亚联合邦"（Malayan Union）以强化中央管理，更有效地配置经济资源。1955年7月，英国人允许马来半岛进行第一次全国立法委员会大选，最终由联合马来民族统一机构（UMNO，以下简称巫统）、马来西亚华人公会（MCA，以下简称马华公会）和马来西亚印度国民大会（MIC，以下简称国大党）组成的马来西亚"联盟"（Alliance）获得胜利。由于三大族群已存在政治、经济文化方面的分歧，为了确保各自权益，三大族群在英国协调下共同制定了宪法以实现独立自治。对马来人而言，他们已经拥有自己的统治苏丹，而且公务部门岗位包括政府公务员、警察等也大多由本族人担当，因此，他们希望宪法明文保障自身政治权力。而华人和印度人的权益大多与经济发展及企业财产相关，希望新宪法保障他们的经济权益。三大政党经历多次开会协商，最终在1957年7月正式颁布《马来亚联合邦宪法》。英国于同年8月宣布"马来亚联合邦"独立，巫统领导人东姑阿卜杜勒·拉赫曼（Tunku Abdul Rahman）成为第一任总理。1963年7月，英国、马来亚、新加坡、砂拉越（Negeri Sarawak）和沙巴（Negeri Sabah）在伦敦签署关于成立马来西亚的协定（1965年8月，新加坡退出马来西亚），1963年9月16日，马来西亚联邦宣告成立。以此为时间起点和历史基础，大体上可以从政治结构、大选、主要政党等结构性要素出发，阐释总结马来西亚的政治生态及其主要特征。

第一节 政治结构

马来西亚现行联邦宪法是国会在 1948 年《马来亚联合邦条约》和 1957 年《马来亚联合邦宪法》基础上修订的，于 2010 年 11 月生效。联邦宪法是国家最高法律，确立了马来西亚的政治制度，规定了马来西亚实行联邦制、君主立宪制和议会多党制，因而可以从联邦宪法认识马来西亚的基本政治结构。

一 联邦宪法

联邦宪法有 183 个条文，共 15 章：（1）州属、宗教和法律；（2）基本自由；（3）公民权；（4）联邦政府；（5）州政府；（6）联邦政府与各州政府之间的关系；（7）财政规定；（8）选举；（9）司法机构；（10）公共服务事务；（11）紧急状态时期条文；（12）一般和杂项（12A：沙巴州和砂拉越州的附加保护）；（13）临时和过渡性条文；（14）统治者的附加权利；（15）对最高元首和统治者的法律诉讼。[①]

联邦宪法明确了马来西亚是一个由 13 个州和 3 个联邦直辖区组成的联邦制国家，[②] 在联邦宪法和各州宪法基础上产生联邦政府与各州政府；如果州宪法与联邦宪法相抵触，国会有权绕过州议会直接对其进行修订；联邦成员州的组成，具有接纳新土地入联邦的权利。

联邦宪法确立了马来西亚的选举君主立宪制和议会内阁制：马来西亚最高元首（Yangdi-Pertuan Agong）行使国家元首权利，能多次担任，但不得连任，由"统治者会议"（Conference of Rulers）选出。"统治者会议"

[①] Federal Constitution of Malaysia, http://www.agc.gov.my/agcportal/uploads/files/Publications/FC/FEDERAL%20CONSTITUTION%20ULANG%20CETAK%202016.pdf.

[②] 马来西亚包括 13 个州：柔佛州（Johor）、吉打州（Kedah）、吉兰丹州（Kelantan）、马六甲州（Malacca）、森美兰州（Sembilan）、彭亨州、槟城州（Penang）、霹雳州（Perak）、玻璃市（Perlis）、雪兰莪州（Selangor）、登嘉楼州（Terengganu）以及沙巴州和砂拉越州；后续又成立了吉隆坡（Kuala Lumpur）、布城（Putrajaya）和纳闽（Labuan）三个联邦直辖区。

是马来西亚政治体制中的一个独特机构，由九个州的世袭统治者①和四个州的非世袭州元首②组成。"统治者会议"每五年在九位世袭统治者中遴选出最高元首。只有世袭统治者拥有最高元首的选举权和被选举权，非世袭州元首由各州政府推荐并由最高元首委任，可以列席"统治者会议"。最高元首拥有马来西亚形式上的最高立法、司法和行政权力，是联邦武装部队最高司令，实际上必须依照总理以及内阁意见行使职权。最高元首的主要职权有：有权任命总理（宪法规定最高元首可以任命获得国会多数下议员信任者为总理，通常只能任命下议院多数党领袖）；有权按照总理和内阁的意见任命高级官员（联邦法院和高级法院的法官、审计长、总检察长及非世袭州元首等）；有权下令召开、解散国会；通过法案；拥有最高赦免权；宣布国家处于紧急状态等。最高元首在少数事务上拥有酌情权（无需总理、内阁以及统治者会议的许可或授权）：在总理要求提前解散议会时，决定是否听取；有权召开专门涉及统治者的特权、地位、荣誉和称呼的统治者会议；等等。③ 现任最高元首是彭亨州（Pahang）苏丹暨统治者苏丹阿卜杜拉·利亚乌丁（Al-Sultan Abdullah Ri'ayatuddin），于2019年1月就任。

根据联邦宪法，马来西亚实行议会多党制。在国会选举中，政党通常以政党联盟形式参选。1969年，"联盟"在大选中失利后重组了一个新的政党联盟：国民阵线（National Front，以下简称"国阵"）成为下议院选举中的"常胜将军"，长期执政马来西亚，直到2018年才第一次落败。

表 I-6-1　　　　　　　　马来西亚最高元首

姓名	在位时间	州属
东姑阿卜杜勒·拉赫曼·阿尔马胡姆 (Tuanku Abdul Rahman ibni Almarhum)	1957年8月—1960年4月	森美兰州

---

① 世袭统治者分别是森美兰严端、雪兰莪苏丹、玻璃市拉惹、登嘉楼苏丹、吉打苏丹、吉兰丹苏丹、彭亨苏丹、柔佛苏丹、霹雳苏丹。

② 非世袭州元首分别是槟城州元首、马六甲州元首、砂拉越州元首、沙巴州元首。

③ Federal Constitution of Malaysia, http://www.agc.gov.my/agcportal/uploads/files/Publications/FC/FEDERAL%20CONSTITUTION%20ULANG%20CETAK%202016.pdf.

续表

姓名	在位时间	州属
苏丹希沙慕丁·阿拉姆沙阿 （Sultan Hisamuddin Alam Shah）	1960 年 4 月—1960 年 9 月	雪兰莪州
东姑赛布·特拉 （Tuanku Syed Putra）	1960 年 9 月—1965 年 9 月	玻璃市
东姑伊斯梅尔·纳西鲁丁·沙阿 （Tuanku Ismail Nasiruddin Shah）	1965 年 9 月—1970 年 9 月	登嘉楼州
阿卜杜勒·哈利姆·穆阿扎姆·沙阿 （Abdul Halim Mu'adzam Shah）	1970 年 9 月—1975 年 9 月	吉打州
苏丹叶海亚·贝特拉 （Sultan Yahya Petra）	1975 年 9 月—1979 年 3 月	吉兰丹州
苏丹艾哈迈德·沙阿 （Sultan Ahmad Shah）	1979 年 4 月—1984 年 4 月	彭亨州
苏丹马目苏丹·依斯干达 （Sultan Mahmud Iskandar）	1984 年 4 月—1989 年 4 月	柔佛州
东姑阿兹兰·穆希布丁·沙阿 （Tuanku Azlan Muhibbuddin Shah）	1989 年 4 月—1994 年 4 月	霹雳州
东姑查法 （Tuanku Ja'afar）	1994 年 4 月—1999 年 4 月	森美兰州
苏丹萨拉赫丁·阿卜杜勒·阿齐兹 （Sultan Salahuddin Abdul Aziz）	1999 年 4 月—2001 年 11 月	雪兰莪州
东姑赛西拉鲁丁 （Tuanku Syed Sirajuddin）	2001 年 12 月—2006 年 12 月	玻璃市
苏丹米詹·再纳·阿比丁 （Sultan Mizan Zainal Abidin）	2006 年 12 月—2011 年 12 月	登嘉楼州
阿卜杜勒·哈利姆·穆阿扎姆·沙阿 （Abdul Halim Mu'adzam Shah）	2011 年 12 月—2016 年 12 月	吉打州
苏丹穆罕默德五世 （Sultan Muhammad V）	2016 年 12 月—2019 年 1 月	吉兰丹州
苏丹阿卜杜拉·利亚乌丁	2019 年 1 月至今	彭亨州

资料来源：根据统治者理事会官方网站资料整理，http://www.majlisraja-raja.gov.my/index.php/en/organization-info/profile/members-of-the-conference-of-rulers#section = p1。

二 行政权

马来西亚最高行政权由内阁制联邦政府行使。总理领导内阁，是联邦最高行政首长，内阁部长定期向国会汇报，集体对国会负责。联邦政府由国会下议院中占半数以上席位的多数党（或政党联盟）组成，而下议院的多数党领袖成为总理人选，由最高元首任命。内阁部长由总理从国会议员中推举，由最高元首任命。因此，在实际政治运作中，总理及内阁部长通常都由下议院多数党党员担任。由于巫统是国阵内最大的政党，历史上巫统成员担任总理和内阁部长的次数最多。

当总理失去下议院信任时，必须宣布内阁集体辞职。这时有两套方案可供最高元首选择。一是最高元首从下议院中任命一位得到多数信任的议员，由他负责组建新一届内阁政府。二是宣布解散议会，在60天内举行大选，在这种情况下，前一届内阁要承担"看守内阁"职责，即继续工作直到新一轮大选结束。[1]

在职权方面，不同于一般联邦制国家，马来西亚联邦政府是高度集权的，拥有全国的财政权、税收权，有权决定全国经费预算及资源分配。州政府没有完整的财政自主权，地方政府的经费预算及建设规划通常需要仰赖中央补助；各州没有独立的赋税权，无法单独征收进口税、出口税、所得税，亦无法向国外贷款。因此，各州地方政府大都受中央政府控制。

现任总理为国民联盟（National Alliance）土著团结党（Parti Pribumi Bersatu Malaysia）的穆希丁·亚辛（Muhyiddin Yassin），于2020年3月就任。

表Ⅰ-6-2　　　　　　　　马来西亚历届总理

总理	任期	所属政党（政党联盟）
东姑阿卜杜勒·拉赫曼	1957年8月—1970年9月	巫统（"联盟"）

---

[1] 骆永昆、马燕冰、张学刚编著：《列国志·马来西亚》，社会科学文献出版社2017年版。

续表

总理	任期	所属政党（政党联盟）
阿卜杜勒·拉扎克·侯赛因 （Abdul Razak Hussein）	1970年9月—1976年1月	巫统（国阵）
侯赛因·翁 （Hussein Onn）	1976年1月—1981年7月	巫统（国阵）
马哈蒂尔·穆罕默德 （Mahathir Mohamad）	1981年7月—2003年10月	巫统（国阵）
阿卜杜拉·阿哈默德·巴达维 （Abdullah Ahmad Badawi）	2003年10月—2009年4月	巫统（国阵）
纳吉布·阿卜杜勒·拉扎克 （Najib Abdul Razak）	2009年4月—2018年5月	巫统（国阵）
马哈蒂尔·穆罕默德 （Mahathir Mohamad）	2018年5月—2020年3月	土著团结党（希望联盟） （Pakatan Harapan）
穆希丁·亚辛	2020年3月至今	土著团结党（国民联盟）

资料来源：根据马来西亚总理办公室官方网站资料整理，https://www.pmo.gov.my/。

三 立法权

联邦宪法规定，马来西亚最高立法权由国会行使，国会体制沿循英国议会制分为上议院（Dewan Negara）和下议院（Dewan Rakyat）。各州拥有一院制的立法机构州议会，但国会有权制约州议会，州宪法和法律如与联邦宪法和法律相抵触，一律无效。

国会上议院有70个席位，其中26个是由州议会间接选举产生，每州2个；联邦直辖区共产生4个（吉隆坡2个，普特拉贾亚和纳闽岛各1个），由总理推荐，最高元首任命；另外40个席位由总理推荐，最高元首任命，必须来自公共服务或专业领域，如农业、工业、商业、文化活动、社会服务或少数民族等，或是保护原住民（Orang Asli）利益的代表。上议员必须是年满30岁的马来西亚公民，不能够效忠其他国家（即不得取得双重国籍），且没有被判处过一年以上徒刑，没有过被科处过两千林吉特以上罚金。此外，上议员不能兼任其他营利性职务，任期三年，最多连任两届。原本为了保证各州在联邦政策上有一定话语权，联邦宪法规定由总理推荐的上议员不能超过 16 位，然而国阵政府以国会三分之二绝对优势多次修宪增加总理推荐的上议员数量，以增加国阵政府的优势和权力。

国会下议院席位数随人口数量和选区划分而变动，2018 年下议院选举时有 222 个席位。下议员必须是年满 21 岁的马来西亚公民，正在政府任职者不得参选，参选者不能够效忠其他国家（不得取得双重国籍），并且没有被判处过一年以上徒刑，没有被科处过两千林吉特以上罚金。下议院选举依照各州人口比例划分选区，采取小选区制，即每一选区产生一名下议员，由直接选举产生，得票领先者在各自选区当选。下议院由取得简单多数席位的政党组建内阁，取得执政权，因此下议院选举也被称为马来西亚大选。下议院议员任期最长五年，至少每五年举行一次下议院选举。总理有权在距离上届大选 5 年之内的任何一天向最高元首要求解散下议院，重新进行下议院选举。

从职权来看，国会有权在最高元首召集下举行会议，对法律议案进行表决，议会决定一般由简单多数表决通过，但涉及取消马来人保留地以及修改宪法等重大事项需三分之二多数通过。上下两院均有权提出法律议案，法案在下议院通过后，交上议院审议通过，最后呈交最高元首批准。上议院拥有法案修改建议权，但无权否决法案，仅能提出修改意见，如三十天内未提出修改意见，议案将直接送交最高元首签署。上议院要对某项法案进行修改，须将法案发回下议院。下议院有权修改、赞同或否决上议院的法案修正案。除了立法权外，下议院还拥有财政监督权，以及对内阁进行监督、质询、弹劾或提出不信任案的权力。上议院没有对内阁投不信任票的权力。

从两院关系来看，虽然宪法规定上议院拥有相当大的权力，尤其是所有法案必须经过上议院同意才能呈送最高元首签署，但上议院无权否决下议院法案，仅能提出修正意见。而且由于上议院一半以上议员由总理和内阁推荐，大都来自执政党联盟，也很少对法案提出异议。因此，下议院通过的法案在上议院大都顺利通过，下议院在国会中掌握实权。

四　司法权

马来西亚的司法体系以英国法为基础，联邦宪法规定司法机关行使宪法和联邦法律所赋予的司法权。司法机构独立于行政与立法机构,是国家的第三机关,在权力平衡和监督方面扮演了重要角色。马来西亚普通法院组织体系如表Ⅰ-6-1所示。

表Ⅰ-6-3　　　　　　　马来西亚普通法院组织体系

上级法院	联邦法院	
	上诉法院	
	马来西亚高等法院	沙巴和砂拉越高等法院
下级法院	中级法院	中级法院
	治安法院和未成年人法院	治安法院和未成年人法院

资料来源:根据马来西亚联邦法院官方网站资料整理,http://www.kehakiman.gov.my/en。

马来西亚实行三审终审制,联邦法院是最高终审法院,主要职能包括:解释联邦宪法和各州宪法,宣告任何联邦法律和州级法律违宪;调解联邦政府与州政府之间的法律纠纷;有权对最高元首提出的有关宪法的问题作出咨询意见,并开庭审理做出判决;拥有对上诉法院裁决及其他法律规定事项的上诉管辖权。以此类推,各上一级法院拥有辖区内下一级法院的上诉管辖权。其中高等法院分为马来亚高级法院(管辖西马来西亚)与沙巴和砂拉越高等法院(管辖东马来西亚)。① 两个高等法院根据管辖区域下设中级法院和治安法院、未成年人法院。

在马来西亚,司法机构除了具有传统的审判职能,还具有宣告立法机关和行政机关行为有效性的职能。在撤销立法机关和行政机关的违法行为时,司法机构经常是走在"政治钢丝"上,因此行政机构有时会指责司法机构过多介入行政领域。②

独立于普通法院制度之外,马来西亚设有"伊斯兰教法院"(Syariah),分为三级:上诉法院、高级法院和初级法院;用于执行伊斯兰教法,在伊斯兰教法和宗教仪式事宜上只对穆斯林有管辖权;一般只能判决不超过三年监禁的刑罚、最多5000林吉特的罚款以及最多6下的鞭刑。普通

---

① 参见http://www.asianinfo.org/asianinfo/malaysia/pro-politics.htm。
② [澳大利亚]吴明安:《马来西亚司法制度》,张卫译,法律出版社2011年版。

法院对"伊斯兰教法院"管辖范围内的事务不再享有管辖权。各州"伊斯兰教法院"的管辖权是由各州法律赋予的。联邦直辖区"伊斯兰教法院"的管辖权由国会制定的法律赋予。① 这种多元司法体系是马来西亚法律制度的最大特色。

第二节 全国选举

独立以来,马来西亚共举行过 15 次全国选举(亦称"大选"),政党通常以政党联盟形式参选。国阵自成立后常年在大选中"一家独大",直到 1999 年大选出现了威胁国阵执政地位的反对党联盟,使马来西亚出现政党联盟轮替的可能性,因而下文以 1999 年为起点介绍大选情况。

一 1999 年大选

马来西亚第 10 届大选于 1999 年 11 月举行,共投票产生 193 个议席。

为应对 1997 年亚洲金融危机,时任马来西亚财政部长兼副首相安瓦尔·易卜拉欣(Anwar Ibrahim)制定了紧缩的经济政策,并提出"反贪污法令"修正案以增加反贪局的权力。时任总理马哈蒂尔拒绝紧缩政策,并宣布革除安瓦尔的所有官职。这场巫统内部的分裂引发了 1998 年"烈火莫熄"运动(Reformasi),② 接着安瓦尔因生活作风问题和滥权等罪名被指控而监禁。1999 年,以安瓦尔妻子旺·阿兹莎(Wan Azizah)为首的国民公正党(National Justice Party,人民公正党前身)、民主行动党(Democratic Action Party)、马来西亚伊斯兰党(Pan-Malaysian Islamic Party)和马来西亚人民党(PRM)组成反对党联盟替代阵线(Alternative Front)。执政党联盟国阵由以巫统为首的 15 个成员党组成,两大联盟在大选中对决。

在执政联盟方面,受巫统内部分裂和"烈火莫熄"运动的影响,马来人选票出现严重分裂,对国阵最大党巫统的支持率影响最大;但大选时

---

① [澳大利亚]吴明安:《马来西亚司法制度》,张卫译,法律出版社 2011 年版。
② "烈火莫熄"运动是 1998 年马来西亚前副总理安瓦尔被革职后,其支持者发动的一次社会运动。此社会运动有一系列的群众示威和集会,参与者以此宣泄对国阵政府的不满。直到安瓦尔在 1998 年末被捕后,"烈火莫熄"运动才沉寂下来。这项社会运动直接催生人民公正党的诞生。

国内经济在马哈蒂尔的领导下逐渐转好，同时国阵善于掌控传媒来宣传政绩，大打稳定牌争取到华人选民的支持，从增建华文小学到邀请中国时任总理朱镕基访马，让华人感受到国阵的诚意和开放，所以华人转而支持国阵中的马华公会和民政党（Malaysian People's Movement Party）。

反观替代阵线，其选举议题主要围绕族群关系，但没有提出具体实际的公共政策，加上联盟内的民主行动党（华人政党）与推崇"伊斯兰国家"和"马来主义"的伊斯兰党合作，使华人选民感到不安，不但无法吸引选民的支持反而造成华人选票的流失。

最终，马哈蒂尔领导的国阵获胜，赢得148席，得票率56.53%，得票率与席次相较于上届有所下跌，但保住了国会三分之二优势——主要成员党巫统议席从93席减到72席，马华公会赢得29席，砂拉越土著保守联合党（United Bumiputera Heritage Party）赢得11席，国大党和砂拉越联合人民党（Sarawak United People's Party）分别赢得7席；替代阵线共斩获42席，得票率为40.23%——主要成员党伊斯兰党为最大赢家，赢得27个席位，较上届增加了20个；民主行动党只赢得10个席位；新成立的国民公正党，赢得5席。巫统的马哈蒂尔出任总理。

替代阵线虽未能一举击败国阵，但对其造成了一定打击。伊斯兰党收获最大，席位大增。国民公正党虽然战绩乏善可陈，但它在纲领中展现的跨族群愿景却意味深远。[①] 因为国阵和替代阵线都是由多元族群所组成，这为马来西亚朝向"两线制"发展提供了可能，对此可以认为1999年大选对马来西亚政治生态影响深远。

表 I-6-4　　　　1999年大选主要政党联盟选举概况

政党联盟	得票率（%）	席位数	席位占比（%）	趋势
国阵	56.53	148	76.68	-14
替代阵线	40.23	42	21.76	+26

资料来源：http://archive.ipu.org/parline-e/reports/arc/2197_99.htm。

[①] 孙和声、唐南发主编：《马来西亚政党政治：风云五十年》，吉隆坡：燧人氏2007年版。

二 2004 年大选

马来西亚第 11 届大选于 2004 年 3 月举行，共投票产生 219 个议席。

在执政联盟国阵方面，2002 年，马哈蒂尔在巫统大会上公开宣布将辞去党主席和其他职位。① 2003 年 10 月，阿卜杜拉·阿哈默德·巴达维接替马哈蒂尔出任马来西亚总理。巴达维上任后推动各项改革并提出"卓越、辉煌、昌盛"的施政口号；在宗教议题上，相比伊斯兰党的"伊斯兰国"计划，提出了更易接受的"文明伊斯兰教"（Islam Hadhari）概念。为了拉拢华人选民，国阵承诺不会关闭华文小学、由政府拨款给华文小学和华文独立中学，宣传国阵过去对华人的功绩等，赢得了华人选民的好感。此外，随着"安瓦尔事件"的降温，马来选民回流国阵，加上巴达维的温和个性以及廉洁形象，让选民对其抱有很大期望。

反对党联盟替代阵线内部则发生了一些变化：由于伊斯兰党在上届国会选举中获得优异成绩，因此时任该党主席法兹诺·A. 努尔（Farish A. Noor）成为反对党联盟领袖，伊斯兰党开始提倡"伊斯兰化"政策，引发了民主行动党的不满。2001 年，民主行动党退出替代阵线。此后，替代阵线在"建立伊斯兰国"的议题上更加激进。2003 年推出"伊斯兰政体文件"（Dokumen Negara Islam）以加强伊斯兰化政策。此举让马来西亚非穆斯林民众对伊斯兰党产生担忧，造成伊斯兰党的支持率下滑。

上述种种因素都为巴达维领导的国阵在 2004 年大选中取得大胜奠定了基础，国阵赢得了国会 198 个席位，席位占比高达 90.41%，得票率 63.85%。而反对党联盟与上一届大选成绩相比则一落千丈，替代阵线只赢得 7 个议席，前一届反对党大赢家伊斯兰党从 27 个国会议席下滑到 8 个国会议席；人民公正党惨败，只剩下 1 个国会议席。巫统的巴达维出任总理。

---

① 马哈蒂尔辞职的主要原因是他自认为无法"改造"马来人，在 2002 年 6 月巫统年会上致闭幕词时，宣布辞去党主席和其他职位，他自认为无法"改造"马来人，使之成为一个有尊严、受尊重的民族，所以他向马来人道歉："我祈祷在马来族中能够出现一位有能力改变马来人态度的领袖，让马来人塑造成功的文化，取得更大的成就。"并在 2003 年 "伊斯兰教会组织"（Organization of the Islamic Conference, OIC）高峰会结束后正式退位。

表Ⅰ-6-5　　　　　2004年大选主要政党联盟选举概况

政党	得票率（％）	席位数	席位占比（％）	趋势
国阵	63.85	198	90.41	+50
替代阵线	23.97	8	3.65	-34

资料来源：http：//www.ipu.org/parline-e/reports/arc/2197_04.htm。

三　2008年大选

马来西亚第12届大选于2008年3月举行，共投票选举222个席位。

在执政联盟方面，2004年大选后，国阵内部开始分化，马哈蒂尔与巴达维关系恶化，[①] 国阵很多政治人物及其亲属被爆出丑闻及贪污舞弊事件。[②] 而执政联盟外部也面临一系列阻力，社会上不满的声音越来越多，如因不满国阵利用选举制度捞取选票红利等。为了促进透明、公平、规范的选举，2006年，25个公民社会团体和5个反对党联手成立"干净与公平选举联盟"（Gabungan Pilihanraya Bersihdan Adil，简称Bersih）。2007年首都吉隆坡为抗议选举制度不公，过分偏向国阵，发生了和平示威；印裔族群自认为长期遭受种族歧视，提出要求公平对待的诉求，成立了"印裔权益行动委员会"（Hindu Right Action Force Committee）并举行了万人集会，等等。[③]

在反对党联盟方面，政治理念曾不合的伊斯兰党与民主行动党再度携手与人民公正党组成人民联盟（Pakatan Rakyat）。安瓦尔在2004年出狱后积极联合各反对党，虽然因法律限制其无法参加2008年大选，但在人民联盟中扮演了重要协调角色，化解内部冲突，同时也担任人民公正党的实权领袖，使反对党联盟声势大涨。

---

① 主要的因素是巴达维上位后搁置了多项马哈蒂尔在任时所批准的工程，巴达维政府还指责马哈蒂尔在位期间因好大喜功掏空国库，使国家濒临破产危机。马哈蒂尔认为巴达维滥发汽车入口准证，导致国产车销量受到打击，还撤换了普腾（Proton）执行长——马哈蒂尔的心腹东姑马哈里尔（Tengku Mahaleel）等。

② 比如巴达维女婿收购资利公司920万林吉特的股份、巴达维儿子的斯可米集团获得多项政府工程的合约、2006年副首相纳吉布一度卷入蒙古女郎命案、2007年12月卫生部长兼马华公会副总会长蔡细历被人拍摄性爱光盘、2007年前首相马哈蒂尔和律师林甘（V. K. Lingam）密谈，操纵法官擢升的"林甘影片"（the Lingamtape）事件，等等。

③ 陈鸿瑜：《马来西亚史》，台北：兰台出版社2012年版。

除了巫统内斗、国阵领袖的丑闻与贪腐、社会运动以及安瓦尔的政治魅力外,巴达维也公开承认国阵忽视了网络媒体在选举中的作用,由于网络平台不受法令限制,许多反对党领袖都透过网络来宣扬政见,通过网络与选民互动,网络在选举中的宣传效应越来越大。一系列原因导致国阵在 2008 年大选中只赢得了 222 个国会席次中的 140 席,占 63.06%——主要成员党巫统席位减少了 30 个,马华公会席位减少了 16 个,巫统的巴达维出任总理(于 2009 年卸任,由副总理纳吉布·阿卜杜勒·拉扎克接任);反对党联盟人民联盟获得 82 席,占 36.94%——其中人民公正党赢得 31 席,民主行动党赢得 28 席,人民公正党赢得 23 席。虽然在国会仍占多数,保住执政权,但这是自 1969 年大选以来,国阵第一次失去国会三分之二的绝对优势(修宪门槛)。反对党在本届大选中大有斩获,创下历史纪录,打破国阵长久以来在国会的绝对优势。

表Ⅰ-6-6　　　　　2008 年大选主要政党联盟选举概况

政党	得票率(%)	席位数	席位占比(%)	趋势
国阵	51.39	140	63.06	-58
人民联盟	47.43	82	36.94	+62

资料来源:根据马来西亚选举委员会官网数据整理,http://semak.spr.gov.my/spr/。

四　2013 年大选

马来西亚第 13 届大选于 2013 年 5 月举行,共投票选举 222 个席位。

本次大选依然是国阵与人民联盟之间的较量,选举过程中,两个阵营采取的策略是尽量避开族群议题,以免引起族群矛盾。国阵提出多项经济改革政策,其中最受瞩目的便是"一个马来西亚"(One Malaysia)计划。在竞选宣言"承诺的希望"(A Promise of Hope)中,国阵提出 17 个改革承诺以及支持国阵的几大理由,如马来西亚需要一个强稳的政府、国阵的政绩与执政经验、推动改革的中庸行动以及为人民的理想尽心尽力,[①] 希

---

① 参见 http://www.guangming.com.my/node/163715?tid=7。

望选民能够继续支持国阵。但 2008 年选举结束后，马来西亚进入"社会运动盛行期"，公民意识高涨，这对丑闻缠身的国阵非常不利。

人民联盟则提出"我们都是马来西亚人"的竞选口号，强调改革和反腐败。其竞选宣言的四大核心是"同胞互助、人民经济、人民福利、人民政府"，以期实现政党轮替。[①] 以安瓦尔为首的人民联盟还打出了"五月五，换政府"的口号，让原先对政府诸多不平等政策积怨已久的华人族群大规模地支持反对党联盟，引发所谓的"华人海啸"效应，不过"换政府"的口号及华人一边倒支持反对党联盟的举动也造成部分马来选民的不安。

最终，国阵以 47.38% 的得票率赢得 133 个国会席位，席位占比 59.91%，巫统的纳吉布出任总理；人民联盟得票率 50.87%，获得 89 席，占 40.09%。此次大选是执政联盟国阵自成立以来的重大失利，反对党不但继续打破了国阵长期保持的国会三分之二绝对优势，也创下执政联盟自 1959 年大选以来得票率首次低于反对党联盟的纪录，显示民意已开始转向支持反对党联盟。反对党联盟在这次选举中首次获得了超半数选票，但执政联盟国阵仍凭着选区划分优势和"赢者全拿"的规则，保住了国会简单多数席位继续执政。

表Ⅰ-6-7 2013 年大选主要政党联盟选举概况

政党联盟	得票率（%）	席位数	席位占比（%）	趋势
国家阵线	47.38	133	59.91	-7
人民联盟	50.87	89	40.09	+7

资料来源：根据马来西亚选举委员会官网资料整理，http://resultpru13.spr.gov.my/。

五 2018 年大选

马来西亚第 14 届大选于 2018 年 5 月举行，共投票选举 222 个席位。

[①] 参见 http://news.sinchew.com.my/node/279623。

2015年，伊斯兰党因为实行"伊斯兰刑事法"的问题[①]与人民联盟闹翻，最后退出联盟，同年其余反对党（人民公正党、民主行动党、国家诚信党）成立新的反对党联盟希望联盟，后来土著团结党也加入该联盟。[②]本次大选的竞争主要集中在国阵和希望联盟之间。

执政党联盟国阵的竞选宣言主题为"给力国阵，共创强盛大马"，承诺予以社会各阶层人士应有的福利与保障，以期通过采取符合人民所需的措施提高人民的生活水平。[③]

希望联盟在竞选宣言中提出了"百日新政"，承诺100天内废除消费税、稳定油价、成立皇家调查委员会以彻查多宗弊案等，引发了选民关注。在长期目标中，最受瞩目的承诺包括废除大道收费站、限制总理任期及重组总理署等，这使希望联盟的"换政府"口号变得更具吸引力。

最终，希望联盟赢得了113个议席，席位占比50.90%，以简单多数优势胜选，土著团结党的马哈蒂尔再次出任总理；国阵历史性惨败，只赢得了79个席位，沦为反对党联盟。希望联盟取得大胜，除了民心思变，竞选宣言中的"百日新政"也发挥巨大效应。不过影响本届大选的最重要因素是前总理马哈蒂尔复出政坛，与其政敌暨前副手安瓦尔所领导的人民公正党结盟，共组希望联盟对抗国阵。在马哈蒂尔的加持下，原靠拢国阵或巫统的马来裔选票转向希望联盟，与原本就支持反对党的华人选票汇流。这股被马来西亚主流媒体所称的"马来海啸"与"华人海啸"相互结合成为马来西亚首次政党轮替的关键因素。选举结果使马来西亚政治版图发生巨幅震荡，终结了巫统与国阵的执政"连庄"。

---

① 2015年3月19日，吉兰丹州议会一致通过《1993年吉兰丹伊斯兰教刑事法令二》修正法案，准备在吉兰丹州落实伊斯兰刑事法。吉兰丹州90%人口为穆斯林，由人民联盟的伊斯兰党执政。该党提出在吉兰丹实行伊斯兰刑法后，受到同是民联其余两大政党——民主行动党和人民公正党的强烈反对。与此同时，民青团署理团长杨锦成也立即率领民政党伊斯兰法挑战法律团队，上法庭阻止伊斯兰党执行伊斯兰刑法，避免落实伊刑法破坏国家的基石。然而，哥打峇鲁高庭最终在5月7日驳回民政党的申请，使民政党的努力受挫。无论如何，由于丹州伊斯兰刑法与现行联邦宪法相冲突，因此，除非获得马来西亚国会修宪通过，否则该法令不会生效。

② KC NAZARI, "Pakatan Harapan is new opposition pact, supports Anwar for PM", https://web.archive.org/web/20151002155638/; http://www.themalaysianinsider.com/malaysia/article/pakatan-harapan-is-new-opposition-pact-supports-anwar-for-pm.

③ 参见 https://m.malaysiakini.com/news/418847。

表 I-6-8　　　　2018年大选主要政党联盟选举概况

政党	得票率（%）	席位数	席位占比（%）	趋势
希望联盟	45.68	113	50.90	+45
国阵	33.77	79	35.59	-54

资料来源：根据马来西亚选举委员会官网资料整理，https://keputusan.spr.gov.my/。

第三节　主要政党

在英国殖民统治期间，马来西亚就已经有政党出现，早期成立的政党及政治组织多数以族群为基础。这些政党及组织在马来西亚独立后，或发展或转型或整合，演化为现今各主要政党，成为马来西亚政治生态的重要组成部分。

一　马来民族统一机构（巫统）

（一）历史沿革

巫统成立于1946年5月，主要创始人为拿督翁·惹化（Onn Jaafar），由当时马来半岛上数十个马来团体为反对"马来亚联邦计划"共同组织而成。

1954年，巫统与马华公会、国大党正式结盟成立"联盟"，奠定了现代马来西亚政党政治的基本格局。1955年，在殖民政府举行的联合邦立法会议选举中，"联盟"获胜，成为联合邦的执政党联盟。1969年，以巫统为首的"联盟"在大选中失利，引起"联盟"和反对党的冲突。华人反对党力量的增强使马来人充满危机感，从而导致"五一三"种族冲突事件。

1970年，东姑·拉赫曼宣布辞去所有职务，巫统副主席阿卜杜拉·拉扎克·侯赛因继任马来西亚总理。他上台后，对内整顿联盟，对外积极拉拢各州在野政党，并在经济领域实行扶持马来人的"新经济政策"，企图缩小马来人和华人的经济差距。

1974年，总理拉扎克提出，由巫统、马华公会、国大党、伊斯兰党、民政党、人民进步党等10个政党组成国阵，进一步巩固了巫统在政党联盟中的核心地位，而马华公会与国大党的地位则相对削弱。在同年7月的大选中，国阵大获全胜，从此开启了国阵的执政"连庄"。

1981 年，巫统主席和马来西亚总理侯赛因·翁因健康原因辞去总理职务，由其副手马哈蒂尔·穆罕默德出任马来西亚总理、巫统主席和国阵主席等职，马来西亚进入马哈蒂尔时代，在其领导下，马来西亚进入经济繁荣时期。

1989 年，原巫统领导人东姑·拉沙里·哈姆扎（Tengku Razaleigh Hamzah）在与马哈蒂尔竞争失败后，带领部分旧巫统成员组建"四六精神党"（Parti Melayu Semangat 46），并加入人民阵线，巫统一度分裂。1996 年 5 月，"四六精神党"重回巫统，巫统力量更为壮大。

1998 年 9 月，副总理兼该党署理主席安瓦尔突遭罢黜，引发"烈火莫熄"运动，安瓦尔及其支持者结合民间力量成立国民公民党，使巫统再度分裂。

2003 年，马哈蒂尔辞去马来西亚总理、巫统主席和国阵主席职务，由副总理巴达维接任。2004 年的第 11 届大选，以巫统为首的国阵在巴达维的领导下取得压倒性胜利。

2008 年，马来西亚举行第 12 届全国大选，国阵虽然赢得大选，但首次失去国会三分之二绝对多数优势，巫统席位占比降低。

2018 年，在第 14 届全国大选中，国阵惨败，巫统首次失去执政党地位。巫统赢得 54 个国会议席，但随着 15 名当选议员的前后离开，其地位已跌至国会第三大党。巫统成为反对党后，和伊斯兰党的关系也越发密切，两党多次参与穆斯林化议题。

2020 年，马来西亚发生政治危机，马哈蒂尔辞去总理职务，内阁解散后，希望联盟失去多数席位，巫统带领国阵与伊斯兰党、土著团结党、砂拉越政党联盟（Sarawak Parties Alliance）和沙巴团结联盟（Gabungan Bersatu Sabah）组成国民联盟，凭借国会简单多数席位优势，再次成为执政党。现任党主席是艾哈迈德·扎希（Ahmad Zahid）。

（二）政治主张

巫统历来强调马来民族主义、社会保守主义，马来民族的强大是其成立的基础和愿景。该党始终坚持为种族、宗教和国家的尊严而斗争；立志捍卫马来文化作为民族文化，并捍卫及发展马来西亚的伊斯兰教。

就具体政治主张而言，由于大选时组成国阵的各党采用统一竞选纲领，国阵的竞选纲领也即巫统的竞选纲领，[①] 据此可以将其政治主张概括为以下几个方面的内容。

在经济发展方面，该党主张建立有弹性、有活力和创新型的经济体，缓解全球经济发展下行对马来西亚的冲击；降低生活费用，继续以低价格为国民提供基本商品、服务和生活必需品，实施"一个马来西亚计划"，逐渐提高人民援助金和家庭补助金；吸引投资、创造更多的就业机会。在社会生活领域，该党主张提升城市居民的幸福感，确保城市中心有系统、有计划发展，提高居民的生活水平；提供廉价和安全的住房；提供优质的医疗服务，建立全民医疗体系；提高公共交通系统的运行效率；建立世界级基础设施；建立优质教育，提高国民的教育水平和工作能力；提升伊斯兰教与其他宗教的自由与和谐。在对外交往方面，奉行独立自主、中立、不结盟的外交政策；把东盟作为外交政策基石；大力开展经济外交，积极推动南南合作；支持国际反恐合作，否定伊斯兰与恐怖主义的必然联系。

多年来，巫统都是国阵的核心政党，也是马来西亚最有影响力的政治组织，目前党员大约 400 万人。巫统领导的联盟党/国阵曾经执政马来西亚达 60 余年，虽然 2018 年国阵败选，但 2020 年又以国家联盟成员党的身份重新执政。在未来几年里，如果国家联盟能够有效弥合马来族和其他族群之间的分歧，则有望巩固其在马来西亚的执政地位。

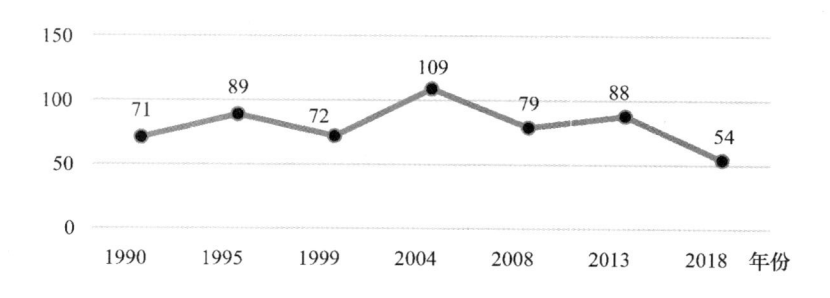

图Ⅰ-6-1　近年来巫统下议院席位变化

资料来源：根据马来西亚选举委员会官网资料整理，https://www.spr.gov.my/。

[①] 参见 http://www.thestar.com.my/news/nation/2013/04/06/ge13-barisan-nasional-manifesto/。

二 马来亚华人公会

（一）历史沿革

1948 年通过的马来亚《联合邦宪法》（Federal Constitution）严厉限制外来移民获得公民权，同时恢复了马来人特权，尤其是政府部门的公务员必须是马来人占大多数。华人政治力量此时仍支离破碎，无法组织起来有效反对宪法，维护马来华人的利益。于是在 1949 年 2 月，在陈祯禄（Cheng-lock Tan）的带领下，华人商界精英发动成立了马华公会。

1953 年 8 月，马华公会为争取马来亚的自治与独立，与巫统正式结为制度化的华巫联盟。1954 年 10 月，国大党加入扩大为三党联盟，并赢取翌年的首届大选，马华公会赢得了 52 个国会席位中的 15 个。

1969 年，在马来西亚第三届全国大选中，马华公会遇到了反对党的华人政党——民主行动党及民政党的挑战，只赢得 13 个国会席位。但华人反对党的崛起最终引发族群冲突，即"五一三"事件。会长陈修信（Tan Siew Sin）宣布马华公会退出三党联盟。1972 年，马华公会加入国阵，在经历了 1969 年大选的支持率流失以及"联盟"的重组扩大（成为国阵）后，巫统在国阵内更有支配权，马华的地位有所降低。①

在 1974 年大选中，马华公会表现良好，但 1978 年大选成绩有所下滑，赢得 17 个国会席位。

在 1982 年大选中，面对反对党民主行动党的挑战，会长李三春（Lee San Choon）带领马华公会取得巨大胜利，赢得 24 个国会席位。

1985 年，马华公会的储蓄投资合作社计划因不良管理爆发丑闻，中央银行冻结 35 个合作社资产，导致 36 亿林吉特的损失，投资者只能取回 62% 的投资额。② 1986 年，林良实（Ling Liong Sik）接任会长后，致力于解决马华财政问题，筹募基金以重组党的资产。林良实在位时期，党内相对和平，并努力通过与政府闭门会谈的方式来维护华社的利益。③ 在林良

---

① 参见 https：//web.archive.org/web/20150406201339/；http：//www.mca.org.my/t/about-us/about-mca/history-zone/party-history/3/。

② 参见 https：//www.thenutgraph.com/mcas-irrelevant-civil-war/。

③ 参见 https：//web.archive.org/web/20110721120401/；http：//english.cpiasia.net/index.php?option = com_ content&view = article&id = 1766：tussle-between-mca-top-two-redux-&Itemid = 169。

实领导下的马华公会在 1995 年大选赢下国会 30 个席位，在 1999 年大选也表现良好，选举的成功让马华在国阵里地位提升。

1999 年马华公会发生派系斗争，大选后署理总会长林亚礼（Lim Ah Lek）宣布打算辞职，并要求林良实提名他的"门生"陈广才（Chan Kong Choy）进入内阁。林良实却提名自己的"门生"黄家定（Ong Ka Ting）成为部长，导致林亚礼的支持者不满。马华党争的局势随着党产华仁控股试图收购独立的《南洋商报》而激化。林亚礼派因为担心林良实派控制中文媒体而强烈反对这一收购行为。最后，身为国阵主席的马哈蒂尔不得不介入解决党争，对两派提出"和平计划"。2002 年计划的党选取消，林良实和林亚礼双双辞去党职，由他们的"门生"继承。

在 2008 年第 12 届大选中，国阵与马华公会遭遇前所未有的失败，声势逐渐下滑，议席锐减，从 2013 年大选的 7 个国会议席下降到了 2018 年大选的 1 个（后在选区补选中赢得 1 席），使该党被严重边缘化。2020 年 2 月，马华公会跟随国阵加入新政党联盟——国民联盟。国民联盟在 2020 年马来西亚政治危机中支持土著团结党总裁穆希丁·亚辛成功任相，马华公会重新成为执政党之一。现任会长是魏家祥（Wee Ka Siong）。

（二）政治主张

马华公会的宗旨和目标可以概括为：捍卫民主自由；争取各族平等地位；伸张社会正义；促进种族和谐与国民团结；促进国家经济发展与社会繁荣；维护华族的合法权益。[①] 其具体政治主张与巫统一样，体现在国阵竞选纲领中，在此不再赘述。马华公会在国阵内的地位虽仅次于巫统，但因多年来在选举上仰赖巫统所动员的马来选票支持，故对巫统主导的政府决策影响力不大。它在华社中的代表性也屡屡遭到民主行动党的挑战，如今在国民联盟里地位不算高。但鉴于马华公会的党员人数较多（约 110 万人）及组织规模较大，在马来西亚政坛仍享有一定影响力。

---

① 参见 http：//img. mca. org. my/MCA/article/a7aaeae8-0295-4c48-9508-1f98b241af09. pdf。

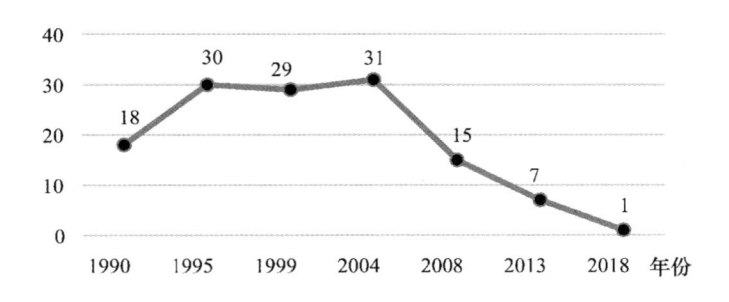

图Ⅰ-6-2 近年来马华公会下议院席位变化

资料来源：根据马来西亚选举委员会官网资料整理，https://www.spr.gov.my/。

三 人民公正党

（一）历史沿革

人民公正党成立于2003年8月，由其前身国民公正党及马来西亚人民党合并而成。在2004年大选时，该党曾与伊斯兰党维持替代阵线框架下的结盟关系，却只能夺下1个国会议席。此后，该党一度趋于涣散，直到安瓦尔获释后才稳住局面。2007年5月，在党的第四届代表大会后，安瓦尔虽碍于法令无法担任主席，但实际上已是该党的真正领导人。

随着安瓦尔被释放，人民公正党在2008年马来西亚大选中迎来了转机，夺得了31个国会议席，与民主行动党和伊斯兰党一起创造了当时马来西亚反对党联盟的历史最好成绩。同年7月，党主席安瓦尔的妻子旺·阿兹莎辞去国会议席，以制造补选让刚解除担任公职限制的安瓦尔重返国会，安瓦尔在投票中大胜巫统候选人，重返国会就职。而后安瓦尔策划"916变天计划"，试图招揽国阵30名国会议员跳槽反对党以推翻国阵政府，但最终失败。

在安瓦尔领导下，人民公正党在2013年的国会选举中赢得30个席位。2015年人民联盟瓦解，人民公正党与民主行动党、土著团结党和国家诚信党组成希望联盟。在2018年国会选举中，该联盟赢得了50个国会席位，打败了国阵成为执政联盟，人民公正党也随之成为执政党。在希望联盟，马哈蒂尔承诺会在两年内总理职位移交给安瓦尔。与此同时，阿兹敏·阿里（Azmin bin Ali）成功赢得该党署理主席职位，与安瓦尔在党内形成两大势力。

2019年6月,阿兹敏流传出生活作风丑闻,安瓦尔派系对阿兹敏态度强硬,要求他停职接受调查或辞职,使两人关系进一步破裂。而马哈蒂尔却力挺阿兹敏,此后,阿兹敏的立场开始改为力挺马哈蒂尔任总理直到期满为止。在同年12月举行的党大会上,安瓦尔公开让党员将矛头指向阿兹敏,引发阿兹敏派系的强烈不满,两派正式公开翻脸。

2020年2月,阿兹敏与敌对阵营的巫统、马华公会、伊斯兰党领袖会面。随后,人民公正党以阿兹敏企图夺权和组织"后门"政府的背叛行为为由,宣布开除阿兹敏党籍。阿兹敏率领10名人民公正党国会议员出走,与安瓦尔正式决裂。马哈蒂尔也同时宣布辞去土著团结党主席和总理职位,导致希望联盟政权垮台。

2020年马来西亚政治危机发生后,人民公正党的多个州分支机构领导人和基层党员宣布脱离该党,他们表示对安瓦尔领导下的人民公正党失去信心,认为该党已经失去了对国家建设的关注,而只着眼于安瓦尔本人的权力。人民公正党随后展开对党员的开除和清算行动,加剧了该党的分裂,也是导致人民公正党各州议员倒戈国民联盟的原因之一。现任党主席是安瓦尔·易卜拉欣(Anwar bin Ibrahim)。

(二)政治主张

人民公正党追求的价值理念是社会正义,经济正义,声称致力于消灭政治贪腐和非种族框架下的人权课题,推崇建立一个民主、进步和团结的稳固联邦制国家。[①]

在经济发展上,该党主张实行没有剥削、舞弊和浪费的经济政策,追求分配公正以激发活力,克服贫穷和防止财富集中;根据公正原则保障马来人及砂拉越和沙巴土著的特别地位,提高贫穷和相对边缘化阶层的社会经济地位,为国家团结而实现公平。

在社会治理上,该党主张提供高质量和合理收费的教育、保健、房屋和公共交通等社会服务,尤其注重中下收入者的利益;提倡为每个人争取和保障其工作权利,保证薪金公正、职业安全和体面生活;提高女性角色和地位,照顾她们的权利和利益;为青少年权利和潜能发展而奋斗,保障他们在社会各个领域中扮演有意义的角色;提高原住民的生活质量,尊重

---

① 参见 https://keadilanrakyat.org/。

他们的风俗习惯,与他们协商后拟订合适的发展计划,保护他们对习俗土地的权利;以马来文作为国语和官方语文,保障人民学习使用其他语言受教育的权利,同时鼓励马来西亚文化和艺术发展;建立公正的法律、自由的媒体和司法机构、建设一支专业的安全部队。

在宗教政策方面,主张将伊斯兰教作为联邦宗教,同时保障非伊斯兰教徒的宗教或信仰权利,积极发挥宗教和普世价值观的社会教育功能,使个体能够提升素质教养,形成公正和尊重个体发展的社会氛围。

在外交方面,主张建立公正和民主的新国际关系,实行自由和公正的外交政策,提供有利环境以塑造能面对全球化挑战的知识型社会,并抗拒那些危害国家、人民和人类利益的全球化进程因素,保护国家经济、政治和安全,以免附庸于世界强权。[①]

该党自成立以来政治影响力逐年上升,在选举中赢得的席位总体呈上升趋势。

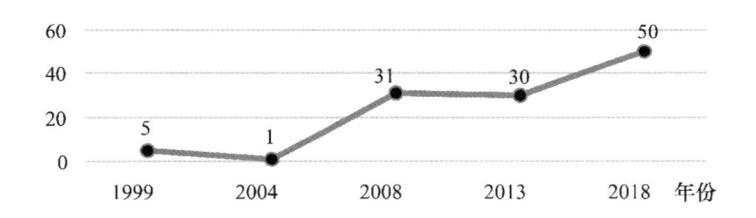

图Ⅰ-6-3　近年来人民公正党下议院席位变化

说明:1999年的席位是其前身国家公正党竞选得来的。

资料来源:根据马来西亚选举委员会官网资料整理,https://www.spr.gov.my/。

四　马来西亚土著团结党

(一) 历史沿革

土著团结党(以下简称"土团党")于2016年9月成立,成员主要来自巫统党内不满时任党主席兼总理纳吉布而退党的前党员。穆希丁·亚辛和马哈蒂尔及其子前吉打州务大臣慕克里·马哈蒂尔(Mukhriz bin Ma-

---

[①] 参见 https://keadilanrakyat.org/wp-content/uploads/2016/10/Perlembagaan-Parti-Keadilan-Rakyat.pdf; https://keadilanrakyat.org/index.php/info-parti/sejarah-parti/。

hathir）因不满执政党对"一马公司"丑闻的处理做法，[①] 与巫统领导人发生分歧，马哈蒂尔于2016年2月退出巫统，穆希丁和慕克里于2016年6月被巫统开除党籍。2016年9月9日，三人正式成立土团党。2017年3月，土团党加入反对党联盟希望联盟，在2018年大选中土团党赢得了国会31个席位，帮助希望联盟拿下政权。

2020年2月，马哈蒂尔因总理职务交接、是否退出希望联盟和与巫统合作等问题，与土团党一些国会议员产生了分歧，后者认为土团党应该马上退出希望联盟，否则马来人的权益会被民主行动党影响，马哈蒂尔不认同这种观点。随后，他宣布辞去土团党总裁与国家总理职位，土团党退出希望联盟。希望联盟失去多数支持加上马哈蒂尔辞职，内阁停止运作。在穆希丁的带领下，土团党与国阵、伊斯兰党、砂拉越政党联盟和沙巴团结联盟组成国民联盟，在马来西亚下议院222席中占有113席，席位占比过半。同年2月29日，最高元首委任得到大部分国会议员支持的穆希丁为总理。[②] 国民联盟也成为马来西亚的执政联盟。[③] 因为希望联盟内部分裂而导致国民联盟的诞生，成为马来西亚历史上第一次在没有通过大选的情况下发生了政党轮替。现任党主席是总理穆希丁·亚辛。

（二）政治主张

土团党在政治光谱上中间偏右，秉承的价值理念是土著民族主义、伊斯兰民主主义。在民族宗教政策方面，该党坚持伊斯兰教为联邦的官方宗教，同时尊重非穆斯林的宗教权利；捍卫马来民族、沙巴和砂拉越民众的特殊地位以及所有种族的合法权利；捍卫马来语作为国家官方语言，并维护所有种族学习各自母语的权利。在治理方面，该党主张通过全面体制改

[①] 2015年7月3日《华尔街日报》报道：马来西亚政府主权财富基金公司"一个马来西亚"发展有限公司的资金遭挪用，巨额资金转入疑似纳吉布的户头。这个有关一马公司的风波震撼了马来西亚政坛，巫统党内也出现了一些声音，要求纳吉布回应此事。7月4日副总理兼巫统署理主席穆希丁促当局调查华尔街日报指控，并呼吁纳吉布兴讼自证清白。纳吉布虽然宣布会起诉华尔街日报，但没有进一步行动，巫统党内有些成员开始对纳吉布失望，要求他辞职。7月28日，纳吉布宣布内阁改组，把穆希丁踢出内阁。2016年2月29日马哈蒂尔宣布二度退出巫统。6月24日纳吉布宣布，最高理事会议决定开除穆希丁和慕克里的巫统党籍。

[②] 参见https：//www.freemalaysiatoday.com/category/bahasa/2020/02/24/ppbm-keluar-pakatan-harapan/。

[③] 参见http：//www.astroawani.com/berita-politik/muhyiddin-yassin-dilantik-pm-ke-8-232149。

革以加强民主制度，坚持议会民主制度和三权分立；推动打击贪污腐败和滥用权力的议程，以建立良好施政、廉洁、诚信和值得信赖的政府；维护联邦宪法所规定的人民基本权利，维护符合伊斯兰教的正义和普遍价值观，维护法治和正义平等等原则；维护马来统治者等的荣耀和主权；建立包容、进步、充满活力和崇尚科学的马来西亚社会，保障艺术、文化及传统，使之作为建设进步与繁荣国家的有效资源；争取社会正义，推崇公平公正地分享社会财富，不分种族宗教捍卫人民福利、消除贫困；提倡每个公民都应享受优质和完善的教育，实施一贯的政策和措施缩小城乡教育差距；培养多元种族和宗教的团结和谐，维护政治稳定和国家安全，推动可持续发展经济，保障人民和国家的利益。

第四节　政治生态的主要特征

鉴于马来西亚的多元族群属性，族群政治一直是马来西亚的最大政治特征，马来人在其中占主导地位，因而以最大的马来族群政党巫统为首的国阵形成了"一党优势"，并长期执政。在这种政治生态下，反对党联盟能否战胜国阵实现"政党轮替"，是近年来马来西亚政坛的主旋律。而马来族群与国阵能够长期主导政坛，与马来西亚的选举制度有密切关系。因此，马来西亚政治生态的特征将围绕以上状况展开。

一　马来人占主导地位的族群政治生态

英国人为了巩固殖民地位，避免三大族群团结起来反抗殖民政府，对族群采取"分而治之"的方式，使马来人、华人、印度人分散在不同区域，从事不同职业。[①] 同时，语言、宗教、生活习俗等方面的差异进一步阻断了族群融合的机会，形成了壁垒分明的多元族群结构。英国赋予马来人政治优势地位，给予华人经济发展的便利，让他们彼此制衡。偏差的殖民政策造成政治和经济资源分配的极化，使族群冲突不断。民族隔阂使民族观念超越了其他政治观念，民族利益成为政治活动的最高原则，形成了

---

① 马来中上层人士被允许担任公务员，平民主要通过农渔业维持生计；华人主要活跃于商贸、金融和采矿等行业，印度人多进入种植园工作。

马来西亚族群政治生态的基础。独立前,三大族群纷纷成立政党维护自身利益。独立后,不论是政府的人事安排,还是经济发展、教育制度、经费预算分配等,都脱离不了族群政治的影响。其中,马来人占主导地位,主要表现在以下三方面:

一是马来人是政府领导和公务人员的主力军。独立前,英国就让马来皇室后裔、马来中上阶层子弟进入英国殖民官僚体系,成为中阶公务员,奠定了日后马来人在政府中的主导地位。独立后,从联邦到州政府的领导人绝大多数都是马来人,历任总理都是来自马来政党的马来人,而内阁部长由总理从国会议员中推举,也大多来自马来政党,历史上巫统成员担任总理和内阁部长的次数最多。因此可以说马来人在政府中拥有绝对的话语权。

二是执政联盟的"决策者"是马来政党。"五一三"事件后,巫统作为第一大党重组政治联盟扩大成为国阵后,巫统在联盟内更有支配权,国会席位占比有绝对优势,马华公会的国会席位占比逐渐降低,对巫统主导的政府决策影响不大,而联盟内其他小政党只想依附于巫统"分一杯羹",因而甘愿受支配。继国阵之后执政的希望联盟和国民联盟内部也都是马来政党占据更多国会席位,联盟领导人也都是马来人,因而拥有更大的决策影响力。

三是马来人对选举和政局的影响更大。首先,马来人口比例占多数,确保了马来人在选举问题上更有影响力,可以在一定程度左右政党的竞选纲领和国家政策走向。自独立以来,马来人口占比逐渐增大,如表Ⅰ-6-9所示,目前占全国人口比重超过六成,而华人仅占两成左右。其次,目前影响马来西亚政局形势的主要因素是马来人的内部斗争。[①] 从1998年"安瓦尔事件"开始,马来人内斗对政局的影响可以说已超过了马来人与华人的族群矛盾。由此事件引发的"烈火莫熄"运动及一系列社会公民运动吸引了马来族群,他们逐渐将目光从与华人的争斗转移到对以巫统为主导的政府贪腐、民主公正等问题上来。到2018年大选,马来西亚政局的突出矛盾仍存在于同样代表马来族群的巫统主席纳吉布和土团党主席马

---

① 吴宗玉主编:《马来西亚发展报告(2019)》,社会科学文献出版社2019年版。

哈蒂尔之间。① 两人针锋相对，最后希望联盟打败国阵实现了政权交替。2020年发生的轰动全国政坛的政治危机直接造成执政联盟下台，也是由于希望联盟内部马哈蒂尔与安瓦尔之间的矛盾难以消除，以及土团党内部因是否退出希望联盟与巫统合作的问题产生分歧而引发的。

表 I-6-9　　　　马来三大族群比例变化

年份　族群	马来人与原住民	华人	印度人
1947 年	43.3%	44.9%	10.4%
1980 年	53.9%	32.1%	8.5%
2020 年	69.6%	22.6%	6.8%

资料来源：根据马来西亚统计局官方网站资料整理，https://www.dosm.gov.my/v1/。

马来人之所以在族群政治生态中占据优势地位的主要原因有：

第一，在政治权利层面，英国政府及联合邦当局制订公民权资格问题的主要原则是确保马来人的政治权力，而非让所有族群共享政治权力。在马来人的主导下，英国政府在"马来亚联合邦宪法"中严格限制非马来族获取公民资格，如必须在马来西亚居住较长时间（5—8年不等）、必须通过英文或马来文的语言考试等，使外来移民很难获得公民权，无法广泛地参政议政。马来族在出生地和语言上的天然优势，让他们能够顺利参与竞选，进而掌握政治话语权。这引起了非马来人的强烈反对，最终各方达成妥协：非马来人承认马来人的特殊地位，马来人则对非马来人的公民权做出一定让步。

第二，在法律层面，马来西亚的联邦宪法赋予马来人的特权地位，包含许多保障马来人权利的内容。一是在最高元首的规定上，只有马来苏丹

---

① 两人的较量在纳吉布2009年担任总理后就初见端倪，2013年其连任后两人矛盾进一步激化。马哈蒂尔指控纳吉布牵涉"一个马来西亚有限公司"7亿美元腐败案，要求其下台，引起轩然大波。2016年马哈蒂尔退出巫统与纳吉布·马科斯对抗。马哈蒂尔组建土团党，2017年加入希望联盟，试图将纳吉布拉下马。而纳吉布则下令彻查马来西亚央行在20世纪90年代初期炒汇失败亏损案件，该案涉及时任总理马哈蒂尔。

享有国家元首的选举权与被选举权,非马来人绝对无法成为国家元首。最高元首有权决定总理的任命以及是否解散国会,在这两个影响马来西亚政治的关键问题上,最高元首作为马来人的苏丹往往容易做出有利于马来人权益的决定。二是在公务、商业许可证及奖学金方面,宪法明文规定为马来人保留数额。① 让马来人在公务、商业、教育领域享有更多特权与偏袒,比非马来人拥有更多的发展机会,使马来人更容易成为社会精英、上层人士而进入政坛。

第三,在经济层面,"新经济政策"(New Economic Policy)的制定和实施使马来人在经济领域享有不少"特权"。"五一三"事件过后,"联盟"政府认为种族冲突的症结在于马来人的经济地位比华人低,因此提出"新经济政策",旨在通过国家干预重新分配经济资源,调整马来人和非马来人之间的财富差距,提升马来人的经济地位。政府通过强制规定提高马来族群在制造业中的就业率,增加马来族群在企业中的资本占有率,积极推动和全力帮助马来人参与经济活动,推出各种贷款、补助以及政策协助措施,让马来人获得公共工程建设的特权,并要求外商雇用马来员工等措施提高马来人的经济实力。政府经过数十年的国家干预,已经使马来族群掌握国家大半财富,扩大了宪法保障的马来人的权益范畴,巩固了马来族群的优势地位。②

第四,在社会层面,语言、教育、文化政策向马来族群倾斜。作为控制意识形态的重要工具,语言、教育以及文化政策一直是各族群关注的领域。政府除了在宪法中规定伊斯兰教为国教、马来语为国语外,又制定国家文化政策以马来土著及伊斯兰教为马来西亚的国家文化内涵。在教育政策上规定马来文和英文为教学语言。此外,政府也存在打压其他族群文

---

① 马来西亚联邦宪法第153条规定:1. 元首应依本条文的规定,保护马来人的特别地位,及其他种族之合法权益。2. 除本宪法第40条及本条之规定外,元首应依本宪法及联邦法律行使其职务以保护马来人的特别地位,并保证保留马来人在公职上的比例及奖学金、展览会,以及联邦政府给予其他类似之教育或训练特权或特别便利上,由元首认为适当的比例。倘联邦法律需要有许可证及执照,以经营任何职业或商业时,除该项法令及本条之规定外,应包括该许可证及执照。3. 元首为保证依第二款保留与马来人公务上的职位,奖学金、展览会及其他教育或训练之特权或特别便利起见,对于第十篇所适用之委员会,或负责给予该项奖学金、助学金或其他教育或训练之特权或特别便利的机关,得发不为实施保证所需的一般指令,该委员会或机关应遵从该指令。4. 本联邦任何州的宪法得根据本条之原则而做适当之规定。

② 参见 https://pourquoi.tw/2019/10/15/malaysian-chinese/。

化、教育的行为与政策，比如曾调派不谙华文的教师担任华小要职；颁布法令停止华文中学升学考试，造成独立华文中学的学生急速下降，对华文教育造成严重打击等。政策倾斜使马来文化逐渐成为社会主流文化，帮助马来族群更好地控制社会意识形态。

二 "一党优势"体系的形成、发展与松动

1957 年马来亚联邦成立以来，马来西亚政治便形成了以巫统为首的"联盟"/国阵"一党优势"的政治体系，直到 2018 年大选才实现了第一次"政党轮替"。

除了马来族群的政治优势外，以巫统为首的国阵之所以能形成"优势体系"主要有以下三个因素：第一，从历史上看，"五一三"事件为"一党优势"的形成提供了契机。事件发生后，议会政治的短暂中止使巫统重构了国家权力，决策权力更多向行政系统，更具体地说就是向巫统党内转移。"联盟"政府甚至修宪限制国会议员的言论自由，严禁质疑有关国语、统治者地位、马来人特权及非马来公民权等事务的讨论，若发表相关言论将依法被逮捕及起诉，同时颁布法令限制民众游行集会与言论自由，以确保马来人的主导地位，巩固当时以巫统为首的"联盟"政府的执政政权。第二，从政党结构功能要素上看，以巫统为主导的国阵占得先机，广泛吸纳成员党，扩充政治力量，而反对党一时难以形成气候。"联盟"在改组为国阵的过程中，最大限度地吸纳了从联邦到地方的各类政党。[①]为了分享执政资源，助益所代表团体或地区的发展，很多非马来人政党和反对党中较有实力的政党也加入其中。经扩充国阵的利益代表性大为拓展，可以更大限度地吸引选民。因此，在 1986 年到 2004 年的五次大选中，国阵都以国会超三分之二席位的绝对优势赢得大选。而反对党在国阵的强势政策下声势下挫，处境比较被动。马来西亚政党因族群、宗教和地区等因素高度碎片化，在执政联盟内部时尚能以利益分配维持团结，在野时却很容易因路线争端和族群诉求分歧而陷入关系破裂的局面。在国阵作

---

① 国阵开始扩大其成员，在 1986 年的大选中，共有 11 个政党加入国阵，东马来西亚地区的政党大多加入执政联盟，包括砂拉越人民联合党（Sarawak United People's Party）、砂拉越国家党（Sarawak National Party）、沙巴团结党（United Sabah Party）、沙巴联合国家组织（United Sabah National Organisation）、人民进步党（People's Progressive Party）等。

为执政联盟已经形成"先手优势"的情况下，反对党的"后手棋"下得十分困难。反对党多次尝试打造一个类似国阵的反对党联盟，终于在1999年大选前成立了替代阵线，但其后反对党联盟多次分裂重组，一时难以与国阵抗衡。第三，从政党行为主体上看，国阵拥有政治强人的"加持"。马哈蒂尔长期担任巫统主席，曾五次蝉联总理。经济上，他致力于"打造现代化国家"，延续"新经济政策"，提出新的政策方向与计划——重工业政策、私有化改造、推动国产车制造业发展及重视公共基础设施建设等。他贯彻"东望政策"（Look East Policy），向日韩等东亚国家取经。在他的带领下，马来西亚经济大有起色。政治上，他将"维护马来西亚主权"以及"提升马来人地位"列为施政的首要目标，将伊斯兰价值观注入国家行政体系，并提出"廉洁、有效率、可信赖政府"（Berish、Cekap、Amanah）的口号，同时利用选举制度的设计不断巩固国阵的选举优势。在外交上，马哈蒂尔也改弦易辙，推行"最后购买英国货"政策，切断与前殖民政府的特别关系。卓越的政绩和个人政治魅力使马哈蒂尔支持率居高不下，以巫统为首的国阵执政地位也日趋稳定。

但由于长期以来国家政治权力高度集中到少数巫统领袖手中，同时又缺乏有效的权力制衡与监督，导致马来西亚政坛贪污滥权等负面事件频发，加上巫统内部分裂而引发的"烈火莫熄"等一系列社会运动，令国阵面临执政考验。面对"一党优势"的情况，马来西亚华团民权委员会曾提出"两个阵线"（Two Coalition System）的制衡概念，认为要使国家的民主制度更健全，就必须形成两个足以相互取代的阵线。"两个阵线"的概念得到了民众和很多民主开明人士的广泛支持，如著名政论家暨反对党领袖陈志勤（Tan Chee Khoon）、前总理侯赛因·翁等，他们认为如果国家能够出现两个势均力敌而且代表各民族和宗教的政党联盟，那么人民便可受惠，为了人民的长远利益必须均衡国家权力。① 各反对党虽然在思想上有所分歧，但基本上都支持"两个阵线"主张。在这一理念主张基础上，反对党联盟多次重组，试图在大选中寻求突破。在1999年、2008年和2014年大选中，"一党优势"体系有所松动，使反对党获得了更大的活动空间。最终，在2018年大选中希望联盟胜出，实现了马来西亚历史上首次"政党轮替"，让人们

---

① 参见 https：//llgcultural.com/6484。

看到了营造"两个阵线"政治生态的可能性。但事实证明希望联盟没有能够撑起这一主张的实力：曾经开出的选举承诺大多没有兑现，马来西亚经济也未见起色，联盟的执政能力受到质疑，此外，希望联盟多元的民族政策改革收效不大，反而引起了马来人的担忧。① 土团党对执政联盟受民主行动党和非马来人支配的状况有所不满，而联盟内部对于改变族群政治现状并无共识。② 随着马哈蒂尔辞职和土团党退出，希望联盟瓦解。2020年马来西亚政治危机后，马来西亚政治力量发生重组：以穆希丁为首的土团党从希望联盟分裂出来，与同样强调马来人地位、保守主义理念的巫统及伊斯兰党结盟，并与巫统为首的国阵合作。希望联盟则恢复到2017年以前，由认同多元族群政治、中间偏左的政党组成。两派在族裔支持率的分布上形成了清晰的分野：前者如今可能获得了约七成的马来票；后者以非马来人和城市中产马来人的跨族群支持者为主。在如今马来民族主义情绪如此高涨、团结的情况下，反对党联盟的选情必定受到冲击。在未来大选中想要"卷土重来"，实现反对党所期望的稳定的"两个阵线"，难度很大。③ 目前执政的国民联盟既掌握了马来族群的票仓，又有前执政联盟的加持，可能会坐稳执政"宝座"，延续"一党优势"体系。

三 有关选举制度的争议备受关注

作为议会多党制国家，各政党围绕议会选举进行合法竞争是马来西亚政治生态的主题之一。马来西亚选举委员会负责组织、管理、监督国会和各州议会选举，有权重新审查和划分选区的规模和范围。由于马来西亚总理公署在行政上管辖选举委员会，政府也曾多次派遣公务员担任选举的主持人、计票员和监察员。④ 政府往往通过管控选举委员会影响选举时间及选区划分等事务，可以说，国阵"一党优势"的形成与马来族群的主导地位与此有很大关联。对此，反对党阵营、非政府组织，甚至执政党党员

---

① 衣远：《马来西亚独立以来的民族政策演变——基于认同政治视角的分析》，《国际政治研究》2020年第2期。
② 傅聪聪：《马哈蒂尔辞职，马来西亚政权再更迭》，《世界知识》2020年第6期。
③ 参见 https://theinitium.com/article/20200228-opinion-mahatir-malaysia-communalism/? utm_medium = copy。
④ 李江：《论马来西亚的威权政体及其有利作用》，《社会科学动态》2020年第8期。

都曾公开指出选举委员会运用选举规则使选情更有利于国阵和马来族群。近年来，在马来西亚国内有关选举制度的争议倍受各界关注。多数反对党认为，马来西亚选举制度有以下三方面问题。

第一，在选举时间问题上，举行选举的时间与时长都由执政联盟控制。国阵主席通常会在做好大选准备后才突然宣布解散国会众议院，再通过选举委员会宣布竞选时间，对此反对党往往措手不及，只能在准备不足的情况下参选。同时由于影响力大、执政时间长，选民通常知道执政党的执政绩效、施政理念，所以选举时间较短更有利于执政党联盟。在国阵执政期间，竞选时间通常很短，近几次大选从提名到投票都不足十天。1990年和2004年大选时，反对党在部分选区甚至没有时间安排竞选人，让国阵"直接"获得了这些选区的众议院议席。[①] 国阵在执政期间通过掌控选举时间，使选情更有利于己方，巩固了选举优势。

第二，在选区划分问题上，国阵将选民族群结构以及支持执政阵营与否这两个因素相结合，通过对选区人口数量和族群居住状况的调整来影响选举结果。宪法最初规定选区间人口差值不得大于15%；国阵逐步修宪打破了这一限制，通过"乡村加权政策"[②] 和联邦直辖区的设置[③]，在划分选区时有意增加马来人聚居区选区的比重，并长期宣扬"马来至上"的族群政策；最终在1973年修宪取消差值限制，从而方便选举委员会进一步支持国阵的马来人聚居区划分成多个小选区，将国阵成员党竞选力较弱而反对党较强的选区与其他选区合并，或是分化重组，以降低反对党在这些选区的得票率。上述一系列做法使国阵可以获得高于得票率的席次，造成了"选票—席位的不成比例性"（Seat-vote disproportionalty）。在族群

---

① 李江：《论马来西亚的威权政体及其有利作用》，《社会科学动态》2020年第8期。
② "乡村加权制度"的设立是鉴于马来西亚地广人稀的乡村地区与繁华的都市地区相比，不论是在选举过程中，抑或是在平时选区服务上，均存在交通状况、电力供给、人员联络等方面的不便，因此规定乡村选区的最低选民数可以比都市选区少。但由于马来族群多居于乡村而华人族群集中于都市，此制度便很明显地确保了马来族在选举上的优势。
③ 1974年政府把吉隆坡从雪兰莪州分出来，而成为第一个联邦直辖区时，其背景便是前述1969年大选华族反对政党大有斩获，并因此引发华巫族群暴力冲突，而当时吉隆坡区便是华族族群优势区以及反对势力最蓬勃的地区。其后，政府增设纳闽联邦直辖区和布城联邦直辖区，这两个直辖区的人口均极少，在设立之时的选举人数不满万人，时至今日也还是少于3万人的迷你选区；布城是为安置任职于吉隆坡地区公职人员家庭以及退休官员而特设的新城市，也就成为国阵政府的铁票区。

层面上，这样的选区划分增强了马来族选民的投票权重，使权力明显倒向最大族群，华人族群和其他马来族群很难通过选举威胁马来族政治优势；在政党层面，当前的选区划分巩固了巫统为首的国阵政权的优势地位，有利于巫统以及其他国阵中的本土族群政党，加上国阵通常在每个选区只会提名一位马来候选人，造成了其他族群政治边缘化。

第三，"赢者全拿"规则使国阵更容易获胜。马来西亚选举制度是使用"简单多数票当选"制度，即在单一选区中选民只需投票一次，由最高票者当选赢得席位，即俗称的"赢者全拿"。族群投票的传统加上单一选区"赢者全拿"规则，造成了"各选区的最大族群代表党必胜"的定律，在国阵主导的选区划分下，国阵胜选更加容易。马来西亚"干净与公平选举联盟"曾计算过国阵只需要16.53%的普选票就可以赢得马来西亚112个较少选民的选区席位，进一步加剧了"选票—席位的不成比例性"。在大选中出现了执政联盟得票率未过半即可执政的结果，第13届大选中，国阵仅获得47%的得票率，却掌握了近60%的国会议席。

在缺乏有效选举监督的情况下，马来西亚议会选举舞弊丑闻频发。2013年大选就被视为马来西亚历史上最黑暗的大选，从"不褪色墨水褪色"事件，到注册选民无端从选举名册上消失，再到关键选区计票站离奇停电后国阵选票激增等，都将舞弊矛头指向国阵。[①] 反对党和社会力量开始强化社会监督，2013年大选结束后，反对党联盟人民联盟组织10万人集会抗议国阵选举舞弊。"干净与公平选举联盟"也多次发动规模集会，呼吁尽快进行选举制度改革。对此有专家建议选举改革不可一蹴而就，因为所涉及的修宪工程巨大，现阶段可以先将选举制度改为"单一选区两票制"，以解决选票—议席不成比例的问题。在原有议席的基础上增加政党比例代表制（Party-List Proportional Representation，List-PR）议席，让每位选民拥有两张选票：一张为选区票，仍以目前的"简单多数票当选"进行；另一张则为政党比例代表[②]选票，规定得票率排名靠前的大党不得参加政党名单制选举，再根据其余政党在选举中的得票率

[①] 原晶晶：《论马来西亚的议会选举制度及其影响》，《产业与科技论坛》第17卷第12期。
[②] 政党名单比例代表制是指选民将选票投给支持的政党而非特定的候选人，依据政党取得的选票配额数量分配议席。

分配下议院议席。这样一来，在传统选区席位上，可以继续鼓励议员深耕选区，而在政党代表席位上，帮助非族群性政党突围，使具有一定民意基础的小党可以通过非族群议题，如经济、环保、卫生、女权等来引起选民共鸣，赢得国会议席，从而淡化族群分裂和执政联盟优势，促进多元政治的和谐发展。[①]

[①] 参见 https://www.orientaldaily.com.my/news/maidong/2019/03/22/283699。

第七章　民族与宗教研究

马来西亚是一个多民族国家，多元的民族构成决定了其在宗教信仰上的多样性。但由于马来西亚的主体民族马来人信仰伊斯兰教，因此该国具有浓重的伊斯兰教色彩。该国的民族与宗教既与整个东南亚的历史发展存在紧密的联系，又在很大程度上受到欧美殖民者文化的影响。复杂的历史因素与多元的文化交融使马来西亚的民族、宗教具有独特的文化特质，但同时也存在由民族融合、宗教认同等产生的社会问题。充分认识马来西亚民族与宗教的历史和现状，将有利于促进中国与马来西亚之间的国际交流，推动中国"一带一路"建设。

第一节　民族概况

马来西亚位于亚洲大陆与东南亚群岛的衔接部分，由于地处太平洋与印度洋的交汇处，自古以来一直都是东西方海上交通的必经之地。现在的马来西亚成立于1963年，当时由前马来亚联合邦、沙巴、砂拉越及新加坡共同组成，全称"马来西亚联邦"。之后，新加坡于1965年被除名，进而独立。联邦的成立使得马来西亚的地理结构变得非常特殊，其领土间隔南海分为东西两大部分。其中，西半部位于马来半岛南部，常被称为"西马"。西马北接泰国，南部隔着柔佛海峡，以新柔长堤和第二通道与新加坡连接。另外一部分位于婆罗洲岛上的北部，与印度尼西亚、菲律宾、文莱相邻，通常被称为"东马"。特殊的地理结构与复杂的历史进程，使马来西亚成为一个民族多样、文化多元的国家。

一　马来西亚的民族起源与发展沿革

考古学家认为，早在旧石器时代马来半岛就已经有原始人居住。一般认为，当时马来半岛的居民主要为澳大利亚人种（Australoid）、矮黑人（Negrito）和美拉尼西亚人（Melanesoid）。在公元前2500—1500年，原始马来人（Proto-Malay）由亚洲大陆进入马来半岛与马来群岛，并在此定居。约前6000年至前4000年，第二批马来人进入马来半岛。这些马来人被称为"混血马来人"，他们被认为是当今马来西亚马来人的直接祖先。[①]

根据史料记载，至迟在中国汉代，马来半岛已经出现国家的形态。在中国史传中有相关记载的马来半岛大小国家多达11个。由于地处古印度与中国的通商要道，因此如狼牙修、羯荼等一些国家与中国和印度的交往非常密切，在文化上深受两国的影响。"马来亚"这一名称就被认为来自南印度的太米尔语言。[②] 自7世纪至13世纪，众多马来古国纷纷臣服于苏门答腊的三佛齐王国（Samboja），又称室利佛逝王国（Sri Vijaya）。14世纪初，以爪哇为统治中心的满者伯夷王国建立后消灭了三佛齐，并曾短暂地统一了马来群岛和马六甲海峡，但该政权很快走向衰落。

15世纪建立的马六甲王国被认为是马来西亚历史上第一个统一的封建王国。为了获得政治上的支持，马六甲王国在建国初期便与中国的明朝政府及苏门答腊各国建立了官方关系。随着与阿拉伯世界的联系日益增多，以伊斯兰教为主的阿拉伯文化逐渐为马六甲王国的统治者所接受。至15世纪初，马六甲逐渐成为东南亚的政治和贸易中心，以及伊斯兰教传播的强大策源地。到15世纪中叶，在经济、军事上均取得较大发展的马六甲王国成为东南亚最重要的政治强国。[③]

16世纪，随着大航海时代的到来，欧洲殖民者开始进入东南亚，作为东南亚海洋贸易中心的马六甲自然成为其殖民的重要目标。1511年，葡萄牙舰队攻占马六甲，成为在马来半岛和东南亚地区建立定居点的第一

[①] https://web.archive.org/web/20100609082019/http://www1.american.edu/TED/malay-prk.htm.

[②] 钱文宝、林伍光：《马来西亚简史》，商务印书馆1981年版，第5页。

[③] ［法］G.赛代斯：《东南亚的印度化国家》，蔡华、杨保筠译，商务印书馆2008年版，第408—410页。

个欧洲殖民列强。马六甲亦成为葡萄牙在东方活动的核心据点。17 世纪初，新崛起的荷兰建立荷兰东印度公司，开始加入东南亚的海洋贸易及对殖民地的争夺。16 世纪中叶，荷兰联合柔佛攻下马六甲，终结了葡萄牙人在马六甲长达 130 年的统治。这一时期，由于马来半岛各苏丹王国的国力衰弱，来自印度尼西亚的布吉人、苏门答腊来的米南加保人纷纷在马来亚建立了自己的国家。这些早期移民在此定居，成为现在马来西亚民族构成的一部分。

17 世纪起，英国开始参与对马来群岛的贸易争夺。18 世纪，英国先在亚庇、古晋、槟城与新加坡建立基地，[①] 最终于 1824 年，与荷兰在伦敦签署《英荷条约》（Anglo-Dutch Treaty），规定了英属马来亚和荷属东印度群岛之间的界线，并由此最终确立了英国对马来亚的霸权，同时也决定了当代马来西亚的雏形。

英国统治时期，殖民者当局为了满足发展经济的需要，大量引入华人和印度人，使当地形成了多元民族社会。移民的大量涌入改变了马来亚原有的人口占比与民族构造，是现有马来西亚民族格局形成的基本原因。在民族政策上，英国殖民当局曾人为地划分了"马来人""华人"和"印度人"的种族类别，并采取"分而治之"的政策，以此服务于殖民利益。该政策最终致使马来西亚的民族群体逐渐固化。第二次世界大战期间，日军占领了马来亚、北婆罗洲和砂拉越，并继续推行对马来人、华人、印度人的区别化统治政策，使得马来西亚各族之间的隔阂进一步加深。独立之后，马来西亚政府出台了一系列涉及政治、经济、文教等领域的民族政策，通过保障公民政治参与和缩小族际发展差距，促进了国族身份的塑造，[②] 但与此同时，其为强化本国民族意识而对马来人赋予政治特权，对华人与印度人族群的发展造成压力。由此导致的民族界限固化的问题至今依然存在。

二 马来西亚主要民族概况

马来西亚是一个多民族共存的国家，全国共有 30 多个民族。按其族

[①] 唐慧、龚晓辉：《马来西亚文化概论》，世界图书出版公司 2015 年版，第 51—53 页。

[②] 参见衣远《马来西亚独立以来的民族政策演变——基于认同政治视角的分析》，《国际政治研究》2020 年第 2 期。

群特征,这些民族主要被分成四大类,即马来人、华人、印度人与原住民。其中,马来人、华人和印度人被称为马来西亚的三大主要民族。

(一)马来人

马来人是马来西亚的主体民族,目前其数量约占全国人口的近70%。[1] 马来人又被译为马来西亚巫人,因此马来西亚华文通常又其称为"巫族"。在民族语言上属于南岛语系印度尼西亚语族。马来人虽然并不是马来半岛上最初的居民,但与马来半岛上的原住民一起被认为是马来西亚的土著(Bumiputras)。

学界普遍认为,马来人约在5000年前从东亚大陆向南迁徙至东南亚。来到东南亚的马来人分为两批,第一批被称为"原始马来人",第二批被称为"续至马来人"或"新马来人",这股移民浪潮持续了千年之久。其中,"续至马来人"一般被认为是目前马来半岛上马来人的直接祖先。随着马来半岛与外界的交流逐渐增多,来自爪哇、苏门答腊等地的人逐渐与马来半岛上的马来人相互混杂。最终,在印度文化、中国文化、伊斯兰文化等多种外来文化的共同影响下,马来半岛及其临近岛屿上的马来人逐渐形成了独立的民族,即马来民族。[2]

(二)华人

中国与马来半岛的交往历史久远。早在汉朝时期,中国便已开始与东南亚诸国进行交流。依据汉代的史籍,中国曾与当时马来半岛上的狼牙修古国等建立友好邦交关系。明朝郑和七下西洋,也曾以满剌加,即马六甲作为中心站及储存货物、钱粮的重要仓库。[3] 虽然当时马来半岛上就已经有华人的身影,但总体数量并不多,并且在此后的数个世纪中,马来半岛上的华人的数量也很有限。

真正致使马来西亚华人数量发生质变的是自19世纪后半期起。当时,随着马来西亚锡矿的发展,大批华工涌入马来半岛各邦的锡矿区。至20时期初期,英国殖民者在当地大举开发橡胶种植园并发展加工贸易,又有

---

[1] 中国外交部:《马来西亚概况》,www. fmprc. gov. cn /web /gjhdq676201 /gj_ 676203 /yz_ 676205 /1206_ 676716 /1206x0_ 676718 /。
[2] 参见唐慧、龚晓辉《马来西亚文化概论》,世界图书出版公司2015年版,第31—32页。
[3] 林远辉、张应龙:《新加坡马来西亚华侨史》,广东高等教育出版社1991年版,第3页。

大量华工被作为苦力有计划地引入马来半岛。① 到20世纪上半叶，华人族群已经与马来人并列成为马来半岛的两大主体族群。据统计，1947年，华人占半岛人口的38.6%。20世纪下半叶起，马来西亚华人的人口比例呈现下降趋势，1980年华人在马来西亚的占比降为33.9%，1998年再降至24.9%。② 目前，华人在马来西亚的人口比例仅为23%，③ 但依然是马来西亚的第二大族群。

（三）印度人

印度人族群是指生活在马来西亚的印度裔公民。印度移民进入马来半岛的时间在公元初年前后。马来半岛很早便受到了印度文化的影响，大约在公元1世纪，便开始有印度商人和僧侣来往于南印度与马来半岛之间。当时，马来半岛最著名的早期王国之一羯荼，又称古吉打王国（Kedah Tua），便是在公元200年前后被印度王国灭亡的，说明当时已有为数不少的印度人生活在马来半岛。④ 1840年前后，英国殖民者在马来半岛开发橡胶种植园，以此为契机，印度人开始大批涌入马来半岛地区。1900年至1910年，被作为劳工引入马来半岛的印度人数将近4.8万，其中大多是来自南印度的泰米尔人（Tamils，占该国印度人总数的80%）、泰卢固人（Telugus，占5.2%）、马拉雅兰人（Malayalams，占4%）和锡克族人（Sikh，占3%）等。⑤ 此后印度人的人口数量呈现不断增长的趋势，目前印度人占马来西亚总人口的6.9%，⑥ 是该国的第三大族群。

（四）原住民

马来半岛的原住民（Orang Asli）是最早生活在马来半岛上的族群，

---

① 唐慧、龚晓辉：《马来西亚文化概论》，世界图书出版公司2015年版，第33—34页。
② 陈衍德：《对抗适应与融合——东南亚的民族主义与族际关系》，岳麓书社2004年版，第137页。
③ 中国外交部：《马来西亚概况》，www.fmprc.gov.cn/web/gjhdq676201/gj_676203/yz_676205/1206_676716/1206x0_676718/。
④ 李家禄、严琪玉：《马来西亚》，重庆出版社2004年版，第31页。
⑤ Muzafar Desmond Tate, *The Malaysian Indians: history, problems and future*, Strategic Information and Research Development Centre, 2008, pp. 27 – 33；许红艳：《马来西亚的锡克人》，《世界宗教文化》2014年第6期。
⑥ 中国外交部：《马来西亚概况》，www.fmprc.gov.cn/web/gjhdq676201/gj_676203/yz_676205/1206_676716/1206x0_676718/。

总体上数量不多，尚不足全国人口的1%。

由于分处两片岛屿，西马与东马的原住民各不相同。在西马，主要的原住民有矮黑人、沙盖人（Sakai）、雅贡人（Jakun）和西诺伊人（Senoi）等。其中，矮黑人是移居马来半岛最早的民族。约在一万年前，矮黑人由印度向东迁徙来到马来半岛。他们大多生活在马来半岛的北部，比如霹雳和吉兰丹的内陆地区。矮黑人为原始的游牧民族，在生活方式上主要依靠打猎和采集野果；沙盖人属于半游牧半定居的民族，主要生活在马来半岛的中部；雅贡人可分为陆上雅贡人和海上雅贡人，他们大多生活在马来半岛的南部，如彭亨内陆地区、森美兰、廖内等。陆上雅贡人生活在半岛南部的森林中，依靠采集野果和狩猎为生。海上雅贡人大多从事渔业。雅贡人被认为是马来半岛原住民之中发展程度最高的族群；西诺伊人约在中石器时代进入马来半岛，是目前马来半岛上人数最多的原住民民族，主要分布在霹雳、吉兰丹、彭亨、雪兰莪、登嘉楼等地。在东马的沙巴、砂拉越地区同样居住着许多土著民族。沙巴最大的原住民民族是杜顺族（Dusun），其次是巴召族（Bajau）等。砂拉越地区的主要原住民民族则有伊班族（Iban）、比达友族（Bidayuh，又称Dayak Darat陆达雅族）及美拉南族（Melanau）等。[1]

除上述四大族群之外，马来半岛还生活着一部分来自新加坡、印度尼西亚、泰国等东南亚其他地区的外国移民，人口约占马来西亚全国人口的近5%，其中以印度尼西亚的移民居多。

三 21世纪以来马来西亚民族发展趋势

在2000年进行的全国人口普查中，马来西亚当局对该国的三大民族、原住民中的一些主要民族，以及并非马来西亚公民的主要外国移民的人口数量进行了统计。马来西亚统计局公布的资料显示，2000年前后，在全国总共约2210万人口中，马来人占51%、华人占24.2%、印度人占7.2%、其他原住民约占11%。这一数据反映了当时马来西亚民族人口的基本构成，具体如表Ⅰ-7-1所示：

---

[1] 唐慧、龚晓辉：《马来西亚文化概论》，世界图书出版公司2015年版，第32—33页。

表 I-7-1　　　　　2000 年马来西亚各民族人口占比

民族	人数（万人）	人口占比（%）
马来西亚总人口	2219.82	100
*马来西亚公民		
马来人	1116.495	51.0
杜顺族	45.696	2.1
巴召族	32.995	1.5
穆鲁特族	8.007	0.4
伊班族	57.835	2.6
比达友族	15.955	0.7
美拉南族	10.828	0.5
其他马来西亚原住民民族	69.570	3.2
华人	529.128	24.2
印度人	157.166	7.2
其他马来西亚公民	24.337	1.1
*非马来西亚公民		
新加坡人	1.667	0.1
印度尼西亚人	70.497	3.2
菲律宾人	19.791	0.9
泰国人	3.333	0.2
其他外国移民	16.458	1.2

资料来源：马来西亚统计局（2005）。参考自 Shyamala Nagaraj etc., "Counting Ethnicity in Malaysia: The Complexity of Measuring Diversity", in *Social Statistics and Ethnic Diversity Cross-National Perspectives in Classifications and Identity Politics*, edited by Patrick SimonVictor PichéAmélie A. Gagnon, Springer International Publishing AG Switzerland, 2009, p. 145。

而据 2010 年进行的马来西亚人口普查数据，当时马来西亚全国人口总数增至 2830 万。其中的 91.8%，即约 2598 万人为马来西亚公民。在马来西亚公民中，马来西亚土著（马来人+原住民）约占总体人数的67.4%，华人约占24.6%，印度人约占7.3%，其他公民占0.7%。在东马的沙巴、砂拉越地区，伊班族人占砂拉越公民人数的30.3%，而杜顺族占沙巴人口总数的24.5%。① 在马来西亚统计局公布的2016年马来西亚人口数据中，马来西亚土著的比例约为68.6%，华人占比23.4%，印度人约占7%，其他公民约占1%。②

表 I -7-2　　　　　　　2010年与2016年马来西亚民族占比

民族	2010年人数（万人）	占比（%）	2016年人数（万人）	占比（%）
马来西亚公民	2598	100	2843.5	100
马来人+原住民	1751.05	67.4	1956.32	68.6
华人	639.108	24.6	665.379	23.4
印度人	189.654	7.3	199.045	7
其他马来西亚公民	18.9654	0.7	28.435	1

由上可见，自2000年至今，马来西亚的民族构成并未发生显著的结构性变化，始终保持以马来西亚土著作为绝对主体，华人为第二大群体，印度人次之的格局。但事实上，这一格局却与20世纪中叶马来西亚的民族结构有着极大的差别。1947年时，在马来亚总人口中，马来人仅占43.3%，而华人和印度人则占55.3%。此后，华人与印度人群体的人数曾出现大规模缩减。这与马来西亚成立之后确立保护马来人特殊地位的《宪法》、大力推行"马来人至上"的民族政策密切相关。③ 马来西亚宪法

---

① 资料来源：马来西亚统计局2010年人口分布与基本人口特征报告，https://www.dosm.gov.my/v1/index.php?r=column/cthemeByCat&cat=117&bul_id=MDMxdHZjWTk1SjFzTzNkRXYzcVZjdz09&menu_id=L0pheU43NWJwRWVSZklWdzQ4TlhUUT09。

② https://www.dosm.gov.my/v1/index.php?r=column/ctheme&menu_id=L0pheU43NWJwRWVSZklWdzQ4TlhUUT09&bul_id=OWlxdEVoYlJCS0hUZzJyRUcvZEYxZz09。

③ 具体参见 Lennox A. Mills, *Malaya: A Political and Economic Appraisal*, Minneapolis: University of Minnesota Press, 1958, p.13；衣远《马来西亚独立以来的民族政策演变——基于认同政治视角的分析》，《国际政治研究》2020年第2期。

规定,只要与马来人通婚,便可算为马来人。由于长期受到排挤,部分非马来人为提高政治地位,选择与马来人跨族通婚,致使马来人的人数不断增多。加之马来人出生率高于华人,因此在人口总数上对华人形成强大的排挤和压力。[①] 上述影响最终导致马来西亚自从建国以来,马来人的人口比例越来越高,而华人和印度人的人口比例越来越低,原有的民族结构发生变化,逐渐形成表Ⅰ-7-2所示的民族格局。这一格局也是对马来西亚自独立以来对族群治理与国家建构的直接反映。

虽然2010年后华人与印度人族群的人口数量出现了小幅下降,但基本趋于平稳,这说明经过长期的民族整合,当前马来西亚的民族构成已经基本稳定,未来各民族的发展将在这一大框架下进行,预计短期之内整体民族格局不会再发生明显的结构性变化。

第二节 宗教概况

虽然马来西亚自16世纪起先后经历葡萄牙、荷兰、英国等西方国家的殖民统治,在其统治期间基督宗教得到了广泛的传播,但马来西亚各族人民依然保留着其民族传统的宗教和文化。马来西亚多元的民族格局决定了其在宗教信仰上的多样性。由于马来西亚的主体民族马来人信仰伊斯兰教,因此马来西亚独立后通过宪法将伊斯兰教定为该国的官方宗教,目前其全国有近三分之二的民众信仰伊斯兰教。马来西亚的第二大宗教信仰为佛教,信徒约占全国人口的近20%,其次是基督宗教(天主教与基督新教)与印度教。另外,还有一部分华人信仰道教或其他华人民间信仰,而在马来西亚的原住民之中则仍有一部分人信仰万物有灵等较为原始的宗教。

一 马来西亚的主要宗教信仰

(一)伊斯兰教

关于伊斯兰教传入马来半岛的时间与路径,由于史料有限,学界尚

---

① 沈本秋:《多民族与多族群国家整合模式的比较研究——以英国、印度、马来西亚为例》,《世界民族》2020年第1期。

无定论。关于传入时间，考古学家曾在吉打地区发掘出一块刻有 291（公元 972 年）的基石，被认为是马来半岛最古老的伊斯兰教遗迹。[1] 证明至迟在公元 10 世纪伊斯兰教已经传入了马来半岛，但当时马来半岛上主要流行的是佛教与印度教，伊斯兰教的传播规模非常有限。关于传播路径，有观点认为，包括马来半岛在内的东南亚海岛地区的伊斯兰教源于阿拉伯地区，是阿拉伯商队或传教团来到这里传教的结果。也有观点认为，由于伊斯兰教在中国的发展远早于其在东南亚地区的传播，因此或许中国人在伊斯兰教于东南亚的发展过程中起到了关键的作用。关于伊斯兰教在马来半岛的具体传播过程已不得而知。不过，学界一般认为伊斯兰教大约是在 13 世纪开始正式传入东南亚，并在沿海地区取得了立足点。当时伊斯兰教首先传至苏门答腊北部的巴塞地区，并以该地区为据点向马来半岛、爪哇等地辐射，15 世纪马六甲王国的崛起以及海上国际贸易的繁荣，为伊斯兰教在马来半岛的广泛传播创造了条件。[2]

伊斯兰教在马来亚社会得以立足的重要因素之一，被认为是当时马来半岛颇为流行的伊斯兰教中的苏菲主义。这种神秘主义思想的独特魅力在于可以包容伊斯兰教进入之前的许多本土信仰，使伊斯兰教与马来人的本土文化相融合，并成为传统马来文化中的重要组成部分。在当时，加入伊斯兰教就被称为"末罗瑜·玛苏克"（melayu masuk），即意味着被马来社会所接受。[3]

16 世纪起，马来半岛开始陷入长达数个世纪的被殖民统治时期。西方殖民者在进入马来半岛的同时也带来了基督教，但与西班牙人在菲律宾的殖民经历不同，由于葡萄牙人与荷兰人过于重视对马来半岛的经济掠夺，而忽略了基督教的传播，使得伊斯兰教在当地依然保有一定的生存与发展空间。不仅如此，由于受到殖民者的压迫，伊斯兰教在马来半岛及马来文化中的地位反而得到了强化。此后英国、日本统治马来半岛时期，在宗教方面同样较为宽容，马来亚人民原有的伊斯兰教传统得到尊重。可以

---

[1] 李家禄、严琪玉：《马来西亚》，重庆出版社 2004 年版，第 73 页。
[2] 唐慧、龚晓辉：《马来西亚文化概论》，世界图书出版公司 2015 年版，第 61—63 页。
[3] 芭芭拉·沃森·安达娅、伦纳德·安达娅：《马来西亚史》，黄秋迪译，中国出版集团 2010 年版，第 62—63 页。

说，在马来半岛不断更迭的社会政治统治之中，伊斯兰教是马来人唯一不变的民族精神，在马来文化的发展历程中逐渐积淀成为其文化的核心。因此，在马来亚独立的过程中，作为马来人共同的信仰，伊斯兰教也被作为马来民族主义最核心的表达。①

马来西亚建国之后，虽然实行政教分离，但其宪法明确规定伊斯兰教为马来西亚联邦的官方宗教，这一方面确立了马来人在马来西亚的主体地位，同时也为伊斯兰教在政治、经济、教育、法律等各个领域发挥影响提供了条件。在教派上，马来西亚的穆斯林绝大多属于逊尼派（特别是沙斐仪学派），逊尼派也是获得马来西亚官方与法律认可的教派。

（二）佛教

佛教在马来半岛的传统比伊斯兰教更为久远，在伊斯兰教成为马来人主要信仰之前，马来半岛主要流行的是佛教信仰。马来半岛上佛教的传入可追溯至公元元年前后。由于地处海上交通的枢纽，随着贸易的兴起，马来半岛成为古印度与中国的通商要道，许多来自南印度的商旅和僧人纷纷登陆马来半岛，并在此建立寺庙。这一时期，包括马来半岛在内的整个东南亚地区都受到印度文化的强烈影响，法国东方学家乔治·赛代斯（Georges Coedes）甚至将这一现象称为东南亚的"印度化"。② 2世纪建立于马来半岛北部的狼牙修据称是当地第一个佛教国家，之后相继崛起于马来半岛北部的盘盘、丹丹等王国亦皆是在佛教文化的影响下建立起来的。7世纪中叶，建立于苏门答腊东南部的室利佛逝日益强大，成为雄霸一方的海上帝国，同时也成为大乘佛教在东南亚的传播中心。③

15世纪马六甲王国将伊斯兰教确立为国教并向外推广，佛教的发展随之受阻，并逐渐开始衰落。佛教在马来半岛的再度兴起是以18世纪被引入半岛的华人劳工为契机。佛教成为这些华人劳工的精神寄托和支柱，也为将这些华人凝聚成一个整体提供了一种文化内核。目前，马来西亚华人的佛教已经逐渐成为马华社会的一个信仰传统，也是华人文化的重要组

---

① 唐慧、龚晓辉：《马来西亚文化概论》，世界图书出版公司2015年版，第65—66页。
② 具体参见［法］G. 赛代斯《东南亚的印度化国家》，蔡华、杨保筠译，商务印书馆2008年版。
③ 唐慧、龚晓辉：《马来西亚文化概论》，世界图书出版公司2015年版，第77—78页。

成部分。佛教组织遍布马华社会的各个角落,其中最大的佛教组织是马来西亚佛教总会,总部设在全马唯一华人居多的省份槟州,在全国各地均有分会。① 马来西亚华人信仰的佛教具有强烈的华人特色,由于儒家思想在华人群体中根深蒂固,因此其所信奉的佛教和修持方式在一定程度上带有儒家文化的影子,同时也常常具有佛道融合的特点。

除了从印度与中国传入的大乘佛教之外,马来西亚也有一部分小乘佛教,基本是19世纪末20世纪初时由缅甸、泰国、斯里兰卡等地传入的。此外,20世纪20年代后,日本和欧美的佛教文化也相继传入马来半岛,进一步丰富了马来西亚的佛教的多元性特征。②

(三) 基督宗教

基督宗教在马来半岛的传播据称最早可以追溯至7世纪,最初是由波斯和土耳其基督教商贾带来的,但当时的马来半岛以佛教文化为主导,因此基督宗教并未产生强烈的影响。基督宗教在马来半岛的正式传播始自西方殖民者的到来。1511年,葡萄牙人入侵马六甲,同时也带来了天主教。此后,开始有专职的传教士在其管辖范围内传教。但由于相比传播宗教信仰,葡萄牙殖民者更专注于对马来半岛经济利益的掠夺,因此在宗教信仰方面并未采取强制措施,致使天主教在马来半岛的传播从深度和广度上而言均较为有限。17世纪,荷兰人登陆马六甲,取代了葡萄牙人进行殖民统治,同时引进了新教。18世纪,英国殖民者占领槟城。受英国文化的影响,至19世纪中叶,在马来半岛上出现了一批以英语为主体的基督教社群,他们积极创办教会学校,成为基督宗教在马来西亚主要的传播方式。③

目前,马来西亚约有9%的民众信仰基督宗教,其主要信仰流派有:圣公会、罗马天主教、新教(浸礼会、卫理工会、长老会)等。基督宗教的信徒群体中以东马的华人和马来西亚原住民占大多数。④

(四) 印度教

印度教在马来半岛的传播轨迹与佛教较为类似。其在马来半岛的早

---

① 李家禄、严琪玉:《马来西亚》,重庆出版社2004年版,第82页。
② 唐慧、龚晓辉:《马来西亚文化概论》,世界图书出版公司2015年版,第79页。
③ 唐慧、龚晓辉:《马来西亚文化概论》,世界图书出版公司2015年版,第87页。
④ 郭茂硕:《马来西亚宗教多元化现象概述及其成因探析》,《中国穆斯林》2020年第2期。

期传播同样是半岛深受印度文化影响的结果。之后，随着伊斯兰教的兴起，印度教开始没落。至19世纪末20世纪初，印度教再次随着被引入马来半岛的印度移民进入马来半岛，成为当前马来西亚印度人族群的主要信仰。目前，在马来西亚的印度人族群中有近90%的人信仰印度教。在马来西亚全国，有近1.8万所印度教寺庙。马来西亚印度教徒们主要崇拜和信奉姆鲁卡神，以大宝森节（Thaipusam）作为最重要的节日。印度教主要分布在马来西亚的柔佛州、森美兰州、霹雳州、槟州和雪兰莪州等地。[①]

除了印度教之外，还有一部分马来西亚印度人信奉锡克教。锡克教诞生于15世纪，以印度教巴克提派的虔信运动（梵天信仰）和伊斯兰教苏菲派一神论作为共同基础产生。锡克教的主要信徒群体为印度人中的锡克族人。锡克教的宗教场所被称为古尔德瓦拉（Gurdwara），到目前为止，马来西亚有近120座古尔德瓦拉，其对锡克教在马来西亚的传播及锡克教徒的团结发挥了重要作用。[②]

二 马来西亚的主要宗教名胜

（一）伊斯兰教

1. 国家清真寺（National Mosque 或 Masjid Negara）：按马来西亚华语又被称为"国家回教堂"，位于马来西亚联邦的首都吉隆坡，是该国的国家清真寺。1957年，马来亚从英国政府获得独立后，新政府积极推动各种经济、社会和建筑领域的重大发展。同年，联邦执行委员会会议提出了建造一座国家清真寺以象征该国独立的想法，随后开始实行。国家清真寺完工于1965年。其所在地是一座基督教堂的原址，该地后于1961年被政府收购。该清真寺占地面积约为5300平方米，为马来西亚最大的清真寺，可容纳15000人一同聚礼。与传统清真寺的建筑特点不同，马来西亚国家清真寺拥有16角星形混凝土屋顶以及一座高73米的宣礼塔，分别象征打开和关闭的雨伞，暗合马来西亚的热带气候。该清真寺的主要圆顶处有18颗星，代表了马来西亚的13

---

① 李家禄、严琪玉：《马来西亚》，重庆出版社2004年版，第93页。
② 许红艳：《马来西亚的锡克人》，《世界宗教文化》2014年第6期。

州属及伊斯兰教的 5 大支柱。①

2. 甘榜劳勿清真寺（Kampung Laut Mosque）：位于马来西亚吉兰丹首府哥打巴鲁南部。甘榜劳勿清真寺被认为是马来西亚最古老的清真寺之一。据称在 18 世纪 30 年代，一群伊斯兰传教士在前往泰国北大年的途中穿过马来西亚半岛的东海岸，不幸遭遇船只漏水。传教士们遂发愿，若能安全上岸，便立即建造一座清真寺。最终，船只安全地停泊在了图帕特的甘榜劳特，传教士们便在此地建造了清真寺。最初建造的清真寺结构非常简单，只有四个支柱，支撑着三层由西米叶子制成的屋顶，占地仅有 37 平方米。到 19 世纪末，这座清真寺成为当地重要的宗教中心，建筑本身得到扩建，增加了更多的祈祷室、储藏室、阳台和塔楼。由于地基薄弱，该清真寺经常会被洪水淹没，导致建筑受损。20 世纪 60 年代，该清真寺在尼拉普里的伊斯兰研究学校（Sekolah Pengajian Islam）附近重建。1988 年，这座清真寺再次用现代化的固定装置和设施进行了修复。并且，修复后的清真寺建筑面积达到了 488 平方米，是原始清真寺的 13 倍。②

3. 占美清真寺（Jamek Mosque）：位于巴生河和鹅唛河的交汇处，建于英国统治时期，是马来西亚首都吉隆坡历史最悠久的清真寺。这座清真寺建在前马来公墓的遗址上，总共耗资 32625 林吉特，该资金部分是通过马来社区的认购募集的，部分是由英国政府资助的。整个建造工程于 1909 年完工。由于该地区的信徒习惯在周五聚集在清真寺进行祷告，因此该清真寺又被称为"周五清真寺"。③ 占美清真寺于 2017 年 6 月 24 日正式易名为苏丹阿卜杜勒沙马德占美清真寺（Masjid Jamek Sultan Abdul Samad）。阿卜杜勒沙马德是雪兰莪州第四任苏丹之名，该苏丹在 1857—1898 年间治理雪兰莪州。④

在以伊斯兰教为官方宗教的马来西亚，清真寺遍布全国。除上述几座历史较为悠久的清真寺外，马来西亚还有许多颇具现代风格的清真寺建

---

① http：//www.promotemalaysia.com.tw/spot_detail.aspx?class_id=5&data_id=258.
② http：//www.mdketereh.gov.my/en/visitors/places-interest/kampung-laut-mosque-nilam-puri.
③ http：//www.malaysia-travel-guide.com/masjid-jamek.html.
④ https：//www.nst.com.my/news/nation/2017/06/251552/kls-masjid-jamek-renamed-masjid-jamek-sultan-abdul-samad.

筑，例如：建造于 1997 年的布特拉清真寺（Putra Mosque）因外墙为粉红色，且位于布城湖旁，故而又被称为"粉红清真寺""水上清真寺"；位于雪兰莪州首府莎阿南的苏丹沙拉胡汀阿卜杜勒－阿齐兹沙清真寺（Sultan Salahuddin Abdul Aziz Shah Mosque）落成于 1988 年，因其蓝白相间的圆顶又被称为"蓝色清真寺"。这些清真寺不仅是本土穆斯林们的宗教中心，也是当地的文化地标及旅游名胜。多元的建筑风格同样也是马来西亚伊斯兰信仰文化包容性的反映。

(二) 基督宗教

1. 天主教——圣保罗堂（Church of Saint Paul）：位于圣保罗山顶，是马来西亚马六甲市历史悠久的教堂建筑，始建于 1521 年，是马来西亚和东南亚最古老的教堂建筑，如今已成为马六甲博物馆综合楼的一部分。该教堂初建时仅为一个简单的小教堂，供奉圣母。1548 年，果阿主教将小教堂给了耶稣会。该教堂更名为天主之母堂（Igreja de Madre de Deus）。圣方济·沙勿略前往中国和日本传教时曾将此教堂作为其基地，在沙勿略于 1552 年在上川岛逝世后，其遗体曾被运来该教堂暂时安葬，最终葬在果阿。曾埋葬圣方济·沙勿略的空墓，今天仍然存在。为纪念沙勿略造访马六甲 400 周年，1952 年在圣保罗教堂前建造了一座沙勿略的雕像。[①] 1641 年荷兰征服马六甲，教堂归属荷兰归正会，改名为圣保罗堂（或 Bovernkerk），继续作为荷兰人的主要教堂。1753 年基督堂建成后，圣保罗堂改为世俗用途，成为马六甲防御工事的一部分，堂内用作墓地。英国于 1824 年占领马六甲后，圣保罗堂一度被用作火药库。

2. 圣公会——圣乔治教堂（St. George's Church）：位于马来西亚槟城乔治市华盖街。该教堂落成于 1818 年，是东南亚最古老的一座圣公会教堂，属于圣公会东南亚教省的西马教区。这座建筑在日本占领马来亚期间遭到严重破坏，于 1948 年完成修复工作后重新恢复服务。2007 年 7 月 6 日，圣乔治教堂被马来西亚政府列为马来西亚国家宝藏之一。

3. 基督新教——马六甲基督堂（Christ Church Malacca）：为马来西

---

① http://www.malacca-traveltips.com/st-francis-xaviers-statue.htm.

亚历史最悠久的新教教堂，位于西马圣公会教区的下中央大主教管辖区。1641年荷兰人从葡萄牙人手中夺取马六甲后，开始禁行天主教并推行新教。前文提及的圣保罗堂被改为新教堂，成为荷兰人的主要教堂。1741年，荷兰殖民者决定另建一座教堂以纪念从葡萄牙手中夺取马六甲一百周年。新建的教堂完工于1753年，是目前在荷兰以外发现的幸存下来的最古老的荷兰教堂。1824年签订英荷条约后，马六甲归英国所有。1838年，该教堂不再是新教教堂，而改用圣公会礼仪，更名为基督堂。在荷兰马六甲统治期间，该教堂与东南亚的许多其他荷兰建筑物一样被漆成白色。然而，在1911年，英国人将基督堂和马六甲的地方政府大楼漆成红色，从那时起，马六甲的红色建筑已成为荷兰人对该城影响力的标志。①

（三）佛教

1. 槟城极乐寺：全称鹤山极乐禅寺，位于马来西亚槟城州亚依淡，该寺始建于1891年并于1904年全面竣工，占地12万平方米，为该国乃至东南亚规模最大的华人佛寺。极乐寺为大乘佛教寺庙，其创立者是来自福建涌泉寺的妙莲和尚。妙莲于1885年跟随代表团到槟州筹募资金修建福州龟山的法堂，2年后，槟州华裔显要邀请他前来出任椰脚街广福宫的住持。随后妙莲便有意在当地建一座佛寺，经过15年的募资与筹备，极乐寺终于建成。

位于极乐寺左边的弥陀塔建于1915年，因经历第一次世界大战的劫难，直至1927年才正式落成。佛塔的格式融合了中国、泰国及缅甸三式。上层是仰光式，中间数层属于泰国式、底下的各层则属中国式。塔内所设计及供奉的佛像也依各国特色而设计，可谓集三国佛塔之大成。②

2. 青云亭：位于该国马六甲庙堂街，始建于15世纪，是马来西亚最古老的华人庙宇，庙中供奉三座祭坛，儒、释、道各一座，极具华人信仰特色。17—19世纪，集儒、释、道三大教派于一身的青云亭，不仅仅是

---

① http://www.hollandfocus.com/v2/index.php/magazine/contributors/dennisdewitt/99-dennis-dewitt/110-mallaccachristchruch.

② http://www.malaysianbuddhistassociation.org/index.php/2009-04-30-06-27-18/325-2009-06-17-04-01-56.html.

一个宗教场所,还曾是马六甲早期华人的最高领导机构。以青云亭为依托先后实行的甲必丹与青云亭亭主制度是马六甲华人重要的政治和社会组织,除了负起祭祀和乡谊作用外,同时也是当地华人社区的法院、仲裁机构。① 一些史学家根据碑铭考证,青云亭始建于1673年并由甲必丹郑启基(字芳扬)与甲必丹李为经(号君常)所倡建。由于当年庙宇建材和工匠均由中国引进,历史悠久的青云亭被列入联合国世界文化遗产名录,并于2003年获联合国教科文组织亚太区文物古迹保护奖,为杰出古建筑修复工程的典范。②

（四）印度教

黑风洞寺庙群：黑风洞的石灰岩约形成于四亿年前,早期部分洞穴被马来西亚原住民用作住所。印度贸易商谭嘘沙我披丽（K. Thamboosamy Pillai）认为黑风洞的主入口的形状与室建陀手持圣矛类似,黑风洞的寺庙群位于山丘海拔100米以上的地方,主要包含三个主洞以及其他20多处较小的洞穴,其中最大的被称作神庙洞（Temple Cave）,有着超过100米高的天花板和装饰华丽的印度教神龛。另有两个洞穴寺庙位于山脚,分别是洞窟艺术博物馆和艺术画廊洞穴,内有许多印度教的神像和彩绘。黑风洞的重要庆典为印度教一年一度的大宝森节（Thaipusam）,不仅是马来西亚印度教徒,更有来自印度、澳大利亚、新加坡等地的印度教徒前来朝圣,使黑风洞成为世界性的印度教圣地。

三 21世纪以来马来西亚宗教发展趋势

根据马来西亚2000年与2010年进行的人口普查数据,进入21世纪以来,马来西亚的宗教格局并未发生明显变化,具体数据对比如表Ⅰ-7-3所示：③

---

① 具体参见宋燕鹏《马来西亚华人史：权威、社群与信仰》,上海交通大学出版社2015年版。
② 具体参见青云亭官网 http://www.chenghoonteng.org.my/history.html。
③ 资料来源：马来西亚统计局公开资料,Population And Housing Census of Malaysia 2000 及 2010。

表Ⅰ-7-3　　　　2000年与2010年马来西亚宗教格局对比　　　　（%）

	2000年	2010年
伊斯兰教	60.4	61.3
基督宗教	9.1	9.2
佛教	19.2	19.8
印度教	6.3	6.3
儒教、道教、民间信仰及其他中国传统信仰	2.6	1.3
其他宗教	2.4	0.4
无宗教信仰		0.7
未知		1.0

如表Ⅰ-7-3所示，自2000年至2010年，除了其他宗教的比例，以及信仰儒教、道教、民间信仰及中国其他传统信仰的信徒比例有所下降以外，其他各大宗教的数据并没有发生太大的变化。很明显，其他宗教这一项的数据变化主要是因为两次普查在调查问卷设计上的不同。另外需要注意的是，与基督宗教不同，很多东方信仰并不具有宗教上的排他性，因此常常出现儒释道合流现象，或信徒同时信奉包括民间信仰在内的多种信仰的情况，这一点在华人社会表现得尤为明显。

2010年的人口普查按照民族对于马来西亚各大宗教的信徒人数进行了分类统计，具体如表Ⅰ-7-4所示：[1]

表Ⅰ-7-4　　　　2010年马来西亚民族与宗教情况对照　　　　（单位：人）

	马来西亚籍公民数	马来人	原住民	华人	印度人	其他
伊斯兰教	15762012	14191720	1347208	42048	78702	102334
基督宗教	2392823	0	1549193	706479	114281	22870

---

[1] Population And Housing Census of Malaysia 2010（表4.1），p.82。

续表

	马来西亚籍公民数	马来人	原住民	华人	印度人	其他
佛教	5459065	0	33663	5341687	32441	51274
印度教	1666365	0	2941	14878	1644072	4474
儒教、道教、民间信仰及其他中国传统信仰	351073	0	131407	218261	716	689
其他宗教	96378	0	50347	8576	36599	856
无宗教信仰	183808	0	132560	49320	824	1104
未知	101832	0	84469	11387	192	5784

可以发现，马来西亚各大宗教信仰的群体对象具有极为明显的民族特色，马来西亚的民族格局与宗教格局几乎一一对应：其一，马来人群体中无一例外全都是信仰伊斯兰教的穆斯林，这是由马来西亚的宪法规定的。马来西亚宪法第160条（2）规定：马来人必须信仰伊斯兰教，习惯于说马来语，奉行马来传统习俗。因此在法律上，如果一个马来人脱离了伊斯兰教信仰，也就脱离了马来人的法定身份；其二，作为马来西亚的第二大宗教——佛教的主要信仰群体是马来西亚的第二大民族——华人。根据表Ⅰ-7-4的数据进行推算，华人在马来西亚佛教信徒中的占比高达97.8%。不过如前所述，由于儒、释、道及民间信仰之间并没有强烈的排他性，所以在信徒群体上可能会存在一定的重合；其三，马来西亚的第三大民族——印度人族群是马来西亚印度教的主要信徒群体，印度人在印度教信徒中的占比高达98.7%。其四，马来西亚的原住民群体主要信仰基督宗教（46.5%）和伊斯兰教（40.4%）。原住民在马来西亚的穆斯林中占8.5%，但在马来西亚的基督徒中的占比高达64.7%，其中主要的信徒群体为东马的一些原住民部落。

马来西亚的宗教格局与民族结构紧密相关，随着马来西亚经历漫长的民族整合后民族格局趋于稳定，该国各大宗教同样呈现出平稳发展的态势。为促进宗教与民族和谐，马来西亚政府将伊斯兰教的开斋节、基督宗教的圣诞节、农历新年和印度教的屠妖节全都宣布为国定假日。

第三节　民族与宗教问题

马来西亚社会具有鲜明的族群主义特征，而该国的宗教又具有明显的民族特点，因此，在马来西亚，民族和宗教是两个密不可分的领域。一方面，在马来西亚独立的过程中，马来人信奉的伊斯兰教被宪法确立为马来西亚的官方宗教，成为马来人身份的象征，也逐渐成为塑造马来西亚国家文化的重要因素。[1] 另一方面，在民族关系中，马来西亚同样奉行"马来人至上"，从而导致分歧与矛盾的长期存在，华人等非土著族群在该国的政治、经济和文化发展产生了深刻的影响。

一　马来西亚的政教关系与宗教自由

马来西亚的官方宗教——伊斯兰教在马来半岛的传播至迟可以追溯到14、15世纪，当时马来半岛多地纷纷建立苏丹王国，并实行伊斯兰法。此后，伊斯兰教便在马来半岛立足生根，成为马来人的基本信仰。在此基础上，"传统马来社会发展出一种结合马来文化和伊斯兰教的君主制度——马来伊斯兰君主制，即以马来王权为认同中心，并以伊斯兰法和马来传统习俗诠释和制约其社会规范"。[2] 在英国对马来亚的殖民统治时期，因锡矿开采及橡胶种植园等迅速兴起，大量华人和印度人作为劳动力被输送到马来西亚。相比这些移民，马来人被视为原住民而获得保护，他们的伊斯兰传统也得到了一定尊重。马来苏丹仍可担任各苏丹国名义上的元首和伊斯兰教领袖，也可分享部分管治权。在这一过程中，马来人的民族意识得到强化，伊斯兰教也逐渐成为在马来西亚民众构建民族意识与增强民族觉悟的重要依托。

---

[1] ［马］何国忠：《马来西亚华人：身份认同、文化与族群政治》，华社研究中心2002年版，第102—103页。

[2] ［马］陈中和：《当代马来西亚政教关系研究——以伊斯兰法律地位的变迁为视角》，《南洋问题研究》2018年第1期。

1957 年 8 月，马来亚正式取得独立。新制定的《马来亚联合邦宪法》① 将伊斯兰教规定为联邦宗教（religion of the Federation）（第 3 条），并从此确立了伊斯兰教与马来人在法律上的特殊地位。在国家层面上，伊斯兰教的主要优势被认为主要体现在以下三个方面：国家有责任资助一切和伊斯兰教仪式、教育、福利有关的机构；宪法赋予各州立法禁止其他宗教信徒向伊斯兰教信徒传教的权力，以维护伊斯兰教信仰人口；各州拥有伊斯兰法院，以规范穆斯林的信仰事务和家庭事务。② 也就是说，马来西亚政府在宗教传播、文化教育等社会事务上对伊斯兰教存在明显的倾斜，不仅如此，还在法律上拥有两个平行的司法系统，即，基于议会公布的法律的世俗司法制度与伊斯兰法。伊斯兰法由各州的苏丹制定。目前，在马来西亚的 13 个州中，仍有 9 个州拥有苏丹。

在国民个体层面上，虽然宪法明确规定：人人皆有权信奉与实践其宗教信仰（第 11 条）等，但宪法的第 160 条又规定："马来人必须信仰伊斯兰教，习惯于说马来语，奉行马来传统习俗。"这也就意味着，在法律上如果马来人脱离伊斯兰教信仰，就脱离了马来人的法定身份。换言之，马来人没有改信其他宗教的自由和权力。可以说，伊斯兰信仰在成为马来人民族认同象征的同时也限制了他们的信仰自由。

关于马来西亚究竟是世俗国家，还是伊斯兰教国家，始终存在争议。一些学者与政界人士认为，虽然宪法将伊斯兰教定为联邦宗教，但马来西亚依然是一个世俗国家，在政教关系上，依然实行相互分离的原则。马来亚独立前，草拟联邦宪法的"李特制宪委员会"（Reid Commission）报告，以及马来西亚成立时确认沙巴及砂拉越是否加入马来西亚的"科博特委员会"（Cobbold Commission）报告，都清楚表明马来西亚是世俗国家，并且据称，马来西亚的第一任首相东古·阿卜杜勒·拉赫曼及第三任首相敦胡·先翁（Hussein bin Onn）都曾先后表示马来西亚是世俗国家。③ 虽然在马来西亚宪法与伊斯兰法并行，但原则上，马来西亚的伊斯兰教事务若和宪法相互抵触，

---

① 具体参见 Malaysia's Constitution of 1957 with Amendments through 1996, http://extwprlegs1.fao.org/docs/pdf/mal132821.pdf。

② [马] 陈中和：《当代马来西亚政教关系研究——以伊斯兰法律地位的变迁为视角》，《南洋问题研究》2018 年第 1 期。

③ https://www.orientaldaily.com.my/news/nation/2012/10/22/25224.

则以宪法为优先考虑事项。因此，伊斯兰法不能逾越马来西亚宪法。

然而，自20世纪70年代以来，伊斯兰复兴运动开始在马来西亚抬头，伊斯兰政治化的趋势日益显著。两大马来人政党，"马来人民族统一机构"（United Malays National Organization，简称"巫统"）和"泛马来西亚伊斯兰党"（Party Islam SeMalaysia，简称"回教党"）争做伊斯兰教政党的代表，竞相表现得更加"伊斯兰化"。而首相马哈蒂尔·穆罕默德在任期间（1981—2003年）更是实施了许多突破性的伊斯兰化政策，大幅提升了伊斯兰教法的地位，推动马来西亚朝伊斯兰化方向转变。例如，"在国家层面支持建立了伊斯兰研究中心、伊斯兰银行、伊斯兰教发展基金会等机构，还在政府机关和国民学校中加强伊斯兰价值的宣导"。[1] 上述举措均是在马哈蒂尔执政初期推行的。除此之外，马哈蒂尔还于1984年提出"在国家行政中吸纳伊斯兰价值政策"，于1988年策动修订宪法第121之1（A）条文，赋予伊斯兰法院独立裁判权等。这些举措都被视为马哈蒂尔政府伊斯兰化政策的标志。[2] 总而言之，马哈蒂尔执政时期，马来西亚政府实行了一系列涵盖社会、经济、文化、教育和法律方面的伊斯兰化政策，这些举措让马来西亚穆斯林变得更加保守，对马来西亚的社会面貌产生了深刻的影响。而在美国"9·11"事件发生后，马哈蒂尔首相甚至于2001年9月29日在国阵成员党民政党大会上，公开宣布马来西亚是一个伊斯兰国家，即回教国家。[3]

马来西亚政府实行的这些伊斯兰化政策一方面给予了作为主体民族的马来人更多资源与优势，另一方面，这些激进的伊斯兰化改革，尤其是对伊斯兰法制的扩大，导致世俗与宗教之间的界限变得模糊，对马来西亚穆斯林与非穆斯林的生活均造成了严重影响。例如，首先，在教派上，什叶派伊斯兰教和其他非逊尼派教派均被政府禁止；其次，穆斯林不能皈依其他宗教，任何与穆斯林结婚的人都必须接受伊斯兰教。若夫妻二人中有一方不是穆斯林，则只有以下三种选择：转换宗教，离开马来西亚或在非婚

---

[1] 衣远：《马来西亚独立以来的民族政策演变——基于认同政治视角的分析》，《国际政治研究》2020年第2期。

[2] 参见 Ka-marulnizam Abdullah, *The Politics of Islam in Contemporary Malaysia*, Bangi: Penerbit Universiti Kebangsaan Malaysia, 2003, p. 182。

[3] https://www.malaysiakini.com/news/70310.

姻状态下生活在一起。同时，随着伊斯兰法院的权力和规范事项范围大幅扩大，穆斯林的宗教生活受到了严格约束。《1997年联邦直辖区伊斯兰教刑事罪行条例》中列举了多达40多项会被处罚的"罪行"，其中包括传播异端邪说、同性性行为、通奸、诋毁和滥用《古兰经》经文与先知圣训等。① 穆斯林甚至也可能因为不禁食或拒绝祈祷而遭到起诉。② 马来西亚政府对于国内穆斯林信仰生活的方方面面进行管控，而这种管控甚至还延续至外太空。2007年，马来西亚将其首位宇航员送入太空。鉴于其是穆斯林，马来西亚政府通过其伊斯兰发展部委托开展了一个项目，旨在为外太空（特别是国际空间站）的伊斯兰教实践制定一套明确的指导方针。③

相比官方宗教伊斯兰教，马来西亚的其他宗教则要受到更多限制。例如，在兴建佛教庙宇和教堂时需要办理更为复杂的手续，并经历更漫长的审批。而在宗教出版物方面，著名的《先锋报》"阿拉"字眼风波甚至持续数年之久。2007年，马来西亚内政部以易使穆斯林混淆为由，要求著名天主教刊物《先锋报》停止在出版物上使用"阿拉"，"Baitullah"（真主之家）、"Solat"（祈祷）以及"Kaabah"（回教麦加圣堂）4个词语。天主教会则要求对该禁令予以撤销。2008年，吉隆坡高等法院允许《先驱报》使用"阿拉"，但随后引起广泛社会争议，并发生一系列宗教敏感事件，包括烧教堂事件、示威事件等。2014年初的雪州宗伊斯兰教局突击检查马来西亚圣经公会，并扣查逾300本马来文版和伊班文版圣经。2015年，马来西亚联邦法院五司以不存在程序不公为由，一致驳回吉隆坡天主教会针对法院驳回上诉准令申请所提出的司法审核，使《先锋报》多年来在"阿拉"字眼案的司法斗争中以失败告终。④

---

① ［马］陈中和:《当代马来西亚政教关系研究——以伊斯兰法律地位的变迁为视角》,《南洋问题研究》2018年第1期。
② http://www.asianews.it/news-zh/%E4%BA%BA%E4%BB%AC%E6%8B%85%E5%BF%83%E9%A9%AC%E6%9D%A5%E8%A5%BF%E4%BA%9A%E5%9C%A8%E5%AE%97%E6%95%99%E8%87%AA%E7%94%B1%E5%80%92%E9%80%80-44915.html.
③ Darren C. Zook, Making Space for Islam: Religion, Science, and Politics in Contemporary Malaysia, *The Journal of Asian Studies* Vol. 69, No. 4, 2010, pp. 1143–1166.
④ https://www.orientaldaily.com.my/news/nation/2015/01/21/66140.

此外，马来西亚政府官员还曾公开歧视无神论者。2017年8月，总理府部长沙希淡·卡欣（Shahidan Kassim）甚至宣布马来西亚"无神论违反宪法和基本人权"，因为《宪法》中没有"无神论规定"。沙希淡甚至还宣称要追捕无神论团体，并称"需要恢复他们的信仰，尤其是穆斯林。实际上，他们并不真正想成为无神论者，但是他们缺乏宗教知识，这就是为什么他们很容易受到新时代学说的影响"。[①]

上述一系列事件使得国际社会与马来西亚民众对其宗教自由以及宗教文化的多元共处表示担忧。2018年，马哈蒂尔领导的反对党阵营——希望联盟（Pakatan Harapan，简称希盟）赢得大选，马哈蒂尔重新担任总理。虽然该政党曾将维护各种族与各宗教的和谐作为竞选宣言，但执政之后由于需要主体民族的支持以巩固政权，因此在民族与宗教政策上并未作出太大改变，在施政中仍非常重视维护土著特权和伊斯兰教地位。[②]

并且，在短短两年不到的时间里，希盟领导的新政府就已经垮台。2020年3月，穆希丁（Muhyiddin Yassin）担任新总理，领导"土著团结党"与"巫统"和伊斯兰教党组成的"国民联盟"新政府。在这样一个由马来人占绝大多数的新政府的领导下，维护马来人优势地位、推行伊斯兰教政策几乎已成必然。短期之内，马来西亚恐怕难以真正实现宗教的自由与平等。相反，宗教保守主义和激进主义或许会成为未来马来社会的主导意识形态。

二　马来西亚的民族整合与华人的生存发展

中国与马来西亚的交往最早可以追溯至2世纪中期。从《汉书·地理志》中的记载可知，早在汉代，地处东南亚海上交通要道的马来半岛便已成为东西方船舶往来的必经之路。[③]而文中所谓"有译长、属黄门，与应募者俱入海，市明珠璧、流离、奇石异物，赍黄金杂缯而往。所至国皆禀食为耦，蛮夷贾船转送致之，亦利交易"，所描绘的便是中国前往东南亚

[①] https：//www.thesundaily.my/archive/minister-urges-govt-hunt-down-atheist-group-DTARCH468865.

[②] 衣远：《马来西亚独立以来的民族政策演变——基于认同政治视角的分析》，《国际政治研究》2020年第2期。

[③] 林远辉、张应龙：《新加坡马来西亚华侨史》，广东高等教育出版社2008年版，第13页。

开展贸易的景象。① 汉代以后，马来半岛南部已经成为中国使节、商贾、佛僧往来中国与印度之间的重要通道。至南北朝时期，中国与马来半岛上的狼牙修、丹丹（或指今日马来西亚的吉兰丹）等国还建立了邦交关系。隋朝时期，隋炀帝曾专门派遣官员出使马来半岛上的赤土国。② 而后，崛起于7—14世纪的海上强国室利佛始于7世纪末开始向中国朝贡，虽然朝贡曾在9世纪一度中断，但此后直至13世纪一直保持连贯。③

15世纪末，伴随着西欧直达印度新航路的开辟，葡萄牙人开始向亚洲地区扩张。于1510年占领印度的果阿后，葡萄牙又陆续占领了马六甲、爪哇、苏门答腊、摩鹿加群岛等地，并开始介入东南亚的贸易。其后，通过与华人海商的协作，葡萄牙海商又将贸易圈进一步拓展至东亚地区。当时明朝实施海禁，严禁民间商人私自出海开展贸易，只允许他国派遣使节进行朝贡贸易。然而尽管如此，在利益的驱使下，依然有很多华人海商冒险前往南海开展贸易，时人称为"通番"。④ 至18世纪后期至19世纪后期，东南亚华人的商业贸易在经济规模上得到了前所未有的拓展，许多华商来到马来半岛开展瓷器与丝绸的贸易。

英国殖民统治期间，中国东南沿海如福建和广东等省的汉人大批移入马来西亚。最初，中国人的居民点通常集中在偏僻的矿山附近，与马来村民接触很少，因此在19世纪上半叶，华人与马来人发生冲突的案例并不多见。⑤ 然而，在英国当局眼中，被作为劳工引入马来西亚的华人始终都是外来移民而非正式的国民，因此对于华人采取了与马来人不同的统治策略。马来人除了政治上享有特权外，还享有占有土地的特权。而华人却除了充当劳工之外，只有在商业领域谋求出路。⑥ 随着女性移民的增加，马来西亚的华人社群逐渐形成。许多华人开始成为中小企业主，商贸活动也扩展至锡矿、橡胶、胡椒及商品批发零售等领域。

---

① 《汉书》卷二十八下《地理志》，中华书局1962年版，第1671页。
② 林远辉、张应龙：《新加坡马来西亚华侨史》，第14—17页。
③ 芭芭拉·沃森·安达娅、伦纳德·安达娅：《马来西亚史》，黄秋迪译，第17页。
④ 具体参见中岛乐章《ザビエルの航海と東アジア海上貿易》，鹿毛敏夫編《描かれたザビエルと戦国日本　西欧画家のアジア認識》，勉誠出版，2017年，第73—75頁。
⑤ 芭芭拉·沃森·安达娅、伦纳德·安达娅：《马来西亚史》，黄秋迪译，第167页。
⑥ 梁英明：《马来西亚华族与马来族关系的历史发展》，《融合与发展》，南岛出版社1999年版，第224页。

最终形成了"马来人掌权,华人经商"的局面,然而,久而久之,马来人与华人的经济水平开始拉开差距,华人的财富开始明显超过以农业生产、自然经济为主的马来人,社会内部的族群间对立矛盾也随之逐渐加深。①

对于身处海峡殖民地的早期华人移民而言,其对于马来西亚的国家认同及自己作为国民的身份认同仍处于较为薄弱的阶段。许多华人认为自己不过是在这里经商,身份上属于华侨,最终仍要回到中国,落叶归根。随着华人民族主义在海外的兴起,在20世纪初期,在强烈的中国意识与民族情结的驱使下,许多华侨华人募集资金,支持中国的民主革命以及之后的抗日战争。② 不仅如此,马来半岛的华语媒体也曾为中国抗战和马来亚抗日积极发声,为中国争取国际同情。此外,堪称中国抗战后方生命线的滇缅公路,就是在陈嘉庚等马来亚华商的呼吁和组织下,由马来亚华工与司机帮助修建的。③ 另外,受国际局势及意识形态的影响,中马两国在1974年之前一直没有建立正式的邦交关系。当时,拥有冷战思维的马来西亚对于中国抱有怀疑和恐惧的心理,这对马来西亚国内的华人与马来人之间的族群关系也产生了一定的负面影响。

在争取独立的过程中,马来西亚华人开始重新审视自己在该国的身份地位及未来的发展。出于共同的政治利益,马来人和华人之间的族群关系曾一度趋于缓和。马来人和华人分别成立了自己的政党,即马来民族统一机构(巫统)和马来亚华人公会(马华公会)。1952年,为了对抗当时呼声很高的马来亚独立党,巫统和马华公会在竞选中决定暂时结成联盟,并在同年2月的吉隆坡市议会选举中获胜。两年后,代表马来亚印度族群的马来亚印度人国大党也加入该联盟。由此,联盟党成为三个种族政党的联合体。④

1957年马来西亚获得独立,新生效的《马来亚联合邦宪法》确立了"马来人至上"的基调,并在宪法中规定为马来人在公共服务、商贸等各

---

① 段颖:《马来西亚的多元文化、国家建设与族群政治》,《思想战线》2017年第5期。韩方明:《华人与马来西亚现代化进程》,商务印书馆2002年版,第171—172页。
② 段颖:《马来西亚的多元文化、国家建设与族群政治》。
③ http://history.ifeng.com/c/7sp3uw6Uuty。
④ 陈衍德:《对抗适应与融合——东南亚的民族主义与族际关系》,第138—139页。

领域提供优待。由此引发的不平等现象,引发了社会的不满。1969 年,马来西亚举行第三届大选,由亲马来人立场的回教党,亲华、印立场的民行党、进步党及马来西亚华人团结组织的反对党获得了 50.9% 的得票率,第一次超越联盟政府。随后,反对党于 5 月 11 日进入吉隆坡庆祝胜利并且游行。然而,此举引发巫统激进分子不满,遂举行反对示威。5 月 13 日,两派人马在街头短兵相接,最终演变成为流血大暴动。5 月 15 日,当时的最高元首应首相东古·阿卜杜勒·拉赫曼之请宣布全国进入"紧急状态"。这一事件被称为"5·13"种族冲突事件。[1]

这一冲突事件之后,巫统与反对党以及马来人与其他族群之间的矛盾趋于白热化。势力强大的巫统在随后的政治斗争中逐渐获得了联盟党及之后成立的"国民阵线"的支配权,成为国家权力的掌控者,随后又在其执政过程中进一步推行与巩固其"马来人至上"的各种政策。与此相对,华人族群则在马来西亚的国家建设与族群政治中日益边缘化。[2] 在经济方面,马来西亚政府于 1970 年开始推行"新经济政策",其目的就是要进行有利于马来人的财富重新分配,以消除各民族,主要是马来人与华人之间在经济实力上的差距。随着这一政策的实行,马来人的中产阶级不断壮大,但相应的,华人的经济发展则受到了限制,大大打击了华人经商的积极性,使得华人的投资大量减少。

事实上,当时马来西亚政府实施的"新经济政策"大大超出了经济的范围,还涉及如教育、语言、文化、宗教等各种领域。因此,在这一过程中,不仅华人的经济活动受到了限制,华文教育、华文媒体等方面也受到了严重的影响。以华文教育为例,在马来亚联合邦独立之初,政府曾制定了新的教育政策,即《1957 年教育法令》(The Education Ordinance, 1957)。该法令强调马来亚联合邦教育政策的基本精神为以马来语为国语,但同时维护与扶助本国境内定居的其他民族的语言和文化。因此,当时马来亚国内的小学既有以国语作为媒介语的"国民学校"(Sekolah Kebangsaan),也有以英、华或泰米尔语教学的"国民型学校"(Sekolah Je-

---

[1] 黄思婷、石沧金:《变迁的族群效应:以马来西亚华人社会运动为例》,《南亚东南亚研究》2019 年第 4 期。

[2] [马] 何国忠:《马来西亚华人:身份认同、文化与族群政治》,吉隆坡:华社研究中心,2002 年,第 145—160 页。

nis Kebangsaan)。然而,之后随着巫统的一党独大,非马来文教育受到了强烈的冲击,以马来语之外的其他语言作为教学媒介的学校不断受到挤压。"新经济政策"中更是规定了"族群配额制",使得包括华人在内的非马来人进入马来西亚国立大学以及获得政府奖贷学金的比例远低于马来人。① 与此同时,华人与印度人被迫要求学习马来文,许多华校都逐渐失去了政府补贴。为了保护自身的语言与文化,华人群体曾发起了以保护华文小学、高职为目的的"保校运动",但最终遭到马来西亚政府的强势镇压。②

一系列强硬的民族同化政策使得马来西亚族群矛盾进一步加剧,华人与其他非马来民族群体的抗议声不断。因此,进入20世纪90年代后,政府也开始有意识地改变民族政策,努力采取更为多元与包容的政治姿态。这一阶段,华人获得了较为宽松的文化空间。不仅原本遭到禁止的舞狮等传统文化得到了官方的解禁,政府还鼓励马来人学习中文和研究儒家思想,甚至还在小学推广珠算教育,并批准三所华文学院升级为大学学院。③ 不过,"马来人至上"的框架并没有从实质上发生动摇。如前所述,马哈蒂尔政府实行的一系列伊斯兰化政策,使得马来西亚的穆斯林更加保守,而其与其他族群之间的隔阂也进一步深化。2011年的民意调查显示,马来西亚的族群关系日趋恶化,近60%的马来人受访者不信任华人,42%的华人受访者不信任马来人,④ 双方之间的积怨与敌对情绪可见一斑。时至今日,这样的局面依然没有发生本质性的改变。

不过近年来,伴随着中国的经济实力不断增强,学习中文的热潮同样席卷了马来西亚,据称,目前在马来西亚的华文学校中,非华裔学生比例超过了20%,这为马来西亚华人提供了更多机遇与发展空间。⑤ 自2013

---

① 钱伟:《独立后马来西亚语言教育政策的演变》,《东南亚南亚研究》2016年第3期。
② 黄思婷、石沧金:《变迁的族群效应:以马来西亚华人社会运动为例》,《南亚东南亚研究》2019年第4期。
③ 衣远:《马来西亚独立以来的民族政策演变——基于认同政治视角的分析》,《国际政治研究》2020年第2期。
④ Merdeka Center for opinion research, "Ethic Relations Taking A Turen for the Worse?" https://merdeka.org/v2/? s = ethnic + relation;另参见衣远《马来西亚独立以来的民族政策演变——基于认同政治视角的分析》,《国际政治研究》2020年第2期。
⑤ https://www.financialnews.com.cn/lt/cyhz/201908/t20190814_165994.html.

年中国提出"一带一路"倡议以来,马来西亚是最早响应的沿线国家。随着"一带一路"倡议的不断推进与落实,一直以来扮演中马两国之间桥梁的马来西亚华人也有望能在促进两国经贸合作和人文交流中发挥更大作用。2016年12月,46个位于马来西亚的华人协会在吉隆坡马华公会签署了由马华公会发起的"一带一路"宣言,表达了他们对这一战略的支持,希望未来在坚持适度、和平和开放的原则下,通过两国之间的合作互惠,促进地区的繁荣稳定。① 当日,在吉隆坡还成立了首个"一带一路"中心,旨在帮助马来西亚工商界了解"一带一路"倡议、把握合作发展契机。该中心直属于马来西亚华人公会(马华)对华事务委员会,主要负责开展与"一带一路"倡议相关的调研,为企业提供咨询,协助企业开拓市场并在政府和企业间进行商业对接。② 未来如果顺利使"一带一路"建设与马来西亚国家发展战略相互对接,将有助于全方位推进中马两国之间的务实合作,进一步深化两国的经贸往来、政治合作以及文化交流,以构建全方位、多层次、复合型的互联互通网络,实现马中关系多元、自主、平衡、可持续的发展。③

马来西亚现有的民族与宗教格局主要是由其复杂的历史进程造成的,同时也受到其在这一过程中形成的民族意识的影响。英国殖民时期作为劳工被引进的华人与印度人改变了马来亚原有的人口占比与民族构造;在马来西亚脱离殖民统治获得独立的过程中,这些群体逐渐成为马来西亚国民的重要组成部分,最终形成了以马来西亚土著作为绝对主体、华人为第二大群体、印度人次之的格局。随着马来西亚政治体制趋于稳定,加之政府对于各民族的长期整合,马来西亚的民族构成已经基本稳定,自21世纪起并未发生明显的变化。这一民族结构对于马来西亚的宗教构成产生了直接影响,二者之间基本一一对应。宪法对马来人信仰的规定导致以马来人为主体的马来西亚成为伊斯兰教色彩浓重的国家,但大部分华人与印度人群体还是在一定程度上保留了其传统信仰。

---

① https://oversea.huanqiu.com/article/9CaKrnJZ9Qe.
② http://fec.mofcom.gov.cn/article/fwydyl/zgzx/201612/20161202177001.shtml.
③ 骆立:《马来西亚华社对中国"一带一路"倡议的回应:以〈星洲日报〉〈南洋商报〉〈东方日报〉的报导为研究》,拉曼大学中华研究院硕士学位论文,http://eprints.utar.edu.my/3647/1/CHA-2019-1605690.pdf。

马来西亚是一个民族宗教多元的国家,但由于政府自建国以来长期推行"马来人至上"的政策,导致各族群在经济、政治、文化上获得的空间与权力存在不平等,彼此之间也依然存在较为明显的隔阂。虽然21世纪以来,马来西亚政府开始意识到此前推行的强硬的民族宗教同化政策产生的负面影响,并做出了一些积极改变,但是,马来人与伊斯兰教优先的民族意识已经在马来人群体中根深蒂固,短期之内现有的社会格局仍会继续延续。

第八章 对外关系研究

1957年8月31日，马来亚联合邦（Federation of Malaya）宣告正式独立，1963年9月成立了包括马来半岛、新加坡和沙巴州及砂拉越州在内的马来西亚联邦。作为一个年轻的国家，拥有不大的人口规模和经济体量，马来西亚在对外关系发展上却完全超越了所谓"权力政治"原则。通过各届政府的不断努力，半个多世纪以来凭借稳健的外交政策，马来西亚成功地发展出了完善、稳定、友好的对外关系体系，完美展示了中小国家建立较强地区与国际影响力的成功范例。

马来西亚对外关系的成就在很大程度上取决于其"有原则的务实外交"。除了在独立初期采取了"亲西方"外交政策之外，建国后的大部分时期，尤其是在东盟成立和冷战结束之后，马来西亚坚定地以发展与东盟关系为基石、以谋求与邻国的友好关系为重点、以加强与东亚快速增长的经济体联系为核心、兼顾延续和发展与大国关系，形成了颇具特色的"多层次平衡"对外关系体系。本章将在论述马来西亚对外关系的主要影响因素的基础上，对以上四个方面的发展脉络进行梳理，并对其未来做出展望，从而揭示马来西亚对外关系发展的本质特点。

第一节 影响因素

纵观马来西亚对外关系的发展脉络可以看出，历届马来西亚政府在发展对外关系时必定受到以下因素的影响。

首先，国际因素。从国际层面来看，独立后的马来西亚对外关系不得不在冷战加剧的大环境中展开。考虑到经济发展和社会稳定，马来（西）亚无法完全切断与前宗主国的各种联系。因此，刚刚独立的联合邦采取了

"亲西方"的"一边倒"对外政策。随着冷战形势的变化，20世纪60年代末期，马来西亚逐渐转向积极的中立、不结盟政策，抛开意识形态的束缚，丰富、拓宽了对外关系谱系。中立化外交政策的提出是马来西亚在外交关系建构过程中具有深远意义的政策调整，与昔日过度重视与西方国家关系的做法形成了鲜明的对比，反映了马来西亚外交原则的重大转变，很快受到了发展中国家特别是不结盟国家的欢迎。在新的外交原则指导下，马来西亚与苏联建立官方联系，20世纪70年代初期相继与蒙古国、朝鲜、民主德国、越南建立了外交关系。

其次，地区因素。马来西亚处于东亚地区，东亚抑或东南亚地区形势成为影响马来西亚对外关系发展的重要因素。从较小的次区域来看，东南亚地区小国林立，而且多为第二次世界大战后新获独立的国家。在这样一个缺乏地区霸权、权力结构呈现多极化且充满多样性和不确定性的地区，各国之间的互动和博弈模式也相当复杂多变，种种因素叠加构成了马来西亚最切身的生存和发展环境，深刻地影响着马来西亚对外关系的侧重点。马来西亚是1967年成立的东盟的创始国之一，自那时起，借助东盟扩展国际影响力、谋求和平稳定的国家发展周边环境成为马来西亚对外关系的重中之重。

不同于东南亚地区，整个东亚地区则是一个大国和强国林立的区域，无论是庞大的"北方邻居"中国，还是经济上率先腾飞的日本，马来西亚与更广大区域内的国家间关系也是其国家进一步发展不可回避的议题。虽然马来西亚与东亚大国的关系在历史上起伏不定，但其对待强大邻国则一直保持着一种"等距离"原则。[①] 作为"小国"的马来西亚，采取"两面下注"或是保持中立的外交政策，力图从多方谋取好处、增加利益，成为各届政府发展与东南亚地区之外国家关系的重要策略。

再次，国内因素。一国的地理位置、资源禀赋、民族构成、政治制度、社会经济状况等主、客观条件也是影响其对外关系的重要因素。马来西亚是一个有着三千万人口的多民族国家，也是领土狭小且分散、经济实力较强却并不均衡、地处亚洲东南部战略贸易和航运通道中心位置的海洋

---

① National Security Council, *National Security Policy*, July 2017, https://www.mkn.gov.my/media/story/English-National_ Security_ Policy. pdf.

国家。正如资深马来西亚研究者所指出，分析马来西亚的对外关系需要关注这些物质性因素，如其地理上居于东南亚中心位置、历史上是一个注重对外贸易的国家，以及国内有大量的华裔人口。[①] 马来西亚与其他国家的关系不仅反映了它如何依据这些物质性因素认知其国家利益与挑战，而且不得不受制于这些物质要素的作用和影响。

除此之外，国内政治变化也影响着马来西亚在发展对外关系时的优先选项。其一是国家身份的变化。作为有着一百多年历史（18世纪晚期到1957年）的英属殖民地，这种国际身份在马来西亚独立后的一段时间内成为其对外关系中最大的影响因素。如拉赫曼执政时期（1957—1970年），马来西亚外交战略的特点是以西方国家，尤其是英美为重点，与中国等社会主义国家保持疏远和对抗的关系；而拉扎克与侯赛因执政时期（1971—1981年），马来西亚外交战略逐渐放弃亲西方的"一边倒"政策，与中国等社会主义国家建交，并利用不结盟运动、伊斯兰会议组织等多边机构与世界各国广泛发展外交关系；敦马哈蒂尔（Tun Dr. Mahatir Muhammad，或称马哈蒂尔）任首相时期（1981—2003年），马来西亚在全方位发展与各国友好关系的同时，进一步与英、美拉开距离，外交战略转向东亚。[②] 马哈蒂尔执政时期被认为是马来西亚对外关系发展的成熟时期，为后继政府奠定了对外关系基调。

其二是国家利益视角的变迁。虽然安全、发展与声望是每个国家对外政策的基本目标，但各届政府对于目标排序及每个目标中的优先选项的认识却千差万别，因而极大地影响了政府的政策选择。从国家安全的角度看，马来西亚与周边国家，包括部分东盟国家和中国，存在领土和海洋主权争端，和平解决争端、维护地区稳定是马来西亚外交的重要目标。如1981年初任首相的马哈蒂尔首先对印度尼西亚、泰国和新加坡进行访问，显示出将边界稳定与安全以及发展与邻国的友好关系作为此届政府对外关系中的优先议题。在发展议题中，毫无疑问，与中国、日本以及欧美国家的经济关系是保障马来西亚在对外贸易、国内生产和出口创汇等多项重要

[①] Anthony Milner, Siti Munirah Kasim, "Non-Western International Relations in Malaysia's Foreign Relations", *Contemporary Southeast Asia*, Vol. 40, No. 3, 2018, p. 387.
[②] 骆永昆：《浅析马来西亚外交战略的发展及其特点》，《和平与发展》2013年第5期。

经济指标"表现良好"的前提条件。作为东盟的创始成员国，在东盟框架内引领地区合作、和平倡议取得进展，则事关马来西亚的国家声望。

综合这些影响因素，无论国际、地区还是国内，无论是客观存在的物质性因素还是认知视角的观念性因素，都是马来西亚对外关系发展的基本因素。经过七届政府的不懈努力，马来西亚明晰了一种独立、有原则的务实外交政策，承认国际社会的多样性和多元性，提倡容忍和接纳世界各国的不同观点。遵循上述原则，马来西亚与许多国家保持着友好的外交关系和贸易关系。① 其特点可以概括成：以发展与东盟关系作为对外关系的基石，重视与邻国复杂而密切的双边关系，视东亚地区大国为国家生存与发展不可或缺的外部对象，同时独立自主地发展与欧美发达国家关系，并积极扩大在伊斯兰世界的影响力。这种"多层次平衡"——既根据不同的利益与安全需求将发展与不同国家的关系划分为重点各异的层次，又在多层次之间保持某种平衡与协调，从而全面保障马来西亚生存、安全、发展的国家利益目标——不仅逐渐主导了马来西亚对外关系的发展进程，使得马来西亚作为一个中小国家取得了令人瞩目的外交成就，而且还将在未来继续成为马来西亚对外关系的基本框架，规范着其具体政策的发展方向。

第二节　与东盟关系

自独立以来，马来西亚最大的身份认同转变是从英联邦国家转向东盟的一员。作为东盟的创始成员国，"东盟和我们（马来西亚）的地区关系将是马来西亚外交政策的基石"。② 这种政策具有相当的持久性，即无论是现任马来西亚政府还是未来任何政府都不会有明显的变化。③ 对马来西亚来说，在冷战期间，东盟这种地区机制可以用于减少来自国际和地区复杂环境，如两大阵营之间对抗所产生的外部影响，以及最小化地区冲突的

---

① 达图·阿卜杜勒·马吉德：《中马关系与马来西亚的对外政策》，《当代亚太》2003 年第 9 期。

② Elina Noor, *Foreign and Security Policy in the New Malaysia*, Lowy Institute for International Policy, 2019, p. 14.

③ 《马来西亚发展报告（2020）》，社会科学文献出版社 2020 年版，第 222—240 页。

潜在破坏力。① 冷战结束后，东盟在地区一体化，尤其是经济发展领域的引领性作用更加凸显，马来西亚在推动东盟发展和地区一体化建设过程发挥了不容小觑的作用，充分诠释了马来西亚历届政府以东盟为基石的对外关系原则。具体表现在以下三个方面：

一是倡导和弘扬"东盟理念"，促进东盟共同体的建设。马来西亚是最早形成和体现"东盟意识"的东南亚国家之一。1967 年东盟成立，马来西亚是重要的创始成员国。随着冷战的加剧和对于自身安全的顾虑，马来西亚对东盟的价值更加看重，马来西亚的"东盟意识"进一步使其积极参与东南亚地区规范塑造，成为这一时期东盟发展的重要"领导者"。1970 年敦·拉扎克作为新任首相上台，马来西亚开始转向更加积极的中立、不结盟政策。在次年 11 月的东盟外长会议上，马来西亚提议成立和平、自由与中立区（ZOPFAN），目的在于让东南亚免于霸权国家的干扰和加强东盟成员国之间的合作，被东盟国家一致接受，并受到世界各国的尊重与认同。会后发表的《吉隆坡宣言》称："印度尼西亚、马来西亚、菲律宾、新加坡和泰国决定尽一切必要的努力以赢得外国强国对东南亚作为一个和平、自由和中立区的承认和尊重，并摆脱外国强国对东南亚的任何方式和形式的干涉。"这一设想随后获得了其他东南亚国家的肯定，是促成东盟一步步壮大的规则源泉，成为这一时期东盟国家在政治和地区安全、稳定方面合作的最耀眼成果。②

此后，东盟的许多理念和规则都在马来西亚的推动下一步一步得到完善。从 1976 年《东南亚友好合作条约》的出台，到冷战后期东盟的扩大，以及对于缅甸内政、印度支那冲突的处理，无不显示出独特的"东盟方式"，并逐渐成为东南亚国家处理内部事务和分歧的主要理念和方式。进入 21 世纪，马来西亚在东盟共同体的成立过程中发挥了关键性作用。2005 年 12 月，在吉隆坡举行的第 11 届东盟首脑会议通过了关于制订《东盟宪章》的一致决定，马来西亚时任总理巴达维称，东盟决定制订东盟宪章，是东盟组织在发展进程中迈出的具有历史意义的重要一步。在马

---

① Lee Ji yun, "Hedging Strategies of the Middle Powers in East Asian Security: the Cases of South Korea and Malaysia", *East Asia*, Vol. 34, 2017, p. 34.
② 葛红亮：《马来西亚与东盟的区域一体化发展》，《学术探索》2017 年第 11 期。

来西亚的大力推动下，《东盟宪章》于 2008 年 12 月正式生效，首次明确写入了建立东盟共同体的战略目标，就东盟发展的目标、原则、地位以及框架等作出了明确规定，为东盟加快一体化建设奠定了基础。2015 年，时任东盟轮值主席国的马来西亚提出了"我们的人民、我们的社区、我们的愿景"这一主题，被认为是将东盟建成促进人与人、社会与社会联系而非仅仅停留在国家层面的一大智力贡献。直到今天，东盟仍然是马来西亚对外政策的基础。[①]

二是积极推动以东盟为基础的地区一体化建设。作为东盟成员国中最活跃的一员，马来西亚不仅致力于发展完善东盟这一地区组织，也一直支持和推动以东盟为基础的地区一体化建设和整合，如成立东盟自贸区、加强东盟成员国之间的政治与安全合作，直至实现东盟的"共同体"愿景。

在经济领域，马来西亚作为东盟地区工业化发展水平较高的国家，对推进东盟成员国之间经济合作和增进地区经济一体化有着积极的意愿。冷战结束后，马来西亚对东盟经济共同体建设尤为热衷，希望凭借十国的合力使得东盟逐步形成一个市场大、潜力大、有战略影响力的经济角色。20 世纪 90 年代，马来西亚提出了地区自由贸易区的概念——"东亚经济小组"（EAEG），主要目标在于促进经济合作、提升和保护自由贸易、促进经济增长、提倡开放的地区主义以及加强对多边贸易体系的贡献。这个倡议对于保护地区利益和加强国家间贸易无疑是一种创新之举。[②]

除此之外，马来西亚还积极促进东盟次区域合作。马来西亚自愿加入有着某种主权让渡性质的次区域组织，如东部"增长三角区"、湄公河次区域合作，以及涉及与东盟邻国密切合作的倡议。推进三角区的次区域合作是马来西亚积极参与东盟次区域合作的重要展现。这一机制提出于 20 世纪 80 年代，虽非马来西亚首倡，但由于马来西亚在东南亚地区处于中心位置，是东盟地区多个三角区的直接关联者和参与者，例如新加坡—柔佛—廖内群岛三角区（新加坡—马来西亚—印尼）、东盟东部增长三角区（马来西亚—印尼—菲律宾）、东盟北部增长三角区（马来西亚—印尼—

---

① *Malaysia's Foreign Policy*, https://www.kln.gov.my/web/guest/foreign-policy.
② Harsh Mahaseth, "The Role of Malaysia in ASEAN", *Modern Diplomacy*, Oct. 28, 2020, https://moderndiplomacy.eu/2020/10/28/the-role-of-malaysia-in-asean/.

泰国）等。①因此，马来西亚的态度成为合作成败的关键。总体来说，马来西亚政府对三角区的发展计划表现出浓厚的兴趣和强烈的政策支持态度，地方政府也乐于积极参与，其未来对于整个地区的经济增长和国家间关系的助益作用值得期待。

在东盟内部加强一体化的基础上，加强与东南亚区域外国家的互动，在东盟基础上谋求建设更广大的东亚共同体（EAC）是马来西亚力求享有更广阔地区的发展红利、确保政治和战略稳定的长期战略。马来西亚将东亚共同体看作是一个平台，将使马来西亚能够保护和扩展其国家利益。马来西亚在20世纪90年代致力于推动以东盟为核心的"东亚经济集团"以及后来的"东亚经济核心"概念（EAEC），率先提出了视东盟为整体和主导者角色的东亚地区整合建议。首次非正式东亚首脑会议于1997年12月在吉隆坡召开，参会者包括东盟国家和中日韩三国。以此为基础，马哈蒂尔倡导的"东亚经济核心"概念实质性转化为"东盟+3"（"10+3"）合作机制，并随后形成了"10+X"的"东亚峰会"机制。马来西亚凭借自身的外交能力不仅实现了与更大、更先进、更具成长潜力的经济体合作的机会，而且同时获得了东亚两大地区组织所提供的集合性好处。②

三是促进地区国家共同协商本地区事务。在马来西亚看来，东盟为马来西亚与其邻国之间协调彼此关系和处理纷争提供了一个难能可贵的平台，而这也是马来西亚当初创建东盟及致力于推进东南亚区域合作的初衷。马来西亚与邻国菲律宾、印度尼西亚、新加坡均存在着领土和海域权益纠纷，东盟成立以来，马来西亚将其视为以协商方式处理、解决纠纷，从而维系与邻国良好关系的平台。事实上，东盟的确在促进马来西亚与菲律宾、印度尼西亚与新加坡保持对话及协调彼此关系方面产生了重大的作用。在这一过程中，马来西亚的"东盟基石"原则得到了显著体现。③

国家安全目标的实现需要更大范围内国家之间协调安全政策、建立安全互信，而冷战的结束为这一目标的实现提供了客观可能性。东盟地区论坛（ARF）不仅是亚太国家在这方面的重要努力，而且也是东盟机制化

---

① 葛红亮：《马来西亚与东盟的区域一体化发展》，《学术探索》2017年第11期。
② Tang Siew Mun, "Punching Above its Weight: Malaysia's Foreign Policy", *Global Asia*, Vol. 4, No. 3, 2010, p. 29.
③ 葛红亮：《马来西亚与东盟的区域一体化发展》，《学术探索》2017年第11期。

"外溢"的主要成果之一，其最初起源正是马来西亚国防高官提出的"防务论坛"。1992年，在亚洲国防部长会议上，马来西亚国防部长提出以东盟为主导建立一个地区性防务论坛，借此讨论安全形势、制定预防和减少军事冲突的举措，从而达到建立信任措施、开展预防性外交和探讨解决冲突方式的"三步走"集体安全目标。随后，这一构想被东盟其他国家认可，并于1994年正式形成"东盟地区论坛"。目前，东盟地区论坛是涵盖国家最多、涉及议题广泛的多边安全合作机制，为国家间增加交流、减少误判提供了机会。

总之，马来西亚在促进东盟共同体建设和地区认同形成方面不仅是一个促进合作的务实推动者，而且在特定的重要时刻扮演着一种领导者、倡议者的角色，[①]从而在东盟机制性成长和务实性效用不断完善的过程中发挥着重要的作用。马来西亚领导人以一种发展的眼光、相互联系的思维看待地区主义的发展，促进东盟理念和认同形成。正如在2015年作为东盟主席国期间，时任首相纳吉布（Najib Abdul Razak）称东盟"已经渗透到了我们的血脉"，[②]并提出要促进一个"以人为本、以人为中心的东盟"。[③]可以说，自东盟成立以来，马来西亚在理念、行动、政治资源投入等各个方面支持了东盟的发展，及其作为东亚地区主义中心性地位建设，从而成为东盟重要的、可信赖的伙伴国家。[④]

第三节　与邻国关系

国家无法选择邻国，因此必须学会与邻国和平共处。因此，马来西亚特别重视与邻国关系。马来西亚与五个东盟国家互有共同边界：新加坡、

[①] Anthony Milner, "Long-term Themes in Malaysian Foreign Policy: Hierarchy Diplomacy, Non-interference and Moral Balance", *Asian Studies Review*, Vol. 44, No. 1, 2020, p. 117.

[②] Prime Minister Najib, Speech at the National Colloquium on Malaysia's Chairmanship of ASEAN 2015, 8 April, 2014, https://www.kln.gov.my/archive/content.php?t=4&articleId=3848364.

[③] Anthony Milner, Abdul Rahman Embong, "Malaysia's stress on organic region-building", In Azirah Hashim, Anthony Milner, *Malaysian Perspectives on ASEAN Regionalism*, Kuala Lumpur: University of Malaya Press, 2019, pp. 31–40.

[④] Jörn Dosch, "Mahathirism and Its Legacy in Malaysia's Foreign Policy", *European Journal of East Asian Studies*, Vol. 13, No. 1, 2014, p. 19.

泰国、印度尼西亚、菲律宾和文莱。虽然几乎与所邻国都存在着领土争端，但马来西亚在处理这类问题上总体采取了一种理性、协商的态度，从而使得包括海洋权益在内的主权和权益争端并没有成为马来西亚处理与邻国关系中最棘手的问题。概言之，马来西亚与邻国就双边关系可以从三个维度进行考察：一是在生存与发展议题上有着密切联系的邻国，如新加坡；二是受到宗教和种族纷争影响的陆上邻国，如泰国；三是由马来西亚的地缘特点所决定的距离遥远，但却对部分马来西亚国土产生重大影响的国家，如印度尼西亚、菲律宾。虽然马来西亚与这些邻国发展关系不时面临困难，但增进与邻国的理解互信、谋求合作、促进共同发展一直是马来西亚发展与邻国关系的重点。

一　与新加坡关系

1965年8月新加坡被迫脱离马来西亚联邦之后，两国之间就保持着一种特殊、微妙又相当密切的关系。马新两国地缘上的接近性由于新加坡国土面积狭小、资源匮乏而显得特别重要，在某种程度上，与马来西亚的关系是新加坡生存战略的关键。从人口构成上来看，大约20%的新加坡人是马来裔，而30%的马来西亚人是华裔，这种种族构成在双边关系中实属罕见。几十年来，多种因素导致两国虽然无法发展出一种完全坦诚和亲密的双边关系，但也造就了追求一定程度的政治、经济和安全合作的可能性。[1]

首先，历史因素奠定双边关系的敏感性基底。新加坡于1963年加入马来西亚联邦，但合并从一开始就埋下了不和谐的种子。马来西亚作为一个多种族社会，马来人占据其人口的一半，而华人是新加坡人口的主体。一些马来西亚政治人物认为马新合并将打破马来西亚种族平衡，极易成为社会的不稳定因素。合并后，马新代表性政治人物在政治理念、经济发展、社会政策等各方面意见相左、相互指责，渐渐发展到互不信任，直至1965年马来西亚议会决定将新加坡驱出联邦。经历一合一分之后，两国以敏感心态相互认知成为影响此后几十年间双边关系的历史性因素。

---

[1] K. S. Nathan, "Malaysia-Singapore Relations: Retrospect and Prospect", *Contemporary Southeast Asia*, Vol. 24, No. 2, 2002, pp. 385 – 410.

其次，经济合作是两国共同的现实需要。马来西亚具有丰富的自然资源，但经过几十年的发展，新加坡成为东南亚地区经济实力最强大的国家，足以对马来西亚的经济增长产生重大影响。在马来西亚快速工业化的过程中，新加坡无疑是一个值得借鉴的榜样。两国不仅互为重要贸易伙伴，而且由于政治稳定、劳动力价格低廉以及基础设施条件较好等优势，马来西亚吸引了来自新加坡的大量投资。如新加坡资本淡马锡控股（Temasek Holdings）购入马来西亚电讯公司（Telekom Malaysia）5%的股份，马来西亚也为新加坡设立了价值1000万林吉特的发展基金。虽然两国之间在出口市场、外国投资来源等方面存在相似性，在港口、机场等基础设施方面相互竞争的意味也越来越显著，但总体来说，经济方面的合作仍然是两国发展双边关系的共同考量。

再次，非传统安全需要两国之间达成一种强大的、合作的双关关系。马来西亚和新加坡同为"马六甲"海峡国家，保护狭窄但重要的海上通道安全，对于两国都是重要的国家利益。两国之间在合作打击海上恐怖主义行动、捣毁恐怖分子巢穴等方面进行了多项合作，如信息情报分享、共同对印尼施加压力迫使其采取积极行动打击恐怖主义，等等。[1]

最后，影响双边关系的具体问题不时凸显，如淡水供给、岛礁争议、劳工问题、空域使用等，但并未损害到两国之间在众多涉及共同利益的领域的合作关系。新加坡资源稀缺使它不得不依赖马来西亚的淡水供给，两国之间在这一问题上一直摩擦不断。马来西亚与新加坡在1961年、1962年签订的供水协定分别于2011年和2061年到期，根据协议，马来西亚以每千加仑原水3分林吉特的价格向新加坡供水。近年来马来西亚对于这个价格日益不满，同时由于人口增长和工业能力的扩大，无论是马来西亚还是新加坡，对于淡水的需求都在不断扩大。每当马来西亚提出提高供水价格要求的时候，两国就会陷入争吵，并曾经于1998年至2002年就调整价格进行过艰苦的谈判。虽未能达成协议，但马来西亚从未中断向新加坡供水，而新加坡也从未由于占据法理优势而在外交上强势而为，反而表现出以两国关系大局为重、愿意协商解决问题的姿态。

---

[1] Anthony L. Smith, "Malaysia-Singapore Relations: Never Mind the Rhetoric", *Asia's Bilateral Relations*, Asia-Pacific Center for Security Studies, 2004, p. 5.

白石岛（Batu Putih Island）或白礁岛（Pedra Branca Island）争议成为自20世纪70年代以来马来西亚和新加坡关系紧张的一个爆发点。虽然2008年在两国同意的前提下，争端被提交国际法庭进行仲裁，并裁定新加坡拥有主权，但马来西亚却并不支持新加坡所持观点，即白礁岛在19世纪40年代以前就是无主地，新加坡通过在岛上修灯塔而对其进行合法占有，之后通过在岛上行使主权管理行为而获得主权。2017年马来西亚向国际法院提交了关于"白礁岛主权纷争案"有关的新证据，这一争议再次成为双边关系的影响因素。

虽然无论从历史和现实角度，还是从国家安全和经济发展优先选项，抑或从国内族群之间的差异性来看，马来西亚和新加坡都无法完全融合，但这种"剪不断、理还乱"的双边关系是马来西亚在生存和发展中所无法回避，甚至需要慎加应对的，这一点得到了各届政府的高度重视。正因如此，两国虽然因各种原因在各种议题上时有争执，但总体保持着合作、和平的双边关系。未来，在一个变化的国际政治与经济环境中，习惯性竞争、互补性合作将继续主导着马新双边关系的发展。①

二 与泰国关系

马来西亚和泰国在海陆空均有边界接壤，形成了"密不可分"的双边关系。自1958年建交以来，两国关系总体稳定，影响双边关系发展的两大因素分别是经贸议题和边境地区冲突。马泰两国都是东盟区域内经济发展水平较高的国家，对地区经济发展有着较强的影响力。1988年后，两国在经贸、投资领域的合作不断提高。目前，在东盟区域内，马来西亚是泰国最大的贸易伙伴；在全球范围内，马来西亚居泰国第四大贸易伙伴。在投资合作领域，马来西亚是泰国重要的外资来源国。虽然近几年，由于泰国国内政局不稳，马来西亚对泰国的投资趋于减少，但两国在众多经济领域的合作仍有很大的拓展空间。②

泰国南部穆斯林问题不仅事关马来西亚国家安全和发展，而且也是影

---

① Rusdi Omar, *Malaysia-Singapore Relations: Issues and Strategies*, Università Utara Malaysia, 2014, p. 2.

② 王明哲：《21世纪以来泰国与马来西亚经济关系研究》，硕士学位论文，云南大学，2018年。

响马泰双边关系总体发展的重要因素。泰国南部三省约有 80% 的人口是穆斯林，这些人与马来西亚国内的同族裔保持着密切的联系，在语言文化、亲缘关系上拥有很多共通性。与此同时，泰国南部三省有着长期反抗泰国中央政府统治的历史，并从伊斯兰教和佛教的宗教差异性上影响着马泰两国的关系。出于对地区影响力的考虑，马来西亚政府曾对地区伊斯兰反抗运动采取秘密支持的政策，20 世纪 60—80 年代，菲律宾、印度尼西亚穆斯林反抗集团都得到了马来西亚的庇护。随着冷战的结束，马来西亚对泰国的政策发生了变化，两国陆续移交了一些极端反抗集团的头目，并于 2000 年签署了一项新的双边边境协议，强调在社会经济发展领域加强打击犯罪的合作。自此，马来西亚开始倾向于支持泰国政府打击泰南暴力团伙的行动。2002 年 12 月，两国举行了首次联合内阁会议，双方同意增强对恐怖主义和跨境走私的打击。次年 5 月，两国签署合作协议准备建立联合巡逻队，使军事合作标准化。但是，随着泰南暴力事件的升级，马来西亚反对党和穆斯林非政府组织开始谴责泰国政府对于南部的镇压行动，指责泰国军队的暴力行径。马来西亚国会在 2004 年 10 月一致谴责泰国的安全行动，泰国则认为这是马来西亚对其内政的粗暴干涉，明确违背了东盟不干涉其他成员国内部事务的共识。[①] 近年来，随着马泰两国在领土争端上采取缓和姿态，两国解决了马来西亚北部与泰国的边界问题，并就南海海域石油和天然气开采方面达成合作协议，双方也开始就泰南冲突事态进行协商。2014 年 12 月，泰国总理巴育对马来西亚进行正式访问，与马来西亚总理纳吉布就如何促进泰国南部及泰马边界地区的和平进行磋商，双方均表示将加强促进泰国南部和谈方面的合作。

如果说马泰两国在经济领域的相互合作源自地理接近性、经济发展阶段的相似性和资源的互补性，是一种相对和谐、自然天成的合作模式，那么，两国在泰国南部冲突事件的解决过程中，形成的起伏不定的关系模式，则牵涉了太多的国内政治、军事和种族、宗教等结构性因素，对于两国总体关系的影响也更为明显，值得持续关注。

---

① ［澳］约翰·芬斯顿：《马来西亚与泰国南部冲突》，《南洋资料译丛》2011 年第 2 期。

三 与印度尼西亚和菲律宾关系

印度尼西亚（以下简称"印尼"）和马来西亚不仅领土相连，有着共同的边界，也有着密切的历史、文化和宗教联系，但是，双边关系却充满了不和谐与摩擦。在马来亚联合邦与北婆罗洲（沙巴）、砂拉越、新加坡合并成立马来西亚联邦之初，即被时任印度尼西亚总统苏加诺视为英国在该地区推行"新殖民主义和新帝国主义"的阴谋，威胁到了印尼为实现国家安全而进行的"权力最大化"目标，因而宣布对马采取"对抗政策"（Konfrontasi），势要"粉碎马来西亚"。1963—1966 年，两国虽未正式宣战，但在"东马"与印尼边界发生过多起武装冲突。1966 年 6 月，双方秘密交换了结束对抗的协议文件，并于 8 月正式结束了对抗。基于同样的原因，菲律宾也对马来西亚联邦的出现表示反对，并就沙巴的主权提出要求。菲律宾虽然没有介入印尼与马来西亚的武装冲突，但却因此与马来西亚断绝了双边关系。[①] 在某种程度上，这一时期，马来西亚与英国的特殊关系成为其与印尼、菲律宾等邻国关系紧张的原因之一。

20 世纪 60 年代中后期马来西亚与印尼和菲律宾关系逐渐和缓。在贸易方面，马来西亚一直是印尼非常重要的伙伴，两国还在诸如旅游、电力运输和棕油生产等其他经济领域加强了合作。尤其值得一提的是，印尼与马来西亚安全、军事等方面的合作取得了相当显著的成果。针对本地区的国际恐怖组织活动和日益猖獗的海盗行为，作为海峡沿岸国家的印尼于 2004 年与马来西亚和新加坡签署合作协议，3 国总共派出 17 艘军舰进行全天候的联合巡逻，以加强马六甲海峡的安全，此举已使海峡的海盗袭击事件显著减少。

马印尼之间围绕西巴丹岛（Sipadan）和利吉丹岛（Ligitan）主权的归属，以及苏拉威西海域的油田主权，存在争端。2002 年通过国际法庭的裁定，印尼把西巴丹和利吉丹归还马来西亚。相比之下，对于有着丰富的石油和天然气储备区域的争夺更能够影响两国关系。对于苏拉威西海域的

---

① 参见《印尼—马来西亚对抗》，https://zh.wikipedia.org/wiki/%E5%8D%B0%E5%B0%BC%EF%BC%8D%E9%A9%AC%E6%9D%A5%E8%A5%BF%E4%BA%9A%E5%AF%B9%E6%8A%97；葛红亮《马来西亚与东盟的区域一体化发展》，《学术探索》2017 年第 11 期。

油田争端始于2005年2月，当时马来西亚国家石油公司宣布，向壳牌石油公司发出特许证，允许该公司在苏拉威西海域和安巴拉海域的两座油田开采石油和天然气。印尼政府立刻向马来西亚提出抗议。在相互指责和抗议声中，印尼和马来西亚相继派遣海军舰艇进入这一海域，相互指责对方的军舰和战机侵犯领海和领空，两国海军几乎发生冲突。两国关系一度陷入低谷。

劳工纠纷也是印尼与马来西亚关系中的一个不和谐因素。两国的劳工纠纷主要是由在马来西亚的印尼劳工所引发的，尤其是无技术印尼劳工非法迁移到马来西亚后，被不良对待甚至粗暴遣返的事件，极易引发矛盾。事实上，每一次马来西亚政府对非法印尼劳工实施遣返，都会引发两国关系的紧张。目前为止，两国在如何处理印尼劳工纠纷的问题上仍未找到圆满的解决办法。另一个不时影响马印尼双边关系的议题是在干旱季节印尼苏门答腊廖内省（Riau）农民焚烧森林泥炭地而导致马来西亚国土部分空气污染严重。

马来西亚、印尼、菲律宾同为东盟的创始成员国，共同签署了《东南亚友好合作条约》，在这一重要地区组织的发展进程中发挥了较大作用。作为近邻和东盟成员，虽然马来西亚与印尼、菲律宾政府的一些官员和民众对两国的争端议题有时会出现过激的言行，造成双边关系一度紧张，但最终能够以理性的态度和行为解决各种纠纷。从安全上来看，三国同属海岛国家，都有很长的海岸线和宽阔的海域相连接，共同分享着沟通太平洋与印度洋的诸个海峡的管理职责和权利。为了维护海洋权益，三国在不断加强海军力量建设的同时，也将加强双边海上合作视为必要。[①]

第四节　与东亚国家关系

马来西亚地处世界上最具经济活力和增长潜力的地区——东亚，与东亚国家的关系在冷战后成为马来西亚对外关系中的重要组成部分。马来西亚通过加强与中国和日本这样的东亚重要经济体的全方位联系，既保证了成熟的日本经济所带给马来西亚的投资与贸易增长的稳定预期，也努力抓

---

① 郑一省：《试析近年来印度尼西亚与马来西亚的关系》，《东南亚纵横》2008年第8期。

住了中国经济快速增长带来的新机遇,全面构建了有利于马来西亚经济发展的地区环境。

一 与中国关系

虽然马来西亚历来重视与中国关系,但中马关系的发展背景复杂多变,不同阶段、不同国家与地区环境造就马来西亚对华关系的不同形态。在两国正式建交之前,马来西亚对华关系经历了 1957—1968 年的对抗期和 1969—1974 年的和解期。

在冷战的阴影下,马中关系的起步并不顺利。英国的殖民统治对马来西亚的外交政策产生了深远的影响,并作为客观历史因素左右了马来西亚独立初期的对华关系。1957 年马来亚联合邦独立后,中华人民共和国通电祝贺并予以承认,马中两国政府为建立邦交关系进行过外交努力,但终因马来亚政府决定不承认中华人民共和国而告失败。1963 年马来西亚联邦成立前后,两国关系更趋紧张,中国政府拒绝承认马来西亚联邦。此后,在冷战色彩强烈的国际背景下,新生的马来西亚选择了西方阵营,深深地卷入西方反共产主义的冷战旋涡之中,反共、抑华思想对当时马来西亚对外政策精英的影响根深蒂固,马中关系自然走向对立,这也正是东西方严重对抗的冷战格局在东南亚自然延伸的产物。[1]

20 世纪 70 年代初期,国际局势发生巨大变化,中美关系的改善、东西方关系的缓和、英国影响力的下降等重大国际事件都震撼着马来西亚外交决策者的思维。加之当时独立的国家身份已经稳固,中立化外交政策成为马来西亚争取国际空间的基本原则。与此同时,中国倡导的和平共处五项原则及其在发展中国家中声望日隆,都成为促使马来西亚改善对华关系的因素。马中两国政府逐步认识到冲突与对抗不符合马中两国的长远利益,于是分别采取了一系列积极措施,并于 1970 年之后开始了建交谈判,最终于 1974 年 5 月 31 日正式建立外交关系,两国的友好关系发展延续至今。[2]

---

[1] 王虎:《马来西亚对华关系背景分析:以马中建交过程为例》,《东南亚研究》2011 年第 4 期。

[2] 本书第三篇第一章将对马中关系(1974—2020 年)进行全面论述,此处略写。

纵观马中双边关系的发展过程，可以看到，尽管两国间不时出现诸如关于在马华人待遇、南海海洋权益、非对称经贸关系等议题的争议，但并未对双边关系的成长与发展产生根本性阻碍，而相较于其他东南亚国家，马中双边关系发展快速而稳健，比较顺利地经历了一个从低起点逐步走向更加开放的、更高水平交往的演变过程。马来西亚对中国的观感也由两国关系正常化初期的恐惧、怀疑转变为信任和理解。随着中国国际影响力的上升，两国的合作领域不断拓宽、合作方式日益多样化、合作成果相当普惠，双边关系也摆脱了因政府更替而产生的不确定性影响，变得更加成熟、稳定和值得信赖。

二　与日本关系

马来亚联合邦一成立即与日本建立了外交关系。在对日本第二次世界大战赔偿尚存争议的情况下，两国就已经开始谈判发展援助问题。1959年5月，马来亚联合邦首相东姑·阿都拉曼（Tunku Abdul Rahman）访问日本，与时任日本首相岸介发表联合声明，表示"两国要建立更紧密的经济关系"，并签订了一项旨在为日本对马投资提供方便的经济协定，为发展马来西亚与日本的贸易和投资关系铺平了道路。[①] 但是，基于日本入侵东南亚的历史，马来西亚政治精英对日本影响力重返东南亚怀着本能的排斥和警惕，担心其军国主义复活，并对日本在经济上的扩张深感不安，对发展与日本的经济关系一度持有矛盾的态度。20世纪60—70年代，随着日本经济力量的壮大和日本政府对东南亚地区的日益重视，马日之间的关系不断得到发展。1977年，鉴于两国之间日益扩大的经贸往来（至1977年，马来西亚的出口商品的20.5%输往日本，进口商品的23.40%来自日本），两国首脑协商决定成立"马来西亚—日本经济协会"，以推动经贸关系继续向前发展。[②]

1981年上台执政的马哈蒂尔总理将发展国内经济作为施政的主要目标。受到日本甚至韩国经济成功的经验启发，马哈蒂尔认为东方国家的

[①] Chandran Jeshurun, *Malaysia: Fifty Years of Diplomacy*, Kuala Lumpur: The Other Press, 2007, pp. 50–52.

[②] 张向荣、王鸣野：《从马来西亚与日本的关系变化看冷战后东亚格局的演变》，《东南亚纵横》2014年第12期。

经济模式对于马来西亚的发展更加有借鉴意义，因为这是对于自身东方文化认同的保持以及"亚洲价值"的保有。1982年2月，马哈蒂尔提出"向东看"政策（亦称"东向政策"），号召马来西亚民众学习日本的先进技术、管理经验和劳动态度。同时，这一政策代表着一种马来西亚对外政策的范式转变，即向着一种模仿其邻国的发展模式的转变。①毫无疑问，政策的出台大大加强了马日关系。整个20世纪80年代，马哈蒂尔四度出访日本，足见马来西亚政府对日本的重视程度，马日关系也因此发展到历史性高度。仅1982年一年，日本政府就向马来西亚提供贷款210亿日元和特别贷款500亿日元；1985年《广场协议》之后，日本开始对马来西亚的经济发展发挥更加重要的作用。通过对外直接投资、援助以及颇具吸引力的贷款利率，日本不仅向马来西亚提供巨额贷款，日本的大公司和中小企业也纷纷到马来西亚投资办厂，将马作为日本产品的重要海外加工基地。日本因此很快成为马来西亚的主要投资来源国，并连续多年高居马来西亚最大的贸易伙伴和最大的投资来源国之位。

20世纪90年代以来，马日关系进入成熟时期。双方由过去以援助为重点的经济合作转向经济、政治、安全、文化全方位、深层次的合作。1990年，马哈蒂尔建立"东亚经济论坛"的主张遭到美国反对，但得到日本政府的大力支持。1991年7月东盟外长会议开幕式后，马哈蒂尔曾对记者说，赞成"日本不仅发挥经济作用，而且发挥政治作用"；1993年5月，马哈蒂尔访问日本时，表示马来西亚支持日本派出自卫队到柬埔寨参加维持和平行动（当时，日本向海外派遣自卫队，中国、韩国等国家均表示谴责）。1997年亚洲金融危机爆发后，日本推出了庞大的经济援助计划，计划在两年内向受金融危机影响的亚洲国家提供300亿美元资金，马来西亚被列为首批受惠国之一。

21世纪初，马日双边关系更多地体现了一种对等的经济伙伴关系。2002年，首相马哈蒂尔在日本发表了题为《向东看政策：全球化世界中日本的挑战》，对日本的未来在东亚经济和世界经济中的作用仍然十分看

---

① Elina Noor, *Forgeign and Security in the New Malaysia*, Lowy Institute for International Policy, 2019, p. 9.

好，对未来马日经济关系的发展充满信心。在双方领导人的大力推动下，两国于2005年5月完成关于"双边经济伙伴关系协定"的谈判，马来西亚成为继新加坡和墨西哥之后，第三个与日本签署自由贸易协定的国家。[①]

2007年是"日本—马来西亚友好年"暨两国建交50周年，日本前首相安倍晋三和马来西亚首相巴达维在马来西亚的普特拉加进行了会晤。安倍祝贺马来西亚"东向政策"提出25周年，两国领导人一致认为"东向政策"提高了两国的经济联系和人员往来水平，今后还会加大对"东向政策"的支持。可以预见，今后很长一段时间，"东向政策"仍然是维系马日经济关系中一个重要部分。[②] 在此基础上，近年来马日关系的广度和深度都在加强。2013年12月，日本首相安倍晋三与到访的马来西亚总理纳吉布举行会谈，双方同意加强经济、安全等领域的合作，并将继续强化海上安保合作。2018年马哈蒂尔重返政坛后，短短五个月内3度访日，两国首脑就基础设施建设、人才培训、石油天然气合作等新领域的经济合作进行了协商，日本还承诺为马来西亚政府解决巨额债务问题，为未来马日关系发展奠定了新基础。

第五节　与大国和伊斯兰国家关系

马来西亚与世界大国的关系既体现了传统的延续也反映了世界政治权力结构的变迁，其基本原则依据不同时期马来西亚国家生存与发展的现实需要。独立之初，国家生存是马来西亚的根本利益，国家安全和经济发展也主要依靠西方国家，因而采取了亲西方的"一边倒"对外战略。但是，自第二任首相敦阿都拉萨（Tun Abdul Razak）执政后期，马来西亚的对外政策发生了改变，从一种公开地、忠诚地支持英联邦的立场，转变为一种严格的中立政策，同时通过东盟施加外交影响，主张在东南亚实现一种由

[①] 张向荣、王鸣野：《从马来西亚与日本的关系变化看冷战后东亚格局的演变》，《东南亚纵横》2014年第12期。
[②] 李皖南、许鋆：《论马来西亚与日本关系的新发展》，《南洋问题研究》2009年第2期。

超级大国保证的、和平、自由的中立区概念。[1] 此后，总体来看，马来西亚既欢迎大国在地区发挥作用、热切发展与大国的关系，同时也坚决主张在大国影响中保持自主性、发挥东南亚国家独特的影响力。马来西亚与英国和美国的关系发展具有典型的马来西亚大国外交特点。如果说马来西亚与英国关系代表了马来西亚对外关系的传统延续，那么马来西亚与美国关系则代表了独立后马来西亚与西方国家关系的现实需要。

一 与英国关系

作为马来西亚的原宗主国，英国与马来西亚保持着千丝万缕的联系。独立后，这种联系既有延续也有变化，换言之，英国在马来西亚对外关系中的传统优势地位是一个逐渐式微的过程，而非骤然终结。在殖民地时代，马来西亚是英国殖民势力在远东地区的重要前沿，更重要的是，马来西亚的独立是通过与英国殖民者和平谈判取得的，这种方式是其与英国特殊关系得以在独立后延续的重要原因。

在独立初期，对外交往中"亲英"政策及其与英国的防务联盟关系是马来西亚在地区确保安全的重要手段。1957年独立后，马来西亚决定继续留在英联邦内，是年10月12日，马来西亚与英国签署《英马防务协定》（Anglo-Malaysian Defence Agreement）。英国在马留驻一部分军队，此外，英国军队还向马来西亚提供军事保护，目的是在马来亚联合邦遭到外部攻击时做出相应的应对保护举措以及对付国内的反抗运动。可见，当时马来西亚国家防务较大程度上依赖于英军的保障。1971年《英马防务协定》到期后，马来西亚与英国、澳大利亚、新西兰、新加坡签署《五国防务协定》（Five Powers Defence Agreement），继续加强与英联邦国家的防务合作。这一时期马来西亚在经济方面也与英联邦保持着密切的关系，英国是当时马来西亚主要的贸易伙伴和最大投资来源国；1967年之前马来西亚货币也采取盯住英镑的方式；同时，马来西亚政府体制几乎复制了英国模式，其两院制议会制度、司法制度、教育体系都是仿效英国设计；在社会层面，马来西亚人喜爱英国产

---

[1] Chew Huat Hock, "Changing Directions in Foreign Policy Trends: A Comparative Analysis of Malaysia's Relations with Britain and Singapore in 1981", *Contemporary Southeast Asia*, Vol. 4, No. 3, 1982, p. 347.

品、信任英国技术,精英阶层接受英国传统和英式教育。

尽管如此,马来西亚并没有与英国真正结盟。第二次世界大战后英帝国的崩溃以及英国一蹶不振的经济表现,削弱了英国对于马来西亚经济发展的影响。1981年,马哈蒂尔发起"不买英国货"倡议,他称:"只有当英国货是十分必需的,并且在价格和服务方面都胜人一筹时,我们才会买英国货;但如不是这样,我们将显示出一种对于非英国来源的货品的偏好。"① 这一政策蕴含着更加广泛的一系列的政策偏好,显示出马来西亚降低了与西方关系的重要性,以及作为其中一分子的政策优先性,尤其是对于英国主导的国际机构,如英联邦,甚至严肃地考虑过马来西亚退出英联邦。② 马哈蒂尔史无前例地拒绝出席在墨尔本举行的英联邦政府首脑会议(Commonwealth Heads of Government Meeting, CHOGM)被看作是与英国疏离的代表性事件。但是,不久之后马来西亚就公开表示其并不会脱离英联邦,而是寻求更加有意义地发挥自身作用。③ 与此同时,英国也采取了一种和解的方式,逐渐习惯于将马来西亚看作一个独立的主权国家,以更加平等的态度对待马来西亚,不断强调与马来西亚关系的重要性。马来西亚则回之以同样的好意,与英国的经贸关系和防务关系持续发展。1983年4月,马来西亚独立后英国首相第一次正式访马,马哈蒂尔与英国首相撒切尔夫人进行了一次友好的、建设性的历史性会晤,两国关系随之回暖。1989年10月,马哈蒂尔决定在吉隆坡主办"泛英联邦峰会"(the pan-Commonwealth Summit),继续利用CHOGM机制会晤英联邦国家首脑,交换对国际事务的看法。

马英关系的发展显示出后殖民时代独立的民族国家与宗主国之间关系发展的普遍性特点,即传统的延续与现实的客观需要同时作用于双边关系的演变,并在不同时期、不同议题上发挥着不同程度的影响。在国家独立初期的国防安全、政治体制建设等方面,马来西亚与英国的联系密切且受之影响深

---

① Michael Leifer, *Dictionary of the Modern Politics of South-East Asia*, third edition, London and New York: Routledge, 2001, p. 80.
② Jörn Dosch, "Mahathirism and Its Legacy in Malaysia's Foreign Policy", *European Journal of East Asian Studies*, Vol. 13, No. 1, 2014, p. 14.
③ Chew Huat Hock, "Changing Directions in Foreign Policy Trends: A Comparative Analysis of Malaysia's Relations with Britain and Singapore in 1981", *Contemporary Southeast Asia*, Vol. 4, No. 3, 1982, p. 357.

刻，两国国民之间的认同感也深植于这种传统联系之中，对双边关系的延续发挥了巨大的作用。随着国际政治现实的改变，尤其是在经济、地区发展等现实议题上，马来西亚逐渐完全摆脱了英国的影响，独立地作出符合当下国家利益诉求的政策决定。而作为原宗主国家，英国既拥有与马来西亚发展亲密关系的历史性基础，也承担着殖民者的"原罪"，它只有彻底放弃以殖民的视角认知马来西亚，完全改变对马来西亚国家发展计划漠不关心的态度，才能真正具备与马来西亚建立友好关系的必要条件。

二 与美国关系

马美关系呈现出政治与经济关系相互分离、相互独立、互不影响的奇特状态。在早期亲西方外交政策的指导下，马来西亚与美国的关系比较密切。建国初期，马美关系是马来西亚外交的重要方面，其中尤以军事安全为主。1957 年马来西亚独立后，随即与美国建立外交关系，美国也高度重视发展对马关系。1961 年，拉赫曼总理提出"马来西亚联邦"计划后，美国给予大力支持，并提供经济援助。1963 年马来西亚联邦成立后，马来西亚开始向美国购买军备，并在美军指导下开展军事训练。1964 年底，在美国支持下，马来西亚当选联合国安理会非常任理事国。然而，进入马哈蒂尔执政时期，两国的纠纷日渐增多。

1997 年金融危机爆发后，为了摆脱美国对东亚经济的控制，马来西亚虽为亚洲金融危机的五大重灾国之一，不仅自始至终拒绝接受美国主导的国际货币基金组织的援助，而且严厉抨击美国等西方国家借援助之机侵蚀和控制受灾国的经济乃至政治主权的企图。1998 年 9 月发生"安瓦尔事件"后，美国经常就"人权记录""司法公正"或"政治民主"等议题指责马来西亚政府及其领导人，时任美国国务卿奥尔布赖特和副总统戈尔，还在吉隆坡公开支持马来西亚国内的反政府力量。凡此种种，马来西亚都给予了针锋相对的猛烈回击，一一斥为干预内政和蓄意破坏马来西亚声誉，马美关系一度降到冰点。布什上台后，特别是"9·11"事件爆发后，两国关系才逐渐改善。[①] 2014 年马美建立了"全面伙伴关系"，并在特朗普时期得到了加强，两国共同庆祝了马美建立外交关系 60 周年。随

---

① 廖小健：《冷战后的马美关系与马来西亚的外交策略》，《外交评论》2006 年第 2 期。

后，两国之间开启了打击"伊斯兰国"（ISIS）恐怖组织的紧密合作。为了遏制 ISIS 分子在网络上发布极端言论，2016 年 7 月马来西亚政府设立了"区域数码信息反击通讯中心"（Regional Digital Counter-Messaging Communications Centre），马美还共同签署了"第六号国土安全总统文件"（Homeland Security Presidential No. 6，HSPD - 6），承诺两国将分享关于恐怖分子的信息。通过加强与美国在反恐方面的合作，马来西亚不仅成功树立了"温和伊斯兰国家"的形象，而且加强了在反恐和反暴行动中全球性行为体的作用。[1]

比起纷争不断的政治关系，马美经济关系呈现良好的发展态势。很长一段时间内，美国都是马来西亚最大的贸易伙伴和最大的出口市场。冷战后的马美经贸关系不但没有削弱，反而日益加强，美国成为当时马来西亚经济发展相当倚重的外部因素。根据马来西亚对外贸易发展局的统计，1991 年作为马来西亚第三大贸易伙伴和第二大出口市场的美国，到 2002 年已上升为马来西亚最大的贸易伙伴和最大的出口市场。马来西亚总理巴达维 2004 年 7 月访美时，美国总统布什时特别强调，美国与马来西亚的双边关系不能光从所听所闻来判断，两国关系非常稳固，经济合作很密切。[2]

2012 年，时任马来西亚总理纳吉布公开呼吁美国公司加大对马投资。"美国是马来西亚首要外来投资国之一，因此我们希望增加投资额。马来西亚和美国在投资领域有很多合作的机遇"。与此同时，马来西亚积极响应美国推动的"跨太平洋经济战略伙伴协定"（TPP）。纳吉布称，"马来西亚将从 TPP 中受益，因为依据 TPP 成员国的自贸协定，相关国家的市场将进一步扩大"。[3] 但特朗普执政后，美国决定退出 TPP 降低了马美深化经济合作的可能性；两国之间已经举行了多次贸易谈判，但双边自由贸易协定尚未取得较大进展，贸易协定久拖不决已成为双方深化经济合作的棘手障碍；加之美国国内经济疲软和日益严重的贸易保护主义，马来西亚

---

[1] Oh Ei Sun, David Han, "Malaysia's Relations with the Major Powers: China and the United States", *Malaysia Update*, 2016, pp. 10 - 11.

[2] 廖小健:《冷战后的马美关系与马来西亚的外交策略》,《外交评论》2006 年第 2 期。

[3] "TPP dimuktamad tahun depan Najib", *Utusan Malaysia*, 2012.11.12, http://www.utusan.com.my/utusan/Dalam_ Negeri/20121121/dn_ 03/TPP -dimuktamad -tahun -depan ---Najib.

扩大对美出口的前景堪忧；① 美国贸易部决定将马来西亚列入"货币操纵国"名单也引发了马来西亚中央银行毫不留情的驳斥。② 尽管如此，2019年美国仍然是马来西亚最大的外资来源国，美资占马来西亚外国直接投资总额的 20%。

在马美政治关系日趋紧张的后冷战时期，马来西亚是如何在与美国激烈抗衡的同时，又有效地保持与美国密切的经济关系和安全合作？有学者指出，虽然马来西亚政要经常锋芒毕露地抨击美国的亚太政策，并对美国干预马来西亚内政表示强烈的不满、给予猛烈的反击，但几乎所有的争论都停留在发表异议和外交抗议层面，绝对不会超越维持正常邦交的底线。而且，虽然马来西亚与美国一些政要经常唇枪舌剑、互不相让，但马来西亚政府对美国企业始终抱着非常欢迎的友好态度，不断修订放宽外资投资政策，赋予外资公司更长时间的免税优惠，以及各种投资便利。由于具体应对比较灵活和务实，马美经贸关系依然发展很快。其最终结果就是，马来西亚这一个实力不强，仅有 3000 多万人口的小国，却能在与最强大的超级大国激烈抗争的同时，较大限度地实现本国的国家利益。③

三 与伊斯兰国家关系

马来西亚宪法第 3 条第 1 款规定伊斯兰教为联邦的国教，伊斯兰教长久以来是马来西亚政治文化的一部分，也是马来西亚发展与伊斯兰国家联系的重要纽带。1957 年成立之初，马来亚联合邦和伊斯兰教国家虽有着历史和文化联系，但并未将其外交利益扩展至阿拉伯世界，仅在个别事件上视情况发展与这些国家的联系，如在阿尔及利亚的独立运动中，马来亚联合邦将其对共同信仰者的支持与阿拉伯民族主义和反殖民主义结合起来；或是鉴于国内大量的穆斯林人口，马来西亚对于沙特阿拉伯给予的朝觐配额相当关注，从而重视与沙特的双边关系。20 世纪 70 年代开始，马来西亚逐渐采取亲伊斯兰外交政策，在国际事务中积极加强与伊斯兰国家

---

① 赵祺：《大国竞争条件下马来西亚调整对华政策的动因研究》，《西部学刊》2019 年 4 月上半月刊。

② Elina Noor, "Foreign and Security Policy in the New Malaysia", Lowy Institute for International Policy, 2019, pp. 11–12.

③ 廖小健：《冷战后的马美关系与马来西亚的外交策略》，《外交评论》2006 年第 2 期。

之间的联系。1969 年，马来西亚成为"伊斯兰会议组织"（Organization of Islamic Conference，OIC）的一员，东姑拉曼任第一任秘书长，这一举措被视为实现国家对外关系多元化、进一步疏离西方的整体对外政策转型的重要组成部分。阿以冲突爆发后，马来西亚对以色列采取强硬立场，积极支持巴勒斯坦的斗争，并通过联合国近东巴勒斯坦难民救济和工程处（简称"近东救济工程处"，UNRWA）向巴勒斯坦提供资金支持，作为进行对巴基斯坦援助的一部分。[①] 1981 年马哈蒂尔执政后，马来西亚开始强调以"伊斯兰价值观"为基础的对外政策，积极参与到涉及穆斯林的国际事务中，有意识地发展全世界范围的伊斯兰兄弟情谊。1984 年 12 月，马哈蒂尔高调出访利比亚、埃及、马里；在巴尔干危机中，马哈蒂尔政府断绝了与南斯拉夫的外交关系，并谴责塞尔维亚人对波斯尼亚穆斯林的人权侵犯。在马哈蒂尔的领导下，马来西亚通过举办第 10 届 OIC 峰会、组织 OIC 博览会和协助成立伊斯兰发展中 8 国集团等举措促进伊斯兰国家的统一，加强了马来西亚在伊斯兰世界的影响力。

马来西亚重视与伊斯兰国家的贸易往来。20 世纪 60 年代在东南亚地区与中东关系整体疏远的情况下，马来西亚仍然与伊朗保持着直接贸易关系。80 年代后期，随着国内经济的发展，马来西亚与中东国家之间贸易投资增加，经济联系进一步增强。在经历了 2001 年和 2009 年出口负增长后，多样化出口目的地对马来西亚而言，显得特别重要。因此，纳吉布政府召开"2011 年投资马来西亚"论坛，鼓励海湾国家对马来西亚进行投资。马来西亚还致力于伊斯兰国家之间的金融合作，寻找解决它们经济与政治困难的方法。为此，马来西亚建立了完备的伊斯兰金融体系，成为重要的伊斯兰金融中心，积极开放国内伊斯兰金融市场。2005 年，马来西亚向 3 家由中东国家控股 70% 的亚洲金融银行发放伊斯兰银行牌照。2002 年，马来西亚、印尼、伊朗、沙特、巴基斯坦、苏丹、巴林和科威特 8 个伊斯兰国家在吉隆坡成立了"伊斯兰金融服务委员会"（IFSB），专门负责制定各成员国广泛遵循的伊斯兰金融系统的标准和程序。通过伊斯兰金融体系，马来西亚与伊斯兰国家的经济联系进一步加强。此外，马

---

① Imankalyan Lahiri, "ISLAM As an Agenda of Malaysia's Foreign Policy", *Jadavpur Journal of International Relations*, Vol. 7, No. 1, 2003, p. 152.

来西亚与许多国家在能源开发、宗教旅游、航空运输等领域的合作取得了巨大的进展。马来西亚还积极发展伊斯兰教育事业。1982年马来西亚成立国际伊斯兰大学,得到伊斯兰国家的支持,沙特阿拉伯、土耳其及伊斯兰会议组织是该校主办政府与组织的重要成员。[1] 总之,经贸、金融以及其他领域的广泛联系进一步密切了马来西亚与伊斯兰国家的关系。

随着伊斯兰极端主义者引发的恐怖主义成为全世界的"公敌",马来西亚开始致力于成为联系世界与伊斯兰国家的桥梁。马哈蒂尔所希望发挥双重作用——让西方和伊斯兰世界都满意,已经成为马来西亚在发展与伊斯兰教国家关系中的重要议程。一方面,与伊斯兰国家之间的亲密关系是马来西亚国家的天然属性,马来西亚的对外政策显示出一种亲伊斯兰世界和发展中国家的趋向;[2] 另一方面,作为一个与西方国家保持着友好关系的温和伊斯兰国家,它又理所当然地希望能够让西方国家更加了解和接受伊斯兰世界。为此,马来西亚一方面积极致力于推动中东和平进程。第二次海湾战争之后,在伊拉克战后重建过程中,马来西亚多次主张应尊重伊拉克人民意愿,尊重伊拉克主权独立与领土完整;在巴以冲突问题上,马来西亚支持建立巴勒斯坦国,但同时反对使用武力,主张通过和平对话的方式解决问题。另一方面,马来西亚反对将伊斯兰文化同恐怖主义、极端主义画上等号。[3] 2002年,马哈蒂尔希望通过限制伊斯兰极端主义的作用,在国际舞台上促进穆斯林和非伊斯兰世界的相互理解;马来西亚以伊斯兰会议组织为平台召开了由53个伊斯兰国家参加的反恐主义特别会议,呼吁国际社会应追溯恐怖主义的根源。马来西亚在反恐立场中对伊斯兰的态度推动了马来西亚与中东关系的发展。

在纳吉布时代,伊斯兰教在对外政策中渐失光彩。一是由于积极的亲伊斯兰政策与纳吉布提议的"全球中庸行动"(Global Movement of Moderates, GMM)、强调宗教中的"中庸原则",以及提高各种族与宗教之间的

---

[1] 朱陆民、阳海飞:《马来西亚中东外交政策评析》,《南洋问题研究》2017年第2期。

[2] Imankalyan Lahiri, "ISLAM As an Agenda of Malaysia's Foreign Policy", *Jadavpur Journal of International Relations*, Vol. 7, No. 1, 2003, pp. 151 – 152.

[3] 唐翀:《马来西亚:中等国家的外交雄心》,中国网,2015年7月2日,http://opinion.china.com.cn/opinion_15_132715.html。

国际和平原则不尽相符;①二是因为纳吉布一贯声称拒绝任何形式的宗教极端主义，认真追查和核审极端主义组织与活动，并以此赢得了国际声望。宗教在马来西亚国家对外政策中的作用有所淡化。尽管如此，作为"伊斯兰会议组织"的活跃成员，马来西亚渴望继续在 OIC 中加强影响和促进该组织进行有效行动，同时在伊斯兰教和全球化之间寻找平衡。2019年4月，顶着美国的强大压力，马来西亚防长访问伊朗，显示了其对外政策的自主性和对于伊斯兰国家的重视。未来，马来西亚在发展与伊斯兰国家关系方面仍旧面临着双重挑战：一方面是如何促进和提升非伊斯兰国家内对于伊斯兰教的理解和宽容；另一方面是如何同时接触穆斯林与非伊斯兰世界，促进双方和谐共处。这种桥梁作用不仅能够与双方进行对话和接触，促进理解、消除对立和极端主义产生的文化和宗教土壤，也对于解决以宗教为基础的恐怖主义发挥着关键性作用，但其实现实属不易。

经过半个多世纪的调整，作为中等国家的马来西亚通过建立并经营一种"多层次平衡"的对外关系网，营造了有利于实现其多重国家利益的外部环境。更重要的是，国内政治的稳定性和政策的连续性在马来西亚构建对外关系的有效性方面发挥了相当大的助力作用。在这个过程中，依据国际和地区局势变化、国内和外部制约因素演化，历届马来西亚政府都对对外关系进行了重新校准和调整。事实证明，这些校准没有剧烈偏离前任政府的政策路线，保持了马来西亚对外政策传统中务实、灵活和战略敏锐性相结合的特点。需要指出的是，马来西亚对外关系中的几个方面虽然各有特点但绝非完全孤立，它们有时互为因果，有时呈现出此起彼伏、此消彼长的状态。因此，看待这些对外关系的发展时，绝对不能以孤立的视角，而应放在更加广大的地区甚至国际环境之中、以相互联系的眼光加以考察。

未来，马来西亚在发展对外关系时需要应对以下的议题：一是如何加强东盟在地区与国际事务中的作用，以及东盟共同体建设。加强东盟一体化建设、确保东盟在重要议题上的团结性、维护东盟在地区机制建设过程中的中心性作用仍是马来西亚对外政策中重点关切的议题。马来西亚既需

---

① Jörn Dosch, "Mahathirism and Its Legacy in Malaysia's Foreign Policy", *European Journal of East Asian Studies*, Vol. 13, No. 1, 2014, p. 23.

要在东盟组织内部建立共同的原则，也需要促进不同东盟国家之间的政策协调和共识建设。二是面对中美战略竞争加剧的局面，如何确保自身利益不受损害。在与美国保持良好的经济关系的同时，马来西亚与中国的双边关系也得到了前所未有的强化，正在从中国的发展中获益。这种大国平衡式的外交策略当然符合马来西亚的国家利益，但是否能够一直发挥有效作用，还是马来西亚将不得不在大国竞争中"选边"，抑或被这种竞争边缘化，仍未可知。三是马来西亚如何管理多种族和宗教对对外政策的影响。马来西亚人口的半数为穆斯林，作为一个公认的温和型伊斯兰教国家，马来西亚凭借与伊斯兰和非伊斯兰世界同样强大的纽带和关系，发挥着沟通桥梁和弥合分歧的作用。但是，未来的道路依然漫长且艰辛，马来西亚如何带领伊斯兰国家以一种较为温和的方式，在被称为"伊斯兰教文明化"的旗帜下，应对全球化和现代化的压力，考验着马来西亚政府的综合能力。

第二篇
重大专题

第一章　国家中长期发展战略

第十一个大马计划（2016—2020）是马来西亚国家中长期发展战略，专注于通过行政改革提高透明度及公共服务效率、追求均衡的区域发展、促进包容发展惠及全民、强化人力资本发展、确保环保永续发展和促进经济增长等方面。但是，在实施过程中，第十一个大马计划也面临重要的挑战，尤其在国家生产力、投资领域的输出和财政空间方面。此外，为了实现马来西亚2030年共同繁荣、资产共享中所设定的愿景，其可执行的政策以及马来西亚可能面临的挑战也是国家中长期发展战略的重要部分。以数字化为例，马来西亚数字化转型和数字经济战略值得我们讨论。除上述议题外，邻近国家当前的经济和文化发展情况，以及马来西亚与其他国家（尤其是中国）之间的经济合作现状，也是进一步分析马来西亚中长期发展战略所不可或缺的部分。

第一节　第十一个大马计划（2016—2020年）

第一个大马计划起始于1966—1970年，是马来西亚政府首次实施的经济发展计划。该计划的目标是促进全体公民的福利，并改善农村地区，特别是低收入人群的生活条件。此计划每五年会重新规划，聚焦当时主要的经济问题，并力图提出有效的解决方案。

2015年，马来西亚为应对林吉特弱势和原油价格下跌导致国家收入大幅减少的挑战，由当时第六任首相纳吉布提呈第十一个大马计划，以推动马来西亚在2020年成为高收入国家，对未来五年国家经济发展的重点领域和战略方向进行了规划和部署。该计划的六大战略方向之一，即加强基础设施建设，同时，建设综合公共交通系统更是基建领域的重中之重。

第十一个大马计划也是 2020 年宏愿前的最后一个大马计划。

表 Ⅱ-1-1　　第十一个大马计划的六大战略性推力和专注方向

六个战略性推力	专注方向
增强包容性公平社会	让 B40 * 家庭迈向中产阶级社会
	赋权社区建设一个繁荣富强的社会
	改造农村地区以改善农村社区的福祉
	加快区域增长以实现更好的地理平衡
	增强土著经济共同体的机会，增加财富
改善全民福祉	实现普及优质医疗服务
	为贫困、低收入人群提供充足、优质、负担得起的住房
	为繁荣的社区创造更安全的生活环境
	改善道路安全和紧急服务以减少死亡人数
	培育一个马来西亚的精神以促进社会凝聚力和国家统一
	促进体育运动，促进健康生活和团结
加速人力资本向先进国家水平迈进	提高劳动力市场效率以加速经济增长
	转型技术和职业教育与培训以满足行业需求
	加强终身学习以提高技能
	提高教育质量，学生获得更好的成绩
追求绿色增长以实现可持续性和韧性	创建绿色增长的有利环境
	采用可持续的消费和生产理念
	为今世后代保护自然资源
	增强抵御气候变化和自然灾害
加强基础设施以支持经济扩张	建立基于需求的综合运输系统
	释放物流增长并增强贸易便利化
	改善数字基础架构的覆盖范围、质量和负担能力
	继续向新的水服务行业过渡构架
	鼓励可持续能源利用以支持增长

续表

六个战略性推力	专注方向
重新设计经济增长以实现经济繁荣	转型服务
	振兴制造业
	农业现代化
	改造建筑
	成长中的动态中小企业
	把创新转化为财富
	投资于有竞争力的城市和区域经济走廊

资料来源：马来西亚经济策划部。Malaysia, EPU, *11th Malaysia Plan 2015 – 2020*, *Prime Minister's Office of Malaysia*, 2015, https://www.pmo.gov.my/dokumenattached/RMK/RMKe-11Book.pdf, B40 为家庭每月收入中位数为 RM3000 或以下。

为了实现目标，确保成功实施第十一个大马计划的六项重点战略，政府会实施以下 6 项举措作为收入大幅增长的催化剂，以实现经济增长与提升人民福祉的目标。其中包括提高生产力，通过创新产生财富，增加中产阶级的比例，重视技术教育和培训，实施绿色增长及投资有竞争力城市。由于第十一个大马计划的战略甚多，本章无法一一列出，笔者会重点提出几项具代表性的战略。

一 建设综合公共交通系统

一个国家的公共交通系统的发展阶段反映其经济发展的整体水平，相比于其他先进国家，如日本、韩国及新加坡等，目前大马的公共交通系统仍然有进步的空间。虽然首都吉隆坡的轨道交通从最早期的电动火车、轻快铁、单轨火车、吉隆坡机场高铁、巴士捷运系统以及最新的捷运系统都展示了政府积极地改善交通系统，以降低对私人交通工具的依赖度，借以减少交通拥堵，缓解空气污染。但是，人民对于这些福利依然抱有静观其变的态度，其原因应归咎于大部分公共交通系统的不完善，缺乏连接性和惯性的服务。

巴生谷快速交通系统（KVMRT）一号线从双溪武落（Sungai Buloh）到加影（Kajang），全长 51 千米，共 31 站。其中双溪段于 2016

年竣工，加影段于 2017 年竣工。如今该线路全线通车，每日运载乘客达 40 万人。同时，KVMRT 2 号线工程于 2016 年启动，由双溪武落至沙登（Serdang）至布城，预计 2022 年竣工。轻轨三号线也于 2016 启动，从万达镇（Bandar Utama）至巴生，全长 36 千米，共计 25 站，预计 2024 年竣工。

大马政府继续关注如何提升连接主要道路的乡村公路建设，因为这些道路涉及乡村居民获取基本社会保障的便利性，例如医疗、教育和其他公共服务。公共汽车交通项目会进一步扩展和覆盖农村地区。大马政府也会通过进一步维护道路和铁路网络，确保道路交通设施的安全、有效和服务质量。

二 让 B40 家庭迈向中产阶级社会

政府于 1991 年的第六个大马计划的会议上提出的政治方针，以"在 2020 年成为先进国"作为国家的奋斗目标。[①] 然而在 2015 年，马来西亚依旧是发展中国家。为此，政府计划从 B40 群开始整顿。根据 2015 年的数据，大马 B40 群目前包含大约 270 万家庭。政府的目标是在 2020 年增加当前 B40 家庭的平均收入，从每月 RM2500 提升至 RM5000。大马政府希望扩大中产阶级社会的规模，把目前 B40 群从 2020 年的 40% 增至 45%。在赋予社区权力以建立繁荣的社会，重点放在儿童、青年、老年人、妇女以及土著（沙巴及砂拉越）中的大多数人口。政府相信发掘女性职场潜力，是国家经济持续稳健成长的关键，于是推出多项政策，其中包括鼓励雇主培训重新就业的女性，以及补助翻新和布置儿童保育中心的税收优惠政策。

三 实现普及优质医疗服务

马来西亚人均寿命，从 2010 年的 74.1 岁，增至 2014 年的 74.8 岁，共增加 0.7 岁。由于人均寿命增长，造成医护人员与病人的比例失衡。过

[①] Malaysia, EPU, *6th Malaysia Plan 1991 – 1995*, *Prime Minister's Office of Malaysia*, 1991, https：//www.pmo.gov.my/dokumenattached/RMK/RM6.pdf，政府于 2019 年已把 2020 宏愿延迟为 2025 宏愿，让人民准备充足，朝向高收入国迈进。

长的等候服务及庞大的病人群体造成病人及医护的矛盾增加，于是政府计划拨款增加 50 间马来西亚诊所（Klinik 1 Malaysia），借此分流一些病情轻微的病患。这些诊所为一些轻度疾病提供治疗方法，其中包括发烧、咳嗽和血液检查以及血糖水平检测。此政策最受落的原因是，除了让一些在郊区的病患得到基本医疗外，每一位病人（马来西亚籍）只会被征收 RM1 的象征式费用。为此，世界卫生组织已把大马列为全世界最好的卫生保健系统之一。

四　提高劳动力市场效率以促进经济增长

人力资本发展是推动和维持可持续发展的关键推动力。马来西亚的经济增长必须依靠熟练的劳动力，提高劳动生产率，并吸引外资对马来西亚的投资。为此，政府重视培训熟练、有知识和创新能力的人力资本，以满足工业需求。同时，政府通过人力资本发展计划提供优质的就业、教育和培训的机会，以建立一个更具包容性、公平及繁荣的国家。为达到上述目标，政府着重 4 大优先领域，分别是：（1）改革劳动力市场、（2）改善劳动力效率及生产力、（3）促进优质教育与培训、（4）促进更强大的产学界联系。

针对马来西亚经济与就业市场，政府大力度解决有关创造熟练工作不足、工资增长率低、青年失业率高、毕业生就业不足，以及技能错配的课题。根据马来西亚统计局的报告，在 2015 年，马来西亚总体失业率为 3.1%，[1] 但是 15—24 岁的失业人员占失业人员总数的大部分（58.24%[2]）。其中不乏大学毕业生，主要是因为没有足够的技术及教育、缺乏工作经验及其拥有的技能不符合企业要求。目前马来西亚企业及制造业仍大量提供低技能工作，使国内行业处于注重成本效益和依赖廉价劳工

---

[1] Department of Statistics Malaysia, *Labor force survey report* 2015, Department of statistics official portal, 2016, https：//www.dosm.gov.my/v1/index.php?r=column/pdfPrev&id=TFVqZ2NtWW9i NlJBV0pTQnZUUzBEZz09.

[2] Khazanah Research Institute, *A Statistical Snapshot of Youth Unemployment*, 2011 to 2018, 2019, http：//www.krinstitute.org/assets/contentMS/img/template/editor/Views_ A% 20Statistical% 20Snapshot% 20of% 20Youth% 20Unemployment.pdf.

的低附加值活动，缺乏追求创新增长。① 这是导致青年和毕业生失业率高的原因之一，也使马来西亚人才流失。高技能知识人才流向经济发达的邻国，以寻求就业机会和更优厚的薪酬。

五 《公共部门 ICT 战略计划》（2015—2020）

《公共部门 ICT 战略计划》是一个为期 5 年的计划，概述了在公共部门中实施 ICT 做法和政策的战略方向。该战略计划强调整合效率和服务有效性，以实现高影响力的交付系统。"人性化数字服务"的主题是为配合马来西亚第十一个计划（11 MP）的愿望和以民为本的公共服务理念，该理念把人民利益置于公共服务提供系统的最前沿，以实现最有效的结果。②

马来西亚期望通过商业和技术相结合，消除官僚主义的繁文缛节，扩大服务范围并改善问责制，以实现以公民为中心的服务交付系统，从而实现数字政府。根据这一愿望，机构和部委之间的部门间合作对实现数字政府至关重要并确定了五个重点领域进行转型公共服务更加有效和富有成效。政府各部门应开放及共享数据资源，才能让各单位依据最确实的数据作出探讨及记录。在各部门推出应对政策时已经清楚及了解这些数据，那么政府的政策会更加全面及详细，这说明了政府各单位数据共享的重要性。然而，这意味着政府需要大力提升人力资本，尤其是在为公务员提供正确的培训和知识。目前，大数据分析，人工智能和机器学习方面的新兴技术现在已经足够先进，可以取代整个工作岗位，公务员需要适应新任务并改变其带来价值的方式。ICT 是数字经济的必要推动者，尤其是在工业、基础设施、人力资本和数字领域。这确保马来西亚不仅从中受益，而且为全球 ICT 的发展做出贡献。③

---

① Khazanah Research Institute, *The Times They Are A-Changing: Technology, Employment, and the Malaysian Economy*, 2019, http://www.krinstitute.org/assets/contentMS/img/template/editor/KRI%20Discussion%20Paper%202017_The%2Times%20They%20Are%20AChangin'%20_Technology%20Employment%20and%20the%20Malaysian%20Economy.pdf.

② Malaysia, EPU, *11th Malaysia Plan 2015 – 2020*, Prime Minister's Office of Malaysia, 2015, https://www.pmo.gov.my/dokumenattached/RMK/RMKe-11Book.pdf.

③ Malaysia, EPU, *Pelan Strategik ICT Sektor Awam 2016 – 2020*, Economic Planning Unit, 2016, https://www.malaysia.gov.my/portal/content/30077?language=my.

六 第十一个大马计划中期报告（2018—2020）

尽管通货膨胀得到控制，然而大马经济面临结构性问题，各州人民收入存在差距，大部分行业的生产价值链处于低端，给人民生活带来影响。除了内部问题，大马经济也面临外围负面影响，如发达经济体收紧货币政策、贸易战争加剧局势紧张、保护主义、地缘政治不确定性等，存在一些下行风险。因此，第十一个大马计划中期检讨报告对宏观经济战略进行一些调整，包括减少对第十一个大马计划的发展开销顶限，以巩固财政状态，从原先拨款的2600亿林吉特减少至2200亿林吉特，缩减了400亿林吉特以确保加强经济基本面和管理结构性问题。[①] 第十一个大马计划中期检讨报告是新政府的首份政策文件，各界对此盼望甚高。第十一个大马计划中期检计报告分为6大主轴，涵盖19个优先领域和66项策略，与政府新发展方向保持一致，以进一步刺激经济增长。

（一）重点支柱：改革行政提高效率

政府积极推动有效的措施推动改革议程，巩固所有层面的制衡机制。其中包括4个优先倡议的领域包括改善各层面管理、提升诚信及问责、执行谨慎公共财务管理，以及加强公共服务交付系统。行政、立法及司法分权可提升各层面的管理，要达到目标，应推行3项主要策略，包括巩固制衡机制、改善中央政府、州政府及地方政府的良好关系，以及改革政治制度。

与此同时，政府成立大马公共监察机构，以自由调查和投报有关政府机构的投诉并努力强化反贪议程，希望在2020年达到贪污印象指数前30名（2018年世界排位为第61名[②]），提升透明度及鼓吹纯洁价值观及道德工作实践。在改善采购程序方面，政府也推行更全面及有效的相关法律工作框架和执行公开招标，以及重新检讨公共和私人界合作项目工作框架，以善用资源。

[①] Malaysia, EPU, *11th Malaysia Midterm Review Plan*, *2018 – 2020*, Economic Planning Unit, 2018, https://www.epu.gov.my/en/economic-developments/development-plans/rmk/mid-term-review-eleventh-malaysia-plan-2016-2020. 政府于2018年中期检讨报告中把一个马来西亚诊所改名为社区诊所（clinic community）并关闭或迁移一些偏僻的诊所到人群密集的地区。

[②] Transparency International, *Corruption Perceptions Index*, *2019*, Transparency International official portal, https://www.transparency.org/en/cpi#.

(二) 重点支柱：包容发展惠及全民

政府加强落实包容性发展，提高国家繁荣及人民福祉。这项努力提供平等机会，让人民参与国家经济增长及包容性发展，并从中受惠。第十一个大马计划提到的提高 B40 群体的收入及购买能力是非常重要的，它提升该群体的生活水平及生存能力，同时全面缩减收入不均鸿沟。根据世界银行的报告，马来西亚于 2018 年的基尼系数为 42.8，[1] 收入不平等的鸿沟仍然未被解除。贫富差距、社会地位不平等、弱势群体的大量出现依然存在。其中政府继续发展刻苦耐劳及可持续的土著经济社群（BEC），提高土著的经济参与率。主要的步骤包括提高土著在高收入职业的就业率，提高有效控制及可持续企业拥有权，以及发展有耐力及可开拓全球市场的中小型企业。[2] 另外，郊区原住民、沙巴子民及砂拉越土著，以及华印特定群体推介特别计划，其中包括推行华人新村特别贷款计划，提供微型贷款、地价和房屋升级计划等，协助新村低收入的华裔，其中 90% 的款项会用于微型贷，发展经济潜能及消除贫穷。

(三) 重点支柱：追求均衡的区域目标

区域和城乡发展不平衡是许多国家工业化快速推进时期的普遍现象，为实现均衡区域发展目标，政府优先专注于实现 3 个领域的目标，即加强区域经济发展、缩小城乡发展差距，以及提升沙巴与砂拉越的发展，以解决区域发展的不均衡问题，以及提升当地民众的福利。政府优先增加各州及区域落后地区的经济活动，同时缩小城乡地区的发展差距。尤其是第十一个大马计划中提到的沙巴。到 2014 年为止，沙巴贫穷覆盖率高达 21.8[3]（贫穷和极度贫穷），属于全马之冠。

报告同时指出，主要城市及获鉴定的发展领域，也当作推动经济增长的杠杆，至于各州之间的合作，也获得进一步加强，以确保各区域的平衡发展。在发展较为落后的东马地区，政府设法提升当地的交通联系、基础

---

[1] World Bank, *Gini Index*, World bank data, 2019, https://data.worldbank.org/indicator/SI.POV.GINI.

[2] Lee, "Mid-Term Review of 11th Malaysia Plan: Reaffirming Bumiputra Policy, But Also Signalling New Attention to Minority Needs", ISEAS, No. 5, 2019.

[3] Department of Statistic, *Household income and amenities survey 2014*, Department of statistic official portal, 2016, https://www.dosm.gov.my/v1/index.php?r=column/cthemeByCat&cat=120&bul_id=aHhtTHVWNVYzTFBua2dSUlBRL1Rjdz09&menu_id=amVoWU54UTl0a21NWmdhMjFMMWcyZz09.

建设、基本设施及相关服务,并同时设法增加就业机会,以提升当地民众的生活水平。其中包括兴建或改善1500千米的主干公路、为6万户家庭提供干净自来水及为41160户家庭提供电供,在乡区兴建另外300座电信通信塔并升级原有的1000座。

(四) 重点支柱:强化人力资本

人力资本发展继续成为支持经济增长和强化劳动力的主要倡议。政府重视培训熟练、有知识和创新的人力资本,以满足工业需求,并开展以人力资源部为首,其他与技职教育相关的七个部门为辅的技职教育与培训计划(TVET Master Plan)。目前,大马只有大约28%熟练技术员工,相比其他先进国如新加坡和德国,大马明显逊色。

针对马来西亚经济与就业市场,政府加大力度解决有关创造熟练工作不足、工资增长率低、青年失业率高、毕业生就业不足,以及技能错配的课题。政府继续创造更多技术工作,识别关键技能和解决技能短缺,确保提高工资和薪金与生产力相称。同时,通过支持工业自动化,努力减少依赖外劳,通过多层次征税机制,严格监管引进外籍劳工的数量。目前政府引进外籍劳工和外籍专才的政策,占马来西亚总就业率的15%,这并不包括非法外劳。大部分的外籍劳工都从事肮脏、危险及劳累的工作。通过增加工人权利改善工作条件,及增加女性劳动力的参与,提高劳动效率和生产力,借此扩大人才库。

(五) 重点支柱:环保永续发展

绿意增长加强,确保天然资源的永续性,同时让马来西亚追求高经济增长之余,也能增加对抗气候变化和灾害的灵活能力。上述目标有主要3点,即(1)加强施政;(2)节约使用天然资源;(3)降低自然灾害的风险。

为提升应对气候变化的能力,减少温室气体(GHG)排放,特别是能源、运输和废物。政府把区域污水处理厂建在亚罗士打、关丹和太平等主要城市,并重点保护天然资源,除了会把更多的区列为保护区,同时探讨增加国家公园入门费及检讨国家海洋政策等。此举将杜绝柔佛州南部工业城市巴西古当的金金河,雪兰莪河和士毛月河的大型滤水站事件引发的环境污染再度发生。

（六）重点支柱：发展高价值链产业

马来西亚大多数行业处于生产价值链的低端，因此限制了高技术含量工作的创造。为此，政府采取措施，通过提高生产力及提升工业竞争力来促进经济增长。同时，强化措施，推动部门发展，并以知识密集型内容及在服务业、制造业、农业及建筑业熟练劳工的支持下，发展高附加值的经济活动。

其中，中小型企业升级价值链最为关键。目前，马来西亚98.5%的商业机构是中小型企业，涵盖了所有规模和行业。中小型企业在马来西亚2018年国内生产总值中更占据了37.8%[①]。虽然目前中小型企业集中在服务业，但是专注在农业方面中小型企业对出口的整体贡献为24.8亿林吉特。出口农业物主要包括蔬菜及热带水果。

因此，政府采取措施，加速经济领域现代化、提升出口准备与国际化、推广公平竞争及改善贸易操作与条规。在农业方面，落实策略，确保食品保障与安全。借此鼓励中小型企业升级价值链，朝向生产高附加值商品与服务，优先加速本地企业的创新与科技应用，以推动生产力及与全球竞争。

七　问题与挑战

（一）提高国家、部门和企业层面的生产力

国家生产力在最近几年有着明显的进步。但是，偏低的生产力仍然造就同样的挑战。虽然大部分学者都表示大马在东南亚的生产力水平不算低，但与澳洲、丹麦和瑞典比较之下略微逊色。其中阻碍生产力进一步提高的因素包括人才、技术、行业结构和问责制、业务环境和思维定式。在这些当中，人才是提高生产力所需的最重要因素。

大部分企业面临着本地毕业生的技能差距，部分原因是行业需求之间的不匹配，以及来自高等院校以及技术和职业教育培训机构。当具有高学

---

① Department of Statistics, *Small and Medium Enterprises (SMEs) Performance 2018*, Department of statistic Malaysia official portal, 2019, https：// www. dosm. gov. my/v1/index. php？r = column/ pdfPrev&id = R0Vka2RpeVJ0cUlpR3BqdjhudDZhdz09 #：~：text = PERFORMANCE% 20OF% 20SMEs% 20EXPORTS&text = 9% 20billion% 20in% 202018% 20as，growth% 20of% 202.0% 20per% 20cent.

历的人从事低技能工作时，就会发生这种不匹配。① 归根结底，主要是因为毕业生缺乏创业技能。如今，随着工业革命4.0的到来，对数字技能的需求发生了变化，更加侧重于员工的技能提升和再技能化，准雇主在数字营销，电子商务，大数据分析和数据库领域中极力寻求顶级技能工作管理人才。同时准雇主也正在寻找具有解决问题和决策能力，沟通能力，独立工作能力，学习和成长的意愿以及能够在压力下工作的毕业生。而这类毕业生正是最为缺乏的。②

此外，大部分企业很大程度上依赖于半熟练和低技能的人工人和外劳。半技术工人和低技术工人2017年占总就业人数的72.5%，而外国工人增长15.5%。对低技能外劳的过度依赖使劳动密集型经济永存，压低工资和阻碍了自动化，因此阻碍了提高生产率。为了鼓励企业聘用本地雇员，政府为取代外籍移工的本地雇员提供每月350林吉特至500林吉特的津贴。在"Malaysians@ Work"计划之中的#Locals@ Work子计划，政府持续发放津贴长达2年，除了雇员可获得津贴外，雇主若聘用本地员工取代外籍移工，每月也可获得250林吉特的津贴。③

尽管政府积极地采取了各种措施来推动第四次工业革命，但是繁重的监管措施和法规解释和适用不一致严重影响企业生产力。大部分企业认为复杂和漫长的许可申请流程导致高成本，进一步扼杀了生产力的提高。

（二）促进优质的投资，拉动经济增长

在投资方面，政府将确保吸引优质的私人投资，创造更多高薪高技术工作，特别是在制造业和服务业。为此，政府通过对投资机械化和自动化进行奖励，以提高企业的生产力。其中，政府将吸引高质量的外国资本投资于高附加值产品和服务，并且向本地公司转让先进技术。

---

① Khazanah Research Institute, *The State of Households II*, 2016, http://www.krinstitute.org/The_ State_ of_ Households_ II-@ -The_ State_ of_ Households_ II. aspx.

② Sathasivam, "Graduates losing out due to skills mismatch", November 2019, https://www.nst.com.my/opinion/letters/2019/11/542069/graduates-losing-out-due-skills-mismatch#:~:text=THE%20hard%20truth%20is%20that,graduate%20from%20higher%20learning%20institution.

③ Ministry of Finance, "Driving growth and equitable outcomes towards shared prosperity, Budget 2020", Ministry of Finance official portal, 2019, https://www.bnm.gov.my/documents/budget/bs2020.pdf.

在国际贸易方面，中期报告大幅上调了贸易预期增长，将出口总额平均增长目标从原本的 4.6% 提升至 7.5%，且在商品价格走强和贸易伙伴需求的支撑下，在 2018 年至 2020 年之间保持每年平均 6.2% 增长。报告指出，受到进口资本和中间产品的带动，进口总额估计每年将增长 6.1%。政府目标是在 2020 年时取得 11830 亿林吉特的贸易平衡，比原定的 573 亿林吉特要高许多。

（三）领域输出

服务业仍被传统服务子行业主导，而技术驱动的现代服务子行业停滞不前。同时，制造业缺乏对机械设备的投资以及创新能力。

该行业继续关注产品组装而不是着眼于高附加值设计和产品开发。在农业领域，工业大宗商品子行业仍然是马来西亚的主要支柱，尽管更加重视农业产品的产量，提高粮食自给水平率。

八 2030 年共享繁荣愿景（2020—2030 年）

此蓝图是一个崭新的概念。相比"2020 年宏愿"，政府意识到提高国民生活品质更为重要，因为高收入并不代表人民生活富裕。于是，在 2019 年提出"2030 年共享繁荣愿景"。该蓝图强调公平成果（equitability of outcome）的原则。此愿景承诺所有不同收入阶层、种族、政治、地区和供应链，都获得公正、公平和包容的经济分配，确保马来西亚成为永续发展国家，让马来西亚崛起成为新的"亚洲之虎"。[①] 此蓝图将成为政府制定未来十年经济政策的方向。在即将到来的第十二个及第十三个大马计划中应概述实施策略。

为了成功落实该愿景而推出的 7 个策略主轴，包括重构工商业生态系统，顺应未来经济发展，以及更有效地创造价值。该愿景也放眼大马不再满足于成为消费国，而是成为更具竞争力的创造国、生产国、供应国、服务供应商。[②] 由于此蓝图牵涉广大，本书无法一一列出，由此，本章作者从 15 项拟议的关键经济活动中重点选出两大关键，名为数字经济和工业 4.0。

[①] "Malaysia's Shared Prosperity Vision 2030 Needs a Rethink to Make a Breakthrough", ISEAS, No. 107, 2019.

[②] Prime Minister's office, *Shared Prosperity Vision 2030*, Prime Ministry office, 2019, https://www.pmo.gov.my/2019/10/shared-prosperity-vision-2030-2/.

第二节　数字化转型与数字经济

一　全球数字化转型

在创新已成为常态的世界中，全球数字转型倡议已成为游戏改变者，它对新技术、商业和社会而言有着独特的影响。在过去的几年里，国际市场出现了一系列令人振奋的新想法，几乎每周"改变游戏规则"的创新设计都会在产品线中脱颖而出，而这一现象在当今社会来说是"正常的"。

使用数字基础技术（例如，云端，传感器，物联网，智能分析或人工智能）释放出组合效应，以指数方式加速发展。在这种背景下，数字创新正在改变全球的业务和运营模式。众所周知，数字化转型具有巨大的潜力，可以改变消费者的生活，为企业创造价值并释放更广泛的社会利益。

根据世界经济论坛估计，在未来十年内，数字技术将为企业和社会带来约100万亿美元的价值。当然，数字转型存在一定的挑战，例如不适当的监管框架，基础设施的差距，对新技术的公众信任不足。可是，如果正确激励了利益相关者，那么大部分价值应该会实现，并把利益归于社会。

全球现在有数十亿个设备连接到互联网。到了2030年，这个数字预计将增长到1万亿。随着先进技术成本的持续下降，为商家提供更好的机会以创新的方式将技术联合起来。这释放了"组合"效果，技术组合的工作的能力远超过单独部署时的功能。

至今，全球拥有最著名的七项技术正在改变数字化转型研究涵盖的行业，这包括人工智能，自主性汽车，大数据分析和云端服务，物联网和连接的设备，机器人和无人机定制，定制制造品制造和3D打印以及社交媒体和平台。[1] 国际企业若能够掌握上述技术，它们就能借着"改变游戏规划"的机会而成为全球大赢家。

---

[1] "Digital Transformation Initiative in Collaboration with Accenture: Unlocking $100 Trillion for Business and Society from Digital Transformation", *World Economic Forum*, 2018, http://reports.weforum.org/digital-transformation/wp-content/blogs.dir/94/mp/files/pages/files/dti-executive-summary-20180510.pdf.

二 马来西亚数字化转型战略

符合全球数字化转型趋势和持续强化马来西亚在国际市场的竞争力，数字化转型是重要战略之一。马来西亚政府把数字化转型分成5大战略，这包括整体政府的应变、公开政府数据、电子—参与、多渠道服务输送和扩大用途以及缩小数字划分和落后群体的差距，每项战略都各有其中期和长期的计划和活动，以达到数字化转型的目标。①

表Ⅱ-1-2　　　　马来西亚数字化转型中期战略及计划

战略	计划
整体政府的应变	实施数字化营销以增加线上使用服务
	制定"数字优先但脚垫是人民"的政策
	制定大众数字服务的标准和准则
	建立提供数字公共服务的绩效机制
	提高数字化转型意识和采用
	开发信息共享中心和存储库
公开政府数据	提高开放数据门户
电子参与	加强和持续履行电子参与
多渠道服务输送与扩大用途	提供多渠道服务以提供核心服务
	鼓励和提高数字服务使用率低的政府部门
	增加一站式的核心服务以促进数字服务的采用
缩小数字划分与落后群体的差距	提高落后群体的数字知识
	扩大服务范围以让更多公众参与
	扩大接驳数字服务范围以及其连接能力

资料来源：MAMPU, Prime Minister's Department, Malaysia, "Digital Government Transformation Action plan prepared by the Task Force MAMPU", https://www.malaysia.gov.my/media/uploads/bede1ecc-81ce-469f-b424-d034ae7a5cf2.pdf.

---

① Prime Minister's Department, "Digital Government Transformation Action Plan Prepared by the Task Force MAMPU", The Government of Malaysia Portal, https://www.malaysia.gov.my/media/uploads/bede1ecc-81ce-469f-b424-d034ae7a5cf2.pdf.

此中期战略一共有29项活动以协助马来西亚政府达到其中期计划的目标。此中期计划已在2018年完成。数字化转型需要更长的时间来达标。所以，为了持续推广数字化转型，马来西亚政府也拟定一系列的长期计划。

表Ⅱ-1-3　　　　马来西亚数字化转型长期战略及计划

战略	计划
整体政府的应变	开发信息共享中心和资料库
多渠道服务输送与扩大用途	提高数字服务使用率低的政府部门
	制定全面性的电子参与平台
缩小数字划分与落后群体的差距	加强数字服务功能以使落后群体，例如，老年人、妇女、穷人、残疾人和移民人士能够参与数字服务

资料来源：MAMPU, Prime Minister's Department, Malaysia, "Digital Government Transformation Action Plan Prepared by the Task Force MAMPU", https://www.malaysia.gov.my/media/uploads/bede1ecc-81ce-469f-b424-d034ae7a5cf2.pdf.

长期战略最注重这3项战略（如表Ⅱ-1-3）。政策制定者需备有出色的条件，如卓越领导能力，清晰的分析能力和技术，优秀战略的运用与治理，足够的人才与劳动力以协助执行活动，先进的通信技术和丰富的顾客经验也是不可或缺的条件以达到数字转型的目标。总括而言，此战略的成功取决于它能否把马来西亚的数字服务，尤其是数字服务的应用以及数字经济普及化和深度化。

三　数字经济

数字经济是指私营部门和公共部门为采用和利用数字技术与人们交流，提供商品和服务以及履行其他核心职能以提高生产力和收入而采取的行动。[1] 据估计，从2016年至2021年，电子商务将从1.85万亿美

---

[1] MDEC, *Empowering Malaysians*, MDEC Portal, 2019, https://mdec.my/digital-economy-initiatives/income-opportunities/.

元（占零售总额的 8.6%）增长至 4.88 万亿美元（占全部零售额的 17.5%）。由于这是全球新走势，数字经济成为马来西亚发展的新动力，是其中一项马来西亚政府非常注重的长期战略之一。为了让数字经济普及化，马来西亚积极推动和鼓励人们上网，尤其是通过移动设备上网，并制订了一连串的计划，将宽频接入扩展到乡下，而马来西亚政府已经在数字技术上投入了大量资金，以使其系统和流程现代化。在此努力下，大多数大马公民都已连接到互联网，并且每个人不止一台手机，因而马来西亚也跃升成为世界上数字联系最紧密的国家之一。

根据世界银行的报告，马来西亚政府在促进企业家使用数字经济的努力是东盟中做得最好的国家之一。[1][2] 而且，在政府有效战略下，马来西亚展现了企业家才能，在东南亚如泰国，印尼，菲律宾等创立了一些备受赞赏与知名的数码初创公司（startup），其中包括 grab, carsome, imoney 及 kaodim。

马来西亚人民对数字技术的深入运用奠定了数字经济在本国起飞的基础，2016 年世界银行报告显示，马来西亚在 180 个国家/地区的数字采纳指数（DAI，此指数是为世界发展制定的全球指数）中排名第 41。此指数也分成 3 个子索引即人民、政府和企业。马来西亚在政府子索引上列世界第十，尤其在核心管理系统和数字身份识别方面表现出色。马来西亚，预计在零售电子商务销售额方面，每年将增长 15% 以上。由此推断，在 2016 年至 2021 年，马来西亚以每年增长 24% 的速度遥遥领先而用户渗透率有望在 2022 年提高 63%。其中，企业对企业（B2B）交易在 2015 年主导了马来西亚电子商务，它的总收入超过了 79% 而总支出则超越了 93%。

从劳工市场的角度来看，企业采用了数字技术既代表了机遇也代表了挑战。不断提高的数字技术能力可能会导致企业某些任务或工作自动化，从而将工作转移到新的位置，或者采用"零工经济"（gig economy）。这

---

[1] Statista, *E-commerce worldwide*, 2018, https://www.statista.com/study/10653/e-commerce-worldwide-statista-dossier/, E-commerce data from Statista include only a subset of business-to-consumer sales and exclude other channels. It therefore understates total e-commerce sales volumes in Malaysia but does provide a comparable international metric. 转引自 The World Group, *Malaysia's Digital Economy: A New Driver of Development*, September 2018。

[2] World Bank Group, *Malaysia's Digital Economy a New Driver of Development*.

可能导致员工的工资停滞或下降，而工作质量也会因此下降，但从反方向来看，数字技术也为劳工和企业提供了机会：它们降低了交易成本，将公司和劳工彼此联系起来，创新并支持提高生产力。总括而言，数字技术变革将影响到企业、劳工和经济体。它的影响程度则根据他们的准备程度而有所不同。马来西亚在创造与数字经济有关的工作方面做得很好。半导体的革命创造了就业机会也促进了高价值出口。在 1998 年至 2008 年，马来西亚创造了超过 20% ICT 运营和用户支持技术人员有关的职位。这表明，在未来，马来西亚有能力在生产和使用数字技术的同时，推动新职业的发展。

马来西亚政府在"2020 年财务预算案"中对在五年内实施国家光纤化和连接计划（NFCP），拨款高达 216 亿林吉特，① 此计划将在全国提供全面的高速宽带覆盖和高质量的数字网络。另外，政府也拨款 2.1 亿马币，以加快公共建筑（尤其是学校）以及高影响区（如工业园区）的新数字基础设施的部署。在此计划下，马来西亚数字经济公司（MDEC）的首要任务是组织和领导马来西亚的数字经济向前发展。2020 年预算中宣布的 12 项关键举措对使马来西亚成为数字技术和服务的首选投资目的地至关重要。

（一）马来西亚物联网的实况

马来西亚是一个精通互联网的国家，大约有 80% 的人口是活跃的互联网用户，手机使用率极高。马来西亚人口快速增长，经济快速发展，拥有先进的数字技术基础设施，是东南亚最具吸引力的电子商务市场。目前，马来西亚已经建立了约 200 个工业区，并为工业发展作了准备，此外还有"马来西亚技术园"（Technology Park Malaysia）和"居林高科技园"（Kulim Hi-Tech Park）等专门园区。

随着消费者行为的变化以及电子商务平台和电子零售商的竞争日益激烈，传统零售商开始利用技术并将在线服务纳入其业务模型并根据变化量身定制其战略，从而使在线到离线集成成为主要宗旨。尽管电子商务获得

---

① Ministry of Finance, "Driving Growth and Equitable Outcomes towards Shared Prosperity, Budget 2020", Ministry of Finance Official Portal, 2019, https：// www. bnm. gov. my/documents/budget/bs2020. pdf.

了长足的发展,但实体店仍然占据了大部分购物时间。诸如基于位置的服务,交互式镜像、物联网,虚拟现实和增强现实之类的数字技术可以提高购物者的便利性,游戏化零售环境,提高客户参与度并提高客户满意度。

其中物联网更得到大肆宣传,在这里,大小不一的事物都可以通过无线技术连接起来,从而彼此之间以及与人类进行通信。在未来,组织可以提高效率,实现新的业务模式,挖掘新的收入来源并扰乱竞争。除了电子商务和物联网息息相关,其中物流也扮演重要的角色。电子商务中物流技术的全球化使其成为国际托运人的理想之选。虽然有些公司可能经营内部物流企业,例如 Home Depot(美国最大的家居装饰零售商),其全渠道销售能力达到 70%。[1]

然而许多公司更偏爱于求助物流提供商以进一步节省成本,把资金集中在提升产品质素。为此物流供应商将需要增加技术投资,以使当今的团队超出现有能力。目前马来西亚的主要物流公司——Post Malaysia 和 J & T express 仍是电子商务平台的首选。物联网技术为电子商务零售商提供了从客户下达订单到客户家门口之间的全程跟踪客户订单的优势。零售商可以更好地了解订单履行过程,从而满足在线购物量更多的消费者的需求,通过管理系统跟踪库存,自动定位商品。GPS 和 RFID(射频识别)等基于云端的技术还为零售商提供了交通状况、天气、位置和人员身份等数据,从而使物流管理更加高效。它还有助于自动化运输和交付,解决货物丢失的问题,同时优化车辆路线。[2]

(二) 工业 4.0

政府在第十一大马计划的中期审查中表示,随着国家工业 4.0 政策的推出,这将加强对与工业 4.0 相关技术的采用。该政策为促进采用与工业 4.0 有关的技术提供了行动计划,以提高制造业的生产率和竞争力。特别是在中小型企业中。政府希望工业 4.0 在人们心目中成为司空见惯的名词。它代表着一个未来,它有望带来加速破坏和新技术的诞生,这将彻底

---

[1] *Home Depot Annual Report 2019*, https://ir.homedepot.com/~/media/Files/H/HomeDepot-IR/2020/2019_ THD_ AnnualReport_ vf. pdf.

[2] Cheng, Chen & Hsu, "A New Approach to Integrate Internet-of-Things and Software-as-a-Service Model for Logistic Systems: A Case Study", *Sensors*, Vol. 14, No. 4, 2014, pp. 6144 – 6164.

改变人民的日常生活。① 政府强调，工业 4.0 是马来西亚制造业最急需的演变，由于传统制造企业依然依赖资本和劳动力作为生产力的杠杆，除非它们愿意迅速接受工业 4.0，以提高生产力并进一步增强竞争力，否则它们将会被淘汰。

为此，政府将推出一项国家政策，旨在 2018 年至 2025 年改变制造业和相关服务。该政策包含三个愿景，使马来西亚成为：

①亚太地区智能制造及相关服务的战略合作伙伴；

②高科技产业投资的主要目的地；

③尖端技术的整体解决方案提供商。

这项政策在国际贸易和工业部领队，并由各大主要政府部门如财政部，多媒体和通信部，人力资源部，教育部和能源、科学、技术、环境与气候变化部以及机构、行业和利益相关者共同策划。② 为了启动工业 4.0，政府于 2019 年及 2020 年财务预算案中更罕见地注入大量拨款，由此可见政府的决心。根据前国际贸易和工业部副部长王建明在一项访问中表示，截至 2019 年 5 月，已有大约 300 家中小型企业签署了工业 4.0 计划。③

表 Ⅱ-1-4 马来西亚政府于 2019 年财务预算案中对工业 4.0 的拨款

相关政府部门	支持工业 4.0 的措施
Malaysia Productivity Corporation（MPC）	政府将从 2019 年到 2021 年之间拨款 2 亿 1000 万林吉特以支持过渡和迁移工业 4.0。MPC 将进行将进行评估，以协助多达 500 个中小企业提升到工业 4.0 技术
Minister of Finance Incorporated	激励中小企业投资自动化和现代化是工业 4.0 的一部分，20 亿林吉特将在 Skim Jaminan Pembiayaan Perniagaan（SJPP）下提供贷款担保计划，政府将提供担保金额最高可达融资额的 70%

---

① Prime Minister's Office, *Launch of Industry 4wrd National Policy on Industry* 4.0, Perdana Hall Miti, October 2018.

② MITI, *Industry 4WRD: National Policy on Industry 4.0*, 2018, https：//www.miti.gov.my/miti/resources/National%20Policy%20on%20Industry%204.0/Industry4WRD_ Final.pdf.

③ Malaysiakini, "Over 300 SMEs Sign up for Industry 4.0 Scheme", May 2019, https：//www.malaysiakini.com/news/475056.

续表

相关政府部门	支持工业 4.0 的措施
Bank Pembangunan Malaysia Berhad	政府将设立 30 亿林吉特数字化转型基金 2% 的利息补贴。该基金的目的是加速行业采用与工业 4.0 相关的技术，包括机器人与人工智能
Malaysian Investment Development Authority	MIDA 将继续通过高影响力基金（HIF）提供匹配的赠款，重点促进工业 4.0 倡议。这包括诸如研发，通过国际认证和标准，设施的现代化和升级最新技术的工具
Khazanah	国库控股将领导并开发一个 80 英亩的土地在苏邦发展成为世界一流的航空工业中心。国库控股还将与所有相关机构合作，特别是 MARA 生产高技能工人以满足行业需求

资料来源：马来西亚财政部。Ministry of Finance, *Budget 2019*, Ministry of finance official portal, 2018, https://www1.treasury.gov.my/pdf/budget/speech/bs19.pdf.

除上述措施外，政府也提出双重税收减免以提高就业率。其中包括提高毕业生与工业 4.0 相关的技能劳动力的能力，（1）用于公司提供的奖学金和助学金报名参加技术和职业课程的学生工程培训，文凭和学位课程和技术；（2）公司参与活动所产生的费用在国家工业双重培训计划 4.0 中经人力资源部批准；（3）用于进行结构化的费用面向学生的培训和实习计划工程和技术领域经人力资源部批准。

（三）问题与挑战

马来西亚的数字经济面临 3 项重大挑战。首先，商业机构在涉及有效应用深度数字技术方面落后于政府和人民。根据马来西亚国家统计数据，企业对数字技术的采用和使用集中在几个部门和州属。[1] 调查显示电子商务采用率与大城市和出口导向型产业以及生产率有着正相关。在 2015 年，

---

[1] Department of Statistics Malaysia, *Malaysia in Figures 2017*, August 2017; Department of Statistics Malaysia, *Economic Census 2016: Usage of ICT by Businesses and e-Commerce*, November 2017; Department of Statistics Malaysia, *Economic Census 2011*, select data, 2012, 转引自 The World Group, *Malaysia's Digital Economy: A New Driver of Development*.

约莫 80% 位于吉隆坡，槟城，雪兰莪和布城的大型城市的企业都会用互联网。反之，小城市或小镇的使用率则偏低。

虽然马来西亚宽频在 2010—2015 年增长了两倍，但很多行业所采用的网络依然速度缓慢。截至 2015 年，只有 46% 的企业建立了固定宽频。按照国际标准，马来西亚企业使用的宽频低于国际水平。此现象减少宽频的需求和竞争，并且导致了昂贵、劣质的宽频服务。马来西亚如果继续以目前的发展速度，那么它将在未来十年的发展中失去竞争力。由于服务不周，企业家仍然缺乏正确的技能和获取私人资本的途径和专业知识以满足他们蓬勃发展的需求。而且，在 2015 年，全国只有 29% 的商业机构拥有某种形式的网站。总体而言，网站的存在与互联网应用的增长步伐不一致：① 每两个应用互联网的企业中，只有 1 家在网上建立了业务。马来西亚人对互联网的使用方式在一定程度上解释了业务吸收率低的原因。近 87% 的马来西亚人每天至少使用一次互联网，10% 的人每周至少使用一次互联网，其余 3% 的人每周使用互联网的次数少于一次。但大多数用途是在家或通过移动电话；只有 41.5% 的人是在工作场所使用互联网。②

马来西亚数字经济面对的第 2 项挑战则是运用不均的问题。大部分采用数字技术的企业是庞大的制造业。这表明规模较小或农村企业对数字经济还不熟悉，而且采用和接收度也不高。具有高于平均水平的产出和生产率的大型的制造业，采矿及采石业使用互联网的概率比一般企业都高。服务业也有相同的迹象，大型的企业，例如，产量比一般企业更大或服务价值更高的企业就有高的互联网使用率。总括而言，中小型与普通企业相比，使用互联网的可能性更低。③ 此外，尽管有许多政府计划专门旨在帮助中小型企业同时使用互联网，但只有 41% 的中小型企业拥有互联网，而其他企业比例为 62%，相差 21%。因此，总体上仍存在很大的差距。中小型企业在马来西亚经济中发挥举足轻重的作用，例如在 2018 年，它

---

① Department of Statistics Malaysia, 2017, 转引自 The World Group, *Malaysia's Digital Economy: A New Driver of Development*.

② World Bank Group, *Malaysia's Digital Economy: A New Driver of Development*, September 2018.

③ Department of Statistics Malaysia, *Economic Census 2016: Usage of ICT by Businesses and E-Commerce*, November 2017; Department of Statistics Malaysia, August 2017, 转引自 The World Group, *Malaysia's Digital Economy: A New Driver of Development*.

占了马来西亚总业务的绝大多数（98.5%），占生产总值的 38.3%，出口总额的 17.3% 和就业总人数的 66.2%。① 所以，马来西亚政府必须吸引更多的中小型企业在业务上使用互联网以加速数字经济在马来西亚发展，② 以便商业机构能够从数字经济中获取更好的经济效益。

马来西亚数字经济面对第 3 项挑战为数字经济税收立法。马来西亚需要改革其法律和政策，以确保其税基充分反映数字经济产生的交易规模和利润。同时，重要的是，不能干扰数字经济的增长。马来西亚目前对数字经济中的跨境交易征税的手段有限。2018 年 1 月，马来西亚签署了一项更新国际税收规则的多边公约，为解决税收问题迈出了重要一步。③ 在向数字经济征税方面，马来西亚有三种选择：（1）将税基扩大到境外企业，（2）平衡国内外公司之间的竞争环境，（3）支持主流税收。目前马来西亚政府已对外国数字服务提供商征收 6% 的数字服务税，该税收从 2020 年 1 月 1 日起生效。此举旨在在数字领域创造一个公平的竞争环境。然而，数字经济税收的灰色区域是税务机关将如何强制合规并审核在马来西亚没有办事处的外国数字服务提供商的问题。尤其对在马来西亚没有办事处的外国公司提起法律诉讼也很困难。④ 目前大马政府没有进一步的指示。

为了克服数字经济的挑战，马来西亚政府在 1996 年成立马来西亚数字经济公司私人有限公司（MDEC）。首要目标是推动数字经济。由于大部分的商家没有广泛使用深度数字技术，MDEC 需要采取积极的方式来推动此技术和举办多项免费或收费低廉的工作坊来指导商家。MDEC 也需要适当地利用他们所管理的平台来培养本地科技公司的成长。可靠、超快速

---

① SME Corporation Malaysia, *SME Annual Report 2018/2019 Entrepreneurship Driving SMEs*, 2020, https://www.smecorp.gov.my/index.php/en/? option = com_ content&view = article&layout = edit&id = 3911.

② MDEC, Bring Malaysia's SMEs to the Next Level, 2019, MDEC Portal, https://mdec.my/digital-economy-initiatives/for-the-industry/sme/.

③ E. &Y., "Malaysia signs Multilateral Convention to Implement Tax Treaty Related Measures to Prevent BEPS", 2018, https://www.ey.com/Publication/vwLUAssets/Malaysia_ signs_ Multilateral_ Convention_ to_ Implement_ Tax_ Treaty_ Related_ Measures_ to_ Prevent_ BEPS/ $ FILE/2018G_ 011790-18Gbl_ Malaysia%20signs%20MLI%20to%20prevent%20BEPS.pdf.

④ Yeoh, "Malaysia - Digital Economy—Is Our Tax System Smart Enough", 2020, http://www.conventuslaw.com/report/malaysia-digital-economy-is-our-tax-system-smart/.

又廉宜的宽频互联网服务是数字经济潜力的关键也是确保马来西亚的数字措施无处不在的首要条件。所以，MDEC 当务之急是积极地把数字技术推广到全国各地。

展望未来，马来西亚需要提高固定宽频服务的质量和降低价格，而宽频服务必需奠定基础速度超过 100 Mbps。为了实现这些目标，马来西亚政府和监管机构需要考虑促进公共政策和通过法规来促进宽频市场的竞争，以更有效地利用现有基础设施并吸引私营企业资本来填补剩余的覆盖缺口。以目前而言，马来西亚的固定宽频市场少有竞争对手。一家宽频公司控制了市场的 92%。这使马来西亚的固定宽频市场的竞争比所有东盟和经济合作与发展组织国家都少。利益相关者投告说，此家宽频公司利用其市场庞大的力量来限制网民登网并收取高于竞争市场的价格。所以，马来西亚政府需要更加积极地通过法规和大力实施监管框架把宽频市场由垄断竞争结构改成竞争结构。此外，政府要解决小城市或小城镇稀少使用宽频的方案，服务提供商需与州政府和地方议会合作，在其领土内签发许可证以拥有建立基础设施，网络和手机信号塔的权利。

此外，由于中小型企业对国家经济发展至关重要，也奠定了数字经济在马来西亚的成败。所以，马来西亚政府正在积极鼓励更多本地企业进入技术领域。政府在 2020 年预算中制定了有利于数字采用的条款。MDEC 也需要帮助中小型企业转型。它采取各种措施，以帮助中小型企业（SME）采用数字工具，例如远程工作，电子商务和与支付相关的操作。MDEC 也需要在未来的制定数字采用政策上，为中小型企业带来各种好处，例如精简员工队伍、降低成本、自动化业务流程，提高收入以及提高客户或员工满意度。[1]

此外，其中一项重要的战略是与中国合作。中国电子商务巨头阿里巴巴在马来西亚雪邦启动了数字自贸区，这是该公司在中国以外的世界贸易平台的首次扩展。数字自由贸易区是一项计划，旨在利用互联网经济和跨境电子商务活动的融合和指数增长。设置数字自贸区的目的是促进无缝的跨境贸易，并使本地企业通过电子商务能够优先出口其商品。而且，东盟

---

[1] "MDEC embarks on efforts to help SMEs adopt digital technology", *The Edge*, June, 2020, https://www.theedgemarkets.com/article/mdec-embarks-efforts-help-smes-adopt-digital-technology.

自由贸易区将提供物理和虚拟区域,以促进中小企业利用互联网经济和跨境电子商务活动的指数增长融合。与中国电子商务巨头的合作将使更多的马来西亚中小企业采用数字技术而且此合作是马来西亚发展数字经济的最佳策略之一。

表Ⅱ-1-5　　马来西亚数字经济公司（MDEC）于 2020 年财政预算案中的首要任务

吸引投资的诱因	成立由财政部和国际贸易与工业部共同主持的国家投资委员会（NCI），以加快批准外国和国内直接投资的程序 为了吸引《财富》500 强公司和全球独角兽企业，在未来 5 年内，每年将提供高达 10 亿林吉特（2.5 亿美元）的定制打包投资激励措施和税收优惠政策，以进一步促进电气和电子领域的高附加值活动，以过渡到 5G 数字经济和工业 4.0 配套的赠款机制，采用公私伙伴关系方法，覆盖全国范围内的高速和高质量数字连接，涉及总投资 216 亿零吉（54 亿美元）
在基础架构和应用程序中实现数字化	5G 生态系统发展补助金总额达 5000 万零吉（1250 万美元），以资助马来西亚公司开发技术以应对全球 5G 浪潮。 总额为 2500 万零吉（625 万美元）的可竞争的对等拨款基金，用于刺激更多数字应用试点项目，例如无人机交付，自动驾驶汽车，区块链技术，其他利用马来西亚在光纤和 5G 基础设施方面的投资的产品和服务。 Smart Automation 为制造业和服务业公司提供 5.5 亿林吉特（1.375 亿美元）的配套赠款，以实现业务流程自动化。 根据工业革命 4.0（IR4.0），将建立 14 个数字增强中心，以便利企业（尤其是中小型企业）获得融资和能力建设；并为此目的为 MDEC 预留了 7000 万零吉（1750 万美元）
建设数字马来西亚人	引入数字社会责任概念是一项举措，旨在为数字经济发展做出贡献，同时通过诸如技术奖学金，可抵税社区的数字技能培训和技能提升等举措来提高未来劳动力的数字技能。 拨款 4.5 亿林吉特（1.125 亿美元），以向合格的马来西亚人实施一次性的 30 零吉数字刺激，以增加使用电子钱包的马来西亚人，商人和中小型企业的数量。 拨款 1100 万林吉特以灌输科学、技术与创新文化，并鼓励更多的科学、技术、工程与数学（STEM） 还从人力资源开发基金（HRDF）中拨款 2000 万林吉特（500 万美元），与 2000 万林吉特相匹配，以鼓励在职成年人参加与 IR4.0 相关的专业认证考试

续表

创建数字乌托邦	全球测试平台计划旨在通过吸引全球数字化人才和投资者的兴趣来吸引下一代新兴技术在马来西亚进行创新,特别是在金融科技,区块链和无人机领域。 新的数字人才发展战略框架,旨在动员和协调马来西亚本地和国际舞台上端到端的技术人才的培养,以解决对精通数字的劳动力不断增长的需求

资料来源:MDEC, *National Budget 2020*:*12 Reasons Why Malaysia is the Preferred Digital Investment Location*, 2019, https://mdec.my/blog/? p=283.

第三节 与周边国家的经济合作战略

国际贸易在马来西亚的经济中扮演着重要的角色。根据马来西亚贸易和工业部 2018 年的报告,贸易保护主义政策在 2018 年的兴起导致进口关税提高。美中贸易关系的不确定性间接影响了全球贸易流量。此外,商品价格的波动也继续影响马来西亚的贸易额。为此,马来西亚政府通过马来西亚对外贸易发展公司(MATRADE)开展了一系列不同类型的 96 个出口促进计划,包括参加贸易展览会,出口加速任务和商业任务以促进马来西亚出口商与外国买家之间的业务往来。这些项目把目标锁定在高价值出口,例如电气与电子、石油和天然气以及航空航天工业,以及继续将马来西亚的产品在国际市场例如东盟、中国和印度不断扩展。

在政府的努力下,在 2019 年,马来西亚的生产总值为 1.51 万亿林吉特。其中,马来西亚向世界输出的商品和服务总额达 4910 亿林吉特(MITI, 2020)占据生产总值的 33%,比 2018 年的 4857 亿林吉特增长了 53 亿林吉特。向东盟国出口的商品额则达 928 亿林吉特,是总商品出口额的 29%。[1] 中国也持续成为马来西亚最大的贸易伙伴。所以,这一节的重心将放在东盟长期经济战略/文化发展及马来西亚与中国长期经济战略/文化发展,并用第十一大马计划来分析以下的战略。

一 东盟成员国之间的贸易和马来西亚在东盟贸易中所占据的位置

东盟每年举办各类活动来促进区域的发展,由于马来西亚积极的参

---

[1] MITI, *Malaysia Trade in Goods and Malaysia Trade and Malaysia Trade in Services*, 2020, https://www.miti.gov.my/index.php/pages/view/4824? mid=609 and https://www.miti.gov.my/index.php/pages/view/4914.

与，东盟国已经成为马来西亚重要的贸易伙伴。制成品是马来西亚最重要的出口品，而它的主要出口商来自东盟国家。此外，位于马来西亚，吉隆坡的 InvestKL 成立于 2011 年，是吉隆坡的枢纽，其主要任务是吸引大型跨国公司建立区域服务。总括而言，跨国公司必须进行数字化活动，进入东盟或亚太市场并准备利用它作为跳板来扩大全球市场份额。

表Ⅱ-1-6 　　2010—2018 年东盟国之间的货物贸易数额（百万美元）

年份	2010	2011	2012	2013	2014	2015	2016	2017	2018
数额	978332.3	1205235.6	1273290.7	1309127.7	1293520.1	1139960.7	1122893.7	1281096.2	1431043.1

资料来源：《2019 东盟统计年鉴》。

根据表Ⅱ-1-6 的数据，从 2010 年到 2018 年，东盟国家之间的贸易额有逐年进步的迹象，除了 2014 年至 2016 年的小幅度下滑。此数据证明了东盟国家在经济上的密切关系。此外，马来西亚在 2000—2018 年的经济增长为 6.5%，在东盟国家中表现杰出，排名第三，仅次于高速发展中的柬埔寨和老挝。

（一）东盟对外关系

东盟从 1967 年成立至今和世界上许多国家、地区联盟在经济、文化上建立了良好关系。[①] 身为东盟活跃的创始国，马来西亚也间接和这些国家有进一步的交流，这也是马来西亚对外战略之一。

根据马来西亚国际贸易和工业 2018 的报告，马来西亚签署了 8 项区域自由贸易协定，其中 6 项与中国、日本、韩国、印度、澳大利亚和新西兰所签署的协定是通过东盟生效。而且，中国（排名榜首）、美国、日本、韩国、澳大利亚成为马来西亚 2017—2018 年亚太经济合作组织（APEC）的十大贸易伙伴。这 5 个国家的总贸易额高达 729807.5 百万林吉特，占了马来西亚与 APEC 的总贸易额的 50.14%，也比 2017 年的总额增加了 6069.8 百万林吉特。

此外，2018 年马来西亚排名前五位的贸易伙伴，顺序为中国、新加

---

① 更多东盟对外的交流和协议，请参见 ASEAN Secretariat Available at https：//asean.org/asean/external-relations/。

坡、美国、日本、泰国，进一步证明了马来西亚积极参与东盟计划及相关峰会是明确的国家战略，因为其中的两国——新加坡和泰国是马来西亚的盟友。而中国、美国和日本则是东盟十国外与东盟在经济、文化方面有着频密交流与合作的国家。数据显示，中国从 2009 年至今，一直是马来西亚最大的贸易伙伴。所以，马来西亚除了积极参与东盟活动，也采用其他战略。

（二）东盟共同体

东盟共同体由三个支柱组成，即东盟政治安全共同体、东盟经济共同体和东盟社会文化共同体。本章将关注东盟经济共同体与东盟社会文化共同体。

《东盟经济共同体 2025 蓝图》旨在实现东盟于 2025 年达成经济共同体的愿景。为了达成此愿景，《东盟经济共同体 2025 蓝图》包含五个在区域经济和国贸竞争力上相互关联且相辅相成的特征。这些特征支持东盟经济共同体的愿景也考虑到东盟十国的差异，所以有弹性和包容性。此愿景与第十一个大马计划在很大层次上有相同之处。身为东盟的核心，马来西亚在达成东盟的愿景上，发挥关键性的作用。

此外，鉴于东盟面临的复杂挑战，例如，贫富的巨大差异，东盟社会文化共同体的成立可以让东盟国家和人民感受到加入东盟的好处。因此，《东盟社会文化共同体蓝图 2025》将致力推动一个使人民参与并从中受益的社区。它具有包容性、可持续性、弹性和活力。其提高人民福祉的目标也是第十一个大马计划六个战略性推力之一。

如东盟达到以上的目标，第十一个大马计划的六个战略性推力之一，改善全民福祉，也可间接达标。所以，马来西亚也极力推动此蓝图的措施。根据东盟秘书处 2019 年的报告，[1]东盟十国的基尼系数是在 0.463—0.364 之间。[2] 如《东盟社会文化共同体蓝图 2025》达标，东盟人民的收入差异将会收窄而基尼系数会下降。此现象会提升各东盟国的人民的购买能力而间接扩大马来西亚的国际市场。

---

[1] The ASEAN Secretariat, *ASEAN Statistical Yearbook 2019*, 2019, https：//www.aseanstats.org/wp-content/uploads/2020/01/ASYB_ 2019.pdf.

[2] The ASEAN Secretariat, *ASEAN Socio-Cultural Community Blueprint 2025*, March 2016, https：//asean.org/? static_ post = asean-socio-cultural-community-blueprint-2025.

二 马来西亚与中国长期经济战略/文化发展

中国驻马来西亚大使白天表示，1974年中国总理周恩来与马来西亚时任首相签署中马建交公报，正式开启两国外交关系。马来西亚是东盟国家中第一个与中国建立邦交的国家（中华人民共和国驻马来西亚大使馆，2018），[1] 至今已有46年的历史。

中国于2001年加入世界贸易组织，更加促进了贸易和投资自由化进程。马来西亚位于东西方贸易之路的核心，此位置能够让商品比较便捷入东盟、中国、印度、澳大利亚、新西兰等市场。[2]另外，马来西亚拥有世界权威的清真认证体系，能以最便捷的途径让中企获得进入伊斯兰市场的通行证，开拓国际清真市场。近年来，马来西亚宏观经济保持增长态势，过去三年平均国内生产总值增长4.9%，马来西亚政府也推出了多项致力于推动经济可持续发展的"经济转型计划"，重点提高生产力和创新能力，提高全球竞争力。除了地理位置和经济构架，马来西亚华人文化也是促使中马关系密切的重要因素之一。马来西亚拥有完整和别具一格的华文教育、华文报纸杂志和华人社团。[3] 此外，马来西亚也保留和维持着几乎完整的华人民俗并通过华团活动把它发扬光大。其实，在马来西亚，除了保留华人民俗，马来西亚华人还把它加以创发，并且开始传扬四海，如二十四节令鼓、高桩舞狮、扯铃表演等。而独有的中秋园游会，也影响了马来西亚的马来人和印度同胞的参与。相近的文化使马来西亚和中国的沟通和交流更为顺畅。

此外，在"一带一路"倡议和国际产能合作的推动下，中马两国在政治、经济、人文、安全等各领域的务实合作都在不断顺利推进。目前中企在马来西亚的投资不仅包括对当地地产和基建项目的联合开发，如马来西亚"东海岸铁路"项目、"马六甲皇京港"项目等，也涵盖了电信、汽

---

[1] 中华人民共和国驻马来西亚大使馆：《习近平主席会见马来西亚总理马哈蒂尔》，2018年，中华人民共和国驻马来西亚大使馆网，http://my.china-embassy.org/chn/sgxw/t1586637.htm

[2] Holst, D. R. & Weiss, J., "ASEAN and China: Export Rivals or Partners in Regional Growth?" *The World Economy*, Vol. 27, No. 8, 2004, pp. 1255-1274.

[3] 廖文辉：《试论马来西亚作为华人文化圈的内涵和特色》，《华人研究国际学报》2017年第2期。

车、高科技等制造、服务业的各个领域。中马合作使马来西亚更快速地达到第十一大马计划的六大战略性推力的其中2项，即加强基础设施以支持经济扩张和重新设计经济增长以实现更大的繁荣。以上所属的种种是促成中国从2009年至今，成为马来西亚最大贸易伙伴的重要因素。

中马签署了许多备忘录，其中最为活跃的是由马哈蒂尔首相和李克强总理于2019年4月25日签署的三份备忘录。

（一）隶属原产业部的大马棕油理事会（MPOC）及中国商务部旗下的中国食品土畜进出口商会（CFNA）谅解备忘录①

此备忘录最主要的目的，是提高马来西亚和中国在棕油方面的贸易与合作。这表示中国在五年内（2019年到2023年）将购买额外190万吨马来西亚棕油，估计价格在45.6亿林吉特，并将投资至少20亿林吉特用于生物喷气燃料工厂，2亿林吉特用于生产不饱和脂肪。两国进一步同意共同鼓励使用人民币进行棕油贸易，但必须遵守马来西亚国家银行的规定批准。这意味着，中国是继欧盟和印度之后，马来西亚棕油和棕油产品的主要贸易伙伴。目前中国是世界最大的棕油消费国。

由于全球第二大棕油进口市场欧盟以环保为由，禁止棕油为生物燃料，并停止购买没有永续棕油认证的油棕产品；同时，全球最大棕油出产国印尼把关税减至零以提振棕油出口，直接导致国内油棕滞销，马来西亚棕油库存承受很大的压力。随着中马买卖棕油的突破性发展，对马来西亚，尤其是棕油业者而言，都是一项利好消息。

（二）马来西亚投资发展局（MIDA）和中国交通建设公司（CCCC）之间的谅解备忘录②

签署这项补充协议仪式后，马来西亚投资发展局将会和中国交通建设公司重新恢复"东海岸铁路"项目。中国交通建设公司是一家中国国有企业，与马来西亚铁道公司以60∶40的比例成立合资企业，共同开发"东海岸铁路"。"东海岸铁路"计划未来将成为东西铁路运输网络，刺激沿线的商业、物流、出入口，以及旅游发展活动。随着外国直接投资和本

---

① Lye, "China-Malaysia Relations Back on Track?" ISEAS, No. 28, 2019, pp. 1–9.
② MIDA, *Malaysia offers new strategic locations for foreign and domestic investors along the ECRL corridor*, 2019, https://www.mida.gov.my/home/malaysia-offers-new-strategic-locations-for-foreign-and-domestic-investors-along-the-ecrl-corridor/posts/.

地投资流入，以及工业、商业和旅游领域具有潜力的成长，这条铁路将缩短大马东西海岸发展鸿沟。这些催化项目将创造大范围的商业和工作机会，包括"东海岸铁路"走廊沿线的工业园、物流枢纽，以及公共交通导向发展。

（三）恢复大马城（Bandar Malaysia）与原始财团成员 IWH 和 CREC 之间的框架协议①

继 TRX City Sdn Bhd 与 IWH-CREC Sdn Bhd 签署股份出售协议和股东协议后，马来西亚政府决定恢复于 2017 年 5 月被搁置的马来西亚城（Bandar Malaysia）项目，因为该项目将对大马经济产生重大影响。TRX City 由财政部独立拥有，而 Iskandar Waterfront Holdings Sdn Bhd（IWH）与中国铁路工程公司（M）Sdn Bhd（CREC）合资共同拥有 IWH-CREC。

根据签署的协议，IWH-CREC 将以 74 亿 1000 万林吉特，从 TRX City 手中收购该项目的主要开发商马来西亚私人有限公司 60% 的股权。此代价包括其承诺承担大马来城发行的 16 亿林吉特回教债券 60% 的义务。

此项目一旦落实，大马城将吸引大型跨国公司迁移到马来西亚。阿里巴巴和华为均表示有兴趣在大马城开设枢纽。这符合政府的战略，即在充满挑战的全球环境下，吸引跨国公司到马来西亚投资高科技和高价值领域，并提高马来西亚的生产力和竞争力。

马来西亚于 2020 年 1 月 25 日至 9 月 2 日共确诊 9354 例新冠疫情病例，其中 128 宗为死亡病例。② 根据马来西亚国家银行的数据，由于马来西亚采取了控制国内新冠疫情的措施，例如行动管制令，使马来西亚的经济活动在 2020 年第二季度急剧收缩。此外，马来西亚失业率急剧上升。相比之下，在 2009 年国际金融危机期间，马来西亚的失业率仅为 3.7%，而在 1998 年亚洲金融危机期间为 3.2%。然而，根据马来西亚统计局的数据，新冠疫情失业率远远超越之前的失业率。2020 年 1 月，马来西亚的失业率仅为 3.2%，而 4 月已迅速上升至 5.0%，在 5 月则更高达 5.3%。

---

① Prime Minister Office, *Government to Reinstate Bandar Malaysia Project*, 2019, https://www.pmo.gov.my/wp-content/uploads/2019/04/PRESS-STATEMENT-GOVERNMENT-TO-REINSTATE-BANDAR-MALAYSIA-PROJECT.pdf.
② 世界卫生组织，WHO Coronavirus Disease（COVID-19）Dashboard, 2020, https://covid19.who.int/region/wpro/country/my。

自 2020 年 5 月初以来，马来西亚政府逐步开放经济，经济活动已从第二季度的低谷开始慢慢恢复。财政刺激方案以及马来西亚政府实施的货币和金融措施将继续为经济前景改善提供支撑。但是，它仍然要承受来自国内外不明因素的风险。[①]

世贸组织建议发展中国家考虑将经济转型至数字经济以修复经济，并提及新冠疫情在全球迅速蔓延，提醒人们需要更紧密的世界联系。为了促进经济复苏和降低失业率，马来西亚采用的措施和世贸组织的建议相似。它越发注重数字经济，积极改善数字化基础设施，并且推出各类激励措施以协助和增加向数字化迈进的公司开拓业务。此外，马来西亚继续与东盟、中国和其他国家在经济、文化以及其他方面保持紧密合作，以确保国家经济的可持续发展。

---

① 马来西亚国家银行，Economic and Monetary Review 2019，2020，https：//www.bnm.gov.my/ar2019/files/emr2019_ en_ ch2. pdf。

第二章　投资与营商环境述评

营商环境是指市场主体在准入、生产经营、退出等过程中涉及的政务环境、市场环境、法治环境、人文环境等有关外部因素和条件的总和。

一个地区营商环境的优劣直接影响着招商引资的多寡，同时也直接影响着区域内的经营企业，最终对经济发展状况、财税收入、社会就业情况等产生重要影响。良好的营商环境是一个国家或地区经济软实力的重要体现，是一个国家或地区提高综合竞争力的重要方面。[①]

马来西亚整体营商环境充满活力，在全球所有经济体中排名靠前。在世界银行发布的《2020年营商环境报告》中，马来西亚的营商环境在东南亚排第二，在全球190个经济体中位列第12名。在世界经济论坛发布的《2019—2020年全球竞争力报告》中，马来西亚在所有东盟国家中排名第二，在彭博社发布的2018年新兴市场评分表中，马来西亚被评为亚洲最具吸引力的新兴市场。

马来西亚地理位置优越，位于东南亚的中心，扼守马六甲海峡，连接海上东盟和陆上东盟，拥有稳健的经济实力、稳定的金融环境、完善的基础设施、高素质的劳动力、健全的法律体系以及大量的投资优惠政策，为生产针对区域和国际市场的投资商提供具有成本竞争力的营商环境。但同时对外部环境高度依赖的外向型经济特征、复杂的税收体系、不明朗的政局走向、法律对招商引资的限制也给企业营商带去不小的挑战。马来西亚政府十分重视吸引国内外投资来促进经济发展，近年来，不断通过政治、经济等方面的改革来改善马来西亚的营商环境，使马来西亚营商环境在各

---

① 百度百科"营商环境"定义。

个国际机构报告中的排名不断提升。①

世界银行从 2003 年开始，就对世界主要经济体的营商环境质量进行评估和排名，本章将结合世行发布的《营商环境报告》，从总体概况、具体环节以及问题和改进三方面分析马来西亚的营商环境。

第一节　总体概况

世行的《营商环境报告》构建了一套比较完整的投资便利化评价体系，将企业在一国投资经营的流程细分为十一个环节，包括开办企业（startting a business）、获得施工许可（dealing with construction permits）、获得电力（getting electricity）、登记财产（registering property）、获得信贷（getting credit）、保护中小投资者（protecting minority investors）、纳税（paying taxes）、跨境贸易（trading across borders）、合同执行（enforcing contracts）、办理破产（resolving insolvency）、雇佣劳工（employing workers）。

世行对各个营商环节的主要评估指标如下：

开办企业环节，主要对在对象国开办有限责任公司需要办理的手续以及花费的时间和成本进行评估；

获得施工许可环节，主要评估完成建造仓库的所有程序，所需的时间和成本以及在获得施工许可过程中的质量监管与安全机制；

获得电力环节，主要评估接通电网需要的流程、花费的时间和成本以及电力供应的可靠性和电价的透明度；

登记财产环节，主要评估财产转让的流程、所需的时间和成本以及土地管理系统的管理成效。

获得信贷环节，主要评估动产抵押法律以及信用信息系统；

保护中小投资者环节，主要评估控股股东在关联方交易和公司治理中的权利；

纳税环节，主要评估公司遵守所有税收法规以及报税流程需要花费的时间、成本以及最后需缴纳的税款总额和缴纳率；

---

① 马来西亚投资发展局，"Why Malaysia"，https：//www.mida.gov.my/home/why-malaysia/posts/。

跨境贸易环节，主要评估出口具有比较优势的产品和进口零部件所需的时间和成本；

执行合同环节，主要评估解决商业纠纷需要的时间和成本以及司法程序的结果；

办理破产环节，主要评估商业破产的时间、成本、结果和回收率以及破产法律程序的执行力度；

雇佣劳动力环节，主要评估就业法规的灵活性和裁员成本；

《营商环境报告》对一个国家在企业营商的这十一个方面的表现——打分排名，从而衡量一国营商环境的优劣。①

一 2020年世行评价

根据世界银行发布的《2020年营商环境报告》，马来西亚的营商环境在东南亚排第2，在全球190个经济体中位列第12名，整体来看营商环境便捷充满活力。

表Ⅱ-2-1　2020年马来西亚营商环境与东南亚各经济体对比

经济体	得分	排名
新加坡	86.2	2
马来西亚	81.5	12
泰国	80.1	21
文莱	70.1	66
越南	69.8	70
印度尼西亚	69.6	73
菲律宾	62.8	95
柬埔寨	53.8	144
老挝	50.8	154
缅甸	46.8	165
东帝汶	39.4	181

资料来源：世行《2020年全球营商环境报告》。

---

① 世界银行《全球营商环境报告》。

将马来西亚与东南亚各经济体的整体营商环境对比来看,马来西亚在东南亚营商环境排名仅次于全球排名第2的新加坡,相差4.7分,差距较大,改善空间明显。与东南亚其他经济体相比,得分遥遥领先除泰国之外的其他国家,相对优势明显。与泰国相比,虽排名领先泰国(21)九名,但是与泰国相比,分值领先优势不大,只领先1.4分,相对优势并不突出。

由此看出马来西亚的营商环境在东南亚地区相对便捷,是除新加坡之外的最优选择,但是与泰国相比,总体优势并不突出,面临挑战。

表Ⅱ-2-2 2020年马来西亚营商环境与全球排名前11经济体对比

国家	得分	排名
新西兰	86.8	1
新加坡	86.2	2
中国香港	85.3	3
丹麦	85.3	4
韩国	84.0	5
美国	84.0	6
格鲁吉亚	83.7	7
英国	83.5	8
挪威	82.6	9
瑞典	82.0	10
立陶宛	81.6	11
马来西亚	81.5	12

资料来源:世行《2020年全球营商环境报告》。

将马来西亚与全球排名前11经济体的营商环境对比来看,马来西亚营商环境的得分与第10名和第11名差距较小,分差在一分之内,若营商环境继续改善,可以轻松步入前十行列,但是与第一名差距较大,相差5.3分,仍有较大改善空间。

表Ⅱ-2-3　　2020年马来西亚营商环境各环节的得分与排名

具体环节	得分	排名
开办企业	83.3	126
获得施工许可	89.0	2
获得电力	99.3	4
登记财产	78.9	33
获得信贷	75.0	37
保护中小投资者	88.0	2
纳税	76.0	80
跨境贸易	88.5	49
执行合同	68.2	35
办理破产	67.0	40
整体营商环境	81.5	12

资料来源：世行《2020年马来西亚营商环境报告》。

根据世行《2020年马来西亚营商环境报告》对马来西亚十一个具体营商环节的打分和排名，获得施工许可环节和保护中小投资者环节的排名最靠前，在全球190个经济体中排名第2，是马来西亚整体营商环境中最有优势的环节，开办企业环节的排名最靠后，在全球190个经济体中排名第126，是整体营商环境中最需要改善的环节。

表Ⅱ-2-4　　马来西亚营商环境各环节与东南亚各经济体对比

		新加坡	马来西亚	泰国	文莱	越南	印度尼西亚	菲律宾	柬埔寨	老挝	缅甸	东帝汶
整体	得分	86.2	81.5	80.1	70.1	69.8	69.6	62.8	53.8	50.8	46.8	39.4
	排名	2	12	21	66	70	73	95	144	154	165	181
开办企业	得分	98.2	83.3	92.4	94.9	85.1	81.2	71.3	52.4	62.7	89.3	89.4
	排名	4	126	47	16	115	140	171	187	181	70	68

续表

		新加坡	马来西亚	泰国	文莱	越南	印度尼西亚	菲律宾	柬埔寨	老挝	缅甸	东帝汶
获得施工许可	得分	87.9	89.9	77.3	73.6	79.3	66.8	70.0	44.6	68.3	75.4	55.3
	排名	5	2	34	54	25	110	85	178	99	46	159
获得电力	得分	91.8	99.3	98.7	87.7	88.2	87.3	87.4	57.5	58.0	56.7	63.0
	排名	19	4	6	31	27	33	32	146	144	148	126
登记财产	得分	83.1	79.5	69.5	50.7	71.1	60.0	57.6	55.2	64.9	56.5	0
	排名	21	33	67	144	64	106	120	129	88	125	187
获得信贷	得分	75	75	70	100	80	70	40	80	60	10	20
	排名	37	37	48	1	25	48	132	25	80	181	173
保护中小投资者	得分	86	88	86	40	54	70	60	40	20	22	28
	排名	3	2	3	128	97	37	72	128	179	176	157
纳税	得分	91.6	76.0	77.7	74.0	69.0	75.8	72.6	61.3	54.2	63.9	61.9
	排名	7	80	68	90	109	81	95	128	157	129	136
跨境贸易	得分	89.6	88.5	84.6	58.7	70.8	67.5	68.4	67.3	78.1	47.7	69.9
	排名	47	49	62	149	104	116	113	118	78	168	107
执行合同	得分	84.5	68.2	67.9	62.8	62.1	49.1	46.0	31.7	42.0	26.4	6.1
	排名	1	35	37	66	68	139	152	182	161	187	190
办理破产	得分	74.3	68.1	76.8	58.2	38.0	68.1	55.1	48.5	0	20.4	0
	排名	27	38	24	59	122	38	65	82	168	164	168

资料来源：世行《2020年东亚及太平洋地区营商环境报告》。

将马来西亚营商环境各环节和东南亚各经济体对比来看，获得施工许可和保护中小投资者这两个环节，不仅是马来西亚自己营商环境中最有优势的环节，同时也是东南亚所有经济体中排名最靠前的环节。除此之外，在获得电力环节，马来西亚排名第4，在东南亚所有经济体中排名也是最靠前的。

由此，马来西亚在获得施工许可、保护中小投资者以及获得电力三个方面，均是东南亚所有经济体中表现最优的，马来西亚在这三个环节具有巨大的区域相对优势。

在其他环节方面，马来西亚在获得信贷、纳税、办理破产、开办企业这四个环节，均有被总排名低于自己的经济体超越，尤其在自身排名最靠后的开办企业环节，这些环节拉低了马来西亚的区域优势。

综合2020年世行发布的全球、各地区以及国别的营商环境报告来看，马来西亚整体营商环境较便捷且有进入全球排名前十的潜力，在东南亚区域是除新加坡之外的最优选择。除此之外，马来西亚在获得施工许可、保护中小投资者、获得电力三个环节取得区域最优表现，但获得信贷、纳税、办理破产、开办企业这四个环节的表现欠佳，需着力改善。

二 近十年营商环境发展

马来西亚外向型经济特征明显，进出口贸易及投资活动活跃，贸易与投资在国家就业机会与国民收入的增加以及经济的平稳运行与发展等方面发挥了重要作用，据统计，全国约40%的就业机会与进出口贸易有关，货物和服务进出口占GDP比重稳定在60%左右。因此，马来西亚政府高度重视营商环境的改善，近年来，通过推广线上政务简化办事流程，改革税制税率降低营商成本等多方面的举措不断优化营商环境，提升自身投资吸引力。

表Ⅱ-2-5　　马来西亚2006—2020年营商环境全球排名

	2006	2007	2008	2009	2010	2011	2012	2013	2014	2015	2016	2017	2018	2019	2020
排名	21	25	24	21	23	21	18	12	6	18	18	23	24	15	12

资料来源：世行2006—2020年《营商环境报告》。

马来西亚营商环境在全球所有经济体中的排名变化可以看出，马来西亚在2006—2011年之间，排名稳定在20多名，在2012—2016年之间，排名上升，稳定在十多名，其中2014年，排名第6进入了前十的行列，

2017年、2018年两年的排名有稍微下滑,降至20多名,但是2019年和2020年的排名又重新回到十多名的位置,而且呈继续上升态势。

整体来看,马来西亚的排名呈上升趋势,由最初的20多名前进并稳定在十多名的位置,这证明马来西亚的营商环境在持续稳步改善。针对马来西亚营商环境的变化,世行表示,马来西亚预计将在2024年实现从中高收入经济体向高收入经济体的转变,这为营商环境的改善提供了强大的经济基础。马来西亚若想继续提升竞争力,为中小企业营造更良好的营商环境,则需要政策制定者总结经验教训,在保持良好做法的同时正视存在的问题,制定对应的政策来应对潜在的挑战。[①]

2008—2020年这十多年间,马来西亚为改善自身的营商环境,共推出了31项改革措施,这些措施在营商环境的11个环节均有体现。其中在开办企业、获得建筑许可证、获得电力、纳税以及跨境贸易环节的改善大大提升了其营商环境的便利度。

在开办企业环节,马来西亚不断推行电子政务,简化办事流程和成本。马来西亚从2010年开始引入了一站式服务站点,使企业们可以一次办理多项注册手续,提高了服务质量,大大降低了企业创立的难度。随着数字经济逐渐发展,马来西亚在2011年引入了更多的在线服务,简化了企业起步手续和流程的同时也提高了服务效率,同时也使得政府信息更加透明化。2020年,新冠疫情使得数字经济飞快发展,马来西亚也迅速引入商品和服务税在线注册系统,为企业提供缴税和创业便利。马来西亚虽然已在开办企业环节推出多项措施,但是根据世行的评分,开办企业环节的表现仍然欠佳,未来期待看到更多有针对性有成效的改革措施。

在获得建筑许可证环节和获得电力环节,马来西亚一方面提高行政系统效率,一边取消了对企业的各种要求和限制,加快了获得建筑许可证以及企业取电的时间,为企业营商提供便利。

在纳税环节,马来西亚一方面引入线上纳税系统,降低企业纳税困难,一方面降低税率,降低企业营商成本。马来西亚早于2008年就开始

---

① 世界银行,"Malaysia Doing Business 2020: Pursuing reforms at the top", https://blogs.worldbank.org/eastasiapacific/malaysia-doing-business-2020-pursuing-reforms-top.

鼓励电子申报和付款，为公司缴税提供便利。在 2016 年，马来西亚通过强制执行电子申请并降低财产税率，使公司的纳税更加容易，成本更低。2017 年，马来西亚通过引入在线备案和缴纳商品和服务税（GST）的在线系统，使缴税变得更加容易。在税率方面，2019 年，马来西亚通过降低公司所得税税率，降低了公司的纳税成本。

在跨境贸易环节，马来西亚一方面使用智能设备缩短检查系统的时间，另一方面改善港口和自贸区的基础设施，便利进出口活动。马来西亚于 2019 年引入电子表格来增强风险检查系统，使跨境贸易更加便捷。2018 年，马来西亚通过改善巴生港的基础设施，使进出口活动变得更加容易，除此之外，马来西亚大力推动"北部经济走廊"等大型基础设施建设项目的进展，提高自身基建实力，为企业营商提供支持。

马来西亚通过各方面的改革措施，使得国内营商环境不断地得到优化，大大提升了本国竞争力和投资吸引力。迄今为止，马来西亚已经吸引了来自 40 多个国家的 5000 多家外国公司前来开展业务。其中许多还扩大了在马来西亚的业务，使其多样化，反映出投资者们对马来西亚作为其商业场所的信心。

第二节　重要环节

结合世行《营商环境报告》中企业营商的 11 个具体环节以及考虑实际经营中对企业营商产生较大影响的因素，下面将营商环境中重要环节归纳为五方面，即雇佣、融资、纳税、贸易和商业契约。下面将从五个主要方面分别分析营商环境中的重要环节。

一　雇佣

雇佣是营商环境中的重要一环，对企业营商成本、正常运转、发展前景影响巨大。世行的《营商环境报告》中，对雇佣环节也进行了详细的调研，世行对马来西亚营商环境中的雇佣环节调研结果如下：

表Ⅱ-2-6　　　　世行对马来西亚雇佣环节的调研结果

	具体指标	结果
招工	终身制工作不可以使用定期合同？	不是
	单个定期合同的最长期限	无限制
	定期合同的最大期限，包括续签（月）	无限制
	案例研究中假设适用于工人的最低工资（林吉特）	262.9
	最低工资与每个工人创造价值的比率（％）	0.2
	试用期的最长期限（月）	资料不详
工作时间	标准工作日工作时间	8小时
	每周最多工作天数	6
	夜班加班费 （按每小时工资的百分比）	0
	每周休息日工作的加班费 （按每小时工资的百分比）	100
	加班费 （按每小时工资的百分比）	50
	晚上工作的限制	没有
	每周假期的限制	没有
	加班的限制	没有
	受雇一年工人的带薪年假	8
	受雇五年工人的带薪年假	16
	受雇十年工人的带薪年假	16
	带薪年假 （受雇一年五年十年工人的平均值）	13.3

续表

	具体指标	结果
解雇规则	是否根据解雇法解雇	是
	是否需第三方通知工人被解雇	否
	解雇工人是否需经第三方同意	否
	若解雇9个工人是否需要第三方通知	是
	若解雇9个工人是否需要第三方同意	否
	裁员前有再培训和再分配就业的义务吗	没有
	裁员的优先规则	没有
	再雇佣的优先规则	没有
解雇成本	受雇一年工人的解雇通知期	4周
	受雇5年工人的解雇通知期	8周
	受雇10年工人的解雇通知期	8周
	解雇工人的通知周期（受雇一年、五年、十年工人的平均周期）	6.7周
	受雇一年工人的解雇费用	1.7倍的周工资
	受雇5年工人的解雇通知期（周工资）	16.7倍的周工资
	受雇10年工人的解雇费用（周工资）	33.3倍的周工资
	解雇工人的解雇费用（受雇一年、五年、十年工人的平均费用）	17.2倍的周工资
	工作一年后的失业保护	有

资料来源：世行《2020年马来西亚营商环境报告》。

结合世行对马来西亚雇佣环节的调研结果，对象国劳动力市场的整体情况、劳动雇佣法的相关规定均对企业雇佣劳工产生重要影响。下面从马来西亚劳动力市场的基本概况以及雇佣法对雇佣解雇等情况的详细规定来分析马来西亚营商环境中的雇佣环节。

（一）马来西亚劳动力市场概况

马来西亚的劳动力市场构成呈现年轻化和高素质的特点，并且马来西亚政府重视发展人力资源，为制造和服务行业提供高质量的劳动力。

1. 年轻的劳动力市场

表Ⅱ-2-7　　　　　15—64岁劳动力人口占总人口比例

	2015	2016	2017	2018	2019
马来西亚	68.9%	69.1%	69.2%	69.3%	69.4%
新加坡	78.3%	77.9%	77.2%	76.3%	75.3%
中国	72.6%	72.2%	71.7%	71.2%	70.7%
美国	66.1%	65.9%	65.7%	65.5%	65.2%

资料来源：世界银行全球发展指数统计。

马来西亚劳动力人口在总人口中的比例较高，世行的数据显示，近五年来马来西亚15—64岁的劳动力人口占总人口的比例均接近70%，虽然此比例仍然略低于新加坡与中国，但是马来西亚的劳动力人口比例呈逐年递增的趋势，这显示马来西亚有大量可雇佣劳动力且未来人数在不断增加。马来西亚央行数据显示，截至2020年7月，马来西亚劳动力人口约为1582万人。

2. 高素质的人力资源

马来西亚劳动力人口中，接受高等教育的人数占比也高。根据马来西亚的五年发展计划，教育和培训在国家发展中被列为高度优先事项。迄今为止，马来西亚拥有20所公立大学和53所私立大学以及500所学院，仅在高等教育的公共机构中，总注册人数超过50万，其中一半以上是科学和技术学科。

马来西亚政府为提高劳动力素质，设立了许多公共培训机构（例如技术学校，理工学院，工业培训机构和技能开发中心），建立了全面的职业工业培训体系，提供高级技能培训。政府还启动了人力资源开发基金，以鼓励私营部门的培训，再培训和技能提升。制造业和服务业中向该基金捐款的雇主有资格申请赠款，以支付或补贴培训和再培训劳动力所产生的费用。

表Ⅱ-2-8　　马来西亚2018/2019年就业人口的受教育情况

	2018年	2019年
雇佣人数	1480万	1510万
未接受过正式教育	2.7%	2.9%
初级教育	13.1%	12.1%
中级教育	55.6%	55.6%
高等教育	28.6%	29.4%

资料来源：马来西亚统计局。

马来西亚2018/2019年就业人口的受教育程度数据显示，每年的就业人口中，接受过高等教育的雇员占比将近30%，而且此比例还在稳步上升，马来西亚政府发展高等教育的努力得到了回报。全面的高等教育体系和系统的技能提升体系为企业营商输送高素质的劳动力。

3. 稳定的失业率

马来西亚2018年、2019年的失业率均为3.3%，2020年由于受新冠疫情的影响，截至7月，失业率高升至4.7%。但马来西亚政府已经出台了一系列的经济刺激计划来振兴经济，在疫情防护的同时谋求复产复工、恢复正常生产生活。之后随着疫苗和特效药问世、全球疫情得到控制、全球经济逐步恢复，马来西亚经济也将快速恢复。随着经济复苏的步伐加快，失业率也将逐步下降。

（二）马来西亚相关雇佣法规定

世行的《营商环境报告》中，在雇佣环节，主要评估对象国最低工资标准、劳工的工作时间、解雇成本与相关规定这三方面。下面将对马来西亚劳工雇佣法有关这三个方面的规定做一一阐述。

马来西亚的劳工法令包括《1950年沙巴劳工法》、《1952年砂拉越劳工法》、《1952年劳工赔偿法》、《1955年雇佣法》、《1967年劳资关系法》、《1969年雇员社会保险法》、《1980年（终止与解雇利益）雇佣条例》、《1991年雇员公积金法》、《2001年人力资源发展有限公司法》、《2012年最低退休年龄法》、2016年最低薪金制、《2017年自营职业社会保障法》、2017年就业保险制度。这些法令对企业雇佣劳工的方方面面做出了具体的规定。①

1. 马来西亚最低工资标准

2012年5月,马来西亚政府公布最低薪金制政策,除了女佣、园丁等家庭工人,最低薪金制涵盖国内所有经济领域的员工。2019年1月起,西马最低薪金标准统一为1100林吉特,而沙巴、砂拉越和纳闽则定为920林吉特。② 根据最低薪金制,所有本地和外国员工均享有同等的最低薪金。最低薪金作为基本工资,不包括任何津贴及其他款项,且任何雇主支付工资均不得低于所规定数额。最低薪金制旨在确保员工薪金获得保障以应付日常开销,鼓励雇主转向高科技发展,提高员工技能及生产力。最低薪金制政策能鼓励更多本地人就业,降低对企业对外劳的依赖。根据《2019年大马薪资调查报告》显示,大马雇员2019年平均月薪是3224林吉特,较2018年的3087林吉特增加4.4%。③

2. 劳工的工作时间

《1955年雇佣法》是马来西亚对劳工事务的主要立法,其中对劳工的工作时间规定,每天正常工作时间不超过8小时或每周正常工作时间不得超过48小时。超时工作,雇主需要支付多于平常的劳动报酬。若在正常工作日超时工作,时薪为平日的一倍半;若在休息日超时工作,雇主需支付平日时薪的两倍;在公共假日超时工作,雇主需支付平日时薪的三倍。

《1955年雇佣法》对雇员的带薪年假时长也做出了规定。对于受雇未满两年者,最低给予8天的带薪年假;对于受雇两年或以上至未满5年者,应最少给予12天的带薪年假;对于受雇5年或以上者,至少应给予16天的带薪年假。

至于雇员的退休年龄,《2012年最低退休年龄法令》规定六十岁为员

---

① 马来西亚投资发展局,*Costs of Doing Business in Malaysia*;商务部《对外投资合作指南·马来西亚(2019)》。

② 马来西亚投资发展局,*Costs of Doing Business in Malaysia*。

③ 《南洋商报》"与大马经济表现一致,雇员平均月薪3224元增4.4%",https://www.enanyang.my/%E8%B4%A2%E7%BB%8F%E6%96%B0%E9%97%BB/%E4%B8%8E%E5%A4%A7%E9%A9%AC%E7%BB%8F%E6%B5%8E%E8%A1%A8%E7%8E%B0%E4%B8%80%E8%87%B4-%E9%9B%87%E5%91%98%E5%B9%B3%E5%9D%87%E6%9C%88%E8%96%AA3224%E5%85%83%E5%A2%9E4%.4%EF%BC%85。

工最低退休年龄。特许人士则豁免受制于此法令。①

3. 解雇成本与相关规定

在马来西亚，雇主和雇员可以随时根据雇佣合约里有关终止合约的条款通知对方终止合约。至于雇主或雇员应该给予对方多长的通知期将依照有关终止合约条款的规定。

如雇佣合约里没有相关的条款，《1995 年雇佣法》规定通知期依据以下情况而定：

（1）若雇员的受雇年限少于 2 年，通知期为 4 个星期；

（2）若雇员的受雇年限是 2 年或 2 年以上少于 5 年，通知期为 6 个星期；

（3）若雇员的受雇年限是 5 年或 5 年以上，通知期为 8 个星期；

《1995 年雇佣法》规定雇主可以通过雇员相关的通知期来终止雇佣合约，可是雇主一般也必须拥有合理的理由终止该雇佣合约，以避免劳务纠纷。终止雇佣合约的通知必须以书面的形式进行。但是，无论雇主和雇员都有权利豁免以上通知期。当雇主通知雇员关于终止雇佣合约的决定后，雇员可以选择在通知期结束前离开。同样，当雇员提交辞职信后，雇主可以选择让雇员在通知期结束前离开。

无论雇佣合约里的通知期长短，一旦雇员遇上雇主终止运营、裁员、雇主停止在雇佣合约里列明的地方运营、雇主生意的所有权被更换或雇员拒绝接受转换工作地点（除非雇员根据雇佣合约有义务接受转换工作地点），那么根据雇员的服务期限，雇主必须给予雇员终止雇佣合同的通知期，而此通知期不可比上述通知期短。

无论是雇主或雇员，任何一方均可以不给通知期而终止雇佣合同，或给予通知期但无须等到通知期届满，只要赔偿另一方等同于通知期或者通知期尚未经过部分的薪金已终止雇佣合约。如果一方故意违反雇佣合约里的条款，另一方则可以无须给予通知期而终止该雇佣合约。而且，若雇员故意违反雇佣合约，雇主无须为确定雇员是否犯错而进行内部调查。②

---

① 马来西亚投资发展局，*Costs of Doing Business in Malaysia*。
② 马来西亚—中国商务理事会、中国国际贸易促进委员会：《"一带一路"马来西亚经贸法律指南》，第 133—134 页。

二 融资

融资对于企业营商至关重要，是企业能否开办成功的决定性因素，并且对企业经营的规模也有较大影响。良好的融资环境是便捷营商环境的必要条件。

世行《营商环境报告》中的获得信贷环节其实就是评价营商环境中企业融资的便利度。世行《营商环境报告》对马来西亚营商环境中融资环节具体调研结果如下：

表Ⅱ-2-9 世行对马来西亚融资环节的调研结果

具体评估指标	结果
合法权利指数（0—12）	7
信用信息指数（0—8）	8
信用注册机构覆盖率（成人百分比）	64.9
征信机构覆盖率（成人百分比）	89.1

资料来源：世行《2020年马来西亚营商环境报告》。

根据世行对马来西亚融资环节的调研结果，下面将从马来西亚金融环境概况以及企业实际融资的条件和融资来源对马来西亚的融资环境进行详细的分析。

（一）马来西亚金融环境

马来西亚金融环境稳定，标准普尔将马来西亚长期主权信用评级前景为"稳定"，将马来西亚外币长、短期主权信用评级分别确定为A-/A-2，本币长、短期主权信用评级分别确认为A/A-1。惠誉宣布马来西亚的主权评级保持稳定，对马来西亚的长期外币债务评级为A-。穆迪确认马来西亚的A3评级，展望稳定。中信保将马来西亚国家主权信用风险评级定为A级。科法斯宣布马来西亚的国家信用评级为A4，营商环境评级为A3。[1]

---

[1] 新华丝路数据库：《泰国 马来西亚投资风险分析及建议》，https://www.imsilkroad.com/login#/information/1/article/106738。

马来西亚的金融组织体系以商业银行为主体，投资银行（证券公司）、保险公司、信托投资公司、政策性金融机构及各种中介机构并存。由于马来西亚国教为伊斯兰教，其各种金融机构中又包含伊斯兰金融体系，形成了独特的传统金融与伊斯兰金融共存的"二元金融结构"。

为了提升本国竞争力，马来西亚近年来对金融业进行了重组整合，推出了"2011—2020年金融蓝图"规划，将进一步增强金融网络并支持区域一体化，从而更有效地将亚洲的盈余资金引向马来西亚，利于营造稳定的金融环境，促进银行业的发展，使企业可以更有效更低成本地获取资金。

1. 债券市场

马来西亚股票交易所（Bursa Malaysia Berhad）是马来西亚唯一的股票交易市场，经营股票、债券、衍生品等，分为主板市场（Main Market）和创业板市场（ACE Market）两部分。截至2019年8月5日，马来西亚股票交易所主版市场共有794家上市企业，创业板市场共有126家上市公司。[①]

2. 马来西亚伊斯兰金融业的发展

伊斯兰金融日趋进入重要的地位，2006年8月马来西亚政府提出的马来西亚国际伊斯兰金融中心的计划奠定了马来西亚在此领域的战略地位。马来西亚拥有一个全面而充满活力的伊斯兰金融体系，其中包括伊斯兰银行、伊斯兰资本市场、伊斯兰保险以及伊斯兰银行间货币市场。

3. 马来西亚的纳闽离岸国际商业金融中心

马来西亚还打造了提供离岸服务的国际商业金融中心——纳闽国际商业金融中心（Labuan IBFC）。马来西亚纳闽国际商业金融中心位于亚太中心的婆罗岛，是亚太地区首要的中岸国际商务金融中心。它通过简便的税务系统，以及现代化和国际认可的法律框架，提供多种多样的商务和投资架构，便于发展跨境交易，满足业务往来和财富管理的多种需求，创造了有利的营商环境。

迄今为止，已有2700多家离岸公司在纳闽营业。其中包括离岸银行，信托公司以及保险相关公司。纳闽金融服务管理局（Labuan FSA）是一站

---

① 商务部：《对外投资合作指南·马来西亚（2019）》。

式机构,负责并协调纳闽国际商业金融中心的发展。[1]

多样且稳定的金融环境为企业营商提供便利的同时也确保了投资安全,提升了马来西亚的营商竞争力。

(二) 企业融资来源

中小企业是马来西亚经济的重要组成部分,对国内生产总值(GDP)的贡献超过三分之一,并为马来西亚超过400万工人提供了就业机会。马来西亚政府积极推动中小企业发展,为其提供了便利的融资环境。

银行机构是中小企业融资的主要来源,占融资总额的90%以上。除此之外,政府设立的各种马来西亚国家银行的中小企业基金和政府基金以及金融发展机构也为中小企业提供融资。

(三) 企业融资条件

在融资条件方面,马来西亚商业银行根据企业业绩、信用、发展潜力及具体融资项目对内外资企业的融资要求进行审查,以决定是否给予融资或信贷支持。马来西亚国家央行的资料显示,2018年,马来西亚隔夜政策利率为3.25%,基本贷款利率为6.91%,一年定期存款利率为3.33%。2019年5月,马央行将隔夜政策利率下调25个基点,至3%水平,是2019年东盟区域内首个降息的国家。2017年1月,马来西亚国家银行颁布吉隆坡银行同业拆息率(KLIBOR)制定政策文件,其中纳入了进一步加强KLIBOR参考利率完整性的措施。

在融资结构中,马来西亚企业外源融资逐渐由间接融资主导转向间接融资与直接融资并重的结构,此外,其直接融资结构表现出明显的"重债轻股"特点。马来西亚直接融资市场能够满足企业较大份额的融资需求,这使得商业银行能够更好地满足居民的融资需求,家庭部门贷款占比在50%以上。在对于家庭部门的金融服务供给中,伊斯兰金融体系起到了重要的作用。伊斯兰银行的存贷业务服务凸显出偏向于家庭服务的特点,其六成以上的贷款均流向了家庭部门,同时伊斯兰保险中,来源于家庭部门的净收入占比也在60%以上。

---

[1] Deloitte, Guide to taxation and investment in Malaysia – 2019.

三 纳税

纳税是企业营商过程中的一大重要环节，对企业的营商成本和收益产生重大影响。世行的《营商环境报告》主要从企业纳税的税种以及缴纳税款占营收的比例来对纳税环节进行评估。世行对马来西亚纳税环境的具体调研结果如下：

表Ⅱ-2-10　　　　　世行对马来西亚纳税环节的调研结果

具体评估指标	结果
纳税（每年次数）	9
纳税时间（每年小时数）	17.4
总税金和贡献率（占利润的百分比）	38.7
后备指数（0—100）	51

资料来源：世行《2020年马来西亚营商环境报告》。

结合世行的调研结果，下面将从马来西亚的税制概况以及税收优惠两方面来分析马来西亚的纳税环境。

（一）马来西亚税制概况

马来西亚现行主要税种有：所得税、不动产利得税、石油收入税、销售税、服务税等。下面将企业营商过程中主要需缴纳的税种和税率做统计如下：

表Ⅱ-2-11　　　马来西亚企业营商需缴纳的主要税种与对应税率

税种	税率
公司所得税	2016纳税年，公司所得税税率一般为24%；2017纳税年起，在马来西亚成立的中小型居民企业（其实收资本应当不高于250万林吉特，并且不属于有超过该限额的公司的企业集团），其取得的首个50万林吉特以内的所得可以适用18%的税率，超过部分应当适用24%的税率
个人所得税	采用0—25%的累进税率，并可获得减免，起征点为2500林吉特。对在马短期逗留或在马工作不满60天的非居民取得的收入可予免税

续表

税种	税率
预扣税	非居民公司或个人应缴纳预扣税，特殊所得（动产的使用、技术服务、提供厂房及机械安装服务等）10%；专利所得10%；利息15%；大众演出所得15%；依照合同获得承包费用：承包商15%、雇员3%
销售税	马来西亚从2018年9月1日起恢复原有征收的销售税，应税商品总销售额超过50万林吉特的制造商，需登记注册销售税，不同的应税商品适用不同的税率，销售税税率是5%或10%
服务税	马来西亚从2018年9月1日起恢复原有征收的服务税，服务税是一种施加于特定应税服务或者商品上（如食物、饮料、烟草等）的间接税，普通税率为6%
进口税	大多数进口货物需缴纳进口税，税率分从价税和特定税，从价税率介于2%—300%之间
出口税	马来西亚对包括原油、原木、锯材和棕榈油等在内的资源性产品出口征收出口税
印花税	企业资产首次达到10万林吉特的，征收1%的印花税，超过该金额的，征收2%的印花税。对于可转让票据，税率为0.3%
石油所得税	税率为38%，征收对象为在马来西亚从事石油领域上游行业的企业，包括马来西亚国家石油公司（Petronas）或马来西亚—泰国联合发展机构签署石油行业相关协议的纳税个体
房地产盈利税	房地产盈利税适用于在马来西亚出售土地和任何产权、选择权或其他与土地相关的权利。包括出售不动产公司股份的利得。 若在购置后3年内出售，税率30%； 若在购置后第4年及第5年出售，税率分别为20%和15%； 若在购置后第6年或之后出售，税率为5%。 此外，为了确保"一个马来西亚人民房屋计划"（PR1MA）能永续进行，政府迄今已批准390亿马币的拨款，为居民兴建可负担房屋，这些房屋的售价比市价低20%—30%
国内税	根据《1976年国内税法》规定，本地制造的一些特定产品，包括烟草、酒类、扑克、麻将、汽车、四驱车和摩托车等，须缴纳国产税
数码税	2019年4月，马来西亚国会通过2019年服务税（修正）法案，对外国数字内容服务提供者实施6%的服务税，预定2020年1月正式实施此税制，以年营收50万马币作为实施门槛

资料来源：国家税务总局：《中国居民赴马来西亚投资税收指南》。

在实际征收过程中,马来西亚联邦政府和各州政府实行分税制。联邦财政部统一管理全国税务事务,负责制定税收政策,由其下属的内陆税收局(征收直接税)和皇家关税局(征收间接税)负责实施。财政部下属的内陆税收局(IRBM)负责管理以下法规所规定的直接税:1967年所得税法、1967年石油(所得税)法、1976年不动产利得税法、1986年投资促进法、1949年印花税法和1990年纳闽岛商业活动税法。皇家关税局(又称皇家关税和货物税局)主要征收间接税,主要依照法律:2014年消费税法、1967年关税法等。

(二)提供的税收优惠措施

马来西亚为吸引投资提供的鼓励政策和优惠措施主要是以税务减免的形式出现的,分为直接税激励和间接税激励两种。直接税激励是指对一定时期内的所得税进行部分或全部减免;间接税激励则以免除进口税、销售税或国内税的形式出现。现对马来西亚提供的鼓励和优惠政策及其主要内容整理如下:

表 II-2-12　　　　马来西亚的税收优惠和鼓励政策

政策名称	主要内容
"新兴工业地位"(Pioneer Status, PS)优惠政策	获得新兴工业地位称号的企业可享受为期5年的所得税部分减免,仅需就其法定收入的30%征收所得税 免税期从生产能力达到30%时开始算起。未吸收资本免税额度以及处于新兴产业地位期间累计的损失可以结转并从公司处于新兴产业地位期间结束后的收入中予以扣除
投资税务补贴政策(Investment Tax Allowance, ITA)	获得投资税务补贴的企业,可享受为期5年合格资本支出60%的投资税务补贴 该补贴可用于冲抵其纳税年法定收入的70%,其余30%按规定纳税,未用完的补贴可转至下一年使用,直至用完为止。享受新兴工业地位或投资税务补贴的资格是以企业具备的某方面优势为基础的,包括较高的产品附加值、先进的技术水平以及产业关联等。符合这些条件的投资被称为"促进行动"(promoted activities)或"促进产品"(promoted products) 马来西亚政府专门制订了有关制造业的《促进行动及产品列表》。除制造业外,两项鼓励政策均可适用于其他行业申请,如农业、旅游业及制造业相关的服务业等

续表

政策名称	主要内容
再投资补贴政策 (Reinvestment Allowance, RA)	再投资补贴主要适用于制造业与农业。 运营12个月以上的制造类企业因扩充产能需要，进行生产设备现代化或产品多样化升级改造的开销，可申请再投资补贴。 合格资本支出额60%的补贴可用于冲抵其纳税年法定收入的70%，其余30%按规定纳税
加速资本补贴 (Accelerated Capital Allowance, ACA)	使用了15年的再投资补贴后，再投资在"促进产品"的企业可申请加速资本补贴，为期3年，第一年享受合格资本支出40%的初期补贴，之后两年均为20%。 除制造业外，加速资本补贴还适用于其他行业申请，如农业、环境管理及信息通信技术等
农业补贴 (Agricultural Allowance, AA)	马来西亚的农业企业与合作社/社团除了农业《促进行动及产品列表》外，也可申请新兴工业地位或投资税务补贴的优惠。 《1967年所得税法》规定，投资者在土地开垦、农作物种植、农用道路开辟及农用建筑等项目的支出均可申请资本补贴和建筑补贴。考虑到农业投资计划开始到农产品加工的自然时间间隔，大型综合农业投资项目在农产品加工或制造过程中的资本支出还可单独享受为期5年的投资税务补贴
多媒体超级走廊地位 (MSC Status)	马来西亚政府于1996年推出了信息通信技术计划，即多媒体超级走廊，目标是成为全球信息通信产业中心。 所有经多媒体发展机构核准取得多媒体超级走廊地位的信息通信企业都可享受马来西亚政府提供的一系列财税、金融鼓励政策及保障，主要包括：提供世界级的硬体及资讯基础设施；无限制地聘请国内外知识型雇员；公司所有权自由化；长达10年的税收豁免政策或五年的财税津贴等
运营总部地位 (Operational Headquarters Status) 国际采购中心地位 (International Procurement Centres Status) 区域分销中心地位 (Regional Distribution Centres Status)	为进一步加强马来西亚在国际上的区域地位，经核准的运营总部、区域分销中心和国际采购中心除了100%外资股权不受限制以外，还可享受为期10年的免缴全额所得税等其他优惠

续表

政策名称	主要内容
清真食品加工及认证鼓励政策	凡生产清真食品的公司,自符合规定的第一笔资本支出之日起5年内所发生符合规定资本支出的100%可享受投资税赋抵减
鼓励发展生物科技政策	马来西亚2007年财政预算报告宣布了一系列新举措,鼓励在生物科技领域的投资,推动生物科技的发展。 投资鼓励政策包括: 生物科技公司从首年盈利开始,免交10年所得税; 从第11年开始缴纳20%的所得税,优惠期仍为10年; 第三,在生物科技领域进行投资的个人和公司,将减去与其原始资本投资相等的税收,并获得前期的融资支持; 第四,生物科技公司在进行兼并或收购时,可免征印花税,并免缴纳5年的不动产收益税; 第五,用于生物科技研究的建筑物可获得有关的工业建筑物津贴。
鼓励电商政策	马来西亚在2017年财政预算案中公布数码自贸区计划,积极推动各项活动,如电子商务生态系统、数码创客运动,并推出新地标,如马来西亚数码枢纽。

资料来源:商务部《对外投资合作指南·马来西亚(2019)》。

除了列出的这些鼓励和优惠政策,马来西亚还对国内5个经济特区,伊斯干达开发区(Iskandar Malaysia)、北部经济走廊(Northern Corridor Economic Region,NCER)、东海岸经济区(East Coast Economic Region,ECER)、沙巴发展走廊(Sabah Development Corridor,SDC)、砂拉越再生能源走廊(Sarawak Corridor of Renewable Energy,SCORE)分别制定了一系列的行业发展激励措施,吸引企业前来投资营商。

马来西亚政府为各行各业企业提供的税收减免政策,覆盖面广,一定程度上减轻了企业的经营负担,大大提升了自身的营商投资吸引力。

四 贸易

贸易是企业营商过程中的一个重要方面,贸易的便利度以及贸易成本均对企业营收产生重要影响。世行《营商环境报告》中的"跨境贸易"环节对营商环境中的贸易环境做出了评价。世行《营商环境报告》对马来西亚营商环境中贸易环节具体调研结果如下：

表Ⅱ-2-13　　　　世行对马来西亚贸易进出口调研结果

具体指标	结果
出口时间：边境合规（小时）	28
出口成本：边境合规（美元）	213
出口时间：文件合规（小时）	10
出口成本：文件合规（美元）	35
进口时间：边境合规（小时）	36
进口成本：边境合规（美元）	213
进口时间：文件合规（小时）	7
进口成本：文件合规（美元）	60

资料来源：世行《2020年马来西亚营商环境报告》。

根据世行对马来西亚贸易环节的调研结果，下面将从马来西亚贸易的整体表现、签订的贸易协定以及企业实际进出口的关税规定三方面来具体分析马来西亚的贸易环境。

（一）马来西亚贸易整体表现

马来西亚外向型经济特征明显，进出口贸易及投资活动活跃。自1957年独立以来，马来西亚成功实现了经济的多元化发展，从优先发展进口替代工业化战略转变为推行以外需为主的出口导向型工业化战略。服务业和高新技术产业为马来西亚的战略性产业，并且政府不断加大鼓励力度。马来西亚逐渐从原本的农业国发展为制造业与服务业占据主导地位的经济体，贸易与投资在促进就业、刺激经济、改善民生方面做出巨大贡献。[1]

---

[1]　安凯屹：《后疫情时代的马来西亚经济》，《东南亚观察》2020年第33期。

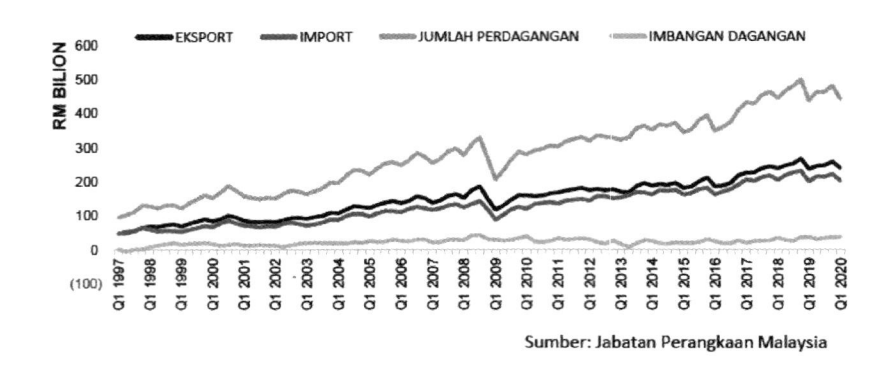

图Ⅱ-2-1　　1997年以来马来西亚进出口贸易统计

资料来源：马来西亚统计局。

表Ⅱ-2-14　　马来西亚货物和服务进出口占GDP比重　　（单位：%）

	2012	2013	2014	2015	2016	2017	2018	2019
出口	79.3	75.6	73.8	69.4	66.8	70.0	68.8	65.3
进口	68.5	67.1	64.5	61.9	60.1	63.2	61.7	57.8

资料来源：世界银行数据库，https://databank.worldbank.org/reports.aspx?source=2&country=MYS。

表Ⅱ-2-15　　马来西亚2018/2019年进出口贸易详情

	2018	2019
出口总额（离岸价）	10035亿林吉特	9864亿林吉特
进口总额	8798亿林吉特	8490亿林吉特
主要出口产品（2019）	电气电子、石油产品、化工与化工、液化天然气、棕榈油和棕榈油基农业	
主要出口市场（2019）	中国、新加坡、美国、中国香港、日本、泰国	

资料来源：马来西亚统计局。

马来西亚1997年以来的贸易数据以及近两年的贸易详情显示，虽然贸易额某个时间出现了下滑的情况但是整体进出口贸易额呈现平稳的上升趋势，并且这种趋势将持续下去。活跃进出口贸易为在马来西亚经商奠定了良好的市场基础。

开放的经济环境、活跃的进出口贸易使马来西亚成为离岸制造业务的全球主要投资目的地之一，吸引了众多投资。

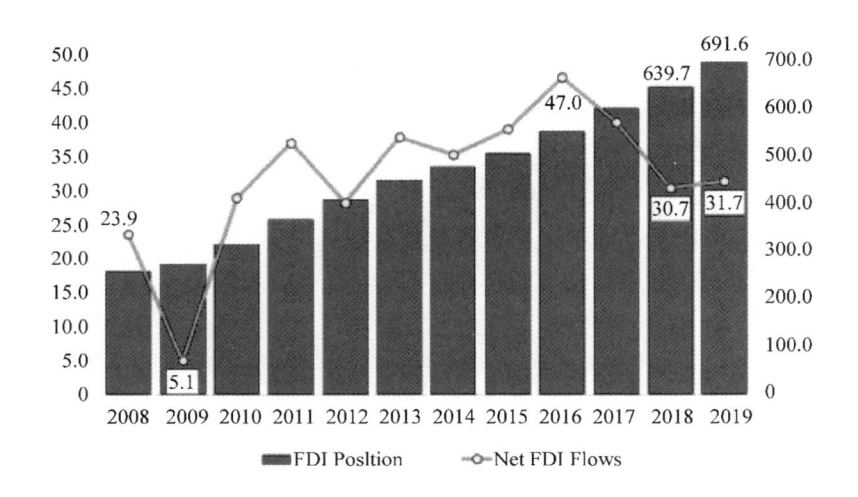

图Ⅱ-2-2　马来西亚2008—2019年外国直接投资（FDI）情况

资料来源：马来西亚统计局。

（二）马来西亚签订的贸易协定

活跃的投资活动为在马来西亚经商提供了良好的环境氛围。马来西亚进出口贸易额对GDP总量贡献大，外向型的经济特征导致马来西亚国家经济对国际贸易依赖严重，为了持续推动贸易发展，马来西亚政府采取了自由贸易政策，并高度重视区域和双边贸易协定，迄今为止，马来西亚共签署实施了7个双边自由贸易协定（FTA）和7个地区自由贸易协定（FTA），还有许多双边和区域的自贸协议正在洽谈协商中，下面将马来西亚签署和正在协商的区域和双边贸易协定列举如下。

表 Ⅱ-2-16　马来西亚已签署和正在协商的双边和区域贸易协定

	协议名称	生效日期
双边自由贸易协定（FTAs）	马来西亚—日本经济伙伴关系协定（MJEPA）	2006年7月13日
	马来西亚—巴基斯坦更紧密的经济伙伴关系协议（MPCEPA）	2008年1月1日 MPCEPA包括在卫生和植物检疫措施，知识产权保护，建筑，旅游，医疗保健和电信等领域的商品和服务贸易自由化，投资便利化以及双边技术合作。逐步降低或取消工农业产品关税。
	马来西亚—新西兰自贸协定（MNZFTA）	2010年8月1日 商品和服务贸易自由化，两国间个人旅行便利化。 对马来西亚出口产品全面取消关税（即对所有进入新西兰的货物征收0关税）。
	马来西亚—印度全面经济合作协议（MICECA）	2011年7月1日 是一项涵盖商品贸易，服务贸易，投资和人口自然流动的全面协议。逐步取消或降低工农业产品关税，允许外资在专业服务、医疗保健、电讯业、零售业和环境服务等行业持有49%—100%股权。
	马来西亚—智利自贸协定（MCFTA）	2012年2月25日 这是马来西亚与拉丁美洲国家之间的第一个双边自由贸易协定。逐步取消或降低对工业产品（如电子产品、橡胶、油漆）、木材、金属、食品、服装的关税，但不包括酒精饮料、烟草、炸药及一些食品（大米、糖、蜂蜜等）。
	马来西亚—澳大利亚自贸协定（MAFTA）	2013年1月1日 将服务业自由化和电讯及金融的投资便利化补充到东盟澳大利亚自由贸易协定中，对马来西亚出口产品征收零关税，到2020年马来西亚将取消99%的关税。
	马来西亚—土耳其自贸协定（MTFTA）	2015年8月1日 逐步降低或取消对纺织品、农产品和渔业产品、食品的关税。
	马来西亚与伊朗优惠贸易协定（MIPTA）	由前马来西亚政府发起的。早在2016年5月，马来西亚对伊朗进行贸易访问时就宣布了谈判的开始。
	马来西亚与欧洲自由贸易区经济合作协定（MEEPA）	自2014年3月举行的第一轮谈判以来，共进行了八轮谈判。第八轮谈判于2017年5月在吉隆坡举行。
	马来西亚与欧盟自由贸易协定（MEUFTA）	于2010年10月5日正式启动。经过几轮谈判，谈判在2012年陷入僵局。但是，双方都希望当出现新问题时重启谈判。

续表

	协议名称	生效日期
区域贸易协定	东盟自由贸易区（AFTA）	1992年在新加坡举行的东盟首脑会议同意建立东盟自由贸易区，建立一个统一市场和一个国际生产基地，扩大东盟内部贸易和投资并吸引外国直接投资。 实现AFTA目标的主要机制是共同有效特惠关税（CEPT）计划，该计划将使区域内的各种产品的关税降至0—5%，同时，也消除了对交易数量和其他非关税的限制。 通过消除区域内关税和非关税壁垒，该地区的贸易自由化有助于提高东盟的制造业部门在全球市场上的效率和竞争力。"零关税"政策的实施使得传统的贸易壁垒逐渐消除，但是非关税壁垒仍然存在，且是区域内实现自由贸易的一大障碍。
	东盟—中国自由贸易协定（ACFTA）	2003年7月1日 中国—东盟自由贸易区"零关税"政策的实施与调整，使得越来越多的中国制造企业同东南亚国家出口以及进口所需的产品，从而扩大双方间的经贸往来，使得贸易额迅速增加。
	东盟—韩国自由贸易协定（AKFTA）	2006年7月1日 到2009年至少有80%的产品实现零关税，并考虑为东盟新成员国提供特殊和差别待遇以及更大的灵活性。
	东盟—日本全面经济伙伴关系（AJCEP）	2009年2月1日 该协议一项全面协定，包括货物贸易和服务贸易，投资贸易，原产地规则，卫生和植物检疫，技术性贸易壁垒，争端解决机制和经济合作等各方面。 2015年，东盟六国和日本完全实现了AJCEP，几乎所有产品的关税都被取消，敏感商品除外。迄今为止，马来西亚已取消了正常轨道产品中93.57%的关税。
	东盟—澳大利亚—新西兰自由贸易协定（AANZFTA）	2010年1月1日 在该框架下，双边关税将大大降低，海关程序简化并更加透明，贸易壁垒也将减少。
	东盟—印度自由贸易协定（AIFTA）	2010年1月1日
	东盟货物贸易协定（ATIGA）	2010年5月17日

续表

	协议名称	生效日期
区域贸易协定	东盟—香港自由贸易协定（AHKFTA）	2017年11月12日签署，马来西亚自2019年10月13日起执行上述协议。
	跨太平洋伙伴关系协定（TPPA） 跨太平洋伙伴关系全面进步协议（CPTPP）	2016年2月4日签署。自美国于2017年正式退出跨太平洋伙伴关系组织（TPP）以来，其余的TPP国家形成了《跨太平洋伙伴关系全面进步协定》（CPTPP）。
	区域全面经济伙伴关系（RCEP）	2011年11月，东盟提出"区域全面经济伙伴关系（RCEP）"倡议，旨在构建以东盟为核心的高质量的自贸区。RCEP主要成员国包括与东盟已经签署自由贸易协定的国家，即中国、日本、韩国、澳大利亚、新西兰、印度等6国，其目标是消除区域内部贸易壁垒、创造和完善自由的投资环境、扩大服务贸易，还将涉及知识产权保护、竞争政策等多领域，自由化程度将高于东盟与上述6国已经达成的自贸协议。

资料来源：马来西亚国际贸易和工业部，https://fta.miti.gov.my/index.php/pages/view/4?mid=23。

多个区域与双边贸易协定的签署扩展了马来西亚与相关地区和国家之前的经贸联系，大大减少了彼此之前的贸易壁垒、降低了关税、打通了物流业通道、促进了进出口贸易的发展，为彼此之间营商提供了许多便利，大大提升了马来西亚对协议相关国家和地区企业的营商吸引力。

（三）马来西亚企业进出口的关税规定

马来西亚实行自由开放的对外贸易政策，但是部分商品的进出口会受到许可证或其他限制，下面将马来西亚进出口关税及关税限制列举如下：

1. 进口限制

马来西亚对四种产品进行进口限制：

第一类是14种禁止进口产品，包括含有冰片、附子成分的中成药，45种植物药以及13种动物及矿物质药；

第二类是需要许可证的进口产品，主要涉及卫生、检验检疫、安全、环境保护等领域，包括禽类和牛肉（还必须符合清真认证）、蛋、大米、糖、水泥熟料、烟花、录音录像带、爆炸物、木材、安全头盔、钻石、碾米机、彩色复印机、一些电信设备、武器、军火以及糖精；

第三类是临时进口限制品，包括牛奶、咖啡、谷类粉、部分电线电缆以及部分钢铁产品；

第四类是符合一定特别条件后方可进口的产品，包括动物及动物产品、植物及植物产品、香烟、土壤、动物肥料、防弹背心、电子设备、安全带及仿制武器。

为了保护敏感产业或战略产业，马来西亚对部分商品实施非自动进口许可管理，主要涉及建筑设备、农业、矿业和机动车辆部门，如所有重型建筑设备进口须经国际贸易和工业部批准，且只有在马来西亚当地企业无法生产的情况下方可进口。马来西亚国际贸易及工业部及其他部门负责进口许可证的发放及日常管理工作。①

2. 出口限制

马来西亚规定，大部分商品可以自由出口至任何国家。小部分商品需获得政府部门的出口许可，包括：短缺物品、敏感或战略性或危险性产品，以及受国家公约控制或禁止进出口的野生保护物种。

此外，马来西亚规定了对三类商品的出口管理措施，第一类为绝对禁止出口，包括禁止出口海龟蛋和藤条。第二类为需要出口许可证方可出口；第三类为需要视情况出口。第二类和第三类商品大多数为初级产品，如牲畜及其产品、谷类、矿物/有害废弃物；第三类还包括武器、军火及古董等。

2020年新冠疫情暴发以来，马来西亚为了确保本国口罩供应充足，对口罩的出口进行了限制，对于出口一层、两层、三层的外科、医疗口罩以及N95口罩，需要在出口的同时，同时遵守内贸和消费者事务部根据1961年《供应控制法》供应总监发出的批准书。该限制从2020年3月20日开始生效。②

3. 进出口关税

马来西亚关税有两大归类系统，一类用于东盟内部贸易，税则号为6

---

① 马来西亚皇家海关署："Larangan Import"，http：//www.customs.gov.my/ms/cp/Pages/cp_li.aspx。

② 马来西亚皇家海关署（Portal Rasmi Jabatan Kastam Diraja Malaysia）："Larangan Eksport"，http：//www.customs.gov.my/ms/cp/Pages/cp_le.aspx。

位数字，另一类用于与其他国家贸易。国际贸易及工业部下属关税特别顾问委员会负责关税评审，每年在政府预算中公布。

马来西亚关税 99.3% 是从价税，0.7% 是从量税、混合税和选择关税。2005 年，马来西亚最惠国关税简单平均关税税率约 8.1%。对于进口关税，马来西亚的进口关税通常是从价征收的，但也可以根据具体情况增加，一般从价率从 0 到 60%。原材料、机械、基本食品和药品通常不征税，或以较低的税率征税。

2008 年 4 月 1 日开始，马来西亚对一些特定的农产品实施关税配额，例如鸡肉、牛奶和奶油、鸡蛋、白菜。在关税配额制度下，关税取决于进口货物的数量。批量进口的产品征收低关税，而对超出准进口量"超出配额关税率"的商品征收更高的关税率。2018 年开始，马来西亚开始征收销售税来代替之前使用的商品和服务税（GST），实行销售税之后，所有进口到马来西亚的商品也需要缴纳销售税，本地和进口货物的消费税税率相同。①

有些特定的商品可以享受免税政策，这些商品包括直接用于出口和国内市场的商品生产的原材料和组件、在制造过程中直接使用的应税机械设备。

马来西亚皇家海关署推出了关于进出口货物需要缴纳关税的线上查询系统（http：//mysstext.customs.gov.my/tariff/home），对于进出口的货物可以在此查询对应需缴纳的税额。

五　商业契约

商业契约是企业在营商地开展经营的重要依据，从营商初始的合同制定、合同执行以及到最后的破产流程均属于商业契约的范围。世行《营商环境报告》的十一个具体环节中，合同执行和办理破产两个环节即是对对象国营商环境中商业契约环境的评估。下面将世行对 2020 年马来西亚营商环境中的合同执行和办理破产环节的调研结果展示如下：

---

① PWC, *Doing Business in Malaysia* 2020.

表Ⅱ-2-17　世行对马来西亚合同执行环节的调研结果

合同执行	调研结果
时间（天数）	425 天
成本（占索赔价值百分比）	37.9%
司法程序质量指数（0—18）	13

资料来源：世行《2020年马来西亚营商环境报告》。

表Ⅱ-2-18　世行对马来西亚办理破产环节的调研结果

办理破产	调研结果
回收率（美元）	81
时间（年）	1
成本（占地产的比例）	10
成果（0为零碎销售，1为持续经营）	1
破产框架力度指数（0—16）	7.5

资料来源：世行《2020年马来西亚营商环境报告》。

结合世行对马来西亚合同执行和办理破产两个环节的调研结果以及企业在实际经营中常遇到的问题，下面将从马来西亚整体的法律环境、企业商业纠纷的解决以及破产的流程三个方面，来详细分析马来西亚的商业契约环境。

（一）马来西亚的法律环境

马来西亚是一个主要的普通法法律体制国家，但是同时又拥有独立的伊斯兰法律体系。普通法体制以英国普通法和最高法院对立法行为的司法审查为基础。伊斯兰法在家庭事务上适用于穆斯林以及伊斯兰保险和金融的相关经济活动。司法活动使用的官方语言为马来语。马来西亚的每个州都有自己的宪法，有时会因州而异。马来西亚尚未接受国际法院的强制性管辖权。[1] 整体来看，马来西亚法制体系健全，各方面法律完备，执法效

---

[1] Nordea, "Business Law in Malaysia", https://www.nordeatrade.com/se/explore-new-market/malaysia/legal-environment.

率较高。但是由于马来西亚司法独立行政机关对司法机关的影响过大，再加上马来西亚倾向于原住民的保护政策，不能完全保证外国人与国民一律平等，执法的公平公正性有待提高。

（二）马来西亚商业纠纷的解决

在马来西亚针对商业纠纷，既可以通过法院走正式完整的法律程序解决，也可以采取包括仲裁和调解在内的其他纠纷解决方式。马来西亚有两个具有统筹管辖权的高等法院，马来亚高等法院以及沙巴和砂拉越高等法院。马来亚高等法院在马来西亚半岛各地设有分支机构，但是，大多数大型商业纠纷都在吉隆坡马来亚高等法院提出。因为大多数大型交易都是在吉隆坡进行的，因此公司往往会在该处拥有注册地址或营业地址。吉隆坡高等法院分为以下几个部分，包括刑事处、民事司、商业部、上诉和特别权力司、家庭部。大型商业纠纷在商业部门或民事部门开始，具体取决于诉讼的主题。马来西亚还有很多为特定纠纷建立的特定法庭，这些法庭包括，1978年建立的吉隆坡区域仲裁中心，1948年建立的工业法庭，公共服务法庭，以及根据1967年收入法案建立的收入法特殊委员会等。

除了通过向法院提起诉讼的法律流程，在马来西亚还可以采取仲裁和调解来解决商业纠纷。仲裁是解决大型商业纠纷的主要方法，是建筑业和国际商务中普遍接受的解决争端的方法。马来西亚的仲裁通常受2005年仲裁法的约束，但要遵守仲裁机构的程序规则以及当事方之间的任何先前协议。2011年和2018年分别对2005年仲裁法做出了修订。除仲裁外，调解是马来西亚其他纠纷解决方法的一种新形式，目前很少使用。

在马来西亚，提供仲裁主要机构为吉隆坡区域仲裁中心（KLRCA）。吉隆坡区域仲裁中心成立于1978年，是一个政府间国际法律机构和非法律协商组织，它提供了一个中立的系统来解决与亚太地区以及亚太地区之间的贸易、商业和投资争端。但是它是一个独立机构，不受2005年仲裁法的约束。它适用的规则是1976年联合国国际贸易法委员会仲裁规则，并作了一些修改和改编。在2018年仲裁法的修正案中，将吉隆坡区域仲裁中心（KLRCA）重命名为亚洲国际仲裁中心（AIAC），中心的知名度日益提高，这本身就是该中心日益成为解决国际争端中心的动力。

马来西亚主要的调解机构为马来西亚调解中心（MMC）。马来西亚调解中心是通过马来西亚律师协会建立的一个机构，旨在促进调解作为解决纠纷的其他的手段，并为成功解决争端提供适当的途径。它提供调解服务，并为有兴趣成为调解员的人员提供调解培训，并认可和维持一个调解员小组。目前，马来西亚调解中心由完成调解培训计划并处理民事，商业和婚姻事务的律师组成。它打算将来将其范围扩大到其他事务。数据显示，在所有的商业纠纷案例中，采取调解和仲裁解决的比例更高。①

（三）马来西亚破产流程

《1967年破产法》以及《2017年破产规则》为在马来西亚注册企业办理破产手续流程的法律依据。首先，申请破产。在马来西亚，企业寻求破产必须通过法院。可以通过两种方法来获得法院批准，一种由债权人通过在法庭上提出债权人的请愿书对企业发起破产程序开启破产，第二种由企业自己通过出示债务人在法院的请愿书，自愿寻求法院命令将其破产。根据1967年《破产法》第7条的规定，企业可以在法庭上申请宣布自己为破产人，但是必须在高等法院提交请愿书，说明无力偿还债务。1967年破产法和2017年破产规则明确规定了必须遵循的程序。如果满意，法院将批准该申请，然后债权人可以根据所获得的命令，将破产通知书送达法院。这样做后，债务人将有7天的时间对上述破产通知作出回应。收到破产通知后，债务人可以在7天内提出反对誓章，对破产通知提出异议，前提是债务人的反诉或要求等于或超过在破产通知书中的索赔额。如果法院同意债务人的立场，则将撤销破产通知书。如果法院另有决定，破产通知书将继续有效，并且将按照破产法规定进行。然后，法院将为呈请提出指示。

其次，回应破产通知。在对破产通知作出回应的7天期限到期后，在没有异议或未作任何保留的情况下，债权人可以自由地向债务人提出债权人的请愿书。根据1967年《破产法》第5节，请愿书的要求和条件简要总结如下：所欠债务必须为五万林吉特或以上；所欠债务必须是已清算的款项，应立即或在将来的某个时间偿还；请愿书必须在《破产法》生效后的6个月内提出；债务人的住所在马来西亚或任何国家或在提出呈请之日前一年内；每个请愿书都必须由一份誓章进行核实，以证明请愿书的内

---

① Thomos Reuters, "Dispute Resolution: Malaysia", https://uk.practicallaw.thomsonreuters.com/3-385-6343? transitionType = Default&contextData = (sc. Default) &firstPage = true.

容由债权人或代表债权人的知道事实的人确认。自然，应在提交请愿书后立即确认对请愿书的誓章，以避免对此问题提出任何技术性反对。之后，举行听证会。听证会通常由高级助理书记官长进行，他将监督从第一案管理到听证会的程序。最后，庭上对立和搁置。遵守上述所有条件后，法院将确定请愿书的开庭日期。[①]

在整个诉讼过程中，债务人可以自由地根据规则第17条在由誓章支持的分庭内提交传票。可自由提出反对的誓章，并在分庭提出传票以搁置诉讼。如果提交申请破产证明、回应破产通知以及没有在听证会上提出异议的话，法院将会下达最终的破产证明，整个破产流程结束。

第三节 主要问题与改进

一 政治环境

（一）政局动荡导致吸引外资政策多变

马来西亚的政治一直保持相对稳定，自独立以来，巫统、马华公会和印度国大党三个主要政党组成的国民阵线执政60余年。但是，在2018年的第14届全国大选中，由马来西亚前总理马哈蒂尔带领的希望联盟推翻了国民阵线的统治，实现了政权的和平更替。虽然政权交替过程以和平的方式进行，但是新组成的执政联盟希盟内部围绕马哈蒂尔何时将总理之权交给下任总理候选人安华产生大量争议，除此之外，联盟内主要政党土著团结党党内不同派系也争端不断。在2020年2月，随着希盟内主要政党土著团结党退出希盟，马哈蒂尔向国家元首阿都拉递交辞呈辞去总理职位，执政的希望联盟就此瓦解。之后为迅速解决国家无人执政的局面，国家元首通过国会议员表决直接宣布穆希丁为马来西亚第八任首相，由土著团结党、沙巴团结党、伊斯兰党等新组建的国民联盟执政。就此，马来西亚政坛陷入多个政党试图夺权的混乱的局面，并持续至今。

根据目前马来西亚的政坛发展，政坛的乱局短期内并不会得到解决，

---

① Thoms Philip, "Bankrup IOI: An Overview of the Process", https://www.thomasphilip.com.my/articles/bankruptcy-101-an-overview-of-the-process/，详见马来西亚破产部，http://www.mdi.gov.my/index.php/faqs/bankruptcy。

并且随时可能出现闪电大选政权更替的情况。政坛内不断地党派争斗,使马来西亚的政治环境极其不稳定。《联合早报》2020年6月26日报道,国际信评机构惠誉(Fitch)认为,马来西亚未来10年将饱受政局动荡的困扰,而政权频频更迭将造成政府政策多变。

在马哈蒂尔带领的希盟推翻国民阵线上台之后,针对国民阵线执政时期与外资签订的许多合作项目全部叫停,并且对这些项目重新进行评估,其中包括多个中国企业在马来西亚承包的项目,例如中国交通建设股份有限公司负责的马来西亚东铁项目。在马哈蒂尔上台之后,2018年7月马来西亚紧急叫停正在建设中的东铁项目,并与中资开启重新谈判。历经8个月的密集谈判,达成重启协议,中方愿意削减1/3成本,而马方除了降低贷款利息,也无须支付高达358亿元人民币的赔偿金。虽然项目得以继续但是政权更迭导致的对外资政策的变化为企业投资带去了较大的损失,同时也拖累经济发展与改革进程。

国际信评机构惠誉旗下的信息服务公司惠誉解决方案(Fitch Solutions)发布研究报告表示,希盟政府2020年2月垮台显示马来西亚政局不稳。过渡到更成熟的多党或两线制民主体制,最终将对马来西亚有利。可是,潜在投资者认为,这个过渡期的不确定性并非好事。报告指出,过渡期现在出现的时机不当,因为世界各地的企业都在加速将部分业务移出中国,以建立更多样与更具弹性的供应链。这是为了解决过度依赖中国所产生的问题。马来西亚在这场吸引外资的竞赛中,比不上越南和本区域其他竞争对手。

惠誉解决方案认为,马来西亚政治人物的民粹主义色彩未来将更浓厚,政府也将推出更多保护措施,也很可能透过贪污赢得支持。各政治联盟的领袖会透过恩庇政治维护盟党。政府为了让执政联盟的议员担任官职,将设立更多部长级职位,也任命后座议员到政联公司担任要职,这将导致政府结构臃肿。惠誉解决方案还指出,这类政治委任将打击投资者对马国的兴趣。随着外资减少,马来西亚未来10年的平均经济增长率可能只有3.4%。惠誉解决方案表示,除了政治,其他影响马来西亚经济增长的因素还包括人口增长放缓、非马来族技术人才外流、家庭债务高筑,以及财政空间紧缩等。

（二）改进措施

虽然马来西亚政局动荡，但是作为世界上最开放的经济体之一，开放的经济环境和政府重视商业的政策整体不会因为政权的更替有大变化，并且签订的多个贸易协定也确保了其经贸政策的整体稳定性。虽然不同政府对政策会有不同的调整，但整体商业环境不会有大变化。

首先，目前马来西亚当政的慕尤丁政府以及在野希望夺得政权的安华和马哈蒂尔力量，最初均属于马来人政党巫统，但后来因为巫统党内腐败和其他原因产生分歧，离开巫统资历政党参与政权争夺，根本来看，马来西亚政权争夺的三大主要派系当初为同一政党出身，因此在很多政策上面还是具有统一性，不会发生翻天覆地的大变化。

其次，审视希盟2018年上台到2020年下台之前的贸易政策，整体和2018年国民阵线执政60年时期并无太大变化。马来西亚贸易政策的关键在于维护其多边贸易体系，加强东盟的区域经济一体化以及加强双边经济关系。该贸易政策与其工业和投资政策保持一致。工业政策的驱动力是需要继续推动商品和服务的出口，扩大出口基础，并支持向价值链的上游发展。与其贸易、工业政策相协调的投资政策旨在增强贸易便利性，减轻监管负担并支持生产力和创新计划的措施。[①]

在2018年至2020年希盟执政期间，希盟政府继续推动区域及双边贸易协定的签订，2019年与中国香港之间的东盟—香港自由贸易协定（AH-KFTA）正式开始生效，继续推动与欧盟的自由贸易协定，并深化与土耳其的双边自由贸易协定。除此之外，希盟政府也十分重视高科技数字经济的发展，于2018年10月31日推出了工业4.0政策，旨在推动高新产业和数字经济发展。整体来看，六十年后的政府更替为马来西亚提供了反思和审查其贸易和投资政策的机会。马来西亚也应在区域经济一体化中发挥更积极的作用，着重于包容性，可持续增长并考虑其在多边贸易体系中的作用。马来西亚不仅必须继续保持开放，自由的贸易和投资环境，而且更重要的是，必须确保面对技术变化和需求，其政策具有现实意义。马来西亚的贸易政策平稳发展，并且更加注重数字经济领域的投资和发展，努力实现经济转型。

[①] "Malaysia's Trade Policy: Time for Review", ISEAS, 2018.

最后，审视 2020 年 3 月慕尤丁政府上台后马来西亚的贸易政策，受疫情影响加大经济刺激力度鼓励投资活动。慕尤丁政府上台之后经济就遭遇新冠疫情的重大挑战，政府从 3 月初到现在，一共宣布了 3 个总值 2950 亿林吉特的经济刺激配套，分别是 3 月 27 日宣布的爱民经济振兴配套（Prihatin）、4 月 6 日宣布的协助中小企业的 Prihatin 附加配套，以及 6 月 5 日宣布的短期经济复苏计划（PENJANA）。三个经济刺激计划中，出台了许多补贴政策和激励政策帮助中小企业渡过难关。

在爱民经济振兴配套（Prihatin）和协助中小企业的 Prihatin 附加配套中，扶持中小企业的政策主要包括"微型企业关怀特别补助金"（GKP）、小额信贷计划、工资补贴计划、商业工业和农业部门的电价折扣、对于在 2020 年 4 月 1 日至 2020 年 12 月 31 日期间工作许可证到期的外国雇员的征费减少 25%。除此之外，马来西亚国家银行（BNM）于 2020 年 5 月 5 日将隔夜政策利率（OPR）降低了 50 个基点至 2%，以鼓励个人和企业获得新贷款，理论上将增加国内贸易交易。商业银行还推出了包括一揽子计划在内的支持计划，其中包括为中小企业提供支持的紧急贷款，以及除了降低政策利率外还可以灵活地偿还现有贷款。银行业将提供额外的 20 亿林吉特资金，以 3.5% 的优惠率协助中小企业维持业务运营，将新的中小企业客户作为银行的目标。

6 月出台的短期经济复苏计划（PENJANA），重点有三个，即赋权人民，推动企业发展和刺激经济。该计划有望刺激马来西亚的经济，提供超过 240 万个工作岗位，减轻大约 1000 万人的现金流负担，并为 30 多万家公司提供支持。在该计划下设立了价值 12 亿林吉特的投资基金，通过将国际投资者的资金引入本地风险投资领域来支持马来西亚企业的数字化。设立了价值 6 亿林吉特的投资基金，用于推动企业数字化和创新。向马来西亚投资发展局（MIDA）拨款 5000 万林吉特，用于促销和营销活动。对于汽车行业，本地组装乘用车 100% 免征营业税，完全进口车免税 50%。[1]

虽然疫情的发展以及国内政局的变动给马来西亚的贸易和投资活动带

---

[1] Flander Investment&Trade, "CORONA VIRUS: The situation in Malaysia", https://www.flandersinvestmentandtrade.com/export/nieuws/corona-virus-%E2%80%93-situation-malaysia.

来巨大冲击,但是新上任的慕尤丁政府在疫情下推出的这些贸易补贴政策,大大提高了马来西亚的吸引力。并且待疫情过去之后,这些政策会为马来西亚带去更大的发展潜力。审视这两年新上任的两届政府的贸易政策,整体并没有太大的变化,依然致力于营造开放的经济环境,推动双边和区域经贸关系的发展并提高自身投资吸引力。慕尤丁政府出台的一系列刺激计划将在未来一段时间内重振马来西亚的贸易和投资活动,释放马来西亚的发展潜力。

二 外资规制

(一) 某些行业限制甚至禁止外国投资

马来西亚欢迎并积极吸引外国直接投资,整体环境对外商投资较为友好,尽管如此,某些特定行业仍存在对外国投资份额的限制,同时对原住民群体的最低持股比例也有要求。[①]限制外商股权的主要行业:

- 金融服务业;
- 资本市场;
- 保险业和伊斯兰保险(Takaful)业;
- 纺织品、餐厅、酒吧、珠宝店;
- 通信和传媒业;
- 批发和分销贸易(与大型超市和食品及餐饮业有关);
- 教育;
- 货运代理和航运;
- 能源供应;
- 专业服务

在上述行业,外资的所有权受限制,上设限制为股本的70%,原住民必须持有至少30%的股权。[②] 对于石油和天然气行业,外资持股比例限制为49%。对于基金管理和制造企业,允许外资100%持股。

(二) 改进措施

虽然马来西亚目前对国内一些行业仍然实行严格的外资股权限制,但

[①] King &Wood Mallesons, "Foreign Direct Investment: Changes in Malaysia", August 2020, https://www.kwm.com/en/au/knowledge/insights/fdi-malaysia-20200724.

[②] 香港生产力促进局:《马来西亚制造业发展指南——机遇与挑战》。

是和以前相比,在一些经济领域已经相对开放了些,被限制的一些领域慢慢放松对外资的管制。

自 2009 年外国投资委员会被废除,开始分阶段逐步放宽对外国直接投资的监管,并已取消某些行业 70% 的股权持有股的限制。马来西亚允许外资收购本地注册企业股份,并购当地企业。一般而言,在制造业、采矿业、超级多媒体地位公司、伊斯兰银行等领域,以及鼓励外商投资的五大经济发展走廊,外资可获得 100% 股份;马来西亚政府还先后撤销了 27 个服务业分支领域和上市公司 30% 的股权配额限制,进一步开放了服务业和金融业。

2009 年 4 月,马来西亚政府允许外商独资不设股权限制开放的八个服务业领域 27 个分支行业如下:

(1) 计算机相关服务领域:电脑硬件咨询;软件应用(包括软件系统咨询、系统分析、系统设计、电脑程序、系统维护);资料处理(包括资料输入、资料处理与制表、共享服务等);数据库服务;电脑维修服务;其他(包括资料准备、训练、资料修复、内容开发等)。

(2) 保健与社会服务领域:兽医;老人院及残疾中心;孤儿院;育儿服务(包括残疾儿童中心);为残疾人士提供的职业培训。

(3) 旅游服务领域:主题公园;会展中心(超过 5000 个座位);旅行社(仅限国内旅游部分);酒店与餐馆(仅限 4 星级及 5 星级酒店);食品(仅限 4 星级及 5 星级酒店);饮品(仅限 4 星级及 5 星级酒店)。

(4) 运输服务领域:C 级交通运输(私营运输执照—仅限自用货物运输)。

(5) 体育及休闲服务领域:体育服务(体育赛事承办与促销)。

(6) 商业服务领域:区域分销中心;国际采购中心;科学检验与分析服务(包括成分与纯度化验分析、固体物检验分析、机械与电子系统检验分析、科技监督等);管理咨询服务〔包括常规服务、金融(商业税收除外)、市场、人力资源、产品与公关等〕。

(7) 租赁服务领域:船只租赁(不包括沿海及岸外贸易);国际货轮租赁(光船租赁)。

(8) 运输救援服务领域:海事机构;船只救护。

为了进一步刺激外资流入,马来西亚政府在 2012 年又逐步开放 17 个服务业分支行业的外资股权限制，包括：电讯领域的服务供应商执照申请、电讯领域的网络设备供应与网络服务供应商执照申请、快递服务、私立大学、国际学校、技工及职业学校、特殊技术与职业教育、技能培训、私立医院、独立医疗门诊、独立牙医门诊、百货商场与专卖店、焚化服务、会计与税务服务、建筑业、工程服务以及法律服务。

除此之外，2014年11月，国会下议院通过了有关建筑服务、工程测量服务的法律修正案，放宽了对在马来西亚从事这些职业的外国人的限制。经修订的建筑服务立法于2015年6月生效。

马来西亚服务业发展理事会（MSDC）是分支领域开放的监管单位，负责审查服务业限制领域发展的有关规定，监督和协调各部门相关工作。投资也受不同法律法规约束，例如管理制造业投资的《工业协调法》（1975年），要求任何从事制造活动的公司或个人（除个别例外）均须取得马来西亚投资发展局颁发的许可证。投资和贸易是马来西亚经济的重要发展带动力，为了推动经济发展，吸引投资，放开投资限制是必然趋势，相信马来西亚之后会在多个经济领域放松外资投资限制。

附表：世界银行《2020年马来西亚营商环境报告》马来西亚各项指标排名/分数

开办企业（排名）	126
开办企业得分（0—100）	83.3
手续（数量）	8.5
时间（天）	17.5
费用（数量）	11.1
实缴资本下限（占人均收入的百分比,%）	0
办理施工许可证（排名）	2
办理施工许可证得分（0—100）	89
手续（数量）	9
时间（天）	53

续表

成本（占仓库价值的百分比，%）	1.3
建筑质量控制指数（0—15）	13
获得电力（排名）	4
获得电力得分（0—100）	99.3
手续（数量）	3
时间（天）	24
费用（占人均收入的百分比）	25.6
供电可靠性和电费指数透明度（0—8）	8
登记财产（排名）	33
登记财产得分（0—100）	78.9
手续（数量）	6
时间（天）	16.5
成本（占财产价值的百分比，%）	3.5
土地管理系统的质量指数（0—30）	26.5
获得信贷（排名）	37
获得信贷得分（0—100）	75
合法权利指数（0—12）	7
信用信息指数（0—8）	8
信用注册覆盖率（占成年人的百分比，%）	64.9
征信机构覆盖率（占成年人的百分比，%）	89.1
保护中小投资者（排名）	2
保护中小投资者得分（0—100）	88
披露指数（0—10）	10
董事责任指数（0—10）	9
股东诉讼便利指数（0—10）	8

续表

股东权利指数（0—6）	5
所有权和管理控制指数（0—7）	6
企业透明度指数（0—7）	6
纳税（排名）	80
纳税得分（0—100）	76
纳税（每年次数）	9
时间（每年小时数）	174
总税金和贡献率（占利润的百分比）	38.7
后备指数（0—100）	51
跨境贸易（排名）	49
跨境贸易得分（0—100）	88.5
出口耗时	
文件合规（小时）	10
边境合规（小时）	28
出口成本	
文件合规（美元）	35
边境合规（美元）	213
进口耗时	
文件合规（小时）	7
边境合规（小时）	36
进口成本	
文件合规（美元）	60
边境合规（美元）	213
合同执行（排名）	35
合同执行得分（0—100）	68.2

续表

时间（天）	425
成本（占标的物价值的百分比,%）	37.9
司法程序质量指数（0—18）	13
办理破产（排名）	40
解决破产分数（0—100）	67
回收率（每美元美分数）	81
时间（年）	1
成本（占资产价值的百分比,%）	10
结果（0为零碎销售，1为持续经营）	1
破产框架力度指数（0—16）	7.5

资料来源：世界银行《2020年马来西亚营商环境报告》。

第三章　城市化与重要城市的发展及影响

马来西亚位于东南亚，是一个自然和农业资源的出口国，主要的出口物资是石油。首都吉隆坡，是全国人口最密集和最繁荣的地区，也是对东南亚具有极大影响力的国际大都会。马来西亚的第二大城市——新山市，有"马来西亚的南方门户"之称，是一座集工业、运输与商业为一体的现代化城市。

第一节　城市化进程

马来西亚的国土被南海分隔成东、西两部分。西马位于马来半岛南部，北与泰国接壤，南与新加坡隔柔佛海峡相望，东临南海，西濒马六甲海峡。东马位于加里曼丹岛北部，与印尼、菲律宾、文莱相邻。全国海岸线总长4192千米。

马来西亚大部分的沿海地区都是平原，中部则是布满茂密热带雨林的高原。西马约占全国陆地面积40%，东西海岸地区被蒂迪旺沙山脉分隔。马来西亚靠近赤道，气候潮湿炎热，属赤道多雨气候，内地山区年均气温22—28℃，沿海平原为25—30℃。

一　快速城市化

（一）城市化增长迅速

1950年，马来西亚的城市人口为124.4万，占全国总人口的比例为20.4%。1950—1955年，其城市化年均增长率为2.80%；1955—1960年，城市化年均增长率为2.55%，1960—1965年城市化年均增长率为

2.35%，1965—1970 年城市化年均增长率为 2.24%，1970—1975 年城市化年均增长率为 2.36%，1975—1980 年城市化年均增长率为 2.21%。进入 21 世纪，马来西亚城市化进程放慢，2010—2015 年城市化年均增长率降为 0.91%，城市化增长速度趋于平稳。2018 年，马来西亚的城市化率为 76.0%，根据联合国预测，到 2050 年，马来西亚城市人口将在平稳中下降并稳定在 3744 万人左右，城市化率则进一步上升至 87.3%。

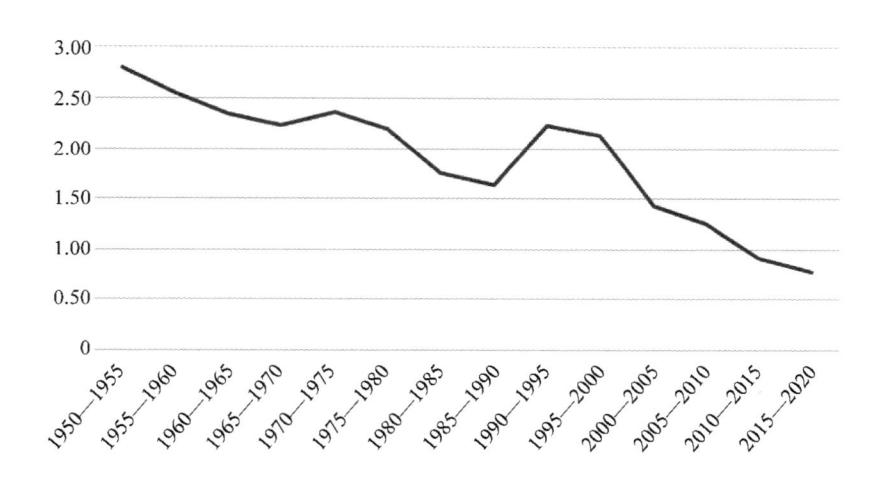

图 Ⅱ-3-1　马来西亚城市化年均增长率

资料来源：马来西亚统计局。

（二）马来西亚城市化率高与东南亚地区整体城市化水平

1950 年，马来西亚的城市化率为 20.4%，东南亚为 15.6%，亚洲国家的整体水平为 17.5%，当时的马来西亚城市化率高于东南亚和亚洲，而后也一直高于亚洲平均城市化水平。2018 年的数据显示，马来西亚城市化水平为 55.3%，与此同时，东南亚和亚洲的城市化水平分别为 49.4% 和 49.9%。预计到 2050 年，马来西亚的城市化水平将达到 87.3%，彼时东南亚和亚洲分别为 66.0% 和 66.2%。简而言之，马来西亚的城市化水平明显高于东南亚和亚洲整体平均水平。

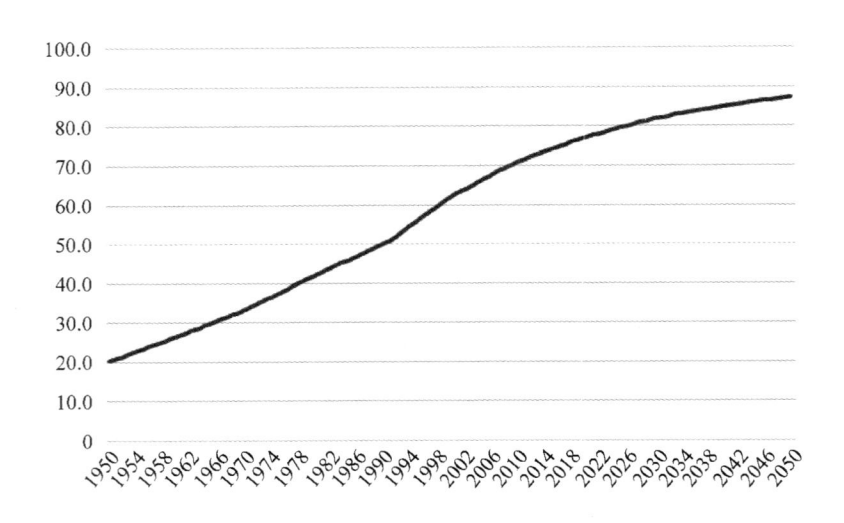

图Ⅱ-3-2 马来西亚城市化率

资料来源：马来西亚统计局。

二 城市化发展速度

从城市人口来看，马来西亚城市人口总量逐年增加。1950—1965年城市人口平均年增长率为5.52%，远高于同时期的亚洲（3.76%）和东南亚（4.31%），城市人口呈现高速增长趋势。到1980—1985年马来西亚城市人口平均年增长率下降到4.21%。但1985—2000年，马来西亚城市人口平均年增长率出现回升，1990—1995年马来西亚水平高出亚洲国家整体1.66%，高出东南亚国家1.31%，此时马来西亚城市人口总量为1437万。进入21世纪，马来西亚的城市人口增长水平开始放缓，2000—2005年，马来西亚城市人口平均年增长率为3.46%，预计未来马来西亚城市人口增长速度继续下降，到2050年城市人口平均年增长率为0.87%。

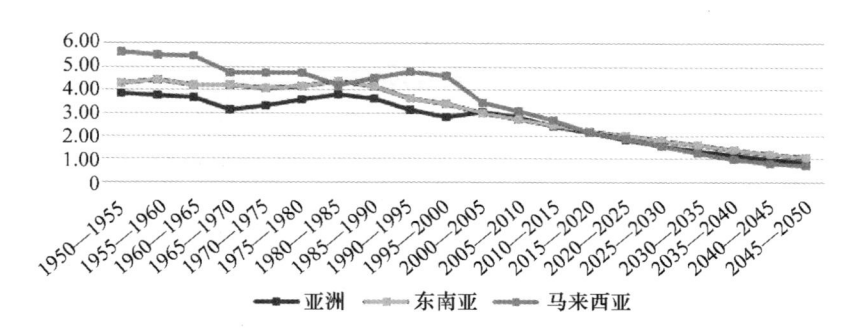

图Ⅱ-3-3 马来西亚、东南亚及亚洲的城市化增长率

三 城市化率的发展速度

1950—1955 年，马来西亚的城市化增长率为 2.80%，而此时的亚洲和东南亚的增长率分别为 1.93% 和 1.82%。1955—1970 年，马来西亚城市化增长率持续下降到 2.24%。1970—1975 年出现小幅上升达到 2.36%，同时期亚洲的增长率仅为 1.06%，东南亚为 1.54%。在 1975—1990 年，马来西亚城市化增长率与亚洲整体以及东南亚国家趋势相反，逐年下降到 1.63%。在 1990—1995 年间，城市化增长率突然跃升至 2.24%，然后又开始快速下降。预计到 2050 年，城市化年均增长率下降至 0.26%。

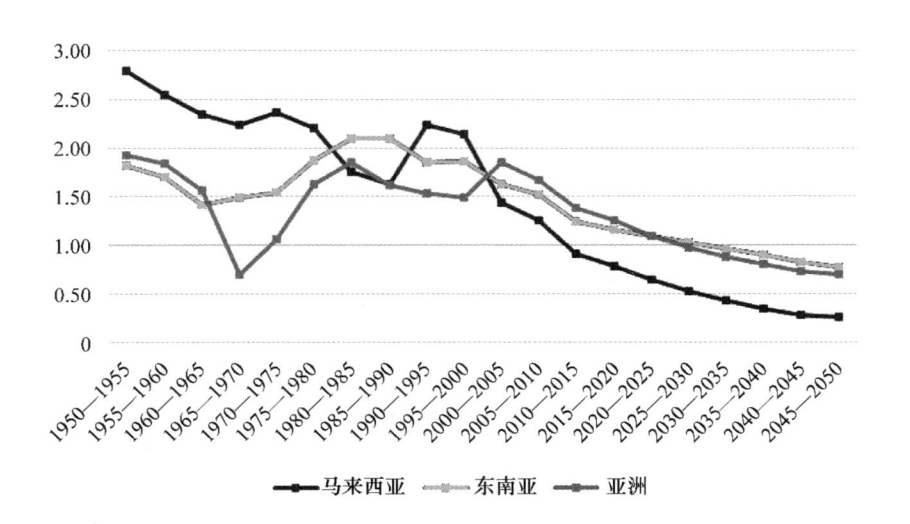

图Ⅱ-3-4 马来西亚、东南亚及亚洲的城市化率

第二节　城市体系与重点城市规模的变化及趋势

目前马来西亚包括马来半岛十一州及位于婆罗洲北部的沙巴和砂拉越，另有三个联邦直辖区（吉隆坡、布城及纳闽），全国总面积共330345平方千米。马来西亚被南海分为东西两大部分：西半部位于马来半岛，常被称为"西马"，北接泰王国，南部隔着柔佛海峡，以新柔长堤和第二通道与新加坡共和国连接；东半部常被称为"东马"，位于婆罗洲岛的北部，南邻印度尼西亚共和国的加里曼丹。由于马来西亚的地理位置接近赤道，其气候为亚热带雨林气候。

马来西亚大部分的沿海地区都是平原，中部则是布满茂密热带雨林的高原。西马约占全国陆地面积40%，从北到南延伸740千米，最宽的部分是322千米。东马位于婆罗洲，具有长达2607千米（1620英里）的海岸线。马来西亚有许多岛屿，如槟城、浮罗交怡、邦咯岛、吉胆岛和东马的纳闽直辖区。

一　城市体系发展

（一）人口变化

2020年1月，马来西亚全国总人口为3246万，位于全世界第44位，人口增长率为1.51%。1951年，马来西亚的人口增长率为2.61%，随后人口增长速度越来越快，到1963年人口增长率达到3.32%。随后十几年，人口增长速度开始放缓，增长率逐渐下降到1978年的2.32%，此时的马来西亚总人口为1304万。但20世纪80年代马来西亚的人口继续出现一波快速上涨，到1988年人口增长率为2.98%。但从90年代至今，马来西亚的人口增长速度逐渐放缓，人口增长率持续降低到2016年的1.51%，并保持稳定。

（二）人口密度与民族

马来西亚一共由13个州和3个联邦直辖区组成，国内的人口分布不均，大约80%的人口集中在土地肥沃、资源丰富的马来半岛，东马地区的人口占总人口比重接近20%，剩余少数居民居住在其他小岛上。人口密度最高的地区为首都吉隆坡，人口密度达到每平方千米7385人，首都

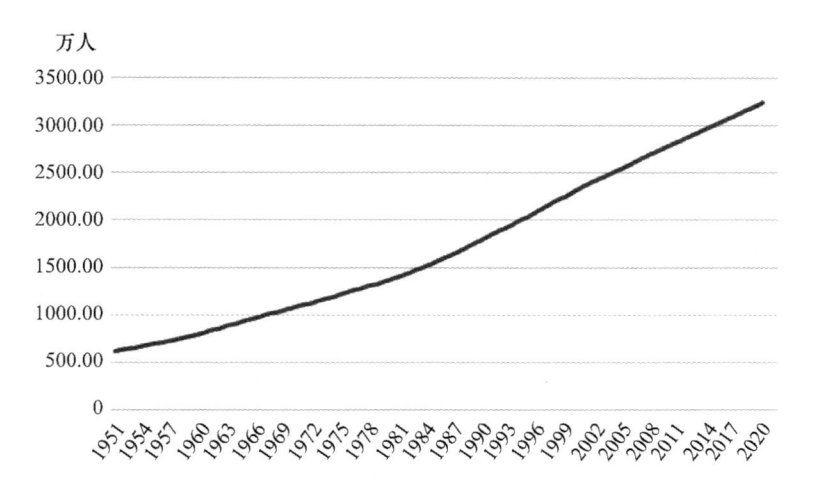

第三章　城市化与重要城市的发展及影响　319

图Ⅱ-3-5　马来西亚人口总量

资料来源：https://population.un.org/。

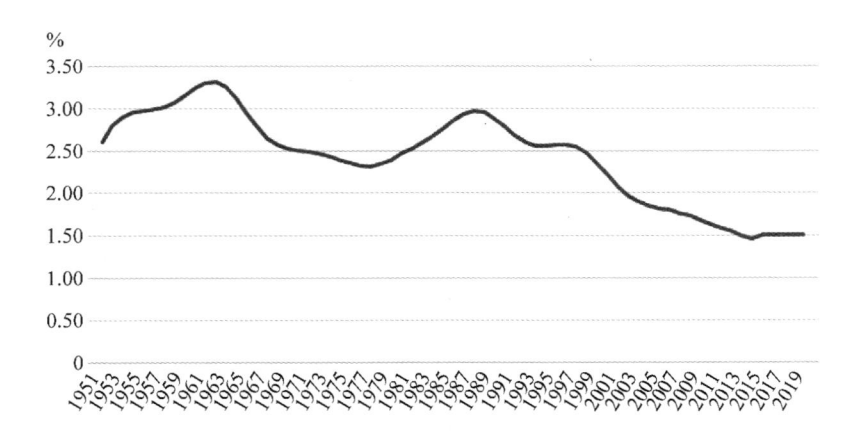

图Ⅱ-3-6　马来西亚人口增长率

资料来源：https://population.un.org/。

的人口承重压力高。而人口密度第二高的地区布城人口密度远低于吉隆坡，为每平方千米1845人。人口密度最低的区域为砂拉越，是马来西亚面积最大的州，三分之二土地是热带雨林区，人口密度为每平方千米22人。

从各地区的居民来源来看，不同地区的差异较大。首都吉隆坡有41.59%的人群是本土马来人，39.14%是华人，9.33%是印度人；而另一个华人比例较高的地区槟城，华人占总人口的41.52%，稍低于马来人比重（42.65%）。纳闽是马来西亚外籍人士比重最高的地区，比重达到16.3%。

2019年，马来西亚的马来人共2026万，约占全国人口的62.59%，华人729万，约占全国人口的22.52%，印度人220万，占全国人口的6.8%，其他种族占0.67%，非马来西亚公民占8.38%。马来人、华人和印度人主要居住在马来半岛，而少数民族土著主要居住在沙巴、砂拉越州，其中砂拉越州的原住民以达雅克族为主，沙巴州以卡达山族为主。

表Ⅱ-3-1 马来西亚2019年各地区人口分布

州名	人口（万）	面积（km²）	人口密度（人/km²）	马来人/土著（%）	华人（%）	印度人（%）	其他（%）	外籍人士（%）
玻璃市	25.38	821	309	86.28	7.81	1.17	2.34	2.4
吉打	216.38	9500	228	76.26	13.31	7.15	1.17	2.1
槟城	176.68	1048	1686	42.65	41.52	9.80	0.38	5.8
霹雳	250.49	21035	119	55.29	29.49	11.93	0.29	3.0
雪兰莪	647.24	8104	799	55.39	27.74	13.10	0.77	7.7
森美兰	113.02	6686	169	57.81	21.88	14.33	0.38	5.7
马六甲	92.22	1664	554	64.09	25.29	5.94	0.48	4.2
柔佛	374.23	19210	195	54.13	30.88	6.52	0.37	8.1
彭亨	166.58	36137	46	75.05	15.39	4.18	0.38	5.0
登嘉楼	123.04	13035	94	95.25	2.55	0.20	0.10	1.8
吉兰丹	185.68	15099	123	91.68	3.26	0.29	0.57	4.2
砂拉越	279.21	124450	22	71.28	23.55	0.29	0.38	4.7
沙巴	388.93	73631	53	61.31	9.25	0.22	1.52	27.7
吉隆坡	179.46	243	7385	41.59	39.14	9.33	0.54	9.4

续表

州名	人口（万）	面积（km²）	人口密度（人/km²）	马来人/土著（%）	华人（%）	印度人（%）	其他（%）	外籍人士（%）
纳闽	9.92	91	1090	70.06	11.22	0.75	1.67	16.3
布城	9.04	49	1845	95.75	0.68	1.17	0.10	2.3

资料来源：马来西亚国家统计局，https://www.bps.go.id/indicator/12/141/1/population-density-by-province.html。

二 重点城市规模

1950年，马来西亚城市人口都分布在30万人口等级以下城市。1975年，马来西亚仅有一个中等城市（50万—100万人口等级），即吉隆坡，占全国人口总量14%，其余城市人口仍分布在30万以下人口城市里。1985年，吉隆坡人口不断增长，城市规模变为大城市（100万—500万），占全国城市人口总量20%。2010年，吉隆坡城市规模进一步扩大为特大城市（500万—1000万），人口总量为581万，人口占比上升至29%；除此之外，马来西亚有3个中等规模城市，人口占比为10%。预计在2035年，吉隆坡城市规模进一步扩大为1000万以上人口城市。值得注意的是，除吉隆坡外，直到1995年，马来西亚才出现第二个中等城市——新山市（50万—100万）。

表Ⅱ-3-2　　　　马来西亚城市等级分布

等级	类型	1950	1960	1975	1985	2010	2015	2020	2035
1000万人以上	数量	0	0	0	0	0	0	0	1
	人口占比	0	0	0	0	0	0	0	33
	总城市人口	0	0	0	0	0	0	0	10467
500万—1000万人	数量	0	0	0	0	1	1	1	0
	人口占比	0	0	0	0	29	30	32	0
	总城市人口	0	0	0	0	5810	6851	7997	0

续表

等级	类型	1950	1960	1975	1985	2010	2015	2020	2035
100万—500万人	数量	0	0	0	1	0	0	1	2
	人口占比	0	0	0	20	0	0	4	7
	总城市人口	0	0	0	1427	0	0	1024	2333
50万—100万人	数量	0	0	1	0	3	3	4	4
	人口占比	0	0	14.43	0	10	10	10	9
	总城市人口	0	0	660.98	0	1981	2212	2478	2733
30万—50万人	数量	0	1	0	2	5	6	5	5
	人口占比	0	15.83	0	10	9	10	8	7
	总城市人口	0	343.53	0	684	1807	2364	1924	2201
30万人以下	人口占比	100	84.17	85.57	71	52	50	47	45
	总城市人口	1244	1826.10	3918.40	5048	10338	11374	11940	14334

资料来源：https://population.un.org/。

马来西亚的城市人口分布经历了较大变动。在1990年，67%的城市人口分布在30万人口以下城市，而其余人口分布在一个大城市和两个小城市。到2018年，马来西亚居住在30万人口以下城市的人口已不足50%，特大城市吉隆坡人口容纳占比超过30%，人口向大型城市集中的趋势明显。

马来西亚的主要城市排序与其人口数量完全正相关，排序越靠前的城市其人口数量越多；同时，主要城市的人口数量占其所属州总人口数的百分比相对较高。

第三节 吉隆坡的经济发展与区域影响

一 城市概况

吉隆坡地处经济发达的马来半岛西岸,交通便利,四通八达,面积243平方千米,2018年人口达179万。吉隆坡原本是雪兰莪州的行政管辖区,在英国殖民统治时期,吉隆坡成为马来半岛的行政中心,是马来西亚的首都以及最大城市。吉隆坡不只是国家政治中心,同时在文化、教育、体育、财政、经济、商业、金融等方面都具有极大影响力。2018年在美国美世咨询公司发布的"全球城市最佳生活品质排名"中被评为东南亚第二宜居城市,仅次于新加坡,全球排名第85。

从1995年开始,马来西亚政府积极开展迁都计划。自1999年起,马来西亚政府重新规划行政区,新增了两个联邦直辖区,其中一个就是布特拉加亚(简称"布城",在马来语中就是"王子之城")。在2001年,马来西亚将联邦政府的行政中心迁移到布城。尽管如此,吉隆坡仍是联邦的立法中心和国家皇宫所在地,因此吉隆坡仍是马来西亚最重要的政治、经济及文化中心。吉隆坡也是马来西亚最具国际化的城市,国外的游客九成以上都前往吉隆坡。吉隆坡不但拥有全国最大的锡矿业,也是马来西亚最大的新兴工业城市。

(一)吉隆坡行政划分

1974年,吉隆坡从雪兰莪州划分出来,现被规划作"吉隆坡联邦直辖区",为马来西亚三个联邦直辖区之一,由联邦政府直接管理。吉隆坡分为11个市辖区,皆受联邦直辖区部下辖的吉隆坡市政局管理:武吉免登、蒂蒂旺沙、斯迪亚旺沙、旺沙玛珠、峇都、甲洞、泗岩沫、班底谷、士布爹、敦拉萨镇、蕉赖。

(二)人口分布

2018年,吉隆坡总人口数为179万,其中马来人占71.94万,华人为65.42万,非马来公民有24.6万。从2008年至今,吉隆坡的人口数持续上升,尤其是在2015年,人口增长率突然达到3.09%,该年吉隆坡的人口数上涨了5.34万。从人群分布来看,2015年非马来公民增加了3.99万,其他人群增加1.35万,意味着该年的人口波动主要是由于外籍人口流入吉隆坡。但在随后两年，吉隆坡的人口增长率走低，仅为 0.52% 和 0.09%，城市人口扩展速度减慢，人口总数保持稳定不变，城市规模呈现平稳发展趋势。

表 II-3-3　　　　吉隆坡 2014—2018 年人口分布　　　　单位：万

	2014 年	2015 年	2016 年	2017 年	2018 年
马来人	71.35	71.78	72.24	72.38	71.94
华人	65.84	65.70	65.49	65.45	65.42
印度人	15.38	15.35	15.17	15.13	15.14
拉丁或其他	1.69	1.74	1.79	1.84	1.89
非马来公民	19.48	23.47	24.27	24.51	24.60
总人口	173.74	178.04	178.97	179.32	179.00

资料来源：马来西亚国家统计局。

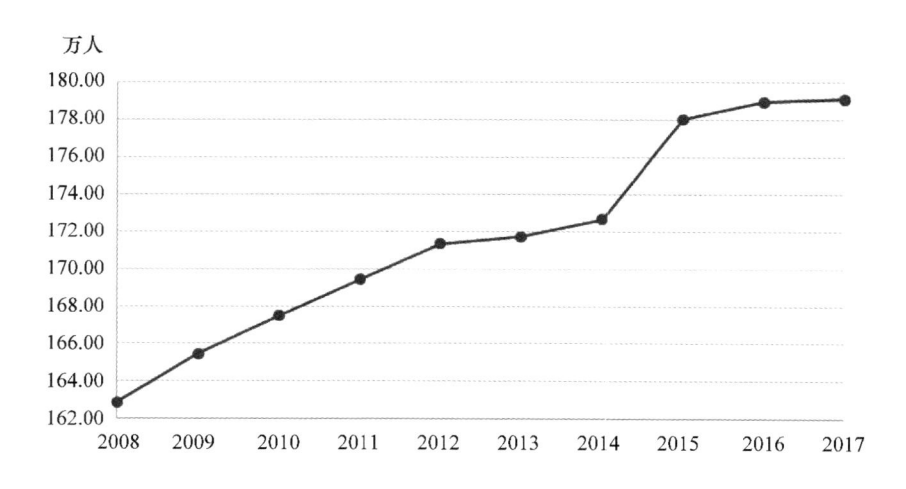

图 II-3-7　吉隆坡人口总数

资料来源：马来西亚国家统计局。

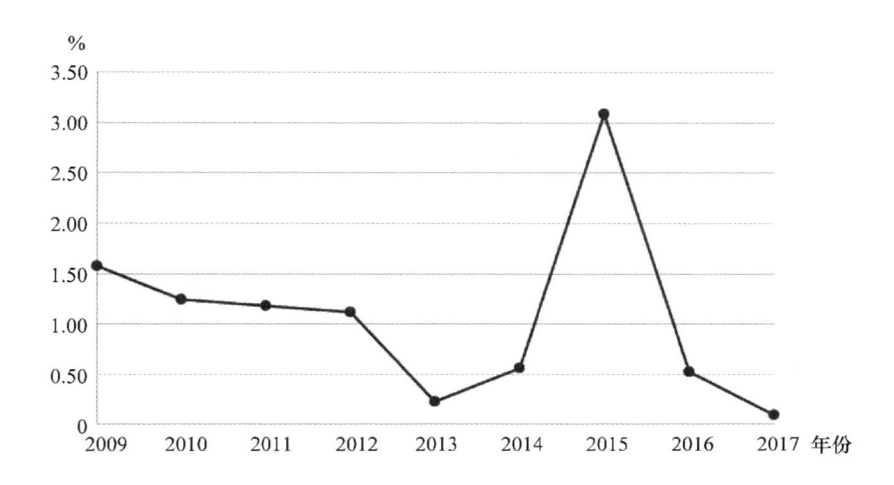

图Ⅱ-3-8 吉隆坡人口增长率

资料来源：马来西亚国家统计局。

二 城市经济总量发展

(一) 地区生产总值

进入21世纪以来，马来西亚的经济一直保持中速增长，经济发展在东南亚国家位于前列。根据马来西亚统计局数据显示，2019年吉隆坡的GDP为2442亿林吉特，经济增速为6%，对生产总值的贡献百分比为16.41%。近几年，马来西亚的GDP保持缓慢下降，2017年增速为5.81%，2018年增速为4.77%，2019年为4.30%，为近十年来最低。

吉隆坡在马来西亚经济发展速度排名第二。2019年，吉隆坡的GDP增长率为6%，仅次于雪兰莪州(6.74%)。近三年来，吉隆坡的GDP增长速度出现下滑，2017年GDP增长率为7.58%，2018年的GDP增长率为6.75%，2019年为6%，受2020年疫情影响，吉隆坡的许多产业都受到打击，预计地区经济增长速度会出现大幅下降。

吉隆坡国内生产总值的贡献百分比仅次于雪兰莪州。2019年，吉隆坡国内生产总值的贡献百分比为16.41%，而雪兰莪州占比为24.24%，吉隆坡低于雪兰莪州7.83%。近五年，吉隆坡国内生产总值的贡献百分比逐渐上升，从2015年的15.37%上升到2019年的16.41%，吉隆坡在国内的经济地位越来越重要。

表Ⅱ-3-4　　2015—2019年按州现价计算的州GDP

单位：百万林吉特

GDP	2015	2016	2017	2018	2019
柔佛州	110002.20	120119.40	130562.70	136362.80	140450.30
吉打州	39549.58	42043.69	44938.65	46274.90	48717.19
吉兰丹	21407.74	23193.74	25049.36	25445.08	26939.84
马六甲	36077.26	37927.73	42758.27	44220.79	45651.21
森美兰	40185.68	42592.72	46494.93	48297.18	51098.88
彭亨	49449.71	53175.21	58882.57	59170.14	60964.42
槟城	78146.22	83536.20	89176.56	93295.84	97715.60
霹雳州	63175.56	67869.10	73154.09	75827.70	79448.07
玻璃市	5352.88	5669.94	5946.69	6185.36	6517.74
雪兰莪	268825.00	286297.10	312960.10	333712.20	357806.70
登嘉楼	31124.45	32467.19	36056.50	37081.82	38495.87
沙巴州	73776.13	80503.01	95006.37	100708.50	98882.93
砂拉越	121585.30	124188.70	138804.00	146264.30	149724.50
吉隆坡	180864.50	193983.20	213196.80	229181.90	244209.70
纳闽	5999.23	6421.05	6897.57	7349.62	7724.53
布城	51419.75	49709.72	52424.69	58072.98	56345.16
马来西亚	1176941	1249698	1372310	1447451	1510693

资料来源：马来西亚国家统计局。

表Ⅱ-3-5　　马来西亚各州GDP变动率及贡献率

州	GDP变动率					对国内生产总值的贡献百分比				
	2016	2017	2018	2019	2015	2016	2017	2018	2019
柔佛州	6.07	5.90	5.62	2.69	9.35	9.49	9.50	9.58	9.43
吉打州	4.06	4.64	4.01	4.61	3.36	3.35	3.31	3.29	3.30

续表

	GDP 变动率				对国内生产总值的贡献百分比				
吉兰丹	4.99	4.56	2.63	5.26	1.82	1.83	1.81	1.77	1.79
马六甲	4.53	8.27	3.86	2.84	3.07	3.07	3.14	3.11	3.07
森美兰	3.95	4.89	4.25	5.11	3.41	3.40	3.37	3.35	3.38
彭亨	2.88	7.30	3.04	3.67	4.20	4.14	4.20	4.13	4.10
槟城	5.56	5.18	5.14	3.77	6.64	6.71	6.67	6.69	6.66
霹雳州	4.41	5.12	5.25	4.02	5.37	5.37	5.33	5.36	5.34
玻璃市	4.05	2.25	3.32	4.56	0.46	0.45	0.44	0.43	0.43
雪兰莪	4.84	7.22	6.81	6.74	22.84	22.93	23.23	23.68	24.24
登嘉楼	3.24	5.74	2.50	3.33	2.65	2.61	2.61	2.56	2.53
沙巴州	5.07	8.10	1.45	0.51	6.27	6.31	6.44	6.24	6.01
砂拉越	2.41	4.54	2.16	2.48	10.33	10.13	10.01	9.76	9.59
吉隆坡	5.96	7.58	6.75	6.00	15.37	15.59	15.85	16.15	16.41
纳闽	6.88	5.89	6.69	5.18	0.51	0.52	0.52	0.53	0.54
布城	-1.67	-8.01	-0.99	-1.46	4.37	4.11	3.58	3.38	3.19
GDP	4.45	5.81	4.77	4.30	100.00	100.00	100.00	100.00	100.00

资料来源：马来西亚国家统计局。

(二) 人均地区生产总值

2019 年吉隆坡的人均地区生产总值为 129472.5 林吉特，占全国首位。而马来西亚国内人均地区生产总值为 46449.91 林吉特，约为吉隆坡水平的 1/3。2015 年以来，马来西亚各地区人均 GDP 变化相互平行，人均 GDP 逐年增加，表明发展趋势一致。

表Ⅱ-3-6　　　马来西亚2015—2019年各州人均生产总值

单位：林吉特

人均GDP	2015	2016	2017	2018	2019
柔佛州	30469.25	32893.66	35315.48	36368.64	37342.21
吉打州	18864.36	19834.92	20961.39	21394.30	22411.64
吉兰丹	12159.13	12908.88	13695.39	13676.65	14300.46
马六甲	40582.39	42088.19	46827.74	47938.93	49171.91
森美兰	36908.36	38744.40	41738.69	43010.46	45372.99
彭亨	30753.67	32688.17	35750.76	35542.98	36474.23
槟城	46020.20	48632.85	51130.13	52923.40	55242.72
霹雳州	25609.73	27343.07	29341.19	30288.57	31667.75
玻璃市	21539.53	22588.49	23596.27	24400.62	25655.55
雪兰莪	43513.29	45505.73	49047.79	51538.78	54995.35
登嘉楼	26808.26	27434.48	29848.46	30189.99	30933.05
沙巴州	19829.83	21169.21	24639.22	25832.47	25325.71
砂拉越	45006.08	45346.40	50176.92	52392.35	53358.27
吉隆坡	97060.12	103505.60	113357.70	121444.40	129472.50
纳闽	63069.40	66347.53	70705.18	74263.37	77797.71
马来西亚	37739.25	39505.49	42854.45	44698.87	46449.91

资料来源：马来西亚统计局。

（三）城市经济结构发展

1. 产业结构变化

吉隆坡是马来西亚的首都，是国内的文化、教育、体育、财政、经济、商业、金融中心，在东南亚甚至国际都具有极大影响力。在马来西亚GDP构成中，农业占7%，工业占35%，服务业占58%。在工业的具体项目构成中，制造业占65%，采矿业占20%，施工占15%。服务业中以零售批发业的比重最高，达到25%。

根据马来西亚统计局数据，2019年吉隆坡的服务产业占全市经济发展的主导地位，比重高达87.8%，而农业在吉隆坡几乎没有，可见吉隆坡是一个以服务业为主的城市。吉隆坡的产业结构与马来西亚整体产业结构有一定的差异，更加依赖于第三产业的发展。值得注意的是，金融和保险、房地产和商业服务对吉隆坡产值贡献率达到了25.33%，居行业首位。

表Ⅱ-3-7　　　　　　　吉隆坡各产业产值　　　　　单位：百万林吉特

行业	2015年	2016年	2017年	2018年	2019年
1. 农业	—	—	—	—	—
2. 采矿和采石	117.469	129.065	145.620	146.737	154.400
3. 制造业	5641.072	5794.600	5870.658	5867.619	6118.498
3.1 动植物油脂，食品加工，饮料和烟草制品中的油脂	731.862	783.267	852.989	862.545	887.035
3.2 木制品，家具，纸制品和印刷	989.612	1004.728	899.060	881.136	862.398
3.3 电气，电子和光学产品	1146.143	1190.427	1311.568	1326.903	1391.928
3.4 汽车和运输设备	708.578	656.870	610.809	549.662	591.030
3.5 其他制造业	2064.877	2159.308	2196.232	2247.373	2386.107
4. 施工	12915.19	14509.48	16406.31	17459.33	18411.33
4.1 建筑施工	6377.924	7652.108	8091.781	8412.966	8574.420
4.2 土木工程	3881.674	3988.122	4582.451	5332.547	6449.766
4.3 特殊木工建设活动	2655.590	2869.250	3732.073	3713.814	3387.143
5. 服务	159751.8	168742.4	180195.6	193334.9	205005.7
5.1 公用事业，运输和仓储以及信息和通信	17639.34	18879.34	20335.81	21956.92	23352.90
5.2 批发和零售贸易，食品和饮料和住宿	64514.44	68780.51	73667.73	79879.21	85499.88

续表

行业	2015年	2016年	2017年	2018年	2019年
5.3 金融和保险，房地产和商业服务	46711.84	48879.89	52437.77	56084.31	59110.15
5.4 其他服务	9287.770	9552.881	9961.464	10469.890	11084.330
5.5 政府服务	21598.41	22649.83	23792.80	24944.57	25958.45
6. 组合：进口税	2437	2464	3556	3291	3614
GDP	180865	191641	206175	220101	233304

资料来源：马来西亚统计局。

2. 工业发展

2019年，吉隆坡的工业产值为246亿林吉特，其中施工产值为184亿林吉特，占比74.58%，其次是制造业，产值为61亿林吉特，占比为24.78%，采矿和采石仅占工业产值的0.63%。

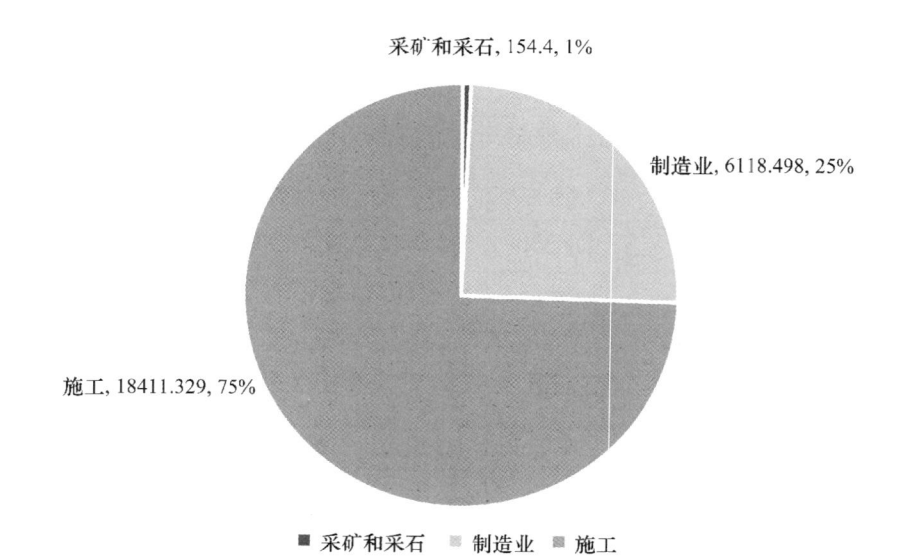

图Ⅱ-3-9 2019年吉隆坡工业产值分布（单位：百万林吉特）

资料来源：马来西亚统计局。

采矿和采石。马来西亚拥有丰富的矿产资源，尤其是锡矿、石油和天然气。马来西亚的锡矿储备位列全球第二，锡矿主要分布在马来半岛，其中吉隆坡的锡矿尤其丰富，在马来西亚发展的早期，开采锡矿并出口是国家重要的贸易形式，当时马来西亚的锡产量可以达到全球的50%左右。但随着矿产的不断开发，锡产量出现下滑，逐渐只能满足国内需求，后期产量不但难以满足国内需求还需要从国外进口。随后，矿产资源开发主要集中在东马近海区域的石油和天然气。

制造业。从表Ⅱ-3-8中可以看出，动植物油脂，食品加工，饮料和烟草制品中的油脂产业2016年和2017年的增长率达到7.024%和8.901%，产业增长速度快，但在2018年产业增速下降至1.120%，2019年小幅上升到2.839%；而木制品，家具，纸制品和印刷行业近年来持续走低，2017年产业增速为-10.517%，随后两年产业产值继续下降，传统制造业发展出现萎缩；而电气，电子和光学产品在2017年产业增速为10.176%，2018年受金融危机影响下滑至1.169%，但在2019年增速恢复到4.901%。汽车和运输设备业在2016—2018年间增速持续为负，但在2019年出现反弹上涨达到7.526%。

表Ⅱ-3-8　　吉隆坡2016—2019年制造业细分产业增长速度　　（单位:%）

行业	2016	2017	2018	2019
动植物油脂，食品加工，饮料和烟草制品中的油脂	7.024	8.901	1.120	2.839
木制品，家具，纸制品和印刷	1.527	-10.517	-1.994	-2.127
电气，电子和光学产品	3.864	10.176	1.169	4.901
汽车和运输设备	-7.297	-7.012	-10.011	7.526
其他制造业	4.573	1.71	2.329	6.173

资料来源：吉隆坡统计局。

施工业。2019年，施工业产值占工业总产值的74.58%。从表Ⅱ-3-9可以看出，2016年和2017年施工业各行业增长迅猛，2017年特殊木工建设活动的增速达到了30.071%；土木工程业的增速持续上涨，2017年增速为14.902%，2018年未受到金融危机影响增速达到

16.369%，2019年继续升到20.951%。住宅、写字楼以及基础设备的需求促进了建筑行业蓬勃发展，政府在第十一个五年计划（2016—2020）期间，修建了大量的基础设备，包括铁路、公路等，推动了施工业的发展。

表Ⅱ-3-9　　吉隆坡2016—2019年施工业细分产业增长速度（单位:%）

行业	2016	2017	2018	2019
建筑施工	19.978	5.746	3.969	1.919
土木工程	2.742	14.902	16.369	20.951
特殊木工建设活动	8.046	30.071	-0.489	-8.796

资料来源：马来西亚统计局。

3. 服务业发展

2019年吉隆坡服务业产值为2050万亿林吉特，占全市GDP的88%，是吉隆坡经济发展的主要产业。批发和零售贸易，食品、饮料和住宿对吉隆坡经济贡献占比达到36.292%，其次是金融和保险，房地产和商业服务，占吉隆坡经济产值的25.481%，这两个行业的经济产量合计占吉隆坡产值的61.773%。服务业的行业增长速度都基本保持稳定增长趋势。

表Ⅱ-3-10　　吉隆坡2016—2019年服务业增长速度　　（单位:%）

行业	2016	2017	2018	2019
公用事业，运输和仓储以及信息和通信	7.030	7.715	7.972	6.358
批发和零售贸易，食品、饮料和住宿	6.613	7.106	8.432	7.036
金融和保险，房地产和商业服务	4.641	7.279	6.954	5.395
其他服务	2.9	4.3	5.1	5.9
政府服务	4.9	5	4.8	4.1

资料来源：马来西亚统计局。

表Ⅱ-3-11　　吉隆坡2016—2019年服务业经济贡献比重　　（单位:%）

行业	2016	2017	2018	2019
公用事业，运输和仓储以及信息和通信	9.753	9.851	9.863	9.976
批发和零售贸易，食品和饮料和住宿	35.670	35.890	35.731	36.292
金融和保险，房地产和商业服务	25.827	25.506	25.434	25.481
其他服务	5.1	5.0	4.8	4.8
政府服务	11.9	11.8	11.5	11.3

资料来源：马来西亚统计局。

(1) 交通运输业

马来西亚的交通运输发展良好，公路网完整，航空业发达，形成了以吉隆坡为中心的铁路、公路、空运一体的交通网络。

公路运输。根据TomTom数据显示，吉隆坡交通拥堵排名全球第46位，平均在交通高峰期间花费的时间为170小时。

铁路运输。马来西亚的铁路网络主要集中在西马，政府为连接岛上的城市大力修建铁路。1993年建成吉隆坡轻轨铁路系统，目前吉隆坡正计划建设3号轻轨铁路系统，以缓解城市的交通压力。吉隆坡的铁路运输包含轻铁、捷运、单轨铁路、通勤铁路和机场联络轨道系统。轻快铁系统包括格拉那再也线、安邦线和大城堡线三条路线，串联吉隆坡都会区与各地主要郊区；捷运线包括于2017年开通的双溪毛糯—加影线，以及吉隆坡单轨列车服务市区主要地点；通勤铁路来往于市区与郊区。吉隆坡中央车站是铁路系统的交会站，也是未电气化的城际铁路和KTM电动列车服务的枢纽，往南可至新加坡，往东北则可至道北。吉隆坡机场快铁只需28分钟即可抵达吉隆坡中央车站。

航空运输。吉隆坡国际机场是马来西亚最主要的国际机场之一，也是规模最大的机场。根据数据显示，2018年吉隆坡国际机场乘客数为5998万人，运输货物71.47万吨，有39万架飞机在机场升降。除马来西亚乘客以外，中国是吉隆坡国际机场乘客最多的国家，2018年有470万人经过该机场。由于机场位于距离吉隆坡50千米地区，机场也配有铁路系统、巴士以及计程车为乘客服务。吉隆坡国际机场正在规划2020大蓝图，计划将机场建设成为像香港国际机场的航空港,设有 18 个洞的高尔夫球场、一间五星级酒店(1998 年竣工)、一间四星级酒店(1998 年竣工)、一级方程式赛车场(1998 年竣工)、爬山径、主题公园、购物场所、湿地、办公大楼和零售设施项目。

(2)旅游业

吉隆坡的旅游资源丰富,拥有热带自然风光和各种名胜古迹,有良好的旅游业基础。世界旅游业理事会(WTTC)近日公布的最新数据显示,吉隆坡成为世界上 10 个旅游业增长最快的城市之一。在东南亚国家中,马来西亚的旅游竞争力排名第二,仅次于新加坡。目前,马来西亚的旅游业占全国总 GDP 的 4.7%。为发展旅游业,吉隆坡不断完善旅游设施,加强与航空公司、旅行社、酒店的合作,还提升旅游工业人员、导游素质;另外马来西亚政府对中国游客实行有条件免签,吸引更多的外国游客赴马旅游消费,同时在东盟国家内大力宣传旅游文化。主要的旅游景区包括:苏丹阿卜杜勒沙马德大厦(大钟楼),别具摩尔色彩更冠上铜光闪亮的圆屋顶,并拥有 40 米的大钟楼,是吉隆坡市的重要标志之一,也是许多重要活动的举办场地;独立广场,坐落于苏丹阿卜杜勒沙马德大厦对面,1957 年 8 月 31 日,马来西亚国旗开始在此飘扬,象征脱离英国统治而独立;阿布瑟曼酋长故居,是马来西亚文化遗产基金会属下的文化机构,建于 1925 年,仿照英国都铎式建筑;国家清真寺,是吉隆坡回教徒常去的主要祈祷的场所。

(四)城市的企业发展

马来西亚是马来西亚重要的经济体。而作为经济中心的吉隆坡,其优势产业主要集中在三方面,即:金融业、电信、娱乐消费。表Ⅱ-3-12 是吉隆坡重点大企业名单。

表Ⅱ-3-12 吉隆坡重点大企业名单

名称	行业	部门	总公司	成立时间	备注
大银行	金融	银行业务	吉隆坡	1975 年	零售和批发银行
马来西亚天文控股	消费服务	广播与娱乐	吉隆坡	1996 年	娱乐控股公司

续表

名称	行业	部门	总公司	成立时间	备注
亚夏塔	电信	移动通信	吉隆坡	1992年	行动网络
成功集团	消费服务	饭店	吉隆坡	1984年	度假胜地，赌博
博尼亚	消费服务	服装零售商	吉隆坡	1974年	服装和时装零售商
布斯特德控股	企业集团	—	吉隆坡	1828年	种植园，重工业，房地产，金融，贸易
布福里	消费品	汽车类	吉隆坡	1986年	手工汽车
土著商务控股	金融	银行业务	吉隆坡	1987年	银行和金融服务
大马交易所	金融	投资服务	吉隆坡	1964年	交易所，以前是吉隆坡证券交易所，KLSE
资本动态	金融	资产管理人	吉隆坡	1989年	投资公司
Celcom	电信	移动通信	吉隆坡	1988年	行动网络
联昌国际	金融	银行业务	吉隆坡	1924年	银行
友谊者	技术	互联网	吉隆坡	2002年	社交游戏网站，2015年已倒闭
云顶集团	消费服务	饭店	吉隆坡	1965年	旅游，度假，博彩
巨型超市	消费品	零售	吉隆坡	1944年	大卖场和零售商链
金色希望	消费品	食物产品	吉隆坡	1905年	人工林
古思里	消费品	食物产品	吉隆坡	1821年	人工林，2007年已淘汰
帮助国际公司	教育	商业培训和职业介绍所	吉隆坡	2005年	私人培训和教育
丰隆银行	金融	银行业务	吉隆坡	1905年	马来西亚一家主要的上市银行集团
iMoney.my	金融	消费金融	吉隆坡	2012年	财务比较
IOI集团	企业集团	—	吉隆坡	1969年	农业，化工，消费市场，房地产开发，投资，度假村

续表

名称	行业	部门	总公司	成立时间	备注
吉纳苏	金融	消费金融	吉隆坡	2012 年	财务比较
JobStreet.com	工业领域	商业培训和职业介绍所	吉隆坡	1997 年	就业地点
国库控股	金融	房地产控股与发展	吉隆坡	1993 年	政府控股公司，在营业
KLCC 房产	金融	房地产控股与发展	吉隆坡	2004 年	国油的子公司
Keretapi Tanah Melayu（KTM）	工业领域	铁道	吉隆坡	1885 年	国有铁路，在营业
Konsortium Transnasional（KTB）	消费服务	观光旅游	吉隆坡	2007 年	公共交通工具
高山橡胶工业	消费品	制造业	吉隆坡	1979 年	橡胶
狮群	企业集团	—	吉隆坡	1930 年	贸易，汽车，钢铁
万能公司	消费服务	赌博	吉隆坡	1968 年	赌博
马来亚银行	金融	银行业务	吉隆坡	1960 年	银行
马来西亚航空	消费服务	航空公司	吉隆坡	1937 年	国家航空母舰，在营业
马来西亚机场	工业领域	运输服务	吉隆坡	1991 年	国有，管理大多数机场，在营业
明讯通讯	电信	固定线路电信	吉隆坡	1993 年	电讯
媒体 Prima Berhad	消费服务	广播与娱乐	吉隆坡	2003 年	媒体
MIMOS	技术	技术硬件	吉隆坡	1984 年	研究与开发，在营业
MISC Berhad	工业领域	海上运输	吉隆坡	1968 年	航运公司

续表

名称	行业	部门	总公司	成立时间	备注
梅集团	企业集团	—	吉隆坡	1960年	零售，金融服务，酒店，食品
纳萨集团	消费品	汽车类	吉隆坡	1975年	汽车
新海峡时报出版社	消费服务	出版	吉隆坡	1845年	报纸
OYL产业	消费品	耐用的家用产品	吉隆坡	1974年	空调，已倒闭（2006）
百盛	消费服务	宽线零售商	吉隆坡	1987年	百货商店
Permodalan National Berhad	金融	资产管理	吉隆坡	1978年	基金管理
国油	石油和天然气	勘探与生产	吉隆坡	1974年	国家石油和天然气，在营业
马来西亚邮政	工业领域	送货服务	吉隆坡	1800年	政府关联公司
PPB集团	企业集团	—	吉隆坡	1968年	食品，农业，废物管理，电影院，财产
马来西亚Prasarana	消费服务	旅游与旅游	吉隆坡	1998年	公共交通，国家控制，在营业
大众银行有限公司	金融	银行	吉隆坡	1966年	银行
拉姆利集团	消费服务	餐厅和酒吧	吉隆坡	1984年	冷冻和快餐
兰希尔控股有限公司	实用工具	常规电力	吉隆坡	1981年	电力事业
世界名胜	消费服务	饭店	吉隆坡	1980年	娱乐
兴业银行	金融	银行业务	吉隆坡	1997年	银行
皇家雪兰莪	消费品	耐用的家用产品	吉隆坡	1885年	锡制品

续表

名称	行业	部门	总公司	成立时间	备注
斯科米	石油和天然气	石油设备与服务	吉隆坡	1990年	油和气
森达比	企业集团	—	吉隆坡	2007年	种植园，房地产，工业，电机以及能源和公用事业
超最大	消费品	个人用品	吉隆坡	1987年	手套制造商
新昌汽车	消费品	汽车类	吉隆坡	1972年	汽车
谭宗	金融	投资服务	吉隆坡	1926年	投资
泰纳加民族	实用工具	常规电力	吉隆坡	1990年	电力供应商
马来西亚电信（TM）	电信	固定线路电信	吉隆坡	1984年	电讯
TGV电影院	消费服务	娱乐服务	吉隆坡	1995年	电影院
U Mobile	电信	移动通信	吉隆坡	1998年	行动网络
UEM集团	工业领域	重型建筑	吉隆坡	1966年	施工
增值服务	技术	电脑硬件	吉隆坡	1991年	IT公司
华城公司	石油和天然气	石油设备与服务	吉隆坡	1994年	油和气
瓦斯科能源	石油和天然气	石油设备与服务	吉隆坡	1990年	油和气
杨忠礼机构	工业领域	重型建筑	吉隆坡	1955年	基础设施

资料来源：维基百科 – Malaysia。

（五）城市的区域影响

1. 吉隆坡的城市定位变化

马来西亚政府在2010年9月25日提出"大吉隆坡"计划，该计划属于经济转型计划（ETP）。目的是让吉隆坡在2020年跻身全球20个最宜居的城市，同时成为世界经济成长率最高城市的前20名。为了让这个计划能够实现应有的成效，马来西亚政府投资了1720亿林吉特。该计划不仅为吉隆坡带来新一波外国直接投资的增长，也为城市创造了330万个新的就业机会，提高了马来西亚在国际上的竞争力。

第一，修建"泛亚铁路。这是一条从中国云南昆明经老挝、泰国、马来西亚到新加坡等国家的国际铁路，贯穿整个东南亚。

第二，捷运系统。巴生谷捷运系统是马来西亚一项大型基础建设工程，并计划投资366亿林吉特以兴建3条高运量捷运路线，路线总长度将达150千米，其中两条是以双溪毛糯为起点，另外一条则是连接吉隆坡经济区和商业区的环城线，加上连接现有的轻快铁站，以加强大吉隆坡地区交通的连贯性，形成连接首都吉隆坡方圆20千米地区的轨道交通网络，预计每天载送乘客量可达最高200万人次。

第三，敦拉萨国际贸易中心（TRX）计划。政府投资高额达260亿林吉特打造敦拉萨国际贸易中心，敦拉萨将会是吉隆坡新CBD核心中央商务区以及东南亚的世界级商业金融中心，将成为国际金融、贸易服务中心，吸引众多国际银行、世界500强企业入驻，被视为马来西亚"2020年宏愿"及经济转型计划的主要推动力和催化剂。

第四，吉隆坡118大厦。目标是建立东南亚第一高楼，预计在2021年落成。

第五，打造友善宜居的绿色城市。要成为全球前20的最适合居住的城市，需要增加更多绿地空间。政府计划在2020年种植10万棵绿树，通过利用15万平方米未使用的屋顶增加绿化空间，打造绿色城市，让吉隆坡变成最适合居住的城市。

第六，发展垃圾处理及回收系统。以更环保、高效率和适合的方式处理垃圾回收问题。

第七，七千米购物街。计划在吉隆坡城中城至武吉免登兴建7千米长的购物街，这7千米的街区将发展成为有顶人道、行人天桥及地下走道的购物空间。除了购物，政府也计划在大吉隆坡地区兴建45千米长的有顶人道，衔接城市内各个主要地标及景点，让大吉隆坡地区成为四通八达的大都市，将吉隆坡打造成购物天堂，吸引更多外国游客在马来西亚购物。

2. 吉隆坡的城市排名及连通状况

（1）城市排名

2004年以来，吉隆坡在GaWC（Globalization and World Cities，全球化

与世界城市研究网络）的排名始终位于前列，由 2004 年的 Alpha – 列队第 2 位上升至 2008 年的 Alpha 列队第 8 位。随后，在 2012 年排名稍降至 Alpha 队列第 12。在 2016 年排名仍然在下降，在 Alpha 队列排名第 15 位。在 2018 年数据中，吉隆坡排名有所上升，居于 Alpha 列队的第 10 位。在最近的 2020 年 GaWC 数据中，吉隆坡排名为 Alpha 第 11 位。从排名情况来看，吉隆坡现进入世界一线城市行列，与洛杉矶、首尔、悉尼等城市并列，体现了吉隆坡正成长为具有全球影响力的国际化大都市。

表 Ⅱ – 3 – 13 吉隆坡 GaWC 排名

GaWC 排名	2020	2018	2016	2012	2008	2004
吉隆坡	Alpha（11）	Alpha（10）	Alpha（15）	Alpha（12）	Alpha（8）	Alpha –（2）

资料来源：https：//www.lboro.ac.uk/gawc/。

3. 吉隆坡的区域影响力

（1）经济影响力

吉隆坡是马来西亚的首都，是马来西亚的经济、政治和文化中心。吉隆坡也是东盟商业中心之一。根据马来西亚国家统计局公布的数据，2018 年马来西亚 GDP 为 15106 亿林吉特，吉隆坡 GDP 为 2442 亿林吉特，占全国比重 16.17%。

马来西亚是东盟和东南亚地区重要国家之一，接受东盟的多边和区域经济合作安排。2019 年马来西亚货物进出口额为 4432.0 亿美元，比上年同期下降 5.1%。其中，出口 2381.9 亿美元，下降 4.3%；进口 2050.1 亿美元，下降 6.1%。贸易顺差 331.8 亿美元，增长 8.0%。

从进出口看，2019 年马来西亚对中国内地、新加坡、美国和中国香港的出口额分别占马来西亚出口总额的 14.2%、13.9%、9.7% 和 6.8%，出口金额分别为 337.1 亿美元、330.5 亿美元、231.2 亿美元和 160.7 亿美元，对中国、新加坡和中国香港分别下降 2.2%、4.9% 和 13.4%，对美国增长 2.7%。同期自中国、新加坡、美国和日本的进口额分别占马来西亚进口总额的 20.7%、10.5%、8.1% 和 7.5%，为 423.9 亿美元、216.2 亿美元、165.8 亿美元和 153.5 亿美元。

从商品看，机电产品、矿产品和塑料、橡胶是马来西亚主要出口商品。2019 年出口额分别为 1037.6 亿美元、364.3 亿美元和 167.1 亿美元，分别占马来西亚出口总额的 43.6%、15.3% 和 7.0%，分别下降 4.5%、10.4% 和 1.2%。机电产品、矿产品和贱金属及制品是马来西亚进口的前三大类商品，2019 年进口额分别为 766.5 亿美元、329.1 亿美元和 185.4 亿美元，分别下降 8.9%、3.9% 和 1.3%。

（2）文化影响力

大吉隆坡地区是许多本国以及外国高等学府的所在地，其中包括马来亚大学（QS 五星大学，2018 年 QS 全球大学排行榜中位居第 114 名）、马来西亚国立大学（2018 年 QS 全球大学排行榜中位于第 230 名）、马来西亚博特拉大学（2018 年 QS 全球大学排行榜中位居第 229 名）、拉曼大学（2018 年泰晤士世界大学排行榜中排 600 名以内）、澳大利亚莫纳什大学马来西亚分校（2018 年 QS 全球大学排行榜中位于第 60 名）、英国诺丁汉大学马来西亚分校（2013 年 QS 全球大学排行榜中位于第 72 名），等等。

（3）交通影响力

作为马来西亚首都，吉隆坡市区有多条高速公路，其他公路网络也相当密集，可以通往其他马来半岛地区。至于空中交通，吉隆坡有两座机场——吉隆坡国际机场和苏丹阿卜杜勒-阿齐兹沙机场。吉隆坡国际机场是马来西亚的空中运输枢纽，直航航线遍布全球六大洲，亚洲航空和其他低成本航空航班在第二国际机场（KLIA2）营运，距离第一国际机场（KLIA）约 2 千米。两个国际机场之间有机场快铁和巴士等连通服务，其中吉隆坡机场快铁只需 28 分钟即可抵达吉隆坡中央车站。

第四节　新山市及柔佛州的经济发展与区域影响

一　城市概况

新山市是马来西亚柔佛州的首府，地处柔佛海峡北部，北纬 1 度 29 分，东经 103 度 44 分，海拔 36.88 米，位于马来西亚半岛和欧亚大陆最南端，地理位置具有非常特殊的战略重要性，因此也享有"大马南方门户""南门城"等雅称。新山属于热带雨林气候中的赤道多雨气候，全年气温变化温和，日照充足，雨量充沛，湿度颇高。一年中平均高温达

31.8℃，其中以 4 月为最高，平均为 32.8℃；全年平均低温为 22.5℃，历史平均最低气温为 1 月 21.9℃。

新山市距首都吉隆坡约 336 千米，面积约 391.25 平方千米，市区人口约 50 万，新山都会圈人口估计约有 163 万，是马来西亚人口排名前列的城市之一，同样是马来西亚重要的金融、贸易和商业都市之一。2018 年 GaWC 将新山列为 Gamma - 级城市，同年亦被美国美世咨询公司发布的"全球城市最佳生活品质排名"评为东南亚第三宜居城市，仅次于新加坡和首都吉隆坡，全球排名第 101 名。

(一) 柔佛州行政划分

柔佛州面积 19102 平方千米，从面积上看，是马来西亚第五大州，共包括 10 个县：新山县、古来县、峇株巴辖县、居銮县、哥打丁宜县、东甲县、丰盛港县、麻坡县、笨珍县和昔加末县。

(二) 人口分布

根据马来西亚统计局数据，2010 年柔佛州总人口为 374.23 万人，占全国总人口的 11.56%。其中，马来人占 54.13%，华人占 30.88%，印度人占 6.52%，外籍人士占 8.10%，可以看出柔佛是一个种族多样化的地区。

柔佛州人口分布不均特征明显，大多数柔佛人居住在沿海地区。1991—2000 年，柔佛年均人口自然增长率达 2.39%，其中新山县最高，达 4.59%；昔加末县最低，仅 0.07%。

表 Ⅱ - 3 - 14　　　　　　　马来西亚各州人口分布

州名	人口（万）	人口密度（人/km²）	马来人（%）	华人（%）	印度人（%）	其他（%）	外籍人士（%）
玻璃市	25.38	309	86.28	7.81	1.17	2.34	2.40
吉打	216.38	228	76.26	13.31	7.15	1.17	2.10
槟城	176.68	1686	42.65	41.52	9.80	0.38	5.80
霹雳	250.49	119	55.29	29.49	11.93	0.29	3.00
雪兰莪	647.24	799	55.39	27.74	13.1	0.77	7.70

续表

州名	人口（万）	人口密度（人/km²）	马来人（%）	华人（%）	印度人（%）	其他（%）	外籍人士（%）
森美兰	113.02	169	57.81	21.88	14.33	0.38	5.70
马六甲	92.22	554	64.09	25.29	5.94	0.48	4.20
柔佛	374.23	195	54.13	30.88	6.52	0.37	8.10
彭亨	166.58	46	75.05	15.39	4.18	0.38	5.00
登嘉楼	123.04	94	95.25	2.55	0.20	0.10	1.80
吉兰丹	185.68	123	91.68	3.26	0.29	0.57	4.20
砂拉越	279.21	22	71.28	23.55	0.29	0.38	4.70
沙巴	388.93	53	61.31	9.25	0.22	1.52	27.70
吉隆坡	179.46	7385	41.59	39.14	9.33	0.54	9.40
纳闽	9.92	1090	70.06	11.22	0.75	1.67	16.30
布城	9.04	1845	95.75	0.68	1.17	0.10	2.30

资料来源：马来西亚统计局。

二 城市经济总量发展

（一）地区生产总值

根据马来西亚统计局数据，2019年柔佛州地区生产总值为1405亿林吉特，在马来西亚各省份中排第四位，GDP增长率为2.69%，对马来西亚的经济贡献率为9.43%；2016年柔佛州的GDP增速为6.07%，对国内经济贡献为9.49%；2017年柔佛州GDP增速为5.90%，对国内经济贡献率为9.50%；2018年佛州GDP增速为5.62%，对国内经济贡献率为9.50%；2016—2019年，柔佛州的GDP总量排名始终居于全国第四位。

柔佛州以第三产业为主，服务业带来的经济增长为柔佛州带来更多活力，而传统农业的比重在逐渐降低。2006年马来西亚政府在柔佛州启动了一项大型区域性经济发展计划——马来西亚依斯干达，除此之外还有炼油与石油化工综合发展计划。

表Ⅱ-3-15　　　　　　　　马来西亚各地区生产总值

（单位：百万林吉特）

GDP	2015	2016	2017	2018	2019
柔佛州	110002.20	120119.40	130562.70	136362.80	140450.30
吉打州	39549.58	42043.69	44938.65	46274.90	48717.19
吉兰丹	21407.74	23193.74	25049.36	25445.08	26939.84
马六甲	36077.26	37927.73	42758.27	44220.79	45651.21
森美兰	40185.68	42592.72	46494.93	48297.18	51098.88
彭亨	49449.71	53175.21	58882.57	59170.14	60964.42
槟城	78146.22	83536.20	89176.56	93295.84	97715.60
霹雳州	63175.56	67869.10	73154.09	75827.70	79448.07
玻璃市	5352.88	5669.94	5946.69	6185.36	6517.74
雪兰莪	268825.00	286297.10	312960.10	333712.20	357806.70
登嘉楼	31124.45	32467.19	36056.50	37081.82	38495.87
沙巴州	73776.13	80503.01	95006.37	100708.50	98882.93
砂拉越	121585.30	124188.70	138804.00	146264.30	149724.50
吉隆坡	180864.50	193983.20	213196.80	229181.90	244209.70
纳闽	5999.23	6421.05	6897.57	7349.62	7724.53
布城	51419.75	49709.72	52424.69	58072.98	56345.16
马来西亚	1176941.00	1249698.00	1372310.00	1447451.00	1510693.00

资料来源：马来西亚统计局。

从马来西亚经济排名前四位的地区生产总值的变化曲线来看，2015—2019年间，雪兰莪州的经济总量稳居国内首位，其次是首都吉隆坡，与前者还有较大差距，而砂拉越和柔佛州的GDP数值较为接近，但与首都吉隆坡仍有较大差距。2019年柔佛州GDP仅为雪兰莪州GDP的39.25%，是吉隆坡GDP的57.51%。而在2015年，柔佛州GDP占雪兰莪州GDP的40.92%，占吉隆坡GDP的60.82%。可以看出近几年内，柔佛州与雪兰

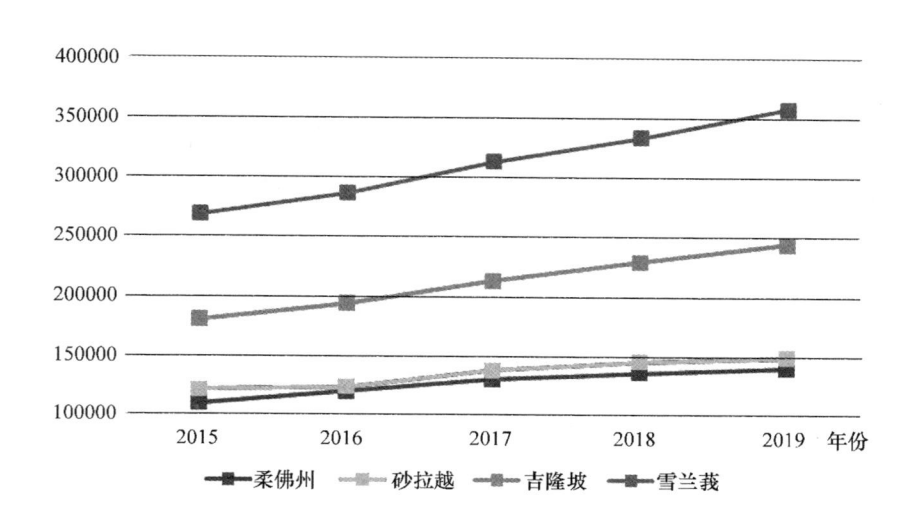

莪州、吉隆坡间的经济差异逐渐扩大。

图Ⅱ-3-10 马来西亚经济排名前四位地区 GDP 比较 （单位：百万林吉特）
资料来源：马来西亚统计局。

（二）人均地区生产总值

根据马来西亚统计局数据显示，2015—2019 年柔佛州人均 GDP 呈现稳步上升的趋势，从 2015 年的 30469 林吉特上升到 2019 年的 37342 林吉特，柔佛州人均 GDP 稍低于马来西亚平均水平。在马来西亚各省中，首都吉隆坡的人均 GDP 数值最高，达到 129473 林吉特，远超出全国其他省份，是柔佛州人均 GDP 水平的 3.46 倍，可见马来西亚地区之间的经济发展水平存在较大差异，首都的经济发展优势更为明显。

表Ⅱ-3-16　　　　　　马来西亚各地区人均生产总值

（单位：林吉特）

人均 GDP	2015	2016	2017	2018	2019
柔佛州	30469.25	32893.66	35315.48	36368.64	37342.21
吉打州	18864.36	19834.92	20961.39	21394.30	22411.64

续表

人均 GDP	2015	2016	2017	2018	2019
吉兰丹	12159.13	12908.88	13695.39	13676.65	14300.46
马六甲	40582.39	42088.19	46827.74	47938.93	49171.91
森美兰	36908.36	38744.40	41738.69	43010.46	45372.99
彭亨	30753.67	32688.17	35750.76	35542.98	36474.23
槟城	46020.20	48632.85	51130.13	52923.40	55242.72
霹雳州	25609.73	27343.07	29341.19	30288.57	31667.75
玻璃市	21539.53	22588.49	23596.27	24400.62	25655.55
雪兰莪	43513.29	45505.73	49047.79	51538.78	54995.35
登嘉楼	26808.26	27434.48	29848.46	30189.99	30933.05
沙巴州	19829.83	21169.21	24639.22	25832.47	25325.71
砂拉越	45006.08	45346.40	50176.92	52392.35	53358.27
吉隆坡	97060.12	103505.60	113357.70	121444.40	129472.50
纳闽	63069.40	66347.53	70705.18	74263.37	77797.71
马来西亚	37739.25	39505.49	42854.45	44698.87	46449.91

资料来源：马来西亚统计局。

从马来西亚主要省市的人均 GDP 变化趋势来看，柔佛州在 2015—2019 年间人均 GDP 变化不明显，仅表现出微微上涨的趋势，且一直低于全国人均 GDP 水平。2015—2019 年首都吉隆坡的人均 GDP 变化幅度最明显，纳闽的人均 GDP 也存在较为明显的上升趋势。

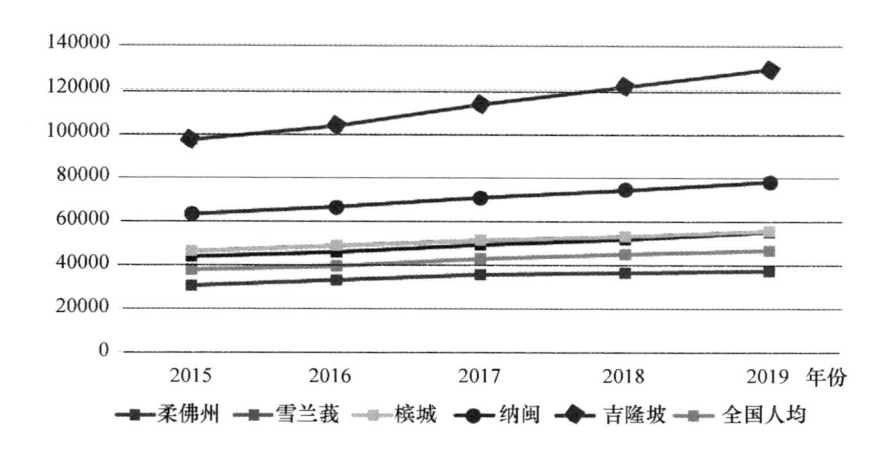

图 Ⅱ-3-11　马来西亚人均 GDP 排名前四位地区和柔佛州比较

资料来源：马来西亚统计局。

（一）城市经济结构发展

1. 产业结构变化

根据马来西亚统计局数据，可以发现马来西亚第一、第二以及第三产业的构成分别为 7%、35% 和 58%。而 2019 年柔佛州的第一、第二以及第三产业的构成分别为 12%、36%、52%。从整体情况看，柔佛州与马来西亚的产业结构接近，第一产业和第二产业稍高于马来西亚整体水平。

2015—2019 年间，柔佛州第一产业产值从 156 万亿林吉特上升到 164 万林吉特，占总 GDP 比重从 14.19% 下降到 12.26%。第二产业产值从 401 万亿林吉特上升到 474 万亿林吉特，比重从 36.46% 下降到 35.43%。第三产业产值从 530 万亿林吉特上涨到 685 万亿林吉特，比重从 48.23% 上升到 51.12%。

2. 农业发展

农业是柔佛州重要的发展产业。2019 年，农业总产值为 164 万亿林吉特，增长率为 1.1%，产业占比为 12.4%。2016 年受到厄尔尼诺现象的影响，农业的增长速度为 -3.7%，随后的 2017 年农业增长速度上升为 7.6%。

表Ⅱ-3-17　　　　柔佛州2015—2019年产业产值

（单位：百万林吉特）

行业	2015年	2016年	2017年	2018年	2019年
1. 农业	15610.31	15029.97	16169.99	16246.40	16427.27
2. 采矿和采石	475.64	569.33	655.51	687.44	701.30
3. 制造业	32358.66	34121.55	36465.31	38337.73	40118.06
3.1 动植物油脂、食品、饮料和烟草加工	4666.09	4699.43	5121.77	5261.56	5435.58
3.2 木制品、家具、纸制品和印刷	6608.64	6809.93	7184.58	7495.75	7930.64
3.3 电气，电子和光学产品	5118.31	5251.68	5405.58	5627.54	5871.41
3.4 汽车和运输设备	9581.49	10501.01	11499.89	12343.50	12904.63
3.5 其他制造业	6384.15	6859.50	7253.49	7609.39	7975.79
4. 施工	7269.16	8978.49	8407.26	9213.93	6665.44
4.1 建筑施工	4012.41	3592.07	3368.42	3435.27	2609.23
4.2 土木工程	2507.41	5102.09	4787.72	5405.96	3510.55
4.3 特殊木工建设活动	749.35	284.33	251.12	372.71	545.67
5. 服务	53058.45	56266.13	59999.05	64370.85	68511.36
5.1 公用事业，运输和仓储通信	12173.65	13299.93	14475.23	15935.95	17236.55
5.2 批发和零售贸易住宿	15196.07	16245.81	17524.57	18910.38	20187.50
5.3 金融和保险、房地产和商业服务	11188.96	11499.70	11974.21	12668.73	13441.60
5.4 其他服务	5496.38	5811.65	6170.38	6553.58	6966.55
5.5 政府服务	9003.39	9409.05	9854.67	10302.21	10679.16
6. 组合：进口税	1230.00	1716.77	1864.21	1649.55	1593.39
GDP	110002.22	116682.23	123561.33	130505.89	134016.82

资料来源：马来西亚统计局。

表Ⅱ-3-18　　　　　　柔佛州农业产值、增长率及占比

年份	2016 年	2017 年	2018 年	2019 年
产值	15029.97	16169.99	16246.40	16427.27
增长率	-3.7	7.6	0.5	1.1
产业产比	14.2	12.9	13.1	12.4

资料来源：马来西亚统计局。

3. 工业发展

2019 年，柔佛州第二产业总产值为 474.84 万亿林吉特，其中制造业产值为 401.18 万亿林吉特，占全州经济比重的 29.94%；施工业产值为 66.65 万亿林吉特，占全州经济比重的 4.97%。而在 2015 年制造业和施工业占全州经济比重分别为 29.42% 和 6.61%。相较于 2015 年，施工业的对州经济贡献比重下降了 1.63%。

根据马投资发展局数据，2016 年柔佛州是制造业领域吸引投资最多的州属，高达 264 亿林吉特，占国内投资总额 45.15%，其中 152 亿来自国内投资，其余 112 亿来自国外投资。2015 年，柔佛州制造业吸引国内直接投资（DDI）高达 279.6 亿马币，外来直接投资（FDI）31.4 亿马币。

表Ⅱ-3-19　　　　　　　　柔佛州第二产业产值

	2015 年	2016 年	2017 年	2018 年	2019 年
2. 采矿和采石	475.64	569.33	655.51	687.44	701.30
3. 制造业	32358.66	34121.55	36465.31	38337.73	40118.06
3.1 动植物油脂、食品加工，饮料和烟草制造	4666.09	4699.43	5121.77	5261.56	5435.58
3.2 木制品，家具、纸制品和印刷	6608.64	6809.93	7184.58	7495.75	7930.64
3.3 电气，电子和光学产品	5118.31	5251.68	5405.58	5627.54	5871.41
3.4 汽车和运输设备	9581.49	10501.01	11499.89	12343.50	12904.63
3.5 其他制造业	6384.15	6859.50	7253.49	7609.39	7975.79

续表

	2015 年	2016 年	2017 年	2018 年	2019 年
4. 施工	7269.16	8978.49	8407.26	9213.93	6665.44
4.1 建筑施工	4012.41	3592.07	3368.42	3435.27	2609.23
4.2 土木工程	2507.41	5102.09	4787.72	5405.96	3510.55
4.3 特殊木工建设活动	749.35	284.33	251.12	372.71	545.67

资料来源：马来西亚统计局。

4. 服务业发展

（1）交通运输业

陆路运输。新山市中心由两个主要高速公路连接市区以及市外的住宅区。地不佬高速公路衔接市区以及市区东北部的住宅区，而敦阿都拉萨高速公路则与市区以及市区西北部的住宅区相接。在中部，巴西古当高速公路是连接地不佬高速和敦阿都拉萨高速的主要枢纽。除了巴西古当和其他高速公路以外，2014 年新山市启用新山东部高速公路，用于连接新山市区各区域，并与南北大道南段终点接轨。

公共交通。新山市内的拉庆中央车站是城市内的巴士总站，拉庆中央车站提供通往马来西亚半岛各大城市和地区的长途巴士和泰国合艾、新加坡等地的巴士服务。除了巴士外，新山市内的计程车服务业十分发达，一种是红白或黄色的普通计程车，另一种是提供较好服务的豪华计程车。

铁路运输。新山中央车站是柔佛州和整个南马的铁路枢纽，主要提供前往吉隆坡和新加坡的铁路服务。除了分布广泛的铁路外，新山市捷运体系也在规划建设中。计划 2022 年完工的新山—新加坡捷运系统是一个跨越柔佛海峡连接马来西亚新山和新加坡的地铁线路，建成后该线路将是马新两国继西海岸铁路线之后的第二条铁路线和第一个大众运输系统线路。此外，在马来西亚伊斯干达特区内正规划建设巴士快捷系统，计划将在伊斯干达特区内设立 39 个停靠站，总路线长达 51 千米，建成后将大大增强特区内城市之间经济文化交流。

空路运输。士乃国际机场是最临近新山市的机场，位于士乃县，距新山市22千米。2016年，土乃国际机场共接待乘客约282.8万人次，承运超过6245吨货物，起降种类飞机42744架次。① 土乃国际机场作为亚洲航空和飞萤航空、马航、马印航空等航空公司的第二枢纽，为新山一带的居民提供飞往东南亚各大城市的航班，并计划在未来把航空服务链逐步扩展至中国、韩国、日本和印度等国。

海路运输。新山市拥有柔佛港和丹戎帕拉帕斯港两大港口，其中丹戎帕拉帕斯港是自2004年以来马来西亚最大的集装箱港口，截至2017年6月，港口的集装箱吞吐量为414万TEU，位列全球第16位。

（2）旅游业

作为马来西亚的重要城市，新山市拥有独特的历史建筑、美食、州内主题乐园、丰盛港海岛与国家公园及麻坡美食等特色，每年都吸引着大量世界游客的造访。历史建筑有苏丹阿布峇卡皇宫，又称大王宫，为柔佛皇朝时期苏丹的皇宫之一，位于柔佛海峡边与新加坡隔岸相望。现在的苏丹阿布峇卡皇宫已经成为柔佛皇家博物馆，展示苏丹皇朝各种珍贵的照片以及展示品。休闲娱乐胜地丹加湾是马来西亚依斯干达境内的一个综合性滨水开发区。作为新山沿岸的绿洲，丹加湾也是马来西亚半岛南部游客必去的景点之一。另外还有马来西亚乐高乐园、Hello Kitty主题乐园、新山动物园等著名景点。

（四）城市的企业发展

新山市的企业发展主要集中在第三产业，包括金融业的柔佛公司以及柔佛州土地有限公司，以及消费服务行业的Marrybrown餐厅和消费品行业的Kulim Berhad。

表Ⅱ-3-20是新山市的重点大企业名单。

表Ⅱ-3-20　　　　　　　　新山市重点大企业名单

名称	行业	部门	总公司	成立时间	备注
柔佛公司	金融	房地产控股与发展	新山	1968年	国有经济发展
柔佛州土地有限公司	金融	房地产控股与发展	新山	1972年	柔佛公司部分产业

---

① 资料来源：马来西亚运输部。

续表

名称	行业	部门	总公司	成立时间	备注
Kulim（马来西亚）Berhad	消费品	食物产品	新山	1933 年	餐饮
Marrybrown	消费服务	餐厅和酒吧	新山	1981 年	餐厅连锁

资料来源：https：//en.wikipedia.org/wiki/List_of_companies_of_Malaysia。

（五）城市的区域影响

新山是马来西亚发展最快的城市之一，在柔佛州以及马来西亚经济发展中都占据重要地位。近年来，新山市成为马来西亚第一个实行低碳经济以限制温室气体排放的城市，并主办了世界伊斯兰经济论坛和东部地区计划与住房组织等国际会议。

为促进马来西亚南部地区的发展，2006 年马来西亚政府启动了一项大型的区域经济发展计划——马来西亚伊斯干达特区发展计划，将位于与新加坡一道海峡之隔的柔佛州南部地区城市——新山、努莎再也、西大门发展区、东大门发展区，以及士乃—士古来区五个地区作为重点发展区域。区域内交通线路发达，城市之间交通便利，新山市到首都吉隆坡花费时间约为 3 个小时，到邻国新加坡仅需要 50 分钟。伊斯干达特区的五个城市的发展重点各有侧重，新山市将重点发展新金融区、中央商务区、金海湾河滨城市、地不佬以及新柔长堤的周边，主要经济活动有金融、文化和城市旅游。为推动特区经济发展，政府制定专门的优惠政策，包括特区公司所得税减免、投资税赋减免、再投资税赋减免、进口税、销售税和国产税减免、特定领域公司不受"固打制"限制等措施。

综上所述，新山市作为马来西亚第二大城市，紧邻新加坡，在人口、经济、金融以及交通等领域的发展程度都属于国内前列，同时也是马来西亚国家区域发展计划的核心，具有十分广阔的发展前景。

第四章 经济发展和区域经济合作

在过去的数十年里，马来西亚的经济发展取得令人印象深刻的成就。在过去的半个世纪中，马来西亚的人均国内生产总值（按2010年不变美元计算）已从1970年的1916美元增加至2019年的12478美元，总体增长为551%或约6.5倍。与全球的113%增长率（5204美元至11070美元）和东亚及太平洋地区的378%增长率（2227美元至10657美元）相比，这个增长在区域中可谓相当出色的。马来西亚的经济增长也是东南亚国家中最强之一。人均国内生产总值在东盟中排名第三，仅次于新加坡和文莱。自1970年以来，年均增长率为3.95%（参阅表Ⅱ-4-1）。而贫困率，即生活在贫困线以下的家庭比例，已从1970年的49.3%降至2015年的0.4%。[1]

20世纪70年代和90年代是马来西亚人均国内生产总值增长率相对较高的两个时期（参阅表Ⅱ-4-2），这也是马来西亚实施外向型工业化发展战略的时期。根据世界银行的标准，马来西亚于1992年成功从中低收入国家类别提升为中上收入经济体。事实上，1988年至1997年间是马来西亚经济发展最迅速的时期，在这个介于1985年经济衰退后的复苏阶段及1997—1998年亚洲金融危机爆发前的10年里，国内生产总值持续以年均将近10%的速度增长（参阅图Ⅱ-4-1）。在如此强劲的增长表现下，马来西亚于1991年推出了"2020年宏愿"，此蓝图旨在使马来西亚在2020年从发展中国家转变为一个发达和工业化的社会。为了在2020年达

---

[1] World Bank Group, *Poverty and Equity Brief: East Asia and Pacific (Malaysia)*, 2019, https://databank.worldbank.org/data/download/poverty/33EF03BB-9722-4AE2-ABC7-AA2972D68AFE/Archives-2019/Global_ POVEQ_ MYS. pdf.

到发达国家的地位,马来西亚需要实现7%的年均增长率,以便在30年间每十年将其国民收入翻倍。然而,1997—1998年的亚洲金融危机使经济增长偏离了轨道。尽管在1998年之后,国内生产总值仍实现每年约4.5%的平均增长率,但增长动力已放缓,使马来西亚面临"中等收入陷阱"的危机,"2020年宏愿"也无法如期达成。

表Ⅱ-4-1 人均国内生产总值(按2010年不变美元计算)和1970—2019年间人均国内生产总值平均增长率

国家	人均国内生产总值(按2010年不变美元计算)						年均增长率*（%）
	1970	1980	1990	2000	2010	2019	
文莱	—	59413	37081	35932	35270	32327	-0.60
柬埔寨	—	—	—	431	786	1269	4.04
印度尼西亚	772	1231	1708	2144	3122	4451	3.71
老挝	—	—	462	673	1141	1841	4.33
马来西亚	1916	3317	4537	7007	9041	12478	3.95
缅甸	164	206	194	342	979	1608	4.84
菲律宾	1305	1753	1586	1669	2217	3338	1.97
新加坡	6787	13534	22572	33851	47237	58830	4.73
泰国	929	1404	2504	3458	5076	6503	4.19
越南	—	—	433	765	1318	2082	5.01

注:* 文莱、柬埔寨、老挝和越南的年均增长率计算法是根据各个国家所提供的数据。

资料来源:世界银行《世界发展指标》数据库(World Bank Group, *World Development Indicators*)[1]。

---

[1] World Bank Group, *World Development Indicators*, https://databank.worldbank.org/source/world-development-indicators.

表Ⅱ-4-2　东盟国家人均国内生产总值年均增长率（1970—2019 年）

国家	人均国内生产总值年均增长率（%）				
	1970—1979	1980—1989	1990—1999	2000—2009	2010—2019
文莱	7.97	-5.21	-0.54	-0.23	-0.71
柬埔寨	—	—	-2.46	6.63	5.36
印度尼西亚	4.52	3.54	2.67	3.70	4.10
老挝	—	1.20	3.81	5.15	5.60
马来西亚	5.55	3.11	4.53	2.69	3.84
缅甸	2.02	-0.05	4.80	11.45	6.00
菲律宾	2.86	-0.70	0.37	2.56	4.74
新加坡	7.52	5.60	4.05	2.98	3.48
泰国	4.77	5.34	4.05	3.58	3.22
越南	—	2.23	5.59	5.62	5.23

资料来源：世界银行《世界发展指标》数据库（World Bank Group, *World Development Indicators*）。

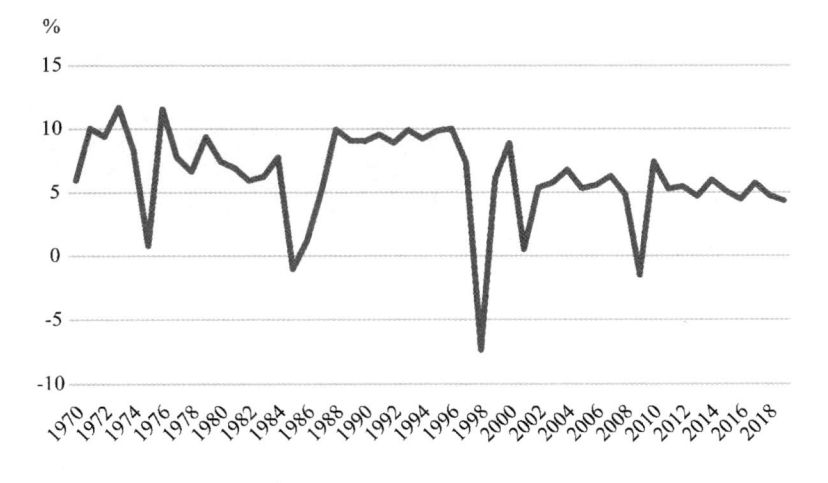

图Ⅱ-4-1　马来西亚国内生产总值增长率（1970—2019）

资料来源：世界银行《世界发展指标》数据库（World Bank Group, *World Development Indicators*）。

在过去几十年中，马来西亚不断在经济上进行结构性转型以提升经济增长。从独立初期至20世纪90年代之间，马来西亚从以农业为主的经济体转型为以工业为主的经济体。制造业的迅速扩张是推动该国在20世纪80年代和90年代实现强劲增长的主要动力。制造业对国内生产总值的贡献从1970年的14%大幅上升至1999年至2004年间的约31%的高峰值，但于2010年初逐渐减少至约22%。制造业也是出口收入的主要贡献者，有一半的商品出口来自制造业出口。其高峰期为1994年至2007年，制造业出口占了商品出口的70%以上。电子和电气（E&E）行业自20世纪80年代起开始迅速地发展。如今，马来西亚已是世界领先的电器、电子零部件生产商和出口商之一。而自2012年开始，服务业成为国内生产总值的主要贡献者，超越其他行业。其中马来西亚逾一半以上的国内生产总值及60%的就业机会来自服务业。图Ⅱ-4-2和图Ⅱ-4-3显示了关键行业对马来西亚国内生产总值的影响及其在就业中所扮演的角色。

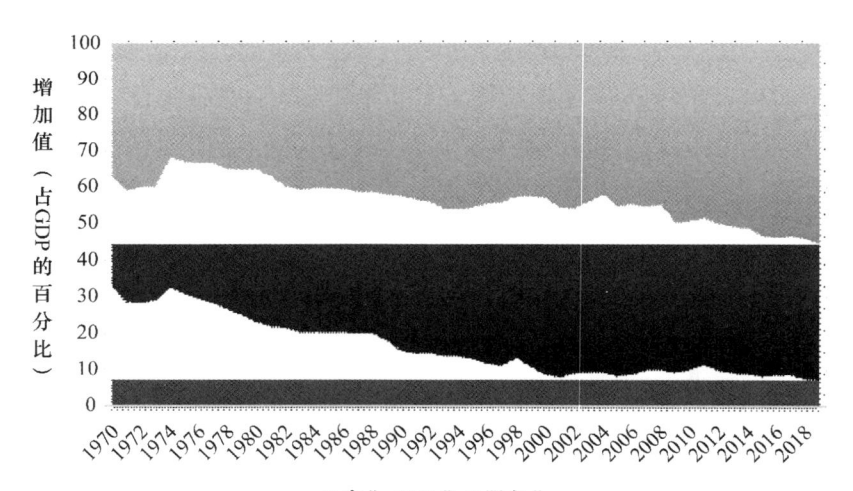

图Ⅱ-4-2 经济领域对国内生产总值的贡献

资料来源：世界银行《世界发展指标》数据库（World Bank Group, *World Development Indicators*）。

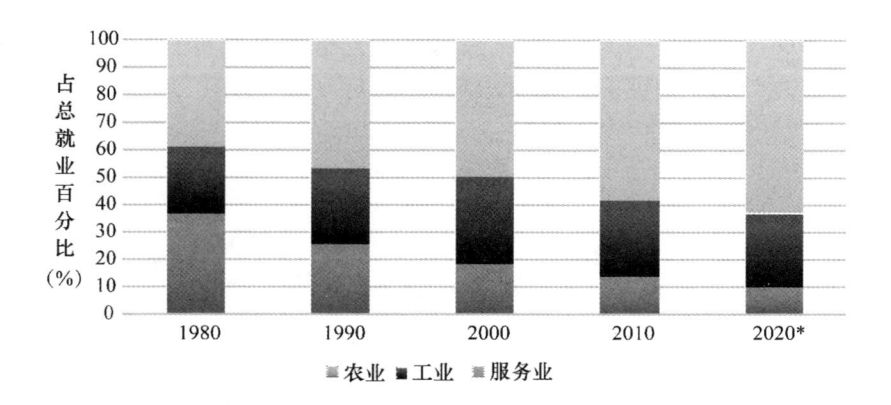

图 Ⅱ-4-3　经济领域的就业情况

注：*2020 年数据为估计数据。

资料来源：世界银行《世界发展指标》数据库（World Bank Group, *World Development Indicators*）。

马来西亚实施的开放政策是经济转型成功的主要原因，通过贸易和投资，马来西亚的经济与全球市场紧密结合，促进有效率的经济发展。马来西亚是世界上最开放的经济体之一。[①] 在 1970 年至 2019 年间，马来西亚的贸易总额（出口+进口）占国内生产总值的平均份额为 143%。这一比例远高于该区域的其他国家，除了新加坡（340%）。至于印度尼西亚、泰国和菲律宾，这三个东盟国家虽然在 20 世纪 70 年代和马来西亚处于相似的发展阶段，但它们的开放程度远不及马来西亚。印度尼西亚的贸易占其国内生产总值中的平均份额为 51%，而菲律宾和泰国的贸易则占其国内生产总值的 64% 和 87%。近年来，泰国在国际贸易领域的发展动力有所增强，而马来西亚在这方面却呈现下滑的趋势。

如图 Ⅱ-4-4 所示，马来西亚的贸易总额从 1970 年开始一直呈持续上升的趋势，在 2000 年达到峰值，占国内生产总值的 220%，但这一趋势却在之后持续逆转至 2019 年的 123%。事实上，不仅贸易活动在减少，外国直接投资也有类似的趋势。外国直接投资净流入在 1988 年至 1992 年达到峰值前有明显的增长趋势，但这个趋势在 1998 年后开始下滑至不足

---

① Cassey Lee, "Globalisation and Economic Development: Malaysia's Experience", *ERIA Discussion Paper Series* No. 307, 2019.

5%（参阅图Ⅱ-4-5）。是什么原因导致这股贸易和投资总量逆转的趋势，尤其在1997—1998年亚洲金融危机之后？

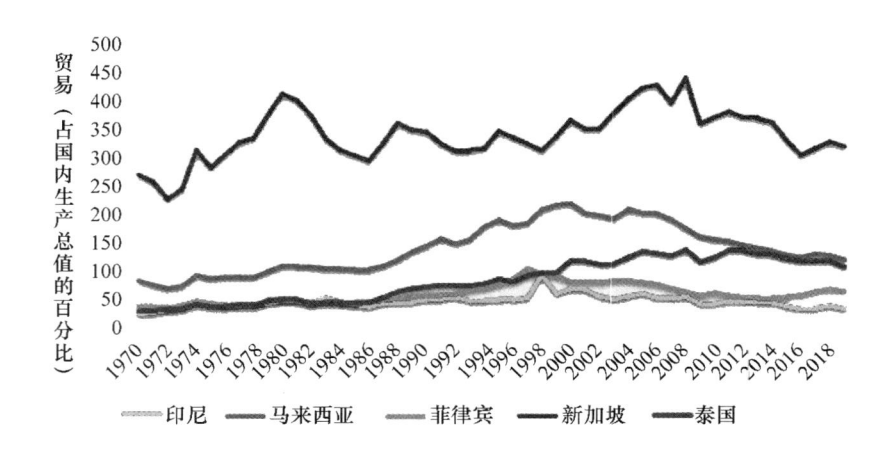

图Ⅱ-4-4 东盟五国的贸易开放度

资料来源：世界银行《世界发展指标》数据库（World Bank Group, *World Development Indicators*）。

图Ⅱ-4-5 对马来西亚的外国直接投资

资料来源：世界银行《世界发展指标》数据库（World Bank Group, *World Development Indicators*）。

作为一个相对开放的经济体，马来西亚积极参与国际和区域间的经济活动，与其合作伙伴建立了牢固的贸易和投资关系，并成为多个国际和区域性经济合作体的成员。例如，马来西亚于1967年成为东南亚国家联盟（东盟）的创始成员，并于1995年成为世贸组织的创始成员之一。此外，马来西亚还参加了多个自由贸易协定（FTA），同时也是亚太经济合作组织（APEC）和区域全面经济伙伴关系（RCEP）的成员。当中国于2013年提出"一带一路"倡议时，马来西亚也表现出强烈的支持。这些经济合作关系对马来西亚的经济发展意味着什么？马来西亚是如何从这些经济合作中受益的？

本章将回顾马来西亚经济的发展轨迹，并关注外向型策略对经济发展的作用。此外，本章也将讨论区域经济合作对马来西亚经济的影响，尤其是马来西亚和其他东盟成员的经济互动。中美贸易摩擦正将全球一体化推向边缘，而新冠疫情（Covid-19）的暴发也给国际和地区经济合作带来了另一种不确定性。这些变化将如何影响马来西亚的经济和区域间的经济合作？

第一节　经济发展轨迹

马来西亚是一个拥有丰富自然资源的国家，同时也占据地理位置的优势，是东西方贸易交汇的战略要地。在独立初期，马来西亚在创造就业机会及提高收入方面极度依赖其资源禀赋，特别是橡胶和锡。在20世纪60年代，橡胶占总出口的三分之二，锡则占总出口的五分之一，而农业吸纳了约60%的劳动人口。然而，由于有较实惠的替代品供应（特别是合成橡胶），橡胶的需求趋向不稳定，并随着时间的推移向下滑。因此，马来西亚引进了油棕和可可等其他农作物，以减少对橡胶作为出口收入、就业和增长的依赖。从20世纪70年代初开始，油棕已成为马来西亚重要的农作物。如今，马来西亚是仅次于印度尼西亚的世界第二大棕榈油生产国，马来西亚的棕榈油产量占世界的28%，约占世界出口量的三分之一。[1] 棕

---

[1] Malaysia Palm Oil Council (MPOC), *The Oil Palm Tree*, http://mpoc.org.my/the-oil-palm-tree/.

榈油和棕榈油产品是主要的出口产品之一,按马来西亚对外贸易发展局(MATRADE)的贸易统计,棕榈油和棕榈油产品出口每年占马来西亚出口总额约4%—5%。

为了让国内经济能够与日益开放的全球市场竞争,马来西亚政府结合经济开放的策略实现工业化的转型。实际上,工业化是许多发展中国家为实现更高经济增长和收入水平而转型的一个重要过程。[①] 这个过程已然体现在亚洲的四个经济体,即韩国、新加坡、中国香港和中国台湾,俗称为新兴工业化经济体(NIES)或"亚洲四小龙"。对于发展中国家而言,贸易和外来投资在工业化的过程中起着重要的作用。所以贸易、外来投资和工业化这三个因素被认为是带动发展中国家经济增长的主要动力,但前提是必须有相应的辅助政策,如促进创新、升级技术和提高生产力以推动工业发展。[②] 在工业化过程的初始阶段,技术采用水平和劳动生产力普遍较低。随着工业化的发展,先进技术的投资与应用将带动快速的技术发展,并对其他行业产生溢出效应(spill over effects),从而促进资本积累、技术升级和劳动生产力提高。外国直接投资和贸易往来则将加强技术转移和技术的提升。

马来西亚采取各项举措以实现工业化和经济自由化,包括实施进口替代战略(import-substitution strategy,ISS),出口导向工业化(export-oriented industrialisation,EOI)以及贸易和投资自由化(liberalisation in trade and investment)。[③] 马来西亚依循的发展路径也是许多发展中国家必经的过程。第一轮的进口替代战略(ISS)于20世纪60年代实施。其重点是发展劳动密集型工业和轻工业,例如装配、加工和包装。一般来说,这些生产项目集注于小型工业,尤其是原料加工以供出口或生产消费品,如食品供国内消费。其主要的目的是发展当地工业来服务国内市场,扶植新生

---

① Matleena Kniivilä, "Industrial Development and Economic Growth: Implications for Poverty Reduction and Income Inequality", in *Industrial Development for the 21st Century: Sustainable Development Perspectives*, edited by Ocampo, José Antonio, New York: United Nations, Department of Economic and Social Affairs, 2007, pp. 295 – 333.

② Ann Harrison, & Andrés Rodríguez-Clare, "Chapter 63 – Trade, Foreign Investment, and Industrial Policy for Developing Countries", *Handbook of Development Economics*, Vol. 5, 2010, pp. 4039 – 4214.

③ Cheng Ming Yu, "Malaysia at the Crossroads towards Vision 2020", in *Facets of Competitiveness: Narratives from ASEAN*, edited by Lall, Ashish, Singapore: World Scientific Publishing, 2011, pp. 223 – 256.

产业（例如制造业），以及生产原来需要进口的产品，以减少对进口的依赖，更重要的是创造就业机会、解决就业问题。这些目标对于刚独立的马来西亚来说是一个重大的挑战。为了保护国内产业免于外国产业的竞争，并鼓励本地企业参与设厂和资本投资，除了征收进口关税和实行配额等贸易保护主义政策外，政府还同时采取了税收减免等财政激励措施。在某种程度上，这些政策旨在吸引外国企业到当地设厂，以将其技术转移到马来西亚企业。然而，保护国内产业的政策并没有产生预期的效果。一部分的原因是当时的国内产业可扩张的规模有限，而外国公司（尤其是英国公司）在马来西亚设厂主要是从事组装和包装等基本和低技术性活动，可引进的技术和资本积累有限。此外，进口替代策略集中在少数及特选的行业，因而和其他在地的经济领域没有形成良好的对接，产生了二元经济的结构。①

继进口替代策略，马来西亚在 20 世纪 70 年代初始开始实施工业化战略的第二阶段，即出口导向工业化（EOI）。EOI 的其中一个重要措施就是设立自由贸易区，以吸引以出口为导向的外国企业到马来西亚投资，同时鼓励国内公司参与出口导向的制造业。许多跨国企业，特别是来自美国、日本和中国台湾的企业，纷纷将其生产基地迁往马来西亚。马来西亚的低廉生产成本，尤其是低工资的劳动力供应是其具有吸引力的原因。EOI 的重点行业包括电气和电子设备（E&E）以及纺织制造业。在 1970 年至 1980 年间，制造业的增长显著，尤其是对国内生产总值的贡献，从 12% 增长至 22%，制造业的就业率则从 11% 增长至 16%。与就业率相比，制造业的产出增长率更高，这意味着制造业的劳动生产率有所提升。然而，国内工业化仍高度依赖进口，直至 1980 年，制造业进口所占的份额仍维持在 67% 的高水平，虽然制造业在商品出口中所占的份额在 1970 年至 1980 年间从 7% 增加至 19%，但国内工业化生产的附加值偏低。在此期间，以出口为导向的工业和以进口替代的工业并存，分别服务于两个不同的市场，即国内市场和出口市场。这两个工业体系间缺乏联系，没能

---

① Cheng Ming Yu, "Malaysia at the Crossroads Towards Vision 2020", in *Facets of Competitiveness: Narratives from ASEAN*, edited by Lall, Ashish, Singapore: World Scientific Publishing, 2011, pp. 223 – 256.

很好地建立一个比较完整的工业体系。此外，出口导向型工业的技能提升和技术转移也有限。此情况并不令人惊讶，因为马来西亚在20世纪70年代仍处于工业化的初始阶段，不但缺乏资金，而且高度依赖成本优势（劳动力和土地资源）来吸引外国投资。虽然许多跨国企业在马来西亚设立电气和电子设备工厂，但他们主要是将组装、包装、测试和其他劳动密集型且低附加值的业务转移到马来西亚，其他核心业务如研发活动依然保留在原有地。尽管面对种种挑战，20世纪70年代马来西亚的经济依然迅速增长，失业率大幅下降。出口导向工业化（EOI）为开发新的工业集群做出了贡献，特别是电气和电子设备集群，并为马来西亚在20世纪80年代实施第二轮的进口替代策略奠定了基础。

从第一轮的进口替代策略和出口导向工业中所获得的经验，凸显了发展本土技术创新的重要性。为了减少对进口半成品和外国技术的过度依赖，第二轮的进口替代战略（1980年至1985年）着重于重工业化。其中的目标行业包括汽车工业、钢铁、水泥和石油化工。马来西亚重工业公司（HICOM）于1980年成立，目的在于推动马来西亚重工业的发展。作为"向东学习"政策的一部分，HICOM与外企，特别是日本投资者建立了联合企业，以促进技术转移并利用外国先进的技术推动马来西亚技术的发展。其中一个标志性项目是1985年与日本三菱汽车携手制造的马来西亚第一辆国产车——普腾（Proton Saga），现称为"宝腾"。与外企合作的预期效果是提升国内技能和发展技术型产业，从而促使产业多元化和加深产业部门间的相互联系，发展具有高附加值和竞争性的工业基础。但是，第二轮的进口替代策略在很大程度上仍依靠公共投资和保护性措施来发展新兴产业，导致这些产业在国际市场上不具备竞争优势，也无法产生预期中的经济增长动力。[1]

1985年的全球经济衰退严重地冲击了马来西亚经济。自独立以来，马来西亚经济首次出现负增长（－1.0%）。之后，政府开始实施一系列的经济结构调整政策，以发展一个更加开放和更具竞争力的国家。为了使经济能快速地从衰退中复苏，马来西亚开始了另一轮外向型出口导向的工

---

[1] Cheng Ming Yu, "Malaysia at the Crossroads towards Vision 2020", in *Facets of Competitiveness: Narratives from ASEAN*, edited by Lall, Ashish, Singapore: World Scientific Publishing, 2011, pp. 223 - 256.

业化发展。通过大幅度降低关税和取消数量进口限制等措施，马来西亚政府同时实施了出口促进和进口自由化政策。如 Okamoto[①] 所述，Thomas & Nash[②] 将这两种外向型政策的共存称为"贸易中立政策"（trade neutrality）。此外，政府还颁布了《私营化政策》和《1986年投资促进法》，以吸引外资和鼓励私人企业在马来西亚的投资并带动其经济发展。制造业继续扩大，电气和电子设备仍然是出口收入、生产和就业的主要贡献者之一。与此同时，马来西亚启动了第一个"工业大蓝图"（Industrial Master Plan, 1986—1995年），以发展出一个更加多元化的工业体系。除了电气和电子设备，其他行业，如皮革和鞋类、家具、石油和煤炭产品和塑料，以及由国内生产商主导的通用机械也是重点发展项目。

自1985年后推行的外向型工业化策略为马来西亚经济发展带来了显著的增长。从1988年至1997年间，经济以年均近10%的速度增长。对发展中国家来说这是一个非同凡响的增长经历。因此，当时马来西亚的卓越增长表现被视为"经济奇迹"。在1997—1998年亚洲金融危机之后，为了进一步实现经济多元化并减少其对制造业出口和外国直接投资的高度依赖，马来西亚的经济再次经历产业结构性调整，服务业因而成为增长的主要驱动力。自1998年，服务业对国内生产总值的贡献有显著增加。2012年以来，服务业的贡献占到了国内生产总值的50%以上，就业人数则占总数的三分之二。服务业的主要行业是批发和零售贸易，这些通常被视为"传统服务"的行业在2017年占服务业总产值的32%左右，其次是"现代服务"，如信息和通信（13%）及金融（12.4%）等。[③] 虽然如此，服务业对出口收入的贡献仍然很低。在2005年至2019年间，服务业出口占马来西亚国内生产总值的平均比例只有13%，远低于新加坡的46%。在2005年至2016年间，马来西亚的国内增加值占出口毛值的比率平均约为60%，显示出口产生的增加值中只有三分之二是国内产业所贡献，其余价

[①] Okamoto Yumiko, "Impact of Trade and FDI Liberalization Policies on the Malaysian Economy", *The Developing Economies*, XXXII - 4, 1994, pp. 460 - 478.

[②] Vinod Thomas & John Nash, *Best Practices in Trade Policy Reform*, Oxford: Oxford University Press, 1991.

[③] Department of Statistics Malaysia (DOSM), *Annual Economic Survey* 2018, https://www.dosm.gov.my/v1/index.php? r = column/cone&menu_ id = QmFjRnZZQTRaaFJIVEc2M1pzNTB6Zz09.

值则由外国产业所产生。如果与东盟其他国家，如印度尼西亚（86.2%）、菲律宾（76.1%）、柬埔寨（72.4%）和泰国（63.5%）的国内经济贡献比例相比，这是个相对较低的水平。①

1998年亚洲金融危机后，经济以4.5%的温和速度增长，远低于为达到2020年宏愿而设的7%目标增长率。是什么因素导致马来西亚的经济增长在亚洲金融危机后放缓呢？

在金融危机发生前，马来西亚的开放型工业化策略成功将马来西亚的经济从农业经济转型为工业经济。② 一般来说，成功的工业发展是经济增长和提升价值链的关键因素。在工业化过程中，通常会进行大规模的资本积累和技术升级，从而提高劳动生产率，并优化制造业的竞争力。在此之后，去工业化的现象将出现，经济的重心将转向以服务业作为经济增长的主要驱动力。这是因为随着采用资本密集型和节省劳动力的技术，制造业所需的人员将减少，制造业在就业方面的重要性将逐渐降低，同时，生产率的提升和工业的发展将完善产业链，提高整体的人均收入，进而增加对服务业的需求。因此，服务业会逐渐取代制造业成为经济的主体。

去工业化属于整体工业化发展的一个自然过程。如果资源的重新分配是从高生产力的制造业转向其他行业（通常是服务业），就会出现"正面"的去工业化现象。许多发达国家，如美国和日本，都经历过这样的去工业化进程。反之，如果是因为制造业的竞争力下滑而从制造业转向其他行业发展，那么这种去工业化就被认为是"早熟"型去工业化，可能对经济的长期增长产生不利的影响。我们应该如何判断这种"过早的"去工业化现象是否正在经济中发生呢？其中一个可循的特征就是观察制造业产出份额与就业份额之间的关系。如果制造业的份额比就业份额下降得更快，这意味着制造业的就业减少不是因为劳动生产率的提高，而是由于制造业竞争力下降及制造业活动减少。③

---

① OECD, *Trade in Value-added (TiVA) Principal Indicators*, https://stats.oecd.org/Index.aspx?datasetcode=TIVA_2018_C1.

② Cassey Lee, "Globalisation and Economic Development: Malaysia's Experience", *ERIA Discussion Paper Series*, No. 307, 2019.

③ Tengku Mohamed Asyraf, Devendran Nadaraja, Afif Shamri, "Is Malaysia Experiencing Premature Deindustrialisation?" *Bank Negara Malaysia Quarterly Bulletin*, First Quarter 2019.

基于这一个分析，我们可以说马来西亚在 21 世纪开始经历了"早熟"去工业化的现象，制造业产出的份额比就业份额下降得更快（如图Ⅱ-4-6 所示）。在 2001 年之前，当工业化迅速发展，制造业的就业和产出份额出现了双重增长。产出的增长高于就业增长，意味着制造业的生产率已提高。然而，从 2001 年开始出现了反向的趋势，制造业对经济的相对贡献开始下降，制造业占国内生产总值的比例低于 30%。与此同时，制造业的就业人数从 2001 年以前的峰值 23% 降至 2019 年的 17% 左右。[1] 产出份额的下降远大于就业份额，这说明了制造业的竞争力和劳动生产率都在下降。

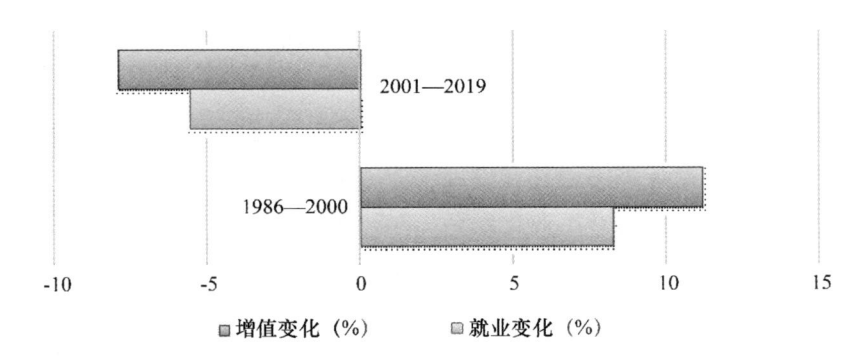

图Ⅱ-4-6 制造业占国内生产总值和就业比例的相对变化

资料来源：大马统计局（Department of Statistics Malaysia, DOSM）[2]。

马来西亚制造业竞争力下滑的主要因素之一是缺乏有效的研发创新和改革战略来支持工业化的进展，以开拓高端产业并培养高技能人才，加强在高附加值产品中的竞争和向中高端的价值链攀升。由于缺乏自主创新和对研发的投资，以及过度依赖进口技术或外国直接投资进行技术转移，导致国内企业，尤其是中小型企业的技术承接能力较弱，造成了产业升级转型的困难和国内生产成本上升的困境。马来西亚的企业主要是在较低技能、价值链较低端的领域竞争，并利用其劳动力成本的优势来维持其竞争

---

[1] Department of Statistics Malaysia (DOSM) *Statistics of Foreign Direct Investment in Malaysia*, https://www.dosm.gov.my/.

[2] Department of Statistics Malaysia (DOSM), https://www.dosm.gov.my/v1/index.php.

力。当面对本地劳工短缺时，就从邻国引进外籍廉价劳工替代，造成劳动质量及竞争力减弱，产业发展无法实现高质化。当邻近的其他国家（特别是中国和越南）开始了自己的工业化进程，并提供类似或更好的成本优势时，马来西亚在贸易和外国投资方面渐渐失去了与邻国竞争的能力。外向型的经济政策曾经带领马来西亚实现快速增长和工业化转型的发展，然而在开放经济的同时，也需要有相应的措施来推动改革、创新和研发，以维持发展的动力。为了应对第四次工业革命时代所带来的新挑战和机遇，并且实现再工业化的可能性，马来西亚迫切需要提高其竞争能力，尤其是在规模、速度和技能三方面，以创造新的竞争优势。

第二节 与东盟经济关系

外来因素，尤其是来自北美、欧洲和亚洲，如日本的贸易和外国投资，在塑造马来西亚经济增长和发展工业方面发挥了重要的作用。随着区域内的各经济体相继展开工业化发展，东盟各国的经济模式趋于一致，产业集群逐步形成，在生产网和供应链中出现了更大的整合和相互依存。因此，发展更密切的区域经济合作显得愈发重要。多年来，马来西亚参与了多个区域经济合作框架和自由贸易协定（FTA），以与其区域伙伴建立更牢固的贸易和投资关系。本节将重点讨论马来西亚与东盟伙伴的关系，从贸易和投资的角度探讨区域合作对马来西亚经济的影响。

东南亚国家联盟（ASEAN，简称"东盟"），成立于1967年，是东南亚第一个区域一体化组织，马来西亚是其创始国之一。东盟最初由五个创始成员国组成，即印度尼西亚、马来西亚、新加坡、泰国和菲律宾。其他成员国文莱、越南、老挝、缅甸和柬埔寨在后来的不同年份参与该组织。东南亚的经济在近几年中稳健成长，东盟十国的总国内生产总值在2018年达到3万亿美元，是世界第五大经济体。东盟总人口超过6.4亿，比欧盟或北美的人口更多，其中很大一部分是青年及富有生产力的工作群体，这使得东盟成为继中国和印度之后，世界第三大的劳动力市场。[1] 随着该

---

[1] ASEAN Secretariat, *ASEAN Key Figures* 2019, Jakarta: ASEAN Secretariat, https://www.aseanstats.org/wp-content/uploads/2019/11/ASEAN_ Key_ Figures_ 2019.pdf.

区域逐步实现经济一体化，东南亚蕴含着巨大的发展潜力。

如表Ⅱ-4-1所示，这十个成员国处于不同的经济发展阶段。自20世纪70年代以来，五个原有成员国，特别是新加坡和马来西亚一直保持稳定增长，而其他后来者，尤其是越南、老挝、柬埔寨和缅甸正在迅速赶上发展的步伐。东盟成员国的经济水平差异明显，这个情况可以从2019年成员国的人均国内生产总值得知。其涵盖范围从新加坡的58830美元和马来西亚的12478美元至柬埔寨的1269美元，缅甸的1608美元，老挝的1841美元以及越南的2082美元（如表Ⅱ-4-1所示）。此外，成员国在文化、宗教、语言、政治制度和自然资源方面也十分多样化。由于该区域的多样性，东盟在促进成员国之间的对话、推动社会经济和政治合作方面发挥了积极的作用，为该区域创造稳定与和平的发展环境。各种协调和对话机制，如东盟峰会（ASEAN Summit）、东盟加三论坛（ASEAN + 中国、韩国和日本）以及东盟区域论坛（ASEAN Regional Forum）提供了有效的平台来讨论区域和全球问题以及加强各成员国间的合作。东盟主席国是按十个成员国的英文名称的字母每年顺序轮换，以让每个成员国都有平等的机会参与该组织。马来西亚上一次担任东盟主席是在2015年，即东盟经济共同体成立的时候。

作为活跃的东盟成员国之一，马来西亚参加了许多通过东盟主导的自由贸易协定和经济伙伴关系。东盟自由贸易区（AFTA）于1992年提出，旨在开放东盟成员国之间的贸易，促使东盟发展成为区域制造中心，并于1993年开始实行关税削减措施。除东盟自由贸易区外，东盟还与其他区域伙伴签署了许多东盟 + 1 自由贸易协定（ASEAN + 1 FTA）。这些协定包括《东盟—中国自贸协定》（ACFTA）、《东盟—韩国自贸协定》（AKFTA）、《东盟—日本全面经济伙伴关系协定》（AJFTA）、《东盟—印度自贸协定》（AIFTA）、《东盟—澳大利亚—新西兰自贸协定》（AANZFTA）、《东盟—中国香港自贸协定》（AHKFTA）。

为了扩大和深化区域一体化，东盟经济共同体（ASEAN Economic Community）于2015年在马来西亚吉隆坡举行的第27届东盟首脑会议上成立。东盟经济共同体的发展以《2025年东盟经济共同体蓝图》为指导，为2016年至2025年东盟一体化战略发展提供了总体规划方针。东盟经济共同体的建立旨在统一和扩展东盟自由贸易区、制定东盟投资区和东盟服务框架协定，并整合东盟单一市场的贸易。为了支持东盟经济共同体作为单一市场和生产基地的发展,东盟成员国签署了一些与东盟经济共同体有关的协议,以促进货物和服务、投资、资本和技能的流动。这些协议包括《东盟货物贸易协议》(ATIGA),《东盟服务贸易框架协议》(AFAS),《东盟全面投资协议》(ACIA),《东盟自然人流动协定》(AAMNP),《服务相互承认安排框架协定》(MRA)等。

通过协调贸易和投资的法律法规、资源、服务、资本和技能的自由流动,东盟正在逐步发展成高度一体化的生产网络和市场基础。东盟的单一市场和生产基地将让东盟国家更好地融入全球经济和深入参与全球价值链。然而,区域经济合作对每个成员国的投资和贸易的影响各不相同,这取决于每个国家在吸引外国投资和建立贸易互补关系方面的竞争力。

第三节　区域投资合作

随着逐渐发展出强大的竞争力,作为一个联盟,东盟吸引了越来越多的外国直接投资流入。在 2019 年,东盟成功吸引了全球约 10% 的外国直接投资流入,与 1990 年相比增加了约 3.5%。在东盟成员国中,新加坡既是外国直接投资流入的最大受惠者,也是东盟内部的主要投资者。当东盟整体的外国直接投资流入呈上升趋势时,马来西亚对外国直接投资的吸引力却随着时间的推移有所下降,特别是在 1997—1998 年亚洲金融危机之后。[1] 在 1995 年以前,马来西亚的外国直接投资流入量远远高于除新加坡外的其他东盟经济体。在 1997—1998 年亚洲金融危机之后,流入马来西亚的外国直接投资相比该区域其他国家有明显放缓的迹象。特别是,越南和印度尼西亚的外国直接投资流入量大幅增加,而马来西亚的外国直接投资流入量则从 1995 年的 1.7% 下降至 2019 年的 0.5%,部分原因在前一个章节已阐明。

作为东盟国家中的新兴市场和相对落后的经济体,柬埔寨、老挝、缅甸和越南(CLMV)近年来加快了经济转型和发展的步伐。东盟为缩小东盟成员国之间发展的鸿沟和加快东盟内部的实际融合,实施了多项措施。其中的努力是通过《2000 年东盟一体化倡议》,还有 2001 年由东盟外长提出

---

[1] Prema-chandra Athukorala & Swarnim Waglé, "Foreign Direct Investment in Southeast Asia: Is Malaysia Falling Behind?" *ASEAN Economic Bulletin*, Vol. 28, No. 2, 2011, pp. 115–133.

的《关于缩小发展差距以实现更紧密东盟一体化的河内宣言》提供技术和其他援助协助 CLMV 的发展,推进经济共同体建设。[1] 通过这些努力,CLMV 在区域经济中发挥了愈加重要的作用,尤其是越南。CLMV 对外国投资者极具吸引力,这不仅是因为其享有较低的生产成本、年轻化的劳动力和丰富的自然资源,而且因为其经济正快速增长,不断扩大的中产阶级也让 CLMV 拥有巨大潜在消费市场。这些都是马来西亚过去所享有的优势,但由于其生产成本的增加与生产力不匹配,以及过度依赖低技能的外国劳动力,减弱了经济的竞争力,使马来西亚渐渐丧失了对外资的吸引力。

表Ⅱ-4-3　流入东盟的外国直接投资(占世界总数的百分比)

	1990	1995	2000	2005	2010	2015	2019	变化
东盟整体	6.257	8.383	1.603	4.510	8.092	5.593	10.113	3.586
文莱	0.003	0.171	0.041	0.031	0.034	0.008	0.018	0.014
柬埔寨	—	0.044	0.011	0.040	0.101	0.089	0.241	0.197
印度尼西亚	0.533	1.294	-0.335	0.880	0.986	0.815	1.521	0.989
老挝	0.003	0.028	0.002	0.003	0.020	0.053	0.036	0.033
马来西亚	1.274	1.703	0.279	0.429	0.649	0.494	0.497	-0.778
缅甸	0.110	0.093	0.007	0.012	0.478	0.138	0.180	0.070
菲律宾	0.268	0.427	0.165	0.195	0.093	0.218	0.324	0.056
新加坡	2.721	3.497	1.087	1.873	4.115	2.924	5.980	3.259
泰国	1.257	0.606	0.251	0.842	1.042	0.275	0.269	-0.988
越南	0.088	0.521	0.095	0.206	0.573	0.578	1.047	0.959

资料来源:联合国贸易发展会议 [United Nations Conference on Trade and Development (UNCTAD)][2]。

---

[1] ASEAN Secretariat, *Initiative for ASEAN Integration (IAI) Work Plan III*. Jakarta, 2016, https://asean.org/storage/2016/09/09rev2Content-IAI-Work-Plan-III.pdf.
[2] United Nations Conference on Trade and Development (UNCTAD) *UNCTADstat*, https://unctadstat.unctad.org/wds/TableViewer/tableView.aspx?ReportId=96740.

尽管美国和日本是东南亚区域的长期投资者，但东盟内部投资逐渐发挥了更重要的作用，约占东盟整体投资的20%。与此同时，中国的相对重要性近年来日益提高，尤其是在2013年"一带一路"倡议出台之后（如表Ⅱ-4-4所示）。

表Ⅱ-4-4　　　　2013—2018年东盟主要投资者（占总充入量的百分比）

	2013	2014	2015	2016	2017	2018
东盟内部	15	16	18	25	17	16
中国	5	5	5	10	9	7
日本	20	10	12	14	11	14
韩国	4	4	5	6	3	4
美国	9	10	19	12	17	5
英国	4	8	3	2	2	2
荷兰	9	7	6	9	7	5

资料来源：东盟秘书处和联合国贸易发展会议《东盟投资报告》（ASEAN Secretariat and UNCTAD, *ASEAN Investment Report*）[1]。

对马来西亚而言，纵观马来西亚过去10年的外国直接投资存量，情况与东盟的总体趋势相当类似。近年来，来自美洲（北美洲和拉丁美洲）的外国直接投资存量呈下降趋势（如表Ⅱ-4-5所示），而来自欧洲的外国直接投资存量的比例相对稳定，每年约为20%，欧盟成员国中荷兰是马来西亚外国直接投资的主要贡献国，其次是德国和英国，以及非欧盟国家瑞士。根据2017年的外国直接投资统计，荷兰的投资主要流向制造业（39.4%）、采矿和采石业（35.8%）以及服务业（26.33%）。而对其他欧洲国家来说，制造业和服务业是具投资吸引力的两个主要领域。

---

[1] ASEAN Secretariat and United Nations Conference on Trade and Development (UNCTAD), *ASEAN Investment Report*, Jakarta: ASEAN Secretariat.

表Ⅱ-4-5　按区域分列的马来西亚外国直接投资存量所占份额

（占马来西亚外国直接投资存量的百分比）

	2010	2011	2012	2013	2014	2015	2016	2017	2018	2019
欧盟	22.80	21.16	20.69	20.15	21.12	21.02	20.48	18.41	18.37	20.31
非洲	1.52	1.50	1.65	1.62	1.47	0.92	0.59	0.69	0.10	0.20
北美洲	11.19	10.62	9.25	9.16	8.03	7.57	7.66	6.12	6.33	6.61
拉丁美洲	13.98	12.04	11.71	11.48	10.67	8.91	8.56	11.53	9.80	8.75
东亚	19.18	19.22	20.03	21.51	21.38	23.13	25.44	28.34	30.51	28.86
东南亚	16.75	18.39	18.37	18.62	19.52	22.21	22.34	21.18	19.96	22.00
大洋洲	2.98	3.17	3.34	3.37	3.05	2.23	1.88	1.71	1.64	1.33
其他	11.61	13.90	14.95	14.09	14.76	14.00	13.05	12.02	13.29	11.96

资料来源：大马统计局《马来西亚国外直接投资统计》（Department of Statistics Malaysia, Statistics of Foreign Direct Investment in Malaysia）[1]。

通过双边和区域协定，以及随着区域内一体化的发展，来自东盟和东亚区域流向马来西亚的外国投资逐渐扩大，从而抵消了从北美下滑的外国直接投资。在东盟经济体中，新加坡的投资在马来西亚的外国直接投资流入量中名列榜首。同时，自2015年东盟经济共同体成立后，马来西亚与其他东盟经济体，尤其是印度尼西亚，菲律宾，越南和泰国的投资关系也得以加强。东亚地区的主要投资者是日本和中国香港。在2015年之前，从中国流入马来西亚的投资相对较少。而在2016年和2017年间，由于"一带一路"相关项目的基础设施和建筑方面的投资，从中国流入马来西亚的外国投资有显著增加（外国直接投资流量见表Ⅱ-4-6）。

---

[1] Department of Statistics Malaysia (DOSM), *Statistics of Foreign Direct Investment in Malaysia*, https://www.dosm.gov.my/.

表Ⅱ-4-6 按国家（地区）分列的马来西亚外国直接投资流入净额所占份额
（占马来西亚外国直接投资存量的百分比）

	2010	2011	2012	2013	2014	2015	2016	2017	2018	2019
荷兰	21.02	9.52	6.85	12.42	17.90	7.93	4.65	1.71	6.55	12.28
德国	-1.70	8.24	6.03	-0.06	2.86	-2.74	1.32	9.17	6.79	0.95
英国	-6.12	2.76	3.46	-0.65	0.11	5.67	4.58	12.47	10.85	-11.87
瑞士	1.69	2.77	5.74	5.74	2.07	0.74	3.33	0.67	4.78	-0.69
美国	26.81	8.95	-4.79	1.52	-4.55	13.72	10.50	-12.09	23.03	8.57
日本	10.02	26.44	20.58	21.00	5.82	24.11	7.71	12.52	16.13	32.93
中国香港	-2.46	-1.17	4.01	11.70	9.01	4.57	31.55	21.97	23.39	27.19
韩国	15.57	1.15	-2.44	-1.38	-2.19	1.46	3.20	2.32	0.00	0.00
中国	-0.33	0.07	0.34	0.85	2.55	3.34	12.55	17.04	1.83	1.48
中国台湾	-1.41	-0.32	-0.86	0.21	0.10	1.50	0.72	2.12	-3.08	1.00
新加坡	5.76	17.01	18.75	14.46	18.56	21.18	15.21	15.70	-2.65	10.14
印度尼西亚	1.22	0.38	1.34	0.44	-0.19	4.37	0.31	4.19	3.29	2.93
菲律宾	0.07	0.05	7.79	-0.30	-0.15	0.53	0.01	0.57	2.73	2.49
越南	0.85	0.65	1.29	1.20	0.29	0.18	-0.47	0.79	0.39	2.15
文莱	0.34	0.66	0.23	0.02	-0.05	-0.06	0.16	0.00	-1.26	0.05
缅甸	0.00	-0.02	-0.01	0.00	0.01	-0.01	0.02	-0.01	0.00	0.00
柬埔寨	-0.16	0.26	0.01	-0.02	0.00	0.04	-0.15	0.04	0.00	0.00
泰国	-1.75	3.07	-0.61	2.00	1.05	3.33	3.49	2.17	0.80	-0.30

资料来源：大马统计局《马来西亚国外直接投资统计》（Department of Statistics Malaysia, *Statistics of Foreign Direct Investment in Malaysia*）①。

东盟的外国直接投资主要流向制造业和传统服务业（特别是金融、房地产以及批发和零售贸易），有些则流向采矿和采石业。新兴服务业如医疗保健、电子商务和金融科技等数字经济活动则已开始吸引外国投资的关注。近年来东盟各国正在积极发展数字经济并推动与第四次工业革命相关

---

① Department of Statistics Malaysia（DOSM）, *Statistics of Foreign Direct Investment in Malaysia*, https://www.dosm.gov.my/.

领域的发展与合作。新冠疫情的暴发加速了数字化转型的过程，凸显了发展该区域数字连接的紧迫性。这次疫情大流行促使所有人以前所未有的速度进入数字世界，并导致对数字技术、在线服务和电子商务活动的需求激增。

事实上，早在1999年东盟已发起《电子东盟倡议》，并于2000年11月启动了《电子东盟框架协定》（e-ASEAN Framework Agreement），从而发展一个有利于数字和电子商务的环境。《2018年东盟投资报告》也强调了发展数字经济对东盟的重要性。东盟在发展数字经济方面处于有利位置，特别是在电子商务、数字金融服务、移动活动和其他与通信技术相关的行业，这主要是由于东盟拥有大量的移动和互联网用户。作为一个整体，东盟是世界第三大互联网用户，仅次于中国和印度。此外，中等收入阶层和相对年轻的人口不断增加，其中近半数人口在55岁以下。[1] 这些因素为该区域的数字经济发展提供了巨大的潜力。在2015年成立的东盟经济共同体也非常重视电子商务，并将其作为发展该区域具竞争力的经济联盟的关键要素之一。包括马来西亚在内的东盟成员国积极开发其生态系统，以更好地发展数字经济。马来西亚于2017年建立了数字自由贸易区（DFTZ）。通过数字自由贸易区，马来西亚的目标是利用东南亚区域数字经济的高度增长和跨境电子商务活动，将该国发展成为连接东盟电子社区的物流中心和平台。

第四节　区域贸易合作

东盟作为一个联盟已分别与中国内地、中国香港、韩国、日本、澳大利亚、新西兰及印度签署了6项区域贸易协定，以通过减少贸易壁垒来发展更紧密的经济一体化。这6个经济体约占东盟进出口总额的一半。其中，中国内地在东盟市场中的作用有显著增强，特别是中国—东盟自由贸易区（CFTA）成立之后。自2007年和2011年以来，中国内地分别超越日本、欧盟和美国成为东盟的主要进口及出口伙伴（如图Ⅱ-4-7a、Ⅱ-4-7b所示）。

---

[1] ASEAN Secretariat, *ASEAN Statistical Yearbook 2019*, Jakarta: ASEAN Secretariat, https://www.aseanstats.org/wp-content/uploads/2020/10/ASYB_ 2019-rev20201031.pdf.

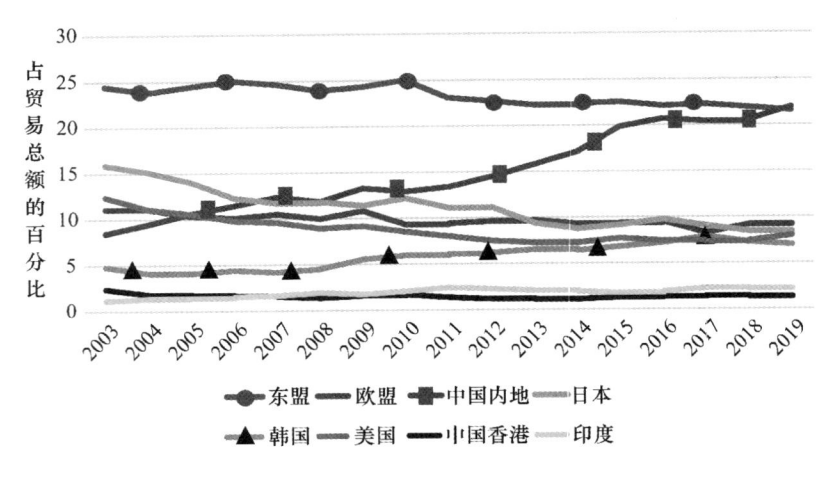

图 Ⅱ-4-7a　东盟主要进口伙伴

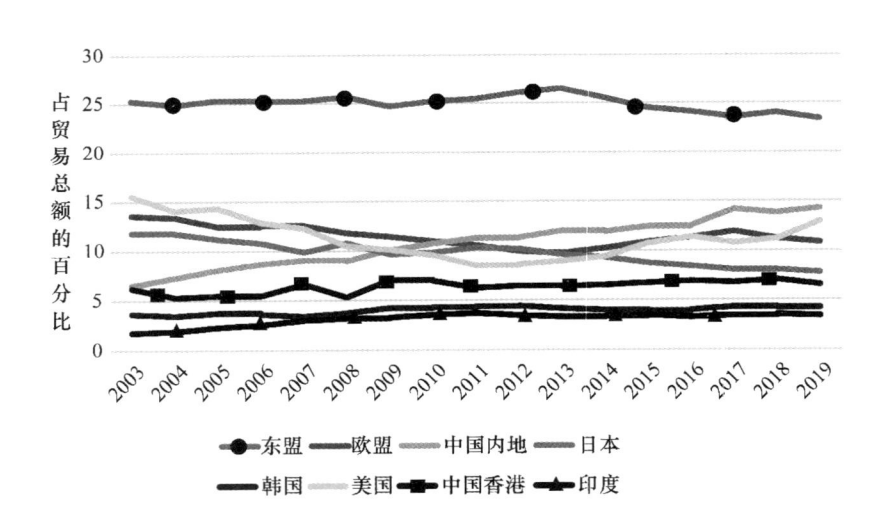

Ⅱ-4-7b　东盟主要出口市场

资料来源：东盟统计数据库（ASEANstats database）①。

自签署《东盟自由贸易协定》以来，东盟内部贸易额一直占据东盟贸易总额约20%。在东盟成员国中，新加坡是最活跃的贸易国，紧随其

---

① ASEAN Statistics Division（ASEANstats），*ASEANStatsDataPortal*，https：//data.aseanstats.org/.

后的是泰国、马来西亚和印度尼西亚（如图Ⅱ-4-8所示）。新加坡被定位为东南亚区域的航运、贸易和金融枢纽，在转口贸易中发挥着重要作用，并作为通向东盟的重要门户，将东盟与世界其他地区联系起来。自2003年以来，越南作为CLMV经济体的一员，在进出口方面都呈现持续上升的趋势，其中进口一直超越出口。越南在2003年的东盟内部贸易总额中所占比例为4.1%，在2019年则增至9.02%；而进出口的份额则从2003年的2.46%及6.12%分别增至2019年的7.50%及10.71%。相反，自2003年以来，马来西亚对东盟的内部贸易有所下降。总体而言，马来西亚对东盟其他经济体的出口超越其进口。然而，马来西亚自2003年以来从其他东盟经济体的进口逐渐下滑，这也导致马来西亚在东盟内部贸易总额中所占份额减少。

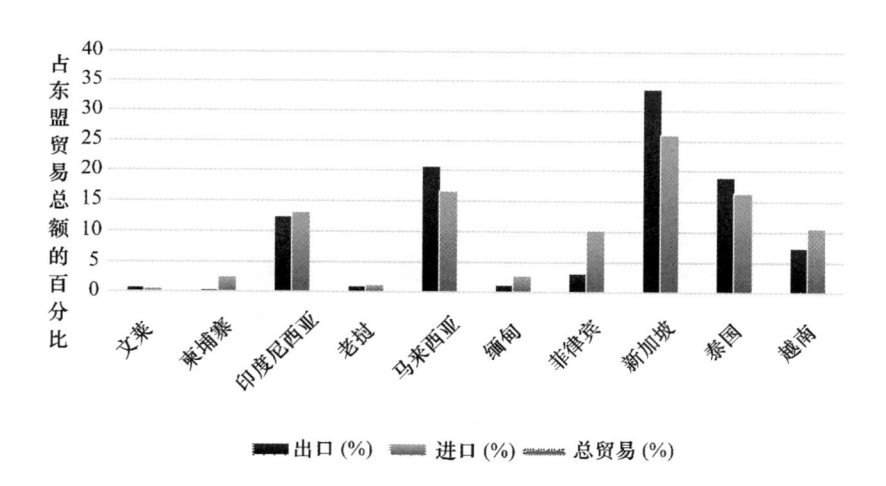

图Ⅱ-4-8　东盟内部贸易所占份额（2018）

资料来源：东盟统计数据库（ASEANstats database）①

除了文莱和老挝，制造业出口是东盟商品出口贸易的重要组成部分（如图Ⅱ-4-9所示）。文莱96%的商品出口是由燃料出口构成，而老挝的燃料出口也占商品出口约25%。东盟各经济体的制造业出口技术含量水平不一，反映了东盟内部的生产网络和供应链的多样性。2018年数据

---

① ASEAN Statistics Division（ASEANstats），https：//data.aseanstats.org/.

显示，柬埔寨制造业出口只有1.4%是高科技出口，老挝为37.13%，缅甸为4.3%，而越南的高科技出口在2018年高达40.2%，比2010年的13%有显著增长。除了越南，CLMV经济体基本上正都处于工业化进程的早期阶段，集中在轻工业和其他技术含量相对低的劳动密集型生产。另一方面，马来西亚、新加坡、泰国和菲律宾在较早期已建立了自己的制造业基础。这些国家的生产网络使用较先进的技术知识，尤其是在半导体、汽车、电子和电气领域的生产方面。至于印度尼西亚和越南，在装配和加工方面享有成本优势的生产线，是跨国公司转移其生产线的首选地。东盟经济体的多样性让每个国家可根据其特定优势做出各自的定位，为东盟建立区域生产和供应链提供了极好的条件。

当美国和中国之间的贸易紧张局势升级之后，许多跨国企业积极寻找替代制造供应新来源并调整它们的产业链。东南亚是这些企业寻求生产替代方案的首选地。东盟，尤其是越南，作为对中国出口的替代作用逐渐显现。正如科尔尼（Kearney）在《中国多元化指数》中所示，在2019年，有超过半数美国的制造业进口总额从中国转移至东盟国家，其中46%转移到越南，泰国为5%，马来西亚为4%。[①]

除了6个区域自由贸易协定外，马来西亚还分别与日本、巴基斯坦、印度、新西兰、智利、澳大利亚和土耳其签署了7项双边自由贸易协定。如表Ⅱ-4-7所示，马来西亚的自由贸易协定伙伴（不包括东盟内部贸易）占马来西亚进出口总额约40%左右。与其他自由贸易区的合作伙伴相比，来自东亚地区的贸易伙伴，即中国、日本、韩国和中国香港在马来西亚的贸易关系中扮演了更为重要的角色。中国和马来西亚一直保持着紧密的经济合作关系，尤其是在"一带一路"倡议实施之后。自2008年以来马来西亚是中国在东盟的主要贸易伙伴，而中国是马来西亚自2009年以来的最大贸易伙伴。2019年，中马双边贸易占马来西亚贸易总额的17.2%。

---

① Kearney（n. d.）"Trade War Spurs Sharp Reversal in 2019 Reshoring Index, Foreshadowing COVID-19 Test of Supply Chain Resilience", https://www.kearney.com/documents/20152/5708085/2020+Reshoring+Index.pdf/ba38cd1e-c2a8-08ed-5095-2e3e8c93e142? t=1586876044101.

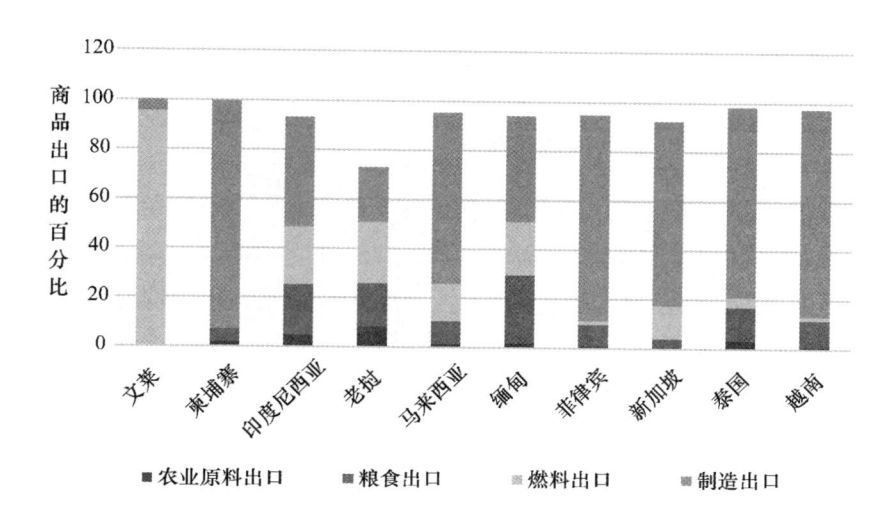

第四章　经济发展和区域经济合作　377

图Ⅱ-4-9　对商品出口的贡献（2018）

资料来源：世界银行《世界发展指标》数据库（World Bank Group, *World Development Indicators*）。

表Ⅱ-4-7　　　　　　　　马来西亚的主要贸易伙伴

	马来西亚的进口合作伙伴 （占进口总额的百分比）					马来西亚的出口合作伙伴 （占出口总额的百分比）				
	2000	2005	2010	2015	2019	2000	2005	2010	2015	2019
文莱	0.00	0.01	0.03	0.08	0.23	0.26	0.25	0.23	0.34	0.23
柬埔寨	0.02	0.01	0.02	0.09	0.08	0.07	0.08	0.10	0.12	0.25
印度尼西亚	2.77	3.83	5.56	4.53	4.57	1.74	2.34	2.83	3.73	3.13
老挝	0.00	0.01	0.00	0.00	0.00	0.00	0.00	0.01	0.01	0.00
缅甸	0.08	0.12	0.14	0.10	0.13	0.24	0.17	0.19	0.39	0.28
菲律宾	2.43	2.82	2.14	0.95	1.06	1.76	1.40	1.56	1.69	1.84
新加坡	14.35	11.69	11.38	11.97	10.54	18.37	15.59	13.36	13.91	13.88
泰国	3.85	5.28	6.24	6.09	5.21	3.61	5.36	5.35	5.70	5.66
越南	0.56	0.89	1.58	2.75	2.31	0.48	0.82	1.78	2.23	3.52
中国	3.96	11.53	12.56	18.87	20.68	3.08	6.56	12.60	13.02	14.15

续表

	马来西亚的进口合作伙伴（占进口总额的百分比）					马来西亚的出口合作伙伴（占出口总额的百分比）				
	2000	2005	2010	2015	2019	2000	2005	2010	2015	2019
中国香港	2.75	2.48	2.40	1.68	1.65	4.52	5.82	5.09	4.72	6.75
日本	21.04	14.51	12.58	7.82	7.49	13.07	9.42	10.37	9.46	6.62
韩国	4.47	4.97	5.40	4.52	4.57	3.34	3.42	3.78	3.23	3.42
巴基斯坦	0.06	0.05	0.09	0.13	0.13	0.40	0.53	1.18	0.53	0.47
印度	0.88	0.96	1.51	2.21	2.86	1.96	2.82	3.28	4.06	3.81
智利	0.11	0.13	0.14	0.11	0.11	0.05	0.06	0.04	0.11	0.07
澳大利亚	1.94	1.88	1.93	2.55	2.74	2.47	3.38	3.76	3.60	2.88
新西兰	0.37	0.30	0.37	0.44	0.38	0.36	0.38	0.47	0.51	0.48
土耳其	0.05	0.06	0.08	0.27	0.21	0.20	0.38	0.33	0.49	0.71
美国**	16.64	12.93	10.66	8.08	8.09	20.52	19.64	9.55	9.45	9.72

注：** 马来西亚和美国还没有签署自由贸易协定。
资料来源：联合国商品贸易统计数据库（United Nations, UN Comtrade Database）[1]。

在东盟内部贸易中，马来西亚约 70% 的出口和进口总额由半成品（中间品）构成。[2] 马来西亚的出口主要是由电子电气、石油、化学品、棕油和以棕油为基础的农产品、机械、光学和科学设备等一些半成品所驱动。除棕油产品外，进出口的产品都由属于同一行业的产品所组成，这显示了高度的同类产品进出口双向流动，即产业内贸易也反映了马来西亚与东盟成员国在地区经济整合与供应链合作中日益紧密的合作关系，尤其是与新加坡、泰国和印度尼西亚，以及越南的贸易关系。

图 Ⅱ-4-10 显示了马来西亚参与东盟价值链的情况。气泡的大小代表了 2015 年东盟内部贸易的总贸易值（以美元为单位）。纵向轴衡量的

---

[1] United Nations, *UN Comtrade Database*, https://comtrade.un.org/.
[2] OECD, *Trade in Value-added (TiVA) Principal Indicators*, https://stats.oecd.org/Index.aspx?datasetcode=TIVA_2018_C1.

是与东盟伙伴在全球价值链的前向参与度;[①] 而横向轴衡量的是与东盟伙伴在全球价值链中的后向参与度。[②] 从本质上来说,前向参与反映了一个经济体向其伙伴出口其国内生产的中间品以供进一步加工的程度,而后向参与反映了一个经济体从其伙伴进口用于其继续生产的投入的程度。马来西亚通过后向联系和前向联系融入区域价值链,而后向参与度对比前向参与度较为明显。拥有丰富自然资源的经济体,如印度尼西亚和文莱,更多的是以前向参与的方式融入全球价值链,而产业内贸易水平较高的经济体,如马来西亚和新加坡,则通过贸易活动在东盟的前向参与和后向参与中均扮演重要的角色。

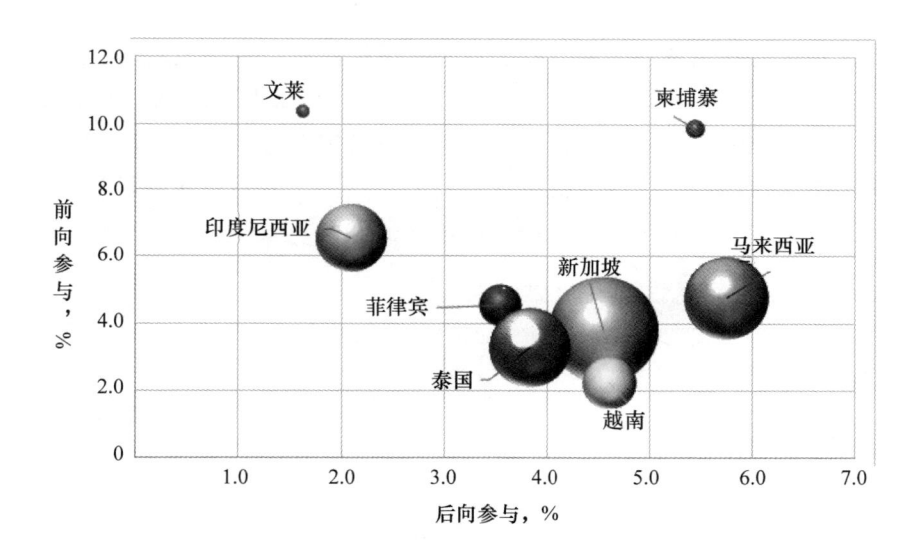

图Ⅱ-4-10　东盟区域价值链（2015）

资料来源：经合组织 TiVA 数据库（OECD TiVA Database）和东盟统计数据（ASEANStat）。

结　语

2020 年初新冠疫情的暴发给世界各国带来重大的公共卫生和经济危

[①] 根据 OECD 的定义,它指的是在他国出口中,本国内附加值占出口总额的份额。
[②] OECD 将其定义为出口毛额中的外国增加值份额,按来源国附加值计算。

机。从新型冠状病毒传播的速度、影响社会各阶层的深度及其对公共卫生和全球经济体系造成损害的规模来看，此疫情正给世界带来前所未有的冲击。同时，自2018年开始逐渐升温的中美贸易摩擦也早已让全球经济元气大伤，不仅让全球经济增长减缓，也打乱整个全球供应链的布局，而新冠疫情则大大地加剧了全球经济所面临的挑战。

作为一个相对小和开放且对贸易依赖性高的经济体，马来西亚经济易受到全球不确定性的影响和外部需求疲软带来的冲击。虽然在局势稳定之前评估贸易战和新冠疫情的经济影响还为时过早，但贸易统计数据显示，在中美贸易摩擦持续升温的环境中，马来西亚与两国的贸易关系和贸易格局并没有发生重大变化（如表Ⅱ-4-7所示）。然而，新冠疫情所带来的破坏性影响已在全球范围内日益显现。疫情期间所产生的生产链中断，凸显了过度依赖中国作为世界生产中心的风险。马来西亚能否在危机后获益，在很大程度上取决于马来西亚如何将自己定位为一个新经济常态下具有吸引力的目的地。这场危机也促使马来西亚迫切需要发展更紧密的区域经济合作，以充分利用东盟市场日益增长的潜力。

第五章　政党政治的重大发展及意义

马来西亚是一个多元社会，不仅族群结构多元，而且族群之间混杂着多种语言文字、文化传统和宗教习俗。如此多元复杂的社会，呈现在政治上，也具有其独特性。从政治体制的角度来说，马来西亚基本上继承并维系了英殖民所留下的西敏寺民主政治运作。但是，多样的种族和宗教、混杂的语言和文化元素，对政治发展一直产生着不容小觑的影响。

回顾马来（西）亚的政治发展史，无可否认，"族群""阶级""伊斯兰"仍是马来西亚政治发展的三大主线，始终是梳理马来西亚政治发展演进的关键。①2018年希望联盟（简称希盟）在第14届全国大选中取得政权，打破了国阵60年的稳定执政。然而，观察近年来政治发展脉络，即便政权转移，影响其操作结构的深层次因素仍不离上述三大主轴。马来西亚在政治上究竟是否取得了关键性的新进展，抑或是实质上依旧停留在族群、阶级、伊斯兰的固有结构和意识形态中，有待进一步深度剖析。

本章谨以政党政治的演进为主线，基本上采取顺序叙述的方式，梳理马来西亚的政治历史与政党的政治发展，主要以马来西亚政治版图的改变为基本脉络，将之分为三大阶段。第一阶段为独立前后的政治发展时期（1945—1969年）；而第二阶段则是1969年五一三事件后的政治版图变革时期（1969—2008年）；第三阶段则是"308大选"至"509大选"的政治变动时期（2008—2018年），再以"509大选"后的政治变动作为章末

---

① 王国璋在《马来西亚民主转型：族群与宗教之困》中分析和回顾马来（西）亚的政治发展时，认为族群、伊斯兰、阶级仍是马来西亚政治发展的三大主线，也始终是爬梳其演进的关键。此总结延续至今，历经60余年，仍未随着时间进程而消减，反之，在民主政治的手段中，宗教和族群课题更一再被挑起，以达到政治目的。王国璋：《马来西亚民主转型：族群与宗教之困》，香港城市大学出版社2018年版，第xii页。

的结尾，对马来（西）亚的政治发展作一扼要的勾勒。

第一节 政党草创期：马来（西）亚独立前后的政治发展（1945—1969年）

英殖民时期，殖民地政府以"分而治之"（Divide and Rule）的统治策略，分隔不同族群，以居住域地、经济活动等为标准进行划分，以便管制。1945年，日本在第二次世界大战中战败后撤出马来亚，英军重返马来亚后开始商讨成立马来亚联邦（Malayan Union），以逐步开放政治自主。次年1月，英国政府正式发表成立马来亚联邦的白皮书，建议实行马新分治的新政府，此项建议其实早在英军重返马来亚之前已经开始筹备。[①] 马来亚联邦的成立，主要是统合第二次世界大战前各自为政的政权，将海峡殖民地（Straits Settlements）、马来联邦（Federated Malay States）和马来属邦（Unfederated Malay States）统一治理，以便疏通行政体系和减低管理成本，也借由建立中央政府进一步巩固其在马来亚的殖民统治。[②] 这项计划提出后，引起巫裔族群的不满，当中涉及麦麦克（Sir Harold MacMichael）在洽谈游说时，未给予足够的时间让苏丹们商讨，最让马来民族愤慨的是，吉打苏丹遭胁若不签字允允，将自行委派其指定的苏丹取而代之。[③]

此举使巫裔族群认为马来统治者是在威迫下签署协议，不满和不安的情绪逐渐发酵继而出现强烈的反对声浪。此外，在此计划下，开放公民权予当时身处马来亚的移民群体和宽松的移民政策建议，使得马来民族对自

[①] 关于马来亚联合邦成立的目的及过程，可参考 Victor Purcell, "A Malayan Union: The Proposed New Constitution", *Pacific Affairs*, Vol. 19, No. 1, March 1946。文中有相当详尽的进程叙述。

[②] 在这项计划下，有3项重要的改革。首先，在政治结构上，由9个马来土邦（即马来联邦和马来属邦）及原在海峡殖民地下的槟城和马六甲组成一个中央政府，而新加坡则单独成立皇家殖民地，由英国直接管理。其次是组织结构，行政中心设于吉隆坡，马来土邦的各州苏丹须将主权移交给马来亚联邦总督，苏丹地位保持不变，只处理宗教和习俗事务的大权，所有立法无须经过苏丹认可，同时也削减州议会的权利。最后是公民权问题，在提出的出生地主义公民权下，马来人自动成为公民，非马来人须符合3个条件方可成为公民，即：一、至少18岁并在1942年2月15日前的15年内在马新居住长达10年；二、马来亚联邦成立前出世并定居者；三、在马来亚联邦成立或之后出生于马新以外，但其父为马来亚联邦公民者。

[③] William George Maxwell and William Sumner Gibson, *Treaties and Engagements Affecting the Malay States and Borneo III*, London, 1924, p. 104.

身的地位焦虑不安。在这样的背景下，成立了以维护马来人权益为斗争目标的巫统（英/马：United Malays National Organisation / Pertubuhan Kebangsaan Melayu Bersatu，简称 UMNO），开启了捍卫马来权益的民族运动，[1] 在此阶段，巫统仍是与英殖民政府为互辅关系，并未有任何的政治权力议程。[2] 当时的创办人之一翁惹化（Onn Jaafar）为首任主席。

即便马来亚联邦计划对非马来人有利，却并未获得非马来人的支持和热烈响应，英官员颇受争议的做法致使英殖民政府与马来苏丹及巫统，最终私自协商并敲定了替代方案，当时的工委会由殖民地政府官员、巫统代表及4名马来统治者组成，"马来亚联合邦计划"最终生效。[3] 此计划确立了苏丹主权、马来人的特殊地位及提高了非马来人申请公民权的门槛，也由此确立了巫统捍卫马来权益的定位和形象。反观当时的非马来人，由于处于徘徊及内部分裂的状态，仅有以陈祯禄为代表的华团及商会表态反对，支持马来亚联邦。[4] 同年12月，反对"马来亚联合邦"的阵线成立，全马人民行动委员会（AMCJA）[5] 及马来人联合阵线（PUTERA）联合起草"人民宪章草案"（The People's Constitutional Proposals）并公布，企图修正马来亚联合邦的宪法制定问题。此制宪建议获得当时社论的高度赞

---

[1] 关于马来人当时对马来亚联邦的反应，详见 James P. Ongkili, *Nation-building in Malaysia*, 1946 – 1974, New York: Oxford University Press, 1985, p. 42.

[2] 1946年3月1日，42个马来团体在翁惹化的领导下与115名代表在吉隆坡举行集会，成立马来民族联合会（Pan-Malayan Malay Congress）并在1946年5月于新山（Johor Bahru）举行集会。马来民族联合会遂改组成马来民族全国统一机构（UMNO），以新山为总部，翁惹化当选首任主席。

[3] CO 537/1529, No. 110, 25 May 1946, Proposed Concessions to Malays: inward Telegram No. 6 from Mr M J MacDonald to Mr Hall; PREM 8/459, 31 May 1946, Fundamental Principles of Malayan Policy and Proposed Concessions to Malays: Minutes by Mr Hall and T L Rowan1 to Mr Attlee. 马来亚联合邦计划主要特点如：马来亚联合邦由九个马来土邦及槟城和马六甲组成，受到大英帝国的保护，取消联邦总督，改称钦差大臣（High Commissioner）；二、成立中央政府；三、保留各土邦的独立性；四、给予视马来亚为家园并效忠马来亚的人公民权；五、捍卫马来人的特殊地位。此无疑是重点确立了马来人特殊的宪制地位。

[4] *The Straits Times*, July16, 1946, p. 3.

[5] 此反对"马来亚联合邦"的阵线由"泛马联合行动委员会"（Pan-Malayan Council of Joint Action，简称 PMCJA）于1946年12月组成。1947年2月，原本在泛马行委会的马来国民党退出行委会，组织马来人联合阵线（Pusat Tenaga Rakyat，简称 PUTERA，亦称人民力量中心），再与泛马行委会组成联盟。同年8月，泛马联合行动委员会改称全马人民行动委员会（All-Malaya Council of Joint Action，简称 AMCJA），于9月与马来人联合阵线组成联合阵线。

许，认为此宪章尝试在马来人和非马来人之间建立桥梁，而并非置于对立的种族利益上。①

即便如此，马来亚联合邦（Federation of Malaya / Persekutuan Tanah Melayu）协议依然在1948年生效，新加坡在政治行政上成为独立的政体，暂时撤出马来亚的政治版图。至于当时在马来亚的两大族群——华裔和印度裔，大部分还处于分裂状态，因此对于马来亚联合邦的成立，未有太多关注，仅有的关注来自精英阶层的英籍子民（British Subject）。

英殖民政府在1948年宣布马来半岛进入紧急状态，全面对付马来亚共产党的武装叛乱。由于多数共产党党员为华裔，故华人成为英殖民政府集中管制的目标，或被驱逐出境，或被拘禁，或被大量集中置于新村，以阻断马共取得物资供应和资讯。② 马来亚华人公会（英/马：Malayan Chinese Association/ Persatuan Cina Malaya，简称马华公会，MCA）在维护华人权益的背景下成立，以阻止英殖民政府驱逐华人返回中国的计划，同时也筹款向被集中置守新村的华人提供金钱、医药、基本民生设施等援助。③ 至于当时三大族群之一的印裔，则在1945年成立印度国大党（英/马：Malayan Indian Congress / Kongres India Se-Malaya，简称MIC），后作为维护马来亚印裔族群在马来亚的组织，④ 并曾加入全马人民行动委员会（AMCJA）反对马来亚联合邦宪制。⑤ 这个时期的政党组织，除了以阶级斗争为目标的组织，皆是为维护各自的族群利益成立并且独立发展。

---

① *The Straits Times*, September 23, 1947, p. 4.
② 关于马来（西）亚新村的相关历史，可参考林廷辉、宋婉莹《马来西亚华人新村50年》，华社研究中心2002年修订版；林廷辉、方天养《马来西亚新村：迈向新旅程》，策略分析与政策研究所2005年版。
③ 关于马来（西）亚独立前的华人政治发展，详见朱自存《独立前西马华人政治演变》，载林水檺、何启良、何国忠、赖观福编《马来西亚华人史新编》第二册，马来西亚中华大会堂总会1998年版，第3—68页。
④ Shanthiah Rajagopal and Joseph Milton Fernando, "The Malayan Indian Congress and Early Political Rivalry Among Indian Organisation in Malaya, 1946 – 1950", *Kajian Malaysia*, Vol. 36, No. 1, 2018, p. 26.
⑤ 对于公民权的态度，部分印度国大党成员当时仍受反英殖民心态所影响，认为马来亚公民权并非独立公民权，始终是属于英殖民公民。当时的印度国大党，直到1949年才确立党章，将会员限制于视马来亚为家国，并效忠这片土地的印裔族群。

1952年，巫统、马华公会联合竞选吉隆坡市议会选举，因而产生了马来（西）亚史上第一个跨族群合作政党联合竞选，该选举催生了联盟（英/马：Alliance Party/ Parti Perikatan），与另一由国大党（MIC）与马来亚独立党（Independence of Malaya Party /Parti Kemerdekaan Malaya，简称IMP）组成的联合阵线对垒。在此次市议会选举中，联盟在12个竞选议席中赢得9个。

值得一提的是，此次选举中的马来亚独立党领袖，原为巫统首任主席翁惹化。在巫统任内，他主张将巫统转型成跨族群并代表各族利益的全民政党，但遭到党内强烈反对。由于无法促成巫统接纳不同族群，摒弃马来人本位主义，设立一个模糊种族界限的政治，淡化种族隔阂的跨族群政党，翁惹化离开巫统，创立理想中不分族群的跨种族政治，设立马来亚独立党，然而却在竞选中失利。马来亚独立党也随着败选解散，次年，翁惹化另建马来亚国家党（Parti Negara），转而限制非巫裔成员资格，再度走向马来民族至上的政治倾向。

当时整体的政治氛围表明，各个族群仍然未做好准备迎接这种超前性的建议，族群仍是无法跨越的门槛。这是马来西亚独立前第一次创立跨族群政党的契机，却未能实现，但也奠定了往后以族群为主要模式的政治合作。

联盟在赢得市议会选举后，印度国大党（MIC）于1954年加入，以族群为基本结构的"联盟"雏形已成。三党组成的联盟参与了"第一届马来亚大选"[①] 与泛马来亚伊斯兰党（Malaysian Islamic Party / Persatuan Islam Sa-Malaya / Sa-Tanah Melayu，简称PAS)[②] 竞争，联盟取得压倒性的胜利，横扫52个议席中的51席。此次选举，伊斯兰党由于挫败及新领导层的加入而做出变革，降低了伊斯兰化的诉求，但仍坚持在维护伊斯兰教

---

① 1955年的马来亚大选是英殖民地政府在独立前所举行的唯一一场民主选举，以选出52位马来亚联合邦立法会的议员。此前，所有立法会议员皆由英官员全权任命。

② 此为现今的马来西亚伊斯兰党（Malaysian Islamic Party /Parti Islam Se-Malaysia，简称PAS）。1971年，改名为泛马来西亚回伊斯兰党，2011年正名马来西亚伊斯兰党后沿用至今。马来西亚伊斯兰党源自巫统的分支机构"泛马伊斯兰学者协会"（Persatuan Ulama Sa-Malaya）。关于伊斯兰党的相关论著，可参考 N. J. Funston, "The Origins of Parti Islam Se Malaysia", *Journal of Southeast Asian Studies*, Vol. 7, No. 1, March 1976, pp. 58 – 73; Farish A. Noor, *The Malaysian Islamic Party PAS 1951 – 2013: Islamism in a Mottled Nation*, Netherlands: Amsterdam University Press, 2014; 陈中和:《马来西亚伊斯兰党政治：巫统和伊斯兰党之比较》，新纪元马来西亚族群中心2006年版，第114页。

义的前提下，兼维护马来民族权益，此时的伊斯兰党同时也朝着马来民族主义的路线发展。① 这样的转变也让伊斯兰党在1959年出乎意料地夺得吉兰丹及登嘉楼的州政权。伊斯兰党此后的斗争路线，随着时局与领导层的替换，游离于宗教与马来民族权益的诉求上。

1963年9月16日，马来西亚宣布成立，政治版图正式扩大。② 在成立的过程中，当时马来亚、新加坡、英属北婆罗洲三地的社会主义政党、砂拉越的人民联合党及马来亚、新加坡的社阵，皆一致反对成立马来西亚。印尼及菲律宾也强烈反对马来西亚计划，区域内国家关系陷入僵局。印马对抗（Konfrontasi Indonesia-Malaysia）致使华人选民担心社会主义政党在政治倾向上亲近印尼的苏卡诺（Sukarno）总统，遂在此次选举中以选票表示支持联盟。

在此次大选中，联盟总共赢得89席（共104席），沙巴16席、砂拉越18席，总共123席，以大胜姿态占国会154席的2/3以上，正式组成执政政府，③ 至于新加坡的人民行动党社阵仅仅赢得两个国席。相对于1955年，84%的选民为马来人；1959年，超过三分之一的选民为华裔；20世纪60年代初，约40%的国会选区华裔和非巫裔选民占多数，1964年的大选，当时的华裔选民与印度选民分别占了38%与8%，非巫裔选民占了46%左右。④ 在宪法保障下，对当时各选区选民人数的差仍有限制。当时的选区选民人数，不难看到马乡间选区的人数总是比华人集中的城镇选区人数少。⑤ 选区划分不公的争议，也一直是此后每届选举中的主要争议，尤其是2008年"308大选"后，在净选盟（BERSIH）的倡议下，重

---

① Safie bin Ibrahim, *The Islamic Party of Malaysia: Its Formative Stages and Ideology*, Pasir Puteh, Kelantan: Nuawi bin Ismail, 1981, pp. 79 – 93.
② 1961年，东姑阿都拉曼（Tunku Abdul Rahman）提出马来西亚概念，获得李光耀的支持。隔年，该概念扩大成为马来西亚联邦，纳入新加坡、英属北婆罗洲及文莱。英属北婆罗洲（1963年8月改名为"沙巴"）人民支持东马（沙巴及砂拉越）加入马来西亚，而文莱最终放弃加入。
③ 关于东马沙巴、砂拉越的政党政治发展，可参考 Gordon P. Means, "Eastern Malaysia: The Politics of Federalism", *Asian Survey*, Vol. 8, No. 4, 1968, pp. 289 – 308。
④ Donald L. Horiwitz, "Incentives and Behaviour in the Ethnic Politics of Sri Lanka and Malaysia", *Third World Quarterly*, Vol. 11, No. 4, 1989, p. 124.
⑤ 1955年大选前的选区划分，规定最大和最小选区的选民人数差，不得超过平均数的33.33%。1957年的独立宪法进一步缩紧调整为15%。但是，联盟政府在1964年大选前夕，修宪恢复到1955年的33.33%。

新划分选区一直成为民主选举制度改革的重要诉求之一。

联盟时期,精英阶层内部妥协的争议,随着独立后各种政策的实行逐渐显露。当时联盟的领导层如东姑·阿都·拉曼(Tunku Abdul Rahman)、陈祯禄(Tan Cheng Lock)等,皆是以英式教育背景为主的精英阶级,拥有共通的语言和想法,更利于达成协议。① 独立后随着非马来人选民的增加及在人民行动党"马来西亚人的马来西亚"思潮冲击下,半岛非马来人,尤其是华人社会,对部分族群议题的重谈重燃希望,但却使马来社会更加疑惧不安。随着新加坡被逐出马来西亚,与联盟政府对抗外敌的同仇敌忾消退,焦点回到切身的议题,尤其是自20世纪50年代以来一直争议不断的语文与教育问题。民间贫富差距扩大,阶级问题也简化成为族群问题,华巫之间的对峙气氛愈浓。1969年的大选,终结了一个时代。② 族群与阶级之间的矛盾,是此次冲突的根源。

第二节 后五一三:政治版图的关键变革期(1969—2008年)

回顾1965年新加坡脱离马来西亚后,族群之间的矛盾和紧张关系,尤以教育政策最为引起非巫裔不满,加剧族群间的矛盾和对立关系。马来族群不满以东姑·阿都·拉曼为主导的巫统在政策上对马华公会让步,而华人也认为马华公会并未尽本分捍卫华人权益。③ 在这种情势下,当时的政党亦有意识地随着大环境氛围,各自以种族极端的路线,争取选票。1969年参加大选的竞选政党为:联盟、马来西亚伊斯兰党、民主行动党(Democratic Action Party, DAP)、人民进步党(People's Progressive Party)

---

① 关于马来精英的相关研究,可参见 Donna J. Amoroso, *Traditionalism and the Ascendancy of the Malay Ruling Class in Malaya*, Singapore: NUS Press and SIRD, 2014。

② 王国璋:《马来西亚政治发展》,载潘永强主编《当代马来西亚:政府与政治》,华社研究中心2017年版,第21—23页。回顾1965年新加坡脱离马来西亚,因族群之间的矛盾和紧张关系尤以教育政策最为引起非巫裔不满。1967年,马来语言方案和独立大学,加剧族群间的矛盾和对立关系。

③ 关于这时期的语文政策被政治化课题,可参考 Margeret Roff, "The Politics of Language in Malaya", *Asian Survey*, Vol. 7, No. 5, 1967, pp. 316-328。

及民政党（Gerakan Rakyat Malaysia）。①

此届大选，巫统面对主张马来人保有特权兼标榜马来民族主义的伊斯兰党，而马华公会则与新兴的民主行动党竞相争取华裔选票，民主行动党则攻击马华公会立场不坚定，将华人权力让予巫统，政治见解各走极端，华巫之间的矛盾加深。② 联盟原有的选票严重流失，华、印选票流向反对阵营，反映了华、印群体对联盟政府推行的政策深感不满。在竞选的104席中虽获得66席并得以组成中央政府，但未达三分之二多数席位。与此同时，联盟在州议会的选举成绩也不理想，③ 失了槟州政权，也在雪兰莪及霹雳州议会未取得过半议席，陷入悬峙议会，④ 这使得当时的政治局势顿时具有太多的不确定性。马来人长期处在对当时的经济领域上并无太多话语权，而在政治控制权上相对稳固的状态。然而，1969年的大选成绩，使马来人认为国家政治系统将严重变动，地位堪忧，对于华裔似乎在政治权力上将有所提升而感到不安，⑤ 终导致当时的华巫流血冲突，造成了五一三骚乱和暴动，⑥ 国家也因此进入紧急状态，并在5月16日宣布成立国

---

① 人民进步党（People's Progressive Party）是以印度裔为基础的多元族群政党；而民政党（Gerakan Rakyat Malaysia）是以华人为基础的多元族群政党，此主要以党员族群比例归类。

② 详见 John Slimming, *Malaysia: Death of a Democracy*, London: John Murray, 1969。

③ 联盟既未能打败伊斯兰党重掌吉兰丹州政权，也在登嘉楼州仅仅勉强保住政权。至于槟城州政权，则由当时崛起的民政党（被视为华基政党）获得24席位中的16席，顺利执政，马华公会全军覆没，巫统、行动党及人民党则分别夺得4席、3席及1席。

④ 新海峡时报更以 "Selangor, Perak to Poll Again?" 为封面报道，见 The Straits Times, May 13, 1969, p. 1。

⑤ 尚有另一说法，认为五一三事件，实为旨在推翻时任首相东姑·阿都·拉曼（Tunku Abdul Rahman）的政变阴谋。

⑥ 关于五一三事件的研究，可参考时任首相东姑阿都拉曼（Tunku Abdul Rahman）的自述，Abdul Rahman, *13 May: Before and After*, Kuala Lumpur: Utusan Melayu Press, 1969; National Operations Council, *The May 13 Tragedy: A Report*, Kuala Lumpur, 1969; Goh Cheng Teik, *The May Thirteenth Incident and Democracy in Malaysia*, Kuala Lumpur: Oxford University Press, 1971; 柯嘉逊《513解密文件（50周年版）——关于1969年大马种族暴乱》，文运企业2019年版；其他同时代关于五一三暴动的地方观察，可参考 John Slimming, *Malaysia: Death of a Democracy*, London: John Murray, 1969; Karl Von Vorys, *Democracy with Consensus: Communalism and Political Stability in Malaysia*, New Jersey: Princeton University Press, 1975; Leon Comber, *13 May 1969: a Historical Survey of Sino-Malay Relations*, Kuala Lumpur: Heinemann Asia, 1983; Leon Comber, *13 May 1969: The Darkest Day in Malaysian History*, Singapore: Marshall Cavendish, 2009。另一记述，则是从死难者家属及其他亲历者的口述历史中，提供在主流、官方的叙事以外的五一三记忆论述，详见 "五一三事件" 口述历史小组《在伤口上重生：五一三事件个人口述叙事》，策略资讯研究中心（SIRD）2020年版。

家行动理事会（National Operations Council，NOC），由副首相阿都·拉萨（Abdul Razak）领导，作为全权决策单位，重新掌控局势直至1971年重启国会为止。

平息暴乱后，巫统领导的政府全面实施"马来人优先"的方针，强化马来主权（Malay Supremacy），在体制上进行诸多变革，在政策上进一步全面加强维护马来人作为土著（bumiputra）的权益与地位，推出新经济政策及推行以马来文化与语言为中心的国家文化政策（National Cultural Policy）①等，在政、经、文、教各领域，压缩非巫裔发展的空间，并从族群共同协商，政权共享的原有政体②逐步走向威权，以巫统为代表的马来人支配权，形成新的政治秩序。以在联盟时期尚有辩论空间的公共领域政策辩论为例，巫统为主导的临时政府凭借以"稳定时局为首要任务"的说辞，不断制定各种管制公共领域辩论的方案，逐渐加强"马来人至上"的国家发展路线，甚至修改宪法取消了限制选区大小的规定。此后再无任何条约约制选区大小的差异，这也间接确保了以马来人为主导的政治局势。20世纪80年代之后，在全球伊斯兰复兴的大背景下，伊斯兰化及族群分化不仅没能改善，族群之间甚至进一步分化，遂无法形成团结势力对抗政府，这间接有助于巩固以巫统为主的威权政治，形塑一个以巫统为主导的马来民族霸权国家（Malay hegemony state）。

约翰·斯理明在书末引马哈蒂尔·穆罕默德（Mahathir Mohamad）当时写给时任首相东姑的信，显示了未来巫统领导人当时对五一三事件的看法，也预示了其他族群在其领导下的政治发展形态。

> 华人视你（东姑·阿都·拉曼）及联盟政府为懦怯……也因此华人及印度人未能尊重马来人……激怒了以为不会反抗的马来人，他们

---

① 新经济政策（New Economic Policy）原旨在解决马来人的贫穷问题，缩小种族间的社经地位差距，当中的政策包含为马来人保留政府机关的高职、大学固打制，并规定企业须预留股权与职位予马来人。

② 若从内阁部长的职位而言，当时联盟的第二把交椅为财政部长，而任此职位的是马华总会长陈修信。在陈修信于1974年卸任财长职务后，华人再无担任财政部长一职，直至希盟在2018年执政后，才再次出现由华人接任财政部长一职。然而，相隔数十年后，即便重掌财政部长一职，权限及职务已不能同日而语。

宁愿牺牲生命，也要杀掉他们讨厌的人，这是因为你给了他们太多的颜面。①

其实1969年的投票不仅是华、印族群对"亲马来人"政策不满的反应，也是对精英的阶级政治不满的体现。虽然阿都·拉萨反复强调，协助马来人参加商业活动的计划不会牺牲其他群体的利益，在扶持乡区马来群体的同时也将间接使非巫裔受益。然而，马来人的经济地位及贫穷问题未见显著解决，与执行后出现的贪污与裙带关系息息相关。学者已警示在马来人实现他们的政治愿景的同时，也迫切需要实现非巫裔的政治愿景。②1969年的竞选后，马华公会自认失去华人代表性，议决退出中央政府及州政府，不再接受公职，虽然最终马华党要如陈修信（Tan Siew Sin）应巫统之邀重回内阁，任特别任务部长（Minister with Special Function）。但是，不可否认的是，五一三暴动的分水岭意义，在其即刻扭转了双族群社会原本"势均力敌"的本质。

此后，华、马来人口虽无显著变化，华人却难再和马来人重议"社会契约"。③ 在政治上，其他族群的政党在国阵当中，地位皆次于巫统，再无平起平坐、平等协商的民主政体，巫统也逐步实践了霸权式（Hegemony Style）的政府体制，彻底主导决策与分配国家资源。曾经与巫统相对平等协商、共享政权的马华公会，即便是以后来加入的华人为基础的政党，由于华裔选票多流向民主行动党，族群代表性已严重不足，这在族群政治当道的20世纪七八十年代，是莫大弱点，加之政治力量分散兼华人人口比重持续下滑，国阵华基政党"当家不当权"，是学界共识。④ 华人在政治力量上的弱势，即便到2018年民主行动党作为执政成员党，亦如此。至于印裔族群政党或多元族群政党，在多数国家议题上，但凡违背马来西亚作为世俗国家的原则，这些国阵成员党必团结反对，而国阵一向执

---

① John Slimming, *Malaysia: Death of a Democracy*, London: John Murray, 1969.
② Peter Wicks, "The New Realism: Malaysia since 13 May, 1969", *The Australian Quarterly*, Vol. 43, No. 4, 1971, p. 27.
③ 王国璋：《马来西亚政治发展》，载潘永强主编《当代马来西亚：政府与政治》，华社研究中心2017年版，第23页。
④ 王国璋：《马来西亚政治发展》，载潘永强主编《当代马来西亚：政府与政治》，华社研究中心2017年版，第27页。

行内部协商的原则和默契，故在许多重大课题上只关心结果。普遍上，马来西亚人民当时对政府的认可和接受，和当时其他东南亚国家相似，即以政府的整体表现为首要基础考量而并非西方自由民主的政体。①

五一三骚动暴乱后，在 1970 年至 1974 年间，联盟从原本的三党逐渐扩大，拉拢东马的砂拉越联盟和沙巴联盟，民政党（Gerakan）、人民进步党（PPP）、伊斯兰党、砂拉越人民联合党，组成了国民阵线（National Front/ Barisan Nasional，简称国阵），其组成成员党包含了马来西亚国内各族群的政治代表，② 由此开始了长达四十余年的联合政府。伊斯兰党基于强化马来支配权，脱离反对联盟而加入国阵，但由于和世俗化的巫统结盟而逐渐丧失了其作为伊斯兰政党的主体性和合法性。③ 然而，两党之间的分歧，最终分道扬镳，却并非政治理念上伊斯兰改革主义和民族主义的冲突所致，而是政治派系权力斗争引起的"丹州危机"。④ 检视马来政治的核心关切，或会发现即便宗教意识最为鲜明的伊斯兰党保守派，也未能真正超越族群视角，遑论以民族主义著称的巫统。⑤ 伊斯兰作为族群认同的主要元素，维系和团结马来人，宗教与族群的结合，是马来人的社群印记（communal marker），这有助于马来人在政治上强化"马来主权"，抵御他者。这也致使 20 世纪 80 年代开始，马哈蒂尔·穆罕默德领导下的巫统，也逐渐朝伊斯兰化转型，与伊斯兰党展开伊斯兰化竞赛，作为执政党的巫统打开了岔口，国家在各方面如公务员文化等，伊斯兰化基本上已逐渐制

---

① Richard Stubbs, "War and Economic Development: Export-Oriented Industrialization in East and Southeast Asia", *Comparative Politics*, Vol. 31, No. 3, 1999, p. 342.

② 国阵的成员中，马华公会、民政党、砂拉越人联党、沙巴进步党，被视为华基政党；而国大党及人民进步党，则被视为印基政党。国阵成员党之间的默契，反映在国阵竞选的选区上，这些政党多数在以其族群为多数选民的选区竞选。

③ 关于巫统和伊斯兰党的分合及在政治理念上的分歧，可参考 John Funston, *Malay Politics in Malaysia: A Study of the United Malay National Organization and Party Islam*, Kuala Lumpur: Heinemann Educational Books（Asia），1980。书中针对巫统与伊斯兰党的历史、领导层、政治理念、组织结构有相当详尽的分析，也说明了为何巫统与伊斯兰党最终的分裂，必须注意的是，学者如 John A. MAcDoUGALL 认为论者纯以马来人视角出发，而忽略了在马来西亚政治环境中，尚有其他族群政党。例如：断定马来人是唯一适合统一马来西亚多元族群的候选人。

④ 丹州危机是伊斯兰党领导人之间的政治内斗所引发的分裂和政治暴乱，也使伊斯兰党在 1978 年及 1982 年的大选中失去吉兰丹州政权。

⑤ 王国璋：《马来西亚政治发展》，载潘永强主编《当代马来西亚：政府与政治》，华社研究中心 2017 年版，第 30 页。

度化，在政治体系及各种官方层面上，逐步潜移默化地进入了伊斯兰化。2018 年后，巫统精英如何应对朝野族群内部对伊斯兰的诉求，是马来政治今后值得关注的动向。

从五一三暴动至 2008 年全国大选，中央朝野之间的对峙相对稳定。执政党持续以巫统一党独大，① 在野党较为强大的政党则是民主行动党和伊斯兰党，人民党、四六精神党及 20 世纪 90 年代末出现的人民公正党（Parti Keadilan Rakyat，简称 PKR）等，但皆不足以撼动以国阵为领导的执政权，监督制衡力量也微薄，偶有呼吁"否决国阵的三分之二优势"，但依旧形成不了巨大实力。

在近 40 年间，虽然朝野各党之间内斗不断，例如在 80 年代从巫统分裂出的四六精神党，但基本上皆未给马来西亚既有的政治版图造成巨大冲击。直至 1998 年，时任首相马哈蒂尔·穆罕默德领导革除其副手安瓦尔·易卜拉欣（Anwar Ibrahim，时任的副首相及财政部长）职务，同时巫统开除其党籍，自此掀起了"烈火莫熄"（Reformasi）社会运动，马来西亚的民主社会运动意识提升。安瓦尔·易卜拉欣被逮捕后入狱，这也致使马来人分化成两股势力，分为支持马哈蒂尔·穆罕默德和安瓦尔·易卜拉欣的两派。

1999 年的全国大选，国民公正党（Parti Keadilan Nasional）、伊斯兰党、行动党及人民党首次合作组成替代阵线（Barisan Alternatif）。② 安瓦尔·易卜拉欣效应虽在马来社会发酵，但华社基本上静观其变。值得注意的是，在此次选举中，伊斯兰党在反对阵线中创下佳绩，占国会 27 席，兼取登嘉楼和吉兰丹州政权，再一次手握两州的控制权。这一点可从伊斯兰党的党员在短短一年间增加了接近 35 万党员中窥见，是当时反对党获益最大的政党。相反地，民主行动党仅仅保住 10 个国会议席，元老林吉祥（Lim Kit Siang）和卡巴星（Karpal Singh）竟然首次双双在竞选中失利，第一次失掉国会议席。在此情势下，国

---

① 关于这段时期的一些政治论述著作，可参考祝家华《解构政治神话——大马两线政治的评析（1985—1992）》，华社研究中心 1994 年版；王国璋《马来西亚的族群政党政治（1955—1995）》，唐山出版社 1997 年版，对马来西亚政治发展都有相当详细的分析。

② 2003 年国民公正党（Parti Keadilan Nasional）和人民党合并，成为"人民公正党"（Parti Keadilan Rakyat）。

阵得以保住多数议席，有赖于华社此时将选票投于国阵，即使马来选票分裂，仍能保住政权，而在反对阵营中，伊斯兰党成了赢家，而民主行动党则成大输家。从这样的局势来看，明显地，马来西亚政治还是游走在种族政治中，当时崛起的社会运动仍不足以形成巨大能力对抗国阵政府。①

全国大选后，马哈蒂尔·穆罕默德宣布退位，② 由阿都拉巴达维（Abdullah Badawi）继任首相，③ 其上任后领导的第11届全国大选，在新领导层创造的新气象下，似乎展现新作风。例如：提倡"与我共事，非为我办事"理念、誓当"全民首相"、要求国阵领袖与他"讲真话"、建立清廉肃贪形象等，这与马哈蒂尔·穆罕默德的强人作风迥异，舆论普遍赞颂，也掀起了"新首相效应"，整体形势有利于国阵。反观当时的反对阵营，三党各自竞选，公正党更在此次大选中，仅保住旺阿兹莎的峇东埔（Permatang Pauh）国席。阿都拉巴达维上任之初，④ 三党当时仍未形成联盟。

第11届马来西亚国会解散后，第12届全国大选投票日定在2008年3月8日，史称"308大选"。当时的国内外政治经济形势皆处于不稳定状

---

① 关于这方面的研究分析，可参考 Mohamad Abu Bakar, "Islam, Civil Society, and Ethnic Relations in Malaysia", Mitsuo, Nakamura, Sharon Siddique and Omar Farouk Bajunid (eds.), *Islam, Civil Society in Southeast Asia*, Singapore: Institute of Southeast Asian Studies, 2001。

② 关于马哈蒂尔·穆罕默德（Mahathir Mohamad）时代的政治相关研究论著颇多，可参阅 Khoo Boo Teik, *Paradoxes of Mahathirism: An Intellectual Biography of Mahathir Mohamad*, Kuala Lumpur; New York: Oxford University Press, 1995; John Hilley, *Malaysia: Mahathirism, Hegemony and the New Opposition*, London; New York: Zed Books, 2001; Barry Wain, *Malaysian Maverick: Mahathir Mohamad in Turbulent Times*, Basingstoke England; New York: Palgrave Macmillan, 2009 等学术论述，从民族主义、政党政治、国家政治、对外关系、马哈蒂尔·穆罕默德个人思想、管理手腕等范畴探析，范围相当广泛。

③ 关于阿都拉时期的论述，可参考 Ooi Kee Beng, *Era of Transition: Malaysia after Mahathir*, Singapore: Institute of Southeast Asian Studies, 2006; Ooi Kee Beng, *Lost in Transition: Malaysia under Abdullah*, Petaling Jaya: Strategic Information and Research Development Centre; Singapore: Institute of Southeast Asian Studies; 2008。书中收集了时评分析后马哈蒂尔·穆罕默德时期，阿都拉巴达维面对马哈蒂尔·穆罕默德留下的问题、巫统、国家、伊斯兰及全球化课题等挑战的相关评论。

④ 关于阿都拉巴达维（Abdullah Badawi）上任后的执政期间的论述，可参考 Bridget Welsh, James U. H. Chin (ed.), *Awakening: the Abdullah Badawi Years in Malaysia*, Petaling Jaya: Strategic Information and Research Development Centre, 2013; Bridget Welsh, "Malaysia in 2004: Out of Mahathir's Shadow?" *Asian Survey*, Vol. 45, No. 1, 2005, pp. 153–160。

态，民众对阿都拉政权反贪不力、改革无效深感不满，加上生活成本不断提高，种族主义叫嚣，尤其是华、印皆对国阵政府高度不满。1998年"烈火莫熄"运动后，年青一代开始积极参与公民社会运动，2006年正式成立的"干净与公平选举联盟"（即"净选盟"，Bersih），更为政治海啸的"308大选"提供了助力和条件。当时，反对阵线提出"公正""民主""净选"等价值，凝聚了社会运动力量，与国阵政府当时衍生的"种族政治"及族群不公形成了强烈对比。

第12届"308大选"毫无疑问是马来西亚政治整体格局重大的分水岭。"308大选"所掀起的海啸，国阵失去过去长期在国会拥有三分之二绝对大多数议席的优势，政权显著削弱，尽管依靠巫统78个国会议席及国阵在东马沙巴与砂拉越国阵各成员党的战绩，保住222个国席中的140个国席，仍能保有中央执政权，这也意味着反对阵营首次夺得三分一以上的国会议席，否决了国阵的绝对三分之二的绝大多数。此次选举，反对党意外首次拥有82席，① 两线制俨然形成，政权轮替的希望浮现。因此，反对党选后迅速组成人民联盟（简称民联），取得槟城、吉打、雪兰莪、吉兰丹州政权，在4州联合执政，政治版图首次出现变动。② 观察国阵成员党中的马华公会，仅赢得15国席和31州席；印度国大党，从过去中选9个国会议席，减了三分之二，只剩3席。至于在20世纪60年代末崛起的华基多元种族的民政党仅剩2国4州，并首次在槟城全军覆没，印基多元种族的进步党更是未获一席。

第三节　后"308大选"：政党政治的新气象（2008年至今）

"308大选"不仅是马来西亚政治板块的重新洗牌，也使得马来西亚人从原本的政治冷感产生出对政治的认知。这一阶段转折迅速、影响深远，开创了全新的政治格局，打破了国阵长期稳定执政的常态，为"505

---

① 人民公正党：31席；伊斯兰党：23席；行动党：28席。选后有6人叛党，导致民联最终只剩下76席。

② 选后的政治变化促使霹雳州政权回归国阵。

大选"进一步扩大政治的力量打下了基础。人民联盟在 2013 年的大选中,以"改朝换代"(Ubah)为口号及竞选主轴,此时的反对阵营也展现出跨族群政治的新风貌。① 然而,若仔细看这两场大选中在选区竞选的政党,显然还是笼罩在马来西亚政党体系中的族群本质,反对派阵营在选举中竞选的席位,也与国阵模式相同,针对族群进行分工,基本上还是以马来人为基础政党、马来人为主导。

2013 年 5 月 5 日的第 13 届全国大选后,国阵依旧赢得 133 个国会议席,继续执政中央,但从伊斯兰党手中重夺吉打州政权。至于反对党阵线民联则获得 89 个国会议席,拥有雪兰莪、槟城及吉兰丹州政权。2013 年的"505 大选",必须提的是,华人社会掀起强烈的反风,国阵在华裔选票上再度遭受挫败,也因此被喻为一场"华人海啸"。据估算,华人选票近九成投向了当时的民联阵线,马华的席位在此冲击下再度折半,仅剩 7 国 11 州,而印度国大党则增加 1 席,巫统则是增加了 10 席。在此届大选竞选期间,民联盟党之一的伊斯兰党在选举期间已强调绝不放弃成立神权"伊斯兰国"和落实伊斯兰刑事法的目标。一旦民联执政,他们将修改宪法和改变国体,为民联的瓦解埋下了伏笔,足见民联三党在部分议题上仍未达成共识。不可否认的是,在野党多年来是临时拼凑的权宜性政治联盟,并未有核心价值。

2015 年,伊斯兰党宣布,将向国会提呈一项私人法案,以寻求在吉兰丹州落实伊斯兰刑事法。伊刑法的落实,长远而言,势必破坏马来西亚世俗多元的国家体制,引发巨大的宪政危机,影响国家立国之本与多元文化社会与各族的长远权益。② 在社会各界的强力施压之下,伊斯兰党稍后

---

① 邝健铭认为民联在 2015 年之前较为强调淡化族群差异,与强调"马来人至上"的巫统形成鲜明反差,使两线制进一步形成,马来西亚的政治竞争因而变得更成熟健康。详见邝健铭编《变天之后:马来西亚民主进程的悬念》,季风带文化有限公司 2019 年版,第 15 页。

② 这项法案固然引发许多的辩论,但让非马来人担心的是,一旦有关法案在国会获得通过,将为伊斯兰党未来寻求修改联邦宪法,在全国推动落实伊斯兰刑事法打开大门。较为引发关注的是,司法体制将出现两套并行刑事法制度的情况。现今,也因为并存的法制,在穆斯林和非穆斯林中也有许多争端,此举无疑将引发社会往后更复杂、更严重的分歧和争议,对反对此方案的阵营而言,这是国家宪政大危机。民联因此而瓦解,执政党内的马华公会、民政党、人联党和沙巴自民党等非马来土著国阵成员党,召开联合记者会并发表共同声明,齐声反对伊斯兰党欲向国会提呈寻求在吉兰丹州落实伊斯兰刑事法的私人法案,并强调捍卫国家立国之本与多元性,维护各族权益,尊重宪法精神,不但是各成员党的理念,更是各成员党坚守的底线。因此,朝野之间、私人法案、族群、宗教间的对立与争议,也不断涌现。

宣布延迟向国会提呈伊刑法私人法案的举措。

伊斯兰刑事法的提出是"505大选"后的一个重要转折点。2015年6月，民联因伊斯兰党在吉兰丹州议决落实伊刑法（hudud law）而决裂，民主行动党与伊斯兰党因伊斯兰刑事法的提出而断交，虽然仍在部分州属联合执政，但民联主导者人民公正党宣布民联正式瓦解。在反对阵营中，民联的分裂继而导致伊斯兰党内的开明派出走另设国家诚信党（National Trust Party／Parti Amanah Negara）。同年9月，人民公正党、民主行动党及国家诚信党另设反对党联盟，并称"希望联盟"（HARAPAN，简称希盟）。

另一方面，国阵成员党巫统内部也因为一马公司事件（1MDB）而分裂，马哈蒂尔·穆罕默德与被开除党籍的时任副首相穆希丁（Mahiaddin bin Md Yasin，熟知为 Muhyiddin bin Mohd. Yassin），于2016年9月成立土著团结党（Malaysian United Indigenous Party／Parti Pribumi Bersatu Malaysia），[1] 并在次年3月加入希盟，共同备战第14届全国大选。政坛势力再次出现大变动，朝野政党均出现分裂内斗，政党组合在短短三年内一再重组，也产生了新的政治联盟。

2018年5月9日，备受国内外瞩目的马来西亚第14届全国大选（"509大选"）依法举行，反对阵营以"希望联盟"参与大选，并共同推举退位已经15年的前首相马哈蒂尔·穆罕默德为首相人选。希盟在掌握足够席位组织政府后，马哈蒂尔·穆罕默德率领希盟领袖宣布胜选。马来西亚历经61年，终于实现政权轮替，国阵失去61年的统治权，历史性第一次成为在野党。[2]

2018年的"政党轮替"，除去贪污、消费税等民生议题激起的民怨因

---

[1] 土著团结党开放党籍予所有马来西亚土著，非土著亦可加入该党，唯在大会中没有投票权，亦不能担任高职。

[2] 关于"509大选"的研究专著，可参考 Francis Kok-Wah Loh and Anil Netto, *Regime Change in Malaysia：GE14 and the End of UMNO-BN's 60-year Rule*, Petaling Jaya：Strategic Information and Research Development Centre, 2018；Francis E. Hutchinson and Lee Hwok Aun（eds.）, *The Defeat of Barisan Nasional：Missed Signs or Late Surge?* Singapore：ISEAS Publishing, 2019；Meredith Leigh Weiss and Mohd. Faisal Syam Abdol Hazis, *Towards a New Malaysia?：The 2018 Election and Its Aftermath*, Singapore：NUS Press, 2020；Edmund Terence Gomez and Mohamed Nawab Mohamed Osman（eds.）, *Malaysia's 14th General Election and UMNO's Fall：Intra-Elite Feuding in the Pursuit of Power*, New York：Routledge, 2019。

素，若深层探究，从"308 大选"（第 12 届全国大选）之后至"509 大选"（第 14 届全国大选）结果来看，非马来人投票倾向所展示的正是有学者在 1969 年所发出的警示——"在着重发展改善马来人经济地位的同时，存在着华、印感受被忽视或歧视的危机。同样应当注意的是，在马来人实现他们的政治愿景的同时，也迫切需要实现非巫裔的政治愿景"。[①]观察马来人选票的倾向不难发现，希盟、国阵等以马来人为基础的政党，仍然在与伊斯兰党竞争马来人选票。由此可见，即便在我们看到了"政党轮替"，但是实际上政治运作的本质依然没有太大的差异，只是政党组合的一再重组。

无可否认，"509 大选"打破了马来西亚政治的长期困顿，开创了政治新局面，实现了政党轮替，创造了"新马来西亚"。然而，吊诡的是，引发"烈火莫熄"社会运动的马哈蒂尔·穆罕默德，最终与斗争多年、带着改革议程的反对阵营共同开启了历史性的政党轮替及民主进程。若观察希盟政党内部的盟党，亦是巫统分裂后衍生的政党，尤其是土著团结党，为希盟解体埋下了许多可能性。

希盟在 2020 年 2 月分裂，执政不足 22 个月便宣告瓦解。希盟内部争执早见端倪，马哈蒂尔卸任由安瓦尔接任的两年首相任期约定变得遥遥无期。人民公正党内部也出现分裂，在许多族群议题上，族群之间对于国家平等、教育、语言等课题上更见歧见。新马来西亚究竟还是没能出现新马来西亚人民的国族意识，原本因反贪腐、反国阵而被淡化的族群、阶级、宗教分歧再次浮上台面。在全球皆面对新型冠状病毒危机之际，希盟内部原本的分歧也因没有共同的核心价值，而导致马来西亚政局逐步出现危机。

2 月 21 日始，从希盟会长理事会商讨马哈蒂尔·穆罕默德交棒、喜来登行动，再到马哈蒂尔·穆罕默德无预警请辞，其领导的土团党宣布退出希盟，人民公正党的少数议员亦出走，希盟因此在国会下议院失去绝大多数优势。国家最高元首苏丹阿都拉陛下（Sultan Abdullah Sultan Ahmad Shah）为暂时稳住政局，既接受马哈蒂尔·穆罕默德（Mahathir Moham-

---

[①] Peter Wicks, "The New Realism: Malaysia since 13 May, 1969", *The Australian Quarterly*, Vol. 43, No. 4, Dec., 1971, p. 27.

ad）请辞，也根据《联邦宪法》第 43（2）（a）条文，委任其担任过渡首相。同时，也发表声明表示接受马哈蒂尔·穆罕默德的建议，根据《联邦宪法》第 43（5）条文撤销内阁部长的任命，即所有内阁成员及行政人员同日终结，这是内阁在历史上首次在大选以外解散，这是马来西亚政局前所未有的局势。短短数天，政局变动极速，希盟成员党、民主行动党、公正党与诚信党从支持马哈蒂尔·穆罕默德、支持安瓦尔·易卜拉欣，再转而支持马哈蒂尔·穆罕默德，一再让人雾里看花。纵使政府机构得以如常运作，但希盟其他成员党无法达到 112 个议席的基本门槛，情况未见明朗，任何一方在国会皆未能达到简单大多数以执政。

在此政治危机下，国家元首苏丹阿都拉最终宣布委任穆希丁（Mahiaddin bin Md Yasin，熟知为 Muhyiddin bin Mohd. Yassin）为首相，因其获得国阵、伊斯兰党、沙巴进步党、沙巴立新党、砂拉越政党联盟及土著团结党支持，国民联盟（英/马：National Alliance/ Perikatan Nasional，简称 PN）也在此基础上成立。2021 年 2 月，退出国阵的民政党也正式加入国民联盟。成立新政府的国民联盟，其内阁成员的分布，相当程度上还是按照族群及国阵时期的职权分配。处于不稳定的政治局势，再加上新型冠状病毒肆虐的冲击，即将举行的第 15 届全国大选仍然没有明朗的局势变化。

经历第 14 届全国大选后，马来西亚呈现新气象，新马来西亚似乎已迈入民主转型。2008 年至 2018 年，可以说是马来西亚政治领域上变革最大的 10 年，反对阵营民联崛起、再瓦解，新反对联盟希盟再度成立并顺利成为执政党。国阵在经历 60 年的稳固政权后，历史性地第一次成为在野党。然而，仅仅短短的 22 个月，作为执政政府的希盟不仅内部分裂，更导致执政政府及内阁解散。

"509 大选"终结了国阵将近 61 年的政权，联邦政府首次政党轮替。表面上，我们的确看到了国阵倒台，但是，实质上，若细看组成的政党领导与成员，土团党基本上是巫统分裂的党派，领导希盟的内定首相人选则是在位 22 年、奉行种族主义及霸权统治的马哈蒂尔·穆罕默德。从政治发展的实质意义上看，若深究 2018 年的政治变化，是实质的政权和政党轮替，抑或只是政党重组再出发，此有待学者进行全面和深度的分析。

观察马来西亚的政治实质，无法忽视的是族群和伊斯兰党已经成了当前政治的主要核心。第 14 届全国大选中伊斯兰党的单独竞选，是马来选票分散的关键原因之一，这是值得关注的选票动向。而其在此大选中发挥的作用，值得进一步探讨，尤其在马来群体当中，伊斯兰党在当前的局势下，变成了不可忽视的一股力量，左右着未来的政治局势。从政局变动的整体结构来看，在近 10 年的主流政治和近几届大选中，伊斯兰党已经成为关键政党。

虽然马来西亚一直强调跨族群、跨宗教合作，但是，族群、宗教、阶级，纵然次序比重与过往有别，但依然是马来西亚政治无法回避的问题根源。在各族缺乏对国家未来共同的大愿景下，马来西亚的联盟政治，各政党都倾向于争取能够在当前给予最大利益的政党的合作和支持，而非以国家的未来大愿景作为主要考量。

马来西亚民主化进程的当前困境，是否能抛开以族群为主导的政治，关注更深层的、各族群本身的意识形态，正如《想象的共同体》① 所提到的，国族的建立，各个族群对于国家、国族的想象，能否先有统一的意识，或许才是马来西亚民主化进程最基础的必修课。

---

① ［美］Benedict Anderson：《想像的共同体：民族主义的起源与散布》，吴叡人译，时报出版社 2010 年版。

第六章　种族社群主义和多元文化融合

马来西亚是一个多元种族的社会，全国共有三十多个民族，以马来人、华人、印度人三大种族为主。其中，马来人占马来西亚总人口的69.6%，华人占22.6%，印度人占6.8%，其他种族占1.0%。① 马来人、华人、印度人均保留着自己的种族文化，三大种族在传统服饰、日常饮食、节日庆典、建筑风格、语言文字等方面均不相同。不同的种族文化在长久的族群共处过程中不断交流与融合，塑造着马来西亚的国家文化。社群主义强调个人与群体之间的联系，种族社群主义指出，人类以族群为单位共同生活，人类关系很大程度上由不同种族关系塑造，这种人性观念影响着社会的道德文化、政治判断、政策和制度的制定。② 马来西亚三大种族共处的社会现状在一定程度上左右着马来西亚的政治选举、经济活动以及文化教育，塑造着马来西亚的社会形态。

第一节　多族群共处的社会形态

马来人在马来半岛定居已有5000年历史，随着19世纪后半期英国殖民者开发马来半岛引入大批华工和印度工人，大量华人和印度人开始在马来西亚各地定居，逐渐成为当地第二、第三大种族，由此形成马来西亚三大种族共处的局面。③ 20世纪日本殖民时期，马来西亚三大种族联合反抗日本的殖民统治，于1957年赢得了多民族的马来亚联合邦的独立，之后

---

① 马来西亚统计局：《2020年马来西亚人口族群构成数据》，https://www.dosm.gov.my/v1/index.php?r=column/pdfPrev&id=OVByWjg5YkQ3MWFZRTN5bDJiaEVhZz09。
② 斯坦福哲学百科全书，https://plato.stanford.edu/entries/communitarianism/。
③ 唐慧、龚晓辉：《马来西亚文化概论》，世界图书出版公司2015年版，第33—34页。

于 1965 年迎来马来西亚建国。马来西亚建国以来，在以三大种族为主要力量的政党的领导下，经济取得了平稳较快发展。三大种族共同书写了马来西亚的历史，马来西亚的政治制度、经济活动以及文化教育均呈现明显的种族特色。

一 马来西亚的种族政党政治

马来西亚政党政治受到英国殖民统治的影响，由马来西亚特殊的历史、文化与国情所决定。马来西亚政党政治的突出特点是以单一族群政党为基础，以政党联盟的形式参与议会竞争和分享国家权力。在马来西亚这样一个多元种族和多元文化的社会，再加上殖民统治的历史传统，政党的种族基础有着深刻的历史、文化和经济的根源。英国的殖民统治给马来西亚留下了一套西方式的民主政体，同时也留下了一个种族分裂的社会。在这种分裂的社会基础之上，民主政体显然无法稳固地存在，民族观念超越了阶级和其他一切政治观念。因此，民族利益成了政治活动至高无上的原则，建立一个模糊种族界限、淡化种族偏见、代表各民族利益的政党以促进民族融合变得不现实。而由代表各族群利益的政党组成联盟，实现各族群利益的平衡，确保社会稳定和发展，符合马来西亚社会发展的需要。

马来西亚历史上也曾出现过多种族政党的尝试。巫统早期领导人拿督翁惹化曾设想成立一个代表所有民族利益的政党和政府，以模糊种族界限，淡化种族偏见，达到民族融合的目的。1946 年，拿督翁惹化当选巫统主席后，主张将巫统改造成一个代表各民族利益的全国性政党，将巫统的名称由"马来民族统一机构"改为"马来亚人民统一机构"。由于马来人的强烈反对，拿督翁惹化于 1951 年辞职离开巫统，并在同年 9 月创立独立党。由于竞选失败，1953 年拿督翁惹化解散独立党，于 1954 年另设国家党。国家党最后也宣告失败。在 1969 年"5·13 种族冲突事件"以后，为了应对华人对马来人的挑战，长期作为巫统反对党的伊斯兰教党也加入了巫统主导的国民阵线，这些都充分说明了政党政治中族群利益高于一切的事实。[①]

族群政治是马来西亚政党政治的基础。马来西亚的政党都建立在族群

---

① 方盛举：《马来西亚政党政治浅析》，《思想战线》1998 年第 9 期。

基础上，族群利益向来是历届大选的重要议题。大选期间，各族群通过各自的政党表达自己的不满和利益诉求。马来西亚选举局数据显示，目前马来西亚注册在案的政党共有 55 个。① 同一族群的不同政党的差别只在于各自代表了本族群激进或保守派的利益而已，例如巫统与伊斯兰教党都是马来人族群利益的忠实代表者，只是在对待伊斯兰教问题上产生了激进与保守的区别，在与其他政党的竞争中，本族群的利益高于一切。②

虽然马来西亚各个种族均有自己的政党代表自己的利益，但是在马来西亚的族群政治中，权力分配是不均衡的，国家主要权力掌握在马来人的手中。马来西亚是唯一一个将种族保护列入宪法的国家，马来西亚宪法第 153 条赋予马来西亚总理保护马来人和其他土著特权的责任，在政治上即表现为，国家元首、政府总理以及主要的内阁职位均由马来人担任，同时，政府公务员实行严格的"配额制"（即"固打制"）。政治方面严格的限制使华人和印度人在马来西亚政坛发展困难重重，马来西亚华人族群和印度族群的政治地位被严重地边缘化。

马来西亚的华人族群最早的政治参与度很高。马来西亚华人拥有极强的民族意识和当地意识，战后华人领袖就积极鼓励华人加入当地国籍争取公民权，号召华人效忠马来西亚，以谋求政治权利来维护本民族的正当权益，也保障自己能在这片国土上生存和发展。③ 除了极强的民族意识和本地意识，马来西亚华人族群对最初马来西亚的国家经济发展也贡献了重要力量，经济上的重要成就使华人最开始在政坛也拥有了一席之地。但是，马来西亚中产阶级和上层阶级的增长改变了商界精英和政治领导人之间的关系，特别是政治领导人现在不再依赖华商企业的政治资金，华人族群的政治地位一直下降，华人对政治选举的参与度也大大降低。此外，执政联盟的持续成功连任、马来族群政治权力的不断强化，也降低了华人族群对于选举的作用。这些条件定义了华人在马来西亚的政治边缘化角色。④ 近

---

① 马来西亚选举局，https://www.spr.gov.my/。
② 郭伟伟、徐晓全：《马来西亚政党政治的特点与趋势展望》，《国外理论动态》2013 年第 11 期。
③ 许国栋：《论马来西亚华人政治》，《华侨华人历史研究》1995 年第 1 期。
④ Wendy K., Tam CHO, "Book Review: Political Participation and Ethnic Minorities: Chinese Overseas in Malaysia, Indonesia, and the United States", *Journal of Social Issues in Southeast Asia*, Vol. 18, No. 1, 2003, pp. 164 - 167.

年来，华人族群内部纷争不断，不同华人政党相互竞争更使华人族群的政治力量愈加分散。

马来西亚的印度族群与具有资本积累历史优势的马来西亚华人族群不同，他们长期局限于种植园经济，没有经历过相同的社会阶级分化。随着越来越多的工人为了寻找更好的机会而流向城市地区，种植园劳动力迅速外流，大量印度裔劳工涌入城市，由于社区领导以及教育的缺失，许多犯罪行为在印度族群中发生。[1] 经济力量的薄弱以及族群的不良声誉决定了印度族群的政治边缘化地位。马来西亚的印度族群成立自己的政党来代表自己的利益，其中印度国民大会党（Malaysian Indian Congress）是最大的印度人政党，但是该政党内部的很多问题导致其他印度政党纷纷成立，包括印度进步党（IPF）、人民进步党（PPP）和其他少数党派。印度族群政党内部的不团结更削弱了族群在马来西亚政坛的力量。[2]

随着 2018 年一直执政的国民阵线的垮台，马来人政党巫统一党独大的局面得到改善。现在，在马来西亚的政坛竞争中，各个政党越来越需要华人、印度人以及原住民的投票支持来稳固势力。因此，近年来各少数族群的利益在政坛争夺中愈发得到关注，虽然依然无法动摇马来人的政治特权。

二　马来西亚各族群经济活动

马来西亚各族群在财富积累上存在巨大差距，其中，华人掌握大量的经济资源。马来西亚华人曾经主导策略性工商业活动，虽然面临着种族比例逐渐下降的窘境，华人在很大程度上仍然主导着中小企业的生产和商业活动。华人拥有马来西亚 70% 的中小企业，涉及制造业、金融、建筑业和服务业等，囊括国计民生。1970 年，马来人几乎占了马来西亚国家人口的 50%，拥有国家财富却不到 3%。根据 1970 年的户口普查，马来人的贫困率高达 64.8%，比华人的 26% 高得多。当时马来人家庭的月均收入仅 172 林吉特，低于贫困线的 200 林吉特，比华人家庭少了 222 林吉

---

[1] Ramasamy, "Politics of Indian Representation in Malaysia", *Economic and Political Weekly*, Vol. 36, No. 45, 2001, pp. 4312–4318.

[2] Leela Vathi Annatury, Fuad Othman, Kazi Fahmida Farzana, "Indian Political Parties in Malaysia: The Issues and Challenges", *Journal of Governance and Development*, Vol. 14. Issu 1, 2018.

特。主要族裔在经济中所占的份额的不平等现象使马来西亚社会出现不稳定状况。不少马来知识分子就因目睹非马来人（主要为华人）之处境优越，而产生对非马来人之恐惧，触发排华运动。经济利益博弈由此经常成为引发族群矛盾的重要导火索，并被认为是"5·13事件"发生的重要原因之一。"5·13事件"后，政府为了保护马来人的经济权益相继出台了众多政策，马来人在政府经济政策的大力扶持下，经济迅速发展。①

1971年5月，政府开始实施新经济政策，目标是在20年内提升马来人的经济能力，并使马来土著占有30%的全国资本，缩短族群之间的经济差距并确保马来社区在所有职业群体中都有代表。② 新经济政策在缩小种族经济差距方面取得显著成效。其中，土著教育配额政策帮助建立了一个繁荣的马来专业中产阶级，会计、法律和工程等领域的大量马来人专家就是证明。当代马来人社区在所有职业中也都有了很好的代表，例如，律师行业超过40%的律师是马来人；近50%的医生是马来人，而在新经济政策实施前，该比例不到10%。③ 新经济政策实施以来，马来西亚政府已向马来社区注入了数十亿美元的直接补贴，目的是创建一个具有竞争性的马来人社区，即土著商业和工业社区（BCIC）。20世纪90年代中期，在证券交易所上市的大型马来西亚独资公司必须将其30%的股份出售给政府批准的马来股东，这项政策使马来人在股票市场中的份额增加到30%以上。虽然这项政策没有从根本上提高马来社区的商业竞争力，但是在一定程度上改善了马来社区的经济地位，也创造了与政治紧密相连的马来商人精英阶层。④ 至新经济政策结束时，马来人所持有的有限公司的股权从1970年的2.4%提升到1990年的19.3%，而同期的印度人族群持有的股权则由1970年的1.1%下降至1990年的1.0%。新经济政策的后果在若干年后仍在发酵，1999—2002年间，印度人族群的贫困率保持在1.9%，而同期的马来族群贫困率则从10.2%下降至7.3%，华人族群则从2.6%

---

① 廖小健：《马来西亚维持族群和谐的经济与教育因素》，《华侨华人历史研究》2009年第2期。

② James Chin, "'New' Malaysia: Four Key Challenges in the Near Term", Lowy Institute for International Policy, 2019.

③ Rahimah Abdul Aziz, "New Economic Policy and the Malaysian Multiethnic Middle Class", Asian Ethnicity, Vol. 13, Issue 1, 2012, pp. 29 – 46.

④ "Race in Malaysia: Failing to Spread the Wealth", The Economist, August 25, 2005.

下降到了 1.5%。超过 30% 的印度人没有自己的房子，而与此相对应的马来人和华人则只有 25.2% 和 17.6%。①

1981 年，马哈蒂尔出任总理后，主持、推动多项国家建设与发展计划，包括整顿吏治，推行重工业政策、"东望"政策、"2020 年宏愿"等，力图将工业化、现代化作为国家建设的中心。在经济方面，政府所推行的"大地之子"政策，原则上区分了马来人与非马来人。在政策支持下，前者在社会重建中能够获取更多的政治权力与经济资源。在此过程中，马来人中产阶级成为最大受益者，而族群的意识形态亦不断强化。②

随着新经济政策和马哈蒂尔政府多项保护马来人权益政策的实施，马来人的经济地位得到大幅提高。至 21 世纪初，种族间收入不平等局面得以大大改善。随着马来西亚族群收入差距不平等现象的改善，马来西亚越来越重视国家而不是群体间的不平等，越来越关注低收入家庭和性别差异。近年来，尤其关注 40% 最贫穷的家庭（B40），并以此为出发点制定相应政策，实现更具包容性的经济增长，通过解决就业机会和发展方面的性别差距，人们也更加关注国家的不平等。③

三　马来西亚教育体系的种族特色

马来西亚政府公立的小学和中学，皆为免费教育，但只有小学实行义务教育。马来西亚小学教育特殊之处，是根据授课语言分为两个类别，一是以马来文教学的国民小学，二是用母语授课的国民型小学。国民型小学有两种，即华文授课的国民型华文小学，以及泰米尔文授课的国民型泰米尔小学（亦称淡米尔小学或"淡小"）。所有语言源流的小学，都必修马来文和英文。至于其他非语言类的学科，如历史、地理、科学、算术，所有小学采取统一课程，但按不同语言授课，使用不同语言编写的教科书。此安排既可塑造国民意识，在课程上也方便与国民中学衔接。在小学的一年级至三年级，称为第一阶段学程，四年级至六年级是第二阶段学程。小

---

① 罗圣荣：《马来西亚的族群边界与少数族群的认同——以印度人穆斯林为例》，《南洋问题研究》2014 年第 1 期。
② 段颖：《马来西亚的多元文化、国家建设与族群政治》，《思想战线》2017 年第 5 期。
③ Hwok-Aun Lee, Christopher Choong, "Inequality in Malaysia", *Journal of Southeast Asian Economies*, Vol. 36, No. 3, 2019.

学六年级结束时，学生要参加全国统一的公共评估考试（UPSR），然后自动升至中学。考试科目分为马来文、英文、数学和科学。在华文小学和泰米尔小学，分别还有母语的考科。① 国民型华文小学和泰米尔小学学生需要根据 UPSR 成绩，决定是否进入预备班修读一年，才正式开始中学课程。因此，国民型小学的学生一般 7 年才能完成小学教育。马来西亚东方网 2020 年 11 月 18 日报道，在过去 3 年，华小及淡小每年约有 12000 人或 13000 人因 UPSR 的国文科（马来语）成绩不达标，而需要就读中学预备班，无法直升初中。在 2018 年，3.45% 即 13651 名华小及淡小六年级学生需要就读中学预科班，而 2019 年为 3.24% 即 12272 人，2020 年开学年则有 3.27% 即 13099 人。②

国民小学的经费由政府财政全额支持，不设董事部。但国民型华文小学和泰米尔小学，政府只是资助行政开销，如运作费用、师资薪金和培训，这类学校的校产属社区和民间所有，设有董事部托管，通常发展开销需要由董事部筹措。马来西亚华校董事联合会总会（简称"董总"）华小董事部在办校方面贡献卓著，泰米尔小学过去少有董事部，但受华校模式启发，近年也陆续筹设董事部。在中学阶段，公立体制不再允许母语学校，一律是以马来文授课的国民中学。因此，受国家资助的母语教学只施行到小学阶段。

公立小学允许三种不同语系的学校并存，是马来西亚文化多元下政治妥协的结果。其实各语言源流的小学都向所有国民开放，并非为单一族群服务。据马来西亚《星报》2020 年 11 月 11 日报道，目前马来西亚有 1200 多所华文小学和 523 所泰米尔小学。马来西亚教育部长莫哈末拉兹吉丁表示，与过去 10 年相比，更多马来人选择到当地华文学校就读。2020 年，马来学生占华文小学学生总数的 15.33%，而 2010 年这一比例为 9.5%。同时，华小中印度裔学生占比也升至 2.75%，10 年前为 1.67%。马来西亚其他族裔的华小入学率也从 2010 年的 1.02% 升至 2020 年的 1.67%。③

---

① 潘永强：《臃肿、功利、集权化：压力下的小学教育》，大将出版社 2019 年版，第 9—11 页。
② 《东方日报》，https://www.orientaldaily.com.my/news/nation/2020/11/18/376078。
③ 董总：《2019 年工作报告书》，http://www.dongzong.org.my/ebook/2019report/mobile/index.html。

中学教育方面，公立体制教育制度只设立国民中学。国民中学以马来语为教学媒介语，英语作为所有学校必备的第二外语。泰米尔小学和华文小学学生进入国民中学就读时，必须适应教学媒介语上的转变。① 根据《1961年教育法令》，国民型华文小学可以接受政府改制，成为主要供华族子弟就读的国民型华文中学。《1996年教育法令》不承认"国民型中学"的存在，所有政府资源学校统称为国民中学。但是，马来西亚华社不认同将国民型中学称为"国中"，希望将国民型中学统称为"华中"，加以区别两种不同的政府资源学校。虽然"华中"属于政府资源学校，教学方面也跟随教育部的办学方针，但许多层面还是有别于"国中"，特别是"华中"校内仍保留着浓厚的中华色彩，除了学生以华裔占绝大部分之外，"华中"每周拥有至少5节华文课，有别于国民中学，"华中"校内也大量推动具有中华文化色彩的活动。但随着时间流逝，不少国民型中学的中华色彩越见退落，使不少的新一代国人，在形式上难以分辨国民型中学及国民中学的差异。2006年成立了马来西亚国民型华文中学发展理事会，旨在推动国民型中学发展，挽回华中的中华色彩。②

未接受改制而不能获得政府资助的华文学校，则成为私立华文独立中学。华文独中以华语为教学媒介语，没有政府任何资助，为民办的教育体制，学生除了要自行缴付学费，全校上下也需时常对外募捐筹款，以维持学校的日常开销。此外，一些独中也采取新颖的集资措施，如与银行、商业机构合作，通过互惠互利的方式筹取持续性的发展基金。马来西亚华校董事联合会总会（简称"董总"）于1973年成立董教总全国发展华文独立中学运动工作委员会，简称"董教总华文独中工委会"，推动华文独中的发展。董教总华文独中工委会设立了各个工作单位，负责编纂统一课本，主办统一考试，推动教师培训、技职教育，学生升学辅导、学生活动、奖贷学金等工作。③

目前，马来西亚华文独立中学共有60所，由于各独中的规模与发展与各校所处的地理环境、人口结构，历史背景及董事会的办学理念和管理

---

① 唐慧、龚晓辉：《马来西亚文化概论》，世界图书出版公司2015年版，第202—203页。
② 《国民型中学发展和演变》，《东方日报》2016年6月20日，https://www.orientaldaily.com.my/news/maidong/2016/06/20/146801。
③ 董教总华文独中工委会简介，https://www.dongzong.my/v3/about-us/micss/micss。

方式的不同，学校规模从全校学生人数 9000 人的到全校人数不达 100 人的都有。

马来西亚公共中学教育为五年，分为三年初中（学生年龄 13—15 岁）和两年高中（学生年龄 16—17 岁）。在初中三年级结束之前，学生必须参与初中评估考试（Penilaian Menengah Rendah/PMR）。根据考试成绩，学生将被分配到理科组、人文组或者技术职业组。在中学五年级结束之前，学生必须参加马来西亚教育文凭考试（Sijil Pelajaran Malaysia/SPM）。若要进一步升读马来西亚国内大学，必须再修读两年大学先修班，考取马来西亚高等教育文凭（STPM）。[1]

华文独中除了以华文教学之外，还拥有本身特有的考试机制。一般来讲，独中学生被允许参与政府考试如马来西亚教育文凭考试（SPM）等，另外也必须参与高初中独中统一考试（UEC），简称"统考"。此外，独中也采用了有别于国民中学五年制的教学年限，华文独立中学的学生需接受三年初中和三年高中教育，必须完成六年的中学课程方可正式毕业。华文独中的高中统考文凭（UEC）被国际上许多高等教育机构如新加坡、澳大利亚、中国台湾、中国大陆及一些欧洲国家承认为大学的入学资格，与大马高等教育文凭（STPM）及 A 水平（A-Level），可视为同级的文凭。但统考文凭不被马来西亚政府承认为进入马来西亚公立大学的入学资格，只有大部分的私立学院承认它。1979 年以来，董总和华人政党就一直努力推动统考文凭受承认，但是目前只有沙巴、砂拉越、槟城、雪兰莪和马六甲五个州属对独中统考文凭予以承认，符合条件的统考文凭持有者可以报读州属公立大专和进入州公共服务局担任公务员，[2] 马来西亚国家公立大学仍不承认统考文凭作为其入学资格标准。统考文凭议题始终为马来西亚政治大选中的热门议题，很大程度上左右着马来西亚华社的选票。

马来西亚的多元种族现状使国家的教育体系呈现多元化的特点，但是，"马来人至上"的政策氛围造成了各种族教育资源不平衡的状况。特别是 20 世纪 70 年代以来实行以族群人口比例作为国立大学收生依据的

---

[1] 唐慧、龚晓辉：《马来西亚文化概论》，世界图书出版公司 2015 年版，第 202—203 页。
[2] 《沙巴承认统考文凭的意义》，《星洲日报》2019 年 9 月 30 日，https：//www. sinchew. com. my/content/content_ 2123482. html。

"固打制",使得马来人接受高等教育的比例迅速提高。1979 年国立大学对招生"固打"作了调整,即 55% 学额分配给土著,45% 分配给非土著,但实际录取学生人数中,马来人的比例远远超过 55%。统计数据显示,在 20 岁左右接受高中以上教育的族别人口比例中,马来人的比例最高,从 1991 年的 10.3% 增长到 2000 年 17.3%,不仅高于同期全国平均比例的 8.9% 和 16.0%,也高于华人 9.0%、16.5% 和印度人 7.6%、13.0% 的比例。[①] 教育不公平的现状是引起种族冲突的重要因素之一。

马来西亚的政党政治、经济政策以及教育现状均呈现明显的种族特色。一方面,三大种族在马来西亚国家政治、经济、教育等方面均扮演着重要角色;另一方面,"马来人至上"的政策环境又造成种族间的利益不平衡,易引发种族矛盾,为马来西亚种族和谐共处的局面带来挑战。随着近年来马来西亚国内政坛竞争越发激烈,华人印度人等少数族裔的选票成了各大政党扩大支持率的重点,虽然马来西亚"马来人至上"的整体社会氛围无法完全被改善,但是未来除马来人之外的少数族裔的权益将获得更多关注。

第二节 多元文化融合的表现

一 文化融合的产物

马来西亚是世界种族最多元化和文化最丰富的国家之一,多民族长期相处过程中,产生了一些特殊的跨种族文化群体,这些特殊文化群体体现了马来西亚社会中存在的多元文化融合现象。

(一)峇峇娘惹

峇峇(Baba)娘惹(Nyonya)为马来西亚的土生华人(Peranakan),他们的历史最早可追溯至 14 世纪,特别是郑和下西洋时期,当时中国福建广东地区部分人口移民至马六甲、槟城等地区并开始在当地定居,移民南洋人口中大部分为男性,他们多与当地人通婚,其后裔男性称为"峇峇"(Baba),女性则称为"娘惹"(Nyonya),同时"峇峇"(Baba)也

[①] 廖小健:《马来西亚维持族群和谐的经济与教育因素》,《华侨华人历史研究》2009 年第 2 期。

可以用来泛指整个群体。"峇峇娘惹"族群在融入当地土著人生活的同时又非常严格地传承着中华传统文化，在语言、饮食、服饰、手工艺、习俗等方面融中华及当地元素于一体，创造了独具特色的"娘惹文化"。

在语言方面，一方面，15世纪初，"下南洋"的中国移民原籍绝大多数是中国福建南部和广东潮汕地区，他们的语言都属于闽南语系，在当地定居后，受到当地语言环境的包围，两族彼此之间互相接纳，华族语言与土著语言相互借用和融合。另一方面，在峇峇娘惹家族中，马来女子作为持家的女主人，在日常生活中多以母语马来语与子女进行互动与交流，马来语对峇峇娘惹语言的形成和发展产生了极大的影响。① 因此，马来半岛上峇峇娘惹族群实际上讲的语言是一种掺杂了闽南语和马来语的新语言。例如马六甲峇峇娘惹祖屋博物馆的主人被称为"towkay mata cermin"，即"戴眼镜的老板"，"towkay"是闽南语的"老板"，"mata cermin"是马来语的"眼镜"，这是一个由闽南语和马来语混合而成的峇峇娘惹语的典型。这个词遵循马来语的构词规则，中心词"老板"置于词首，与华语词序恰恰相反。"Tok Panjang"，意为"长桌宴"，Tok是闽南方言，意为"桌子"，而Panjang是马来语，意为"长"。"长桌宴"指的是为特别日子如婚礼举办的宴席，娘惹邀请亲戚朋友一起在家中"办桌"（即闽南语"宴请"之意）。由于入乡随俗，长桌宴并没有特别的规定，大家可以凭自己的喜好，用筷子、叉（西餐用具）与汤匙，或用手抓饭（印度人的习惯）。② 除了这类由两种语言拼接的词组，峇峇娘惹生活用语中还经常单纯地借用闽南语，如"茶碗"（cawan）、"红包"（angpau），又例如马来语借词"糕点"（kueh），现在写为"kuih"；"商店"（keday），现在写为"kedai"；"祭拜"（semayang），即马来语的"sembahyang"。③

在饮食方面，峇峇娘惹秉承了中国"男主外，女主内"的传统，娘惹们平日足不出户，在出嫁之前，每天所做的事情就只有学习烧菜和珠绣，久而久之，娘惹将中华传统料理与马来饮食相结合，使用华人传统的食材结合多种马来料理中的配料，加以长时间的炖煮，最后烹饪出色香味

---

① 任寒玉：《论马来西亚峇峇娘惹族群认同形成的要素》，《国际公关》2020年12月刊。
② 陈恒汉：《从峇峇娘惹看南洋的文化碰撞与融合》，《沈阳师范大学学报》2011年第3期。
③ 洪丽芬：《华语与马来语的词汇交流——马来西亚文化融合的表现》，《东南亚研究》2009年第1期。

俱全的美食，创造出了食材多样、香料丰富、味道独特、装盘精致的娘惹菜系。娘惹美食的材料丰富多样，没有禁忌，一般中餐的鸡鸭猪牛羊、各种蔬菜、海鲜乃至当地的菠萝、椰浆都会用到，讲究货真价实，原汁原味。娘惹菜善用东南亚各种香料，味道香浓，色彩艳丽，使用的香料包括亚参片、亚参膏、咖喱叶、拉煎、楠姜、黄姜粉、芫荽粉、红葱、八角、肉桂、葱头油、红辣椒、石古仔、酸柑、虾米干、香茅、黑果等。娘惹菜所用的酱料起码由十种以上的香料调配而成，不同的酱料混合可以带出截然不同的新鲜口味，从而酿出了"娘惹菜"的独特风味和招牌效应。① 娘惹菜的经典特色菜肴有叻沙、乌打、娘惹粽、娘惹糕、黑果焖鸡等。其中黑果焖鸡就是一道典型的费工费时的料理，主要的配料黑果产自马来西亚，是一道娘惹传统的家传菜肴。娘惹菜不光烹饪准备工作繁杂，在饮食习惯上也极其讲究，对用餐的桌子餐具、进餐方式、布置摆设等都别有讲究。娘惹菜一般使用彩色瓷器装盘，十分精致，绘有各种中华传统纹样的餐具上透露出浓浓的中华料理风味。

在服饰方面，娘惹整体服饰采用上衣下裙形制，脚穿珠绣鞋，戴配饰，有常服和礼服之分。娘惹服饰是中国文化、当地马来文化以及殖民者带来的西方文化的完美融合，它呈现出浓厚的中式特色，以及文化的多元性，其中中国文化元素以明清时期的居多。娘惹服饰前后变化较大，可分为前后两个时期，变化主要集中在上衣上，下装均为"笼纱"（Sarong）。前期娘惹服饰的典型款式为"长衫"（Baju Panjang），后期娘惹服饰的典型款式为"娘惹可巴雅"（Nyonya Kebaya）。前期娘惹服饰整体造型宽大扁平，风格保守，中国文化特征明显。后期娘惹服饰精致优雅，受西方审美的影响，凸显女性身材美。

早期的娘惹服饰长衫与中国服装窄袖"褙子"有许多共同点，两者无论是服装形制，还是外观造型都极为相似。两者的衣身整体造型都为宽松的直身，直领对襟、长窄袖，衣身较长，长至膝盖以下，上衣无扣。长衫下着笼纱裙和珠绣鞋，中国的窄袖"褙子"下装搭配裙，着绣花鞋。后期的娘惹可巴雅服饰受爪哇、马来文化影响较大，色彩艳丽，饱和度高，既有中国传统的大红、粉红色系，也有马来人喜爱的土耳其绿等。娘

---

① 陈恒汉：《从峇峇娘惹看南洋的文化碰撞与融合》，《沈阳师范大学学报》2011年第3期。

惹可巴雅注重装饰，着重装饰衣领、门襟、下摆和袖口，装饰手法不仅采用中国传统的刺绣和镂空手法，还将西方的蕾丝花边用来装饰。装饰图案以植物花卉图案最为常见，也有具有东南亚风情的植物、花鸟图案，以及中国传统纹样（花、鸟、鱼、虫、龙凤等）。娘惹的新娘婚礼服款式也类似于中国戏曲服装，确切说是中国传统服装唐、宋、明式的凤冠、霞帔，清式的马面裙的集合。①

作为华人和当地马来人的结合，峇峇娘惹生活的方方面面均透露着文化融合的迹象，久而久之创造出来属于自己族群的独特文化，彰显着多元文化融合的魅力。

（二）华裔和印度裔穆斯林

马来西亚是一个多种族、多宗教的国家，种族与宗教紧密相连。伊斯兰教是马来西亚的官方宗教，根据宪法的定义，马来人即穆斯林，而其他种族通常被认为是"非穆斯林"。② 马来西亚大部分华人信仰佛教或者基督教，印度人则多信仰印度教或锡克教。但是部分华人和印度人在与马来人长期相处的过程中，受强势伊斯兰文化的影响或者出于和马来人联姻的需要，最终改信伊斯兰教。

马来西亚的华人穆斯林主要是指20世纪60年代以来，随着马来西亚首任首相东姑·阿布杜·拉赫曼（Tunku Abdul Rahman）为促进种族融合，与著名伊斯兰教人士马天英（1900—1982）创建了"马来西亚伊斯兰福利机构"在华人中进行宣教和福利活动而归信的华人，即具有马来西亚国籍、血缘和体质特征上属于华人，认同华人文化和中国文明，同时具有伊斯兰信仰的群体。③ 这是目前马来西亚华人穆斯林的主体，近年来也有越来越多的马来西亚华人因婚姻而改信伊斯兰教，成为穆斯林。大多数华人穆斯林在种族上都认同自己是中国人，但在所有穆斯林场合都强调自己的宗教身份。

---

① 袁燕：《"一带一路"视域下东南亚娘惹服饰典型样式特征研究》，《东华大学学报》2019年第1期。

② Rosey Wang Ma, "Shifting Identities: Chinese Muslims in Malaysia", *Asian Ethnicity*, Vol. 6, No. 2, 2010.

③ 马强：《文化掮客抑或文化边缘：多族群多宗教背景下的马来西亚华人穆斯林》，《思想战线》2011年第1期。

目前马来西亚全国约有 10 万名华裔穆斯林。超过一半华裔穆斯林由于缺乏对伊斯兰教的了解，在改教后遭遇种种的困难，在身份认同、族群关系、家族和血缘关系、社会交往等方面面临巨大压力。目前，华人穆斯林面临同时被华人和马来穆斯林社区抛弃的困境。一方面，华人对马来西亚国家经济的控制以及之前的种族冲突事件，使马来族和华族两个族群的关系处于持续的紧张状态，两个族群的边界分明，华人新教徒通常需要努力学习伊斯兰教，来得到穆斯林社区的认可。即便如此，马来穆斯林社区的接纳并非毫无保留。直到最近，槟城的华人穆斯林信徒还被称为"Saudara Baru"，在马来语中意为"新兄弟姐妹/亲戚"。朱迪思·永田（Judith Nagata）辩称，表面上接受的"新兄弟姐妹"一词实际上表示马来人歧视华人穆斯林。因此，华人穆斯林永远不可能是"真正的兄弟姐妹"，而最多只能是马来人的"新伙伴"。另一方面，皈依伊斯兰教的华人将穆斯林身份放在他们的华人身份之前，表明他们意识到特定环境下淡化种族身份的必要性，这也往往使他们遭到中国家庭和朋友的拒绝。①

近年来，华人穆斯林社区成立了自己的组织来帮助华人穆斯林走出困境，维护华人穆斯林的权益。马来西亚华人穆斯林协会（MACMA），又称马来西亚华裔穆斯林协会或马来西亚华裔回教徒协会，成立于 1994 年 9 月 8 日，是马来西亚的一个华人穆斯林组织，总部位于八打灵再也，在全国各州设有分部。该组织代表马来西亚的华人穆斯林群体，努力拉近华裔与巫裔、穆斯林与非穆斯林之间的相互了解，尝试扮演彼此间的桥梁，打破彼此的误解。该协会目前拥有约 10 名伊斯兰教研究学者，与伊斯兰发展局（JAKIM）沟通，向其讲解华人传统节日的由来，终被允许正式欢庆华人传统节日。该协会全国署理主席刘孝祥表示，实际上，华裔穆斯林可以选择保留自己的中文姓名。②

事实证明，中国文化习俗和伊斯兰教法并不总是相互矛盾的，华人穆斯林综合了华人和穆斯林的双重身份，在日常生活中融合了华人的风俗习惯和伊斯兰的宗教文化，彰显了两种文化碰撞的独特魅力。华人穆斯林往

---

① PC Wu, "Looking Beyond Ethnicity: the Negotiation of Chinese Muslim Identity in Penang Malaysia", *Asian Ethnicity*, Vol. 16, No. 1, 2015.
② 《面对种种困难 大马华裔穆斯林特殊一群》，《诗华日报》2020 年 12 月 26 日，https: //news. seehua. com/? p = 195361。

往会同时庆祝伊斯兰节日和中国传统节日，往往会将伊斯兰庆祝活动与中国文化活动相结合，一方面向穆斯林社区输入了中华文化，另一方面也向华人社区展示了伊斯兰文化。除此之外，华人穆斯林在马来西亚还修建了多座华人清真寺，表达了促进了包容和国际化的美好意愿。位于吉兰丹州的苏丹依斯迈柏特拉银禧清真寺（Masjid Jubli Perak Sultan Ismail Petra）于2005年动工兴建，并于2009年竣工，因其外观与中国传统庙宇相似又名中国清真寺、北京清真寺，是马来西亚第一家纯中式风格的清真寺。

峇峇娘惹以及华人穆斯林群体均为马来西亚多元种族、多元宗教、多元文化碰撞的结果，一方面展示着马来西亚的多元文化氛围；另一方面更加丰富了马来西亚多元文化的内涵，提升了马来西亚的多元文化魅力。

二 多元文化融合塑造国家文化

早期被西方国家殖民的历史，伊斯兰教、佛教、印度教的传入，三大种族共处的局面造就了马来西亚多元的文化氛围，马来西亚国家文化的方方面面，包括语言文字、文学艺术、传媒行业等都呈现出多元的色彩。马来西亚前总理哈蒂尔曾明确肯定："各民族文化差异并不会为国家带来任何问题，只要把各种文化融汇贯通，就能够塑造一个象征马来西亚尊严的国家文化。"马来西亚各种族拥有自己特有的文化身份，多种族文化长期相互融合而形成马来西亚的国家文化，体现多种族的国家特色。[1]

在语言文字方面，受族群结构、历史沿革等诸多因素的影响，多语言现象在马来西亚十分普遍。英国在马来西亚的长期殖民统治使得英语作为通用语言在行政、工商业、教育、科技、服务业和大众传媒等领域被广泛使用。在马来西亚独立之前，英语为其官方语言。在马来西亚，除未受过正规教育的老年人和生活在偏远农村的人之外，大部分人都能说英语。由于马来人占马来西亚人口的大部分，所以马来语是马来西亚的国语和官方语言，政府采取了各种措施推广马来语，包括在小学和中学把马来语列为必修课程、规定在招牌、牌匾、广告等物品上使用的其他语言文字尺寸不得大于马来语，等等，以推广国语（马来语）在全国范围内的使用。因此，不只是马来人，几乎所有的马来西亚国民均会使用马来语。马来西亚

---

[1] 《马来西亚多语种电影产业语境下国族电影的挣扎》，《电影评介》2017年第22期。

第六章　种族社群主义和多元文化融合　415

的印度社区也保留着自己族群的文化，由于马来西亚的印度裔以泰米尔人主，所以泰米尔语在马来西亚的印度人社区广泛使用。马来西亚也有多所泰米尔国民型小学，使用泰米尔语为教学媒介语，泰米尔文化也得到了很好地传承。

马来西亚的华人社区是除中国之外将中华文化保留得最完整的社区，从华侨到土生土长的华人，一直都坚持华文教育让华人子弟学习和掌握华语。由于大部分马来西亚华人为中国东南沿海广东福建等地的移民，所以闽南语、客家话及粤语等华人方言在华人社区家庭中也广泛使用。在日常生活中，马来西亚各地华人使用的华语均带有浓厚的当地口音，除口音外，马来西亚华人由于长期受马来文化影响，平日使用的华语口语也吸收了很多马来语和英语的音译外来词，例如"巴刹"（pasar，市集）、"甘榜"（kampung，乡村）等均为来源于马来语的词汇，以及"的士/德士"（taxi，出租车）、"起司"（cheese，奶酪）等为来源于英文的词汇。[①] 所以华人日常使用的语言其实是混合了汉语、华人方言以及马来语和英语的混杂语言，这种多种语言混合使用的现象被称作"bahasa rojak"（马来语"混合语言"的意思）。这种"混合语言"不仅在华人社区被广泛使用，在马来人和印度人社区也很常见，经常会出现将马来语和英语混杂使用的情况。多种语言共存的文化现象体现了马来西亚的多元文化氛围。

在文学艺术方面，马来西亚多元语言文化共存的社会现实孕育了该国色彩缤纷的文学艺术，马来文学、华文文学以及泰（淡）米尔文学等多种语言文学艺术百花齐放，百家争鸣。马来文学类型多样，包括古典宫廷文学、伊斯兰文学、古典诗歌文学、神话传说、习语谚语、民歌民谣、现代小说等。其中古典诗歌文学又包括班顿（Pantun）、沙依尔（Syair）、古玲达姆（Gurindam）、斯罗卡（Seloka）等，类型多样丰富多彩。在马来文坛中，沙马德·赛义德（A. Samad Said）是马来西亚的著名诗人和小说家，他出生于1935年，几十年来笔耕不辍，主要作品有《莎丽娜》（Salina，1961）、《岛屿前方》（Di Hadapan Pulau，1978）、《午后天空》（Langit Petang，1980）、《晨雨》（Hujan Pagi，1987）等，获得多项重要文学奖项，如1979年的东南亚文学奖、1986年的国家文学奖等。沙马

[①] 唐慧、龚晓辉：《马来西亚文化概论》，世界图书出版公司2015年版，第91—98页。

德·赛义德无疑是马来文坛的文学巨匠。

马来西亚宽容、开放、多元文化交融并存的文化环境使马来西亚华文文学也得到了很好的发展。马华文学用汉字书写手法,表现出南洋特色的文化背景。马华文学始于晚清,19世纪初期,大批华人从中国大陆流散到南洋,在南洋的文化场域扎根,在作品内容上主要表现离乡异地生存的艰苦之情,并逐渐含有当地风情之书写特色,开始建构出"自己的属性",包含"中国属性"与"地方感性"。后又受民国五四新文学革命的影响,作品主题以反殖反帝反封为主,作品大多体现出强烈的反殖色彩和斗争情绪,对广大人民起到巨大的精神鼓舞作用。马来西亚独立以来,马华文学所表现的主题越来越多样化,民族融合和国家建设逐渐被华人所重视。此时的马华文学渐渐挥别祖辈们根深蒂固的母国情怀和侨民意识,慢慢形成了本土意识浓厚的创作风格,描写刻画马来西亚社会的变革和民主化、现代化进程中的人际关系和道德观以及世界观的变迁。马华文学经过百年的发展,其"中国性""本土性""现代性"都在"落地生根"中得以统一,深刻包含了马来西亚华人的生命体验和心灵历程,这是马华文学最独异也最有价值的地方。[1]

马来西亚包括报刊、电视、广播在内的传媒行业也呈现出多语种、内容类型多样化的多元局面。在报刊行业,马来文、英文、中文、泰米尔文报刊均有发行。不同语种的报刊面向其对应的不同的族裔社区,除了对全国性重大新闻的报道,不同的报刊主要关注本社区的利益,有针对性地报道有关本社区的重大新闻,为本族人民发声,传达本族社区的意见和看法,成为不同社区与政府对话的媒介。

表Ⅱ-6-1　　　　　　　马来西亚不同语种报刊列表

	《马来西亚前锋报》(*Utusan Malaysia*)
马来文报刊	《每日新闻》(*Berita Harian*)
	《大都会日报》(*Harian Metro*)
	《世界报》(*KOSMO!*)

---

[1] 岳玉杰:《马华文学何以成就百年》,《中国现代文学研究丛刊》2012年第10期。

第六章　种族社群主义和多元文化融合　417

续表

英文报刊	《新海峡时报》（*New Straits Times*）
	《马来邮报》（*The Malay Mail*）
	《新沙巴时报》（*New Sabah Times*）
中文报刊	《南洋商报》（*Nanyang Siang Pau*）
	《星洲日报》（*Sin Chew Daily*）
	《光明日报》（*Guang Ming Daily*）
	《光华日报》（*Kwong Wah Yit Poh*）
泰米尔文报刊	《奥赛报》（*Makkal Osai*）
	《泰米尔日报》（*Tamil Nesan*）
	《马来西亚之友》（*Malaysia Nanban*）

在马来语的报刊中，《马来西亚前锋报》是马来西亚国内具有重要影响力的报纸，创刊于1967年，拥有较强的政府背景，被视为亲执政党的报纸。中文报刊中，《南洋商报》是马来西亚历史最悠久的华文报纸之一，由新加坡殷商陈嘉庚于1923年9月6日在新加坡独资创刊。泰米尔语报刊中，《泰米尔语新闻报》是在马来西亚出版的泰米尔语报纸。它成立于1924年，是该国最古老的泰米尔语报纸，直到2019年解散。泰米尔语报刊中，《泰米尔日报》是马来西亚发行时间最长的泰米尔语报纸，于1924年9月24日首次发行，主要面向马来西亚的印度族裔社区（主要是泰米尔人），为读者提供各种政治、宗教、民族、世界、教育和泰米尔语电影的相关新闻。英文报刊中，《新海峡时报》（*The New Straits Times*）是马来西亚最大的英文报纸之一，也是马来西亚历史最悠久的英文报纸，成立于1845年，1972年8月收购新加坡《海峡时报》在马来西亚的业务，1992年成立全资子公司 IT PUBLICATIONS SDN BHD（ITP）。目前发行刊物包括日刊 NEW STRAITS TIMES、THE MALAY MAIL、BERITA HARIAN、HARIAN METRO、BUSINESS TIMES、周刊和 IT 特刊。近年来，各大报刊为了适应新媒体的发展，均发展线上业务，方面读者线上订阅。

马来西亚的电视和广播行业和报刊行业一样，也拥有不同语种的电视台和广播电台，不同语种的电视和广播节目面向不同的种族社区，播出的内容往往依据不同社区的生活习惯和爱好而有所差别。马来西亚的广播电视行业主要分为国营和民营，不同经营方式下的电台和广播均面向不同社区制作多语种节目。

马来西亚广播电视台或马来西亚广播局（Radio Televisyen Malaysia，简称 RTM），是马来西亚通讯及多媒体部辖下的国营广播机构，总部位于吉隆坡，在马来西亚国内经营电台及电视台的广播业务。[1] 马来西亚广播电视共设有 6 条在马来西亚全国播出的电台频率，用马来语、英语、华语和泰米尔语广播，分别为马来语频道 Radio Klasik 和 Nasional FM、以英语播放的 TraXX FM、以华语播放的爱 FM、以泰米尔语播放的 Minnal FM，以及使用土著语言播音的 Asyik FM。另外，该台设有一个国际广播电台，名为马来西亚之声，建于 1963 年，用马来语、阿拉伯语、英语、印尼语、缅甸语、他加禄语和泰语等 8 种语言对外广播，向全球各地播出不同的节目。马来西亚电视台为官办电视台，建于 1963 年，包括第一电视台和第二电视台，用马来语、英语、华语和泰米尔语播放。[2]

马来西亚私营电视台主要包括首要媒体有限公司（Media Prima Berhad）旗下的 TV3、ntv7、八度空间（8TV）和 TV9 以及 Astro 集团下的多个电视台。TV9 的电视节目主要迎合乡村马来人族群，播出的语言为马来语和英语，播出的节目包括伊斯兰宗教节目和印尼肥皂剧；TV3 曾经是马来西亚收视率最高的电视台，用多种语言播出多样的电视节目，包括新闻、时事、杂志、讨论、体育、纪录片、戏剧及电影，但观赏该电视台的华人观众比马来观众少，多数华人观众都收看八度空间、ntv7、Astro AEC 和 Astro 欢喜台（闽南语频道）；ntv7 和八度空间均为首要媒体集团收视率较高的中文电视台，主要用华语播出，播出节目类型也多种多样，包括新闻、娱乐节目、戏剧、电影等。

Astro 私人控股有限公司（Astro Malaysia Holdings Berhad）是马来西亚领先的电视广播内容提供商，面向整个亚太市场，Astro 的电视、广播、

---

[1] RTM 官网，https：//www.rtm.gov.my/index.php/mengenai-kami/latar-belakang-1。
[2] 中华人民共和国驻马来西亚大使馆，http：// my.china-embassy.org/chn/malaysia/t171735.htm。

数字和商业服务覆盖马来西亚 570 万国民，为 75% 的马来西亚家庭提供服务。① Astro 旗下拥有多个电视台和广播电台，面对不同社区用多语种制作节目、播出广播，除此之外，Astro 集团适应新媒体的发展，还推出多个线上流媒体节目，深受广大马来西亚青年喜欢。

除了语言文字、文学艺术、传媒行业领域展现出来的多元种族文化，马来西亚的建筑风格、音乐舞蹈、戏剧电影、手工艺制品等国家文化的方方面面都受到多个种族文化的影响而呈现出多元色彩。多元种族的社会现状塑造了马来西亚丰富多彩的多元国家文化。

第三节 多元文化融合面临的挑战及前景展望

马来西亚作为一个多元族群国家，整体种族氛围较为和谐，不同族群文化之间的边界，早已出现许多交叉互贴，甚至开始变得模糊的现象。因此，表明和提出营造一个容纳不同文化、身份认同、语言和传统的国家文化环境，永远都是合理的。但是，由于不同种族间的文化宗教差异以及经济政治利益的分配不均，种族矛盾持续存在。2018 年希盟上台之后，种族议题政治化趋向更为显著，种族冲突也时有发生。例如，《消除一切形式种族歧视国际公约》引起马来社会反弹、爪夷文风波、优先购买穆斯林产品言论、蒲种一所国中发生拆除农历新年装饰、不鼓励穆斯林学生参加泰米尔丰收节（Ponggal）等，深刻凸显了马来西亚长期存在的种族问题。② 越发紧张的种族关系使多元文化的融合也面临着来自各方面的压力和阻碍，构建和谐的种族关系、营造和谐的文化环境任重而道远。

一 多元文化融合面临的挑战

马来西亚的政治经济教育领域，种族分化现象较明显，以及伊斯兰宗教氛围对文化产品题材的敏感性，使得多元融合文化面临多方阻碍，下面

---

① Astro 集团官网，https：//corporate.astro.com.my/。
② 《各政党各有所需 大马种族问题难解》，《东方日报》2020 年 2 月 3 日，https：//www.orientaldaily.com.my/news/fyun/2020/02/03/325014。

将以马来西亚新浪潮独立电影为例,分析马来西亚多元文化融合面临的主要挑战。

2000年以来,由于数码技术的发展,改变了电影拍摄的模式,摄影器材更加轻便,电脑软件的开发让剪辑工作更容易进行,于是一股数码电影的潮流便应运而生,越来越多的电影爱好者拿起摄像机开始拍摄自己的作品。马来西亚的电影市场出现了一批年轻的电影导演,他们自己动手干,打破电影分工概念,互相帮助担任彼此演员、剪接、摄影、编剧、制作人。他们的资金主要来自本身的储蓄或电影节的资助、起用非专业演员、不为商业目的而拍、拍摄过程完全自主、拍完后自己想办法发行,这是和主流商业电影相对的一个平行空间。这些独立电影人一同掀起了马来西亚独立电影的浪花。

纵观2000年以来的这些独立电影,大多数都普遍存在相似的共通点,包括非职业演员、冷静或延长的镜头语言、文艺青年般的哲思絮语等。这些独立电影多采用跨族群的演员,抛开宗教和种族的限制,往往多关注都市化下的人民真实生活,关注国族与多元族群议题。多语并用的氛围以及多元化的题材使这些电影更加真实地反映马来西亚多元族群和文化的国家现状,真正符合"马来西亚电影"的定义。[1]

独立电影的题材以及尖锐的思想往往与马来西亚的种族政治氛围和伊斯兰文化氛围相冲突,面临多重阻碍,其中族群政治的政策限制和难以根除的土著意识是阻碍马来西亚独立电影发展的根本障碍。

政府作出最大努力来保护马来语电影在本土的发展。为了扶植本地电影发展,马来西亚政府实施了几项措施,比如在1981年成立国家电影发展局(FINAS)、1987年起开始实施"娱乐税回扣"(Skim Pemulangan Duti Hiburan)优惠以及执行"强制上映制度"(Skim Wajib Tayang)等。国家电影发展机构(FINAS)规定,只有60%以上的对白语言为马来语的电影才被承认为本地电影,换言之,马来西亚的"国家电影"即"马来语电影",对于非"本地电影"的影片则需要缴纳20%的娱乐税,从而面临更高的制作成本。直至2011年以前,在强制上映和娱乐税回扣制度的

---

[1] 陈伟光:《漫谈大马独立电影20年》,《访问》2020年8月15日,https://theinterview.asia/sharing/30451/。

条款中，只有马来西亚本地电影方才有资格申请（即整部电影包含至少60% 马来语对白的电影作品）。2010 年由马来西亚华人导演阿牛制作的《初恋红豆冰》经过一年的上诉才获得本地电影证书，最终豁免 20% 的娱乐税。①

不被政府承认的"国家电影"（本地电影）不仅需要支付高额的拍摄成本，而且在获取马来西亚各电影公司的资金支持上也非常困难。马来西亚导演何宇恒的电影《太阳雨》讲述了少年对成年人的困惑和失望，是一部刻画人性、描述自我发现的公路电影，也反映了马来西亚边缘社群的社会生存状态。由于在马来西亚国内难以获得资助，何宇恒加入中国香港艺人刘德华公司旗下的"亚洲新星导"计划，后来电影才得以成功拍摄并入围 2006 年威尼斯电影节展映单元。

在越来越多的华语和多语言电影制作出现后，马来西亚电影政策也有所调整，20% 娱乐税回扣的优惠被取消，被 2011 年 7 月起执行的"剧情片公映奖励金"（Insentif Tayangan Filem Cereka）所取代。虽然政策有所调整，但是并没有动摇保护马来文化和伊斯兰文化的本质目的。国家电影发展机构立即推出只有 100% 马来语的电影才能够申请的"爱国及文化电影基金"（Dana Penerbitan Filem Kenegaraan dan Warisan），电影节取消非马来语组奖项，提出最佳国语（马来语）电影奖，坚持要对"本土"和"外来"语言划下区别。当一个关卡被打破，另一个关卡即刻被设立起来，土著意识（Bumiputraism）还是那么根深蒂固，难以连根拔除。②

由于多元融合文化与政府塑造的国家主流文化相冲突，以及各族群内均存在的保守种族意识，多元融合文化面临受众基础较小的困境，这也是除了族群政治和土著意识之外，限制多元文化融合发展的直接原因。

马来西亚马来裔导演雅丝敏·阿莫（Yasmin Ahmad）和 Bernard Chauly 所执导的电影试图刻画都市社会的真实情况，电影《花开总有时》（*Gubra*）和《表演时刻》（*Talentime*）也同时运用了华语和泰米尔语作对白。这些族裔语言对白的运用，是为了刻画马来西亚多元种族的真实情

---

① 陈嘉怡：《国家政治与文化环境底下的华语电影》，拉曼大学学位论文，2017 年。
② 关志华：《是国家电影还是马来西亚电影？》，《当今大马》2016 年 9 月 30 日，https://m.malaysiakini.com/columns/357443。

况。对于那些将马来语作为国语拥有深厚情感的观众，会对这种变化感到不悦。除此之外，马来西亚华裔独立电影导演何宇恒的电影如《雾》和《太阳雨》、陈翠梅的《爱情征服了一切》、李添兴的《美丽的洗衣机》、迪帕克·库玛兰（Deepak Kumaren）（印度裔）的 Chemman Chaalai，都在诉说着这个国家少数族群所面临的社会经济问题以及这些少数族群的政治观点，具有较强的批判性和讽刺性。这些电影几乎全部的对白均以华语和泰米尔语进行。[1]与马来西亚的主流商业片相比，这些电影的观影人数较少，经常面临因观众较少而被迫下映的困境，有时候还会面临直接被商业院线拒绝的窘境。此外，本地独立电影很多也会为了避免审查的麻烦，干脆放弃本地院线上映及发行影碟的机会，只能通过学院或私人工作室放映，观众对象因此受限，无法做到广泛流传。

综上所述，从反映多元社会现实的马来西亚独立电影的发展状况来看，马来西亚种族政治氛围带来的政策限制、难以根除的土著意识以及受限的群众基础是限制马来西亚多元文化融合的最大障碍。

二 多元文化发展的前景

近年来，马来西亚政坛出现了巨大变动，一直执政的马来人政党巫统在2018年被迫下台，"希盟"掌权。2020年喜来登政变结束了希盟的领导，新成立的国民联盟临危授命，获得下议院多数支持而成为执政联盟。政坛的众多变化说明，旧的执政党由于失去少数族裔的支持以及马来族群支持率的下降而垮台，新型政党推出的政治政策关注少数族裔而获得了更多的支持。政坛的种种变化对之前"马来人至上"的政治氛围带来了一定的冲击，虽然无法从根本上动摇和改变马来西亚"马来人至上"族群政治的本质，但是在政策上为多元文化的发展争取了一定的发展空间。

虽然多元文化在马来西亚国内处处遭到强势马来文化的冲击，却在国际上获得了较多的关注。以反映多元社会现实的马来西亚独立电影为例，这些电影在马来西亚国内面临重重困难，但是因为其独特的风格、深刻的电影内涵获得了国际电影界的认可和好评，多部马来西亚独立电影在多个国家电影节上斩获大奖，获得国际社会的关注。马来西亚新人导演杨毅恒

---

[1] A. Wahab Hamzah, "Filem Malaysia dalam konteks 1Malaysia", *Cinema Malaysia*, Feb. 2009.

凭《阿奇洛》扬名 2017 年东京影展，成为首位夺得最佳导演的马来西亚人；旅居中国台湾的廖克发 2019 年以首部长片《波罗蜜》入围金马奖；何宇恒 2019 年与新晋导演郭修篆合导了 Netflix 剧集《彼岸之嫁》，为国际电影界所熟知，等等。

马来西亚的多元文化氛围塑造了一批优秀的文化作品，马来西亚国内的族群政治氛围虽有所缓解但无法彻底改变，未来仍会给多元文化的发展带来重重困难和挑战。但是，随着越来越多反映马来西亚多元社会现状的优秀文化作品走出国门，获得国际认可，马来西亚的多元文化日后必定能够在国际舞台上大放光彩。

第七章　教育政策的历史沿革与内在含义

　　经过殖民时代后而独立的国家，尤其是具有种族和语言多样性的国度，往往在争取独立和制定教育政策的过程中，将教育政策的制定视为创造新民族和国家的重要构建过程。马来西亚是典型的后殖民教育政策沿革的例子，其承袭了英殖民政府原有的教育政策，但若与区域内其他后殖民国家相比，至少在最终制定的政策上，具有相对的包容性，尝试容纳各族群的需求，而不是加以同化。

　　对一般国家而言，教育政策的制定是国家对于未来教育的发展导向。然而，在马来西亚这个多族群国家，教育政策的制定除了关乎教育本质的发展，往往还掺杂着一些政治议程和民族主义之间的竞争。这也导致了在独立前甚至是独立后的60余年间，每每有新的教育政策或方向提出，皆会掀起舆论热议。教育与社会发展、国家境况息息相关，反映在马来西亚的教育发展史上，即必与历史成因、文化、民族、政治等元素挂钩，影响着马来西亚教育系统所展现出的多面性和多元性。

　　本章以历史发展顺序及政策指定的时间轴为叙述脉络，旨在对马来（西）亚独立前后的教育政策沿革作一历史性的概述及回顾；再从中引述在这种教育政策制定的过程中，所引发的问题、特点及其背后的内在含义；进而探讨在这个多族群的国家中，政府如何通过制定教育政策，确立国家、"国族"教育的方向，并探讨在这些教育政策的制定过程中存在的包容性与局限性。

第一节 独立前教育政策概述[①]

独立前的马来亚（Malaya）教育，典型地反映了教育发展史不仅仅是学校的发展史，也深受社会大环境发展的制约和影响。马来亚教育逐渐制度化的过程，也是社会、政治、经济制度化发展和治理的进程，亦是英殖民政府有意识地对马来亚进行管治的过程。

一 20世纪20年代前的教育发展概况

20世纪20年代以前，英殖民政府以分而治之管治马来亚各族群，在教育上采用的是放任自流的态度。虽然如此，英政府却出资兴建和发展以英语为媒介的学校，主要培养对象是英属马来人、华人或印度人，这些人多为马来贵族、富有华人和印度人。因此，英文学校相对多元，招收各族群学生。至于一般的马来人、移民华人和印度人，则有各族群源流的学校。虽然生存在同一片土地上，各族群、阶层都有各自的空间，社会上各族群基本处于分隔状态，在教育上亦如是，四种源流的教育体制各自为政，此情况也有利于巩固英殖民政府的统治。

英文教育发展的主要目的在于教育及培育殖民地政府的官员，使他们有能力处理殖民地的民政事务。这些英文学校培育的学生，多为马来亚英殖民政府的行政主管，或者被委任为行政管理精英，进入殖民地政府管理体系内工作。从功利角度而言，英文学校是进入精英阶层的方式，故也较其他源流学校发展得更好。然而，并非所有的英文学校皆为英殖民政府所设，当中多为传教士设立并发展，以英文为媒介语的学校，性质上或有些差异，但皆统称"英文学校"。

由于英殖民政府视马来人为马来亚当地原住民，故也专注于发展马来人教育，在乡区设立免费马来文学校（Malay Vernacular School），更在

[①] 关于英殖民时期教育政策的专著，可参见 Charles Hirschman, "Educational Patterns in Colonial Malaya", *Comparative Education Review*, Vol. 16, No. 3, 1972; Philip Loh Fook Sen, *Seeds of Separatism: Educational Policy in Malaya 1874 – 1940*, Kuala Lumpur; New York: Oxford University Press, 1975; Clive Whitehead, "The Concept of British Education Policy in the Colonies 1850 – 1960", *Journal of Educational Administration and History*, Vol. 39, No. 2, 2007。

1922 年在霹雳创办苏丹伊德里斯师范学院（Sultan Idris Training College, SITC）培育全国马来学校的师资。① 至于从 19 世纪即存在的华文学校（Chinese Vernacular Schools）和泰米尔文学校（Tamil Vernacular School），依殖民地政府的看法，是属于外来临时居民使用母语的教育，不足以让政府承担责任。② 华文学校及泰米尔文学校的师资、课程直接取自中国和印度，但并无统一来源，完全视个别学校的设立背景而定。

二 20 世纪 20 年代后的教育政策发展

20 世纪初，华人和印度人口由于劳工移民潮而大量增长，学校和学生人数迅速增加、蓬勃发展，引起了英殖民政府的关注，不仅开始管制移民人数，也颁发了"学校注册法令"管制殖民地的各源流学校。③ 华文教育和泰米尔文教育原本就并非英殖民政府规划下的产物，彼时深受各种变动思潮的冲击。马来亚作为英帝国当时的主要经济来源，为了维持自身利益及不受外来思潮的威胁，稳定和巩固政权实属当务之急。

观察当时的教育发展情况，华校及其学生人数的激增，加上师资、行政或采用的课程内容，皆深受中国影响，引起了英殖民政府对华人各种势力滋长的隐忧，再加上担忧中国的改革思潮影响居住在英殖民地的华人，此并非英殖民政府所乐见。遂颁布《1920 年学校注册法令》，规定学生人数 10 名以上的学校必须注册，同时学校所使用的教科书必须经过当局审查批准。这项法令表面上虽是用来管制所有学校，实际上乃蓄意控制华校，阻止华校师生参加政治活动，以免危害英殖民政府的利益。④

---

① 关于殖民时期马来教育的发展，可参见 Rex Stevenson, *Cultivators and Administrators : British Educational Policy towards the Malays*, 1875 – 1906, Kuala Lumpur; New York: Oxford University Press, 1976，书中分析了当时马来人的传统教育和马来社会各阶层的教育走向。
② 华人在马来亚落地生根后，似乎更有志于及有能力为华人子弟提供教育设施，殖民地政府并未多加干涉，任由发展；至于印裔的情况则不同，他们的雇主需要为雇员的后裔提供地方接受母语教育。参见陈绿漪《大马半岛华文教育的发展》，载林水檺、骆静山合编《马来西亚华人史》，马来西亚留台校友会联合总会 1984 年版，第 289 页。
③ 林水檺：《独立前华文教育》，载林水檺、何启良、何国忠、赖观福合编《马来西亚华人史新编》第二册，马来西亚中华大会堂总会 1998 年版，第 221 页。
④ 林水檺：《独立前华文教育》，载林水檺、何启良、何国忠、赖观福合编《马来西亚华人史新编》第二册，马来西亚中华大会堂总会 1998 年版，第 222 页。资料显示，在这项法令下，最少有 315 所华校在 1925 年至 1928 年间被关闭。

《1920年学校注册法令》的主要内容阐明，在此法令实施之前或之后所创办的学校皆须进行注册，并言明在此法令推行之后的三个月，该学校若尚未获得当局所发出的注册证，则该学校即属违法。除此之外，所有学校里的教员及管理者也须进行注册。并立下条规，凡是进行有损害殖民政府及公众利益的政治宣传活动的学校及教员，政府可宣布为违法并取消其注册证。与此同时，殖民政府也提出以津贴补助学校的建议。

在注册法令实施以后，不愿注册或遭政府取消注册而关闭的华校为数不少，但华文教育仍呈现迅速与蓬勃发展的势头，进入华校求学的华族学生较进入英校就读的华族学生，其百分比逐年增加。[①] 在实施《1920年学校注册法令》后，英殖民政府又于1923年增设一名欧人副教育提学司及一名华人督学，专司华校事务。当时属于不同政治体制的砂拉越，随后于1924年跟随成立教育部并设章程，颁布《学校注册法令》；至于沙巴，则未遭受政府任何严苛法令的压制。鉴于《1920年学校注册法令》规定教师本土化，英殖民地政府也资助一些华校开设师训班，协助华校克服本土师资短缺的问题。

总督金文泰（Sir Cecil Clementi）调任海峡殖民地担任总督兼马来联邦钦差大臣期间，加强辅助马来文教育，进一步地管制和监督华文学校，如限制华校教师只可由马来亚出生者担任，且委派更多监管华校的官员，包括增加两名副教育提学司及五名华校督学等。[②] 凡是不合殖民地的课本，一律禁用。金氏任内的三、四年间，中华书局、商务印书馆等之前出版的教科书纷纷受挫。据当时殖民地官方档案，1930年至1934年间，有16家出版社的84种136本教科书被查禁。[③]

从华文教育的角度，虽然看似英殖民政府有意压制华文教育，但在1930年初，影响广泛的不只是华文教育，还包括英文学校和泰米尔文学校。个中缘由是新的教育政策要求就读于英文学校、华文学校和泰米尔文

[①] 林水檺：《独立前华文教育》，载林水檺、何启良、何国忠、赖观福合编《马来西亚华人史新编》第二册，马来西亚中华大会堂总会1998年版，第223页。
[②] 林水檺：《独立前华文教育》，载林水檺、何启良、何国忠、赖观福合编《马来西亚华人史新编》第二册，马来西亚中华大会堂总会1998年版，第226页。
[③] 周维介：《华校教科书百年沧桑》，《怡和世纪》2016年第29期。关于华社当时对此法令和种种管制的反应和反抗，详见 Lee Ting Hui, *Chinese Schools in British Malaya：Policies and Politics*, Singapore：South Seas Society, 2006, pp. 48 - 49.

学校的学生须支付学费，而马来文学校则是免费教育。数据显示，无论是在英校或华校就读的学生，在 1931 年至 1932 年间，因无法支付学费而辍学的学生攀升，因而引起华人社会的关注。① 同样，就读于英校的马来人、印度人或是泰米尔文学校的学生也受到影响。由于英文学校就读生源供多于求，金文泰认为英文教育应只提供给需要英语作为职业要求的特定群体，② 故也必须对英文学校进行管控。

纵使英殖民政府当时面对不同群体的不满并被要求修改政策、一视同仁地对待、不分源流提供免费教育，但却遭辅政司以"教学语言的不同必然导致其实质的差异；这将使免费教育成为局部而非公民性，并强调华语或泰米尔语的初级教学所使用的单一媒介永远无法使中国人与泰米尔人做生意，或泰米尔人与华人做生意，或两者皆不能与马来人做生意"。③ 由此可见，英殖民政府开始有意识地搭建族群间沟通的桥梁，但并非以英文为主要语言作为免费教育，而是提出了以"马来文"为免费教育的主调。这是英殖民政府管制期间，马来（西）亚教育发展上一次重要的转折，也影响着日后的基础教育发展。

三　第二次世界大战后教育发展概况

日本于 1945 年 8 月投降之后，英人重返马来亚。1946 年至 1956 年间，政治局势随着马来亚争取独立而不断变化，教育政策也随之频频修改。英国殖民地政府根据马来亚联邦计划（Malayan Union Proposal）的原则，成立以联邦提学司（教育总监）吉斯曼（H. R. Cheeseman）为首的教育委员会，提出改革马来亚教育制度的建议。该委员会在立法议会第 53 号文件（Malayan Union Council Paper No. 53 of 1946）中提出《吉斯曼

---

① Non-Europeans & Civil Service, *Malaya Tribune*, August 8, 1932.

② Federated Malay States: Record of the Proceedings of the Durbar on 24th July 1933, MSS. Ind. Ocn. s. 352 / 40 / 1.

③ English The Basic Language of Malaga, Common Bond of Union of All Races, *Malaya Tribune*, February 13, 1934. 原文为 "the difference in the Medium of Instruction would inevitably lead to differences in its substance; and free education would become sectional and not civic, and stress that single medium needed by stated primary instruction in Chinese or in Tamil, can never enable the Chinese to do business with the Tamil, or the Tamil to do business with the Chinese, or either of them to do business with the Malayan races"。

计划》报告书，推行新的教育政策。计划书建议各源流的学校皆应获得相同的发展机会。

《吉斯曼计划》报告书主张：(1) 男女教育机会均等；(2) 小学实行义务教育，以母语为教学媒介；(3) 英文为各源流学校之必修课；(4) 设立两类中学：一类以英文为教学媒介、母语作为一科科目，另一类则是以母语为教学媒介、英文作为第二语文。此报告书强调母语的重要性，主张小学以母语为教学媒介语，并以第二语言（英文）来加强各种族的融合团结。

据马来亚联合邦教育部1949年年报，迄1949年9月30日止，联合邦境内中、英、印、巫中学以上，由政府办的学院，共有2间，官办的中学与高小学校共42间，小学1386间，政府补助的中学与高小学校70间，小学校1691间，其他学院的中学与高小学校32间，小学1360间，其中华校由政府补助的中学与高小学校26间，小学683间，其他学院的中学与高小学校1间，小学651间。①

1948年2月1日，马来亚联合邦正式成立，由槟城、马六甲、马来联邦和马来属邦共同组成一个政治单位，将新加坡分割出去。马来亚联合邦正式组成后，政府在1947年即成立一个中央教育咨询委员会（The Central Advisory Committee on Education）负责提供有关教育政策及执行原则的任务。此委员会于1950年提出报告，建议通过一个共同语言——英文为主的教育来建立马来亚国家新观念。然而，这项建议遭到各族群的非议和激烈反对。

有鉴于此，政府邀请5名欧洲人及9名马来人组成委员会，负责提供有关马来文教育实施的问题。这个委员会以牛津大学的巴恩斯（L. J. Barnes）为首，因此他们拟出来的报告书简称为《巴恩斯报告书》（Barnes Report）。这份报告书于1951年初发表，主张国家教育制度必须通过两种官方语言（英文与马来文）的国民学校来培养一种共同的马来亚国家观念。在这种教育制度中，华文和泰米尔文皆没有地位。此报告书一出，华人及印度人为之震动。《巴恩斯报告书》认为，小学教育必须作为打造马来亚国族身份的工具，并培养塑造以马来亚为其永久的家乡及效忠对象的国民。

---

① 马来西亚《南洋商报》1950年10月28日。

另一方面，政府也委任对中国教育有心得的美国人方恩（Dr. William Purviance Fenn）及联合国官员吴德耀，研究马来亚联合邦的华教问题，后撰成《马来亚的华校及华教》（Chinese Schools and the Education of Chinese Malayans）或简称《方吴报告书》。这份报告书于1951年发表，主张政府承认华教的地位并协助其发展，使其成为马来亚国民教育中的一环，报告书更指出华人对于华人文化的醒觉及维护缘于感觉文化危机；[1]同时他们还发现华人适合学习三种语言，乐见多种语言所带给他们的益处。报告书也认为华人宁愿为需要而学习三种语言，却憎恨限制他们只能学一两种语言的做法。[2]

《巴恩斯报告书》及《方吴报告书》被视为偏向马来人和华人的报告书。[3]然而，研究提出，这并非只是巫裔、华裔之间的问题，也是印裔族群关心的课题。[4] 学者针对这两份报告的话语权竞争进行分析后认为，这两份报告都显示了马来人与华人对教育有着不同的诉求，站在殖民官员的角度，这是建立国族身份认同最好的平台。值得注意的是，在这两份报告中，都强调了马来人和华人的身份建构存在着不同的特质取向。[5]这两份报告主要从当时两大族群的需求出发，探讨马来亚教育政策的未来，被视为马来亚教育政策的基础。

1951年，共有260所英文学校共115403名学生；1246所华文学校共27658名学生；1682所马来文学校共294897名学生及869所泰米尔学校

---

[1] Lawrence S. Finkelstein, "Prospects for Self-Government in Malaya", *Far Eastern Survey*, Vol. 21, No. 2, 1952, pp. 14 – 15.

[2] 林水檺：《独立前华文教育》，载林水檺、何启良、何国忠、赖观福合编《马来西亚华人史新编》第二册，马来西亚中华大会堂总会1998年版，第234页。

[3] 详见 Lee Hock Guan, "Ethnic Politics, National Development and Language Policy in Malaysia", in Lee Hock Guan and Leo Suryadinata (eds.), *Language, Nation and Development in Southeast Asia*, Singapore: ISEAS Publishing, 2007; Victor Purcell, "The Crisis in Malayan Education", *Pacific Affairs*, Vol. 26, No. 1, 1953, pp. 70 – 76.

[4] Lawrence S. Finkelstein, "Prospects for Self-Government in Malaya", *Far Eastern Survey*, Vol. 21, No. 2, 1952, p. 15. 根据记载，35位为印裔教育工作者谴责《巴恩斯报告书》并要求延迟执行及森美兰州的泰米尔文学校的老师亦提出抗议《巴恩报斯告书》并要求设立特别咨询委员会探讨印裔族群的教育问题。

[5] Moses Samuel and Mahmud Hasan Khan, "Construction of Nationhood through Education in Malaya: Revisiting the Barnes and Fenn-Wu Reports", *Asia Pacific Journal of Education*, Vol. 33, No. 3, 2013, pp. 258 – 260.

共 39465 名学生。① 根据《巴恩斯报告书》的数据，1950 年，在各族群就读英文学校的学生人数如下：

表Ⅱ-7-1　　　　　就读于英文学校的三大族群学生

就读英文学校的学生总数	马来学生②	华人学生	印度学生
96545	20145	51521	24909

资料来源：《巴恩斯报告书》。

中央教育咨询委员会最终综合了这两份报告书的意见，拟成了一份内容较倾向于《巴恩斯报告书》的报告。随后立法议员委托一个特别遴选委员会，起草另一份报告书，并对马来亚联合邦教育政策提出建议。这份报告书于 1952 年在立法议会通过，政府据此制定了《1952 年教育法令》（Education Ordinance，1952）。

第二节　独立前后教育政策演进

在马来亚独立前后这一时期，教育政策也出现了新的沿革。对马来亚联合邦来说，进入 20 世纪 50 年代以后，先后出现了《1952 年教育法令》，以及与其相关的《1954 年教育白皮书》；因应 1955 年联合邦自治选举的举行，《1955 年联盟大选宣言》以及随之出现的《拉萨报告书》和《1957 年教育法令》都对即将取得独立的马来亚联合邦和之后成立的马来西亚的教育政策和方向带来重大的影响。其主调为教育马来亚化。③ 作为新独立的国家，马来（西）亚如何处理多源流教育、制定满足各族群及

---

① Federation of Malaya, *Enrolment Return for Schools in the Federation of Malaya First Quarter 1951*, No. 25, 1951. 关于马来人与华人在马来联邦的教育报告，详见 Federation of Malaya, *Report of the Committee on Malay Education*: Federation of Malaya, Kuala Lumpur: Government Printers, 1951; Federation of Malaya, *Chinese Schools and the Education of Chinese Malayans: The Report of a Mission Invited by the Federation Government to Study the Problems of the Chinese in Malaya*, Kuala Lumpur: Government Printers, 1951。

② 数据有所出入，《巴恩斯报告书》第 9 页数据显示，1950 年 7 月 31 日，共有 15913 名马来学生就读英文学校。

③ 郑良树：《马来西亚华文教育发展简史》，南方学院出版社 2005 年版，第 100 页。

有利于国家未来发展的教育政策,成了当前重要的课题。在独立前的提出的几项关于教育政策的法令与报告书,皆旨在解决各族群对于教育的不同诉求。

当时的沙巴和砂拉越仍在英殖民政府的直接管辖之下,因此承接殖民地一贯的作风。砂拉越于 1950 年颁布了教育法令,规定境内每一所学校皆须向教育部注册;而沙巴则于 1954 年公布教育法令,对各种学校的管理均有明文规定。1954 年,婆罗洲三邦(即沙巴、砂拉越及文莱)政府邀请英国教育官伍德海得(E. W. Woodhead)调查当地教育,三邦于 1955 年《伍德海得调查报告》发表之后,即制定新教育政策。沙巴于 1955 年发布《教育政策与财政白皮书》,翌年复颁行《1956 年教育(修正)法令》(Education [Amendment] Ordinance 1956),1957 年又作一些修改,主要说明沙巴将实行小学免费教育,各种源流的小学皆以母语为教学媒介语,英语则是必修科。课程方面由政府裁定,教师享有公务员之待遇,师资训练由政府负责。砂拉越政府根据《伍德海得调查报告》草成砂拉越教育白皮书,并于 1955 年在立法议会通过。翌年又颁布《1956 年教育津贴金章程》。这些措施旨在使砂拉越教师享有政府薪金制的利益和获得更大的保障。迈向独立的马来亚,朝向融合不同族群方向前进,寻求核心价值以建立国族认同(national identity)。毫无疑问,教育政策自然成为团结各族群、塑造国民认同的重要策略之一。

一 《1952 年教育法令》(Education Ordinance, 1952)[①]

《1952 年教育法令》所强调的是政府应开办以马来语或英语作为教学媒介语的国民学校,至于华校及泰米尔学校则应受鼓励逐渐改为国民学校。华文及泰米尔文只是课程里的其中一个科目,并且至少要有 15 名同一级学生的家长提出要求,教育部才会提供教授这两个科目的方便。[②]

由于当时缺乏全面开办国民学校的资金,政府不得不另觅执行《1952 年教育法令》的途径。立法议会遂于 1954 年接受一个特别委员会草拟的

---

① *The Education Ordinance*, 1952, Kuala Lumpur: Government Press, 1953.
② 林水檺:《独立前华文教育》,载林水檺、何启良、何国忠、赖观福合编《马来西亚华人史新编》第二册,马来西亚中华大会堂总会 1998 年版,第 234 页。

报告书，计划在现有的马来学校、华校及泰米尔学校加强英文教学，以使这些学校转型变成以英文为主的国民学校。结果这份报告书引起华人和马来人的同声反对。①

二 《1954年教育白皮书》(Council Paper No. 67 of 1954)

这份白皮书缘起于1953年联合邦政府成立一个以时任教育部长杜莱星甘为主席之特别委员会以检讨教育政策。这份《1954年教育白皮书》的第67号文件于同年10月在立法议会通过。其要点包括：(1) 教育政策的基本原则，即各民族混合在一起上课，统一的教育制度和共同的课程；(2) 至于执行的计划，可分下列几个步骤：(i) 在各种族母语学校里引进国民学校的特征；(ii) 英文小学限定占六岁至十二岁学童总人口的百分之六、七；(iii) 英文普通中学学生限三万四千名；(iv) 建议建立现代中学和职业学校，并增加税收及学费。

三 《1955年联盟大选宣言》(Alliance Election Manifesto, 1955)

马来亚联合邦各族群为教育问题争论不休。1955年，联盟竞选宣言许诺，将检讨《1952年教育法令》及《1954年教育白皮书》所宣示的教育政策，承认"让使用母语的学校自由扩展"及宣称"将鼓励而不会摧毁任何一族的学校、语言和文化"。

1955年7月27日，马来亚联合邦第一次民选立法议会选举进行投票，选举结果由巫统、马华公会、印度国大党所组成的联盟赢得压倒性胜利，在全部52席中获得51席。鉴于各族群对于国家体系下的教育制度有不同的诠释、表述及争执，联盟政府遂依照其竞选宣言的许诺，在同年9月，成立一个委员会以检讨《1952年教育法令》及《1954年教育白皮书》，"以期制定一个能为全民所接受的教育体系"。② 这个委员会以时任教育部长阿都·拉萨（Abdul Razak）为主席，成员共15人，包括5名华人，即朱运兴（副教育部长）、吴志渊、林苍佑、梁长龄、李天兴。经过8次会

---

① 林水檺：《独立前华文教育》，载林水檺、何启良、何国忠、赖观福主编《马来西亚华人史新编》第二册，马来西亚中华大会堂总会1998年版，第234页。

② 林水檺：《独立前华文教育》，载林水檺、何启良、何国忠、赖观福主编《马来西亚华人史新编》第二册，马来西亚中华大会堂总会1998年版，第235页。

议讨论之后，遂撰成《1956年教育委员会报告书》（Report of the Education Committee），通称《拉萨报告书》（Razak Report），在该年5月公布。

这份报告书主张以马来文为国语，维护和支持本邦其他各族群的语言与文化发展。其第54条建议小学分为以马来文教学的"标准小学"及以华文、英文和泰米尔文教学的"标准小学"。这两种类型的学校，政府都给予津贴。第72条同意（受津贴的）华文中学以华语作为主要的教学媒介语；马来文及英文则为所有中学必修科。唯各源流的小学和中学皆须有共同课程。报告书第12条谓马来亚联合邦之教育政策，其最终目标为各族学童在同一种国家教育体系下，以国语为主要教学媒介语。只是要达到这种目标不能操之过急，必须循序渐进。① 立法议会于1957年3月通过根据《拉萨报告书》的建议所草拟的《1957年教育法令》。

四 《1957年教育法令》（Education Ordinance, 1957）

这份法令的第一部分第三条提到马来亚联合邦的教育政策是为了建立一个全民皆能接受的国家教育体系。此体系将能满足人民的需要并促进他们的文化、社会、经济与政治之发展。在使马来文成为国语的同时，也维护和支持居住于本邦其他各族群的语言与文化发展。②

至于《拉萨报告书》第12条有关"马来亚联合邦之教育政策，其最终目标为集中各族孩童于一种国家教育体系下，以国语为主要教学媒介语"之规定，当时立即引起华社的担忧。联合马华公会、教总及董总的代表团于1956年5月6日，即《拉萨报告书》公布的前一天与教育部正副部长对话并交涉，最终获得教育部长亲口答应有关条文不会被列入新的教育法令之内。这一条款确实未将此最终目标之规定列入《1957年教育法令》。这项法令实施之后，华文和泰米尔文小学被纳入国家教育体系的一环，在很大程度上解决了华文学校和泰米尔学校的经济困难问题。

《1957年教育法令》强调"共同课程，多种源流"精神，比较能体现多元化教育政策，符合建立一个公平、开明、进步的多元民族社会的要

---

① *Report of the Education Committee 1956* (*Razak Report*), Kuala Lumpur: Pencetak Kerajaan, 1966.

② *Report of the Education Committee 1956* (*Razak Report*), Kuala Lumpur: Pencetak Kerajaan, 1966.

求，也符合联邦宪法第152条精神。在这项政策下，小学教育保留了各源流学校，统一了所有课程。1957年的教育政策议程，着重于重塑基础教育，特别是自英殖民时期便争议不断的语言及课程的议题，在此项政策宣布的同时，马来西亚的基础教育基本方向已经确立。[1]

第三节 独立后国家教育政策发展

一 《达立报告书》(Rahman Talib Report)

《达立报告书》撰拟委员会成立于1960年2月18日，以检讨1956年教育报告书（《拉萨报告书》）中所规定之教育政策实施程度。这一教育检讨委员会以当时新上任的教育部长阿布拉曼达立（Abdul Rahman Talib）为主席，共有9名成员，包括3名华裔代表。其组建的原因是：（一）应公众人士再三提出要求；（二）联盟政府遵守其诺言，即将于1959年大选过后检讨本邦的教育政策。经过了7次全体委员会议，并考虑了各有关团体与人士所提呈的126宗意见书后，报告书于同年8月4日正式发表。[2]

《达立报告书》提出"创造国家意识"，减少语言与种族的差异，建议以两种官方语言（马来语及英语）为教学媒介语，其中几项主要建议包括：由1962年起，实施普通小学免费教育，而教育部长有权宣布小学免费教育为强制者（第5章第124条）；提高小学离校年龄至15岁，并设立一种新型之小学进修班（亦称后期小学），给予未能进入中学的学生以多三年的职业教育（第4章第93条）；1961年起，政府不再举办初中会考和华文中学升学考试。中学的所有公共考试，只能以国语或是作为官方语文的英文为考试媒介语（第9章）；本邦之中学，规定将只有"全部津贴中学"与"独立中学"两种。自1962年1月1日起，停止对所有不合

---

[1] 关于英殖民时期至1970年间的教育研究专著，可参考 Francis Wong Hoy Kee and Ee Tiang Hon, *Education in Malaysia*, Kuala Lumpur: Heinemann Educational Books, 1971。

[2] 委员包括：敦梁宇皋（司法部长）、莫哈末柯佐哈里（工商部长）、拿督王保尼（槟城首席部长）、阿都哈密干上尉（副教长）、马尼卡华沙甘（副劳工部长）、许金龙（上议员）、莫哈末达哈里（国会议员）、阿都甘尼（国会议员）。见 *Penyata Jawatan-Kuasa Penyemak Dasar Pelajaran 1960*，第 ii、1 页。

格（不接受改制）的局部资助学校的津贴，私立中学可以继续存在，但须受政府教育条例之限制（第8章）。①

《达立报告书》影响了以中文和英文为媒介语的中学，必须接受"改制"或者以"独立中学"/私立中学的形式存在。

二 《1961年教育法令》（Education Act, 1961）

《达立报告书》及《拉萨报告书》中的建议被纳入1961年教育法令当中，并成为国家教育体系的主要框架。1961年10月21日，教育部在国会提出《1961年教育法令》经三读通过。华文中学面临两种选择，"一是接受政府政策，以换取全面津贴；一是放弃一切津贴，保留其独立性"。② 此法令通过后，1961年下半年，陆续有72所华文中学（包括由教会办校之学府）中的54所接受改制，16所则维持独立。③

由于华文改制后的国民型华文中学纳入国家教育体系，随着《1961年教育法令》的落实，一些"外围"衍生的问题出现：国民型中学无法收容不合格的学生；教学及考试媒介语的改变，课本、教师及设备均出现问题，加上学生无法适应，于是初级教育文凭（Lower Certificate of Education, LCE）落榜生增加。④

《1961年教育法令》实施以后，华文小学得以留在国家体制内，其学生也享有接受免费教育的权利。但是，法令中第21条（b）项条款授权教育部长，在其认为适当之时，有权将一所"国民型"小学改为"国民"小学，意即华文小学、泰米尔文小学和英文小学，存在随时改变为马来文小学的可能性。彼时，华校学生的特别考试废除后，初中教育文凭考试（Sijil Rendah Pelajaran, SRP）、马来西亚教育证书考试（Malaysian Certificate of Education, MCE）和剑桥高等教育证书考试（Higher School Certificate Cambridge, HSC）、马来西亚高等教育文凭（Sijil Tinggi Persekolahan

---

① *Report of the Education Review Committee 1960*（*Rahman Talib Report*），Kuala Lumpur: B. T. Fudge, Government Printer, 1960.

② 陈绿漪：《大马半岛华文教育的发展》，载林水檺、骆静山合编《马来西亚华人史》，马来西亚留台校友会联合总会1984年版，第299页。

③ 名单参见郑良树《独立后华文教育》，载林水檺、何启良、何国忠、赖观福合编《马来西亚华人史新编》第二册，马来西亚中华大会堂总会1998年版，第267—268页。

④ 郑良树：《马来西亚华文教育发展简史》，南方学院出版社2005年版，第268—269页。

Malaysia，STPM）等考试都成了学生们接受大专教育、师范学院训练及任职公共部门的唯一渠道。①

三 1961—1979 年教育发展概况

1967 年，马来西亚国会通过《国语法案》，马来文列为唯一的官方语文。1967 年 9、10 月，时任教育部长佐哈里一再宣布，马来西亚学生出国深造必须拥有剑桥或马来西亚教育文凭，否则教育部将不批准出国。马来西亚国内遂有创办一所华文大学之倡议，此后因 1969 年 5 月 13 日发生种族暴动事件而搁置下来。

1969 年 5 月 13 日的种族暴动事件是马来西亚历史上的重要分水岭。自此，政府重新制定各方面的政策，影响了整个国家的政治经济变迁。1969 年 9 月，政府宣布国民型英文小学将于 1970 年正月改用马来文为授课媒介语。整个过程开始于 1970 年 1 月，在第一年班级中推行，发展到第二阶段，即 1977 年，所有国民型中学开始使用国语授课。因此，改制后的华文中学，从 1977 年开始必须经历第二度的媒介语改变。所有中学考试，由 1982 年开始全面改用国语，1983 年后所有大专院校也采用国语授课。②

至 1986 年，英文媒介课程由小学到大学全部改用国语媒介。英语媒介语之被废除，导致华小的入学人数大增。华文小学与泰米尔文小学虽同属国家教育体制的一部分，但政府在给予发展经费上却相差甚远。另外，新经济政策自 1972 年实施后，政府推行各种照顾土著的不平衡措施及执行上之偏差，给非马来人社会带来极大的沮丧感。"这是造成华裔小学生从前英小移到华小以及华文独中能够复兴的因素之一。"③

1972 年第二个大马计划中新经济政策开始实施，其在教育上的影响，即推行种族固打制度（quota system）。根据种族比例挑选学生进入本地大专，包括师训学院就读。1977 年度国内 5 间大学申请入学的学生达 25998

---

① 陈绿漪：《大马半岛华文教育的发展》，载林水檺、骆静山合编《马来西亚华人史》，马来西亚留台校友会联合总会 1984 年版，第 300 页。

② 陈绿漪：《大马半岛华文教育的发展》，载林水檺、骆静山合编《马来西亚华人史》，马来西亚留台校友会联合总会 1984 年版，第 300 页。

③ 刘崇汉：《马来西亚华文教育发展简史》，《八桂侨史》1993 年第 1 期。

人，其中只有5953人获准入学。在获准者中，4457人为土著学生，华裔学生占1187人，印裔学生266人，其他籍43人。依据第三个大马计划的统计，1970—1975年间学位级学生种族分配的对比可以算出：马来学生增加151%，从总数39.7%增至57.2%；华籍学生增加30%，却从总数49.2%降至36.6%；印度裔学生增加24%，却从总数7.3%降至5.2%；其他学生减少54%，从总数3.8%降至1%。[1] 政府也采取系统的步骤，为土著学生增加及改善中学教育设施，并将奖学金制度扩展至在海内外深造的土著学生身上。[2]

《1972年教育修正法令》通过以后，1978年至1982年间，以英文为考试媒介语的初级文凭会考（Lower Certificate of Education，LCE）、教育文凭考试（Malaysian Certificate of Education，MCE）和高级学校文凭会考（Higher School Certificate Cambridge，HSC）的马来西亚公共考试被以马来文为媒介的 Sijil Rendah Pelajaran（SRP）、Sijil Pelajaran Malaysia（SPM）和 Sijil Tinggi Persekolahan Malaysia（STPM）所取代。

除了中小学教育，政府还于1971年通过了《大学与大专院校法令》，规定所有大学或大专院校的创办必须得到最高元首及国会的批准。由于教育政策的改变及1965年新加坡退出马来西亚以后，南洋大学成为外国大学。马来西亚华文教育由小学到大学的华文教育系统出现断裂。因此，独立大学有限公司于1974年3月向政府申请创办独立学院。同年5月，政府来函拒绝"独立学院"计划的申请。1977年9月，华社发动全国华团签盖请愿书，向最高元首请准创办独立大学，计有4238个华团响应签盖。1978年9月17日，教育部长拿督慕沙希淡在巫统全国代表大会上宣布，政府拒绝独立大学的申请，理由是：（一）由私人机构倡办；（二）教学媒介为华文；（三）只收华文中学生。1979年2月，最高元首通过首相署正式复函独大有限公司理事会，拒绝创办独大的申请。1980年9月16日，独大有限公司正式就独大创办遭拒事件，入禀吉隆坡高庭起诉政府。1981年10月，高庭法官宣判独大败诉。1982年7月6日，联邦法院以

---

[1] 郑良树：《马来西亚华文教育发展简史》，南方学院出版社2005年版，第280页。
[2] 陈绿漪：《大马半岛华文教育的发展》，载林水檺、骆静山合编《马来西亚华人史》，马来西亚留台校友会联合总会1984年版，第301页。

4∶1的多数票驳回独大上诉案，此案后来被禁止上诉英国枢密院而告终。

四　1979 年内阁教育检讨委员会报告书

1974 年 10 月，马来西亚政府宣布成立教育政策检讨委员会，重新研究在现行国家教育政策结构内的教育制度，以确保国家对人力资源均获得足够的需求，同时更进一步确保此教育制度朝向培养团结、有纪律及熟练社会的目标；委员会以副首相马哈蒂尔医生为主席。这个委员会在 1979 年 12 月 14 日公布了报告书，厚达 310 页，提呈了 173 项教育改革的建议。①

报告书认为现行小学课程有许多缺点，不但不重视发展儿童的天赋，甚至由于各科在学习中被孤立出来，儿童无法认知其内在的联系，因而失去了学习的意义。教育部属下的课程发展中心遂展开调查、分析，发现小学生对读、写、算三项基本技能的掌握非常不理想，因此教育部长于 1980 年 12 月宣布，国内各源流小学课程将于 1983 年全面改革，依据报告书的建议，着重于读、写、算三个基本技能的训练（或称"3M 计划"）。

1981 年 12 月 31 日，教育部长拿督苏来曼道勿医生宣布：（一）"3M 计划"中的华文小学除了华文和算术外，其他科目教材（人文与环境、道德教育以及音乐）皆以国文编写；（二）音乐科里有 50% 是国语歌曲，另外 50% 是马来歌曲翻译的华文歌；（三）华小将正式采用简体字及汉语拼音教学；（四）华印小学从 3 年级开始教授英文；（五）教师的教学指南及参考书皆以国文编写。这项宣布中的第（一）及第（二）项引起华裔及印裔社群极度的不满，认为这项改革措施将导致华文小学及泰米尔文小学变质。

1982 年，教育部为平复华裔社群的不满情绪，就引起争论的 3M 纲要细则做出以下修改：（一）将国文教学指导手册及教材翻译成华文或泰米尔文；（二）除了原有的 36 首歌曲外，另增添 10 首学生的母语歌曲；（三）全部小学采用共同纲要，但不同源流的小学之课本与教材以个别语文编写；（四）以华文诗歌代替马来班顿。

在国家教育体系发展和演变的过程中，培养国家认同的进程具体得到

---

①　郑良树：《马来西亚华文教育发展简史》，南方学院出版社 2005 年版，第 193 页。

落实。在国民教育体系的发展和演变中的重要里程碑中,"国族"的概念通过实行策略不断被充实。从1970年开始,教育部停止所有小学一年级以英文为媒介语的授课,到1983年完全关闭英语中学,逐步使马来语作为国民中学的唯一教学语言。由此,完成了马来语作为国民学校唯一教学语言的议程。这项政策,在1983年后,延伸至所有国立大学,马来语成为马来西亚所有国立大学的教学语言。[①]

在国家建设和建立国族认同的进程中,教育政策扮演着极为重要的角色,这一点在马来西亚自20世纪70年代始至90年代,议会每每提出的五年发展计划中得到了体现。教育作为国族建构的宏大叙事,在此主导思想下执行的教育政策,相反地,造成了族群间的紧张与对立关系,与其初衷有所相悖。据观察,这些政策作为重整社会及经济地位的主要手段之一,无形中在族群之间形成了对抗。[②]毫无疑问,这段时期制定的教育,是以逐步同化为导向的。70年代后,从小学、中学到高等教育,在政策上、在执行上,始终贯彻建立马来文作为"国语"为国家主流语文教育的方向,直到2000年后,才出现松动的空间。

第四节 20世纪90年代后的教育改革与影响

1988年8月,马来西亚教育部课程发展中心发布《国家教育哲学》,基础教育课程目标即反映在《国家教育哲学》中:

马来西亚的教育是朝向持续不断全面性和综合性发展个人潜能的努力过程,在信奉和遵从上苍的基础上,培养出在智力、精神、情感和身心各方面平衡及和谐的个人。这项努力是为了培养有知识、有能力、有高尚品德、有责任感,以及能够获得个人幸福和为家庭、社会与国家的改进做出贡献的马来西亚公民。[③]

---

① Maya Khemlani David and Subra Govindasamy, "Language Education and Nation Building in Multilingual Malaysia", in Jill Bourne and Euan Reid (eds.), *Language Education: World Yearbook of Education 2003*, London: Kogan Page, 2005.

② Ibrahim Ahmad Bajunid, *Malaysia, from Traditional to Smart Schools: the Malaysian Educational Odyssey*, Shah Alam: Oxford Fajar, 2008, p. 19.

③ 参见《1996年教育法令·绪论》(中译本),马来西亚华校董事联合会总会2006年版,第1页。

鉴于上述政策将通过一项规定国语为主要教学媒介、国家教育课程和共同考试的国家教育制度来执行；随着20世纪90年代经济蓬勃发展，所提供的教育需求也走向多样化与全面性，以满足国家发展的需求，但依然必须根据国家基本原则，通过文化、社会、经济和政治等方面的发展来促进国家团结。这些原则一直贯彻于马来西亚自1957年独立建国以来所颁布的三份教育法令，即《1957年教育法令》《1961年教育法令》及《1996年教育法令》之中。

1990年以后，马来西亚高等教育也发展迅速。除了国立高等学府，也迅速扩展私立高等学府。这一时期，各族群平等获得国立高等教育的机会仍然受限于固打制，私立高等学府的开放，也某种程度上提供了就学机会予无法进入国立高等学府的学生。

教育是塑造"国族"及制造"族群融合"的基石，这是执政政府一直不断提上议程的行动之一。90年代开始，为了促进不同源流学校的交流，提出了宏愿学校（Sekolah Wawasan），[1]然而，这项计划执行后，促进不同源流小学交流的成效不大。全球化的局势，政治、社会、经济的变迁，一直影响着教育的发展走向。

在高等教育方面，20世纪末开始，马来西亚大量开放高等私立大专、国际学校等领域。大专教育的多元，除了是资本主义扩张的结果，也因为意识形态反而成了次要。这无形中也推动并扩大了马来西亚教育发展，尤其是高等教育的发展空间，造福了更多的学子，尤其是高等教育的双联课程，在20世纪末来说，区域性是具有前瞻性的高教策略。

一 《1996年教育法令》（Education Act, 1996）

1956年《拉萨报告书》提出，让非马来文源流学校自提出后担忧的目标，将各族儿童统一集中在以马来文为教学媒介的学校的"最终目标"；《1961年教育法令》迫使华文中学改制成为国民型中学；《1996年教育法令》则规定，除了在第28条下设立的国民型小学，或者部长所豁免的其他教育机构以外，在国家教育体系中所有的教育机构，须以实现

---

[1] Ministry of Education Malaysia, *Sekolah Wawasan: Konsep Dan Pelaksanaan* (*Unpublished Circular*), Kuala Lumpur: Division of Education Planning, Research and Development, 1995.

"最终目标"为导向,意即必须以马来文作为主要教学媒介。

在此法令第17条款下,除了教育部长所设立的国民型学校以及教育部长给予豁免的教育机构,所有教育机构必须使用国语作为主要教学媒介。在第69条款下,由于必须事先获得考试局总监的批准或教育部长的豁免,否则不能举办非校内的考试。

《1996年教育法令》在绪论中阐明,国家教育政策将通过一项"规定国语为主要教学媒介、国家教育课程和共同考试的国家教育制度"来加以执行。[1]华教团体的研究分析指出,《1996年教育法令》使用了复杂、隐晦的文字,不但延续了一贯单元化教育政策的本质,甚至是把"教育最终目标"变成"现行目标",华小和华文独中在法理上已失去了应有的地位。相同的,华文学校和泰米尔文学校是生存共同体,作为同是其他源流学校,两者的存亡,是互相关联的。[2]

二 问题与挑战:21世纪的教育发展大蓝图

政府于2003年起强行从小学一年级开始,在各年级逐年实施以英语教授数理科,对于母语源流的小学而言,按母语教学的法令规定,此违背母语教育原理,故毫无意外地再度引起各民族人民强烈反对。2009年,内阁宣布废除英语教授数理的政策。各源流小学从2011年开始在一年级全面使用母语教授数理科,至2016年一年级至六年级皆全面使用母语教授数理科。此外,政府实施"巩固国语,强化英语"政策(MBMMBI)取代英语教数理政策(PPSMI),但未具体说明华语、泰米尔语的发展。

在第9大马计划(2006—2010年)期间,教育部通过《2006—2010年首要教育大蓝图》大量增加国民小学(马来文小学)的各类发展项目,以落实强化国小成为各族首选学校的政策,但并未公布华小和淡小的具体发展项目。国小的1611个项目分为增建178所新国小的项

---

[1] Akta Pendidikan 1996 (Education Act 1996), Kuala Lumpur: Percetakan Nasional Malaysia Berhad, 1996.

[2] Noriyuki Segawa, "Malaysia's 1996 Education Act: The Impact of a Multiculturalism-type Approach on National Integration", Journal of Social Issues in Southeast Asia, Vol. 22, No. 1, April 2007, pp. 30 – 56.

目（12亿9685万5000林吉特），337个扩建国小校舍项目（6亿5682万8000林吉特），890个重建国小校舍项目（21亿7050万7000林吉特），以及延续在第8大马计划下仍未完成的206个各类建校项目（2亿2987万林吉特）。①

显然，经过了近40年，马来语文及文化作为建构"国族"身份的隐议程，尝试以国语（马来语）打造"马来西亚国族"的政治议程，仍旧是其他族群所必须面对的问题，这也导致由于感受到被同化的威胁而产生的抵抗。这样的威胁感，明显地反映马来西亚的华教运动从未曾消退，且随时因议题而长期处于备战状态。凡出现这些议题时，华印和其他少数族群联手抗议已形成合作常态。建立"国族"，包容多元，是马来西亚各族认为最理想的教育政策。然而，在实践上，马来西亚政府始终贯彻是以"国语（马来语）"来打造马来西亚国族的终极目标。近年来，教育政策包容多元及保护母语语言的议题一再被挑起，各源流学校如何应对这项议程，是教育政策沿革过程中过去、现在及未来不可回避的一环。究竟是走向同化，还是趋向开放多源，仍有待持续观察。

（一）《2001—2010年教育发展蓝图》（Pelan Pembangunan Pendidikan 2001－2010）

教育部于2001年5月发布《2001—2010年教育发展蓝图》，而内阁也于2001年6月20日的会议上通过这份蓝图。教育部长丹斯里慕沙莫哈末（Musa Mohamad）于2001年10月13日公布蓝图，确认全球化、自由化、信息工艺发展为国家带来内在和外在的挑战，特别是建设以知识为基础的知识经济制度对培养新时代具有竞争能力人才的意义。为此，学校教育教学必须进行改造与创新，以培养智力、技能、体质、感情、精神均衡发展的人力资源，并致力提高他们的生产力、竞争力、创造力。蓝图不忘阐明"国家教育政策"就是在执行《1956年拉萨报告书》的"最终目标"，以达致"国民团结"。

---

① 沈天奇：《马来西亚政府增建学校的制度和运作机制：兼谈增建各源流小学》，《马来西亚教育评论》2018年第2期。

(二)《2006—2010年教育发展大蓝图》(Pelan Induk Pembangunan Pendidikan 2006—2010)

2007年1月16日,在教育部长拿督斯里希山慕丁(Datuk Seri Hishammuddin Tun Hussein)的陪同下,首相拿督斯里阿都拉主持推介并发布《2006—2010年教育发展大蓝图》(Pelan Induk Pembangunan Pendidikan 2006-2010),简称《五年教育蓝图》(PIPP)。《五年教育蓝图》仅以国语版发布,分十个章节共142页。

时任首相在《五年教育蓝图》的"献词"中强调,马来西亚作为一个发展中国家,面对世界各国的强大竞争压力与挑战,必须采取和以往不同的策略,特别是需要从能力和智力方面发展人力资本,才能提升国家生产力和竞争力,从而达成2020年宏愿。而国家教育制度的素质乃是达成人力资本发展议程的关键,这个世界级的教育制度所培养的人力资本,不仅具备足以在全球人力市场竞争所需的知识与技能,尚须具备全面发展、进步、有崇高道德和伦理观的素养。另一方面,首相也特别强调,有鉴于我国社会的多元性,有关的教育制度也须致力于营造一个团结与宽容的社会。

教育部长希山慕丁在《五年教育蓝图》的推介礼上表示,这份教育蓝图采取两点策略:一方面须继续推行上一个五年计划有待完成的项目;另一方面则须改善现有学校和教育机构,以便提升马来西亚的国际形象。他说,通过这项《五年教育蓝图》及随后另外两个计划的实施,我国期望在2020年达致发达国家的宏愿。这份教育蓝图的主题是"为改革铺路:一个国家的使命",它不是即时的改革,而是提供稳固的基础,以便落实全面的改革。

大蓝图虽然提出了许多进步的教育理念,但基本思想却脱离不了单元教育政策的传统框架,未能体现公平对待各族群母语教育的基本原则。例如大蓝图提出强化国民学校作为核心策略;第4章第4.26节明确说明政府鼓励在学前至中学阶段的教育建立一个以国语为媒介语的制度,而其他主要族群的语文则列为选修科;第6章第6.01节则引述马来学者阿米努丁巴吉(Aminuddin Baki)于1953年所提出的观点:"现有教育结构的错误是多元语文源流的制度已经,并且正在鼓励种族隔离",来说明通过单一源流学校促进国民团结的重要性。

这份《教育发展蓝图》的第一个核心策略，就建立在教育的社会政治功能基础之上。这个核心策略是"塑造马来西亚国族，建立马来西亚民族国家"，体现"一个国家，一个民族"的旨意，具体内涵包括：强化马来语文作为团结基础和学习知识的语文；巩固团结和国家统合；培养对民族艺术、文物和文化的热爱；明确回教文明在营造思维和社会生活的应用。其中提出了"强化国语"的概念，重申马来语是国族共通语言和民族团结的工具，以及作为教育领域的首要媒介语言。从这四方面内涵来看，这一核心策略在于通过语言、文化、教育，为民族国家重新定位，塑造民族个性，以抵制全球化时代来自不同群体文化的碰撞所引起的"民族国家的理想、文化、价值和尊严"的消失。①

这份蓝图再次提出建立"一个国家、一个民族、一种文化、一种语文、一种源流学校"的单一民族国家制度，注重伊斯兰教文明，强化国民小学和国民中学为所有族群的首选学校。继续贯彻《1956年拉萨报告书》所强调的"以国语为所有学校主要教学媒介"的"最终目标"，特别强调在学前至中学阶段，建立一个以国语为教学媒介语的教育制度，实行统一的课程和考试，扩展马来语的使用以强化其地位，而国内其他民族的语文仅作为中小学的一个选修科目，以边缘化华文小学、泰米尔文小学、教会学校的发展。②

（三）《2013—2025年马来西亚教育发展蓝图》（Pelan Pembangunan Pendidikan Malaysia 2013 – 2025）

教育部于2012年9月推介《马来西亚教育发展蓝图初步报告（2013—2025年）》（下称"教育蓝图"），为马来西亚接下来13年的教育路线图制定方向与愿景。纵观整本《教育蓝图》，从教育专业的角度而言，它对国家教育提出了许多教育改革计划，其目的在于落实和贯彻均衡发展的素质教育，进而为国家培育有素质、有竞争力的人力资本。

此蓝图耗资马币2000万元，制定过程经广泛意见收集，即四份国际专业机构报告、六份国内大学专案研究、数十场巡回汇报会与市民交流

---

① 林国安：《〈2006—2010年教育发展大蓝图〉价值取向评议》，《马来西亚华文教育》2007年第7期。
② 叶新田：《马来西亚华文教育的现况与展望》，载丘进《华侨华人研究报告（2013）》，社会科学文献出版社2014年版，第277页。

会，其中亦涵盖数万利益相关者（教育部官员、校长、教师、学生、家长），以及逾二百份民间组织所提呈的备忘录。正因如此，《大蓝图》具有一定的民意基础、专业性与公信力。[1]

回顾马来西亚几份教育蓝图，马来西亚教育愿景已从20世纪90年代的以国家议程和人力资源服务为主，转化至《大蓝图》以学习为中心，学生学习为教改核心。这实属正面与正确之发展。虽然《大蓝图》无法开创教育发展新格局、站在教改的最前端，但其至少如实回应了21世纪的教育需求，并逐步将国民教育与国际教育发展脉络接轨。[2]

这一份发展蓝图继续贯彻了单一民族国家理念，落实了《1956年拉萨报告书》单元主义教育政策的"最终目标"，固守了"多元语文源流学校是国民团结的绊脚石"的观念，强调华文小学、泰米尔文小学必须强化国语教学，以达成国民身份认同的培养目标。它提出华文小学和泰米尔文小学4—6年级采用与国小同等水平的国文课程纲要、教科书与教学模式，大幅度增加国语正课教学和补习课时（从现有每周180分钟增至570分钟），废除中学预备班，为学生升读国中铺路，实现国民学校成为首选学校的意图。在这蓝图当中，依旧"不提华文小学、泰米尔文小学和教会学校等长期面对的问题，不提解决问题的全面具体方案，漠视和边缘化这些学校的建设与发展"。[3] 然而，强化国语教学并无不妥之处，因为身处多元族群的马来西亚，在保有自身母语的同时，也应当拥有共同的沟通语言，促进国民之间的互相了解。

若不谈"语文"教育，回顾马来西亚整体教育的现况，基础教育的覆盖率逐年增加。例如：学前教育并非强制教育，但在2016年的数据中，也达到了高达85.6%的学子入读学前教育；而基础小学教育则为97.2%，中学教育则是85.8%。[4] 在正规的学术教育之外，近年来，马来西亚在教

---

[1] 江伟俊：《崩坏的十年：马来西亚教育大蓝图跟进研究》，《马来西亚教育评论》2016年试刊号。

[2] 江伟俊：《崩坏的十年：马来西亚教育大蓝图跟进研究》，《马来西亚教育评论》2016年试刊号。

[3] 叶新田：《马来西亚华文教育的现况与展望》，载丘进《华侨华人研究报告（2013）》，社会科学文献出版社2014年版，第277页。

[4] Ministry of Education Malaysia, *Annual Report 2016*: *Malaysia Education Blueprint 2013 – 2025*, p. E – 7.

育策略的发展规划上，逐渐重视发展技术与技职教育（Technical and Vocational Education and Training, TVET）教育，并列为十大重点发展方向之一，以德国的技职教育为范本，逐步设立、完善一个专属从基础教育到大专专业，专属技术与技职专业的教育制度，作为长期战略，补缺国家在这领域的人力资源匮乏的问题，也重塑技职教育被视为"3D"——肮脏（Dirty）、困难（Difficult）和危险（Dangerous）的刻板印象，与传统学术教育平起平坐。

马来西亚的教育政策，奠基于英殖民时期的基本模式发展、改革及转变，进入21世纪，其所制定的未来发展方向是在全球化环境下，以多样性、包容性与平等性及着重未来就业前景为教育政策的发展导向。自独立以来，马来西亚教育政策致力于以马来文化、马来语言、马来教育为主导的国族建构作为教育政策的基本理念，也因此在独立六十年后，依然纠结于是否统一（以马来文为主）多源流教育政策。

由此而言，马来西亚教育政策及面对的问题，还停留在独立前争执的语文教育政策框框之中，反而忽略了教育的本质。追本究源，种族主义仍影响着马来西亚的教育政策及实际运作。在十二年的基本义务教育当中，依旧周旋于民族和教育捆绑的复杂情绪，而忽略了如何提升教育的整体素质。

马来西亚学子的竞争力在全世界评比中的结果必须引起马来西亚教育前瞻的重视。在2018年公布的国际学生评估计划（PISA）中，虽较2009年有少许提升，缩小了与经济合作与发展组织（OECD）的平均差距，但在阅读、数学、理科的评估指标中，仍低于平均值，在80个国家中排名第59位。[1] 马来西亚历年来推行的教育政策及大蓝图，有着宏观的展望，但是在实质行政及执行上，仍然有许多无力、无效的困窘。

寄望在2025年后的未来教育蓝图及教育政策能够回到教育本质，从教育问题上着手，清理障碍。然而，从马来西亚教育的历史发展来看，政治、教育、经济、文化互相牵制，能否走出当前停滞不前的困境，取决于

---

[1] 根据2018年公布的国际学生评估计划（PISA）表现分数，PISA评估分数最高为800分，平均数值为：阅读487分、数学489分和理科489分。反观马来西亚的学生获得的数值，在阅读、数学、理科三方面的评估分数值上，分别是415分、440分和438分。严格上而言，均低于平均值。

政策制定者们能否摒弃族群、文化、利益的族群本位,单纯从提供马来西亚莘莘学子高素质教育来培养高素质、独立思考、有创造性的国家未来栋梁。①

联合国教科文组织(UNESCO)发表的2014—2021年的教育策略中阐明,全民教育计划(EFA)及千年发展目标(Millennium Development Goals)的最终愿景是引导接受教育者走向更快乐、更健康及更高的生活质量。值得警示的是,当今世界各国的教育皆以该国的多数族群为主要教育导向,进而将非多数族群的利益排除在外,联合国的研究报告指出这将对孩童的教育发展造成严重的影响。此影响不仅仅局限于教育,甚至会逐步冲击孩童自身的生活方式、文化、语言等人格发展,这与联合国所倡导的互相尊重及跨文化对话的宗旨是相悖的。

联合国教科文组织针对教育所提出的立场是纵使多语言的教育会增加教育经费,但是从长远的眼光来看,有利于孩童的学习。鉴于此,联合国教科文组织认为,第一步所需跨越的藩篱是提供孩子们所熟悉的语言作为学习环境,而在此大前提之下,国家必须认同多语言的学习价值。在这方面,马来西亚的基础教育是相当符合联合国教科文组织的教育策略,即从宏观层面上,符合"尊重多元教育"的理念。在独立前和独立后60余年,虽然贯彻"国语(马来语)"作为打造"马来西亚"国族的最终目标,但就目前情况而言,这些多源流教育仍能在这片土地上生存,向世界展示着马来西亚仍然能保持着尊重多元文化、族群的大方向。基础教育,如国文小学(意即马来文小学)、华文小学及泰米尔小学,仍然隶属于国家教育体系之下,甚至还有从小学到大专的华文教育,从族群所需的语言教育而言,不可谓不多元。即便是教育系统,也是开放性的,在政府学校以外,还有宗教学校、私人学校、国际学校等教育选项。若以此继续作为国家教育发展的导向,马来西亚的教育发展可谓符合联合国教科文组织的要求。

---

① 按照国家教育政策发展大蓝图,无论是基础教育抑或是高等教育,皆旨在培养有独立思考能力、有创造性的下一代。详见《2013—2025年马来西亚教育发展大蓝图》及《2015—2025年马来西亚高等教育发展蓝图》。

第八章 旅游业概况与前景探析

旅游业是马来西亚的支柱产业之一，是继制造业和商品交易之后第三大国内生产总值（GDP）来源。近年来，全球旅游业增长迅速，马来西亚也寻求在这一趋势中推动本国旅游业发展迈上新台阶，适时推出"造访马来西亚2020"旅游年促进活动，期待实现 3000 万游客和 1000 亿马来西亚林吉特旅游产值的预期目标。尽管新冠疫情使得马来西亚旅游促进计划和全球旅游业受挫，马来西亚旅游业发展的趋势与前景，仍值得我们借鉴与关注。

第一节 旅游业起步与发展

马来西亚旅游业起步于 20 世纪 60 年代，早期偏重国际旅游市场的开发，使国际旅游成为马来西亚外汇收入的第二大来源。马来西亚专设官方机构，进行旅游行业的全面管理与推广，在区域和国际范围开展旅游行业相关交流与合作，提升马来西亚国内外旅游的竞争力，同时探索旅游业中的发展新机遇。

一 马来西亚旅游管理与推广

马来西亚管理旅游业的政府部门是隶属于旅游、艺术和文化部（Ministry of Tourism, Arts and Culture, MOTAC）的马来西亚旅游局，这一部门的前身可以追溯至 1959 年马来西亚贸易部下属的旅游局。[1] 旅游业为马来

---

[1] 从马来西亚旅游、艺术和文化部的名称变更中，我们也可以窥见马来西亚旅游业在国家发展中受到的关注与重视：1987 年成立的文化和旅游部，在 1992 年更名为文化、艺术和旅游部；2004 年这一部门被分割，形成独立的旅游部；2013 年马来西亚在第十三次大选之后，旅游部重新更名为旅游和文化部；2018 年，在马来西亚第十四次大选组阁之后，更名为旅游、艺术和文化部。详见 http://motac.gov.my/en/profile/history。

西亚带来稳定外汇收入来源，同时提供大量就业机会，在马来西亚的第二个五年规划（1971—1975）中，就强调了旅游业在经济发展中的重要作用。①马来西亚的国内和国际旅游推广由马来西亚旅游促进局（Malaysia Tourism Promotion Board-MTPB）负责。这一机构的前身，马来西亚旅游发展局（The Tourist Development Corporation of Malaysia-TDC）成立于1972年8月10日，曾隶属于马来西亚贸易与工业部；1987年5月20日马来西亚文化、艺术和旅游部成立后，旅游发展局随即由这一新成立的部门接管。根据1992年《马来西亚旅游促进局法案》，这一机构更名，成为马来西亚旅游官方推广机构。在机构的官方网站（https：//www. tourism. gov. my/）上，说明了马来西亚旅游市场推广、将旅游产业打造为国家社会经济发展主要板块的六个分目标：②（1）推动马来西亚成为一个优秀的旅游目的地；（2）展示马来西亚独有的奇观、景点和文化；（3）提升马来西亚的会展旅游市场份额；（4）以增加马来西亚旅游观光人数和延长游客旅游天数的方式，提升马来西亚旅游收入；（5）鼓励马来西亚旅游业及相关产业发展；（6）帮助马来西亚发展国内旅游并促进新投资，同时提供更多的就业机会，使得旅游业壮大为国家经济发展和国民生活质量带来积极作用。

2020年之前，马来西亚旅游促进局在全球许多城市开设实体的马来西亚旅游推广办公室，为计划前往马来西亚旅游的国际游客提供咨询便利。旅游、艺术和文化部根据1992年《旅游产业法案》（Tourism Industry Act），作为旅游管理和推广的上层政府机构，行使以下职能：

面向旅游经营行业和个人，负责旅游业相关从业资质的申请与审查核发，并为行业从业人员提供相关的指导、数据信息等帮助；

面向国民和国内外游客，提供有质量和及时的旅游业服务，推动全社会对旅游产业的参与和促进；

国家层面，在马来西亚进行旅游基础设施建设，推动提升马来西亚成为国际和国内游客旅游的首选目的地。

为了保障旅游行业的发展质量，马来西亚旅游促进局出台本国"旅游

---

① *MOTAC's History*, January 7, 2019, http：//www. motac. gov. my/en/profile/history.

② *About Tourism Malaysia*, https：//www. tourism. gov. my/about-us/about-tourism-malaysia.

质量保证"（Malaysia Tourism Quality Assurance-MyTQA），对符合资质的旅游业经营单位颁发专属认证，以此规范、提升旅游行业运作的标准与相关产品和服务的质量。

马来西亚旅游网站（https：//www.malaysia.travel/），是官方面向游客，宣传马来西亚旅游的网络平台，用大幅图片和简单文字直观展示马来西亚特色美景、美食，吸引浏览者点击探索马来西亚的人文与自然风景。同时，这一网站还展示了各项旅游主题活动与相关旅游活动的促销与优惠集合，为马来西亚旅游的潜在消费者提供丰富的旅游产品和线路参考。

借助实体办公室、马来西亚旅游促进局官方网站（https：//tourism.gov.my/）和各类社交网络平台的官方账号，马来西亚不仅直接宣传了其境内的文化自然风光，鼓动游客前往观光与探索；在对文化节日与习俗的宣传中，也间接提升了马来西亚的文化软实力。根据伦敦品牌金融（Brand Finance）咨询公司对国际软实力研究的数据，马来西亚软实力在全球居于第33名，在东南亚国家的软实力排名中位居第三，在新加坡和泰国之后。[①]

马来西亚旅游促进董事会目前的国家旅游推广活动分为三个主题："造访马来西亚"（Visit Malaysia Year）旅游年活动，自1990年首次进行后，1994年和2007年的两次旅游推广，使得马来西亚游客数量分别突破了1000万和2000万，随后旅游促进董事会将"造访马来西亚"活动确立为周期推广活动，[②]最近一次的2014年"造访马来西亚"旅游年活动，吸引了2800万游客造访马来西亚。

2015年首次举办的"节庆之年"（Year of Festivals）[③]推广，是2014年旅游推广之后的延续活动，以宣传马来西亚的多元文化为出发点，将马来西亚打造成为吸引高端游客的旅游目的地，集合政府机构、私营单位、非政府部门和不同规模的工商业营业者，借助全国多民族环境下的众多节庆活动，以文化节日、购物节、美食节、生态旅游、艺术展示表演、国际活动等形式，鼓励引导游客延长在马来西亚的旅行天数，增加旅游消费。

---

① *Brand Finance：Global Soft Power Index 2020*, p. 3, https：//brandirectory.com/globalsoftpower/download/brand-finance-global-soft-power-index-2020.pdf.

② *Visit Malaysia Year*, https：//tourism.gov.my/campaigns/view/visit-malaysia-year.

③ *Year of Festivals*, https：//tourism.gov.my/campaigns/view/year-of-festivals.

"魅力亚洲，马来西亚"，①是马来西亚独特多元文化特质的旅游宣传定位。位于海洋东南亚的多民族、多信仰国家马来西亚，受到伊斯兰文化、华人文化和西方殖民者带来的欧洲文化影响，这种多元性延伸到马来西亚的城市景观、自然风光、语言、生活方式和食物，成为马来西亚观光的独特竞争力。正是在此基础上，马来西亚旅游局与马来西亚国家档案馆、国家图书馆、博物馆事务局、国家遗产局、文化和艺术局、文化宫、艺术文化和遗产学院、马来西亚手工艺品发展局、国家视觉艺术发展局、伊斯兰旅游中心、马来西亚会展局等多个官方机构合力打造"魅力亚洲"标签的丰富旅游产品，使不同类型到访马来西亚的游客，可以尽享购物、观鸟、高尔夫、游船、潜水、钓鱼、帆船、自行车骑行、婚礼和蜜月旅行等各类观光度假活动。

在此基础上，马来西亚旅游、艺术和文化部还建立网上公共投诉管理系统，②集思广益，吸收各方对旅游、艺术和文化事务公共服务的投诉、表扬、咨询和建议。

二 对接国际标准，开展区域和国际合作

1966 年，马来西亚联合国教科文组织全国委员会成立，以对接与联合国教科文组织的合作。③马来西亚通过世界遗产、非物质文化遗产的评选，把入选项目与技艺作为旅游的宣传亮点，使得马来西亚的文化艺术可以为本国民众和游客所了解认识。马来西亚现有联合国教科文组织评选公认的世界遗产四项，④其中位于西马来西亚的两项，马六甲海峡历史城镇马六甲和乔治城（Melaka and George Town, Historic Cities of the Straits of Malacca）、玲珑谷地（Archaeological Heritage of the Lenggong Valley）的考古遗址，为文化遗产；位于东马来西亚的两项，基纳巴卢山国家公园（Kinabalu Park）和穆鲁山国家公园（Gunung Mulu National Park），为自然

---

① *Malaysia, Truly Asia*, https：//tourism. gov. my/campaigns/view/malaysia-truly-asia.
② 这一系统的网址，https：//motac. spab. gov. my/eApps/system/index. do。
③ 参见联合国教科文组织马来西亚网页，https：// unesco. org. my/v2/permanent-sub-committees/culture/。
④ 参见联合国教科文组织世界遗产大会马来西亚网页，https：// whc. unesco. org/en/states-parties/my。

遗产。非物质文化遗产三项，马来武术（Silat）、冬当沙央（Dondang Sayang）和玛咏剧（Mak Yong theatre，2008）。①马来西亚政府希望借助这些资源，发展生态旅游。由旅游、艺术和文化部牵头，联合农业部、交通运输部、科学、技术与创新部和马来西亚初级产品工业部等多部门进行不同分工，希望将马来西亚旅游业发展成为一个对自然环境友好、推动人与自然和谐共处，同时为当地居民创造效益的可持续发展产业。②

在挖掘自身人文自然风光特色之外，马来西亚旅游注重区域和国际合作。借鉴欧盟旅游的发展经验，马来西亚注重同周边国家展开旅游领域的合作。作为东盟区域一体化进程中的一个区域集群，马来西亚与文莱、印度尼西亚、菲律宾四国在 2017 年共同发布《2025 年东盟东部增长区共同展望》③（BIMP-EAGA），展望四国在未来的发展合作计划。在旅游领域，文莱、马来西亚、印尼和菲律宾四国计划到 2025 年，打造 16 个群落生态旅游点、12 条至少包括两个国家的旅游线路、在每个国家建立 4 个达到可持续生态旅游和东盟标准的群落、新建连通东盟东部四国的陆路和海路交通基础设施，④ 为发展生态旅游产品提供基础支持。⑤

东盟东部增长区四国将区域旅游的主题确立为"赤道亚洲"，进行生态旅游的集合推广，其中的亮点就是发展群落为基础的生态旅游（com-

---

① "Browse the Lists of Intangible Cultural Heritage and the Register of Good Safeguarding Practices", https: //ich. unesco. org/en/lists? text = &inscription = &country = 00131&type = .

② Badaruddin Mohamed, "The Development of Ecotourism in Malaysia—Is It Really Sustainable?" Paper presented at *International Year of Ecotourism 2002*, Regional Conference in Chiang Mai/Thailand, March 3 – 7, 2002; Community Based Ecotourism in Southeast Asia, http: //www. hbp. usm. my/tourism/Papers/paper% 20chiang% 20mai. htm.

③ "东盟东部增长区"（East Asean Growth Area）这一概念的地理范围包括文莱全境，印尼的马鲁谷和西巴布亚，马来西亚的沙巴、砂拉越和联邦管辖的纳闽岛，菲律宾的棉兰老岛和巴拉望省。这些地方均远离各自的行政首都，陆地面积达到四国总面积的 60%，但人口和劳动力只占四国总数的 20% 和 18%，因此开展区域内的国际合作势在必行。这一概念在 1994 年首次提出，但随后东南亚各国就遭受 1997 年亚洲金融危机和气象灾害，对经济、就业和农业产生的消极影响使这一概念推进受阻。直到 2017 年 4 月，四国发布 2025 年《共同展望》，以期推进切实合作。详见 *BIMP-EAGA Vision* 2025，April 1, 2017, https: //bimp-eaga. asia/index. php/documents-and-publications/bimp-eaga-vision-2025。

④ *BIMP-EAGA Vision* 2025, p. 39.

⑤ *BIMP-EAGA Vision* 2025, p. 40.

munity-based ecotourism-CBET）。①

为了推进展望实现，四国设计了五大战略支柱：连通支柱、食品供应支柱、旅游支柱、环境支柱以及社会文化和教育支柱。尽管文莱、马来西亚、印度尼西亚和菲律宾四国的旅游资源相似，但是各国的旅游体验仍然各有特色，存在合作共赢空间。在这一区域，拥有联合国教科文组织认可的世界遗产六项，同时还有许多国家级遗产、文化景点、自然公园等。就马来西亚的情况，东盟东部增长区的东马来西亚旅游资源虽然丰富，但旅游业发展仍然需要硬件设施投资、市场营销和推广宣传等助力，进行跨国区域合作，不仅能够招募资金与人力资源，建成后也会成为东盟特色的创新旅游产品，促进东盟国家间的人员往来，激发马来西亚旅游的活力与竞争力。

在《共同展望》中，四国在增进海陆空基础设施连通建设、发展生态旅游和旅游圈等目标达成共识，把环境保护与发展旅游相结合，通过区域贸易、旅游和投资三个方向来推动东盟四国次区域的深度融合：工业领域，发展具有竞争力的绿色制造业，将本地丰富的原材料加工成为附加值较高的工业产品；农业领域，发展可持续、具有竞争力和应对气候变化的农林渔业，保证食品安全、促进出口和提升当地居民就业和生活质量；旅游服务业领域，将东盟东部增长区发展成为多国合作的基础设施连通、可持续发展的优质生态旅游目的地，使得欠发展区域真正从中受益。②

中国与马来西亚在旅游产业的合作也逐步走向深入。2019年亚洲文明对话大会上，习近平主席倡议实施亚洲旅游促进计划，进一步促进中国与亚洲国家旅游交流与发展。旅游不仅助力经济增长，也推动两国人民在人文领域的交流，增进民心相通，互惠两国人民。中国和马来西亚两国有着丰富的文化、艺术和遗产，通过有效规划、开发和推广，两国在旅游领域有着广阔的合作空间。③ 2018年，中马两国的双向旅游交流规模已突破

---

① 这一概念有很多定义，世界自然保护联盟（IUCN）将其定义为"在享受和欣赏自然及其文化特点的同时，践行对环境负责地旅行，避免对环境造成干扰。一方面推动保护，另一方面降低游客影响，为当地居民提供有益的社会经济参与与效益"的以群落为基础的生态旅游，是一种为旅游目的地当地族群提升生活质量，以可持续形式发展的旅游。

② *BIMP-EAGA Vision* 2025, p. xi.

③ 沈啸：《中国马来西亚文化旅游　推介暨商务洽谈会举办》，《中国旅游报》2020年1月20日。

400万人次,在"21世纪海上丝绸之路"的倡议下,双边交往取得了巨大发展,2020年是"中国马来西亚文化旅游年",中马两国在文化旅游的合作进一步加强:2020年1月19日,旅游年活动在马来西亚吉隆坡开幕,同时吉隆坡中国文化中心揭牌,新成立的文化中心在疫情期间仍然举办了多种线上和线下活动,促进中马文化交流和传播;[①] 2020年9月26日,马来西亚国家动物园启动"中马文化旅游月·相约大自然"活动,此次活动将文化体验与亲近自然相结合,提振国内旅游的同时,进一步增进两国文化交流;[②] 2020年11月6—8日,在苏州国际旅游博览会上,马来西亚参展"境外深度游区",宣传马来西亚丰富多样的旅游资源与文化体验。

三 探索旅游产业新机遇

在传统的人文自然旅游之外,马来西亚也在挖掘本国旅游业的发展新机遇。在参与国际旅游展会宣传马来西亚与推进国际合作的同时,马来西亚也在发展本国的国际旅游展(Malaysia International Travel Mart-MITM),吸引国际、国内公共和私人旅游机构参展,把会展旅游、穆斯林旅游和医疗旅游打造成为马来西亚旅游市场的发展新动力。

(一) 会展旅游

会展业(Meetings, Incentives, Conventions, and Exhibitions-MICE)包括会议、奖励、展览和与之相关的商务旅游业,以举办各类会议和展览,如大型国际博览会、展览会、交易会、运动会、招商会、经济研讨会等吸引商务游客,开拓产品市场、促进信息交流,并以此带动交通、住宿、商业、餐饮、购物等多项相关服务行业的发展。马来西亚境内有6个国际机场、16个国内机场,60多条国际航线把马来西亚同国际上100多个目的地城市连接起来。在交通和旅游业发展的基础之上,马来西亚推动会展业发展可谓水到渠成。马来西亚会展旅游开展的时间不长,但发展速度较

[①] 林昊、王大玮:《吉隆坡中国文化中心疫情期间多种形式促中马交流》,2020年9月6日,新华网,http://www.xinhuanet.com/world/2020-09/06/c_1126459495.htm。

[②] Malaysia China Culture & Tourism Month, http://zoonegaramalaysia.my/ccckl.html#:~:text=Malaysia%20China%20Culture%20%26%20Tourism%20Month.%20Malaysia%20and, October%2011th%2C%202020%20at%20the%20Zoo%20Negara%20Malaysia.

快：马来西亚现有 8 个展览场地面积超过 1 万平方米的会展中心，与专业会展组织、目的地接待公司、航空公司、餐饮业、酒店业、旅行社、景区、购物中心等相关行业形成会展服务体系，硬件与软件配合，马来西亚的安全环境、营商环境、语言氛围和文化旅游建设，共同铸就其成为亚太地区会展旅游的首选目的地之一。① 大部分参与会展的专业人士，在工作事务结束后会转化为游客，在当地停留观光，且平均消费高于普通游客。根据国际展览业权威人士估算，会展业的利润是 20%—25%，对经济的带动作用通常在 1∶5 到 1∶10 之间。②

2009 年成立的马来西亚会展局（MyCEB），即是马来西亚加强会展旅游业，建立马来西亚国际会展业品牌的又一举措。作为马来西亚旅游、艺术和文化部的下属机构，会展局与马来西亚航空和马来西亚旅游局结成战略合作伙伴，旨在提升国际会议协会③中的会议目的地国家排名，推动马来西亚商务旅游的发展。④会展旅游是马来西亚旅游业的重要部分，通过承办展会和旅游接待，马来西亚收获比接待普通游客更高的经济收益，同时在更大范围推动马来西亚的国际交流，传播马来西亚的文化影响力。

（二）穆斯林旅游

穆斯林旅游，也称伊斯兰旅游或清真旅游，是穆斯林经济⑤中生活相关产业消费的组成部分。穆斯林旅游是指坚持伊斯兰价值观，满足穆斯林旅行者需求的旅游产品和服务，主要包括符合伊斯兰教义的礼拜场所和饮食需求。⑥伊斯兰教的艺术、文化、现代时尚和家庭出行推动了穆斯林经

---

① 参见李永芬《会展旅游：马来西亚旅游业增长的新引擎》，《东南亚纵横》2009 年第 7 期。
② 《马来西亚会展业前景广阔》，http：//shangwutousu. mofcom. gov. cn/aarticle/ddgk/zwjingji/as/200704/20070404566214. html。
③ 国际会议协会（International Congress and Convention Association -ICCA）成立于 1963 年，总部位于荷兰（欧洲），同时在马来西亚（亚太）、南非（非洲）、阿联酋（中东）、美国（北美）和乌拉圭（南美）设有区域办公室。国际会议协会集合会展事务中的各方面精英和目的地选择，在全球有将近 100 个国家的 1100 多家公司和组织会员。详见 https：//www. iccaworld. org/abouticca/。
④ *MyCEB corporate overview*，https：//www. myceb. com. my/about-us/corporate-overview。
⑤ 伊斯兰经济，是指基于穆斯林信仰的世界观，包括其教义和价值观所形成的生活方式涉及的消费行为和商业实践，详见 DIEDC STRATEGY，https：//www. iedcdubai. ae/strategy/。
⑥ Mohsin, A., Ramli, N., & Alkhulayfi, B. A., *Halal Tourism: Emerging Opportunities. Tourism Management Perspectives*, pp. 19, 137 – 143, 2016, DOI：10. 1016/j. tmp. 2015. 12. 010.

济三大支柱的形成：穆斯林金融、清真产业和穆斯林生活相关产业。① 根据迪拜的伊斯兰经济发展中心预测，穆斯林经济有望在 2021 年末从疫情影响中恢复增长，并在 2024 年成为一个 2.4 万亿美元规模的消费市场，其中包括清真食品、时尚品、家庭友好旅游、清真药品、化妆品和传媒娱乐等。②

伊斯兰教作为国教，对马来西亚产生了广泛影响，与马来风俗关联，成为马来西亚文化的一部分，也对该国的旅游业和制造业产生联动的经济影响。穆斯林旅游业既是马来西亚清真产业中的重要组成，同时也在世界旅游细分市场中占据重要份额。2019 年，全球总计有 1.4 亿穆斯林游客，占游客总量的十分之一，在后疫情时代，穆斯林旅游市场的份额有望继续增加。③ 面向全球 18 亿穆斯林人口的市场机会，马来西亚在全球穆斯林经济发展中率先布局，早在 2004 年，时任马来西亚总理阿卜杜拉·艾哈迈德·巴达维在首届马来西亚国际清真展④上发布了首个官方清真标准（MS1500：2004），对清真产品的生产、设备、处理和储存进行规定，并由马来西亚伊斯兰发展部（Jabatan Kemajuan Islam Malaysia-JAKIM）负责清真产品标准的认证工作。这一标准使得清真产品从制造到流通中的各个环节操作有据可依，穆斯林消费者能够信任和接受获得认证的非穆斯林生产商制造的产品。在未有全球清真标准情况下，马来西亚清真产品获得了广泛的国际认可，成为实质上的"国际标准"。也正因如此，马来西亚的食品公司成为东京奥运会清真即食产品的主要供应商。

在马来西亚清真产品走向全球的同时，马来西亚也着重在旅游业中发展面向穆斯林的宗教友好式旅游，实现伊斯兰经济中马来西亚旅游业与清

---

① *DIEDC Strategy*, https://www.iedcdubai.ae/strategy/.

② *State of the Global Islamic Economy Report 2020/21*, http://www.salaamgateway.com/SGIE20-21.

③ 根据皮尤研究中心的数据，穆斯林人口增长率为 70%，超过全球平均 32% 的人口增长率；2015 年全球穆斯林人口为 18 亿，占全球总人口的 24.1%，到 2060 年，这一比例将增至 31.1%。详见 "Why Muslims are the World's Fastest-growing Religious Group", April 6, 2017, https://www.pewresearch.org/fact-tank/2017/04/06/why-muslims-are-the-worlds-fastest-growing-religious-group/。

④ 马来西亚国际清真展（Malaysia International Halal Showcase-MIHAS）是国际清真产业规模最大的商业平台，自首届举办以来至今已经举办了 16 届。自首届开展以来，已累计吸引来自 44 个国家和地区的 1002 名参展商、1200 个贸易代表团、88 个国家和地区的 29946 名访客参与展览，举办了 168 场产业专家讨论会和演讲，并促成了 16 亿林吉特的贸易。马来西亚对外贸易发展局（MATRADE）负责这一展会的组织工作，详见 https://mihas.com.my/。

真产品的互相推进。根据清真旅游机构新月点评（Crescen Rating）和消费结算机构万事达卡（Master Card）联合发布的全球穆斯林旅游指数（Global Muslim Travel Index-GMTI），马来西亚多年蝉联穆斯林旅游友好目的地榜首位置，[1]成为穆斯林旅游的首选之地。

（三）医疗旅游

近年来，医疗旅游成为马来西亚旅游发展的一个新方向。跨境医疗服务（非传染病类别）需求，自2018年开始，以8.8%的年均增长率在全球发展，预计到2024年，全球医疗旅游市场份额达到280亿美元。根据医疗旅行质量联盟（Medical Travel Quality Alliance -MTQUA）的统计，在东盟国家中，泰国、马来西亚和新加坡医疗旅游产业占据领先地位。马来西亚现有经过国际联合委员会（Joint Commission International -JCI）认证的医疗中心13家，数量在东盟国家中位居泰国、新加坡和印度尼西亚之后，排名第四；负责推广马来西亚医疗旅游的医疗旅行理事会（Malaysia Healthcare Travel Council -MHTC）曾隶属于马来西亚财政部，2011年进行了私有化改制，以期把马来西亚打造成为国际上有竞争力的医疗旅行目的地。

2018年，总计有120万医疗旅行者入境马来西亚，接受马来西亚的医疗服务，使得该国的医疗旅行产值规模达到3.62亿美元。印度尼西亚、英国、印度、菲律宾、中国、新加坡、澳大利亚、日本和美国等是马来西亚医疗旅行的主要客源地。与此同时，马来西亚医疗旅行理事会也在积极将马来西亚的79所医院成员所提供的医疗服务推广至越南、缅甸、柬埔寨、文莱、孟加拉国等东南亚和南亚国家，以及卡塔尔、阿曼和沙特阿拉伯等中东国家。在越南、缅甸和印度尼西亚等国设有代表处，为国际医疗和保健旅行者提供咨询与帮助，同时与马来西亚移民局合作，为医疗和保健旅行者提供更方便的签证申请和签发服务。[2]马来西亚的医疗旅游产业在过去五年的年均增长率保持在16%—17%，在全球和亚太医疗旅游增长中保持领先。马来西亚医疗旅游在区域内的领先地位，也得益于其"国家心脏研究所"（National Heart Institute）和33家医疗中心的联合技术支

---

[1] *Global Muslim Travel Index（GMTI）2015*，http：//gmti. crescentrating. com/.

[2] *Malaysia Healthcare in the Eyes of the World*，https：//www. malaysia. travel/peek-into-malaysia/wander-your-way/malaysia-healthcare-in-the-eyes-of-the-world.

持，将马来西亚医疗打造为亚洲心脏科和生殖科中心，借助工业革命4.0技术，如人工智能和大数据等，对国际医疗需求者进行病例的快捷传送、周密诊断、治疗和关怀服务。[①]

第二节 旅游业现状

作为马来西亚的经济支柱产业之一，旅游业在马来西亚国家发展中占据重要地位。马来西亚官方以多元方式进行旅游业推广促进活动，以保持马来西亚在国际旅游目的地竞争中的优势。

旅游业是马来西亚重要经济和外汇收入来源之一，马来西亚重视旅游基础设施建设：2019年，全国共有酒店4826家，旅游行业为马来西亚带来超过350万就业，约占全国就业总数的四分之一。[②]其主要旅游点包括：吉隆坡、云顶、槟城、马六甲、兰卡威、刁曼岛、热浪岛、邦咯岛等。2018年3月，马来西亚政府出台《2018—2020年马来西亚旅游业综合提升计划》（Tourism Malaysia Integrated Promotion Plan 2018–2020），该计划确定了马来西亚未来三年的旅游发展目标：到2020年，入境游客数量达到3600万，旅游业年收入1680亿林吉特。为了推动旅游业三年发展目标的实现，马来西亚旅游局在2019年推出七年一次的"造访马来西亚2020"（Visit Malaysia 2020，VM）计划，把"保持马来西亚在国际旅游业中的竞争力"上升为国家使命，并将目标下调，确立了"吸引游客数量3000万、创造1000亿林吉特旅游收入"作为该计划旅游促进活动的新目标，希望通过这一全年的旅游文化活动，实现旅游产业升级，并向世界推广马来西亚文化及艺术。

这种调整有其客观原因。VM计划首次于1990年推出，以"美丽马来西亚，节庆之年"为主题开幕，此次活动对马来西亚旅游的推动是十分明显的：1990年，马来西亚全年游客人数740万，相比1989年480万的游客人数，实现54%的迅猛增长。伴随这一活动的主题歌《认识马来西亚，热爱马来西亚》（To Know Malaysia is to Love Malaysia）的传播，马来

---

① Jason Thomas, "Malaysia's Medical Tourism on a High", May 3, 2019, https://theasean-post.com/article/malaysias-medical-tourism-high.

② R. Hirschmann, "Travel and Tourism in Malaysia —Statistics & Facts", December 8, 2020, https://www.statista.com/topics/5741/travel-and-tourism-in-malaysia/.

西亚在国际旅游目的地市场的领先地位初步确立。

为了促进旅游业发展，马来西亚向超过116个国家和地区的护照持有者施行14—90天不等的入境免签政策。近年来，马来西亚的游客数量与旅游收入虽然保持相对高位水平，但是增长有限，在个别年度，还出现了增长停滞和负增长。

表Ⅱ-8-1　　2010—2019年马来西亚国际旅游人次与收入统计

年份	游客数量（万人次）	旅游收入（亿林吉特）	旅游收入增幅（%）
2010	2458	565	/
2011	2471	583	3.2
2012	2503	606	3.9
2013	2572	654	7.9
2014	2744	720	10.1
2015	2572	691	-4.0
2016	2676	821	18.8
2017	2595	821	0
2018	2583	841	2.4
2019	2610	861	2.4

资料来源："Tourist Arrivals & Receipts to Malaysia by Year", https://tourism.gov.my/statistics。

马来西亚旅游的游客数量和旅游收入近年来增长趋缓，有两方面的原因：一方面，旅游并非生活必需品，一旦国际经济环境震荡影响到个体，旅游消费首先受到波及；另一方面，全球和东南亚旅游市场增长中，东盟周边国家的旅游市场发展稀释了马来西亚旅游的竞争力，马来西亚旅游产业经过多年发展，亟须创新整合。这种竞争环境督促马来西亚旅游业不断改革，订立发展规划，以求维持旅游产业的可持续增长和竞争力。[①]

2019年11月，马来西亚旅游积极参与了在英国伦敦举办的世界旅游

---

① "Executive Summary", *National Tourism Policy 2020-2030*, http://www.motac.gov.my/en/announcement/executive-summary-national-tourism-policy-2020-2030.

展（World Travel Market-WTM），重点宣传马来西亚的生态旅游、艺术与文化。马来西亚十三州为了2020年的VM旅游促进活动，计划在全年组织100多场活动，通过马六甲的历史景点、槟城的美食、彭亨州的热带雨林、沙巴的自然风光以及砂拉越的异域风情展现马来西亚的多元种族、生态文化与传统，同时展示马来西亚在体育旅游、会展旅游、医疗旅游、国际酒店等领域的竞争力。[1] 随后，在2019年底，马来西亚政府宣布，自2020年1月1日起，向中国和印度两个最大游客来源国开放电子旅游免签系统（eNTRI），只需提前完成信息注册，即可在三个月内从指定口岸入关，开始在马来西亚最长15天的旅行。[2]

2020年全球新冠疫情使马来西亚的旅游促进活动受阻。2020年3月16日，时任马来西亚政府总理穆希丁·亚辛发布首个"封国"管制令；3月18日，马来西亚旅游、艺术和文化部长南希·苏克里宣布2020马来西亚旅游年活动取消，同时冻结该部旅游业相关营业执照的场外和线上办理业务。应对新冠疫情，在马来西亚两个官方旅游事务网站上均有新冠旅游警告链接，定期通报马来西亚疫情情况、各地实时行动管制级别调整与国际旅行开放情况的最新动态。截至2020年12月22日，马来西亚新增确诊2018例，累计确诊95327例，治愈率82.8%，死亡率0.5%。在这一疫情防控基础上，面对新年假期，马来西亚政府在"有条件行动管制令"地区重新开放旅游和文化行业，并对各类聚众组织活动发布标准操作规程（Standard Operating Procedure-SOP），防范疫情传播的同时，满足民众假日出行需求。但随后马来西亚疫情暴发，到2021年1月26日，新增确诊3585例，累计确诊190434例，马来西亚政府在多地再次执行严格的行动管制令（MCO）。[3]

2020年12月23日，马来西亚总理穆希丁宣布了"2020—2030年国家旅游业政策"，在旅游业低迷的背景下，关注可持续旅游业发展和增加

---

[1] "Malaysia Hypes up Visit Malaysia 2020 Promotion at World Travel Market London"，November 5，2019，https：// www. tourism. gov. my/media/view/malaysia-hypes-up-visit-malaysia-2020-promotion-at-world-travel-market-london.

[2] 蓝慧：《为实现旅游收入目标　马来西亚对中印游客实行15日免签》，2019年12月30日，https：//www. yidaiyilu. gov. cn/xwzx/hwxw/114038. htm。

[3] COVID-19 Information，December. 22，2020，https：//www. malaysia. travel/alert.

旅游收入行动,为未来十年马来西亚旅游业和国家经济增长确立目标与方向。政策将从加强管理能力、建立特别旅游业投资区、开发智慧旅游、增加旅游需求供应、践行可持续与负责任的旅游业和升级人力资源六个方面进行战略推进。①

在旅游政策发布文件中,马来西亚对旅游业现状进行了深刻地反省:作为旅游目的地,马来西亚旅游业陷入孤岛思维、缺乏创新、缺乏服务业经验使得旅游业服务质量差、目的地管理有待提升、对传统旅游市场营销过度依赖,这些情况直接导致了作为旅游目的地的马来西亚缺乏吸引力和竞争力、游客体验不佳,在全球工业4.0发展浪潮中,马来西亚必须跳出旅游业发展舒适区,在竞争力、可持续性和包容性三个战略方向进行改革,在战略推进中排除阻碍,增加助力,扩充旅游产品和发展深度旅游,扩大旅游业的产值和增值。

表Ⅱ-8-2　　　　2020—2030年马来西亚国家旅游业政策

方面/战略行动	1	2	3	4
加强管理能力	加强高层协调,推动国民旅游政策实施 策略1:建立国家旅游委员会(NTC) 策略2:加强旅游、艺术和文化部在旅游业规划和目的地管理的权威	提升政府机构的旅游业核心能力,支持国家旅游政策实施 策略1:建立面向旅游业政府官员的旅游学院	增加当地旅游机构的旅游目的地管理能力和核心技能 策略1:授权当地机构,积极参与旅游目的地管理 策略2:鼓励主要城市的当地机构建立内部的会展旅游部门	拥抱创新治理模式,为流程参与和公私部门建立合作提供便利 策略1:在海岛旅游发展中,采取合作管理模式 策略2:采取旅游业让步的方式,加强生态旅游和国家公园的可持续融资 策略3:在政府和社会资本合作(PPP)建成旅游景点管理中,减少政府的作用

---

① *National Tourism Policy 2020 - 2030*, December 24, 2020, http://www.motac.gov.my/pengumuman/national-tourism-policy-2020-2030.

续表

方面/战略行动	1	2	3	4
建立特别旅游业投资区（STIZ）	在政府和社会资本合作（PPP）中发挥旅游业创新带头作用 策略1：让特别旅游业投资区推动高价值旅游业发展 策略2：发布关键旅游业（PPP）项目要求，使之成为旅游业投资区的增长加速器	通过特定商业便利，创造专业投资环境 策略1：为创新旅游业项目提供顶级配套资金 策略2：为旅游业中小企业降低特别旅游业资金/旅游业基础设施资金的申请提供便利 策略3：加强旅游业中小企业的能力培养	\	\
推动智慧旅游发展	通过政府和旅游产业的智慧合作，优化电子营销 策略1：推动电子化发展，建立政府与产业参与者的协同作用	推动和规范共享经济，鼓励创新 策略1：使共享经济推动非正式旅游业和农村旅游业创新	推进在旅游业规划和管理中使用大数据分析 策略1：使大数据分析支撑数据决策和未来计划	联合游客经济，优化旅游业价值链 策略1：通过数字化增加农村地区的游客经济
增加旅游需求供应	进行严密和精确的旅游业分析 策略1：生产精准市场咨询，支持未来规划	了解和满足客制化旅游需求 策略1：满足高额消费的定制旅游者的需求 策略2：鼓励高价值国内旅游者参与文化旅游景点的创意活动 策略3：修复传统高价值市场的航空联通	使用国际影响作为目的地品牌创建的一部分 策略1：宣传马来西亚作为生态旅游目的地的首选	扫清限制高价值旅游发展的阻碍 策略1：限制"零团费旅游"在价值链中对旅游产业增长的阻碍

续表

方面/战略行动	1	2	3	4
践行可持续与负责任的旅游业	支持负责任旅游业发展，特别是在生态脆弱地区 策略1：在生态脆弱旅游目的地区域的管理中，倡导负责任旅游	海岛旅游发展与保护并行 策略1：将海岛旅游重新定位为海洋生态旅游的首要目的地	实践包容性旅游业发展，关注其中的妇女、青年和弱势群体 策略1：加强旅游业作为乡村赋能的催化剂作用（联合国可持续发展目标①）	关注旅游产业对联合国可持续发展目标推进的贡献 策略1：发展数据报告机制，使可持续旅游与联合国可持续发展目标共同推进
升级人力资源	增进旅游教育质量和职业信誉 策略1：加强公共领域、私人领域和学术合作，推动人力资源发展现代化	在教育和培训中注重增加智慧旅游的内容 策略1：扩大数字技术在旅游业和酒店业项目中的应用	鼓励具有新思维和新技能的年轻人投入旅游业 策略1：支持旅游行业创业的起步和职业路径发展	通过专门培训，提升专业性 策略1：通过技能升级，加大旅游业中妇女和年轻人的职业路径发展 策略2：再访旅游运营者和导游，寻求精确需求增长的反馈

资料来源：*National Tourism Policy 2020–2030*, Dec 24, 2020, http://www.motac.gov.my/pengumuman/national-tourism-policy-2020-2030。

在马来西亚旅游受到新冠疫情严重影响的情况下，国家旅游政策的发布，旨在坚定马来西亚旅游行业在国家经济中的支柱作用，帮助旅游行业重塑信心，结合联合国可持续发展目标在马来西亚的实现，为旅游业未来十年发展指明方向。

---

① 可持续发展目标（The Sustainable Development Goals-SDGs），是联合国全体成员国在2015年通过的一项到2030年的发展目标，针对消除贫困、保护地球和保障所有人和平与繁荣的发展倡议进行行动。详见 https://www.undp.org/content/undp/en/home/sustainable-development-goals.html，这一方面的战略行动，是马来西亚旅游业推动联合国可持续发展目标第8、14、15条在本地实践。

第三节　全球疫情下的旅游业

根据世界旅游业协会（World Travel & Tourism Council-WTTC）对全球185个国家的统计，旅游行业累计提供了全球10%的就业机会，提供了3.3亿人次工作岗位，并贡献了10.3%的全球生产总值（GDP）。[①] 2018年，全球经济总量增长3.2%，而旅游行业产值则增长3.9%，旅游行业连续八年增长超过经济总量增长。[②] 2019年，全球旅游产业就业新增1822万人，创造了2.9万亿美元产值，增长5.5%；全球旅游总人次123.1亿人次，较2018年增长4.6%，旅游行业总收入5.8万亿美元，占全球GDP总量6.7%。[③] 因此，旅游行业成为各国政府促进就业、提高国民收入的重要领域，行业发展受到各方面越来越多的关注。但新冠疫情的全球流行，也使人们意识到旅游行业的脆弱，以旅游业为代表的全球服务业首先遭受冲击：旅游产值占GDP比重4%的欧洲，出行人数从500万锐减至5万；西班牙、意大利等欧洲热门旅游目的地国家的酒店预订不足5%。[④] 在疫情走势不明的情况下，旅游业的未来也面临诸多不确定性，全球的出境旅游与国内旅游人数均有较大幅度减少。[⑤]

为了应对新冠肺炎疫情对世界旅游行业造成的冲击，国际旅游业加强合作，与旅游相关的酒店、航空、机场、船舶、租车、旅游机构、铁路与旅游行业行政管理等行业通过世界旅游业协会的政府、会员与旅行者集合平台，以线上论坛方式，寻求旅游行业的恢复与提振措施。航空、免税与经济合作等关键领域协会进行每周会议，通报行业情况；世界旅游业协会的各成员国通过每周会议，讨论振兴旅游行业的国家举措与实践。世界旅游业协会的120个成员国签署关于"呼吁政府间旅游领域合作"协议，

[①] "World Travel & Tourism Council（WTTC）Represents the Travel & Tourism Sector Globally", https：//wttc.org/.

[②] The World Travel & Tourism Council（WTTC），https：//www.wttc.org/.

[③] 环球旅讯：《世界旅游经济趋势报告：2019年》，2020年1月9日，https：//www.traveldaily.cn/article/135023。

[④] "Not Quite All There, the 90% Economy that Lockdowns Will Leave Behind", April 30, 2020, https：//www.economist.com/briefing/2020/04/30/the-90-economy-that-lockdowns-will-leave-behind.

[⑤] "Economic Impact Reports", https：//wttc.org/Research/Economic-Impact.

制定发布"安全旅游"（SafeTravels）认证标准与许可，供旅游行业的经营者对照申请与免费使用，保障旅游从业者与游客的安全与信心，尽力拯救因疫情受到影响的旅游行业。① 世界旅游组织（UNWTO）对各国旅游业复苏行动保持动态跟踪，关注疫情对各国和全球旅游业的影响，并发布建议指南，② 在这场未见终点的行业复苏道路上，世界旅游组织认为，政府是各国旅游行业振兴的关键引导者，建议以旅游产业为经济支柱的国家，针对旅游行业出台举措，避免和缓解对国民生产和就业造成的影响。

新冠疫情改变了所有人的生活。全球疫情首先对马来西亚的国际旅游订单造成影响，在病毒蔓延至马来西亚后，马来西亚实行的行动管制令使得旅游业接近停滞。在国际旅游与全球疫情紧密关联的背景下，马来西亚把旅游复苏的工作焦点转向国内旅游，推动国内旅游成为马来西亚商业和旅游业振兴的重要手段。从2020年1月新冠疫情暴发，到世界卫生组织3月宣布其为全球性大流行病（Pandemic）之后，对全球经济，特别是旅游行业造成重创。新冠疫情成为很多东南亚国家旅游行业发展进程中遭遇的最大挑战，如越南刚刚在2019年12月旅游业增长创纪录达到史上最高，随后就急转直下。马来西亚的"造访马来西亚2020"相关活动也被迫取消。面对短期或者不定期的疫情常态，马来西亚旅游相关部门努力遵守国家安全委员会（NSC）和卫生部（MoH）所制定的所有标准操作程序，维护马来西亚安全、理想的旅游目的地固有形象，进行旅游业复兴策划，转向推广国内旅游，恢复公众对国内旅游的信心，重振本地旅游业同时，向未来计划到访的国际游客展现马来西亚旅游的安全。

自2020年2月1日起，马来西亚国内的各段公路收费降低，鼓励本国公民出行，缓解马来西亚旅游业的国际订单损失；但随着新冠疫情的态势升级，2020年3月16日晚，时任马来西亚总理穆希丁宣布，援引马来西亚1988年《预防和控制传染病法》和1967年的《警察法令》，自3月18日起，在全国范围内实施为期两周的全天"行动管制令"（Movement Control Order-MCO）。在行动管制期间，禁止马来西亚国内所有群聚行动，

---

① "'safe Travels' Stamp Application"，https：//wttc.org/COVID-19/SafeTravels-Stamp-and-Assets.

② "How Are Countries Supporting Tourism Recovery?" June 2020，https：//www.e-unwto.org/doi/epdf/10.18111/9789284421893.

全体国民禁止出国，限制外国游客入境，关闭所有学校与培训机构，关闭非重要的政府和私人服务机构。随后，为了遏制新冠疫情在马来西亚的传播，管制令执行被三次延长，于 5 月 4 日至 6 月 9 日执行两个阶段的"有条件行动管制令"（Conditional Movement Control Order-CMCO）之后，管制措施有所放松；6 月 10 日，马来西亚开始实行"复苏式行动管制令"（Recovery Movement Control Order, RMCO）；8 月 28 日，马来西亚总理穆希丁宣布，延长"复苏式行动管制令"至年底，并根据马来西亚各州与疫情的实时情况，执行包括加强行动管制令（Enhancement Movement Control Order, EMCO）、针对性加强行动管制令（Targeted-EMCO）等不同版本的行动管制令。

管制令的实施使得马来西亚旅游恢复尝试屡次受阻。2020 年第一季度，马来西亚旅游业预计损失 90 亿林吉特的收入，酒店业、旅行社以及餐饮行业均被影响。① 旅游业经营者与政府管理者在应对疫情危机中加强合作，推动标准化全球方案在马来西亚落地和执行。马来西亚政府对旅游安全领域投入一定的支持，在关闭外国一般游客入境通道的背景下，国内旅游成为马来西亚的重点发展领域。马来西亚旅游业的市场重点转向国内，在保障国内旅行者安全旅游的同时，维系全球旅游业复苏时马来西亚旅游在国际与国内市场的竞争力。新冠疫情也推动商业模式改革，"少接触"的疫情防范要求让传统旅游业的"热情好客"标准必须调整，旅游从业者和游客均需要适应"无接触"和"少接触"的服务模式，加大数字平台的宣传，以更加多样的推广，应对客源不足问题。

全球新冠疫情也使马来西亚的会展经济遭遇了 90% 的收入锐减，损失 22.5 亿林吉特。根据马来西亚会展组织者和供应商联合会②的统计，马来西亚的部分会展场馆，自 2020 年 3 月起即接近零收入，总计有 5610 名雇员在整个会展旅游供应链中失业，相当于整个行业 17% 的人

---

① "Govt to Introduce New Campaign to Replace Visit Malaysia 2020, Says Tourism Minister", March 24, 2020, https://www.malaymail.com/news/malaysia/2020/03/24/govt-to-introduce-new-campaign-to-replace--malaysia-2020-says-tourism/1849835.

② 马来西亚会展组织者和供应商联合会（Malaysian Association of Convention and Exhibition Organisers and Suppliers-MACEOS），成立于 1990 年，旨在发展和提升全国会展产业的标准。以创新、发展、教育和主张为四大支柱，通过进行多种活动，关注产业发展、商务便利和人力资源建设。详见https://maceos.org.my/about/。

员流失。①2020年8月，马来西亚会展局推出会展产业支持方案，对相关行业进行补贴和激励措施，推出战略营销计划，对国内会展行业提供国内会展和国际会展的打包服务和优惠套餐，② 提振会展行业士气与信心；2020年6月，马来西亚商业事务委员会、会展局和会展组织者和供应商联合会共同发布"马来西亚预防新冠标准操作流程"，为行业复工提供安全工作指南；③同时，马来西亚政府曾尝试效仿其他区域，与疫情控制较好的国家建立"旅游泡泡"，首先恢复同这些国家的通航和人员往来，在安全的条件下逐渐恢复国际和国内旅游业。根据马来西亚会展局网页的会展日历显示，目前在2021—2022年两年间，在马来西亚官方注册的展会活动仅有19场，④马来西亚会展经济和会展旅游的恢复仍然存在较多变数。

2019年，马来西亚发布旅游业振兴的甘美兰计划⑤（GAMELAN Malaysia 2020-GM 2020），旨在增加游客数量，重点发展国内旅游业。这项计划由马来西亚财政部拨款，向首次进行申请的旅游行业相关企业提供最高20万林吉特的年度财政援助，如在马来西亚官方机构注册和认证的旅游行业协会、旅行社、酒店、购物行业协会、群落为基础的生态旅游（CBT）、旅游活动促进联合会/俱乐部、地方主题公园和旅游产品提供机构等。⑥ 这一财政援助规定的适用范围，也具有一定的倾向和指导作用，如适用马来西亚国内外旅游宣传和展览活动的参与支出、国内外路演参与促销活动补贴、旅游业研讨会与考察团等，⑦ 以鼓励和支持马来西亚旅游业中的中小企业主动出击，进行国内和国际的展会参与、宣传促销和考察

---

① "Another Lockdown Compounding Malaysia's MICE Industry Woes"，January 19，2021，https：//www.meetings-conventions-asia.com/News/Destinations/Another-lockdown-compounding-Malaysias-MICE-industry-woes.

② "Meet in Malaysia Campaign"，https：//www.myceb.com.my/meetinMalaysia.

③ "Conference, Convention & Exhibition Venues：Malaysia Standard Precautionary Measures & Procedures Post Covid - 19 Recovery Movement Control Order （RMCO）"，June 13，2020，https：//www.myceb.com.my/clients/Malaysia_Convention_and_Exhibition_Bureau_75E277C6-C63D-4DC3-89AC-F6B30D21417D/contentms/img/SOP/3.SOP%20Industry%20Venue%20SOP%20-%20%2013JUNE2020%20Final%20Draft.pdf.

④ "Calendar of Events"，https：//www.myceb.com.my/events/calendar-of-events.

⑤ "Gamelan 2021"，https：//www.tourism.gov.my/industry/view/gamelan-2019.

⑥ "Gamelan 2021"，https：//www.tourism.gov.my/industry/view/gamelan-2019.

⑦ "Guidelines Gamelan Malaysia"，https：//www.tourism.gov.my/pdf/uploads/GamelanGuidelines.pdf.

借鉴等活动，提升马来西亚旅游业的综合实力与影响。

马来西亚旅游业也在网络上进行活动与发展蓄能。在旅游促进局官网，设有开放平台，邀请相关行业，如酒店业、旅游产品开发与定制、提供商务旅游相关服务的目的地管理企业、航空机场和海运等部门运营者形成合作网络，[1]进行企业与政府的面对面交流，表彰推动马来西亚旅游发展的个人和组织，[2] 为马来西亚旅游产业的发展协同发力，共商良策。

配合 2020 年 6 月 5 日发布的马来西亚国家经济复苏计划（PENJANA），在本土旅游业领域，马来西亚政府出台了一系列政策和举措：

公共管理领域，马来西亚成立"复苏旅游业行动委员会"（Tourism Recovery Action Council-TRAC），联合政府部门、旅游产业相关的酒店、巴士、导游、商贩、出租车等行业代表制定马来西亚旅游复苏战略行动；在旅游、艺术和文化部旅游行业资质准证指南的修订工作中，征求各方意见，[3]为旅游业复苏进行政策筹备；出台鼓励国内旅游的优惠措施，弥补因疫情取消的马来西亚 VM2020 活动。

财政方面，允许旅游业经营者分期和延期缴付税款，对部分旅游税种豁免期限延长；进行旅游市场推广，推出新的旅游产品来刺激国际和国内旅游，鼓励本国民众进行国内旅游，同时结合财政手段，延长国内旅行者个人所得税减免优惠时长，旅游机构推出面向公务员的旅游优惠举措，[4]以期能刺激旅游经济的复苏，[5]适应国际游客无法入境旅游对马来西亚本土旅游业造成的冲击。

---

[1] "Tourism Malaysia Networking Events", https：//tourism. gov. my/market.

[2] 如在 2020 年 12 月 10 日，马来西亚旅游、艺术和文化部就授予 Trevor James 感谢证书，以鼓励其运营的网站和自媒体频道 The Food Ranger 对马来西亚旅游的宣传和推广，详见https：//tourism. gov. my/market。

[3] "Maklumbalas Berkaitan 33 Garis Panduan Berkaitan Pelesenan MOTAC", October 2, 2020, https：// www. tourism. gov. my/activities/view/maklumbalas-berkaitan-33-garis-panduan-berkaitan-pelesenan-motac.

[4] "Special 'Cuti-cuti Malaysa' Pacages for Civil Servants by MTPB Employee Union and CUEPACS", September 3, 2020, https：//www. tourism. gov. my/media/view/special-cuti-cuti-malaysia-packages-for-civil-servants-by-mtpb-employee-union-and-cuepacs.

[5] Datuk Lim Ban Hong, "Malaysia an Agile Investment Hub, Even in Health Crisis", October 31, 2020, https：//www. thestar. com. my/business/business-news/2020/10/31/malaysia-an-agile-investment-hub-even-in-health-crisis.

自2009年开始，马来西亚旅游、艺术和文化部牵头主持旅游公司展（Corporate Travel Bazaar-CTB），提供本地旅游产品的企业间交易平台，提升马来西亚公司与公众对国内旅游商业的认知，促进马来西亚会展旅游和当地旅游商业的发展①。国内旅游成为马来西亚旅游业增长的新动力：2018年，马来西亚国内旅游人次达到7820万，相比2017年增长10.9%；国内旅游花费604亿林吉特，相比上一年增长11.7%②。疫情的暴发使得2015年6月首次推出的国内旅游促进计划（Cuti-Cuti 1 Malaysia Dekat Je③）再次被提及，鼓励马来西亚人在周末前往周边国内景点度假。在疫情仍在全球蔓延的背景下，国内旅游促进计划（Cuti-Cuti Malaysia Campaign）成为马来西亚旅游业振兴的新方向。

第四节　存在的问题与挑战

2020年新冠疫情的全球暴发，短期内对全球旅游市场造成了冲击，在亚太地区，新冠疫情已造成8740万旅游从业者失业和1.4万亿美元的行业损失，新冠疫情也打破了全球旅游业近五年来维持在4%—6%的增长趋势。④旅游业复苏与各国新冠疫情的控制情况息息相关。在中长期时段，这一行业仍然有机会成为疫情过后马来西亚首先复苏的行业。⑤

2019年，马来西亚旅游业产值为2402亿林吉特，占国内生产总值比重为15.9%；据测算，2020年的新冠疫情给马来西亚旅游业造成损失超过1000亿林吉特，预计到2023年才能恢复到之前的情况。如何维持本土

---

① "Tourism Malaysia Organises Corporate Travel Bazaar 2019 to Stimulate Growth in Domestic Tourism Industry", October 10, 2019, https://www.tourism.gov.my/media/view/tourism-malaysia-organises-corporate-travel-bazaar-2019-to-stimulate-growth-in-domestic-tourism-industry.

② "Domestic Tourism Performance 2018", August 15, 2019, https://www.tourism.gov.my/media/view/domestic-tourism-performance-2018.

③ *CC1M*, https://tourism.gov.my/campaigns/view/cc1m.

④ "Recovery Scenarios 2020 & Economic Impact from COVID-19", *Forecasts*, 2020, https://wttc.org/Research/Economic-Impact/Recovery-Scenarios.

⑤ Lee-Peng Foo, Mui-Yin Chin, Kim-Leng Tan & Kit-Teng Phuah, "The Impact of COVID-19 on Tourism Industry in Malaysia", *Current Issues in Tourism*, 2020, DOI: 10.1080/13683500.2020.1777951.

旅游业延续，成为后疫情时代马来西亚发展的重要问题。① 2020年12月23日，马来西亚总理穆希丁进行公开演讲，发布的《2020—2030年国家旅游政策》（DPN2020-2030），宣布打造马来西亚生态旅游品牌，提升其在国内外旅游市场中的竞争力和生命力，是马来西亚政府对旅游行业发展不确定的未来因素进行考量和规划，为促进旅游发展提出长期政策和财政补贴举措，支持旅游产业渡过难关。

作为社会经济发展支柱之一，马来西亚旅游行业仍然存在一些困扰问题：

第一，在新冠疫情仍在全球蔓延的背景下，全球旅游行业复苏前景不明。2021年3月举办的柏林国际旅游展，② 决定延续新加坡在2020年10月线上举办的第十三届亚洲国际旅游展模式，进行线上虚拟展会，2020年这一年度展会因新冠疫情而临时取消。旅游产业从人与人之间的事务关系被迫转向数字化平台，这种转变对马来西亚旅游行业的促进和推广效果如何，仍然有待观察。马来西亚旅游振兴计划在疫情背景下的效果并不乐观。

第二，马来西亚旅游在国际旅游市场中的竞争优势有限。科技发展使得资讯传播与旅游市场全球化发展进程加速，旅游目的地竞争成为旅游市场发展的常态。2014年，两家马来西亚航空公司接连发生三起空难事故，对马来西亚航空业造成了巨大冲击，涉事的一家航空公司连年亏损，在2020年更是难以维继；2017年1、2月在马来西亚沙巴州发生的安全事故，则直接反映了马来西亚蓬勃发展旅游业中的监管漏洞，对马来西亚旅游印象的打击是沉重的。与此同时，国际旅游业的竞争日益加剧，随着后发国家基础设施建设的推进，国际旅游目的地选择日益增加，马来西亚旅游在国际上的竞争优势不再明显，旅游行业从早先自然、人文资源的竞争，已经扩大为旅游管理、危机管理和旅游人才的竞争。如何让马来西亚

---

① "Awaiting the Spring of Global Travel Industry", *Sin Chew Daily*, December 23, 2020, https://www.straitstimes.com/asia/awaiting-the-spring-of-global-travel-industry-sin-chew-daily.

② 柏林国际旅游展（International Tourism Bourse-ITB），是世界上规模领先的旅游贸易展，由柏林国际展览公司承办，自1966年首次举办以来，吸引187个国家和地区的数千参展商参与，以及德国和国际的观众参观。每年的展会反映全球旅游业的发展理念与趋势。详见https://www.itb.com/Home/。

的旅游品牌从赤道和东南亚众多出境游线路中脱颖而出,并在东盟东增长区的旅游一体化战略发展中焕发生机,是后疫情时代马来西亚旅游业发展的另一个考验。

第三,马来西亚的旅游开发,对环境、文化和社会的影响仍然有待观察。在以营利为主要驱动的旅游产业发展背景下,旅游经营者、环境与文化保护和传承者,以及当地原住民三者之间的需求、利益与激励问题在旅游产业的规划、发展和运营中需要进行全面的考量与平衡。[1] 马来西亚的自然资源、文化与遗产亮点可以带动旅游业发展,但生态旅游对原住民生活与文化会造成怎样的影响,旅游业对文化与遗产保护效果评估等问题的答案,将成为区域和全球旅游业发展的示例与参考。

马来西亚旅游业在管理调控、资讯、环境、文化和科教等方面具有独特的发展路径与亮点。新冠疫情使马来西亚的国际旅游遭受重创,转向推广国内旅游的同时,也推动旅游行业革新,融入数字经济发展,弥合传统旅游业与未来新技术和数字化之间的差距。[2] 在传统优势之上,马来西亚旅游在变动中进行发展与重整,以维系马来西亚旅游行业的活力与发展动力。

---

[1] Norhasimah Ismail, Tarmiji Masron, Azizul Ahmad, "Cultural Heritage Tourism in Malaysia: Issues and Challenges", *SHS Web of Conferences*, 2014, DOI: 10.1051/shsconf/20141201059.

[2] "Malaysia Tourism: What is next?" Panel Discussion by World Tourism Network, December 31, 2020, https://www.tin.media/news/details/panel-discussion-by-world-tourism-network-on-malaysia-tourism:-what-is-next.

第三篇
双边关系

第一章　中马关系的历史与前瞻

引述最早有关马来西亚的文献——班固的《汉书》曾经提过，中马关系源自 1 世纪的中印海上联系。中国学者都大致认同马来亚乃中印通往各自海港的必经之路，而马来西亚柔佛河谷的秦汉陶瓷的发现也足以证明这一点。① 与中国学者一样，马来西亚学者 Lukman Thaib 也持相同意见：中国与马来世界的关系是在 131 年所建立。② 到了 3 世纪，中国的东吴国也曾派两位使节，康泰和朱应，到统治马六甲（满剌加）的马来王国建立双边关系。经过这次的接触后，马六甲与中国各朝代进入长期关系，前者曾派使者到南梁和宋朝赠送纪念品和香水。因此，在明朝成立前，马六甲已经与隋、唐、宋和元这四朝建立双边关系。

然而，马六甲和中国历朝的双边关系实在明朝时期达到顶峰。随着明朝使节尹庆到访刚建国的马六甲王国，双边关系获得前所未有的发展机遇。在郑和到访马六甲（1410 年）之前，双边贸易的快速发展，说明明廷对马六甲王国政权的承认。③ 1411 年，马六甲王国国王拜里米苏拉（后来改名为苏丹依斯甘达沙）随着郑和大队前往中国觐见明成祖，并获得明廷所赐的玉玺和黄伞。在明廷的保护和双方良好的关系之下，马六甲王国进一步解除了满者伯夷以及暹罗王国的威胁。这对马六甲作为海上贸易和

---

① Yuanzhi Kong, *Cheng Ho Muslim Tionghoa: Misteri Perjalanan Muhibah di Nusantara* (Muslim Chinese Cheng Ho: Mysterious Journey in Nusantara), Jakarta: Yayasan Pustaka Obor Indonesia, 2011, p. 128. 在 20 世纪 90 年代，孔远志教授曾担任马来亚大学东亚系的访问教授，东亚系是第一作者的机构。

② Lukman Thaib, "Kedinamikan Hubungan ASEAN-China: Rujukan Khas ke atas Malaysia", in Obaidellah Mohamad, *China: Isu dan Hubungan Luar* (China: Issues and Foreign Relations), Kuala Lumpur: Institute of Chinese Studies, University of Malaya, 2004, p. 215.

③ Kong, *Muslim Chinese Cheng Ho: Mysterious Journey in Nusantara*, pp. 130 – 132.

知识传播枢纽起着正面作用。①

对资源的需求使马来半岛成为西方列强的入侵目标。② 1511 年，在葡萄牙列强的舰炮之下，马六甲都城被夺取，结束了它在马来半岛的统治时期。过后，马来半岛相继被荷兰（1641 年）和英国列强（1786 年）攻占，而为了开发当地的矿业，后者大量引入华工，为马来西亚华人移民潮拉开了序幕（第二波移民潮以 19 世纪为开端）。③

第一节 独立初期（1957—1974 年）

以冷战为背景，刚独立的马来亚面临着西方资本主义以及社会主义的拉锯战所带来的外交挑战。独立之际，马来亚不仅经历过短暂的日本殖民时代（1941—1945 年），在英殖民期间（1930 年开始）马来亚也成为散布共产主义的温床。正因如此，马来亚在 1957 年 8 月 31 日获得独立后，依然面对以马来亚共产党（马共）为首的武装斗争。

作为刚独立的国家，马来亚初期的外交对象乃东南亚邻国，英联邦国（澳大利亚、新西兰、加拿大、印度、斯里兰卡、巴基斯坦），美国和日本。在这些国家当中，英联邦国家最为重要。因马来亚是英国的前殖民地，前者的外交政策都倾向后者和西方世界的外交方针。④为此，美国的外交政策也影响了马来亚（1963 年后成为马来西亚）的外交政策。在 1972 年 2 月 21 日，美国尼克松总统毫无预警地访华，并会晤了中国国家主席毛泽东。美国此举也成为马来西亚和许多国家外交的转折点，使得后

---

① Haji Ishak bin Saad, "*Sejarah Panjang Hubungan China-Malaysia* (History of China-Malaysia Relations)", paper presented at the Seminar of 35th Anniversary of China's Relations with Malaysia, Beijing Foreign Studies University, Beijing, May 29 – June 4, 2009, http：//eprints. usm. my/15538/1/Sejarah_ Panjang_ Hubungan_ Malaysia_ -_ China. pdf.

② Charles Hirschman, "The Making of Race in Colonial Malaya: Political Economy and Racial Ideology", *Sociology Forum*, Vol. 1, No. 2, Spring 1986, p. 333.

③ Zhuang Guotu and Wang Wangbo, "Migration and Trade: The Role of Overseas Chinese in Economic Relations between China and Southeast Asia", *International Journal of China Studies*, Vol. 1, No. 1, January 2010, p. 175.

④ Md. Nasrudin Md. Akhir, "Five Decades of Malaysia-Japan Relations", in Md. Nasrudin Md. Akhir & Rohayati Paidi (eds.), *Japan and the Asia-Pacific*, Kuala Lumpur: Department of East Asian Studies, 2009, pp. 53 – 54.

者调整其独立以来的外交政策。①

然而,马来西亚的外交调整并不直截了当,原因有二。其一,马来亚极需美国调解马菲印的矛盾。20世纪60年代,在英国力推其马来西亚联邦计划的初期,马来亚前所未有地受到来自菲律宾的领土抗议,以及印尼对马来西亚的威胁。作为菲律宾的前殖民者,美国的参与将有助于调和菲方对沙巴和砂拉越的主权主张。此外,当时印尼也视马来西亚联邦为敌方,不但在军事上攻打马来西亚(包括新加坡),该国还在外交上游说其他亚非国家孤立马方。幸而在美方的协助下,马方成功解决了其与菲印的矛盾。为了表示对美国的感谢,马方也因此在对华政策上做出调整。

其二,即便马来西亚联邦在1963年9月16日成立后,与中国这个共产大国的建交仍旧是马来西亚国内的一大争议。主要原因乃当时的中方依然支持马共的武装斗争,使得两国难以跨出外交上的第一步。虽然,马方仍然觉得与中国建交有利于打破中方与马共的关系,并可以解决有关当地华人身份的问题。为了准备与中国建交,马来西亚以中立国为名开始与那些没对该国有威胁的共产国家接触,甚至考虑进一步建交。这也解释了为何在短短两年内(1972—1973年),马来西亚相继与朝鲜、民主德国、蒙古国和越南建立双边关系。②以这样的逻辑来看,与中方关系的建立就变得理所当然,也不会在马来西亚国内引起大反弹。

以这些因素为考量,当时的马来西亚政府开始接触中方,并借此机会探索两国建交的可能性。1971年5月,巫统(国阵主要成员党)及马来西亚政坛人物,东姑·拉沙里·哈姆扎(Tengku Razaleigh Hamzah)率领国企计划公司[Perbadanan Nasional(PERNAS)]团队到中国进行非正式访问。三个月后,中国贸易代表团也到吉隆坡访问,这次的互访使得中方进口4万吨的马来西亚橡胶。③ 1971年10月,中国总理周恩来邀请马来西亚代表团参加在北京举行的亚洲拉美乒乓球锦标赛。当时,马方的代表

---

① Nicholas Griffin, *Ping Pong Diplomacy: The Secret History behind the Game That Changed the World*, New York: Simon & Schuster, 2014.

② Ahmad Kamil Jaafar, *Growing Up with the Nation*, Kuala Lumpur: Marshall Cavendish, 2013, pp. 44 - 46.

③ Ming Xia, "Sino-Malaysian Trade Ties and Its Prospects", *Economic Quarterly*, April 1990, p. 21.

团由马来西亚奥运委员会主席以及执政阵营的领袖人物曾永森所率领。①有了其机遇,曾也借此机会向中方传达时任马来西亚总理阿卜杜尔·拉扎克(Abdul Razak)的函件,并咨询双边建交的可能性。② 这是马方最早向中方寻求建交的举动。

第二节　中马建交初期(1974—1989 年)

中马建交之后,双方迎来了 15 年的磨合期。由于两国在冷战时期建交,冷战的拖累无可避免。在马来西亚当代历史里,马方与中国建交传达了两个信息:第一,这是马来西亚为摆脱独立初期的西方反共影响所迈出的步伐;第二,马来西亚将其以意识形态为原则的外交政策转向以实践作为新的外交原则,以便解决马来西亚华人身份问题,提升双边贸易和促停中方对马共的支援。③ 在马来西亚总理拉扎克访华期间(1974 年 5 月 28 日至 6 月 2 日),中马双方终于在 1974 年 5 月 31 日签署《上海宣言》。此宣言进而促进其他东南亚国家与中国建交。一年多后(1975 年 7 月),菲律宾和泰国相继与中国建交,新加坡和印度尼西亚在 1990 年跟进,文莱也在 1991 年与中方建交。这意味着当时所有东盟成员国都在冷战结束前与中国建交。

然而,中马两国在 1975 年建交后出现了首次摩擦。在获得中国恭贺马共成立 45 周年这份消息之后,④ 马来西亚第三任总理胡先翁(Hussein Onn)对中国的态度有了大转变。⑤ 怀疑北京仍然援助马共对马政府进行武装斗争,中方在越柬冲突的参与也使得胡先翁与当时的中国领导人保持

---

① Walter Isaacson, *Kissinger*, New York: Simon & Schuster, 1992, p. 339.
② Keynote Speech by Tan Sri Dato' Michael Chen Wing Sum at the Photo Exhibition Celebrating the 40th Anniversary of the Establishment of Malaysia-China Diplomatic Relations at University of Malaya on April 21, 2014. 阿卜杜尔·拉扎克是马来西亚第六任总理纳吉布·拉扎克的父亲。
③ Ahmad Mokhtar Selat, "Malaysia's China Policy: The Bilateral Relationship", Master's sub-thesis, Australian National University, April 1987, pp. 49 – 50, https://core.ac.uk/download/pdf/156712475.pdf; Stephen Leong, "Malaysia and the People's Republic of China in the 1980s: Political Vigilance and Economic Pragmatism", *Asian Survey*, Vol. 27, No. 10, October 1987, pp. 1113 – 1114.
④ Keynote Speech by Tan Sri Dato' Michael Chen Wing Sum on April 21, 2014.
⑤ 胡先翁是目前国盟外长希沙姆丁的父亲。

距离。为此，1975年到1977年是马中关系进入冰点的时期。值得一提的是，两国依然有意愿恢复双边友好关系。1978年，中国副总理邓小平主动访问马来西亚。胡先翁礼尚往来，在行动上表示谢意，并在1975年回访中国。①

1981年，胡先翁逝世，马哈蒂尔·穆罕默德（Mahathir Mohamad）成为马来西亚第四任总理。在两国关系仍然处于低迷状态时，马哈蒂尔顺应官僚的提议，把双边关系限于经济上的合作（controlled relationship "控制型关系"）。② 五年后，马哈蒂尔展开他首次对华访问，并在访问期间与中方签署了《避免双重征税协定》。③ 此外，马哈蒂尔也率团到中国各地走访，包括上海、苏州、西安和广州。在整个访问期间，马方派出两百多人的代表团，不仅内阁部长和官员出席，民营商家也参与其中。④在冷战结束前，中马两国针对其他经济领域相继签署的双边协议有：《1987年海运协定》《1988年贸易协定》《1988年投资保护协定》和《1989年民航空运协定》。⑤

更重要的是，在1988年马来西亚取消了长期对中国进口产品和马商人到中国的限制。1988年1月，马政府废除了马方引进中国产品的许可证条例，并在同年停止了以往对中国产品征收的5%行政费。另外，马来西亚也取消当地商人只能参加广交会的限制。⑥为了鼓励双边贸易，马方也第一次推出多次出境许可证，让本地商家可以在中国逗留更长的时间。⑦

1989年柏林墙倒塌，苏联解体，马共对马来西亚政府的威胁也逐渐减弱。同年，马来西亚、泰国和马共代表签订了《合艾和平条约》，这也历史性地结束该共产组织对马方长达41年的武装斗争。在马共投降之后，

---

① 《纳吉访华延续"亲善之旅"马中关系进一步巩固》，《大马华人周刊》2014年5月31日，http：//www.chineseweekly.com.my/news/cw%20politic_310514%20malaysia-china.html。
② Selat, "Malaysia's China Policy: The Bilateral Relationship", pp. 83 – 84.
③ Selat, "Malaysia's China Policy: The Bilateral Relationship", pp. 88 – 89.
④ Jaafar, *Growing Up with the Nation*, p. 89.
⑤ Md. Nasrudin Md. Akhir and Chee Leong Lee, "Malaysia-China Bilateral Relations, 1974 – 2018", paper presented in Jinan University, Guangzhou, December 15, 2018, p. 4.
⑥ "China Visits Under Study Says Khir", *The Star*, 13 January 1972; "China Visits Rules Will be Reviewed Dewan Told", *The Star*, 5 February 1970.
⑦ "Tun Razak Gives 'OK' to China Visit", *The Star*, September 28, 1972.

唯一一个冷战时期所留下来的障碍也不复存在,这为中马关系拉开新的篇章。

第三节 全球化时代的中马关系(1990—2008年)

随着冷战的结束,世界迎接了以美国为主导的全球化时代。在自由贸易和资金自由流动的潮流下,以经济合作为中心的马中关系也进入了起飞期。尽管双方依然存有南海争端,马方很大程度上停止了对中国的"控制型关系"策略,并在领导人交流和经济合作上着手。中马起飞期的两大特点就是较为频密的领导人互访,以及进一步深化与推广经济合作关系。

比起20世纪70年代到80年代(中马磨合期),1990年到2008年见证了两国领导层多次的互访。从1990年到2003年,马哈蒂尔总理对中国展开了四次国事访问:1993年、1994年、1996年和1999年。其中,马哈蒂尔在1999年的访问见证了15项中马商业协议,涉及的项目涵盖了高速公路和费站的建设、汽车和零件制造合作以及双厂(钢厂和发电厂)的设立。[①] 马哈蒂尔卸任后,第五任总理阿都拉·巴达维(Abdullah Badawi)选择中国作为他第一个访问国家。2004年5月,巴达维展开他的对华访问。在这次的访问中,他见证了马来西亚大使馆在北京的开幕仪式。[②] 两年后,他到南宁参加中国—东盟建立对华关系的十五周年庆典。2008年10月,巴达维赴北京参加第七届亚欧首脑会议,而这次的访问离他的卸任期仅剩半年时间。[③] 整体来说,在他不到五年的执政期内,巴达维基本维持了马哈蒂尔时代的对华政策,以经济合作为双边关系的核心,与此同时也在其他领域上展开合作。

除此之外,马来西亚最高国家元首(Yang di-Pertuan Agong)也曾到

---

① Zainoor Sulaiman, "Mahathir Ends Four-Day Working Visit to China", *Bernama*, August 27, 1996, http://lib.perdana.org.my/PLF/Digital_ Content/Prominent_ Leaders/Mahathir/News_ 1968-2004/1996 – 1998/1996ko/mahathir%20ends%20fourday%20working.pdf.

② Md. Nasrudin Md. Akhir and Chee Leong Lee, "Malaysia-China Bilateral Relations, 1974 – 2018", p. 5.

③ "Perkara Penting dalam Sejarah Hubungan Republik Rakyat China-Malaysia (Important Events in the History of China-Malaysia Relations)", China Radio International (CRI) Portal, March 30, 2010, http://malay.cri.cn/901/2010/03/30/123s110068.htm.

中国进行国事访问。从 1990 年到 2008 年,一共有四位马来西亚元首到过中国:1990 年的端古·苏丹阿兹兰沙(Tuanku Sultan Azlan Muhibuddin Shah),1997 年的端古·加法尔(Tuanku Ja'afar Tuanku Abdul Rahman),2001 年的苏丹萨拉赫丁阿卜杜勒-阿齐兹沙(Sultan Salahuddin Abdul Aziz Shah Alhaj)以及来北京参加 2008 年奥运会的端古·米詹·扎因·阿比丁(Tuanku Mizan Zainal Abidin)。① 至于中国领袖来马来西亚访问的记录,20 世纪 90 年代较为频密:1990 年的总理李鹏,1992 年的国家主席杨尚昆,1994 年的国家主席江泽民和 1997 年的李鹏二度国访。相比之下,在巴达维执政时代结束(2009 年 4 月)前,马方只接待两次来自中方的访问,分别是 2002 年的中国国家副主席胡锦涛以及 2005 年的中国总理温家宝。②

经济而言,中马合作也比之前的磨合期更加深化。以双边经济交流和协议达成的角度来看上,马哈蒂尔是中马关系起飞期的灵魂人物。在马哈蒂尔时代,马来西亚官方和民营企业积极挖掘中国市场的潜力。有关举措包括派遣官方代表团到中国寻找贸易合作机会,让政府部门和商家们参加国际贸易博览会以及国访时率领一众官商代表到中国寻求商机。③ 不仅如此,双方也在马哈蒂尔时代签署了多项协定,例如《1992 年科学技术合作协定》《1993 年信息和体育领域合作协定》和《1997 年教育领域备忘录》。④ 为此,即便巴达维对中国持友好态度,中马最重要的经济合作成果依然在马哈蒂尔时代展开。

中马在东亚区域经济一体化的共同推进是另一个经济合作层面。经过 1997 年到 1998 年亚洲金融危机后,马来西亚对西方世界所主导的全球化有新的认识。在马方宣布将马币与美元挂钩,把汇率固定在 1 美元兑 3.8

---

① "Perkara Penting dalam Sejarah Hubungan Republik Rakyat China-Malaysia (Important Events in the History of China-Malaysia Relations)", China Radio International (CRI) Portal, March 30, 2010, http://malay.cri.cn/901/2010/03/30/123s110068.htm.

② "Perkara Penting dalam Sejarah Hubungan Republik Rakyat China-Malaysia (Important Events in the History of China-Malaysia Relations)", China Radio International (CRI) Portal, March 30, 2010, http://malay.cri.cn/901/2010/03/30/123s110068.htm.

③ Md. Nasrudin Md. Akhir and Chee Leong Lee, "Malaysia-China Bilateral Relations, 1974 – 2018", p. 5.

④ Md. Nasrudin Md. Akhir and Chee Leong Lee, "Malaysia-China Bilateral Relations, 1974 – 2018", p. 5.

林吉特（Ringgit Malaysia）的水平时，马哈蒂尔遭到许多西方国家的批评，而当时中国则全力支持马方对外汇管理的政策。① 日本提议的亚洲货币组织（Asian Monetary Fund）受到美国反对后，马哈蒂尔提议设立东亚货币组织（East Asia Monetary Fund）。中国也对这项建议表示支持，称其组织的建立将促进对东亚经济一体化。②

渡过亚洲金融危机之后，中马经济合作进一步巩固，两国的贸易规模日益扩大。因中国没在亚洲金融危机及时采取货币贬值的政策，③ 东盟各国都改变了它们对北京的看法：不但没把中方看为威胁，还积极游说中国参与"东盟＋1"和"东盟＋3"的区域经济一体化建设。为了促进其远景，东盟和中国也在2002年11月达成自贸协议，而马来西亚就是其中一个获利者。2008年，中国上升为马来西亚第四大贸易伙伴。

第四节　后全球化时代的中马关系：纳吉布政府时期（2009—2018年）

当纳吉布接任第六任马来西亚总理时，中马关系已有互信的基础。以此为根基，纳吉布政权的十年（2009—2018年）是双边关系的高峰期。这种情况与国际上的后全球化时代截然不同。当国际贸易、资金和人才流动因美国金融危机（2007—2008年）受到重挫的时候，④ 马中经贸关系、安全合作以及社会—文化交流反而迎接建交以来的高峰期。

---

① Md. Nasrudin Md. Akhir and Chee Leong Lee, "Malaysia-China Bilateral Relations, 1974 – 2018", p. 6.

② Eileen Ng, "Chinese Premier Zhu Supports East Asian Monetary Fund Idea", *Agence France Presse*, November 23, 1999. 同时，马来西亚也支持中国加入世界贸易组织。

③ "East Asian Economies: Gold from the Storm", *The Economist*, June 28, 2007, https：// www. economist. com/taxonomy/term/152？ page = 3.

④ Jonathan Perraton, "Globalization after the Financial Crisis: Structural Change and the Reconfiguration of Geography", in *Emerging Market Multinationals and Europe: Challenges and Strategies*, eds. Andreas Breinbauer, Louis Brennan et. al, Cham: Springer, 2019, p. 33; Ekaterina Viktorovna Bagrova and Sergei Vasilievich Kruchinin, "Characteristics of Post-Globalization", *International Transaction Journal of Engineering, Management, & Applied Sciences & Technologies*, Vol. 11, No. 6, January 2020, pp. 8 – 9.

一 经贸关系

如之前所提,经贸是中马关系的核心。在纳吉布时代,即便双方有南海争端,两国经贸关系仍旧达到顶峰,充分表现当时马来西亚官僚们所形容的特殊双边关系。① 作为中马特殊关系的推行者,纳吉布巧妙地利用他父亲拉扎克作为中马建交的先驱来提升马来西亚和中国的互信。在他在位的十年内,纳吉布一共拜访中国八次。② 有关的国访包括 2009 年纳吉布首次以总理身份参加马中建交 35 周年庆祝典礼、2011 年和 2013 年分别参与中国—东盟博览会、2015 年出席博鳌亚洲论坛、2016 年率商团展开国事访问、2017 年参加"一带一路"国际合作高峰论坛等其他高规格活动和访问。③ 在纳吉布积极提升中马经贸关系的影响下,马来西亚也迎接了史上最多中企的年代。然而,它们在马来西亚大型项目的参与也开始引起各方的关注,尤其是以纳吉布政权所签署的"不平等""不透明"的合约。

(一) 中马双边贸易规模

在诸多领域之中,贸易规模是马中经贸关系的成就之一。从 2009 年

---

① Scott Bentley, "Malaysia's 'Special Relationship' with China and the South China Sea: Not So Special Anymore", *The Asan Forum*, July 31, 2015, http://www.theasanforum.org/malaysias-special-relationship-with-china-and-the-south-china-sea-not-so-special-anymore/.

② Chow-Bing Ngeow, "Malaysia-China Cooperation on the Belt and Road Initiative under the Pakatan Harapan Government: Changes, Continuities, and Prospects", in *NIDS ASEAN Workshop 2019 "China's BRI and ASEAN"*, Tokyo: The National Institute for Defense Studies, 2019, p. 25.

③ "Malaysian PM arrives in China for official visit", *Xinhua*, June 3, 2009, http://www.chinadaily.com.cn/china/2009malaysia/2009-06/03/content_7979325.htm; "Najib in China for Two-Day Working Visit", *Bernama*, October 20, 2011, https://www.malaysiakini.com/news/179258; "Malaysian PM Holds Roundtable Talks with Chinese CEOs", *China Daily*, October 21, 2011, http://www.chinadaily.com.cn/china/2013caexpo/2011-10/21/content_16924456.htm; Xin Yi Tho, "Najib to have bilateral meeting with Xi during Boao Forum", *The Star*, March 27, 2015, https://www.thestar.com.my/news/nation/2015/03/27/najib-to-have-bilateral-meeting-with-xi-during-boao-forum; Wah Foon Ho, "Najib: Many Benefits from China Ties", *The Star*, November 5, 2016, https://www.thestar.com.my/news/nation/2016/11/05/najib-many-benefits-from-china-ties-visit-nets-extraordinary-gains-and-will-open-new-growth-areas-fo/; "Najib's Working Visit Will Boost Economic Growth", *Bernama*, May 11, 2017, https://www.thestar.com.my/news/nation/2017/05/11/najibs-working-visit-to-china-to-boost-economic-growth/.

开始，中国成为马来西亚最大的贸易伙伴，超越 2008 年在榜首的新加坡。[1] 值得一提的是，这一年也是纳吉布上任总理的第一年，其成就巩固了其对华友好的政策。以 2008 年到 2017 年的统计来看，双边贸易总额增加 126.2%，从 309.9 亿美元增加到 701.1 亿美元（见表Ⅲ-1-1）。这也是 2008 年首次逆差（8.2 亿美元）形势回弹到以往的顺差。其数据以相同趋势持续于 2010 年和 2011 年。统计这三年的数据，中马贸易的顺差上升 2.5 倍，从 15.3 亿美元到 38.2 亿美元。

表Ⅲ-1-1　　中马贸易的规模，2008—2017 年（亿美元）

年	出口	进口	总额	贸易差额
2008	153.2	161.4	314.6	-8.2
2009	162.6	147.3	309.9	15.3
2010	193.4	160.4	353.8	33.0
2011	221.0	182.8	403.8	38.2
2012	214.4	221.8	436.2	-7.4
2013	234.3	256.5	490.8	-22.2
2014	222.8	278.9	501.7	-56.1
2015	245.1	312.1	557.2	-67.0
2016	238.0	343.8	581.8	-105.8
2017	304.1	397.0	701.1	-92.9

资料来源：Malaysia External Trade Statistics (METS) Online[2]。

然而，中马贸易顺差的形势并未持续下去。在两国总贸易额每年增加的同时，双边贸易再次出现失衡。接下来的 6 年内，马方面临第二轮的逆差，从中国贸易进口的增长比出口来得快。其中，中马贸易逆差在 2016

---

[1] Ministry of International Trade and Industry (MITI) Malaysia, *Malaysia International Trade and Industry Report 2008*, Kuala Lumpur: MITI, 2008, p. 20; Ministry of International Trade and Industry (MITI) Malaysia, *Malaysia International Trade and Industry Report 2008*, Kuala Lumpur: MITI, 2010, p. 14. 中国从 2008 年第四大贸易伙伴上升到 2009 年第一大贸易伙伴。

[2] Department of Statistics Malaysia (DOSM), "Partner Country and Data 2000 to 2012", September 7, 2020, Malaysia External Trade Statistics (METS) Online Portal, https://metsonline.stats.gov.my/.

年达到高峰，逆差额攀升到 105.8 亿美元。总体来说，2011 年是当代两国贸易顺差的最后一年。

以马来西亚的角度，两国贸易仍然有巨大的增长空间。作为马来西亚"双油"产业之一，提升棕油对中国的出口量是重点。马来西亚棕油局透露，2009 年马方对华的棕油出口达到 400 万吨，① 而此年也是纳吉布政府执政的第一年。预想不到的是，接下来的 8 年，马来西亚对中国的棕油出口量节节下滑。② 根据马来西亚国际贸易及工业部（简称"贸工部"）2013 年的数据报告，即使欧盟禁止从马方进口棕油，中国的棕油量需求及进口依然处于稳步增长的情况。③ 这也解释了为什么代替纳吉布政权的希望联盟（Pakatan Harapan，简称"希盟"）政府以积极开拓中国的棕油市场为目标，甚至把中国作为提升马来西亚棕油出口的贸易伙伴之一。

（二）中资在马来西亚制造业的规模

中资在马来西亚制造业的规模比中马贸易更加亮眼，其规模可从定量和定性两方面来看。在定量方面，中资从 2016 年开始成为马来西亚制造业的最大投资者，超越 2015 年为榜首的美国。④ 以双边贸易规模来说，其成就更突出了纳吉布所扮演的角色。经过 7 年的协商，中资终于在纳吉布第七年的任期登顶马来西亚制造业的最大投资方。如表Ⅲ-1-2 显示，从 2016 年到 2018 年虽有稍许波动，中资在马来西亚制造业的规模依然显示上升的趋势。在这三年内，中国在马制造业的投资额增加 312.2%，由 11.5 亿美元上升到 47.4 亿美元。更预想不到的是，其增长超越纳吉布时代。当纳吉布在 2018 年

---

① "China Will Import More Palm Oil Products from Malaysia: Chinese Ambassador to Malaysia", *New Straits Times*, February 2, 2018.

② "China Will Import More Palm Oil Products from Malaysia: Chinese Ambassador to Malaysia", *New Straits Times*, February 2, 2018.

③ Md. Nasrudin Md. Akhir, Chee Leong Lee and Hafiz Muhammad Tahir Ashraf, "Malaysia-China Bilateral Relations: 1974 – 2018", *International Journal of East Asian Studies*, Vol. 7, No. 1, 2018, pp. 12 – 13.

④ Malaysian Investment Development Authority (MIDA), *Malaysia Investment Performance Report 2015: Driving Sustainable Growth*, Kuala Lumpur: MIDA, 2016, p. 125; Malaysian Investment Development Authority (MIDA), *Malaysia Investment Performance Report 2016: Strengthening the Growth Momentum*, Kuala Lumpur: MIDA, 2017, p. 123. 中国从 2015 年第四大制造业投资国冲上 2016 年第一。因马来西亚贸工部没有完整地提供其他两大行业（第一产业和服务业）的外资统计，作者无法获得三大行业的总体投资额，马方只简单列出主要外资国作为公开资料。

5月失去政权后，中企并没因此而缩减他们在马来西亚制造业的投资。反之，中国投资数目在2018年达到4年间（2015—2018年）的顶峰。

表Ⅲ-1-2　　中资在马来西亚制造业的规模，2015—2018（亿美元）

年份	投资额	变化（%）
2015	4.5	-60.9
2016	11.5	155.6
2017	9.3	-19.1
2018	47.4	409.7

资料来源：Malaysia Investment Performance Report 2015；Malaysia Investment Performance Report 2016；Malaysia Investment Performance Report 2018[①]。

以定性为题，中资大致参与了马来西亚的大型项目。如中马关系权威饶兆斌所言，参与这些项目的中资未必全是中国国企，他们也包括民营企业，或为推动他们在马的项目，或为签署马中官方的基建项目。[②] 当然，这也包括中国省级在马的项目。此外，饶也指出另一重点，中国官方的直接资助项目也包含在内，有些项目是通过该渠道而颁发。[③]为此，获得这些资助的中企是否能归类为"中资"，乃学界值得进一步讨论的议题。西方媒体常提出的"债务陷阱外交"（debt-trap diplomacy）过于简化，完全忽略这样的模糊点。[④]

在马来西亚历史性的选举前（2018年5月），中资在当地各大型项目的参与较为广泛。最为耳熟能详的项目包括东海岸铁路（East Coast Rail Link，简称东铁）、马六甲皇京港（Melaka Gateway）、森林城（Forest City）、中马关

[①] Malaysian Investment Development Authority（MIDA）：*Malaysia Investment Performance Report 2015*，p. 125；Malaysian Investment Development Authority（MIDA）：*Malaysia Investment Performance Report 2016*，p. 123；Malaysian Investment Development Authority（MIDA）：*Malaysia Investment Performance Report 2018：Inspiring Technological Transformation*，Kuala Lumpur：MIDA，2016，p. 126.

[②] Ngeow，"Malaysia-China Cooperation on the Belt and Road Initiative under the Pakatan Harapan Government：Changes，Continuities，and Prospects"，p. 29.

[③] Ngeow，"Malaysia-China Cooperation on the Belt and Road Initiative under the Pakatan Harapan Government：Changes，Continuities，and Prospects"，p. 29.

[④] Ngeow，"Malaysia-China Cooperation on the Belt and Road Initiative under the Pakatan Harapan Government：Changes，Continuities，and Prospects"，p. 29.

丹产业园（Malaysia-China Kuantan Industrial Park）、金马士—新山双轨电动铁路（Gemas-Johor Bahru Electrified Double-Tracking Railway）、电子自由贸易区（Digital Free Trade Zone）、大马城（Bandar Malaysia）、横跨沙巴天然气输送管（Trans-Sabah Gas Pipeline）以及多元石化产品输送管（Multi-Product Pipeline）。在它们当中，引起最多争议的是东铁、森林城和中马产业园。

签署于2016年11月，东铁项目的巨大规模是马来西亚历史上前所未有的。① 跨越较为落后的东海岸三州，其项目将与西海岸的铁路连接，扶持经济上存在相对差异的州属。但由于其项目没经过公开招标过程，有关项目的特殊目的载体（special purpose vehicle）并未通过国会设立，项目的成本以及中方对马来西亚的巨大贷款（132.5亿美元）使得当时的在野阵营希盟激烈抨击被纳吉布政府称为"改变游戏规则"的项目。② 另外，由民营企业碧桂园推动的森林城豪华住宅项目也成了2018年全国选举的议题，当时回归政坛的马哈蒂尔是该项目的头号批评者。在成为希盟总理候选人后，马哈蒂尔把战场带到选举之中，他批判纳吉布：推行高达1000亿美元的项目以及颁发公民权给森林城的外国人，等同于典当国家主权。③

总体来说，除了两项运送管项目因弊端被终止外，其他的大型项目要么正常运作，要么受到调整和监管。前者如电子自由贸易区和金马士—新山双轨电动铁路；而后者包括东铁、森林城、马六甲皇京港以及中马关丹产业园。这也说明希盟政府依然非常务实。

二 安全合作

与之前中马关系磨合期和起飞期不一样，纳吉布时代开启了两国

---

① "China to Pour in Billions for Rail Project", *The Star*, November 1, 2016, https：//www.thestar.com.my/news/nation/2016/11/01/china-to-pour-in-billions-for-rail-project-engineeringand-construction-contract-will-also-be-signed.

② Chester Tay, " 'ECRL Deal Signed by RM2 Firm that was Formed without Parliament Approval' ", *The Edge Financial Daily*, November 8, 2016, https：//www.theedgemarkets.com/article/%E2%80%98ecrl-deal-signed-rm2-firm-was-formed-without-parliament%E2%80%99s-approval%E2%80%99.

③ Wern Jun Soo, "Mahathir Launches Bitter Attack on Forest City Project", *Free Malaysia Today*, December 30, 2017, https：//www.freemalaysiatoday.com/category/nation/2017/12/30/mahathir-launches-bitter-attack-on-forest-city-project/.

在安全领域的合作。纳吉布的举动试图超越以往"搁置争议"的共识，积极打造自己的对华政策。

在2013年的第十六届东盟—中国峰会上，总理李克强呼吁双方推进海洋伙伴关系，并把建设"21世纪海上丝绸之路"作为共同目标。[1]在李克强总理的致词中，他再次欢迎东盟国家利用中国—东盟海上合作基金，共同推进海上合作项目。直到2013年10月为止，中国—东盟海上合作基金已对十七项合作项目给予贷款，涉及的领域包括海洋经济、海上连通、海洋环保、科学研究以及海上搜索和救援。[2]此外，渔业合作项目成为优先考虑贷款的项目[3]。

三 社会—文化交流

至于社会—文化领域，中马两国的交流也在纳吉布时代而加强。其成就主要在教育和旅游业（包括定居）上显示。以教育来说，两国学生的交流逐步强化。截至2014年，马来西亚大约有1.4万名中国学生在当地学习，主要分布在公共和民营高教学院，大学学院和大学。[4] 同样，中方也给予马来西亚学生甚至学者赴华学习的机会，这包括中国政府奖学金（国别项目）以及其他著名大学所提供的奖学金项目。[5]

除了这些成就之外，中马教育交流在质量上极为显著。第一个成就为两国对各自语言推广的程度。2011年，时任中国总理温家宝访问马来西

---

[1] "Remarks by H. E. Li Keqiang Premier of the State Council of the People's Republic of China at the 16th ASEAN-China Summit", Ministry of Foreign Affairs China Portal, October 10, 2013, http://i-e.china-embassy.org/eng/zgxw/t1089853.htm.

[2] "Remarks by H. E. Li Keqiang Premier of the State Council of the People's Republic of China at the 16th ASEAN-China Summit", Ministry of Foreign Affairs China Portal, October 10, 2013, http://i-e.china-embassy.org/eng/zgxw/t1089853.htm.

[3] "Remarks by H. E. Li Keqiang Premier of the State Council of the People's Republic of China at the 16th ASEAN-China Summit", Ministry of Foreign Affairs China Portal, October 10, 2013, http://i-e.china-embassy.org/eng/zgxw/t1089853.htm.

[4] Dato' Abdul Majid Ahmad Khan, "Malaysia-China Relations: Reflections on Four Decades of Malaysia-China Enhanced Friendship and Partnership", June 23, 2017, Malaysia-China Friendship Association Portal (http://ppmc.com.my/en/?page_id=94).

[5] 本章的第二作者是2017/2018学年中国政府奖学金的访问学者。

亚期间，他指出互学彼此的语言是双方加强教育合作的关键因素。① 此番话对马中语言学习的重要性有正面的提升。从 1962 年到 2018 年，中国已经有六所大学提供马来语课程和研究，它们分别为中国传媒大学、北京大学、广东外语外贸大学、广西大学、云南大学以及北京外国语大学。② 同样，马来亚大学（马大）也设立了孔子学院，并在中国总理李克强 2019 年访问马来西亚举行了开幕仪式。与其他国家的孔院一样，该院是以推广中文和中华文化以及增加两国文化的理解作为其长期目标。③

另外一个成就是厦门大学在马来西亚设立首个海外校园。厦门大学由新马华侨领袖陈嘉庚所创办，其马来西亚分校的成立对该国成为东南亚教育枢纽的目标起到推进作用。因马来西亚已有澳英美大学的分校，厦大的海外分校给国外和本地的学生提供了另一个特殊的选择。这也解释了为什么马来西亚被联合国教科文组织列为 2016 年国际学生十大首选国之一。④ 除了这两个原因之外，马来西亚能被选为中国大学的第一个海外分校的办学地点也证明两国拥有不一般的关系。在得知厦大的意图后，马来西亚政府也很快采取行动，把位于沙叻丁宜（Salak Tinggi）的 150 英亩土地划分为校区。⑤ 经过两年多的建设，厦大也在 2015 年 9 月全面投入运作，迎接首批学生到马来西亚分校。

除教育以外，马中交流也在旅游业取得重大成就。在游客规模上，中国已成了马来西亚第三大游客来源国。如表Ⅲ-1-3 显示，2016 年是关键的一年，中国来马的游客人数第一次超越 200 万，这比 2014 年增加了 31.7%。过后，中国游客来马的人数一直上升，而到 2018 年，其规模接近 300 万，比 2016 年增加了 38.6%。截至 2018 年，只有新加坡和印度尼

---

① "Kerjasama Akrab Pendidikan Malaysia, China (Malaysia-China Close Cooperation in Education)", *Utusan Malaysia*, April 29, 2011.

② "*Pengajian Melayu Semakin Meluas* (Malay Studies Getting Popular)", *Utusan Malaysia*, April 21, 2011.

③ "About Kong Zi Institute", Kong Zi Institute University of Malaya Portal, May 13, 2018, https://www.kongzium.edu.my.

④ "UNESCO Recognizes Malaysia as Top 10 Preferred International Education Hub", *Bernama*, May 5, 2016, https://www.studymalaysia.com/education/news/1461055365.

⑤ "Xiamen University to Set Up First Overseas Campus in Malaysia", *The Star*, January 21, 2013, https://www.thestar.com.my/news/nation/2013/01/21/xiamen-university-to-set-up-1st-overseas-campus-in-malaysia/.

西亚游客领先，分别为 1061 万以及 327 万。值得一提的是，两国游客来马的人数较为波动，并未似中国游客持续性增加：4.0%（2014—2015年）；26.7%（2015—2016年）；7.4%（2016—2017年）；以及 29.0%（2015—2016年）。

表Ⅲ-1-3　国外游客到马来西亚的五大来源国（2014—2018年）

年份	来源国 1 新加坡	2 印度尼西亚	3 中国大陆	4 泰国	5 文莱
2014	13932967	2827533	1613355	1299298	1213110
2015	12930754	2788033	1677163	1343569	1133555
2016	13272961	3049964	2124942	1780800	1391016
2017	12441713	2796570	2281666	1836522	1660506
2018	10615986	3277689	2944133	1914692	1382031
增长（%）：2014/2015	-7.2	-1.4	4.0	3.4	-6.6
增长（%）：2015/2016	2.6	9.4	26.7	32.5	22.7
增长（%）：2016/2017	-6.3	-8.3	7.4	3.1	19.4
增长（%）：2017/2018	-14.7	17.2	29.0	4.3	-16.8

资料来源：Tourism Malaysia, *Malaysia Tourism：Key Performance Indicators 2016*, Putrajaya：Tourism Malaysia, 2017, p. 8；Tourism Malaysia, *Malaysia Tourism：Key Performance Indicators 2018*, Putrajaya：Tourism Malaysia, 2019, p. 10.

另一个成就是中国到马长期定居的项目。马来西亚政府于 2002 年发起"马来西亚第二家园"（Malaysia My Second Home，简称 MM2H）计划，欢迎合格的外籍人士向该国申请长期居留签证。由于其计划公开给所有国籍、宗教或性别的外国人士，只要申请者符合有关条件，他们都能在马来西亚长期居住。再加上马来西亚拥有各种优势，如经济稳定、交通便利和

第一章 中马关系的历史与前瞻

较低生活费,"马来西亚第二家园"不但吸引了较年轻的夫妇来马居住,它甚至容许60岁以上的父母和21岁以下的孩子同聚一堂。

根据表Ⅲ-1-4的统计来看,从2008年到2017年,一共有9068名中国公民申请"马来西亚第二家园",占了这十年总人数的32.1%。从2013年开始,中国申请者人数首次超越以往居于榜首的日籍人士,此后每年几乎以千位数压倒性优势位居榜首。即便申请者在2015年受到马航客机MH-370事件的影响,那一年的跌幅依然让中国占据榜首的位置(719人)。仅仅一年后,中国籍的申请者回升到1512人的规模。

表Ⅲ-1-4 《马来西亚第二家园》计划申请者的十大来源国家和地区,2008—2017年

年	1 中国大陆	2 日本	3 孟加拉国	4 英国	5 韩国	6 伊朗	7 新加坡	8 中国台湾	9 巴基斯坦	10 印度	11 其他	总数
2008	120	210	68	208	86	227	48	16	65	32	432	1512
2009	114	169	86	162	54	212	61	36	103	35	546	1578
2010	154	195	74	141	49	227	73	49	77	51	409	1499
2011	405	423	276	153	64	286	78	70	136	50	446	2387
2012	731	816	388	139	83	201	83	85	100	56	545	3227
2013	1337	739	285	148	101	51	145	151	58	41	619	3675
2014	1307	428	250	117	137	17	94	83	51	42	548	3074
2015	719	300	205	83	120	19	67	71	31	46	550	2211
2016	1512	281	283	110	184	8	93	77	29	68	702	3347
2017	2669	325	428	185	645	38	110	126	42	96	1049	5713
总数	9068	3886	2343	1446	1526	1286	852	764	692	517	5846	28223
比例(%)	32.1	13.8	8.3	5.1	5.4	4.6	3.0	2.7	2.5	1.8	20.7	100

资料来源:Ministry of Tourism, Arts and Culture (MOTAC) Malaysia, "Bilangan Peserta Program MM2H Berdasarkan 10 Negara Teratas (Number of MM2H Program Participants Based on Top 10 Countries)", Malaysia Open Data Portal, October 5, 2018, https://www.data.gov.my/data/ms_MY/dataset/bilangan-peserta-program-mm2h-berdasarkan-10-negara-teratas.

第五节　后全球化时代的中马关系：希盟时代与国盟时代（2018 年至今）

希盟执政时期是中马关系的考验期。国阵所留下的对华政策面临根本性的调整。希盟政府更改了原有的投资政策，对大型项目做出新的评估以及调整了整体项目。作为马来西亚大型项目的参与者，中国投资者也牵涉在内，最好的例子就是东铁项目。即便如此，在不到两年内，马方和中方圆满地处理这些分歧，这也引起国外对其成就的关注。当外界把该成就称为"马来西亚模式"的时候，[1] 我们必须了解到所谓的模式其实是两国成熟地看待大家的分歧，并积极寻找双方均可接受的解决方案。

一　处理分歧的成就

2018 年 5 月 9 日的全国选举后，马来西亚首次进入非国阵政权时代。成立联邦政府的希盟阵营在经济上主张制度改革，而当时的总裁，前首相马哈蒂尔，也在公开场合承诺重新评估纳吉布政府与中资合作的大型基建项目。[2] 在这一背景下，各界都预计希盟政府将针对相关大型项目重新评估，甚至重启与中方的谈判。但预想不到的是，希盟政府与中国当局成功完成重新谈判的工作，并达成在工业 4.0 上进行经济合作。这些成就都显示了中马在处理分歧方面，持有高度互信。

整体来说，该成就建立在两个因素之上。其一，处理大型基建项目谈判的希盟领导人是中方熟悉的面孔。作为马来西亚前总理以及 20 世纪 90 年代"东亚经济体"的提倡者，中方对马哈蒂尔并不陌生。同样，中日韩都熟悉这位东南亚强人领袖。他的回归也意味着处理与中国的关系不是大难题。此外，他的特使，被委任为谈判代表达因·再努汀（Daim Zainuddin），也是另一位中方熟悉的人物，他曾经是马哈蒂尔时代的财长，不仅对中国颇为了解，也与中方建立了多年的信任关系。

---

[1] Murray Hunter, "Malaysia's China Reset", *Asia Sentinel*, June 28, 2019, https: //www. asiasentinel. com/p/malaysia-china-reset.

[2] "Dr. M: Harapan to Review 'Unbeneficial' Foreign Projects, May Nix ECRL", *Malaysiakini*, February 7, 2018, https: //www. malaysiakini. com/news/411442.

第一章　中马关系的历史与前瞻　493

中马之所以能够成功完成新一轮项目谈判是由于以上的条件。最具象征性的例子是东铁项目。如特使达因所描述，整个谈判是建立在互相理解之上；马方的观点在于调整国阵时期的"不平等"协议为前提，并不是一种针对中方的举措。① 此外，达因也揭露，中方了解希盟政府要确保东铁项目的确可造福马来西亚人民，而不是执意要停止这一项目。② 这是因为马哈蒂尔首相以及希盟政府传达的友好信息，清楚表明该政府不是针对中方，只是就项目而论。经过9个月低调和漫长的谈判，马中代表终于在2019年4月签署新的协议，不但把原有的成本从655亿马币减到440亿马币，中交也和马来西亚对接的铁道公司（Malaysia Rail Link）平分合资设立新公司来管理、经营和维持东铁网络。③ 换句话说，在铁路建设完毕之后，中马双方将各自承担50%的业务风险。④

其二，希盟领袖清楚地表达他们非常欢迎中资参与该国的产业4.0战略。在希盟成立联邦政府后，经济改革已成为重要议程，它不但停止官商勾结和开放公开投标，产业升级也成了最重要的一部分。在马方对国阵时期的大型项目重新评估的同时，其他希盟领袖也以东铁为案例，一再强调该政府不是针对中国，而是以经济改革为主要议程。为了安抚中资对马来西亚政府的担忧，⑤ 当时的贸工部副部长王建民公开呼吁中资来马参与该

---

① "Daim Happy to Hand Over ECRL Talks to Any Interested Takers", *Malaysiakini*, March 30, 2019, https：//www.malaysiakini.com/news/470250.
② "Daim Happy to Hand Over ECRL Talks to Any Interested Takers", *Malaysiakini*, March 30, 2019, https：//www.malaysiakini.com/news/470250.
③ "Daim: It Took Nine Months to Negotiate", *The Star*, April 13, 2019, https：//www.thestar.com.my/news/nation/2019/04/13/daim-it-took-nine-months-to-negotiate；"ECRL Back on Track, Cost Slashed by RM 21.5b", *Malaysiakini*, April 12, 2019, https：//www.malaysiakini.com/news/472009；"Malaysia Rail Link, China-based CCCC Set Up JV to Manage ECRL Project", *Bernama*, April 15, 2019, https：// www.thesundaily.my/local/malaysia-rail-link-china-based-cccc-set-up-jv-to-manage-ecrl-project-FF788272.
④ "Daim: It Took Nine Months to Negotiate", *The Star*, April 13, 2019, https：//www.thestar.com.my/news/nation/2019/04/13/daim-it-took-nine-months-to-negotiate；"ECRL Back on Track, Cost Slashed by RM 21.5b", *Malaysiakini*, April 12, 2019, https：//www.malaysiakini.com/news/472009；"Malaysia Rail Link, China-based CCCC Set Up JV to Manage ECRL Project", *Bernama*, April 15, 2019, https：// www.thesundaily.my/local/malaysia-rail-link-china-based-cccc-set-up-jv-to-manage-ecrl-project-FF788272.
⑤ Norman Goh, "It's Not You, It's Us, PM Tells China Investors Anxious About Harapan Gov't", *Malaysiakini*, August 18, 2018, https：//www.malaysiakini.com/news/439586.

国所推出的产业4.0战略。据王建民对媒体的透露，中资已经是马来西亚连续3年（2016—2018）最大的制造业投资者，而新技术转让和智能制造流程都是未来中资可投入的切入点。① 与国阵时代相比，希盟政府毫不犹豫地表示他们专注的是高端外资（包括中资），而其他较为低端的经济领域是次要。

秉持经济升级的战略，希盟领袖对高科技中资给予正面看待。当中资保持观望的态度，马哈蒂尔接见马云，而这位阿里巴巴创始人是2018年5月马来西亚最高领导人会见的第一位中资代表。"双马会"给外界留下深刻印象，也同时获得国内外的大量报道。即便会议后没有特别的成就，这种高规格的会议具有象征性意义。当各界都猜测希盟政府是否会停止纳吉布时代电子自由贸易区（Digital Free Trade Zone）的时候，会面让各界得到了答案。总理马哈蒂尔不但表示愿意继续这一项目，他也和马云谈起如何利用科技来协助更多马来西亚人脱贫以及辅助年轻人创业和升级中小企业。② 换而言之，"双马会"所传达的是互信的讯息——马来西亚依然欢迎中资，而后者也放心来马投资。

更重要的是，希盟政府产业4.0战略的推进也获得中国领导人的支持。当中马关系还在被东铁项目的谈判所笼罩，中方领导人在接见马哈蒂尔来访的时候（2018年8月），中国总理李克强表示中方愿意根据马来西亚经济转型的战略，把电商、汽车业、科技和金融领域纳入两国在"一带一路"倡议上的合作内。③ 同时，马哈蒂尔也重申，马来西亚将继续保持对华友好政策，希望与中方一起建立互利共赢的经济合作，维护多边主义和自由贸易。④

---

① "Malaysia Aims to Draw High-Tech Chinese Investments", Xinhua, August 28, 2019, http://www.xinhuanet.com/english/2019-08/28/c_138345449.htm.

② "Alibaba Founder Jack Ma Meets Malaysian PM, 'Surprised' by Mahathir's Tech Knowledge", Channel News Asia, June 18, 2018, https://www.channelnewsasia.com/news/asia/alibaba-founder-jack-ma-meets-malaysian-pm-surprised-by-mahathir-10442174.

③ "China Pledges to Lift Ties to Malaysia to New High", Ministry of Foreign Affairs China Portal, August 20, 2018, https://www.fmprc.gov.cn/mfa_eng/wjb_663304/zzjg_663340/yzs_663350/gjlb_663354/2732_663468/2734_663472/t1586905.shtml.

④ "China Pledges to Lift Ties to Malaysia to New High", Ministry of Foreign Affairs China Portal, August 20, 2018, https://www.fmprc.gov.cn/mfa_eng/wjb_663304/zzjg_663340/yzs_663350/gjlb_663354/2732_663468/2734_663472/t1586905.shtml.

从这两个因素来评估，即便希盟政府在短短22个月执政时期无法全面落实产业4.0战略，但该政权时代证明了中马两国依然持有高度互信。即便双方在基建项目以及整体经济合作尚有分歧，两国依然成功处理了分歧，并且迈向新经济合作的道路。国家领导人发挥了关键作用，而且企业代表们也为中马开启新篇章做出贡献。

国盟执政期是中马关系的演变期。该政权在危机中诞生穆希丁所领导的国盟政府不但面对新冠疫情所引发的公共卫生危机，同时也面临更难处理的经济危机（封城所导致的经济衰退）。除了这两个危机之外，该政权也陷入政治危机，原因在于国盟乃弱势政府，在国会仅以两席的微弱优势执政。相比起来，国盟政府要面对在野阵营（包括希盟在内）是马来西亚史上最强大的在野势力，这使得穆希丁政权没有以往的国阵或希盟政府那么稳固。在这些危机里面，公共卫生、政治和区域安全危机与中马关系息息相关，它们也给我们提供了宝贵的方向标。

二 新冠疫情的防疫合作

第一个方向标就是新冠疫情的防疫合作。由于中马两国在不同时期面临新冠疫情（COVID-19）的冲击，我们看到双边的防疫合作具有互惠特性。在疫情袭击两国的时候，中马双方医疗上互相给予援助，以便两国的医疗人员在前线打好这场防疫战。

当新冠疫情在中国蔓延时（2019年12月—2020年2月），马来西亚各界人士都动员起来，把医疗物资捐赠到中国。在它们之中，马来西亚非政府组织#OpsHarapan是第一个挺身而出的团体。在短短四天内，该组织把接近2.4吨的医疗物资送往中国武汉，包括口罩、医疗手套和护目镜。[1] 此外，其他组织也各有贡献，例如沙巴洲政府和当地华团共同为中国的防疫工作进行募款活动，一共捐赠了46.4万美元（200万马币）给

---

[1] "NGO #OpsHarapan Sends 2.4 Tonnes of Medical Supplies to Wuhan", *Bernama*, February 4, 2020, https://www.thesundaily.my/local/ngo-opsharapan-sends-24-tonnes-of-medical-supplies-to-wuhan-FE1969351.

中国政府。① 同时，马来西亚橡胶出口促进委员会（Malaysian Rubber Export Promotion Council，简称 MREPC）和手套制造商向武汉的医疗人员捐赠 1800 万双医疗手套；而一些马来西亚艺人也通过音乐为武汉人打气。名为《你从不是一个人》，歌曲是由马来西亚资深制作人王炳智所写，聚集了不同种族的艺人一起唱出他们对武汉的支持，其中一人是参加《中国新歌声》的李佩玲。②

同样的，当新冠疫情在马来西亚蔓延的时候（2020 年 3 月），中方也伸出了援手。因马来西亚缺乏口罩和医疗个人防护设备（personal protective equipment，简称 PPE），中国政府和商业团体也向东西马捐赠了 11 批医疗物资。单单在西马的双溪毛糯医院，中国驻马大使馆赠送了 1.5 万个口罩；而中国官方也向马来西亚警队以及东马沙巴州和砂拉越州，乐捐了大约 2 万个口罩以及其他医疗物资。③ 政府方面，除了中资团体和中国亚洲经济发展协会（非政府组织）共同捐 10 万个口罩之外，马云基金会和阿里巴巴基金也再分发 PPE 和测试包给东南亚四国，马来西亚也在其中。④

---

① "Sabah Govt Raised RM 2 Million for Wuhan Fund", *Bernama*, February 20, 2020, https://www.theborneopost.com/2020/02/20/sabah-govt-raised-rm2-million-for-wuhan-fund/; Joseph Kaos Jr., "Coronavirus: Malaysia to Donate 18 Million Medical Gloves to China", *The Star*, January 31, 2020, https://www.thestar.com.my/news/nation/2020/01/31/coronavirus-malaysia-to-donate-18-million-medical-gloves-to-china.

② Kit Yan Seto, "Malaysian Artistes Release Song to Show Support for China's Covid – 19 Efforts", *The Star*, February 21, 2020, https://www.thestar.com.my/lifestyle/entertainment/2020/02/21/malaysian-artistes-release-song-to-show-support-for-china039s-covid-19-efforts.

③ "Chinese Embassy, Companies Donate Medical Supplies to Malaysian Hospitals against COVID – 19", *Xinhua*, March 19, 2020, http://www.xinhuanet.com/english/2020-03/19/c_138895248_2.htm; "Malaysia Receives Medical Devices from China For Police", *Bernama*, March 21, 2020, https://www.freemalaysiatoday.com/category/nation/2020/03/21/malaysia-receives-medical-devices-from-china-for-police/; Julia Chan, "Sabah Gets Fresh Boost of Medical Masks, Supplies from China", *The Malay Mail*, March 29, 2020, https://www.malaymail.com/news/malaysia/2020/03/29/sabah-gets-fresh-boost-of-medical-masks-supplies-from-china/1851448; "China's Consulate General Donates 30000 Face Masks to Sarawak", *The Borneo Post*, April 1, 2020, https://www.theborneopost.com/2020/04/01/chinas-consulate-general-donates-30000-face-masks-to-sarawak/.

④ Allison Lai, "100k Face Masks Arriving from China on March 20", *The Star*, March 20, 2020, https://www.thestar.com.my/news/nation/2020/03/20/100k-face-masks-arriving-from-china-on-march-20; "Jack Ma Foundation and Alibaba Foundation Announce Donations to Four Southeast Asian Countries", Business Wire Portal, March 19, 2020, https://www.businesswire.com/news/home/20200319005410/en/.

除此之外，中马在防疫上的合作也超出医疗物资的捐赠。值得一提的是，马来西亚是中国医疗团队访问的国家之一。即便马来西亚政府已经控制了疫情，国盟政府依然欢迎中国医疗代表团到该国访问。通过3月26日马中医疗专家视频会议后，广东医疗队也在23天后抵达马来西亚。[1] 在访问期间，中国医疗队赞扬马来西亚的防疫工作，还进一步提到马来西亚医疗工作者的专业和奉献精神。同时，马方也向广东代表团引荐了在20世纪初对中国防疫做出巨大贡献的伍连德博士。[2] 远超于中马建交时代，伍连德与中国的联系见证了两国在近代的渊源。更重要的是，中国医疗团队也首次欢迎马来西亚参与中方疫苗的第三期临床试验，并提出该国可提早获得中国疫苗的可能性。[3] 从整体防疫合作来说，中马双方都动员了官方和非官方（商团和一般民众）组织来援助对方，让两国在防疫上互惠。

三 希沙姆丁的角色

第二个方向标就是马来西亚外长希沙姆丁的角色。如果中马防疫合作源自公共危机，那么希沙姆丁的角色来自国盟政治危机。如上所述，国盟政府是个弱势政府，因在国会只有2个多数议席，长期面临在野阵营的挑战和反扑。[4] 另外，整个国盟阵营是由三大党所组成，总理穆希丁对各部长们的控制权也比以往的总理脆弱；而希沙姆丁恰恰就是三大党内人数最多的巫统代表。相比之下，穆希丁本身所处的土团党乃第二大党，他不但没在国盟掌握主导权，更是缺乏强大的草根支持。在决定和颁布公共卫生

---

[1] "China Docs to Aid in Virus Fight", *The Star*, March 25, 2020, https：//web.archive.org/web/20200413072301/, https：//www.thestar.com.my/news/nation/2020/03/25/china-docs-to-aid-in-virus-fight；"Medical Experts from China Touch Down at KLIA", *Malaysiakini*, April 18, 2020, https：//www.malaysiakini.com/news/521301。

[2] 陆世敏：《中医疗专家：管控虽有效·"马结束疫情 还需要全球"》，《星洲日报》2020年4月26日，https：//www.sinchew.com.my/content/content_2260826.html；《中国防疫专家称赞大马卫生部 你们Boleh！》，《联合日报》2020年4月26日。伍连德出生在槟城，对东北鼠疫的控制扮演重要角色，他不但改良了当时西方国家的口罩，他也推出目前各国所效仿的隔离和行动管制措施。

[3] 《大马盼参与三期临床试验·中国专家：能更早用到冠病疫苗》，《星洲日报》2020年4月26日，https：//www.sinchew.com.my/content/content_2260674.html。

[4] Kamarul Azhar, "Cover Story：Muhyiddin's Many Challenges", *The Edge Malaysia*, March 19, 2020, https：//www.theedgemarkets.com/article/cover-story-muhyiddins-many-challenges。到2020年10月15日为止，国盟在国会拥有113个议席而以希盟为主的在野阵营持有109个议席。

和经济政策上，穆希丁必须依赖巫统和伊党（第三大党）的支持，否则有关政策就无法通过。①

因穆希丁对部长们的控制稍弱，马来西亚外交政策的决定权由外长全权负责。换言之，如今希沙姆丁拥有前所未有的决定权，可以在马来西亚外交上"大展拳脚"。这包括他本人主导的一系列外交政策，不再像以往那样因马来西亚总理的干预而受限。由于希沙姆丁对华保持友好态度，再加上他一直与中方保持友好关系，② 我们可以判定国盟政府对华政策不会做出太大的调整，而中马关系也将稳健发展。

其评估也得到希沙姆丁本人的证实。希沙姆丁在首次新闻发布会上（2020年3月）明确指出中国、沙特和阿联酋是他推进马来西亚外交的优先国家。相反，西方国家不在他的优先国家名单之内，这也足以证明他的外交倾向。③ 此外，在马来西亚面临新冠疫情时，希沙姆丁积极寻求当时的中国大使白天和中国外长王毅的协助，让马来西亚获得更多口罩和防护装备来应对疫情。希沙姆丁本人打电话给白天感谢中国政府的一幕众所周知，让许多马来西亚网民见证了中马友好关系。④ 从这两点来看，希沙姆丁的角色将继续主导国盟政府对华的友好政策，中马关系也因此将继续迈进。

---

① Kamarul Azhar, "Cover Story: Muhyiddin's Many Challenges", *The Edge Malaysia*, March 19, 2020, https://www.theedgemarkets.com/article/cover-story-muhyiddins-many-challenges. 到 2020 年 10 月 15 日为止，国盟在国会拥有 113 个议席而希盟为主的再也阵营持有 109 个议席。

② 希沙姆丁曾经在阿卜杜拉和纳吉布时代担任部长，而他的儿子也毕业于北京大学光华管理学院。

③ "MGTV Live: Hari Pertama Datuk Seri Hishammuddin di Wisma Putra (MGTV Live: First Day for Datuk Seri Hishammuddin in Wisma Putra)" Youtube video, 51:43, from the speech of Foreign Minister, Hishammuddin Hussein, posted by Malaysian Gazette, March 10, 2020, https://www.youtube.com/watch?v=_R12WRSb1aM.

④ Hishammuddin Hussein, "Called Ambassador Bai Tian of China to thank him personally on behalf of the Malaysian Government and people for the assistance rendered by the Chinese Government. Just 3 days ago, I wrote a letter to my counterpart HE Wang Yi, Foreign Minister for the People's Republic of China for medical equipment to help us combat #COVID19. Today, they sent the first shipment to Hospital Sungai Buloh! Truly incredible how fast this has happened. On behalf of the Malaysian Government and people, thank you", Facebook, March 19, 2020, https://www.facebook.com/HishammuddinH2O/videos/called-ambassador-bai-tian-of-china-to-thank-him-personally-on-behalf-of-the-mal/1070808823318091/.

第二章 中马经贸合作

中国和马来西亚之间的产业分工和经贸合作，是东南亚区域产业链体系中的重要组成部分。在"一带一路"背景下，双边经贸往来在继续加深，双方互为重要的贸易伙伴关系。中国和马来西亚之间的电子产品产业链分工，最能反映两国之间的贸易分工结构，中国本土在电子产品零部件供应链体系中得以成长，并开始具备对外投资的能力；马来西亚保持其在中高端电子产品零部件制造方面的竞争优势，这为中国企业加快对马来西亚投资进而形成更为紧密的分工贸易结构奠定了基础。同时，跨境电子商务已成为拓展中国和马来西亚双边经贸往来的新增长点，未来通过继续深化双边商贸便利化合作，将形成中马在东南亚跨境电子商务领域区域合作的新平台。

第一节 经贸合作的基本特征

近年来，中国和马来西亚之间的货物进出口贸易保持稳步增长，双边的货物贸易关系在双方贸易中的地位在不断提升。服务贸易领域，目前中国和马来西亚之间的服务进出口以旅游、运输等传统服务为主，新兴服务贸易领域合作的潜力和空间较大。

一 货物贸易合作的基本特征

近年来，中国和马来西亚之间的货物贸易往来在不断加深，中国成为马来西亚第一大贸易伙伴，马来西亚成为中国第十大贸易伙伴。中国和马来西亚之间的双边贸易以机电产品和矿产品进出口为主。

(一) 中国和马来西亚进出口贸易规模稳步增长

21世纪以来，随着全球化的二次松绑[1]和生产分工的深入，形成了跨国公司主导的由中国、日本、韩国和东盟国家共同参与的东亚区域供应链体系[2]，跨国公司在东亚地区的生产布点，带来了区域内各经济体之间中间品和最终品贸易的快速增长，中国与马来西亚之间的生产分工和双边贸易成为东亚区域供应链体系的重要组成部分。

据中国海关统计，近二十年来，中国与马来西亚之间的贸易额稳步攀升，中马双边贸易额从2000年的80.4亿美元上升到2019年的1239.6亿美元，增长了15.4倍，实现了年均15.5%的增长率（表Ⅲ-2-1）。其中，中国对马来西亚的出口从2000年的25.6亿美元，增长到2019年的521.3亿美元；增长了20.4倍；同期，中国从马来西亚的进口从2000年的54.8亿美元，增长到2019年的718.3亿美元，增长了13.1倍。从贸易平衡来看，中国对马来西亚一直保持贸易逆差状态，逆差额从2000年的29.2亿美元提高到2019年的197亿美元，这与跨国公司主导的生产分工密切相关，中国作为东亚区域供应链的制造工厂，需要从马来西亚进口中间品用于进一步加工和制造。

表Ⅲ-2-1　　中国—马来西亚货物进出口额及贸易平衡（2000—2019年）

年份	中国对马来西亚出口额（亿美元）	中国从马来西亚进口额（亿美元）	中马双边进出口额（亿美元）	贸易平衡（亿美元）
2000	25.6	54.8	80.4	-29.2
2001	32.2	62.0	94.3	-29.8
2002	49.7	93.0	142.7	-43.3
2003	61.4	139.9	201.3	-78.5

---

[1] Richard Baldwin, "21st Century Regionalism: Filling the Gap between 21st Century Trade and 20th Century Trade Rules", *WTO Staff Working Paper*, No. 5, 2011, pp. 3-8.

[2] "The WTO and Preferential Trade Agreements: From Co-existence to Coherence", *World Trade Report 2011*, Geneva: World Trade Organization, 2011.

续表

年份	中国对马来西亚出口额（亿美元）	中国从马来西亚进口额（亿美元）	中马双边进出口额（亿美元）	贸易平衡（亿美元）
2004	80.9	181.7	262.6	-100.8
2005	106.1	200.9	307.0	-94.8
2006	135.4	235.7	371.1	-100.3
2007	177.4	287.2	464.7	-109.8
2008	214.6	321.0	535.6	-106.4
2009	196.3	323.3	519.6	-127.0
2010	238.0	504.3	742.3	-266.3
2011	278.9	621.4	900.2	-342.5
2012	365.3	583.0	948.3	-217.7
2013	459.3	601.5	1060.8	-142.2
2014	463.5	556.5	1020.1	-93.0
2015	439.8	532.8	972.6	-93.0
2016	376.6	492.7	869.3	-116.1
2017	417.1	544.3	961.4	-127.2
2018	458.5	633.2	1091.7	-174.7
2019	521.3	718.3	1239.6	-197.0

资料来源：2000—2018年数据来自联合国商品贸易数据库（UNCOMTRADE），以中国作为报告国（Reporter）的统计口径，2019年数据来自中国海关官网。

（二）中国和马来西亚互为重要的进出口贸易伙伴

据马来西亚海关统计，2019年，不管是从进口、出口还是进出口来看，中国都是马来西亚的第一大贸易伙伴（表Ⅲ-2-2）。其中，马来西亚对中国的出口占马来西亚全部出口比重的14.2%；马来西亚对中国进口占马来西亚全部进口比重的20.7%，远远超过第二大出口贸易伙伴新加坡的占比（10.5%）；从进出口来看，中国占马来西亚全部进出口贸易额的比重达到 17.2%，也明显超过第二大进出口贸易伙伴新加坡（12.3%）。

表Ⅲ-2-2　　　　马来西亚进出口前十大贸易伙伴　　　　（单位：亿美元）

排序	出口前十大贸易伙伴			进口前十大贸易伙伴			进出口前十大贸易伙伴		
	国家和地区	出口额	占比（%）	国家和地区	进口额	占比（%）	国家和地区	进出口额	占比（%）
1	中国	336.9	14.2	中国	423.6	20.7	中国	760.5	17.2
2	新加坡	330.4	13.9	新加坡	216.1	10.5	新加坡	546.4	12.3
3	美国	231.5	9.7	美国	165.8	8.1	美国	397.3	9.0
4	中国香港	160.6	6.7	日本	153.5	7.5	日本	311.0	7.0
5	日本	157.6	6.6	泰国	106.8	5.2	泰国	241.6	5.5
6	泰国	134.8	5.7	印度尼西亚	93.6	4.6	中国香港	194.5	4.4
7	印度	90.6	3.8	韩国	93.6	4.6	韩国	175.1	4.0
8	越南	83.8	3.5	德国	64.6	3.2	印度尼西亚	168.1	3.8
9	韩国	81.5	3.4	印度	58.6	2.9	印度	149.2	3.4
10	印度尼西亚	74.4	3.1	澳大利亚	56.2	2.7	越南	131.1	3.0

资料来源：数据来自联合国商品贸易数据库（UNCOMTRADE），以马来西亚作为报告国（Reporter）的统计口径。

据中国海关统计，2019年，马来西亚为中国第九大进口贸易伙伴和第十大进出口贸易伙伴。其中，中国从马来西亚进口额占中国全部进口的比重达到3.5%，在东盟十国中，马来西亚是中国最大的进口贸易伙伴；中国与马来西亚双边进出口贸易额占中国全部进出口的比重为2.7%（表Ⅲ-2-3），在东盟十国中，马来西亚是中国第二大进出口贸易伙伴，仅次于越南。

表Ⅲ-2-3　　　　　2019年中国进出口前十大贸易伙伴　　　（单位：亿美元）

排序	出口前十大贸易伙伴			进口前十大贸易伙伴			进出口前十大贸易伙伴		
	国家和地区	出口额	占比(%)	国家和地区	进口额	占比(%)	国家和地区	进出口额	占比(%)
1	美国	4186.7	16.8	韩国	1735.7	8.4	美国	5413.9	11.8
2	中国香港	2789.5	11.2	中国台湾	1730.0	8.3	日本	3150.3	6.9
3	日本	1432.7	5.7	日本	1717.6	8.3	中国香港	2880.3	6.3
4	韩国	1110.0	4.4	中国①	1297.8	6.2	韩国	2845.8	6.2
5	越南	978.7	3.9	美国	1227.1	5.9	中国台湾	2280.8	5.0
6	德国	797.7	3.2	澳大利亚	1214.3	5.8	德国	1848.8	4.0
7	印度	748.3	3.0	德国	1051.1	5.1	澳大利亚	1696.4	3.7
8	荷兰	739.6	3.0	巴西	798.0	3.8	越南	1620.0	3.5
9	英国	624.1	2.5	马来西亚	718.3	3.5	中国	1297.8	2.8
10	中国台湾	550.8	2.2	越南	641.3	3.1	马来西亚	1239.6	2.7

注：中国的进口前十大贸易伙伴中出现了"中国"是因为统计了通过保税区等海关特殊监管区域进入中国国内市场的货物贸易。

资料来源：数据来自联合国商品贸易数据库（UNCOMTRADE），以马来西亚作为报告国（Reporter）的统计口径。

从贸易比重的动态变化上看，中国在马来西亚进出口贸易中所占比重保持快速提升的趋势，中国占马来西亚出口、进口和进出口的比重，分别从2000年的3.08%、3.96%、3.48%上升到2019年的14.15%、20.68%和17.17%，这表明中国在马来西亚进出口贸易中的作用日益凸显（图Ⅲ-2-1）。

同样，马来西亚在中国进出口贸易中的地位也总体保持提升的趋势，马来西亚占中国出口、进口和进出口的比重，分别从2000年的1.03%、2.43%、1.70%上升到2019年的2.09%、3.46%、2.71%（图Ⅲ-2-2）。

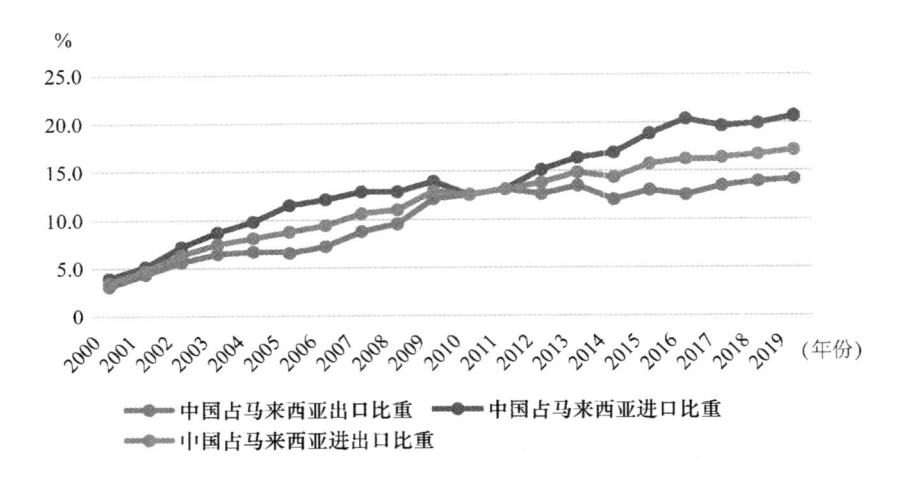

图Ⅲ-2-1 中国在马来西亚出口、进口和进出口贸易中的比重变化

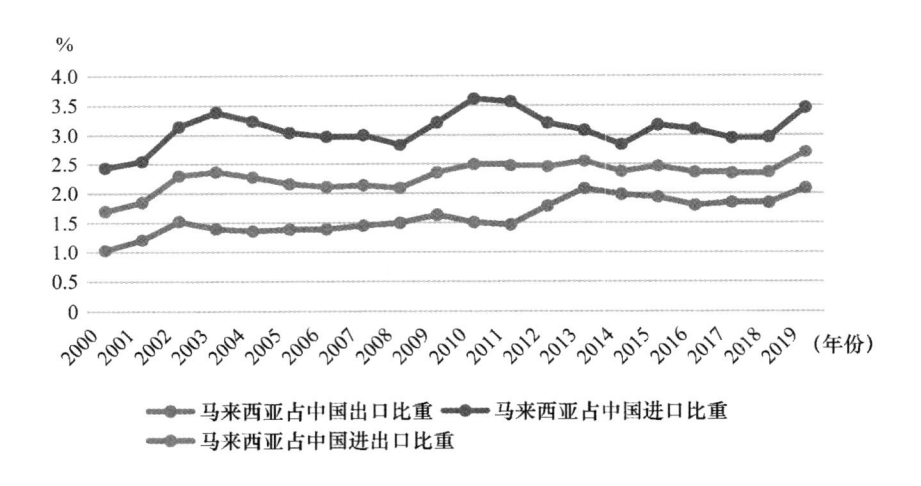

图Ⅲ-2-2 马来西亚在中国出口、进口和进出口贸易中的比重变化

(三)双边贸易以机电产品和矿产品进出口为主

由于中国是全球最大的制造国和出口贸易国,产业门类齐全,对马来西亚的出口主要商品大类品种分布相对比较均匀。中国对马来西亚出口最大的商品种类是机电产品,其中,第85章(电机、电气设备及其零件;录音机及放声机、电视图像、声音的录制和重放设备及其零件、附件)和第84章(核反应堆、锅炉、机器、机械器具及其零件)的出口占比分别

为 27.09% 和 13.37%，二者合计占比超过 40%。其他主要出口品种分布于第 39、94、90、73、72、27、38、76 章等（表Ⅲ-2-4）。

表Ⅲ-2-4　2018 年中国对马来西亚出口前二十位的 HS2 位码产品

（单位：亿美元）

排序	章	HS2 位码对应的章名称	出口额	占比（%）
1	85	电机、电气设备及其零件；录音机及放声机、电视图像、声音的录制和重放设备及其零件、附件	124.2	27.09
2	84	核反应堆、锅炉、机器、机械器具及其零件	61.3	13.37
3	39	塑料及其制品	19.1	4.17
4	94	家具；寝具、褥垫、弹簧床垫、软座垫及类似的填充制品；未列明灯具及照明装置；发光标志、发光铭牌及类似品；活动房屋	17.6	3.85
5	90	光学、照相、电影、计量、检验、医疗或外科用仪器及设备、精密仪器及设备；上述物品的零件、附件	16.3	3.56
6	73	钢铁制品	16.0	3.48
7	72	钢铁	14.2	3.10
8	27	矿物燃料、矿物油及其蒸馏产品；沥青物质；矿物蜡	14.0	3.06
9	38	杂项化学产品	9.5	2.08
10	76	铝及其制品	9.3	2.02
11	87	车辆及其零件、附件，但铁道及电车道车辆除外	9.1	1.98
12	69	陶瓷产品	8.8	1.91
13	62	非针织或非钩编的服装及衣着附件	7.3	1.59
14	28	无机化学品；贵金属、稀土金属、放射性元素及其同位素的有机及无机化合物	7.3	1.58
15	48	纸及纸板；纸浆、纸或纸板制品	7.2	1.56
16	29	有机化合物	7.1	1.54

续表

排序	章	HS2 位码对应的章名称	出口额	占比（%）
17	95	玩具、游戏品、运动品及其零件、附件	6.7	1.47
18	42	皮革制品；鞍具及挽具；旅行用品、手提包及类似容器；动物肠线（蚕胶丝除外）制品	6.3	1.38
19	64	鞋靴、护腿及类似品及其零件	6.2	1.36
20	83	贱金属杂项制品	6.1	1.34

资料来源：数据来自联合国商品贸易数据库（UNCOMTRADE），以中国作为报告国（Reporter）的统计口径。

马来西亚除了在制造业领域高度参与东亚区域产业链之外，在矿产、农业等领域也具有一定的国际竞争力，这最终决定了马来西亚对中国出口的商品结构。2018年，马来西亚对中国出口的第一大类商品品种也是机电产品，第85章和第84章合计对中国出口所占比重近60%，这表明在机电产品领域，马来西亚和中国存在强大的产业内分工和贸易（表Ⅲ-2-5）。同时，马来西亚对中国的矿产类产品的出口所占份额较大，第27章（矿物燃料、矿物油及其蒸馏产品；沥青物质；矿物蜡）的出口所占比重接近20%，成为马来西亚对中国出口的第二大商品品类。此外，在农业领域内，马来西亚对中国出口第15章（动、植物油、脂及其分解产品；精制的食用油脂；动、植物蜡）所占份额达到2.85%，是马来西亚对中国出口的第五大商品品类。

表Ⅲ-2-5 2018年中国从马来西亚进口前二十位的HS2位码产品

（单位：亿美元）

排序	章	HS2 位码对应的章名称	出口额	占比（%）
1	85	电机、电气设备及其零件；录音机及放声机、电视图像、声音的录制和重放设备及其零件、附件	338.9	53.52
2	27	矿物燃料、矿物油及其蒸馏产品；沥青物质；矿物蜡	124.4	19.65
3	84	核反应堆、锅炉、机器、机械器具及其零件	40.3	6.36

续表

排序	章	HS2 位码对应的章名称	出口额	占比
4	39	塑料及其制品	20.1	3.18
5	15	动、植物油、脂及其分解产品；精制的食用油脂；动、植物蜡	18.1	2.85
6	90	光学、照相、电影、计量、检验、医疗或外科用仪器及设备、精密仪器及设备；上述物品的零件、附件	15.5	2.45
7	29	有机化合物	15.1	2.38
8	40	橡胶及其制品	15.0	2.38
9	74	铜及其制品	7.5	1.19
10	26	矿砂、矿渣及矿灰	5.1	0.80
11	38	杂项化学产品	3.0	0.47
12	28	无机化学品；贵金属、稀土金属、放射性元素及其同位素的有机及无机化合物	2.8	0.44
13	87	车辆及其零件、附件，但铁道及电车道车辆除外	2.1	0.32
14	44	木及木制品；木炭	2.0	0.32
15	34	肥皂、有机表面活性剂、洗涤剂、润滑剂、人造蜡、调制蜡、光洁剂、蜡烛及类似品、塑型用膏、"牙科用蜡"及牙科用熟石膏制剂	1.8	0.29
16	52	棉花	1.5	0.23
17	72	钢铁	1.4	0.22
18	19	谷物、粮食粉、淀粉或乳的制品；糕饼点心	1.3	0.21
19	18	可可及可可制品	1.2	0.19
20	21	杂项食品	1.2	0.18

资料来源：数据来自联合国商品贸易数据库（UNCOMTRADE），以中国作为报告国（Reporter）的统计口径。

二 服务贸易合作的基本特征

当前，中国和马来西亚双边的服务贸易以传统服务进出口为主，但是在数字经济时代背景下，中马双方在电信、计算机和信息服务、金融支付和其他商业服务等新兴服务贸易领域存在广阔合作发展的空间。

（一）中国和马来西亚服务贸易进出口总体情况

近年来，随着中国和马来西亚双边经贸合作的不断加深，双边服务贸易规模持续扩大。据马来西亚发布的服务贸易数据，中国和马来西亚双边服务进出口额从2010年的34.4亿美元增长到2018年的99.6亿美元，实现年均复合增长率达到14.2%，与同期双边货物贸易额的增长率基本相当；其中，中国对马来西亚的服务出口，从2010年的18.3亿美元上升到2018年的59.8亿美元，年均复合增长率达到16%；中国从马来西亚的服务进口额，从2010年的16.2亿美元增长到2018年的39.8亿美元，年均复合增长率为11.2%（表Ⅲ-2-6），明显低于同期中国对马来西亚服务出口的平均增速。

表Ⅲ-2-6　　2000—2018年中国—马来西亚服务进出口额变化

（单位：亿美元）

年份	中国对马来西亚服务出口	中国从马来西亚服务进口	中国对马来西亚服务进出口
2010	18.3	16.2	34.4
2011	22.7	16.9	39.6
2012	25.7	20.7	46.4
2013	30.7	24.9	55.6
2014	31.7	22.8	54.5
2015	34.3	20.5	54.8
2016	48.2	23.7	71.9
2017	49.6	29.9	79.5
2018	59.8	39.8	99.6

资料来源：联合国服务贸易数据库，https://unctadstat.unctad.org/wds/TableViewer/tableView.aspx，以马来西亚为报告国统计口径。

从服务贸易平衡来看，中国对马来西亚的出口始终大于进口，保持持续的服务贸易顺差状态，这与货物贸易领域二者的贸易平衡情况正好相反。同时，从动态变化上看，中国对马来西亚的服务贸易顺差额呈现持续扩大的态势，从 2010 年的 2.1 亿美元增加到 2018 年的 20 亿美元，贸易顺差的峰值发生在 2016 年，当年的顺差达到 25 亿美元，之后略有下降。

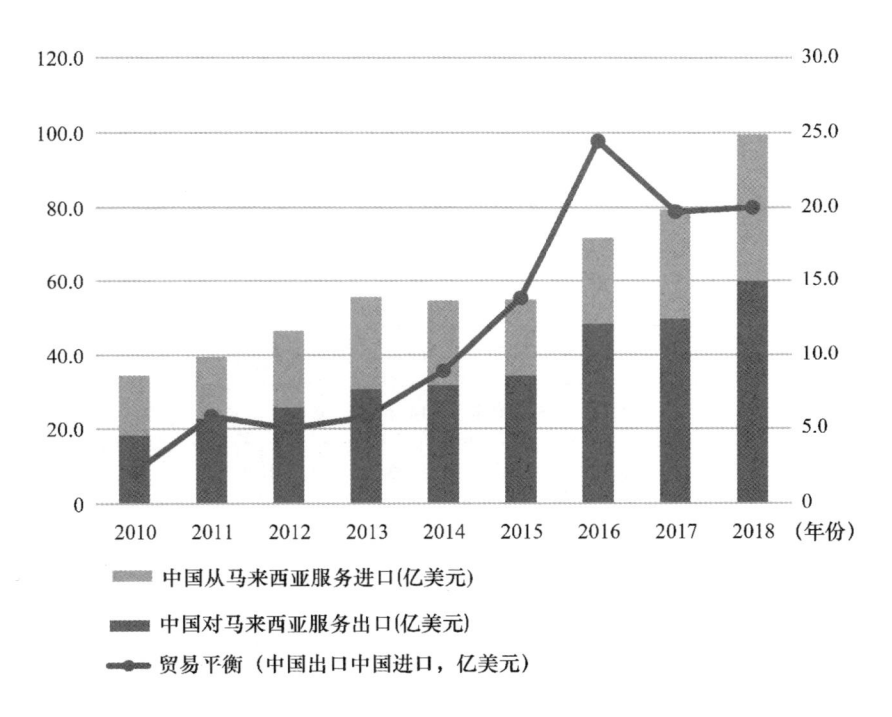

图Ⅲ－2－3　2010—2018 年中国与马来西亚服务贸易平衡情况（单位：亿美元）

目前，中国是马来西亚第二大服务进出口贸易伙伴和服务进口贸易伙伴，以及第三大服务出口贸易伙伴。据马来西亚发布的服务贸易，2018 年，马来西亚与中国的双边服务进出口额占其全部服务进出口比重的 11.5%，仅次于新加坡（22.6%）；马来西亚对中国出口服务的占比为 9.9%，仅次于新加坡（24.7%）和美国（12.7%）；马来西亚从中国进口的服务占比为 13.4%，仅次于新加坡（20.6%）。由此可见，不管从服务进口、出口还是进出口来看，中国与马来西亚之间的服务贸易合作在后者的服务贸易中都占据重要地位。

表Ⅲ-2-7　　2018年马来西亚服务贸易进出口伙伴及占比

（单位：亿美元）

排序	国家和地区	服务进出口额	占比（%）	国家和地区	服务出口额	占比（%）	国家和地区	服务进口额	占比（%）
1	新加坡	191.1	22.55	新加坡	99.1	24.68	新加坡	92.0	20.63
2	中国	99.6	11.75	美国	51.1	12.72	中国	59.8	13.42
3	美国	97.6	11.52	中国	39.8	9.91	美国	46.5	10.43
4	欧盟（27国）	62.0	7.32	印度尼西亚	31.9	7.95	欧盟（27国）	35.3	7.91
5	印度尼西亚	50.5	5.96	欧盟（27国）	26.8	6.67	英国	26.8	6.01
6	英国	46.0	5.43	英国	19.2	4.79	日本	26.0	5.82
7	日本	39.2	4.62	澳大利亚	14.1	3.51	泰国	20.6	4.63
8	泰国	33.2	3.92	印度	13.3	3.32	印度尼西亚	18.6	4.17
9	韩国	27.5	3.25	日本	13.2	3.29	韩国	16.6	3.72
10	澳大利亚	26.7	3.15	泰国	12.6	3.14	中国台湾	14.9	3.34
11	中国香港	24.7	2.91	中国香港	12.5	3.11	澳大利亚	12.6	2.82
12	德国	23.1	2.72	韩国	10.9	2.72	德国	12.3	2.75
13	印度	21.7	2.56	德国	10.8	2.69	中国香港	12.2	2.73
14	中国台湾	21.4	2.52	文莱	9.6	2.39	沙特阿拉伯	10.7	2.41
15	文莱	14.4	1.70	中国台湾	6.4	1.60	印度	8.3	1.87
16	沙特阿拉伯	14.3	1.68	越南	4.6	1.14	菲律宾	6.8	1.53
17	菲律宾	10.8	1.27	菲律宾	4.0	0.99	荷兰	6.0	1.34
18	其他国家	43.7	5.16	其他国家	21.6	5.38	其他国家	19.9	4.46

资料来源：联合国服务贸易数据库，https://unctadstat.unctad.org/wds/TableViewer/tableView.aspx，以马来西亚为报告国统计口径。

(二) 中国和马来西亚服务进出口结构 (2005年和2018年)

总的来说，目前中国和马来西亚之间的服务贸易以旅游、运输等传统服务为主，新兴服务贸易仅占较小的比重。据马来西亚发布的服务贸易统计数据[①]，2018年马来西亚对中国出口的旅游服务和运输服务分别为27.4亿美元和8.7亿美元，所占比重分别为69%和22%，二者合计占比超过90%；其他商业服务和电信、计算机和信息服务的出口额分别为2.0亿美元和0.5亿美元，占比分别为5%和1%（图Ⅲ-2-4），这表明马来西亚对中国的新兴服务出口规模总体偏小，尚处于初步阶段。

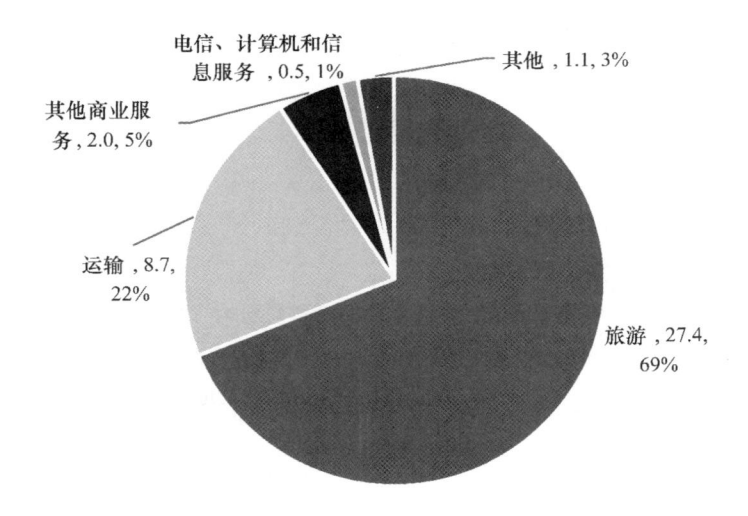

图Ⅲ-2-4 2018年马来西亚对中国服务贸易出口结构（单位：亿美元;%）

从2018年马来西亚从中国服务进口来看，旅游服务、运输服务和建筑服务为前三大进口主要类别，进口额分别为22.8亿美元、19.7亿美元和6.6亿美元，其他商业服务为第四大进口服务类别，进口额为5.8亿美元，占比为10%。随着数字技术和经济的快速发展，从未来的服务贸易合作空间来看，中国和马来西亚在电信、计算机和信息服务以及其他商业

---

① 由于中国官方层面没有对外公布分国别和分类别的服务贸易统计数据，故仅采用马来西亚官方公布的双边层面服务贸易统计数据，该数据从联合国服务贸易统计数据库中获取，数据更新到2018年。

服务领域有广阔的发展前景。

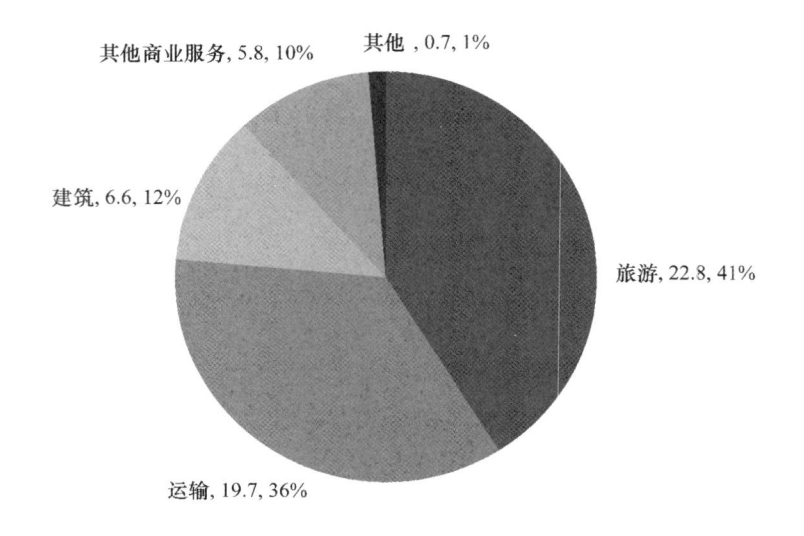

图Ⅲ-2-5　2018年马来西亚从中国进口服务贸易结构（单位：亿美元;%）

第二节　供应链贸易合作

由于中国和马来西亚是东亚区域供应链的重要组成部分，而在东亚区域供应链体系中，电子产品供应链体系最具代表性，已成为中国和马来西亚供应链贸易合作的主要领域。

一　电子供应链贸易的区域分布

电子供应链贸易是全球商品贸易中最活跃的品种，因而电子供应链中的电子产品零部件贸易被纳入WTO发布的"世界贸易景气指数（WTOI）"的评价指标之一；同时，电子供应链贸易在全球贸易中的比重也举足轻重，据UNCTAD发布的数据统计，2018年全球电子产品最终品和零部件贸易进出口额达到3.4万亿美元，占全球进出口贸易的比重达到15%左右，电子供应链贸易的活跃程度成为决定全球分工和贸易合作的重要参考因素。

从电子供应链贸易的区域分布来看，主要集中在以中国、日本、韩国和东盟国家共同组成的区域产业链体系，其背后是美国、欧盟、日本等发达国家，根据东亚不同经济体的要素禀赋和比较优势，将电子供应链的不同生产环节配置在不同国家，从而形成了紧密而高效的区域供应链体系，区域供应链分工体系带来了区域供应链贸易。

根据联合国商品贸易数据库发布的数据测算，2018年全球电子产品最终品进出口贸易为1.35万亿美元，其中，中国、东盟和日本的进出口所占比重分别为22.30%、7.88%和2.89%，中国、日本、韩国以及东盟合计占比达到35%。相比电子产品最终品而言，电子产品中间品贸易更能反映电子产品上下游分工情况，2018年，全球电子产品中间品进出口贸易前十大经济体中，来自东亚区域的经济体有7个，占比分别是：中国（22.46%）、中国香港（14.38%）、韩国（5.59%）、新加坡（5.12%）、日本（3.43%）、越南（3.05%）和马来西亚（2.98%）等；东盟十国电子产品零部件合计进出口额达到6076亿美元，占比为14.04%；中国、日本、韩国以及东盟组成的东亚区域供应链贸易合计占比达到45.52%（表Ⅲ-2-8），接近全球电子产品零部件贸易的半壁江山。

表Ⅲ-2-8　2018年全球电子产品最终品和零部件贸易的区域分布

电子产品最终品（亿美元）				电子产品零部件（亿美元）			
排名	国家和地区	进出口金额	占比（%）	排名	国家和地区	进出口金额	占比（%）
1	中国	3011	22.30	1	中国	9717	22.46
2	美国	1996	14.79	2	中国香港	6221	14.38
3	德国	820	6.07	3	美国	3939	9.10
4	墨西哥	660	4.89	4	韩国	2420	5.59
5	中国香港	647	4.80	5	新加坡	2215	5.12
6	荷兰	512	3.79	6	德国	1954	4.51
7	日本	390	2.89	7	日本	1484	3.43
8	英国	354	2.62	8	越南	1318	3.05

续表

电子产品最终品（亿美元）			电子产品零部件（亿美元）		
排名	国家和地区	进出口金额	占比（%）	排名	国家和地区	进出口金额	占比（%）
9	捷克	308	2.29	9	马来西亚	1292	2.98
10	马来西亚	197	1.46	10	墨西哥	1039	2.40
	东盟	1064	7.88		东盟	6076	14.04
	中日韩和东盟合计	4722	34.98		中日韩和东盟合计	19697	45.52

资料来源：联合国商品贸易数据库。电子产品最终品包含SITC以下三分位代码商品：751 办公用机器；752 自动数据处理机及其设备；磁性或光学读出机，将数据以编码形式转录到数据存储介质上的机器以及处理这类数据的未另列明的机器；761 监视器和投影机，未装有电视接收设备；电视接收设备，不论是否装有收音机，或录音、录像或重放装置；762 收音机，不论是否在同一机壳内装有录音或重放装置或者时钟；763 录音机或重放机；录像机或重放机；不论是否装有视频调谐器；775 未另列明的家用电动及非电动设备。电子产品零部件包含SITC以下三分位代码商品：759 专门用于或主要用于第751、752组所列机器的零件及附件（盖套、提箱及类似物品除外）；764 未另列明的电信设备；及第76类所列装置的附件和未另列明的零件；772 电路开关或保护用电器或连接电路用电器（如开关、继电器、熔断器、避雷器、电压限制器、电涌抑制器、插头和插座、灯座及接线盒）；电阻器（包括变阻器和电位器），加热电阻器除外；印刷电路；装有两个或两个以上用于开关、保护或连接电路、控电或配电的装置（不包括第764.1分组所列开关装置）的板、盘（包括数字控制盘）、台、桌、柜和其他基座；776 热离子管、冷阴极管或光阴极管及其他管（如真空管或充气管、汞弧整流管、阴极射线管、电视显像管）；二极管、晶体管及类似半导体器件；光敏半导体器件；发光二极管；安装好的压电晶片；电子集成电路和微型组件及其零件。

二 电子产品供应链贸易在中国、马来西亚贸易中的地位

21世纪以来，电子产品供应链向东亚区域转移的趋势明显，中国成为全球最大的电子产品中间品生产基地，马来西亚也是东亚区域供应链中间品制造环节的重要组成部分，电子产品贸易在中国和马来西亚进出口贸易中的地位不可或缺。

基于联合国商品贸易数据库发布的原始数据测算，中国电子产品零部件进出口额从2000年的1007亿美元上升到2018年的1.27万亿美元，占中国全部贸易的比重从2000年的21.2%上升到2018年的27.5%；这表明，中国参与电子产品供应链分工后，对中国融入全球贸易体系发挥了重

要作用。同时，由于马来西亚的经济和贸易体量要低于中国，因而电子产品零部件贸易在其国家贸易中的地位更为重要，2000年，电子产品零部件贸易占马来西亚进出贸易比重超过50%；随着马来西亚产业部门多元化的拓展，电子产品贸易在其全部贸易中的比重有所下降，但是到2019年其占比仍然达到31.3%（表Ⅲ-2-9），这说明电子产品的分工参与对马来西亚的经济贸易发展而言至关重要，当然，随着越南、缅甸等东盟新四国经济的追赶，电子产品的中低端环节由马来西亚等东盟较先进国家向东盟新四国转移的趋势明显，这对马来西亚继续保持电子产品贸易的竞争力带来一定的挑战。

表Ⅲ-2-9　电子产品零部件贸易占中国、马来西亚两国比重变化

年份	中国（亿美元）			马来西亚（亿美元）		
	电子产品进出口额	全部进出口额	占中国全部贸易比重（%）	电子产品进出口额	全部进出口额	占马来西亚全部贸易比重（%）
2000	1007	4743	21.2	919	1802	51.0
2001	1165	5097	22.9	790	1619	48.8
2002	1601	6208	25.8	841	1794	46.9
2003	2389	8510	28.1	917	1886	48.6
2004	3342	11546	28.9	1048	2318	45.2
2005	4296	14219	30.2	1135	2559	44.4
2006	5413	17604	30.7	1242	2918	42.6
2007	6436	21762	29.6	1270	3221	39.4
2008	6915	25633	27.0	930	3544	26.3
2009	6286	22072	28.5	1022	2808	36.4
2010	8162	29738	27.4	1266	3634	34.8
2011	9031	36418	24.8	1250	4146	30.2
2012	9939	38670	25.7	1196	4236	28.2
2013	10992	41590	26.4	1206	4341	27.8

续表

年份	中国（亿美元）			马来西亚（亿美元）		
	电子产品进出口额	全部进出口额	占中国全部贸易比重（%）	电子产品进出口额	全部进出口额	占马来西亚全部贸易比重（%）
2014	10933	43015	25.4	1250	4430	28.2
2015	10881	39530	27.5	1124	3764	29.9
2016	10232	36856	27.8	1096	3578	30.6
2017	11313	41072	27.5	1288	4124	31.2
2018	12728	46292	27.5	1489	4647	32.0
2019	—	45761	—	1388	4430	31.3

资料来源：联合国商品贸易数据库，电子产品零部件统计口径为：SITC 759、764、772、776。

三 中国与马来西亚之间的电子产品供应链分工和贸易

在东亚电子产品供应链体系中，中国和马来西亚之间形成了密切的产业链分工联系，从贸易数据上看，两国之间存在大量的电子零部件产品内贸易。从中国的统计口径看，2018 年中国和马来西亚双边电子产品零部件进出口贸易达到 420 亿美元，占中国全部电子产品零部件贸易的比重达到 4.32%，该比重明显超过马来西亚总进出口贸易占中国的比重，这表明，中马之间的电子产品零部件分工和贸易，对推动双边之间的经贸合作的深入开展发挥了重要的带动作用。从中马电子产品零部件贸易占中国电子产品贸易比重的变化趋势上看，总体经历了从低到高再下降的过程（表Ⅲ-2-10）。

从马来西亚的统计口径来看，2019 年马来西亚和中国双边电子产品零部件进出口贸易额为 227.2 亿美元，占当年马来西亚电子产品零部件总进出口额的 18.57%，该比重略高于中国总进出口贸易占马来西亚的比重，这同样表明，双边电子产品零部件分工与贸易对马来西亚对外贸易发挥了重要作用。从马中电子产品零部件进出口占马来西亚电子产品零部件总进出口的比重变化看，总体经历了快速增长后趋稳的态势，从 2000 年的 2.84% 上升到 2013 年的最高点 20.95%，之后略有下降，稳定在 18%—20%。

表Ⅲ-2-10　　中国和马来西亚之间的电子产品零部件贸易

（单位：亿美元）

年份	中方统计口径			马方统计口径		
	中马电子产品零部件进出口	中国电子产品零部件总进出口	占比（%）	马中电子产品零部件进出口	马来西亚电子产品零部件总进出口	占比（%）
2000	31.5	719.8	4.37	21.5	759.3	2.84
2001	45.3	830.5	5.46	32.6	624.2	5.23
2002	71.7	1125.3	6.38	44.2	665.9	6.64
2003	96.7	1574.9	6.14	54.1	726.9	7.44
2004	127.9	2208.6	5.79	74.7	837.2	8.92
2005	161.8	2819.4	5.74	91.6	890.1	10.29
2006	187.9	3625.3	5.18	112.8	977.4	11.54
2007	219.3	4253.3	5.16	140.4	1014.0	13.85
2008	225.7	4538.9	4.97	91.9	693.2	13.26
2009	226.7	4125.3	5.49	158.6	808.5	19.62
2010	333.7	5395.0	6.19	165.6	1006.5	16.45
2011	385.3	6057.0	6.36	174.2	1004.5	17.34
2012	381.0	6750.6	5.64	193.6	958.2	20.21
2013	410.6	7816.7	5.25	206.7	986.4	20.95
2014	382.0	7758.5	4.92	216.3	1046.4	20.68
2015	378.7	8057.3	4.70	179.2	939.7	19.07
2016	363.2	7643.0	4.75	170.8	925.4	18.46
2017	375.2	8546.5	4.39	208.6	1104.1	18.89
2018	420.2	9717.1	4.32	241.2	1291.6	18.67
2019	—	—		227.2	1223.3	18.57

资料来源：联合国商品贸易数据库，电子产品零部件统计口径为：SITC 759、764、772、776；中方统计口径为选择"中国"为"报告国（Reporter）"，马方统计口径为选择"马来西亚"为"报告国（Reporter）"。

四　中马电子供应链贸易在全球电子供应链中的位置——以苹果手机供应链为例

以智能手机为代表的电子信息产品贸易是全球贸易最活跃的品种之一，由于电子信息产品的可拆分程度高，因而会涉及大量围绕电子信息产品的国际分工和中间品贸易。在全球生产分段化的背景下，中国和马来西亚成为跨国公司主导的东亚区域智能手机供应链的重要组成部分。仅从最终产品贸易统计来看，2019年中国智能手机[1]全年出口额为1243.7亿美元，占中国全部出口的比重达5%，是中国出口中有较强代表性的贸易产品种类。

从全球智能手机的主要供应链体系来看，可以分为苹果手机供应链、三星手机供应链和华为手机供应链[2]。其中，苹果手机供应链属于开放平台式全球供应链体系，即苹果公司对手机制造环节采取全外包的模式[3]，自身不参与任何生产环节，仅从事产品定义、营销和操作系统等核心服务环节，通过全球采购实现从零部件模块到最终的组装出口等环节全流程外包。鉴于在苹果手机供应链体系中，供应链中间品生产供应商相互之间的竞争性相对最强，因而本书选择以苹果手机供应链为例可以比较准确地反映中国、马来西亚在全球手机产业链中的位置。

我们根据苹果公司2014年、2017年、2019年公开发布的"苹果供应商名单"，对涉及智能手机制造供应商名单及其在全球范围内的制造工厂进行整理。经整理后发现，最近五年苹果公司的约200家核心供应商在全球设立制造工厂的数量基本稳定，保持在750—800家；但是，从供应商所属国别和苹果供应链全球制造工厂的区域分布上有明显的变化。

第一，中国进入苹果供应链体系的本土一级供应商企业在增加，马来西亚主要以跨国公司一级供应商设厂的形式进入产业链体系。从2019年

---

[1] 智能手机对应的海关HS编码分类为：85171210，全称为：手持（包括车载）式无线电话机。

[2] NIPA（National IT Industry Promotion Agency），"The rise of EMS/ODM Industry and Its Implications"，Seoul：NIPA，2011. J. Lee，G. Gereffi，"The Co-Evolution of Concentration in Mobile Phone Global Value Chains and Its Impact on Social Upgrading in Developing Countries. Brooks World Poverty Institute"，*Working Paper*，No. 25，2013. 沈玉良、彭羽：《全球价值链视角下中国电子产品的技术复杂度提升了吗？：以智能手机为例》，《世界经济研究》2018年第6期。

[3] 张庆忠：《手机产业链创新改变通信设备制造业格局》，《第六届中国手机制造技术论坛论文集》，2009年11月17日。

苹果供应商所属母国来看，中国台湾、美国、日本、中国大陆和韩国分列前五位，进入苹果公司一级供应商的数量分别为：44 家、41 家、39 家、33 家和 14 家。与 2014 年相比，前五位中，美国和日本的一级供应商数量下降趋势明显，分别从 2014 年的 48 家、45 家下降到 2019 年的 41 家和 39 家；中国台湾和韩国的一级供应商的数量在近 5 年中基本保持稳定；但是，苹果供应链中来自中国大陆的一级供应商数量明显增加，从 2014 年的 18 家增加到 2017 年的 23 家，到 2019 年已经增加到 33 家（表Ⅲ-2-11）。这表明，近几年来中国大陆本土企业通过"干中学"，实现出口的"从无到有"[①]，深度嵌入了苹果供应链体系，从之前的三级供应商、二级供应商逐步成为一级供应商，进而提升了在智能手机产业链分工中的位置。相对而言，马来西亚尚没有本土企业以一级供应商的角色进入苹果供应链体系，主要是通过以跨国公司一级供应商设厂的形式进入产业链体系，依据其本国的要素禀赋和比较优势，参与其中部分零部件制造环节。

表Ⅲ-2-11　　　　苹果供应商的数量分布　　　　（单位：家）

序号	供应商	2014 年	2017 年	2019 年	序号	供应商	2014 年	2017 年	2019 年
1	中国台湾	44	48	44	11	奥地利	2	3	1
2	美国	48	45	41	12	比利时	1	1	1
3	日本	45	43	39	13	丹麦	0	0	1
4	中国大陆	18	23	33	14	加拿大	0	0	1
5	韩国	13	12	14	15	瑞士	2	1	1
6	中国香港	7	7	9	16	沙特	1	1	1
7	德国	3	3	3	17	英国	1	2	0
8	新加坡	7	5	3	18	爱尔兰	2	2	0
9	芬兰	1	1	2	19	西班牙	1	0	0
10	荷兰	3	3	2	—	合计	199	200	196

资料来源：根据苹果公司官方网站发布的 Supplier List 2014、Supplier List 2017 和 Supplier List 2019 整理计算。

[①] 王鹤鸣：《手机出口渐入佳境》，《中国海关》2011 年第 11 期。

第二，中国大陆在苹果供应链体系中的制造工厂数量还在不断增加，马来西亚的制造工厂数量存在向东盟新四国转移的趋势。据 2019 年苹果公司发布的供应商名单及所设工厂列表进行整理后发现，2019 年苹果供应链中的全球制造工厂数量为 799 家，其中在中国大陆的工厂数量达到 378 家，占苹果全球工厂的数量接近一半（47.3%），与 2014 年相比，工厂数量和所占比重均呈明显上升的趋势，这表明中国大陆在苹果供应链体系中的地位在强化。主要发达国家中，日本和美国在苹果制造环节的地位在弱化，其工厂数量分别从 2014 年的 140 家、69 家下降到 2019 年的 127 家和 64 家（表Ⅲ-2-12）。同时，近五年来，马来西亚在参与苹果制造供应链中的地位在下降，其工厂数量从 2014 年的 29 家下降到 2019 年的 16 家；其主要原因在于，东盟新四国（特别是越南）和印度等劳动力成本更低的国家对马来西亚的电子信息产品制造形成竞争和挑战。东盟新四国中，越南的工厂数量从 2014 年的 10 家增加到 2019 年的 18 家，柬埔寨也实现了从无到有，开始参与苹果制造产业链。

表Ⅲ-2-12　苹果供应商全球设立工厂数量的区域分布　　（单位：个）

供应商工厂所在国家和地区	工厂数量（个）				工厂数量（个）		
	2014 年	2017 年	2019 年		2014 年	2017 年	2019 年
中国大陆	347	343	378	法国	4		4
日本	140	126	127	英国	3		7
美国	69	77	64	荷兰	2		4
中国台湾	42	36	55	墨西哥	7		7
韩国	31	29	41	奥地利	2		3
越南	10	18	18	比利时	3		2
菲律宾	24	20	17	捷克	5		1
马来西亚	29	20	16	柬埔寨	0		0
泰国	21	14	15	以色列	6		4
新加坡	16	12	12	哥斯达黎加	2		1

续表

供应商工厂所在国家和地区	工厂数量（个）			工厂数量（个）		
	2014 年	2017 年	2019 年	2014 年	2017 年	2019 年
印度	0	3	8	爱尔兰	3	2
德国	13	10	8	意大利	3	2
印尼	6	5	5	挪威	0	0
巴西	2	5	4	马耳他	1	1

资料来源：根据苹果公司官方网站发布的 Supplier List 2014、Supplier List 2017 和 Supplier List 2019 整理计算。

从 2019 年苹果供应商在马来西亚设立工厂数量的区域分布来看（表Ⅲ-2-13），主要分布在槟城州（6 个）、森美兰州（2 个）、马六甲州（2 个）和吉打州（2 个）。其中，槟城州是马来西亚第三大城市（仅次于吉隆坡和新山市），是马来西亚的"电子制造业基地"。不过，从趋势上看，马来西亚各州的苹果供应链工厂数量都无一例外地呈现下降趋势，受制造成本的影响，马来西亚的电子信息制造产业遭受周边制造成本更低国家的挑战日益加大。

表Ⅲ-2-13　苹果供应商在马来西亚设立工厂数量的区域分布　（单位：个）

一级行政区域		2014 年	2017 年	2019 年
Negeri Sembilan	森美兰州	4	3	2
Johor	柔佛州	3	2	0
Penang	槟城州	9	7	6
Malacca	马六甲州	3	3	2
Kedah	吉打州	2	1	2
Perak	霹雳州	1	1	1
Selangor	雪兰莪州	3	0	1
Kelantan	吉兰丹州	1	1	1

续表

一级行政区域		2014 年	2017 年	2019 年
Kuala Lumpur	吉隆坡	2	1	0
Sarawak	砂拉越州	1	1	1
合计		29	20	16

资料来源：根据苹果公司官方网站发布的 Supplier List 2014、Supplier List 2017 和 Supplier List 2019 整理计算。

第三，马来西亚保持智能手机制造高附加值环节的竞争优势，中国和马来西亚电子信息产业互补空间较大。据 2019 年苹果供应商在马来西亚设立工厂的主要产品类别显示（表Ⅲ-2-14），投资设厂的跨国公司主要来自美国、日本、德国、荷兰等发达国家，生产产品类别主要集中在基带射频芯片、电源管理芯片、LED、锂电池等中高附加值环节。马来西亚在苹果供应链的中低端制造环节受周边国家的竞争压力较大，但其仍然保持了在智能手机制造高附加值环节的竞争优势，由于这些中高附加值环节需要与之相匹配的技术工人以及较大的资金投入，因而短期内不管是东盟新四国还是南亚的印度都很难取代马来西亚参与的中高端供应链环节。

表Ⅲ-2-14　　2019 年苹果供应商在马来西亚设立工厂的主要产品类别　　（单位：个）

序号	供应商母公司	产品类别	母公司国别	工厂数量
1	揖斐电株式会社（IBIDEN）	PCB 印刷电路板	日本	1
2	英飞凌（Infneon）	基带射频芯片	德国	2
3	英特尔（Intel）	基带射频芯片	美国	1
4	楼氏电子（Knowles）	电声元件	美国	1
5	亮锐（Lumileds Holding B. V.）	LED	荷兰	1
6	莫仕（Molex）	天线	美国	1
7	村田制作所（Murata）	被动元器件	日本	1

续表

序号	供应商母公司	产品类别	母公司国别	工厂数量
8	安森美半导体（ON Semiconductor Corporation）	电源管理芯片	美国	2
9	松下（Panasonic）	锂电池	日本	1
10	瑞萨（Renesas Electronics Corp.）	被动元器件	日本	2
11	罗姆电子（ROHM Co. Ltd.）	分离式元件	日本	1
12	太阳诱电（Taiyo Yuden Co. Ltd.）	被动元件	日本	1
13	德州仪器（Texas Instruments）	主动元器件	美国	1

资料来源：根据苹果公司官方网站发布的 Supplier List 2014、Supplier List 2017 和 Supplier List 2019 整理。

同时，近二十多年来，随着电子产品领域的跨国公司对华投资增加以及生产布局的扩张，中国已经在电子产品及零部件生产方面形成了上、中、下游全覆盖的完整供应链体系。从 2019 年苹果供应商在华工厂分布来看，377 家在华工厂中几乎涵盖了从材料生产（3 家）、芯片研发设计生产（15 家）、半导体封装测试（5 家）、印刷电路板（22 家）、其他核心零部件（145 家）、其他辅料件（118 家）和组装代工厂（66 家）等全供应链环节。在此背景下，随着产业链成长起来后的中国本土企业也存在日益增多的对外投资需求，而东盟国家作为东亚区域产业链的重要组成部分，将成为中国本土电子信息企业对外投资的重要目的地，例如，作为苹果供应链中的中国本土一级供应商，歌尔声学、立讯精密、深圳市裕同包装科技分别在越南投资设立了声学器件、连接器和包装印刷公司，通过对外投资形成智能手机制造产业链的紧密分工；江苏长电科技在新加坡设立了半导体封装测试的工厂等。因此，未来随着中国电子信息产业链企业的不断成长，存在到马来西亚投资设厂从事中高附加值环节生产的重要机遇，两国在电子信息产业链中的合作存在较大空间。

第三节　跨境电子商务合作

跨境电子商务是货物贸易的新手段，也是货物贸易发展的新趋势，中马在跨境电子商务领域不仅快速发展，而且两国在跨境电子商务平台上有深度合作，未来通过商贸便利化合作，成为中马在东南亚跨境电子商务的区域发展中心。

一　两国跨境电子商务在全球跨境电子商务中的地位

跨境电子商务主要通过订购方式进行货物贸易，相对传统贸易而言，跨境电子商务存在着两个方面显著不同，一是交易主体除了企业对企业外，还有企业对个人，个人对个人，这样订单多，交易额小是跨境电子商务的重要特征。二是交易实现路径不同，跨境电子商务包括商品搜索引擎、电子支付等依赖互联网基础设施和手段。对客户而言，在线交易需接入网络才能在线下单，并且需要一种可将货币与商品进行兑换的方式，如信用卡、电子钱包、移动支付、银行转账或货到付款（财务账户），同时还需要可以将货品交付给客户的物流基础设施，并保证在线交易的环境是安全的。因此，跨境电子商务环境的衡量，需要考虑 ICT 基础设施、电子支付设施、物流基础设施以及电子商务安全环境等多个综合性因素。

联合国贸易和发展会议估计，2018 年全球电子商务销售额（B2B 和 B2C）达到近 26 万亿美元，占国内生产总值的 30%，比 2017 年增长了 8%。其中全球 B2B 电子商务的销售额为 21 万亿美元，占所有电子商务的 83%，B2C 电子商务销售额为 4.4 万亿美元，比 2017 年增长 16%。[1]

从全球电子商务国别结构看，全球国别（地区）分布存在着不平衡，美国最大，达到 86400 亿美元，而电子商务销售额占 GDP 的比重最高的是韩国，占 84%，前十国家电子商务交易额占全球的比重为 74.51%（表Ⅲ-2-15）。相对马来西亚，中国电子商务规模很大，特别是 B2C 电子商务的发展更快。

---

[1] UNCTAD, "UNCTAD Estimates of Gloabal E-commerce 2018", 2019, p. 1, https://unctad.org/en/PublicationsLibrary/tn_ unctad_ ict4d15_ en. pdf.

表Ⅲ-2-15　　　　2018年前十国家的电子商务销售额　　（单位：亿美元,%）

排名	国家	电子商务总销售额	占GDP的比重	B2B销售额	B2B占电子商务的比重	B2C销售额
1	美国	86400	42	75420	87	10980
2	日本	32800	66	31170	95	1630
3	中国	23040	17	9430	41	13610
4	韩国	13640	84	12630	93	1020
5	英国	9180	32	6520	71	2660
6	法国	8070	29	6870	85	1210
7	德国	7220	18	6200	86	1010
8	意大利	3940	19	3620	92	320
9	澳大利亚	3480	24	3260	94	210
10	西班牙	3330	23	2610	78	720
	前十国合计	191100	35	157720	83	33380
	全球	256480	30	212580		43900

资料来源：UNCTAD（2019），UNCTAD Estimates of Global E-Commerce 2018. p. 2, https://unctad.org/en/PublicationsLibrary/tn_unctad_ict4d15_en.pdf。

2018年跨境B2C电子商务销售额达到4040亿美元，比2017年增长7%。这是基于商品出口前十大经济体的贡献（表Ⅲ-2-14）。据估计，跨境电子商务销售额约占B2C电子商务总销售额的10%，中国跨境电子商务B2C是全球最高的，但跨境电子商务贸易（B2C）占货物出口比重还不是特别高，跨境电子商务贸易（B2C）占所有B2C销售额的比重也还不到8%，说明以国内电子商务为主。跨境电子商务（B2C）国家（地区）之间的不平衡更为明显，这十大国家（地区）的跨境电子商务额占全球的78.46%。

表Ⅲ-2-16　　　　2018年前十国家和地区跨境B2C贸易额

(单位：亿美元,%)

排名	国家和地区	跨境电子商务贸易额	跨境电子商务贸易（B2C）占货物出口比重	跨境电子商务贸易（B2C）占所有B2C销售额的比重
1	中国	1000	4.0	7.3
2	美国	850	5.1	7.8
3	英国	400	8.2	15.0
4	中国香港	350	6.2	94.3
5	日本	210	2.9	13.1
6	德国	150	1.0	14.9
7	法国	120	2.0	10.6
8	意大利	40	0.8	3.2
9	韩国	30	0.5	4.4
10	荷兰	10	0.2	9.6
—	前十国合计	3170	3.2	
—	全球	4040	2.1	—

资料来源：UNCTAD（2019），UNCTAD Estimates of Global E-Commerce 2018. p.5，https：//unctad.org/en/PublicationsLibrary/tn_ unctad_ ict4d15_ en. pdf。

联合国贸易和发展会议估计，2018年有14.5亿人（占世界15岁及以上人口的四分之一）在网上购物。这比2017年高出9%。其中中国网购人数最多，达到6.1亿。尽管大部分在线购物者主要从国内供应商那里购买，但2018年，约有3.3亿网购者进行了跨境购物，略高于所有网购者的五分之一。跨境在线购物者占所有在线购物者的比例从2016年的17%上升到2018年的23%。

UNCTAD定期发布的电子商务指数反映了各国使用互联网的民众比例、拥有财务账户的民众比例、每百万人口所使用的安全网络服务器的数量和万国联盟（UPU）的邮政可靠度得分，是一个反映国别层面上 B2C 电子商务发展水平的综合性指数，且具有国际可比性。2019 年全球跨境电子商务环境最优的三个经济体分别是：荷兰、瑞典和新加坡。

从发展态势来看，近几年全球各国的跨境电子商务环境在不断改善。图Ⅲ–2–6 反映了 2016 年和 2019 年全球各国跨境电子商务指数与在线购物的相关性，电子商务环境越好的国家意味着更高的在线购物比重。同时，与 2016 年的拟合线相比，2019 年的拟合线位于 2016 年拟合线的右方，这意味着对绝大多数国家而言，2019 年的跨境电子商务指数得分都要高于 2016 年的得分，跨境电子商务环境得到明显改善。

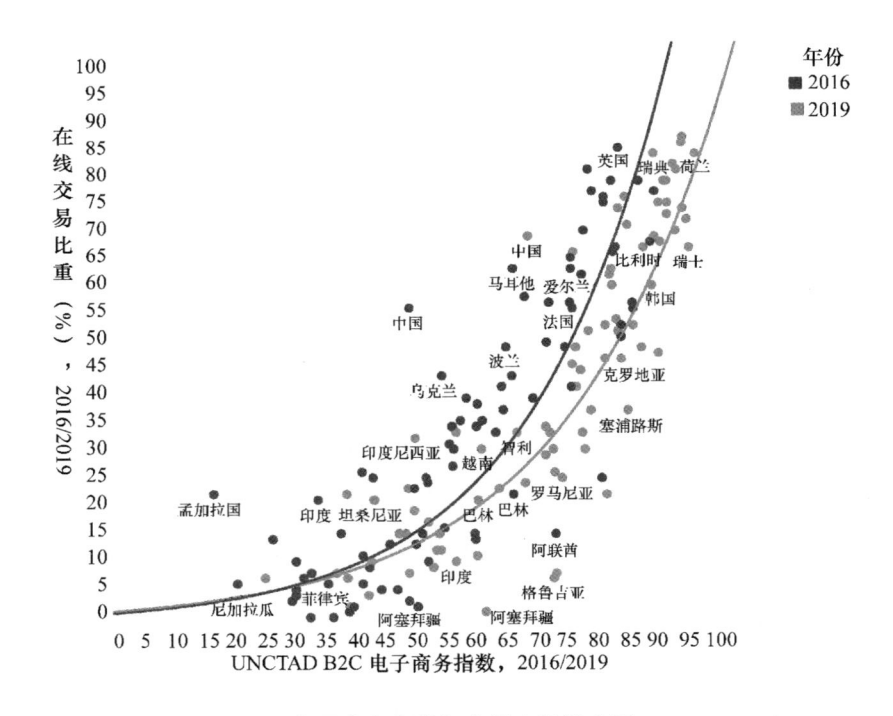

图Ⅲ–2–6　电子商务指数与在线交易拟合图（2019/2016）

从图Ⅲ–2–6 和表Ⅲ–2–17 中可以看出，马来西亚电子商务指数在东南亚仅次于新加坡，电子商务值从 2016 年的 60.1 提高到 81.9。

表Ⅲ-2-17　中国和东南亚各国电子商务指数（2016、2019）

	个人使用互联网的比例（%）		个人使用信用卡的比较（15岁以上）		每百万人中的服务器拥有量		邮政可信度评分		2016、2019年电子商务值	
	2016	2019	2016	2019	2016	2019	2016	2019	2016	2019
中国	49	54	16	80	48	55	83	85	49.1	68.8
新加坡	82	88	35	98	88	97	98	97	75.8	95.1
马来西亚	68	81	20	85	69	75	84	86	60.1	81.9
泰国	35	57	6	82	58	61	90	94	47.2	73.5
印度尼西亚	17	40	2	49	47	64	66	48	33.0	50.1
菲律宾	40	60	3	35	52	43	48	57	35.7	48.6
越南	48	70	2	31	52	66	70	77	43.1	61.1
老挝	14	26	3	29	38	30	26	56	20.3	35.1
柬埔寨	9	40	3	22	41	41	25	20	19.5	30.8
缅甸	2	31	0	26	25	24	21	26	12.0	26.8

资料来源：UNCTAD B2C E-Commerce Index 2016，UNCTAD B2C E-Commerce Index 2019。

马来西亚现有跨境电子商务平台以国外平台为主。Lazada，Shopee和Zalora等是马来西亚主要的平台，马来西亚前十的电子商务平台及基本情况见表Ⅲ-2-18。

表Ⅲ-2-18　　2019年马来西亚前十的电子商务平台

名称	网站	简介
Shopee	shopee.com.my	Shopee是一家主要卖手机、多元化产品的在线商店，是马来西亚"移动优先"市场的重要参与者，东南亚的主要电商平台，Shopee还在新加坡、菲律宾、泰国、印度尼西亚、越南以及中国台湾设有站点。

续表

名称	网站	简介
Lazada	lazada.com.my	Lazada 是东南亚电商市场的佼佼者,目前在印度尼西亚、菲律宾、新加坡、泰国和越南开设电商平台,是零售商销售产品的在线百货商店和平台。
Lelong	lelong.com.my	Lelong.my 是 Lazada 的另一个竞争对手,其每月估计流量紧随其后。Lelong.my 是 C2C 和 B2C 的电商平台。Lelong 由马来西亚公司 Interbase Resources Sdn Bhd 于 1998 年成立,起初是一家拍卖网站,后来发展成为一个一般的电商平台。
Carousell	sg.carousell.com	Carousell 最初是一个移动平台,后来它开发了一个购物网站以满足 PC 端用户的需求。任何人、任何品牌或个人可以用手机拍摄他们的产品,通过 Carousell 平台轻松销售,并与卖家聊天直接购买。Carousell 也在新加坡、印度尼西亚、中国台湾、澳大利亚和中国香港设有电商平台。
Zalora	zalora.com.my	Zalora 是东南亚时尚电商网站,时尚品牌可在该网站销售其产品。Zalora 于 2012 年由 Rocket Internet 创立,目前在新加坡、印度尼西亚、马来西亚和文莱、菲律宾、泰国、越南、中国香港设立站点,最近在中国台湾推出。
11street	11street.my	11street 是 Lazada 的两个主要竞争者之一,也是一家在线百货商店,为零售商提供在线销售产品的平台。马来西亚 11street 成立于 2014 年,是马来西亚移动通信集团 Celcom Axiata 和 SK Planet 的合资企业,SK Planet 是韩国最初的 11street 网站的所有者。
Go Shop	goshop.com.my	Go Shop 为其客户带来多渠道零售体验,通过在线平台和 24 小时电视频道提供家庭购物的便利。Go Shop 提供各种产品,包括电器和电子设备、家庭和厨房产品、健身、美容和时尚配饰等。
eBay	ebay.com.my	eBay 最初是针对 C2C 而创建。eBay 马来西亚已经扩展到 B2C 的产品和特价商品,并涵盖了所有的一般产品类别。
Hermo	hermo.my	Hermo 是马来西亚另一家专门出售美容和化妆品的主要在线零售电商。自 2012 年起,品牌就可以直接通过该网站出售产品。
Qoo10	qoo10.my	Qoo10 是一个以女性和时尚为主的电商平台,其以韩国产品而闻名。在收购韩国网站 Gmarket 之后,与 eBay 合资的 Giosis 于 2012 年将其重新命名为 Qoo10。Qoo10 还在亚洲其他国家设立站点,尤其是新加坡和日本,并力图扩展其他亚洲国家市场。

资料来源:整理自网络。

2019 年，马来西亚以及东盟其他国家下载量最高的购物 APP 见表Ⅲ-2-19。

表Ⅲ-2-19　　马来西亚等主要东盟国家 2019 年下载量排名前十的购物 APP

排名	印尼	马来西亚	菲律宾	新加坡	泰国	越南
1	Tokopedia	Lazada	Lazada	Lazada	Lazada	Shopee
2	Shopee	Shopee	Shopee	Qoo10	Shopee	Lazada
3	Bukalap ak	淘宝	Zalora	Shopee	Aliexpress	Tiki. vn
4	Lazada	11 Street	亚马逊	淘宝	JD Central	Sendo
5	JD. ID	Aliexpress	Aliexpress	Ezbuy	亚马逊	Adayroi
6	Blibli. com	Zalora	BeautyMNL	Zalora	Ebay	Aliexpress
7	Zalora	Lelong. my	Ebay	Aliexpress	Aliexpress	亚马逊
8	Aliexpress	Ebay	Sephora	亚马逊	Chilindo	Ebay
9	Zilingo	亚马逊	阿里巴巴	Amazon Prime	Zilingo	阿里巴巴
10	亚马逊	Go Shop	Althea	Asos	Joom	Lotte. vn

资料来源：APP Annie。

在前十的马来西亚跨境电子商务平台中最大的平台是 Lazada 公司，Lazada 的所有业务主要分为五大类，分别是 B2C 业务、自营商城、C2C 业务、物流以及支付。在所有业务当中，以 Lazada 在线电商平台为基础，B2C 电商业务与构建的自营商城贡献了其绝大部分的营业收入。此外，高质量的客户支持服务、安全且多样化的支付手段、完善健全的物流系统以及友好的退货退款政策，也为 Lazada 在线交易平台带来了客户数量和商品种类的强势增长。

表Ⅲ-2-20　　　　　　　　　　Lazada 业务运营模式

运营模式	平台	优势	相似平台
B2C	Lazada	控制供应链 实现较高的客户满意度、打造声誉与信任	亚马逊、京东
商城	Lazada	拓展品类，降低库存风险	亚马逊、天猫
C2C	Lamido	小型个人类家也可以上线 卖家分为商城类家和C2C卖家销售翻新及二手产品	淘宝、eBay
物流	Lazada Express	为商城及IC2C商户和第三方提供电子商务物流服务 进一步提高运营效率	亚马逊、Shipwire
支付	Hello Pay	为顾客提供可信赖、可靠的支付平台 降低卖家成本	支付宝

资料来源：整理自 Lazada 官网。

在 B2C 业务方面，Lazada 电商平台通过对大型经销商和品牌商提供在线服务支持，双向引流消费者与卖家，加上完善的物流体系，从而达到博取商家和客户的认同感与满意度，并最终实现营利的目的。在 C2C 业务：通过集团旗下 C2C 在线电商平台 Lamido，为小型商家以及个人卖家提供服务，实现个人消费者之间的相互交易。Lazada 通过 Lazada LGS 全球运输系统和 Lazada express 物流系统，打通了东南亚各国间的物流运输枢纽，为在平台上进行交易的消费者和商家提供了高质量的物流配送服务和售后保障，在提升用户购物体验的同时，集团自身经营效率也得到了增强，到 2020 年 6 月底 Lazada 已在东南亚 6 个国家设立履约中心，总占地面积达 30 多万平方米；此外，Lazada 还拥有 15 个分拨中心，近 400 个首千米揽收点及最后一千米配送站。Lazada 自建第三方线上支付工具 Hello Pay 并兼容信用卡、银行柜台转账等多种付款方式。针对东南亚地区消费者的支付习惯，Lazada 还创立了 COD 货到付款方式。Lazada 通过为东南亚地区消费者提供安全可靠的支付平台以及方便快捷的支付方式，不仅有效降低了交易的成本和风险，而且培养了平台消费者新的支付习惯，提高了其对平台的黏合度。

Lazada 正试图打造一个业务范围覆盖全东南亚的电子商务生态闭环，

通过提供全方位的电子商务服务，使平台卖家能连接到东南亚数亿客户群体，买家则无论是在城市地区还是偏远农村地区都可以在平台上进行一站式购物体验，随时随地足不出户地选购各类商品。

到2020年6月Lazada在东南亚MAU超1亿，区域内超15%的人在当月使用了Lazada平台。7月底的年化活跃购买用户超过8000万。此外，整个平台订单量也增长强劲，2018第二季度到2020年第二季度订单量保持同比增长超过100%。按国家来看，2020年第二季度印尼订单量同比增长超过145%；泰国和菲律宾分别实现了230%和125%的GMV（Gross Merchandise Volume）。目前将近半数的新加坡人是Lazada的APP用户；到2020年6月，越南月线上卖家数量同比增长超过150%；马来西亚2020年第二季度有超过35%的买家在使用Lazada钱包。

Lazada在东南亚地区具备领先优势的电商基础设施是建立在技术和物流网络的基础之上的。技术方面：一方面通过智能算法提高用户体验，6月由搜索和推荐引导的商品页面浏览量同比增长超过100%，2Q20相应的买家转化率同比增长超20%；另一方面利用智能系统助力商家增长，Lazada超级解决方案为商家提供了包括线上广告与线下联盟营销的一整套广告营销工具，卖家使用Lazada核心营销工具后，6月业务增长率相较平台整体快25%。物流方面，6月履约的总单量有85%以上由Lazada的自有网络进行分拨。未来Lazada将在物流方面继续投入，充分利用网络协同效应服务更多客户，并助力东南亚地区商家和品牌的增长。

二　中马跨境电子商务企业合作

从企业层面的合作看，中国电子商务企业占明显的优势，阿里巴巴从2016年就进入马来西亚电子商务市场，腾讯从2017年通过控股Sea公司方式进入东南亚市场。

阿里巴巴收购Lazada从2016年4月开始，到2018年3月完成收购，具体情况见表Ⅲ-2-21。对于阿里巴巴而言，收购了Lazada以后，对拓展马来西亚及东南亚市场起到重要的作用，同时也在技术等方面得到提升。

表Ⅲ-2-21　　　　　　　　阿里巴巴收购 Lazada 过程

时间	过程
2016 年 4 月 12 日	阿里巴巴集团通过 10 亿美元的注资对 Lazada 公司进行并购。在注资的 10 亿美元中以 5 亿美元认购 Lazada 公司发行的新股，剩余的 5 亿美元进行对原始股权的认购，包括 Rocket Internet 的 9.1%、Tesco 的 8.6%、Kinnevik 的 3.8%以及其他股东 12%的股权。
2017 年 8 月	阿里以 10 亿美元增持 Lazada 股份，持股比例上升至 83%。
2018 年 3 月	阿里再次以 20 亿美元增持 Lazada 股份，持股比例上升至 100%，完成收购。

资料来源：整理自 Lazada 官网，https://www.Lazada.com/en/。

具体表现为：第一，在技术和大数据方面，并购后双方实现了技术和大数据信息的互通。阿里巴巴运用其技术资源对 Lazada 平台的导购系统进行更新升级，通过强化对关键字形成有效筛选和匹配的智能导购系统，来降低消费者的搜索成本，改善购物体验。

此外，阿里巴巴运用其强大的云计算和数据分析处理能力对 Lazada 平台上东南亚地区消费者的交易数据和不同时期的消费偏好进行分析。一方面帮助 Lazada 平台上的商家精准掌握东南亚消费者的需求，另一方面帮助有意向进入东南亚市场的中国商家了解东南亚电商市场。在支付业务方面，阿里巴巴以支付宝对接 Lazada 自建的第三方支付系统 Hello Pay，并将支付宝的信用系统运用到 Hello Pay 中。为规避信用风险和支付风险，阿里巴巴用阿里云创建了大数据计算分析模型，及时监测和处理动态数据，进行风险控制分析，以便适时对用户信用等级进行调整。在物流体系方面，阿里巴巴以菜鸟物流对接 Lazada 的 LGS 和 Lazada Express 两大物流运输系统，从而直接参与东南亚物流体系建设。在与菜鸟物流进行对接后，Lazada 借助菜鸟物流在技术和经验上的优势，完善物流运输体系建设，并在包装分拣和配送路线规划方面进行了优化，以降低运输成本并减少以往物流系统存在的发货速度慢、货物损坏甚至丢失等问题。在平台和资源方面，阿里巴巴和 Lazada 共享平台用户和资源。一方面，阿里巴巴帮助想进入东南亚市场的中国商家入驻 Lazada 平台，直接面向东南亚消费者。2020 年 8 月 19 日，Lazada 联合天猫发布"新国货出海计划"，目的是打造一条 M2M（TMall-LazMall）出海东南亚快车道，扶持天猫平台上超 2000 个国货品牌拓销东南亚。2020 年 8 月，第一批国货品牌的代表凤凰、永久、康佳、特步、罗马仕与 Lazada 完成签约，成为该计划首批入驻 Lazada 的天猫品牌。另一方面，Lazada 平台上的东南亚地区商家也可以入驻天猫国际等电商平台，直接向中国消费者销售产品。阿里巴巴于 2019 年 10 月启动"Sell to China"计划，帮助 Lazada 平台上的优质品牌通过天猫国际进军中国市场。这一福利计划不仅能够吸引更多的东南亚本地品牌与 Lazada 合作，还有助于天猫购物平台进一步实现国际化。2020 年 6 月马来西亚知名护肤品牌 Safi 首次登陆天猫国际，Safi 是首个受益于此计划的马来西亚品牌。在经营业绩方面，在收购 Lazada 之前，阿里巴巴的国际零售业务收入主要来自全资收购 Lazada 之前，阿里巴巴的国际零售业务收入主要来自全球速卖通。据阿里巴巴财报数据显示，在完成收购 Lazada 之后的一年时间内，阿里的国际零售业务收入从 2016 年的 22.04 亿元上升到 2017 年的 73.36 亿元，同比增加了 232%。截至 2019 财年，阿里巴巴的海外零售业务收入已达 195.58 亿元，同比增长 37%。

2015 年，Shopee 在新加坡成立并设立总部，随后业务拓展至马来西亚、中国台湾等地。其母公司 Sea 成立于 2009 年，于 2017 年 12 月 10 日在纽交所上市。腾讯在 Sea 上市前夕以战略投资者身份成为其第一大股东，上市招股书显示腾讯持股比例达 39.8%。

Shopee 的经营战略类似淘宝，走 C 店模式（类似淘宝的 C2C 店铺），主打产品的丰富性和价格优势。腾讯投资 Shopee 后，表示不会参与经营业务，这给了 Shopee 很大的自由运营空间。Shopee 在 Facebook、Instagram 等海外社交媒体平台上注册多个官方账号，布局社交营销矩阵，针对东南亚不同国家消费者的喜好进行推送，寻求流量变现。作为腾讯在东南亚电商市场的布局代表，Shopee 现已经发展为东南亚头部电商平台。据 Sea2020 年第二季度财报显示，Shopee 调整后营收达到 5.11 亿美金，同比增长 188%，且 APP 下载量升至东南亚地区第一。

三 中马跨境电子商务合作前景

早在 2016 年，马来西亚政府提出了发展电子商务的目标是通过政府支持，马来西亚电子商务可以实现 20% 以上的增长，并且到 2020 年，达到 1700 亿林吉特，实现马来西亚电子商务增长率翻倍。

国家电子商务战略路线图强调，需要继续为马来西亚各利益攸关方提供优质和负担得起的基础设施。这包括宽带和移动电话的接入、道路、海港和机场等实体基础设施，以方便货物的移动，以及广泛使用信用卡、电子钱包、移动钱包等方便的电子支付。

公共和私营部门的投入构成了"国家电子商务战略路线图"的基础，包括对计划的实施和公共部门对各项倡议的支持。路线图定义了六大推力领域，这些领域可以帮助马来西亚电子商务增长倍增。马来西亚政府提出了国家电子商务战略路线图的六项具体措施：（1）加速企业对电子商务的运用；（2）增加商业企业对电子商务的运用；（3）减少非关税壁垒，包括跨境电商方面，电子支付和消费者保护等；（4）调整现有的经济刺激政策；（5）对选定的部分电商公司进行战略性投资；（6）将国内品牌推广至全球电商。

而要实现马来西亚国家电子商务战略路线，需要与中国合作，可以从三个方面展开进一步合作。

首先，进一步深化两国电子商务合作协议。目前中国与马来西亚之间没有专门的自由贸易协定，中国与东盟自贸区协定中的电子商务条款相对比较浅，RECP还处于最后的文本确认阶段。对马来西亚而言，在电子商务领域最高规则是《全面与进步跨太平洋伙伴关系协定》（CPTPP），其重点包括：第一，有关电子商务的监管框架，包括电子签名和认证、在线消费者保护、未经请求的商业电子通信、无纸贸易、隐私保护、电子支付、标准与互操作；第二，贸易自由化，电子传输的永久性免除关税、数字产品的非歧视待遇和禁止数据本地化等。第三，公平贸易。包括开放网络、合法政策目标的范围、自由化承诺；第四，保护知识产权，包括保护源代码和专有算法等重要信息、保护加密产品的创新和保护知识产权的贸易层面；第五，提高透明度，包括就监管措施和程序交换信息、利用贸易政策审议和贸易监测报告提高透明度；第六，发展与合作，包括监管合作、贸易和技术援助。在快递便利化方面CPTPP协定将快递货物便利化方面的条款主要放在以贸易便利化措施减少货物放行时间，提高通关效率，这些措施包括信息处理方式的优化，尽量使用电子手段，减少单证，规定快件在提交必要的海关单证后在6个小时内放行。同时规定在正常情况下，对等于或低于根据缔约方法律所设定的固定数额时不计征关税。中国可以在与马来西亚《中国邮政与马来西亚邮政合作谅解备忘录》的基础上，形成数字经济方面的双边协定。

其次，扩大双方在数字基础设施领域的投资和合作，在海底光缆建设以及运营方面建立可信赖的双边关系，进一步加快5G通信等领域的合作，结合5G相关产业链，成为中马两国企业在5G东南亚市场的重要合作伙伴。并以双方的工业园为基础，共同推进工业互联网建设。

最后，进一步开发双方跨境电子商务企业之间的合作，形成跨境电子商务的生态体系，为马来西亚中小企业跨境电子商务平台提供便利。在两国加强跨境电子商务安全、风险监管的基础上，促进双方企业在跨境电子商务各个环节的合作，并以马来西亚为中心，向东南亚其他国家辐射。

第三章　厚积薄发：中马文化交流与"一带一路"倡议

自中国国家主席习近平于 2013 年 9 月提出"一带一路"倡议以来，① 国际社会就此倡议进行了热烈而广泛的讨论。中国国家发展改革委、外交部、商务部于 2015 年 3 月 28 日联合发布了《推动共建丝绸之路经济带和 21 世纪海上丝绸之路的愿景与行动》，以作为国际社会在"一带一路"项目上的合作与执行依据。文件提出了五通目标，即政策沟通、设施联通、贸易畅通、资金融通、民心相通，② 希望通过加强"五通"，让参与国之间的经济要素有序自由流动，资源高效配置和市场深度融合，共同构建开放、包容、均衡、普惠的区域经济合作构架。③

其中，民心相通项目明确指出，"民心相通是'一带一路'建设的社会根基。传承和弘扬丝绸之路友好合作精神，广泛开展文化交流、学术往来、人才交流合作、媒体合作、青年和妇女交往、志愿者服务等，为深化双多边合作奠定坚实的民意基础"。④

"民心相通"虽然在五通中位列末端，却是促成前"四通"的重要基

---

① 张樵苏：《这就是一带一路简史》，新华网，2019 年 4 月 26 日，www.xinhuanet.com/politics/2019-04/26/c_1124418156.htm。

② 《推动共建丝绸之路经济带和 21 世纪海上丝绸之路的愿景与行动》，中国国家认证认可监督管理委员会，2015 年 3 月 29 日，http://www.cnca.gov.cn/rdzt/2017/ydyl/qwfb/201705/t20170531_54404.shtml。

③ 张燕玲：《"一带一路""五通"目标的实现策略》，中国共产党新闻网，2017 年 8 月 18 日，http://theory.people.com.cn/n1/2017/0818/c83859-29478887.html。

④ 《推动共建丝绸之路经济带和 21 世纪海上丝绸之路的愿景与行动》，2015 年 3 月 29 日。

础。文化交流的重要性在于促成不同国家间对不同风俗文化与族群的基本和深入理解，以促使国际社会达致更好的互通互谅互尊互重。中国推进"一带一路"建设工作领导小组办公室于 2017 年 5 月 10 日在发布《共建"一带一路"：理念、实践与中国的贡献》中就强调了"从经济到人文""从官方到民间"的全方位合作理念与实践方案。①

马来西亚是最早响应"一带一路"倡议的东盟国家之一。重视中马关系的时任首相纳吉布（任期：2009—2018 年），于 2011 年 7 月 23 日委任前马华公会总会长也是前房屋及地方政府部长黄家定为马中商务理事会主席，同年 11 月 1 日再委任他为首相对华特使。②

这项特使职务的委任是纳吉布政府首创。纳吉布先父阿都拉萨，是促成马中建交的第二任首相。纳吉布任相后，首个出访的东盟以外国家就是中国。2013 年 10 月，习近平访问马来西亚，纳吉布设"家宴"款待习近平夫妇；翌年 5 月，纳吉布访中国，习近平设"家宴"迎接纳吉布。两国领导人非一般的柔性外交，为中马友好关系共谱新篇章。③

马来西亚 2019 年人口约 3260 万，华裔占 22.8%，约 743 万人，为国内第二大族群。④ 华人效忠马来西亚，在文化习俗上却完好传承中华文化，对中国事务并不陌生。自马来（西）亚⑤于 1957 年 8 月 31 日独立以来，华人通过马来西亚华人公会（简称"马华公会"）参与分享国家的政权治理。这些社会基础为马来西亚领导人在做出对中国关系决策时提供了极大帮助，中马于 1974 年 5 月 31 日建交就是借助民间交流促成的重大外交成果。随着两国关系解冻，两国于 20 世纪 90 年代全面开放民间往来，

---

① 《共建"一带一路"：理念、实践与中国的贡献》，新华网，2017 年 5 月 10 日，http://www.xinhuanet.com/politics/2017-05/10/c_ 1120951928. htm。
② 叶汉伦：《马中圆梦：黄家定出任首相对华特使五年记》，马来西亚—中国商务理事会 2016 年版，第 8 页。
③ 叶汉伦：《马中圆梦：黄家定出任首相对华特使五年记》，马来西亚—中国商务理事会 2016 年版，第 170 页。
④ 《统计局：马人口增至 3260 万，华裔人口减至 22.8%》，《星洲日报》2019 年 7 月 16 日。
⑤ 马来西亚于 1957 年 8 月 31 日独立时称为马来亚（Malaya）。后于 1963 年 9 月 16 日纳入新加坡、东马沙巴、砂拉越而成为马来西亚（Malaysia）。新加坡随后脱离马来西亚，于 1965 年 8 月 9 日独立。

从民间文化交流开始,[①] 两国领导人随后频密互访,并于2013年建立成为全面战略伙伴关系。[②]

"一带一路"倡议虽是21世纪伟大新构思,但丝绸之路却源于千年前各国间的经贸与文化往来。马来半岛位居印度与中国两大古文明航线之间,是重要的贸易转口中心。得天独厚的地理位置,让马来半岛得以兼容并蓄各古国文明,从而崛起为东南亚的闪烁明珠。中马千年历史与文化交流渊源,以及民间广大的华人社群是古代海上丝路的遗迹,也是推展21世纪"一带一路"的厚积资源,马来西亚率先表达对中国"一带一路"倡议的支持,是"民心相通"的自然结果。

本章将回顾马中关系的交往与发展,叙述文化交流如何在双边互动中带来正面的作用和影响,为两国友好密切的邦交关系做出积极贡献。

第一节 文化交流概述

中国古籍中对南洋的记载很早,诸如《汉书》的都元,《梁书》的顿逊、盘盘、丹丹、狼牙修,《隋书》的赤土,《新唐书》的罗越,哥罗等国,皆是散布在马来半岛或其周边之国[③]。宋元时期的《宋史》《诸蕃志》《元史》《云麓漫钞》《异域志》《岛夷志略》等对马来世界也多有描述。[④]

由于位居东西海上要道,马来半岛早在16世纪欧洲殖民主义入侵前,已是亚洲区域内其中一个重要的贸易物资集散地。当时在该区域从事跨境贸易的商团多数由马来土著、印度人、中国人以及阿拉伯商人组成,[⑤]中国商贾以帆船游走于暹罗、印尼群岛与马来半岛等地,贸易白米、木材、

[①] 马来西亚华人文化协会在马来西亚文化艺术旅游部配合下,于1990年2月9日至23日邀请中国中央民族艺术学院到马来西亚巡回演出,马来西亚于同年9月取消国民访中限制,两国民众此后得以自由往来。(转引自陈公仲《兄弟的情谊,友谊的见证:马来西亚华人文化协会与中国文化交流纪实》,戴小华编《文协四十年:文化的弘扬与创新》,马来西亚华人文化协会2013年版,第541页。)

[②] 《中国同马来西亚的关系》,中国外交部,2019年11月,https://www.fmprc.gov.cn/web/gjhdq_676201/gj_676203/yz_676205/1206_676716/sbgx_676720/。

[③] 陈达生:《郑和与马来亚》,郑和文化馆2015年版,第9—15页。

[④] 陈达生:《郑和与马来亚》,郑和文化馆2015年版,第16页。

[⑤] William Tai Yuen, *Chinese Capitalism in Colonial Malaya 1900 – 1941*, Kuala Lumpur: Penerbit UKM, 2018, p. 28.

棉花、香料、食盐和食糖等物品。除了传统小型的民间贸易，存在于当时马来半岛与中国之间的主要贸易形式在于朝贡贸易。这种朝贡贸易甚至可以追溯至公元前2世纪，并在马六甲（满剌加，Melaka）王朝时代（1415—1511）发展至巅峰。①

马六甲王朝的建国者拜里米苏拉（Paramesvara），是一名来自苏门答腊巨港的王子。由于不愿屈服于爪哇人的统治，他一路从巨港到新加坡，再从麻坡到马六甲，最终于1402年在马六甲开港建立据点，②原本势单力薄的马六甲此时因为明成祖朱棣登基而得遇良机。为了宣扬国威并建立明朝与海外的贸易关系，朱棣派出了以郑和为首的大规模船队走访南洋诸国，船队于1404年首次到访马六甲，拜里米苏拉在翌年遣使随郑和船队到中国入贡。明成祖封拜里米苏拉为满剌加国王，并分别赏赐诰印、彩币、袭衣与黄盖。为显隆重，明成祖更应允使臣请求，制碑③封山，令其矗立在马六甲三宝山（Bukit Cina）上，以示永世友好。④

在马六甲王朝的百年历史中，包括拜里米苏拉在内的前三任国主先后5次到中国觐见明成祖与宣宗皇帝，而大明皇朝共7次册封马六甲历任统治者。马六甲在不同时期共遣使入贡29次，明朝则先后10次遣使马六甲，宣告马六甲为明朝藩属，让马六甲4次幸免于暹罗、安南等强国入侵。在明朝庇护下，马六甲国因而得以在马六甲海峡建立起了强大的海上王国，这些记述证明了此时中马关系的密切互动。⑤

中国对当时的马来文明产生了多方面影响。第三任国主斯里马哈拉加

---

① William Tai Yuen, *Chinese Capitalism in Colonial Malaya 1900 – 1941*, Kuala Lumpur: Penerbit UKM, 2018, p. 29.

② Barbara Watson Andaya and Leonard Y. Andaya, *A History of Malaysia*, London: Red Globe Press, 2017, p. 38.

③ 碑文之末有七言古诗一首，如此写道："西南巨海中国通，输天灌地亿载同。洗日浴月光景融，雨涯露石草木浓。金花宝钿生青红，有国于此民俗雍。王好善意思朝宗，愿比内郡依华风。出入导从张盖重，仪式赐袭礼谦恭。大书贞石表尔忠，尔国西山永镇封。山君海伯翕扈从，皇考陟降在彼穹。后天监视久弥隆，尔众子孙万福崇。"（转引自陈达生《郑和与马来亚》，郑和文化馆2015年版，第57页。）

④ Barbara Watson Andaya and Leonard Y. Andaya, *A History of Malaysia*, London: Red Globe Press, 2017, p. 46；陈达生：《郑和与马来亚》，郑和文化馆2015年版，第54—58页；廖文辉：《马来西亚史》，马来西亚文化事业有限公司2018年版，第98—99页。

⑤ 廖文辉：《马来西亚史》，马来西亚文化事业有限公司2018年版，第100页。

(Seri Maharaja) 由于两次入朝中国，对明朝仪制印象深刻。他参酌印度传统与明朝制度以制定本国朝仪和制度，诸如推崇黄色、在银质宫廷乐器上刻龙形图案。在钱币铸造上，马六甲放弃了沉重大块的"斗锡"，仿明朝圆形铜币而发行锡币。马六甲国王居所的屋瓦是郑和船队所遗下之物，①中国的犁、耙等农具及指南针的传入，也协助提升了马六甲的农耕与航海技术。② 在琉球国所编撰的《历代宝案》中载有6封马六甲国与琉球通商所奉递的华文国书，③无论文字出自王朝内识华文之马来文臣，或寓居当地华人之手，皆证明了中国与南洋诸国往来频密，并因而对南海区域产生文化影响力。

另外，中国在与马来半岛的贸易中获得玳瑁、沉香、乳香等药材，从而丰富了中药种类与典籍。马六甲所盛产的花锡在传入中国后，工匠用于制造酒具，增添了中国的工艺品品种。④

一　马来古书中的上国

成书于16世纪前后，记录马六甲王朝兴衰史的传奇马来古典文学《马来纪年》⑤中有不少关于中国的描述。该书描述中国国势强大，而且国王"身世高贵"，是大国之君。⑥书中也多次提到中国与马来诸国间的通婚及和睦相处事迹，反映了中国与马来邦国间悠久绵长的友好关系。其中一章专门讲述中国公主汉丽宝和亲，其下嫁对象是马六甲第六任国主苏丹满速沙。作为一部糅合历史与神话传奇色彩的文学典籍，《马来纪年》中的汉丽宝和藩在明朝正史中并无记载，史学家多认为是杜撰，但是在马来西亚民间却流传甚广。

故事大意如此，强盛的满剌加（马六甲）王朝威名远播中国，为了压制满剌加国王苏丹满速沙，中国国王想到了以和亲手段来迫使满剌加国

---

① 廖文辉：《马来西亚史》，马来西亚文化事业有限公司2018年版，第102、111页。
② 周伟民、唐玲玲：《中国和马来西亚文化交流史》，海南出版社2004年版，第127页。
③ 廖文辉：《战前马新华人文化发展概论》，《华侨华人文献学刊》2017年第四辑。
④ 周伟民、唐玲玲：《中国和马来西亚文化交流史》，海南出版社2004年版，第127—128页。
⑤ 《马来纪元》成书介于1511年后，1612年前，原作者不详。由于柔佛宰相敦·斯利·拉囊（Tun Sri Lanang）受命为该书进行编撰整理，因而书成后署以其名。（[马来亚]敦·斯利·拉囊：《马来纪年》，黄元焕译，学林书局2004年版，第14—15页。）
⑥ [马来亚]敦·斯利·拉囊：《马来纪年》，黄元焕译，学林书局2004年版，第25、40页。

向其称臣纳贡。在得偿所愿后，中国国王却身患皮肤病，群医对此怪病束手无措，并认为这是国王让苏丹满速沙向其称臣的报应。唯一解救方法是中国国王必须撤回要求满剌加国王对其称臣纳贡的条件，兼且喝下满剌加国王的洗脚水。在中国国王满足了这两个条件后，怪病即得痊愈。汉丽宝公主与满剌加国王随后过着幸福美满生活，两国关系也永世和睦亲善。①

《马来纪元》的叙事中心主要围绕在马六甲王朝及其统治者们。汉丽宝和亲故事中刻意贬低大明朝以凸显马六甲国王的宽厚、贤明形象成为一个必然的叙事手法，何况作者本身显然对马六甲王朝作为大明皇朝的藩属国存有意见。撤除这点不谈，作者在全书对于大明帝国与中华文明的叙述始终抱持着正面评价与欣赏态度。汉丽宝公主和藩故事从反面印证了中国在马六甲建国历史中所占据的重要地位，作者因而在数次叙事中提到中国后，再以一个章节的篇幅来专门讲述中国与马六甲的故事。最终，在作者的美好愿望下，汉丽宝与苏丹满速沙生活美满，陪嫁到异邦的500名中国人居住在三宝山并开枝散叶，两国也世代通好，和睦相处，结局皆大欢喜。

二 中马文化交融结晶：峇峇与娘惹

汉丽宝公主下嫁苏丹满速沙的故事虽为杜撰，但是华人与土族通婚，在马来半岛开枝散叶却是事实。他们所生下来的孩子即为"土生华人"（Peranakan），或"峇峇与娘惹"（Baba and Nyonya）。

土生华人是中马文化交融的结晶，也是中马千年文化交流史的见证。有别于在19世纪大量下南洋讨生活的"新客"华人，土生华人虽然保留了许多中华礼仪习俗，在日常作息和语言沟通上却更接近马来人或土族。广义而言，他们是说马来语的华人。②马来半岛多数土生华人一般来讲并没有意识到本身的这种特殊文化身份，唯有马六甲土生华人社群才有意识地强调本身的涵化身份，并自诩为"峇峇与娘惹"。虽然无法确定这种华巫涵化生成的族群自何时开始使用"峇峇"来称呼自己，可以确信的是，

---

① ［马来亚］敦·斯利·拉囊：《马来纪年》，黄元焕译，学林书局2004年版，第132—138页。
② Tan Chee Beng, "Socio-cultural Diversities and Identities", in Lee Kam Heng & Tan Chee Beng (eds.), *The Chinese in Malaysia*, Kuala Lumpur: Oxford University Press, 2004, p. 48.

19世纪大量南来的华工让他们意识到，他们这群早期抵达马来半岛并已完全融入在地生活的"峇峇"与新客之间的区别。①

早期移居马来半岛的华人多数源自福建漳州，他们以从事转口贸易的商人为主，②也有说漳州多亡命徒，因为斯时漳州地区经济文化落后，却临近走私猖獗的粤东地区，加上该地远离福建政治中心而不为朝廷瞩目，遂让漳州成为各地走私贸易活动的中心区域，武装海寇集团也多由漳州人组成。③漳州商人勇于冒险与开拓的精神，让他们得以闯出南海，推动闽南的海外移民，更主导明后期中国商品的输出和白银的输入。④

来自漳州的马六甲陈氏家族，他们的家族史就很好地呈现了早期华人下南洋谋生，最后落户南洋，并涵化成为当地土生华人的历史轨迹。陈氏先祖陈夏观于1771年离开漳州，南来驻脚马六甲，娶侨生娘惹李彩娘为妻。陈夏观凭借帆船航运起家，以马六甲为据点，航行穿梭于望加锡（Macassar）、西里伯斯（Celebes）、东印度群岛，甚至远至澳洲，并从事柑蜜、胡椒和茨粉贸易。陈夏观孙子陈俊睦在19世纪60年代率先同业，以蒸汽轮船取代传统帆船，航行于马六甲、槟城及新加坡等地，攫下了航运业务的大份额市场。⑤

马六甲陈家第五代出了一名杰出人物——陈祯禄（1883—1960）。陈祯禄不仅将家族业务经营得蒸蒸日上，且涉足政治，成为当时英国海峡殖民地立法局议员。⑥其子陈修信（1916—1988）于1948年被英政府当局委任为马来亚联合邦议会议员。1949年2月27日，陈氏父子与联合邦议

---

① Tan Chee Beng, "Socio-cultural Diversities and Identities", in Lee Kam Heng & Tan Chee Beng (eds.), *The Chinese in Malaysia*, Kuala Lumpur: Oxford University Press, 2004, p. 49.

② 颜清湟：《华人历史变革（1403—1941）》，载林水檺、何启良、何国忠、赖观福主编《马来西亚华人史新编》第一册，马来西亚中华大会堂总会1998年版，第5页。

③ 庄国土、陈华岳等：《菲律宾华人通史》，厦门大学出版社2012年版，第132—133页。

④ 庄国土、陈华岳等：《菲律宾华人通史》，厦门大学出版社2012年版，第133页。

⑤ Morais J. Victor, *Tun Tan: Portrait of A Stateman*, Singapore: Quins Pte. Ltd., 1981, pp. 1, 8-9；郑良树：《陈祯禄：学者型的政治家》，何启良主编《马来西亚华人历史与人物政治篇：匡正与流变》，马来西亚华社研究中心2003年版，第31页；Tan, Agnes Kim Lwi, *A Son of Malacca: Tun Dato' Sir Cheng Lock Tan*, Singapore: Lithographic Print House, 2006, p. 2；曾文辉、陈淑珠：《敦陈修信的祖居》，Zitan Sdn. Bhd 2016年版，第25、118—119页。

⑥ 郑良树：《陈祯禄：学者型的政治家》，何启良主编《马来西亚华人历史与人物政治篇：匡正与流变》，马来西亚华社研究中心2003年版，第36页。

会 15 名华裔议员共创马来亚华人公会①（Malayan Chinese Association），以争取和捍卫本土华人的居留权益。②随后，马华公会联同代表马来人的巫人统一机构（United Malays National Organisation）、代表印度人的印度国民大会党（Malayan Indian Congress）组成联盟政党，争取马来亚独立。1957年 8 月 31 日马来亚独立建国，联盟政党组阁执政。马华公会第三任会长③陈修信历任工商部长与财政部长，是华人在马来西亚政治上的最高成就。

陈氏父子在马来西亚商业与政坛上的成功得益于一个重要因素，即他们的"峇峇"身份。深刻理解马来风土人情，并能够自在地与土族交流沟通，让他们获得了马来领袖与土著社会的信任。陈修信曾言："我们多数人都意识到，在日常生活中我们很自然的依循马来风俗，有时候我告诉我的马来朋友我也是土著。"④对于陈氏父子，马来人领袖，时任首相阿都拉萨这么形容他们："如果每一名马来西亚人都是陈祯禄或陈修信，马来西亚将是这世界上最快乐的居住之地，联盟政府不再需要创建一个团结的马来西亚国，因为大家早已经融为一体。"⑤

三　在马来半岛的中华文化建构

数百年的蕉风椰雨蕴化出了生死于斯的"土生华人"，原生的中华文化传承在与土著文化的交融过程中自然而然出现了"质"的变化。直至华人在 19 世纪前后的下南洋潮，才再次为马来半岛华人社群的文化建构注入源源活水，让中华文化再次在这片土地上活络起来。

文化的构建需要漫长的时间去耕耘，文化的传播与熏陶方式各种各样，其中一个最有效的方法当属教育。早期马来亚的华人学校是中国传统

---

① 马来亚华人公会于 1963 年马来亚与新加坡、沙巴、砂拉越合并组成马来西亚后，更名为马来西亚华人公会。

② 马华公会建党廿周年特刊编辑委员会：《马华公会建党廿周年特刊》，马华公会总部 1969 年版，第 39—40 页。

③ 马华公会创党会长为陈祯禄（任期：1949 年至 1958 年），第二任会长林苍佑（任期：1958 年至 1959 年），第三任会长陈修信（任期：1961 年至 1974 年）。

④ Morais J. Victor, *Tun Tan：Portrait of A Stateman*, Singapore：Quins Pte. Ltd., 1981, p. 27.

⑤ Dawson T. R. P., *Tun Tan Cheng Lock：The Sage of Malacca*, Kuala Lumpur：Life Printers, 1966, p. 8.

式的识字私塾或义学，教学以各自方言进行，以本族子弟为教育对象。①新式华文教育的兴起与新马华人的中国意识增强有关，而战前华文教育的一个特色就是教育与政治的结合，教育成为传播和塑造中国国民意识的最重要途径。②

中国维新派领袖康有为就在南洋开设了 30 多所学校，其中吉隆坡的尊孔、新加坡的中华女子学校都是在他影响下创办。③ 由于政治因素来马的还有革命派领袖孙中山，通过办报、印书、设立阅书报社、主办演讲、集会、戏剧表演来传播他的救国理念。在教育办学上，他创办了许多新式学校及夜校，包括槟城的钟灵、崇德、日新、益华；霹雳的光华、达才、新华；森美兰的中华；柔佛的培智等。④

中国知识分子的爱国主义运动促使马来亚华文教育蓬勃发展，马来亚华人社群因此获得了源源不断的中华文化养分输入，建立起了在中国以外另一个中华文化与华文教育的堡垒。1921 年，在海峡殖民地与马来属邦，只有华校 252 所，教师 589 人，但是到了 1938 年，华校已经发展至 1015 所，学生 91534 人，教师 3985 人。⑤

华文教育的发展需要文化人，也不能少了华人乡团会馆在人力、物力、财力上的资助和贡献。早期华文教育的发端始于各方言会馆所开办的私塾。随后发展的新式教育，同样有赖于会馆理事们的号召、响应与支持。马来西亚华人的结社活动经历数百年，源自中国各省人士在异乡设会馆接济和照顾同乡的传统。随着移居马来半岛的华侨社会逐渐成形，华人也将原乡的生活习俗与结社模式带过来，组成各类包括神祇崇拜、地缘、

---

① Tan Liok Ee, "Chinese School in Malaysia: A Case of Cultural Resilience", in Lee Kam Heng and Tan Chee Beng (eds.), *The Chinese in Malaysia*, Kuala Lumpur: Oxford University Press, 2004, p. 230.

② 鲁虎：《新马华人的中国观之研究（1949—1965）》，新跃大学新跃中华学术中心 2014 年版，第 37 页。

③ 何国忠：《马来西亚华人：身份认同、文化与族群政治》，华社研究中心 2002 年版，第 13—20 页。

④ 何国忠：《马来西亚华人：身份认同、文化与族群政治》，华社研究中心 2002 年版，第 20—21 页。

⑤ 陈绿漪：《大马半岛华文教育的发展》，林水檺、骆静山编《马来西亚华人史》，马来西亚留台校友会联合总会 1984 年版，第 308 页。

血缘、业缘等互助性社会组织，以取得安身立命的契机。①

　　寺庙和义山是最早出现的社会组织。以成立于 1673 年的马六甲青云亭为例，青云亭是早期华人的重要祭祀场所，除了宗教信仰问题，也处理同乡或族群的丧葬事宜。② 青云亭也是当时华社的最高领导机关，有华人社会的辖制权，但没司法权。为了避免其令出不行，青云亭惩罚条规异常严厉，不遵循仲裁者，重则革除"华人之籍"，生不得入亭祭拜，死不得安葬三宝山；轻则向佛祖请罪。③ 类似青云亭功能的组织，在槟城有广福宫、在新加坡则有天福宫。④ 随着华人人口大幅度增长及经济活动蓬勃发展，华人再通过庙宇、义山、公司⑤发展出各种类别和属性的乡团会馆。⑥

　　在弘扬中华文化与政治意识方面，华人社团通过华文教育，也通过华文报刊。华文报刊的创办在中华文化与华文文学⑦在马来西亚本土的推广与发展中扮演着重要角色。马来西亚第一份华文报是发刊于 1815 年 8 月 5 日的《察世俗每月统计传》。⑧ 此后，各类年刊、季刊、月刊、半月刊、旬刊、周刊、日刊等此起彼伏，从 1815 年至 1957 年总共有多达 209 种华文报刊相继出现。⑨ 早期马来亚华文报刊的发行在当时除了因应本地华社需求外，也与发生在中国的革命运动息息相关，采编人员以中国南来的文化人与革命家为主。例如，1910 年创刊的槟城百年老报《光华日报》，为

---

　　① 刘崇汉：《马来西亚华人社团》，马来西亚嘉应属会联合会 2016 年版，第 76 页。
　　② 刘崇汉：《马来西亚华人社团》，马来西亚嘉应属会联合会 2016 年版，第 76—77 页。
　　③ 郑良树：《马来西亚华社文史论集》，南方学院 1999 年版，第 6—7 页。
　　④ 刘崇汉：《独立前华人乡团组织》，林水檺、何启良、何国忠、赖观福主编《马来西亚华人史新编》第三册，马来西亚中华大会堂总会 1998 年版，第 352 页。
　　⑤ 公司在此意指华人血缘组织，以及私会党，而非指现代意义的营利性机构。将私会党称为公司，源于英殖民政府在其社团注册法令中将华人的血缘组织归类为"公司"（Kongsi），而当时私会党往往与个别方言群体结合，再以公司形式出现。（引自刘崇汉《马来西亚华人社团》，马来西亚嘉应属会联合会 2016 年版，第 77 页。）早期马来半岛私会党义兴与海山，即分别称为义兴公司与海山公司。至今，私会党在马来语中被称为"Kongsi Gelap"。
　　⑥ 刘崇汉：《马来西亚华人社团》，马来西亚嘉应属会联合会 2016 年版，第 79 页。
　　⑦ 在马来亚独立前后，新马 10 份主要华文报刊中，就有 9 份辟有文艺副刊，对鼓励新马的文学创作风气影响巨大。（转引自陈鹏翔《独立后华文文学》，林水檺、何启良、何国忠、赖观福主编《马来西亚华人史新编》第三册，马来西亚中华大会堂总会 1998 年版，第 270 页。）
　　⑧ 王慷鼎：《独立前华文报刊》，林水檺、何启良、何国忠、赖观福主编《马来西亚华人史新编》第三册，马来西亚中华大会堂总会 1998 年版，第 88 页。
　　⑨ 王慷鼎：《独立前华文报刊》，林水檺、何启良、何国忠、赖观福主编《马来西亚华人史新编》第三册，马来西亚中华大会堂总会 1998 年版，第 88—91 页。

支持孙中山革命运动的马来亚华侨出资创办，主持笔政的就包括黄克强、胡汉民、雷铁崖、方南岗等同盟会革命党人；① 而华侨首领陈嘉庚在新加坡所创办的《南洋商报》和《南侨日报》，则先后延聘中共党员胡愈之为主编与社长。②

在中国革命家与文人的思想兴革与文化理论的影响下，马来半岛的中华文化建构通过华校、华团与华文报三者同时并进，形成了中国以外的另一个华人与本土习俗结合的独特文化体系。随着马来西亚独立，华人的国家认同从中国转移至本土，本地华文作家的书写创作也更加强调本土意识与本土文化元素，并形成了有别于中国以外的马来西亚华文文学创作。

第二节 1974年后的文化交流

作为英国前殖民地，马来亚自独立后延续英国政策，并未在中华人民共和国成立之初即与之建交。两国一直到1974年5月31日才正式建立外交关系，再次接续中马绵延千年的友好交流史。

据马华公会前署理会长、联盟政党前总秘书曾永森忆述，时任首相阿都拉萨在欲与中共政府建立邦交关系上面临两大难题，其一，与中国没有官方关系；其二，居住马来西亚30万非公民华裔在建交后的国籍问题。由于适逢中国在推广"乒乓外交"，阿都拉萨便欲通过民间交流方式试探中国政府的建交意愿。他以马来西亚奥林匹克理事会会长身份写了一封信函，托时任马来西亚乒乓总会会长的曾永森想办法将信交给中国时任总理周恩来，并获得中方的乐观回应。其间，两国的建交工作虽然一度因为马来西亚非公民华裔的国籍问题而出现拖延，但最终在双方相互尊重和理解的基础上扫清障碍，建立邦交。③

---

① 王慷鼎：《独立前华文报刊》，林水檺、何启良、何国忠、赖观福主编《马来西亚华人史新编》第三册，马来西亚中华大会堂总会1998年版，第102—103页；张少宽：《槟榔屿旧闻》，马来西亚嘉应属会联合会2016年版，第220—221页。

② 崔贵强：《新马华人国家认同的转向1945—1959》（修订卷），新加坡青年书局2007年版，第99页。

③ 《感慨马中建交过程不易，曾永森忆述来时路》，《星洲日报》2020年1月15日，https://www.sinchew.com.my/content/content_2201387.html。

一 民间文化交流

虽然马来西亚华人已经落地生根,但是对中国原乡依然存在着一衣带水的浓厚情感,密切关注原乡的情况变化。在20世纪和更早期,许多南来华工会将辛苦攒下的钱寄给家乡亲人,希望改善他们的生活条件;当中国面对日军侵略时,许多华人远赴中国参与抗战,新马华侨更是发动筹款救国;在发生唐山地震、汶川地震等天灾时,华社团也纷纷解囊捐助钱财物资。在物资丰裕的今日,华人社团除了持续扮演联系乡谊的互助性功能外,也肩负着民间交流、促进中马关系发展的重任。

建交于1974年的中马两国关系迟至20世纪90年代才突飞猛进,[1] 民间的自由往来与文化交流在1990年正式解禁。首个来自中国的文化交流活动,是中国中央民族艺术学院所呈现的"中国歌舞迎90"。活动由马来西亚华人文化协会主办,马来西亚文化艺术旅游部协办,于当年2月9日至23日在马来西亚各地巡回义演,并为在地各文化教育机构筹获了马币200万林吉特,打开了两国文化交流第一步。[2]

马来西亚华人文化协会(文协)成立于1977年4月19日,由马华公会时任总会长李三春(任期:1974—1983年)发起,在全马各州建有分会,以维护弘扬华人文化,促进族际亲善关系为目标。[3] 自马中开放民间自由互访以来,包括马来西亚中华大会堂总会、马来西亚中华总商会、马来西亚华校董事联合会总会、马来西亚华校教师会总会、马来西亚华校校友会联合会总会、马来西亚华人文化协会、马来西亚七大乡团协调委员会、马来西亚华人姓氏总会联合会及其他全国、州、县级的逾万个乡团、会馆皆积极与中国各相关对口单位建立联系,每年所举办的各类涵盖文化交流在内的活动以数百项计。

以文协为例,40余年来该组织就与包括中国文学艺术界联合会、中国作家协会、中国美术家协会、中国海外交流协会、中国全国归国华侨联

---

[1] 饶兆斌:《经济高于地缘政治:马来西亚对21世纪海上丝绸之路的观点》,《南洋问题研究》2016年第4期。

[2] 陈公仲:《兄弟的情谊,友谊的见证:马来西亚华人文化协会与中国的文化交流纪实》,戴小华编《文协四十年:文化的弘扬与创新》,马来西亚华人文化协会2013年版,第541页。

[3] 戴小华编:《文协四十年:文化的弘扬与创新》,马来西亚华人文化协会2013年版,第2页。

第三章　厚积薄发：中马文化交流与"一带一路"倡议　549

合会、中国国家语言文字工委会、世界华文文学联合会、中国文物交流中心、中国画研究院、厦门华侨博物院、徐悲鸿纪念馆、中央电视台、中国歌剧院、中国中央歌舞团、中央音乐学院、中央民族音乐学院、中央民族歌舞团、上海音乐学院、深圳音乐家协会，以及各省、市文化单位相互访问，并建立起了密切的合作关系。

历年来，文协所主办的马中文化交流活动不下百项，内容可分为书法绘画、音乐歌舞、文学艺术等类。书画家如汪晓灵、谭昌镕、杨守年、王西京、任道斌、沈浩书、黄永玉、周玉莹、王庆武、凌征伟、周瑀等；音乐舞蹈家如王安伦、陈婷、钱舟、陈钢、秦怡等；相声大师如马季、姜昆、赵炎、王景愚、赵世忠、王金宝等；作家如莫言、王安忆、白先勇、焦桐、杨际岚、航鹰等，皆先后莅马参与各类文艺节目。

除了文协，文化艺术团体方面，如马来西亚华文作家协会、马来西亚书艺协会、马来西亚美术家协会等，在推广马中文化艺术交流活动上也不遗余力。各团体之间保持着友好互动关系，除了分别主办不同类型的文艺活动，也时常联手推动马中文化艺术交流，为马中关系做出积极贡献。

2011年6月10日，以促进马中文化艺术交流与建设为目标的民间组织，马中文化艺术协会正式宣布成立，首任会长为陈凯希。陈氏也是马中友好协会[1]主要创始成员，一生都在为建设马中友好关系而努力。马中文化协会期许能够为马中文化艺术工作者与推动者创造并提供实践平台，通过马中文化艺术交流，注入艺术创作灵感，以丰富两国文化艺术内涵。[2] 2015年11月6日，古润金[3]接过棒子，出任会长。

马中文化艺术协会过去逾10年来，举办、联办了许多大型文化艺术

---

[1]　成立于1992年12月4日的马中友好协会是马来西亚民间重要的对中友好团体，致力于促进马中两国人民之间的相互了解和提升友好关系。首任会长为马来西亚国家文学奖得主、已故拿督乌斯曼阿旺博士。次任会长是马来西亚前劳工党领袖拉惹古玛医生。现任会长是马来西亚前驻中国大使，拿督马吉德。历年来，该会推动并配合各民间组织积极推广社会、文化、教育、青年和体育活动及两国民间往来，获得两国政府肯定。（资料参考《协会简介》，马中友好协会，http：//ppmc.com.my/? page_ id = 128。）

[2]　《马中文化艺术协会成立及第一届理事宣誓就职仪式》，马中文化艺术协会，2011年6月10日，http：//pkkmc.blogspot.com/2011/06/inauguration-and-swearing-in-ceremony.html。

[3]　古润金是中国完美有限公司董事长。曾担任马来西亚华人大会堂总会总财政。截至2020年，其所担任重要社团职务有，马来西亚广东会馆联合会总会长、马来西亚一中和平统一促进会会长。

交流活动，主要包括了"马中文化辉映之夜"、"2011 年沙沙兰国际艺术节"、"2012 年中国民族民间舞考级少儿优秀节目展演暨马中国际少儿民间舞蹈交流邀请赛"、中国广州杂技团《西游记》、"百年回眸·风华策动：国际妇女节百年庆典盛宴及马中亚太区女性经济高峰论坛"、广西大型歌舞剧《刘三姐》巡回演出、"2016 时间的船：马中文化交流艺术盛典"、大型交响组歌《孙中山》、2013—2016 年水立方杯全球青少年中文歌曲大赛马来西亚赛区决赛、中国厦门大学交响乐团合唱团《黄河大合唱》、2017 年马来西亚艺术博览会、"笑盈人间"国际相声大会演巡回演出、大型原创粤剧《南国菩提》、孙中山 150 周年诞辰纪念活动、"丝路花语·马来西亚—中国'一带一路'艺术巡回展"、"中华武术—蕴含东方智慧的身体文化讲座"、2016—2018 年"文化中国·四海同春"马中文化交流会演、"马中建交 44 周年：共建美好未来"大型图片展等节目，活动涵盖了音乐歌舞、文艺创作与学术研究。[①]

除了推动文化交流，马来西亚华团也在学术交流方面做出贡献。以马来西亚海南会馆联合会总会举例，该会与中国海南热带海洋学院合作，于 2018 年 7 月 28 日由海南籍时任马华公会副总会长何国忠主持揭牌仪式，成立"海南—马来西亚教育基地"。

基地的成立主要是为了配合海南热带海洋学院马来西亚研究中心的调研工作。研究中心希望"海南—马来西亚教育基地"能够成为中国与马来西亚交流的桥梁，加强海南热带海洋学院与马来西亚各单位的文化交流及科研创新合作，并派出留学生和交换生到马来西亚学习，以及教师访学，招聘马来西亚研究学者和招收马来西亚来华留学生，以传播中华文化。何国忠对"海南—马来西亚教育基地"的成立意义抱持正面评价，他认为马中交往不仅是经贸，马中文化与教育方面的交流应更受关注，并建议该中心调研团对当地风俗、人文多加研究。[②]

[①] 整理自 2017—2019 年《马中文化艺术协会活动报告》、马中文化艺术协会网站资料，http://pkkmc.blogspot.com/。

[②] 整理自《教育部批准我校成立海南热带海洋学院马来西亚研究中心》，海南热带海洋学院，2017 年 8 月 3 日，http://news.hntou.edu.cn/xyxw/201708/t20170808_11133.html；《我校马来西亚研究中心学术调研团访问马来西亚》，http://news.hntou.edu.cn/xyxw/201808/t20180816_12993.html；《海南海洋学院与海南联合设立海南大马教育基地揭牌》，《星洲日报》2018 年 8 月 1 日，https://www.sinchew.com.my/content/2018-08/01/content_1779860.html。

调研团队在马来西亚海南会馆联合会的协调下，对吉隆坡、马六甲、邦咯岛、江沙、槟城、古晋、美里的风土人情进行考察，并参访了华社研究中心、哈书章纪念馆、马来西亚国家博物馆、马来西亚华人博物馆、陈嘉庚纪念馆、马来亚大学、世纪大学、马六甲郑和纪念馆、《南洋商报》、《星洲日报》、《光华日报》、玲珑考古博物馆、南侨机工纪念碑、孙中山纪念馆、各地的海南会馆和天后宫等机构。①

二　中华文化创新：高桩舞狮与二十四节令鼓

本土华人虽然在文化交流上持续受到中国的影响，但是也有将源自中华文化进行本土创新后，再"反哺"大陆的例子。其中，高桩舞狮与二十四节令鼓就值得一述。舞狮与击鼓传统源自中国原乡节庆习俗，随着华人南来，不但在这里传播开来，而且进一步演化创新，转而对中国的舞狮与击鼓文化带来新激荡。作为本土华人的文化象征，高桩舞狮与二十四节令鼓分别于2007年和2009年被马来西亚文化部列为《马来西亚非物质文化遗产》，② 从民间文化活动跃升成为国宝级表演艺术。

高桩舞狮表演源自马来西亚麻坡关圣宫的极力推广与发扬。其与传统舞狮最大区别在于，传统舞狮的表演主要在平地，虽然借助椅子、板凳等小道具，但是在狮艺动作上极少能震撼人心。高桩舞狮的表演则主要在一个个高低不等的站桩上，在鼓乐配合下，通过步型步伐在站桩上腾挪跳跃，再辅以狮子眼睛、耳朵、嘴巴、四肢等动作，传达狮子情绪，将狮子威猛形态演绎出来。其间，舞狮者的惊险表演，常常让观众倒吸一口凉气。③

---

① 《我校马来西亚研究中心学术调研团访问马来西亚》，海南热带海洋学院，2018年8月16日，http://www.hntou.edu.cn/xwzx/xxyw/201906/t20190603_17360.html。

② 整理自《麻关圣宫呈资料，为高桩舞狮申遗》，《东方日报》2018年3月13日，https://www.orientaldaily.com.my/news/central/2018/03/13/235122；《廿四节令鼓跨族联系，马中或携手扩充申遗》，《中国报》2018年9月12日，http://johor.chinapress.com.my/20180912/%E5%BB%BF%E5%9B%9B%E7%AF%80%E4%BB%A4%E9%BC%93%E8%B7%A8%E6%97%8F%E9%80%A3%E7%B9%AB-%E9%A6%AC%E4%B8%AD%E6%88%96%E6%94%9C%E6%89%8B%E6%93%B4%E5%85%85%E7%94%B3%E9%81%BA/。

③ 《国家遗产：高桩舞狮》，2020年3月22日，ASTRO AEC，http://www.findglocal.com/MY/Muar/128850880528295/%E9%97%9C%E8%81%81%96%E6%96%87%E5%8C%96%E5%AE%AE-Kun-Seng-Keng/videos/940331579714335。

改良与推动高桩舞狮狮艺的萧斐弘,是麻坡关圣宫龙狮团的总教练。他对狮艺的推动获得了马来西亚政府认同,马来西亚政府分别于 2011 年及 2012 年颁发"艺术工匠奖"及"国家手工艺大师"证书以表扬他的贡献。[①] 据他所言,早在 20 世纪 90 年代初,马来西亚已经有人在站桩上表演舞狮,但多数是在 1 米高的短木桩上,也有在高达 6、7 米木桩上表演。由于太高,不但威胁舞狮者的安全,也让观赏者感到不便。因此,关圣宫便将站桩高度设在最低 1 米,最高不超过 3 米之间。1992 年,萧斐弘带队到中国香港参加首届国际狮艺邀请赛,并夺得冠军,其狮队的精湛表演获得了中国香港观众与同道们的好评。

为了团结世界各地狮团,也为了推广高桩舞狮项目,萧斐弘在某次与中国香港同道的聚会中倡议成立国际龙狮运动联合会(原称国际龙狮总会),联合会于 1995 年成立,后将总部常设于北京。联合会随后为高桩舞狮制定赛制,统一高桩规格,推广狮艺。[②] 在短短 20 多年间,高桩舞狮在国际龙狮运动联合会的支持与推动下,已经成为世界舞狮的盛大赛事,也让世人得以一窥这项源自中国,经马来西亚革新,在世界发扬光大的狮艺。

舞狮在马来西亚的发展有一段曲折故事。萧斐弘指出,华人在马来西亚的舞狮活动于 1969 年 5 月 13 日发生严重的种族流血冲突事件后,被禁止举行。1974 年,中马恢复邦交,中国在迎接时任马来西亚首相阿都拉萨时,安排了舞狮表演。阿都拉萨对舞狮演出表示了兴趣,在获知本国曾经有舞狮表演但被禁后,即指示让舞狮活动解禁,[③] 而雪隆龙狮联合总会也在同年成立。即便如此,舞狮活动依旧面对来自执法当局的各种为难,主要原因为舞狮非马来西亚文化,无法表现本土精神。这场涉及限制华社发扬各方面传统文化的危机延续了 20 世纪整个 70、80 年代,一直到 90 年代初才获得全面解放,据当时马来西亚龙狮总会报告,

---

[①] 《"狮王之王"名声响彻国际,萧斐弘大马狮艺推手》,《南洋商报》,https://www.enanyang.my/%E8%B4%A2%E7%BB%8F/%E2%80%9C%E7%8B%AE%E7%8E%8B%E4%B9%8B%E7%8E%8B%E2%80%9D%E5%90%8D%E5%A3%B0%E5%93%8D%E5%BD%BB%E5%9B%BD%E9%99%85-%E8%90%A7%E6%96%90%E5%BC%98%E5%A4%A7%E9%A9%AC%E7%8B%AE%E8%89%BA%E6%8E%A8%E6%89%8B。

[②] 《国家遗产:高桩舞狮》,2020 年 3 月 22 日,ASTRO AEC。

[③] 《国家遗产:高桩舞狮》,2020 年 3 月 22 日,ASTRO AEC。

第三章　厚积薄发：中马文化交流与"一带一路"倡议

1990年全马共有3000个狮团。①

过去20多年来，华人政党、学校、乡团、神庙皆纷纷成立狮队，除了华人子弟，许多印度、马来青年也开始舞起狮头。马来西亚本国的舞狮赛事在20世纪70年代从每年不过十场，发展到今日的上百场，足见舞狮运动在国内的全民化发展。舞狮运动也从民俗活动转变为国际竞技赛事。以高桩舞狮发源地，麻坡关圣宫龙狮团为例，该团在1988年创立时，只有一群业余的舞狮爱好者，今日则已经成为世界高桩舞狮的标杆，截至2018年底，共夺得了82项马来西亚全国冠军与74项世界冠军，并创设了国际关圣宫同盟总会，在全球19个国家，包括中国、美国、加拿大、德国、澳洲及东南亚各地拥有80多个会员团体。②

与高桩舞狮并列国宝级非物质文化遗产的二十四节令鼓，是另一则马来西亚华社文化"传灯"③的故事。1988年，陈徽崇与陈再藩在柔佛新山宽柔中学创立了第一支二十四节令鼓队，并在第六届"全国华团文化节"演出，此后成为历届文化节的重点表演项目。④

二十四节令鼓的诞生是先有"舞"而后有"鼓"。据陈再藩指出，1988年4月，新山中华公会正筹办"第9届全国舞蹈节"，陈徽崇提议以

---

① 何国忠：《马来西亚华人：身份认同、文化与族群政治》，华社研究中心2002年版，第110—113页。
② 整理自《国家遗产：高桩舞狮》，2020年3月22日，ASTRO AEC；陈玉雯：《国家掣肘，突围自强：狮艺运动狭缝中成长》（上），当代评论，http：//contemporary-review.com.my/2017/11/11/11/；《麻坡关圣宫，马来西亚小城走出的世界龙狮王》，2018年9月20日，HUAPLUS Muar，https：//www.youtube.com/watch?v=jR9atli15lw；《国际高桩舞狮赛，麻坡关圣宫夺冠》，2018年12月28日，中国报，http：//johor.chinapress.com.my/20181228/%E5%9B%BD%E9%99%85%E9%AB%98%E6%A1%A9%E8%88%88%E7%8B%AE%E8%B5%9B-%E9%BA%BB%E5%9D%A1%E5%85%B3%E5%9C%A3%E5%AE%AB%E5%A4%BA%E5%86%A0/。
③ 在20世纪70、80年代，由于马来西亚政府强硬推行《国家文化政策》，华人传统文化不属于马来西亚文化范畴而面临诸多为难与阻挠。中华文化出现传承危机，激发了当时华人社会群起捍卫与保护文化传承的行动。柔佛新山陈徽崇与陈再藩在1986年举办的《牵着孩子的小手过节》中秋晚会上，将新加坡人作曲的《传灯》引入，《传灯》却意外地成为马来西亚华人传承文化的象征。此后，《传灯》之歌唱响马来西亚东西南北，每每聚会或活动上，众人口唱《传灯》，人手一蜡烛，一人接一人，一根接一根地将手中蜡烛点燃，以示不忘文化传承，与会者经常泪流满面。
④ 郑诗傧：《扎根本土，面向世界：论马来西亚二十四节令鼓对传统鼓乐的继承、创新与全球传播》，《华侨华人文献学刊》第四辑，2017年。

"九舞"作为舞蹈节主题,原因为"'九舞'是今人在南洋回应荆楚古人的'九歌',千年的歌老而未老,九岁的舞幼而不稚。"在众人同意后,陈再藩再为大会写了"启舞"一词,陈徽崇谱曲。词曰"敦煌舞姿古典千年,鼓乐不息千年,葱葱赤道,舞者情怀的你啊,抖落一身沙尘,翩翩抚身起舞,某年某月,我们已经习惯过节"。斯时,陈再藩有了"敦煌舞姿是画,鼓乐不息是乐,某年某月是节"的灵感,遂在"九舞"开幕礼上,再安排了一场"九鼓擂鸣"的鼓乐演出。演出非常成功,陈再藩"九鼓擂鸣的脉搏不息",此时刚巧读到台湾诗人《四季》诗集所收录的二十四节气诗,而与陈徽崇产生了创办"二十四节令鼓"的念头。两人最终获得新山中华公会与五帮①支持,各献四鼓,而有二十四节令鼓的横空出世。②

传统鼓乐与节庆相关,单面鼓在仪式上表现力单薄,而24名鼓手同时击鼓则创造了鼓声齐鸣,撼动人心的表演艺术效果。二十四节令鼓采用的是南方狮鼓,种类为"金声鼓",也称"金声造",水牛皮鼓面,鼓直径一般为1.8尺。二十四节令鼓的敲击方式源于传统中华鼓乐敲击法,通过节奏、音调、强弱来表现各种意境,但是进一步将鼓乐发展到"鼓舞",即二十四节令鼓除了讲究鼓声,还讲究舞台演出和视觉效果,不仅要观众听,还要他们看,让观众有耳目一新之感。表演形式上,二十四面鼓象征中国农耕文化中的二十四个节气。二十四节气反映季节变化,二十四节令鼓也因而需要随着故事演绎的需要而改变阵型,构成天人合一概念。鼓手击鼓时的动作与农耕相关,如插秧、秋分、雨水、收割、欢庆、东南西北转、跳步、摘星等。③

二十四节令鼓始于新山宽柔中学学生鼓队,随后被推广到马来西亚全国各地中、小学以及大专院校。对于节令鼓受到年轻人的喜欢,陈再藩认为在于其表演形式。只有二十多年历史的节令鼓不同于中国传统鼓艺,由

---

① 新山中华公会是新山华人社会的最高组织。五帮则为当地主要的五个地缘会馆,分别是,柔佛潮州八邑会馆、新山福建会馆、新山客家公会、新山广肇会馆、新山海南会馆。
② 陈再藩:《再翻红尘:再说《九舞》,22 年前的那一场"鼓"事》,陈再藩的个人空间,2010 年 8 月 31 日,http://www.foonyew.org.my/x/home.php?mod=space&uid=44&do=blog&id=2334。
③ 郑诗傧:《扎根本土,面向世界:论马来西亚二十四节令鼓对传统鼓乐的继承、创新与全球传播》,《华侨华人文献学刊》第四辑,2017 年。

于没有传统，没有鼓谱，因此可以有颠覆性创作，所有表演形式、变化都需要鼓手们去摸索，每个作品的诞生都是年轻人集体创造的心血，只要观众可以接受。他认为这种经验是奇特的，让年轻人一辈子都不会忘记在舞台上，在隆隆鼓声下，结合了鼓与舞的震撼。这是二十四节令鼓能够做到"新山原创，全国雷动，海外传扬"的原因。①

可以有颠覆性创作不表示二十四节令鼓就没有标准，马来西亚中华大会堂总会二十四节令鼓推动组就于 2015 年 6 月 24 日成立了马来西亚二十四节令鼓协会，以推动节令鼓的发展与传承。该会这些年来到各地巡回演讲以推广二十四节令鼓运动，除了协助地方社团成立鼓队，也培养鼓队教练、赛会裁判，并举办国内与国际赛事。②

大量的国内外演出、媒体宣传，以及年轻鼓手到国外留学，让世界认识了二十四节令鼓，也让二十四节令鼓迅速传播到全球各地。其中就包括了新加坡、泰国、印尼、文莱、柬埔寨、美国、英国、加拿大、澳大利亚、中国等。二十四节令鼓曾经在 2010 年美国俄克拉荷马州福特中心球馆 NBA 赛事、2012 年伦敦奥运会利物浦迎接奥运火炬时参与演出，获得瞩目。③

在中国方面，泉州华侨大学于 1997 年成立了第一支二十四节令鼓队，随后厦门华侨大学也成立鼓队。至今，泉州华侨大学毕业鼓手约 3000 人，当任鼓手 300 多人，是目前世界最大的节令鼓队。该鼓队曾经在 2008 年泉州市迎接奥运火炬时参与演出。继泉州之后，二十四节令鼓在中国发展迅速，其中重要进程包括：

一、2005 年节令鼓表演第一次进入国家庆典，在湖南炎帝陵祭祖大典上演出。二十四节令鼓与节气相关，节气是农耕社会重要的依据，而炎

---

① 整理自《〈三心二艺〉2020 年二十四节令鼓 32 周年庆线上直播讲座系列一：鼓舞神州》，《马来西亚二十四节令鼓协会》脸书直播，2020 年 6 月 18 日，https：//www.facebook.com/24festivedrumsmalaysia/videos/970652680048115/；郑诗傧：《扎根本土，面向世界：论马来西亚二十四节令鼓对传统鼓乐的继承、创新与全球传播》，《华侨华人文献学刊》第四辑，2017 年。

② 整理自《马来西亚二十四节令鼓协会》脸书资讯，https：//www.facebook.com/24festivedrumsmalaysia/。

③ 整理自《〈三心二艺〉2020 年二十四节令鼓 32 周年庆线上直播讲座系列一：鼓舞神州》，《马来西亚二十四节令鼓协会》脸书直播，2020 年 6 月 18 日，https：//www.facebook.com/24festivedrumsmalaysia/videos/970652680048115/。

帝神农氏是农耕始祖，因而显得意义非凡。

二、2008 年新山宽柔中学鼓队举行《戊子神州行》，在泉州、潮州、北京进行访问演出。其间，在泉州与华侨大学鼓队结为兄弟队、在潮州获得回响，潮州广播电视台因此成立了一支二十四节令鼓队、在北京钟鼓楼的演出获得好评。

三、2011 年，节令鼓队到南方狮鼓原乡广州的"中华文化传承基地"禅武中心演出，并促成禅武中心于 2015 年成立广州首支节令鼓队。

四、2012 年，华侨大学鼓队到访新山参加第二届国际鼓节，完成马中节令鼓队自 2008 年结为兄弟队后的首轮双向互访。

五、2016 年二十四节气世界入遗，2017 年中国廿四节气研究中心成立，潮州二十四节令鼓队到北京演出。

六、2013 年，潮州民间社团潮响鼓社成立，在节令鼓表演中融入潮州大锣鼓元素，让节令鼓展现出了不一样风貌。随后，该社再在幼儿园、小学、中学、政府部门推动成立了二十几支鼓队。2018 年，潮响鼓社在潮州市潮州大剧院首办《宋凤潮响二十四节令鼓艺术节：鼓立府城，声传四海》，包括马来西亚共有二十多支队伍参与公演。

截至 2020 年 6 月，中国国内已有五十几支节令鼓队，大学包括北京航空航天大学、清华大学、北京师范大学、汕头华南师范大学附属濠江实验学校等约有 10 支鼓队，主要以泉州、厦门，及潮州汕头为中心，形成两大聚落。[1]

三 东西文明交汇之地：马六甲与槟城乔治市

马来西亚是中国在东盟的最大贸易伙伴，中国自 2009 年以来也已成为马来西亚最大贸易伙伴，双边贸易在 2013 年突破 1000 亿美元。旅游业

---

[1] 整理自《〈三心二艺〉2020 年二十四节令鼓 32 周年庆线上直播讲座系列一：鼓舞神州》，《马来西亚二十四节令鼓协会》脸书直播，2020 年 6 月 18 日，https://www.facebook.com/24festivedrumsmalaysia/videos/970652680048115/；《广州成立首支二十四节令鼓队，传狮鼓原乡文化》，人民网，2015 年 6 月 12 日，http://culture.people.com.cn/n/2015/0612/c172318-27147509.html；郑诗傧：《扎根本土，面向世界：论马来西亚二十四节令鼓对传统鼓乐的继承、创新与全球传播》，《华侨华人文献学刊》第四辑，2017 年。

第三章　厚积薄发：中马文化交流与"一带一路"倡议　　557

是马来西亚的主要产业之一。它在 2018 年直接贡献国内生产总值的 6.5%，①预计每年将以 5.2% 的速度持续增长。②中国游客在马来西亚的入境人次数增长，从 2007 年的 789783 人次，③增至 2019 年的 3114257 人次，④在 12 年间共增长了 294%。在非东盟国家中，中国游客到马来西亚的人次比率则从 2007 年的 14.61%，⑤增至 2019 年的 37.88%。⑥在 2018 年，马来西亚从中国游客获得的旅游总收益高达 123.05 亿马币（折合约 203.78 亿元人民币），比位列第二高的国家，即印度还高出 4.4 倍。⑦ 2019 年上半年，来自中国的游客人次数占所有外国游客人次数的 11.93%，⑧增长了 5.78%，成为非东盟国家当中最高的国家。另外，到中国观光的马来西亚游客也从 2007 年的 1061965 人次增至 2018 年的 129744 人次，⑨增长率为 21.5%。

马来西亚是中国以外，中华文化与中文教育保存最好的地方。中国游客喜欢前往马来西亚，在马来西亚旅游感觉舒适，除了马中的历史文化交流因素外，庞大的华裔人口和华语圈子、熟悉的饮食口味与相近的生活作息、友

---

① Dato' Sri Dr. Mohd Uzir Mahidin, *Tourism Satellite Account 2018*, 27 September 2019, Department of Statistics Malaysia, https：//www.dosm.gov.my/v1/index.php? r = column/cthemeByCat&cat = 111&bul_ id = Wk1KWlpxZTRDWnVhVWNMV21ZVVY3Zz09&menu_ id = TE5CRUZCblh4 ZTZMODZIbmk2aWRRQT09/.

② Rochelle Turner, *Travel & Tourism: Economic Impact 2017 Malaysia*: World Travel & Tourism Council, 2017.

③ Selected Markets, *Malaysia Tourists Profile 2007*, Ministry of Tourism, Arts and Culture Malaysia, 2007.

④ "Tourism Malaysia with the Cooperation of Immigration Department", *Arrivals by Country*: *My Tourism Data*, http：//mytourismdata.tourism.gov.my/? page_ id = 232#! range = year&from = 2007&to = 2019&type = 55876201563fe，558762c48155c&destination = 34MY&origin = 32CN.

⑤ Selected Markets, *Malaysia Tourists Profile 2007*: Ministry of Tourism, Arts and Culture Malaysia, 2007.

⑥ "Tourism Malaysia with the Cooperation of Immigration Department", *Arrivals by Country*: *My Tourism Data*, http：//mytourismdata.tourism.gov.my/? page_ id = 232#! range = year&from = 2007&to = 2019&type = 55876201563fe，558762c48155c&destination = 34MY&origin = 32CN.

⑦ Departing Visitor Survey, Tourism Malaysia, *Total Arrival Expenditure by Country of Nationality*: Portal Data Terbuka Malaysia, http：//www.data.gov.my/data/ms_ MY/dataset/total-arrival-expenditure-by-country-of-nationality.

⑧ "Tourism Malaysia with the Cooperation of Immigration Department", *Tourist Arrivals*: *My Tourism Data*, http：//mytourismdata.tourism.gov.my/? page_ id = 14 #! range = year&from = 2007&to = 2019&type = 55872e6e2bd39&destination = 34MY.

⑨ World Tourism Organization, *Data on Outbound Tourism*: UNWTO, Madrid, January 2020.

好亲善而丰富多彩的多元文化氛围等，都是吸引中国游客的重要因素。

在谈论马中关系时，15世纪初发端于马六甲的马六甲王朝与大明皇朝友好邦交常常被引为双边外交佳话，自然是中国游客的目光所在。而位居马来半岛北部的槟城乔治市，虽然迟至1786年才由大英帝国的莱特上尉开埠，但是作为英国的海峡殖民地，其优越的地理位置在18、19世纪同样吸引了许多南来中国人的注目，是除了新加坡、马六甲外，另一个华人集中居住的所在地，也是1911年4月27日（农历辛亥3月29日），孙中山发动辛亥广州起义的策源地。① 华人很早就在岛上讨生活，依据黄尧编著的《星马华人志》，在莱特抵达之前，岛上已有58个渔民居住，其中三人为张理、丘兆祥及马福春，三人死后化身为当地人膜拜的地方神祇"大伯公"，其庙曰"海珠屿大伯公庙"，今天依然屹立于槟城丹绒道光（Tanjong Tokong）。② 两座城市与中国的千丝万缕关系，在双双获得列入"世界文化遗产"后，更引来了中国民众的浓厚兴趣，成为旅游马来西亚的必然拜访之地。

两座文化古城，马六甲与乔治市，是在2008年7月8日被联合国教育、科学及文化组织宣布为世界文化遗产。③ 作为马六甲海峡北部与中部的两个重要港口城市，两座古城在连接东西方贸易的同时，其历史与文化发展也因为深受不同文明的影响，而呈现出多元文化特色。联合国教科文组织世界文化遗产审核报告如此叙述两座古城得以入选原因："地处马六甲海峡的两座古城，自今依然完整保存和呈现多元文化色彩。这种文化交融特色源自当时从大英帝国和欧洲横跨中东、印度次大陆和马来群岛到中国的东西贸易之路……是多元宗教与文化的和谐共生之地……糅杂了马来群岛、印度、中国与欧洲的文化元素，产生出独特的建筑、文化与城市风貌。"④

---

① 张少宽：《槟榔屿华人史话》，燧人氏事业有限公司2002年版，第223页。
② 谢诗坚：《槟城华人两百年：写下海外华人历史第一页》，韩江学院韩江华人文化馆2012年版，第7页。
③ Twenty-seven New Sides Inscribed, 8 July 2008, UNESCO World Heritage Centre, http://whc.unesco.org/en/news/453/.
④ *Decision*: 32 *COM* 8B.25, *Examination of Nomination of Natural, Mixed and Cultural Proprerties to the World Heritage List - Melaka and George Town, Historic Cities of the Straits of Malacca* (*MALAYSIA*), UNESCO World Heritage Centre, http://whc.unesco.org/en/decisions/1486.

第三章　厚积薄发：中马文化交流与"一带一路"倡议

马六甲是中国游客前往马来西亚最喜欢的旅游目的地。根据 2018 年的调查数据显示，在马来西亚的中国游客中，有 87.2% 去过古城马六甲，而去过马来西亚首都吉隆坡和雪兰莪州的中国游客只有 58.1%。另外，位于马来半岛北部的槟城首府乔治市，也是中国游客最喜爱的旅游景点之一，在 2018 年共有 12.7% 的中国游客到槟城观光。

作为衔接东西方的贸易港口，马六甲自 1511 年起，先后经历了葡萄牙人、荷兰人与英国人的殖民统治。斯时，马六甲港口帆樯林立，古城内常年盘踞着各色族群商贩，可听到的各国语言达 84 种之多，[1] 杂汇交融出了马六甲独有的文化特色。其中闻名于世的有三座山丘，分别是圣保罗山、圣约翰山和三宝山。三座山丘呈三角鼎立相望，各相距一千米，是历代兵家战略要地。圣保罗山靠近马六甲河河口，历代殖民者皆于此处建立大本营。[2] 山顶是著名的圣保罗教堂废墟，山脚下则是荷兰广场与红屋，山脚另一边是古城门遗迹；圣约翰山曾建有葡萄牙人天主教堂，荷兰人在此建有小城堡；三宝山据说是郑和在马六甲的驻扎之地，明军在此建有官厂，是早期中国人的集居地。与葡萄牙人争夺马六甲的亚齐人曾经在三宝山建有城栅，荷兰人也曾经以此为据点以进攻葡萄牙人。[3] 三宝山占地约 25 公顷，拥有 12000 座墓，最早的古墓可追溯到 1622 年的明朝时期，可能是中国以外最古老的华人坟山。[4] 山脚下有座建于 1795 年的宝山亭（或称三宝庙），是为到三宝山扫墓祭祖的人士避雨与休憩之所，庙内有一口古井，井水清凉可口，传说为马六甲苏丹为明朝公主汉丽宝所挖掘，是游人必游之地。[5]

马六甲的多元文化环境产生出了许多特殊的混血族裔，如葡萄牙人与土著后裔，克里斯坦人（Kristang People）、印度人与土著后裔，仄迪人（Chitti）、华人与土著后裔，峇峇娘惹（Baba and Nyonya）等。这些跨族裔人种为马六甲创造出了丰富多彩的独特文化氛围。以聚集于荷兰街的峇

---

[1] 周伟民、唐玲玲：《中国和马来西亚文化交流史》，海南出版社 2004 年版，第 123 页。
[2] 15 世纪马六甲王朝建皇宫于此，16 世纪葡萄牙人、17 世纪荷兰人绕着圣保罗山建围城，随后到来的英国人的统治机关也都散布在山脚周围。（引自欧阳珊《古城遗书》，《星洲日报》2008 年版，第 26 页。）
[3] 欧阳珊：《古城遗书》，《星洲日报》2008 年版，第 22—23 页。
[4] 欧阳珊：《古城遗书》，《星洲日报》2008 年版，第 44 页。
[5] 欧阳珊：《古城遗书》，《星洲日报》2008 年版，第 43 页。

峇娘惹为例，该街以三"多"见称于马六甲老辈人口中，一、峇峇多；二、长长的古屋多；三、墙、门、窗上的字画多。①

荷兰街曾经是峇峇社群的聚居地，该区不少峇峇望族富可敌国，其中峇峇名人就包括了陈金声、曾佛霖、薛佛记、陈齐贤、陈祯禄等人。这些峇峇望族所居住的屋宅都有一个特色，即面窄体长，或前窄后宽，一般都长达百多至 200 尺，甚至 300 尺。这主要原因为荷兰人的产业税抽取是依据屋面的宽度计算，为了避免征收高额税金，人们唯有出此计策。②

荷兰街峇峇屋子的建筑设计分别糅合了荷兰、中国与马来式风格。以陈祯禄在该处 111 号房屋为例，或许能够让我们更好地认识与理解文化交融之美。

陈家宅院呈长方形状，面向大街的大门上挂着写有"同发"二字的牌匾，左右大门则在门身上写有"同德"与"发兴"金字。门口前悬挂着两盏各写着"陈宅"的长形灯笼，灯笼之间则悬挂着一盏圆球形天灯。宽 29 尺，长 197 尺的宅院共分为三个进落，以祭拜祖先的孝思堂作为分隔，孝思堂前的进落为公共空间，孝思堂后的进落为私用空间。③

进入屋子前厅，首先映入眼帘的是供奉在正中央神座的关羽画像，画像上挂着"义气"二字，左右各写有两副对联。关羽画像前还供奉了观音、弥勒佛、大伯公等神像。过了前厅后，第一进落里占据主要位置的就是孝思堂，堂上供奉陈家历代祖先，是陈氏家族履行孝道仪式，纪念先祖的地方。进入第二进落则是陈家日常生活起居之地。第三进落涵盖了炊事房与花园。宅院内每个进落的走道墙壁上和厅内都悬挂着各类庆贺牌匾、家族成员画像、照片以及东西方画作。④

陈家宅院依据华人风水格局布置，是典型的华人家居，但也受到马来与荷兰风格影响。马来风格主要表现在，该宅院在屋子正门内（或外）再装设两扇较低的副门（马来文为 Pintu Pagar，直译则为"篱笆"门），以作为通风和采光之用，这是仿照传统马来房屋的半截式门做法。而荷兰风格则主要表现在，一、门窗的手艺与装设；二、房屋正门窗户固定在八

---

① 欧阳珊：《古城遗书》，《星洲日报》2008 年版，第 50 页。
② 欧阳珊：《古城遗书》，《星洲日报》2008 年版，第 51 页。
③ 曾文辉、陈淑珠：《敦陈修信的祖居》，Zitan Sdn Bhd 2016 年版，第 29—34 页。
④ 曾文辉、陈淑珠：《敦陈修信的祖居》，Zitan Sdn Bhd 2016 年版，第 36—74 页。

第三章　厚积薄发：中马文化交流与"一带一路"倡议　　561

字形张开的装置；三、嵌入墙体的橱柜；四、用橙红色荷式砖块砌成的拱门；五、水井；六、设有烟囱的荷式面包烘炉。① 这种混搭式的建筑风格被描述为海峡折中主义（Straits Eclectic Style），"它是各种不同传统建筑学、建材和装饰跨文化的一种融合作用"。②

马六甲是峇峇社群的发源地，但也有些峇峇家族随后移居到南部的新加坡和北部的槟城。槟城的峇峇社群除了源自马六甲，也受到了来自印尼苏门答腊与泰国的土生华人文化影响，其方言以闽南方言为主并掺杂地方土语，形成了所谓的"槟城福建话"。③

18、19世纪的槟城华人社会，闽帮影响力甚大。其中又以来自漳州与泉州两地的商贾形成最大势力。作为漳泉集团主干的五大姓，邱、陈、杨、林、谢，几乎包办了闽帮的一切利益，掌握了商业团体、宗祠家庙、寺庙公冢等组织。④ 另外，庞大的华工人口在衣食住行、生活起居上所衍生出来的经济利益，也促使华人秘密会社与"公司"的出现，以在各行各业中谋取、掌控或垄断这些利益。

斯时，槟城的秘密会社主要有闽帮的"建德堂"，或以该会奉祀土地神"大伯公"而俗称"大伯公会"、⑤ 广东人主导的"义兴公司"，以及客家人主持的"海山公司"。这些秘密会社彼此在争夺行业垄断过程中，曾经发生过严重的流血冲突事件，其中于1867年8月1日至15日发生的"槟城大暴动"就牵涉了数万名各帮派华人会众，以及数千名红旗会与白旗会的印度人、马来人会党成员。⑥ 当英国人随后欲对滋事会党成员采取严厉惩罚与镇压行动时，却面临了极大困难。缘于当时居住于槟城的逾9万名华人几乎都是不同帮派的会众，最终殖民当局只能以罚款及驱逐两名

---

① 曾文辉、陈淑珠：《敦陈修信的祖居》，Zitan Sdn Bhd 2016年版，第102页。
② 曾文辉、陈淑珠：《敦陈修信的祖居》，Zitan Sdn Bhd 2016年版，第114页。
③ Tan Chee Beng, "Socio-cultural Diversities and Identities", in Lee Kam Heng & Tan Chee Beng (eds.), *The Chinese in Malaysia*, Kuala Lumpur: Oxford University Press, 2004, p. 50.
④ 张少宽：《槟榔屿华人史话》，燧人氏事业有限公司2002年版，第63页。
⑤ 张少宽：《槟榔屿华人史话》，燧人氏事业有限公司2002年版，第239页。
⑥ 张少宽：《槟榔屿华人史话》，燧人氏事业有限公司2002年版，第241—242页；张少宽：《槟榔屿旧闻》，马来西亚嘉应属会联合会2016年版，第92—93页；[英] 威尔弗雷德·布莱斯：《马来亚华人秘密会党史》，邱格屏译，中国社会科学出版社2019年版，第109—113页。

涉事会党头目草草了事。① 为了更好地处理不同籍贯、帮派华人之间各种各样的问题，最终闽帮与广帮在"广福宫"的基础上，② 于1881年再创设平章会馆，③ 以协调华社诸般事务。④

槟城是孙中山在南洋传播革命思想的重要基地，中国同盟会的南洋总机关部就设在此地。⑤ 孙中山于1905—1911年，先后5次到槟城，⑥ 辛亥广州起义就在这里筹谋。⑦ 这场发生于1911年4月27日（农历辛亥3月29日）的起义事件所牺牲的72名同盟会成员中，有7人是槟城人氏。⑧ 槟城人在孙中山先后所发动的十次革命中，共捐助了20万两银子，占了当时总筹款的三分之一，这些数字还不包括中华民国成立后的各种各样款项捐助⑨。孙中山在槟城期间，曾到许多地方演说并筹款。今天已经辟为"孙中山槟城基地纪念馆"的打铜街门牌120号"槟城阅书报社"就是孙中山当年重要的活动场所，也是其策划辛亥广州起义的策源地。另外，作为孙中山在槟城发表首场演说的中路门牌65号"小兰亭俱乐部"，是

---

① ［英］威尔弗雷德·布莱斯：《马来亚华人秘密会党史》，邱格屏译，中国社会科学出版社2019年版，第115—116页。
② 槟城广福宫由源自广东、福建两省华人共建于1800年，除了作为早期移民的精神寄托中心，亦负责协调华人各帮派利益和纠纷，早期颇见效率。唯自19世纪中期以后，由于受到方言群势力与结社发展制约，逐渐失去为华社内部排忧解难的作用。（参考自吴龙云《遭遇帮群：槟城华人社会的跨帮组织研究》，新加坡国立大学中文系与八方文化创作室2009年版，第22页。）
③ 平章会馆于1974年改名为槟州华人大会堂，截至2016年，槟州华人大会堂共有团体会员520单位，个人会员4万8千978名。（《槟州华人大会堂简介》，槟州华人大会堂，https://www.pcth.org.my/index.php/about/introduction。
④ 《创建平章公馆碑记》全文如下："天开海宇，地拓要荒，鬼神斧凿之奇，蜃气楼台之奇幻，忽忽如睹神州，而镜水屏山，蔚然列峙者，则槟屿也。山楼水阁，俨然都会也。黳维杭南引壮，航海梯山，尤为闽粤商贾窟宅，昔也膻风扑鼻，今也奇气荡胸；文物之邦，计日可睹，邹鲁之风，尚常戴励。故各府各县，创建会馆，无事则悬规植矩，有事则排难解纷，诚盛举也，而我两省之经始，尤当亟亟焉。英藩司牧，适莅兹土，本心向义，生性疏财，闻斯公举，怂恿勷成。遂于六达交衢观音亭侧，捐地一轴，俾建公馆相土既合阴阳，威仪蔼如松粟，入此室处，因以锡名，名曰平章，盖取诸典史，曰平章百姓，召同平章事。他如平则不鸣，章可明义；所愿一堂坐论，睢盱胥融，百代祥和，界疆勿限。从此衣冠蔚起，羽仪萃万国之休，弦诵兴歌，文教臻中朝之盛；固不特海外奇观，天南胜概也。为序。"（转引自吴龙云《遭遇帮群：槟城华人社会的跨帮组织研究》，新加坡国立大学中文系与八方文化创作室2009年版，第25页。）
⑤ 张少宽：《孙中山与庇能会议》，南洋田野研究室2004年版，第47—50页。
⑥ 张少宽：《孙中山与庇能会议》，南洋田野研究室2004年版，第12—15页。
⑦ 张少宽：《孙中山与庇能会议》，南洋田野研究室2004年版，第19—22页。
⑧ 张少宽：《孙中山与庇能会议》，南洋田野研究室2004年版，第22页。
⑨ 张少宽：《孙中山与庇能会议》，南洋田野研究室2004年版，第59页。

"槟城阅书报社"的创始地，今天已经改为"槟城阅书报社孙中山纪念馆"。

虽然曾经叱咤风云的历史人物俱往矣，但是先贤所遗留下来的公司、宗祠、家庙、会馆，如邱氏龙山堂、林氏九龙堂、谢氏宗德堂、杨氏植德堂、陈氏颍川堂、王氏太源堂、宝福社大伯公、伍氏家庙、梁氏家庙、韩江家庙（槟榔屿潮州会馆）、广福宫等，与散布在该区域的其他族裔建筑，如亚齐清真寺（Acheen Street Mosque）、甲必丹吉灵清真寺（Kapitan Keling Mosque）、圣乔治教堂（St. George Church）、斯里马哈马里安曼印度神殿（Sri Mahamariamman Temple）、康华利斯堡（Fort Cornwallis）等古迹，还有20世纪孙中山与同盟会诸人所流连的场所小兰亭俱乐部、槟城阅书报社等依然巍巍屹立在乔治市中心地带，供后人传说和凭吊。

第三节　马华公会与"一带一路"倡议

马华公会是马中文化交流的主要推手。自2013年"一带一路"倡议提出以来，更在政府内外积极响应和推动。时任马来西亚交通部长，也是马华公会总会长廖中莱于2015年博鳌亚洲论坛上发表演词时即指出：

> 马来西亚是中国通往东盟的门户与窗户……马来西亚政府开始栽培马来学生到中国学中文，他们将在未来到国小与国中执教华语……值得一提的是，马来西亚华人从小就学习中文，我们有全东南亚最健全的中文教育体系……马来西亚华人会说中文以及对中华文化的传承是一项优势，因为掌握三种语言的马来西亚华人，将是中国和马来西亚贸易往来的重要桥梁。①

2013年7月29日至8月3日，廖中莱率领马华中委会成员到中国进行考察，② 分别访问了中共中央组织部、中共中央对外联络部、中共中央

---

① "马来西亚交通部长廖中莱于博鳌论坛《一带一路：策略、宏愿与行动计划》演讲词"，2015年6月11日。
② 廖中莱时任马华公会署理总会长，其所领导的访问团成员包括魏家祥、何国忠、蔡智勇、尤绰韬。2013年12月21日，廖中莱当选马华公会第十任总会长。

宣传部、中共中央党史研究室、国务院国家互联网信息办公室等单位。① 访问团获得了中方的欢迎，双方对建立进一步党际合作关系达致共识。2014 年 7 月 18 日，两党正式在北京签署合作交流备忘录。② 2016 年 6 月 20 日，廖中莱在北京与中联部长宋涛会面，双方同意两党通过党际交流促进两国关系及务实合作，特别是"一带一路"框架下的合作，发挥更有力的作用。2017 年 5 月 12 日，双方将合作共识具体化，达致了涵盖教育、乡镇发展、智库研究以及文化合作领域的双边交流、对接、培训、资源与资料共享六项成果。以学术方面举例，通过双方智库进行全面交换资讯，为两国进行更多的思想和研究方面的交流；文化、教育方面，双方同意举办更多民间文化、教育团体的交流与对接。③

数年来，马华公会高层频密出席参与中方所举办的国际高端会议，如《亚洲政党丝绸之路专题会议》、《一带一路国际合作高峰论坛》、第一届《中国共产党与世界高层对话会》、《二十国集团民间社会会议》、《中国—东南亚民间高端对话会》等。在马来西亚，马华公会也同时在全国各地举办了多场大大小小与"一带一路"相关，涵盖政经文教各领域的活动。其中，在经济与商贸事务方面的活动包括，分别在马来西亚与中国举办的"一带一路：中马工商界对话"、签署《马来西亚华社一带一路宣言》、成立"马华一带一路中心"，并通过该中心巡回马来西亚各地，举办了逾百场"一带一路研讨会"、在马中"一带一路"合作扎下稳固根基后，马华公会于 2018 年 2 月 9 日推介"马华一带一路 2.0"，提出 5 大行动方略，希望通过结合政府与民间的资源，协助企业与民众把握"一带一路"各种项目的合作机遇。④

下面分别叙述马华公会与中国共产党在教育与学术交流方面的共同推动与合作。

---

① 《马华革新委员会工作报告》，党内部文件，马华公会，2013 年 12 月 1 日，第 25 页。
② 两党达成四项共识："一、密切党际高层交往，加强治党理政经验交流；二、加强各层次人员往来，交流政治理念和党建经验，增进对对方党和国家情况的全面了解，促进共同发展；三、展开干部考察培训合作，提高各自干部的能力素质；四、双方支持智库、媒体等组织开展友好交流，夯实中马友好的民意基础。"（《马华公会的变革与发展：2013—2018》，马华公会 2018 年版，第 37 页。）
③ 《马华公会的变革与发展：2013—2018》，马华公会 2018 年版，第 44 页。
④ 《马华一带一路 2.0》5 大行动方略是，一、企业转型与青年创业；二、中小企业走出去；三、贸易投资促进平台；四、"一带一路"政策沟通平台；五、教育与培训。（《马华公会的变革与发展：2013—2018》，马华公会 2018 年版，第 52 页）

一 马来西亚华文教育咨询委员会

华文教育是马来西亚华社最为关注的议题。为了结合华社力量，发展华文教育，马华公会于2014年1月成立了以时任署理总会长魏家祥[①]为首的马华教育咨询委员会。委员会成员涵盖华社主要教育团体，包括马来西亚中华大会堂总会、马来西亚华校董事联合会、马来西亚华校教师会总会、马来西亚全国校长职工会、马来西亚华文理事会、马来西亚国民型华文中学发展理事会、马来西亚国民型华文中学校长理事会、马来西亚中学华文教师联谊会及雪州国中华文教师联谊会。委员会随后于2016年改名为马来西亚华文教育咨询委员会，扩大阵容，加入砂拉越人联党、砂拉越民进党、马来西亚留台校友会联合总会以及马来西亚华校杏坛协会。[②]

借助马华公会与中国共产党双边党际合作，以及"一带一路"的民心相通共识，马来西亚华文教育咨询委员会通过中方相关单位安排了一批优秀的中国特级教师，如中国海洋大学儿童文学研究所所长朱自强教授、福建省教育学院校长陈曦、贵阳行知科技职业学校校长杨昌洪、深圳如意小学副校长胡红梅、南京市浦口区行知小学副校长余庭玲、福州乌山小学教导处主任黄如湜，以及来自各省、市特级教师，如，张学伟、韩兴娥、黄莺、张敏华、何捷、陈秀娟、陆虹、汤瑾、高子阳、钱峰、曹爱卫、石云、鱼利明、李祖文等，来到马来西亚与各地华文学校教师分享与交流教学技巧和心得。[③]

从2015年至2017年底，马来西亚华文教育委员会在全国各地举办，获得来自中国名师参与主持的教育活动包括，七场"着眼当下，面向未来——马来西亚小学华文教育展望研讨会"，三场"师之道"全国巡回讲座、七场《华小华文教学营》、两场"非华裔学生识字及听说教学课程"、两场"儿童阅读的七个追问"公开课、各一场"学生的未来，我的关心"辅导工作营、"中学阅读与写作教学营"、"柔佛州华小校长培训营"、"缺了一角"绘本公开课，"习作与绘本的美丽牵手"讲座，以及一场大型

[①] 魏家祥于2013年12月21日当选马华公会署理总会长，并于2018年11月4日更上层楼，当选马华公会第十一任总会长。2020年3月9日，魏家祥出任马来西亚政府内阁交通部部长。
[②] 《2016年马来西亚华文教育咨询委员会常年报告》。
[③] 整理自2015年至2018年《马来西亚华文教育咨询委员会常年报告》。

"课堂百家争鸣，教学百花齐放：马来西亚小学华文教学公开课"并通过 Facebook 进行网上直播，3 年间共培训了涵盖华文学校教师、学生与社会人士等逾 4 万人次。①

2017 年 12 月 29 日，魏家祥被授予天津大学名誉教授，并做客北洋大讲堂，以"一带一路倡议下，马中两国的机遇与挑战"做主题演讲。他在总结时指出：

> 马来西亚华人流传着两句经典民谣，"日久他乡即故乡，晨昏颂上祖宗香"，可以看出这里依然有非常兴旺的传统文化。马中两国关系正处于历史最好时期，在共建 21 世纪海上丝绸之路的大背景下，两国在政治、经贸、人文等领域的交流与合作都取得了一系列新的成果，已成为彼此可相互信赖的朋友和可靠的伙伴。老子《道德经》有云："既以为人，己愈有；既以与人，己愈多。"只要中国、马来西亚和东盟各国，都能抱着此精神深化了解，并在各个领域真诚合作、相互扶持，为共同的利益和繁荣一起努力，我相信，"一带一路"倡议必定能为马中两国继续深化各领域务实合作，更好地造福两国人民。②

二 马来西亚策略分析与政策研究所

在智库交流方面，时任马华公会副总会长兼马来西亚策略分析与政策研究所（策略研究所）主席何国忠积极与中方智库单位建立联系，并加入"一带一路国际智库合作联盟"。③ 中方与策略研究所合作单位包括了上海浦东干部学院（中浦院）、上海社会科学院（上海社科院），以及厦门大学南洋研究院。双边合作项目涵盖了干部培训、人员互访、学术交流合作及联办研讨会。

---

① 整理自 2015 年至 2018 年《马来西亚华文教育咨询委员会常年报告》。
② "马来西亚首相署部长魏家祥于天津大学北洋大讲堂《一带一路倡议下，马中两国的机遇与挑战》主题演讲词"，2017 年 12 月 29 日。
③ 何国忠：INSAP 加入一带一路国际智库合作联盟，智库角色更吃重，马华公会，2017 年 9 月 1 日，https://www.mca.org.my/1/Content/SinglePage?_param1 = 13-102017-153739-10-201713&_param2 = TS。

第三章　厚积薄发：中马文化交流与"一带一路"倡议　　567

2017年，策略研究所联合新山中华公会、新山中华总商会、新山五帮会馆（柔佛潮州八邑会馆、新山福建会馆、新山客家公会、新山广肇会馆、新山海南会馆）、南方大学学院和宽柔中学，创设了全国首个结合乡团、商业组织和学府的"新山一带一路中心"。"新山一带一路中心"希望借此提高与新加坡隔海相望的柔佛州首府——新山在国际社会上的能见度，并整合及有效地向外界传达各类与"一带一路"相关的资讯，推动新山成为首都吉隆坡以外，中马两国经济、旅游与文化交流的平台。①

在策略研究所推动的诸多项目中，有两项值得一述，分别是2016年"一带一路：中国与东盟关系国际学术研讨会"，以及"2017马中文化艺术年"。

（一）"一带一路"：中国与东盟关系国际学术研讨会

马来西亚策略分析与政策研究所与上海社会科学院于2016年4月9日在柔佛新山签署《学术交流协议》，双方同意在学术人员、学术资料、出版物、信息等项目上进行交流，并且同意每年轮流举办与中马关系或"一带一路"相关国际性学术研讨会，以推动两国关系与"一带一路"项目的合作发展。②

作为双方合作的首场大型活动，研究所与上海社科院在柔佛新山举办了"一带一路：中国与东盟关系国际学术研讨会"。这场高规格研讨会由时任柔佛州务大臣卡立诺丁主持开幕仪式，马来西亚内阁交通部长廖中莱发表主题演讲，研究所主席何国忠与上海社科院党委书记于信汇分别在开幕式上致词，马来西亚内阁首相署部长魏家祥主持闭幕仪式。

柔佛州务大臣卡立诺丁在致词时，表示欢迎"一带一路"为沿线国家在提升本国经济与基础设施建设上所带来的益处。但是在为经济贸易发展欢呼的同时，不能忽视倡议背后各国为此而产生的政治、文化与宗教信仰上的疑虑。他强调，"一带一路"倡议的本意是和平、合作、开放与包

---

① 《华社全马首创，新山一带一路中心运作》，《星洲日报》2017年11月27日，https://www.sinchew.com.my/content/content_1705329.html。
② 《上海社会科学院与马来西亚策略分析与政策研究所学术交流协议》，2016年4月9日。

容，因此维持国家之间的相互信任与尊重，共同推动区域的和平、安全与稳定将能确保"一带一路"倡议成功落实。①

参与研讨会的专家学者分别来自北京外国语大学、马来亚大学、马来西亚国民大学、马来西亚拉曼大学、马来西亚新纪元大学学院、马来西亚南方大学学院、上海社会科学院及马来西亚策略分析与政策研究所。研讨会吸引了500多名来自马新两国公众人士的参与。②

（二）2017年马中文化艺术节

2017年4月15日，马来西亚策略分析与政策研究所联同马来西亚华社文化艺术咨询委员会、华人文化协会、华文作家协会、书艺协会、美术家协会及龙华美术馆共同举办"一带一路：马中文化艺术年"，希望为两国的文化艺术搭建平台，加强双边合作，推动两国在经贸以外的文艺活动，促进"一带一路"非物资的文化交流。③

策略研究所主席何国忠指出，马中两国在推动"一带一路"建设上一直都保持着密切的经贸与政治合作关系，唯在艺术文化这一块却略显不足。因此，必须加强推动文化艺术领域，以便艺术工作者也能成为"一带一路"建设下重要的一分子，寻求将马中关系推向另一个高峰。④

文化年启动典礼由时任马华公会总会长，也是马来西亚政府内阁交通部长廖中莱，与时任中国驻马大使黄惠康联合主持。大会也获得了以中国教育部全国职业教育指导委员会副主任、华中师范大学教授刘延申为首，来自中国湖北、辽宁等省市政府共58名代表出席参与见证。

廖中莱致词时指出，马来西亚始终积极支持和参与中国提出的"一带一路"合作倡议。文化领域是"一带一路"框架下，马中双边交流与合作的重点领域。他以中国厦门大学在马华公会副总会长何国忠积极牵线下来马设立分校举例，强调这是马中学术教育合作在"一带一路"框架下

---

① Speech by YAB Menteri Besar Johor for the Official Opening of The International Conference on "The Belt and Road Initiative: The China-ASEAN Relations", 2016年4月9日。
② 《马华公会的变革与发展：2013—2018》，马华公会，第56页。
③ 《概念文件》，一带一路：马中文化艺术年，http://obor.mca.org.my/cn/Concept。
④ 《何国忠：马中"一带一路"艺术文化略显不足》，《东方日报》2017年3月24日，https://www.orientaldaily.com.my/news/nation/2017/03/24/189865。

第三章　厚积薄发：中马文化交流与"一带一路"倡议　　569

的最重要成果，并且将带来长远文化影响。此外，马来西亚也愿与中国联手打造"一带一路"文化交流品牌，合力推动"一带一路"文化产业的繁荣发展。①

另外，时任中国驻马大使黄惠康表示，文化交流为增进中马两国互信和了解、深化人民间情谊发挥着举足轻重的作用。华人文化在马来西亚保留完好，是马来西亚多元文化的重要组成部分，也是中马两国文化交流的天然纽带。希望借由此次活动，中马双方可以增进对彼此文化的理解，促进中马两国人民之间的相知相亲，为两国政治、经济等各领域合作奠定坚实的社会民意基础。②

大会共推介了7项大型活动，分别为"中国油画马来西亚大展"、马来西亚全国书法公开大赛"中华人文碑林兰亭奖"总决赛、马来西亚"兰亭祭"、"一带一路·旅居文化"国际论坛、"一带一路"与马来西亚汉学研讨会、"启功杯"首届中马青少年书法艺术交流大会、首届中马女书画家艺术作品邀请展。参与各主办与联办团体来自马中双方，包括了香港《明报月刊》、世界华文文学联会、世界华文旅游文学联会、中国东盟商务协会、北京师范大学启功书院、新纪元大学学院、拉曼大学中华研究院、士毛月富贵山庄中华人文碑林、马来西亚策略分析与政策研究所、马来西亚华人文化协会、马来西亚华文作家协会、马来西亚书艺协会、马来西亚美术家协会、龙华美术馆等组织。③

马来西亚与中国的文化交流可以上溯到汉朝。《汉书·地理志》是目前为止，最早以文字记载马来半岛地名的文献。书中的"都元国"，据说就是今日马来西亚登嘉楼州的龙运（Dungun）。④ 可见中国人在马来半岛活动的足迹早在汉代已有之。随后，历朝历代关于南洋诸国与马来半岛的

---

① 整理自《"一带一路马中文化艺术年"系列活动陆续开跑》，蓝天，2017年5月2日，https：//www. mcalantian. org/post/2017/05/02/-一带一路马中文化艺术年-%EF%BC%8C系列活动陆续开跑；《黄惠康大使出席"一带一路马中文化艺术年"启动典礼》，中华人民共和国驻马来西亚大使馆，2017年4月19日，http：//my. china-embassy. org/chn/sgxw/t1454769. htm。
② 《黄惠康大使出席"一带一路马中文化艺术年"启动典礼》，中华人民共和国驻马来西亚大使馆，2017年4月19日，http：//my. china-embassy. org/chn/sgxw/t1454769. htm。
③ 《一带一路：马中文化艺术年》，《活动概要》，http：//obor. mca. org. my/cn/Itinerary。
④ 周伟民、唐玲玲：《中国和马来西亚文化交流史》，海南出版社2004年版，第47—54页。

地理与风土人情记述越来越多，中国人在海外的活动也越见频密，有些甚至与当地土人妇女成家，落地生根。华人的生活习俗、神祇膜拜与结社传统于斯随着人们的下南洋而从原乡移植他乡。

中马文化交流的巅峰时期是 15 世纪郑和船队七下西洋期间，双方在友好的文化交流互动中均获益良多。在马六甲王朝于 16 世纪被葡萄牙人消灭后，中国与马来半岛的官方往来虽然不再，民间的亲善和睦关系却早已建立起来，峇峇娘惹就是两国亲善互动的历史见证。中华文化随着峇峇娘惹世代传承下来，并与土著习俗相互交融，蕴化出了独有的海峡华人文化特色。18 世纪末、19 世纪初，福建、广东两省沿海居民掀起了一股下南洋潮。这些新客中夹杂了许许多多的爱（中）国文人和志士，他们带来了中国的各式各样信息与思潮，通过办学办报等方式在马来半岛的华社间掀起了思想兴革运动，为马来半岛的中华文化再次注入源头活水。

20 世纪是个风起云涌的时代。美国与苏联在第二次世界大战后的两强对抗将全世界带入了长达数十年的冷战时期。直至 1974 年，在两国领导推动区域和平建设发展的强烈政治意愿下，绵延千年的民间往来与文化交流再次起到了积极作用，促成两国建交。中马建交不但为两国的社会、经济等各领域带来贡献，也适时提供了华人社会许多来自中国的文化资讯和灵感，丰富了马来西亚华社在华人文化建构上的资源。

在传承中华传统文化习俗的同时，马来西亚华人社团需要依据自身所处环境与条件而做出调整。在融入马来半岛风土人情后，其文化习俗必然产生质的变化，形成独有的本土华人文化特色。以本土为关怀对象的文学、戏剧、表演艺术等创作于焉而生。其中，改造来自中国南方舞狮及鼓艺的高桩舞狮与二十四节令鼓文化表演，就成为人们所津津乐道的中华文化创新。这些文化表演在马来西亚获得了各族群的认同，在世界各地发扬光大，并重回中华文化祖籍国——中国，受到了中国民众的喜爱和学习。

中马文化交流活动同样促进了马来西亚的文化旅游产业。自 2007 年以来，每年有数百万中国人到来马来西亚旅游观光。此外，两国在华文教育与学术、智库等领域方面高层次的经验与信息交流也朝着正面积极的方向前进。马来西亚华人公会由于身在政府内阁，掌握官方资源，在推动双边教育、学术与智库交流上事半功倍，实现了两国双边在文化交流上的全方位发展。

概括而言，中马文化交流大致经历了3个阶段，一、早期主要表现在中国对马来半岛社会的文化影响，本地华人社会更多是吸收中国元素；二、马来西亚独立建国后，华人在持续接收中国的文化养分同时，也在中华文化项目中加入本土元素，进行文化创新，"反哺"中国，获得中国民众的支持；三、中马文化交流从民俗文化交流活动提升到更高层次的双边资讯交流、学术合作与智库交往，推动并促进了两国外交、经贸等各方面关系。

两国政府、民间在跨入2020年之际，由于新冠疫情的突然暴发而再次展现这种"切水不断"① 的关系。马来西亚政府与私企捐助了中国政府医用手套1800万只，② 许多民间组织也纷纷发起了各类抗疫物资筹集活动以捐献武汉防疫前线。此外，在文化艺术界方面，先有马来西亚华人文化协会与马来西亚华文作家协会联合发起"武汉，我们与您同在！"征文活动，给予在前线抗疫的勇士们精神上的支持；③ 后有马来西亚中国文化艺术协会与马来西亚中国企业家联合会联办"2020马中抗疫正能量短文竞赛"，以鼓励两国民众齐心协力，传播马中抗疫正能量。④ 中国政府在马来西亚新冠疫情吃紧时，派出其医疗专家团队赴马交流，中国政府与民间组织前后捐助了各类型口罩673万只，防护服14万件，手套55000只，检测试剂27.5万人次及护目镜13000多副。⑤

2020年10月13日，中国国务委员兼外交部长王毅访问马来西亚。在与马来西亚外交部长希山慕丁的双边会谈中，王毅不但强调了"大马是中国的好朋友"，⑥ 而且在两国外长联合声明中宣布，双方将成立由两国外

---

① 切水不断源自马谚语 "Air dicencang tidak akan putus"，意为同袍"血浓于水"关系。马中双方在外交场合上常以此谚语比喻两国密切关系。
② 《10手套公司支援武汉医院，合赠1800万个医疗手套》，《星洲日报》2020年2月1日。
③ 《文协与作协联办："武汉，我们与您同在"征文》，《星洲日报》2020年2月18日。
④ 《马中抗疫正能量短文竞赛，欢迎投稿624截止》，《星洲日报》2020年5月26日。
⑤ 《第二批中国政府援助，到了！》，中华人民共和国驻马来西亚大使馆，2020年5月15日，http://my.china-embassy.org/chn/tpxw/t1779558.htm。
⑥ 《希山：一旦成功研发，中同意疫苗优先供马》，《星洲日报》2020年10月14日。

交部长牵头的马中合作高级别委员会,以促进两国在新冠疫情期间和后疫情时期的社会、经济和科技等各领域的务实合作,中方承诺,当中国成功研制新冠疫苗后,将优先提供给马来西亚民众。[①]

从民间友好往来,到文化交流,再到学术智库合作,正是"民心相通"促成了两国邦交,密切了双边关系,推动了彼此经贸往来和建设发展,让中马关系历久弥新。

---

① 《马中外长联合声明》,《星洲日报》2020年10月14日。

第四章　中马投资关系分析

"一带一路"建设为中国和马来西亚的经贸投资关系创造了良好的环境，为探究中马双边投资关系的发展过程、发展结果及发展趋势，本章整理了目前两国对外投资及引入外资的相关政策，从行业维度对数据进行分析，列举多个重点项目，发现中马都有积极投资的政策支持，两国经贸和投资在近几年稍有回落，但总体上规模依旧庞大。根据价值链甄别理论，建立模型研究证实中国"一带一路"建设能有效促进资源拓展类跨国并购和技术服务类跨国并购行为、提高居民消费和平均汇率对资源扩展类跨国并购的作用等。但伴随国际局势不稳定、更高的环保要求，以及缺乏宏观指导等问题，两国应从扩展投资领域、加强民生建设合作、推动双边贸易、强化环保意识，并淡化种族边界方面的解决措施入手。

1974 年，马来西亚成为东盟国家中第一个与中国缔结友好外交关系的国家。此后，两国在金融、教育、文化、科技、军事等各个领域坚持深化交流、拓展合作、携手共进，为双方互利共赢、协调发展做出切实行动。2004 年，经过多方协商，中国和马来西亚领导人就发展两国战略性合作达成共识；2013 年，双方正式建立战略伙伴关系。为了促进贸易合作关系，两国陆续签署经贸友好协议，分别有：《避免双重征税协定》《贸易协定》《投资保护协定》《海运协定》《民用航空运输协定》等。自 2013 年中国在访问中亚和东南亚国家期间提出建设"丝绸之路经济带"和"21 世纪海上丝绸之路"的构想后，就得到马来西亚的积极响应。2017 年，两国签署了《关于通过中方"丝绸之路经济带"和"21 世纪海上丝绸之路"倡议推动双方经济发展的谅解备忘录》。2015 年至今，"一带一路"建设为中马两国贸易与投资的良好关系创造绝佳环境，在其背景下，两国经贸往来不断增加，投资格局优化升级，合作始终保持着积极的发展势头。

第一节 两国 FDI 和 OFDI 的政策及趋势分析

一 中国对外开放进入新阶段，迈向更高水平

改革开放以来，中国的经济实现数量和质量的双重飞跃。对外开放的格局越来越宽阔，为了加快形成对外开放新局面，努力实现高质量发展，加快国内产业升级优化，中国政府提出了若干重大政策举措来推进对外投资和外商直接投资：[①]

（1）进一步开放市场。中国发布 2019 年版外资准入负面清单，进一步扩大农业、采矿业、制造业、服务业开放。新设 6 个自由贸易试验区，增设上海自由贸易试验区新片区，加快探索建设海南自由贸易港进程。

（2）主动扩大进口。中国将进一步自主降低关税水平，努力消除非关税贸易壁垒，大幅削减进口环节制度性成本。办好第二届中国国际进口博览会。

（3）持续改善营商环境。中国于 2020 年 1 月 1 日实施新的外商投资法律制度，引入侵权惩罚性赔偿制度，增强民事司法保护和刑事保护力度，提高知识产权保护水平。

（4）全面实施平等待遇。中国将全面取消外资准入负面清单之外的限制。准入后，对在中国境内注册的各类企业平等对待、一视同仁，建立健全外资企业投诉机制。

（5）大力推动经贸谈判。中国将推动早日达成区域全面经济伙伴关系协定，加快中欧投资协定谈判，加快中日韩自由贸易协定谈判进程。

从 2010 年起，中国的外商直接投资（FDI）基本维持稳步增长，但增速逐渐趋于平缓，外资流入规模增长乏力，显现疲软状态。根据 wind 数据库显示，2019 年实现外商直接投资额 1381 亿美元，比 2018 年增长

---

① 习近平主席：《携手共进，合力打造高质量世界经济：在二十国集团领导人峰会上就世界经济形势和贸易问题发表的重要讲话》，https://www.sohu.com/a/323631155_354877?scm=1002.46005d.16b016c016f.PCARTICLE_REC_OPT。

2.3%，项目数40888项。其中来自亚洲的投资商最多，占外商直接投资总额的79.5%，中国香港企业对内地的投资是最多的，占总外商投资额高达70%。中国境内利用外资行业集中于制造业、房地产业、信息传输、计算机服务和软件业，金融业，租赁和商务服务业，批发和零售业。其中，服务业利用外资的数额继续呈现高增长趋势，占比稳定上升，外资来华并购也主要集中在服务业领域。

从产业结构看，2011年服务业FDI首次超过制造业FDI。2019年中国服务业共吸收外资988.3亿美元，同比增长12.5%。高技术产业吸收外资上升了25.6%，其中高技术服务业增长44.3%。制造业接受外商投资额在过去九年呈下降趋势，原因是中国正在推进产业转型，随着环境、人力等成本增加，低端制造业逐步向其他国家转移；服务业不断扩大开放，通过鼓励发展外包服务、放宽市场准入等优惠政策，加快与全球服务业的接轨。这也说明中国实际利用的外资正由数量型转向高质量型推进升级，FDI产业结构正从以制造业为主向以服务业为主过渡。[①] 信息传输、计算机服务和软件业向来是中国吸收FDI的重要领域，但2018年的FDI骤降50%左右。这是由于中美贸易争端，美国对中国在核心技术方面持续施加压制，导致在相关方面的外商投资严重流失。

综上，伴随中国产业转型，制造业FDI将进一步下滑，但新型高技术产业如软件、信息、租赁和商务服务业等的FDI将稳定提高。中国凭借众多的资源吸引外商，多年来仍然是其他国家投资的热土。同时，中国也在积极为外商投资营造良好的环境，并且扩大对外开放新的格局，加快产业升级优化，吸引优质FDI。商务部将继续实施外资促进行动计划，努力"稳外资"，主要做法包括将放宽市场准入、优化外资结构和改善营商环境。[②]

中国的对外直接投资（OFDI）起步较晚，但是自2003年以来发展较为迅猛，2014年中国OFDI首次超过FDI，成为资金净输出国。2016年中国首次成为全球第二大对外投资国。同时随着"一带一路"建设和国际

[①] 王义源：《新常态下中国FDI与OFDI的特征与发展对策》，《中国人口·资源与环境》2017年第1期。

[②] 《商务部部长钟山：2019年将通过扩大开放等措施稳外》，https://www.yicai.com/news/100097824.html。

产能合作的推进，中国对外直接投资在稳步中前进。Wind 数据库资料显示，虽然近年来中国的 OFDI 开始下降，2017 年中国对外投资流量 1582.90 亿元，环比下降 4.8%；2018 年对外投资流量全年总额 1430.4 亿美元，比 2017 年减少 9.6%；2019 年对外投资流量 1171.2 亿美元，与 2018 年相比下降 9.8%，但是整体来看，总的投资数额仍然庞大。中国对外投资区域主要是亚洲，其次是欧洲、北美洲。

从行业来看，中国对外投资最多的分别是电信、互联网和信息技术、消费品及电力和公用事业。中国在"一带一路"建设沿线国家新签对外承包工程合同额达到 1548.9 亿美元，同比增长 23.1%。中国在采矿业的投资占比显著下降，在信息产业方面的投资快速上升，在制造业和商贸服务业方面的上升也非常明显。这显示了中国对投资国产业结构的转型升级有着积极影响，同时也有助于本国的产业转型。

从投资方式看，以新增股本方式进行的 OFDI 占比从 2010 年的 30% 上升到 2018 年的 49%，以当期利润再投资方式进行的 OFDI 占比从 2010 年的 35% 下降到 2018 年的 30%，充分说明中国对外直接投资的目标是以增股本方式拓展投资领域，增加新的合作项目。利润再投资的趋势也比较稳定，即投资的境外项目能够吸引投资者进行再投资。

从投资区域看，地方的 OFDI 流量在 2003 年只有 26.5%，"一带一路"建设推出前也只有 39.3%，2016 年达到最高值（83%），2017 年短暂下落后，2018 年又回升为 81%；地方存量 2003 年只有 14.5%，2018 年上升到 42.4%。这组数据表明中央鼓励地方积极对外投资，各地充分利用地理优势及产业比较优势，加强对跨境投资和与世界经济联动。

从投资企业看，2010 年私人企业投资仅占中国 OFDI 的 8.2%，而截至 2018 年，这个数值已提高到 24.3%。同时，国有企业对外投资的比例不断缩小，从 2010 年的 10.2% 下降到 2018 年的 4.9%。中国鼓励企业"走出去"政策富有成效，私人企业投资的增加体现出中国民营公司爆发的活力，也说明中国的企业结构正在进行体制性改革。

从中国企业并购的整体趋势来看，根据来源于 Wind 数据库中提供的 2010 年至 2019 年的全部相关案例，全部案例共有 2822 条，其中去掉了传言、进行中、证监会反馈意见等不确定性，选择完成、实施、失败或被否等具有明确结果的案例 1455 个，将"完成""过户"和"实施"的项目均视为"完成"的案例,将"股东大会未通过""失败""停止实施"和"证监会暂停审核"的项目均视为"失败"的项目,从2010年中国上市企业的跨国并购情况来看,2010年至2013年间逐渐回落,2012年下降到只有63宗成功案例,2014年后,随着中国企业"走出去"迅速增加,至2015年达到高峰,共有208宗成功案例,此后连续两年回落,2018年成功案例反弹至207宗,2019年又迅速下降50%,只有107宗。与此同时,并购的成功率与总体并购趋势的变化显著相关,在并购增长期(如2010年、2014年和2015年)的并购成功率均高于88%,但在并购收缩期,则并购成功率较低,其中2017年的并购成功率只有大约82.4%,这反映出中国企业的跨国并购行为受总体宏观政策影响较大,在收缩期的并购行为更加慎重。

表Ⅲ-4-1　　　　2010—2019年中国境外并购项目数

时间	2010年	2011年	2012年	2013年	2014年	2015年	2016年	2017年	2018年	2019年
完成	125	131	63	76	126	208	139	117	207	107
失败	10	16	12	5	13	14	27	25	28	6
合计项目数	135	147	75	81	139	222	166	142	235	113
成功率(%)	92.6	89.1	84.0	93.8	90.6	93.7	83.7	82.4	88.0	95.5
并购金额(亿美元)	306.7	247.8	60.4	40.2	174.1	246.1	423.2	166.1	192.5	125.8
平均成交额(亿美元)	2.45	1.89	0.96	0.53	1.38	1.18	3.04	1.42	0.93	1.18

资料来源:根据Wind数据库提供的数据整理得出,并购金额数据是根据公布并购金额的案例数据按当年汇率折算成美元的计算结果。

而从并购金额上看,2010年中国的跨国并购出现过一次高峰,随后在2011年逐渐回落,至2013年并购额度最低,当年完成的跨国并购只有40.2亿美元,随后在2014年随着中国"走出去"战略的推动逐渐回升,到2016年并购金额达到最高的423.2亿美元。2019年的并购金额为

125.82亿美元,相比2018年的192.46亿美元下降幅度较大。从近几年的数据看,受国内外经济形势的影响虽然有所回落,但仍达到100亿美元以上,中国企业的跨国并购依旧处在较为活跃的区间,位居世界前列。

综上,全球两大贸易体(美国和中国)贸易壁垒的递增加上地缘政治的波动性对商业信心和经济活动造成了巨大的冲击,导致过去几年的投资有一定程度的下降,但是总体数额仍然可观。中国的对外投资主要集中于基础设施建设,新项目增速迅猛,体现出中国企业牢牢把握住海外投资机遇。而得益于"一带一路"建设和大力鼓励企业"走出去"政策,中国对沿线国家的投资大幅度增加,和这些国家的贸易投资关系也日益稳固,对"一带一路"建设沿线国家的投资将稳定增长。

二 马来西亚鼓励吸收FDI,集中于制造业、高科技领域

马来西亚政府大力鼓励和欢迎外国投资公司及投资者对其国内各领域进行投资。马来西亚政府利用其丰富的资源和独特的地理位置致力于为投资者提供良好的投资环境、健全投资法律法规、加强外商投资的激励,以吸引外资进入马来西亚的制造业和相关服务业。马来西亚的投资法律完善,与国际接轨,其地理位置又靠近马六甲海峡,东盟、中东、印度等地区,得天独厚的地理优势使马来西亚成为海外投资的热门地。截至目前,已有五十多个国家将其定为产业的海外基地,其已成为外资到东南亚投资最具竞争力的选择之一。马来西亚鼓励外商投资的优惠措施主要包括公司所得税和投资税赋减免、在投资税赋减免、进口税及销售税减免和其他税费减免及鼓励措施。[①]

(1)新兴工业地位(Pioneer Status, PS):获得新兴工业地位称号的企业可享受为期5年的所得税部分减免,仅需就其法定收入的30%征收所得税。

(2)投资税务补贴:获得投资税务补贴的企业,可享受为期5年合格资本支出60%的投资税务补贴。该补贴可用于冲抵其纳税年法定收入的70%,其余30%按规定纳税,未用完的补贴可转至下一年使用,直至用完为止。

---

① 走出去服务港:《马来西亚外国投资准入政策及外资优惠政策》,https://www.sohu.com/a/307172460_284463? qq-pf-to=pcqq.group。

(3) 再投资补贴（Reinvestment Allowance，RA）：再投资补贴主要适用于制造业与农业。运营 12 个月以上的制造类企业因扩充产能需要，进行生产设备现代化或产品多样化升级改造的，可申请再投资补贴。合格资本支出额 60% 的补贴可用于冲抵其纳税年法定收入的 70%，其余 30% 按规定纳税。

(4) 加速资本补贴：使用了 15 年的再投资补贴后，再投资在"促进产品"的企业可申请加速资本补贴，为期 3 年，第一年享受合格资本支出 40% 的初期补贴，之后两年均为 20%。除制造业外，加速资本补贴还适用于其他行业申请，如农业、环境管理及信息通信技术等。

(5) 农业补贴（Agricultural Allowance，AA）：马来西亚的农业企业与合作社/社团除了农业《促进行动及产品列表》外，也可申请新兴工业地位或投资税务补贴的优惠。

(6) 多媒体超级走廊地位（MSC Status）：马来西亚政府推出信息通信技术计划，即多媒体超级走廊，目标是成为全球信息通信产业中心。经多媒体发展机构核准的信息通信企业可在新兴工业地位的基础上，享受免缴全额所得税或合格资本支出全额补贴（首轮有效期为 5 年），同时在外资股权比例及聘请外籍技术员工上不受限制。

(7) 运营总部地位、国际采购中心地位和区域分销中心地位。为进一步加强马来西亚在国际上的区域地位，经核准的运营总部、区域分销中心和国际采购中心除了 100% 外资股权不受限制以外，还可享受为期 10 年的免缴全额所得税等其他优惠。

马来西亚政府鼓励外国投资进入其出口导向型的生产企业和高科技领域，可享受优惠政策的行业主要包括：农业生产、农产品加工、橡胶制品、石油化工、医药、木材、纸浆制品、纺织、钢铁、有色金属、机械设备及零部件、电子电器、医疗器械、科学测量仪器制造、塑料制品、防护设备仪器、可再生能源、研发、食品加工、冷链设备、酒店旅游及其他与制造业相关的服务业等。

2009 年 4 月，马来西亚政府为了进一步吸引外资，刺激本国经济发展，开放了 8 个服务业领域的 27 个分支行业，允许外商独资，不设股权限制。在制造业、采矿业、超级多媒体地位公司、伊斯兰银行等领域，以及鼓励外商投资的五大经济发展走廊，外商投资者投资新项目可以持有

100%的股权。一般政策规定外资在合资企业中最多只能拥有30%的股份，但制造业的出口外向型产业中，也允许设立外商独资企业。而那些获得"多媒体超级走廊（MSC）资格"的外资企业，外商也可以拥有全部股权。马来西亚政府鼓励当地的土著马来人拥有资产，因此经常要求国内外企业与土著马来人合作（通常是30%的股份），并要求职工中也要有一定比例的土著马来人，但在2009年马来西亚政府已撤销上市公司30%的股权配额限制。[1]

此外，沿袭大英帝国的传统，马来西亚实行的法律属于英美法系。与投资有关的法律主要有：《促进投资法》《外商投资法》《外汇管理法令》《工业产权法》《专利法》《自由贸易区法》等。这些法律都很有效地保护了投资者的合法权利且促进了马来西亚吸引外商投资。

2015年马来西亚政府最新公布第十一个马来西亚计划（2016—2020），[2] 目的是在5年内加快马来西亚全社会建设。该计划重点摘要有：①提升经济增长率；②私人投资和公共投资持续增长；③出口强劲增长，贸易盈余保持高位；④建造更多的基础设施，包括机场、铁路和水电供应等。这些计划措施有利于为国内外企业提供商机，吸引不同领域的外资进入马来西亚市场，同时增加国内就业机会，为人民提供更好的福利生活。2018年，马来西亚对"第十一个马来西亚计划（2016—2020）"进行中期审议，[3] 提出新的经济发展蓝图，包括"包容发展、惠及全民""平衡区域发展""改革行政提高效率""发展高价值产业链""强化人力资本""环保永续发展"等发展规划。同年11月，马来西亚政府提出"国家工业4.0政策"，提出要在2025年将马来西亚打造成亚太地区制造战略合作伙伴、高科技产业投资目的地、高技术解决方案提供国的目的。

根据马来西亚投资发展局公布的数据，2019年全年，马投资发展局在制造业、服务业和第一产业领域共计批准国内国外投资总额2113.83亿

---

[1] 搜狐网：《马来西亚外国投资准入政策及外资优惠政策》，https：//www.sohu.com/a/309257273_202969。

[2] 环球新闻：《马来西亚总理纳吉布：第11个马来西亚计划是重大里程碑》，https：//china.huanqiu.com/article/9CaKrnJLfUe。

[3] 商务部国际贸易经济合作研究院：《2019年对外投资合作国别指南·马来西亚》，https：//www.waitang.com/report/24212.html。

林吉特（约52848亿美元，以马币兑美元约1∶4计），高于2018年的2007亿林吉特（504.2亿美元）。马投资发展局显示，2019年共批准5287个投资项目，估计带来12.5万人次的潜在就业。其中，属于马来西亚吸收海外直接投资的总金额有823.56林吉特（205.89亿美元），占总吸收投资金额的38.96%，比2018年增长了3.1%。制造业、服务业和第一产业领域吸收投资总额分别为827.32亿林吉特（约202.28亿美元）、1216.2亿林吉特（约304亿美元）和70.18亿林吉特（约17.55亿美元）；吸收外商投资额分别为538.92亿林吉特（约134.73亿美元）、246.64亿林吉特（约61.66亿美元）、37亿林吉特（约9.25亿美元）。从马投资特征来看，马来西亚国内的投资侧重于服务业，而制造业的资本则更多地从国外吸收。

外资主要流入制造业，从制造业细分的领域来看，电子电气（40.44%）领域颇受外商的青睐，基础金属产品（7.99%）、食品加工（2.42%）、化学产品（4.91%）、机械设备（5.35%）和科学测量仪器（4.47%）等也比较热门；服务业紧随其后，其中特别是卫生、房地产和金融领域吸收外商的资本较多。

2019年，中国、美国和新加坡是马制造业外来投资的最主要贡献国。中国投资者投资额占总FDI的28.39%；美国占26.4%；新加坡占10.42%，三个国家总计占马来西亚全部FDI的65.21%，超过总投资额的一半，为马来西亚的建设提供了大量的支持。同时，2019年FDI增加的原因之一是日本加大对卫生领域的投资力度。

综上，马来西亚政府承诺保持良好的商业环境并且帮助企业稳定经营和盈利，是吸引投资者的重要因素。[①] 马来西亚向来支持外商投资，但仅限于制造业和高新技术产业，不鼓励外商进入服务业、传统农业和建筑业，限制进入天然气等资源领域。外商投资下述行业会在股权方面受到严格限制：金融、保险、法律服务、电信、直销及分销等。总体而言马来西亚的投资环境比较开放，政府鼓励外商来马进行基础建设与商业投资。

---

① 马伟、余菁、谭丽君：《马来西亚投资环境与税制介绍》，《国际税收》2019年第8期。

第二节　近年来中马之间投资和贸易情况

一　中国与东盟十国合作密切，形势向好

东南亚国家联盟（Association of Southeast Asian Nations），简称东盟（ASEAN）。1967 年，印度尼西亚、泰国、新加坡、菲律宾四国外长和马来西亚副总理在曼谷举行会议，发表了《曼谷宣言》（《东南亚国家联盟成立宣言》），标志着东南亚国家联盟的正式成立。除 5 个创始成员国外，后续又加入其他 5 个其成员国，分别是老挝、缅甸、文莱、柬埔寨和越南。东盟位于亚洲的东南部，包括中南半岛和马来群岛。东南亚土地辽阔，资源丰富，盛产石油和锡矿，世界上最大的锡矿带就在东南亚，马来西亚的锡矿砂的产量居世界第一位。此外，东南亚还是世界上蕉麻、橡胶、油棕和椰子等热带经济作物的最大产区；马来西亚是全球棕油生产国和最大出口国；泰国橡胶的生产量位于世界前列；菲律宾是生产椰子最多的国家；印度尼西亚农业和油气产业旺盛；文莱的优势是石油天然气化工产业；新加坡致力于高科技产业；缅甸和老挝的农林牧渔、林业发达；柬埔寨的大米、玉米等杂粮繁多；越南以旅游业为优势。地缘优势使得中国与东南亚之间交往密切，从 1991 年起双方就开始进行对话，寻求互利共赢的合作方案。

1996 年，中国成为东盟的全面对话伙伴国。中国—东盟自由贸易区（CAFTA）是 2001 年 11 月在文莱举行的第五次中国—东盟领导人会议上正式宣布的计划，并于 2010 年正式成立，GDP 达到 6 万亿美元，是世界上由发展中国家组成的最大的自由贸易区。其和欧盟、北美自由贸易区共同构成全球三大区域协议。2020 年 11 月 15 日，中国、日本、韩国、澳大利亚、新西兰和东盟共同签署《区域全面经济伙伴关系协定》（RECP），中国与东盟的合作关系将迈向新阶段。

中国与东盟积极在各领域开展合作，双方签署的《投资协议》对外明确投资内容及优惠条款，通过提供投资者国民待遇、最惠国待遇、公平待遇，提升相应的法律法规和监管的透明度，实现公开的投资环境，并且保障了充分的法律地位，进一步促进双方投资的便利化及自由化。该协议也表明中国和东盟各国愿意携手前进，共同发展。自从 2013 年发出共建

"21世纪海上丝绸之路"的倡议开始,中国始终积极开展与东盟国家的经济合作,不管是从投资或者贸易方面,"一带一路"建设在这些国家之间显现出新的活力与生机。郭延军认为东盟国家对"一带一路"建设的认知正处于逐步深化的过程,从观望、谨慎到积极参与,"一带一路"建设带来的机遇众多,对东盟国家的吸引力越来越大,同时也加强了他们与中国的关系纽带。①

从投资项目看,东盟十国发展较不平衡,各国特色产业也不尽相同,赵洪提到新加坡是以服务业为主的国家,文莱以石油生产和出口为主,马来西亚是一个正在高速发展的工业化国家,而泰国、越南以农产品出口为主,印尼和菲律宾是粮食进口国,老挝和缅甸则仍处于农业社会。② 因此,中国针对各国不同的国情制订不同的投资计划。中国与东盟十国在基础设施建设、制造业、农业、通信、电力、劳务合作、工程承包等诸多领域的投资合作进展顺利。"一带一路"建设施行以来,中国对东盟国家的投资项目从传统的农产品加工、纺织服装、房地产开发、餐饮类等扩展到金融、基础设施建设、机械制造、医疗卫生、电力电机和海上运输等新兴行业。具体表现在:对缅甸、柬埔寨、老挝和越南以农林畜牧业为优势的国家展开产能转移投资,将边际产业投放到这些区域,以实现资源的最优应用;向马来西亚展开市场导向型投资,根据其国内市场的需求,有针对性地对相关产业进行投资,把握住市场风向,更好适应动荡多变的环境;对新加坡知识密集型的产业进行投资,充分利用好新加坡技术大国的优势。

从投资金额看,2010年中国对东盟的直接投资总额为44.05亿美元,占亚洲直接投资总额的9.81%;2018年中国对东盟的直接投资总额为136.94亿美元,占亚洲直接投资总额12.98%。该数值近年来基本维持在12%左右,充分说明中国企业对东盟的投资比较稳定,且"一带一路"倡议有效地促进十国吸收中国的投资。数据显示出中国企业对十国OFDI额总体呈逐年上升趋势,尽管在2016年遭遇大幅冲击,降幅约为

---

① 郭延军:《中国东盟"一带一路"合作:主要进展、多元认知及推进路径》,《当代世界》2019年第9期。
② 赵洪:《东盟的"一带一路"机遇》,《国企管理》2017年第8期。

29.59%，但是在 2017 年和 2018 年迅速回暖上升。在"一带一路"建设背景下，中国与东盟各国之间的关系越来越紧密，中国鼓励企业积极"走出去"，加强与其他国家投资与合作，与东盟十国之间实现经济互利、信息互通、文化交流和教育合作等，增进了两国的相互包容与理解，也使东盟国家民众们获得了实在的利润和收益。因此，预计中国对于东盟的投资将持续向好。

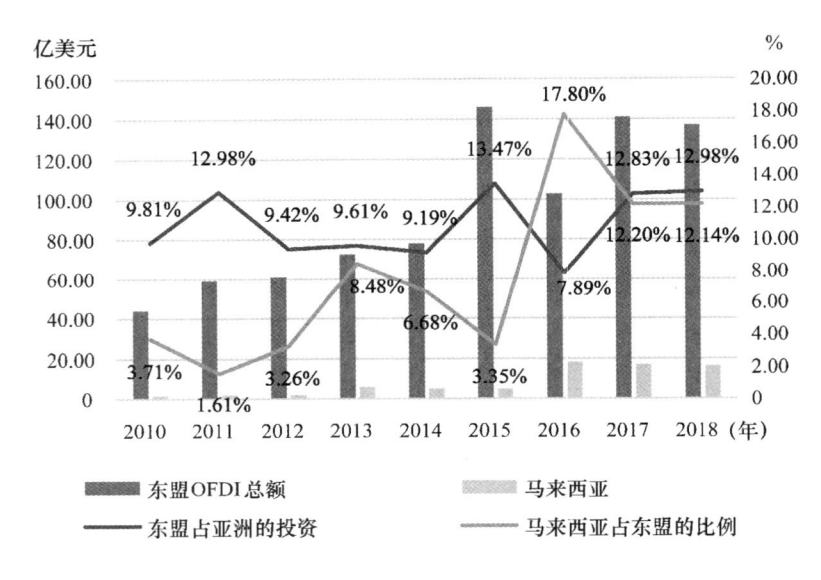

图Ⅲ-4-1 2010—2018 年中国对东盟投资情况

资料来源：Wind 数据库。

从投资国家看，东盟十国中，新加坡吸收中国的投资一直位居榜首，其占东盟国家总吸收中国投资的比例从 2013 年的 28% 上升到 2018 年的 45%，上升幅度为 17%，这得益于新加坡在生活、教育、医疗等方面比较稳定，严苛的法律、积极的富民政策和鼓励外商的投资措施大大吸引了中国投资。中国投资最少的国家是文莱和缅甸，2018 年投资占比分别为 0 和 -1%，即中国对其零投资以及负投资。其中，印度尼西亚吸收中国投资的占比大幅下降，其占比从 2013 年的 21% 下降到 2018 年的 12%，下降了 9%。而中国对马来西亚的直接投资快速增长，对马来西亚投资额占对东盟投资总额从 2010 年的 3.7% 上升到 2018 年的 12.14%，上升了

9%，数额也从1.64亿美元上升到16.63亿美元。2013年，中国对马来西亚的OFDI在东盟十国中落后于新加坡、印尼、泰国和老挝。但在2018年，马来西亚收到的中国OFDI总额已经仅次于新加坡和印度尼西亚，名列前茅。

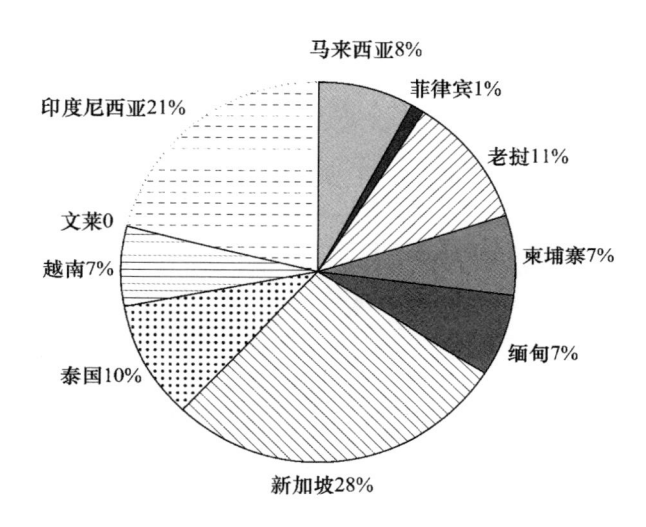

图Ⅲ-4-2 2013年中国对东盟直接投资比例

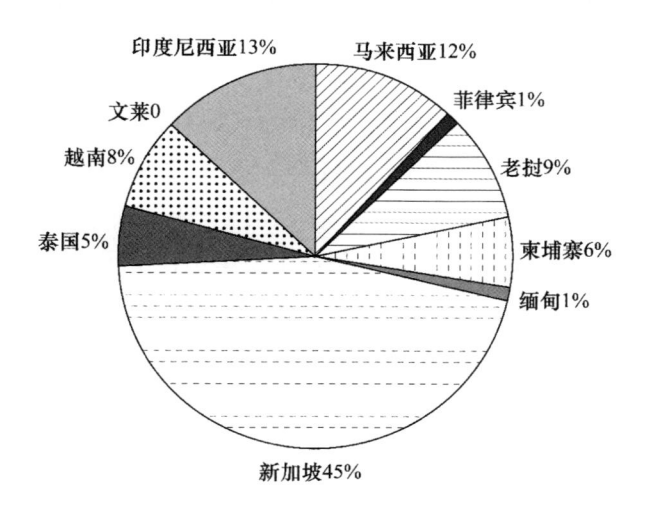

图Ⅲ-4-3 2018年中国对东盟直接投资比例

资料来源：Wind数据库。

二 中马之间经贸稳定，但马来西亚对华投资不景气

2010年中国对马来西亚投资额只有1.64亿美元，随后逐年稳定增长，2016年中国出现了"马来西亚投资热"，大量资本涌进马来西亚各领域，但这股势头在2017年出现了回落。

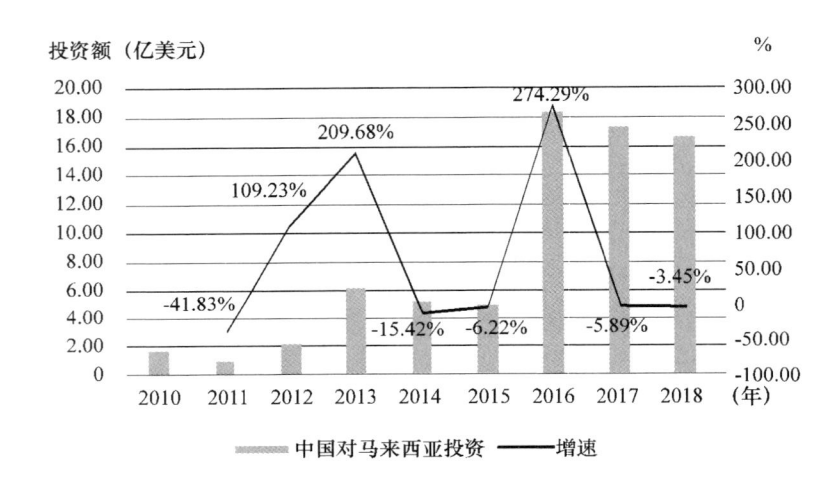

图Ⅲ-4-4 2010—2018年中国对马来西亚投资情况

资料来源：Wind数据库。

尽管中国对马来西亚的投资出现下降趋势，但是幅度并不大，整体而言中国对马来西亚的投资额仍然比较多。2018年的投资额达到16.63亿美元，相比2010年增长了9倍。同时，2018年也是中国连续三年成为马来西亚最大的投资国。中国的投资领域主要集中在电子产品、石油产品和基本金属制品。此外，运输设备、化学产品和食品加工也逐渐成为外资青睐的重要领域，有比较大的上升空间。

马来西亚对中国的投资则缺乏活力。2010年马来西亚对华投资额为2.94亿美元，2018年为2.12亿美元，数额不但没有上升反而有小幅度下降，并且近几年来伴随着波动性变化，说明马来西亚对中国的投资缺乏活力。在经历了2015年的投资高峰后，马来西亚对华直接投资连续呈下降趋势，下降幅度较大，2017年更是达到了8年来历史新低，直到2018年

才稍有回升。根据商务部提供的项目数据，2018 年末马来西亚向中国提供吉隆坡市 M101 摩天轮酒店和写字楼项目，[①] 拟吸引投资总额 20000 万美元；同年中国又获得马来西亚 44 兆瓦一揽子生物质电站项目（EPC），拟吸引投资总金额 80000 万美元；2019 年中国接受马来西亚恒源炼油厂欧 IV 升级改造项目（EPC），拟吸引投资总金额 12945 万美元。从以上项目看，马来西亚每年对华的投资数目比较少，但特征是项目重大且所涉及数额规模庞大。

图Ⅲ-4-5 2010—2018 年马来西亚对中国的投资情况

资料来源：Wind 数据库。

中国吸收马来西亚投资领域包括能源、交通、基础设施建设、供水、电站、金融保险、房地产、住宿餐饮、批发零售、文体娱乐、医药、IT 以及有关服务行业等，投资的区域也逐步由沿海城市向内陆城市扩展。

2018 年中国与马来西亚来往贸易实现 1085.8 亿美元，相比 2017 年增加 12.94%；据外交部数据，其中中方出口 454 亿美元，同比增长

---

① 国家商务部投资促进局：《投资项目信息库》，http：//project.fdi.gov.cn/fdip_swb_xmk-web/business/controllers/xiangMuGuanLiAction/duiWaiXiangMuList。

8.9%，进口632.3亿美元，同比增长16.2%。中国连续10年成为马来西亚最大贸易伙伴。根据商务部资料显示，中马之间的贸易关系基本维持稳定，没有明显的上升趋势。中马两国主要均发展制造业，因此产品具有很强的竞争性，[①] 由于近几年中国致力于进行产业结构升级，伴随劳动力成本优势的丧失，许多行业资产开始外移，也有一部分向马来西亚转移，对于中马贸易关系是一个新的机遇。

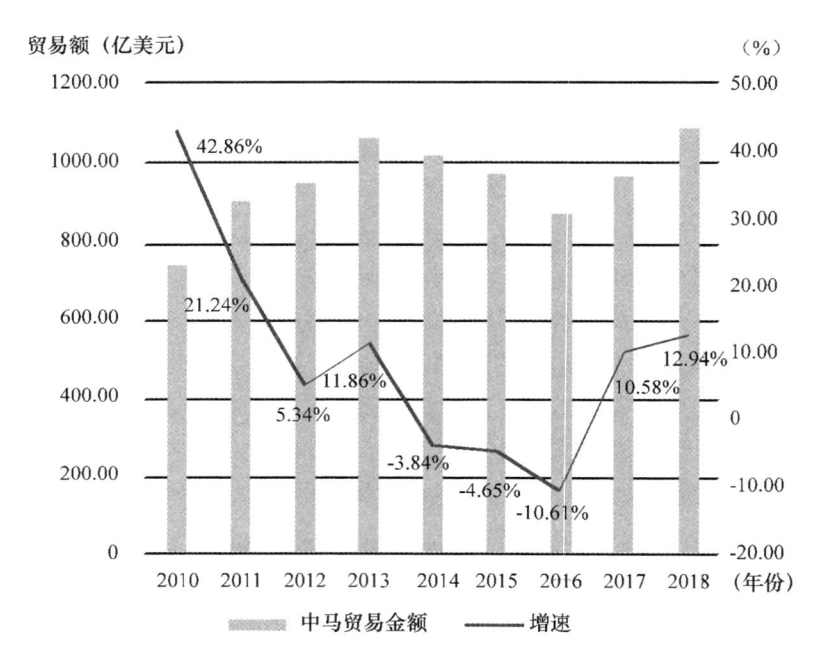

图Ⅲ-4-6 2010—2018年中国和马来西亚贸易情况

资料来源：Wind数据库。

从贸易产品方面看，马来西亚向中国大量出口机电和电气零件类、贱金属及其制品、化学工业及相关产品、橡胶制品和家具等资源性产品；中国则向马来西亚大量出口机电和电气整部件、机械设备、化学产品、金属

[①] 李航宇、秦小辉：《中国与马来西亚双边贸易存在的问题与对策》，《中国经贸导刊》（理论版）2019年第1期。

产品及纺织品服装鞋类等产品等。在马来西亚的十大类进口商品中，从中国进口的机电产品、贱金属及制品和化工产品在马来西亚国内市场中占据优势，但是从中国进口的化工品、塑料制品、光学仪器和食品等面临着来自其他国家的激烈竞争。

三　中马投资案例分析

中国对马来西亚投资增长趋势比较稳定，根据 Wind 数据库信息，2010 年承包工程合同数目为 87 份，2016 年该数量已达 666 份，2014—2016 每年的增长幅度约 50%。其中，有代表性的是碧桂园金海湾项目、巴贡水电站。

（一）房地产项目——碧桂园金海湾

2012 年 12 月 4 日，来自中国广东的房地产开发商碧桂园集团在新山举行签约仪式，宣布正式购入金海湾项目。2013 年 8 月 11 日，集团将马来西亚金海湾项目的 9000 套房源进行一次性开盘，创下开盘热销约 94 亿元人民币的佳绩，打破了马来西亚房产销售纪录。2015 年 12 月底，碧桂园集团又宣布拟在未来数年投入 2500 亿元人民币，在新山建造一个面积接近澳门一半大小的产业新城项目——"森林城市"。金海湾项目是碧桂园集团 2013 年海外投资的重点项目之一，也是中国民企"走出去"的优秀代表，其激活了马、中两地的房地产市场，绿地集团、雅居乐等大批开发商进驻马来西亚。到 2035 年，这个项目预计将给马来西亚带来 490 亿美元 GDP，并创造 22 万个工作岗位。马来西亚政府已经宣布森林城市将成为国际免税区，在岛上投资指定领域的企业亦可获得税务优惠。目前，广东省政府已将"森林城市"项目作为"一带一路"建设重要推荐项目申报到国家发改委。该项目制胜的关键在于以市场为主导，商业动因为核心驱动力，因而营造了广阔的发展空间，为中马两国的深化合作再添砖加瓦。[1]

（二）基础设施——巴贡水电站

巴贡水电站是马来西亚迄今最大的水电项目，2012 年 10 月由中国水

---

[1] 腾讯新闻：《碧桂园马来西亚项目》，http://www.360doc.com/content/18/0522/03/5964710_755869947.shtml。

电集团和当地马来西亚公司的马中水电联营体中标承建,该工程 2003 年 5 月开工,2010 年 10 月 13 日竣工,是中国水电目前在海外承建的最大装机容量水电站,也是中国水电承建的最大库容水电站。合同金额约合人民币 33 亿元(以当时的汇率计算),包括开挖项目、大坝项目、厂房项目、引水发电隧洞项目。电站装有 8 组发电机组,装机总容量 240 万千瓦,年发电量约 170 亿度。水库设计容量超过了三峡电站的 390 亿立方米的库容量,坝高 205 米为全球同类电站第二。2011 年中国水电集团凭借该项目获得了中国第一个海外工程金质奖,被称为东南亚的"三峡工程"。巴贡大坝的建成,大大改善了当地的电力结构,有效地控制了巴雷河下游的洪涝灾害。新增添的湖光绿岛,使巴贡成为一个新的旅游胜地,为当地带来更多的旅游收入。通过移民给当地土著居民带来现代化的生活方式和大量就业机会,并带动了当地相关工业、基础设施以及整体经济的巨大发展。①

(三) 投资波折——东海岸铁路

2018 年初,马方取消了多个中资项目,② 其中最为重大的是造价 200 亿美元的东海岸铁路项目。马来西亚总理马哈蒂尔称该项目造价过高,政府财政不足,还款周期过长,叫停了开工快一年的东海岸铁路项目。随后两国政府和相关企业一直保持着密切的交流与沟通,秉持相互尊重、相互理解、互利共赢的原则,最终协商成功。2019 年 4 月,这个一波三折的项目宣布复工,并将其第一、二期项目成本从最初的近 160 亿美元,大幅度削减约 33%,金额降到 107 亿美元。该项目在建设区间预计为当地创造 8000 个就业机会,正式运营后预设提供 6000 个就业岗位。东海岸铁路建成以后,将极大促进马来西亚交通运输、旅游业、沿线商业的发展,且成为巩固中国和马来西亚来往贸易与投资的纽带,提升马来西亚的国际贸易地位,解决制约东盟内部及外部的交通运输问题,有助于各国平衡发展,推进深化区域合作的步伐。在"一带一路"建设下的国家合作必然会遇到问题和挑战,只要双方秉持积极的态度和友好精神,本着长远发展

---

① 个人图书馆:《马来西亚巴贡水电站》,http://www.360doc.com/content/18/0522/03/5964710_755869947.shtml。
② 陈奕平、赖明姬:《当前在马来西亚投资的中资企业面临的风险及前景展望》,《广东农工商职业技术学院学报》2019 年第 35 卷。

的眼光，就能克服困难，推进合作。

综上，中国对马来西亚的投资项目都非常庞大，分布在房地产建造、铁路等基础设施建设。①虽然马方与中方在大型基础设施项目上进行了多次谈判，经历了一些波折，也受到政治层面的一定冲击，但中马共建"一带一路"建设重大务实合作项目最终继续推进，折射出"一带一路"建设的巨大国际影响力和合作吸引力。然而马来西亚对中国的投资则并不积极，没有明显的连续增长趋势，每年的项目并不多。尽管中国的投资环境开放，政策也鼓励外商在华投资，但马来西亚的投资商并未过多青睐中国市场。在马来西亚对中国的投资案例中比较著名的有百盛商场和香格里拉酒店。

（四）零售百货——百盛商场

百盛商场是马来西亚金狮集团 1995 年在中国投资开办的商场，其经营者为华商钟廷森，目前已在中国 23 个省 37 个主要城市开设了 57 家连锁店。2018 年度中国零售百强名单中，百盛商场以销售规模 1519461 万元居第 49 位。但是在 20 世纪 90 年代，百盛商场在石家庄经历了一次昂首入驻和黯然撤离的尴尬。当时百盛商场的高端定位引进了欧珀莱、贝纳通等品牌，但这些品牌对石家庄人民而言是陌生的，并且那时中国尚未加入世界贸易组织，外资必须以中外合资的形式进入，由于中外双方股东经营理念差异以及经营模式、品牌定位等多方原因，最终百盛商场不得不选择离开。2008 年百盛商场再一次入驻石家庄，仅仅 4 年后又关闭了门店，作为外来商家，百盛商场没有对本土的消费者需求、商业格局等进行妥善研究，包括选址、品牌引进、经营模式等方面，导致了商场负盈利最终无法持续经营。②可见马来零售企业在华的经营仍然存在诸多挑战，中国传统的百货业态向社交化、休闲娱乐化、体验式的综合体转变，马方需要根据不同的环境采用合适的经营与营销策略，才能在中国发展得越来越好。

（五）餐饮住宿——香格里拉酒店

香格里拉酒店隶属于马来西亚华商郭氏集团旗下，其董事长郭鹤年是

---

① 李好、黄潇玉：《对马来西亚投资：中国的机遇与风险》，《对外经贸实务》2018 年第 1 期。
② 亿邦动力网：《马来西亚最大百货公司百盛进军中国电商》，http：//www.ebrun.com/20120926/57388.shtml。

声名显赫的华人企业家，祖籍为福建省福州市，1971 年，他与新加坡经济发展局合资建成了新加坡第一家豪华大酒店——香格里拉大酒店，并开始在亚太地区扩张，打造香格里拉酒店品牌。20 世纪 80 年代初，香格里拉酒店集团看中内地市场，开始全面布局。以中国香港为起点，香格里拉酒店在中国开始打响品牌，截至现在，其在亚洲共建立 33 间酒店和 5 间商贸饭店，在中国投资管理 21 家饭店。近两年来，国际酒店管理集团从策略性投资转向战略性投资，并加大了资本的投入量。香格里拉认为国际酒店集团在国内的扩张已成定局，在未来 3—4 年内，世界上所有的著名豪华品牌的酒店会在北京和上海占位，高档品牌以中国省会城市为主要发展目标，而大众品牌则以二线城市为主要发展目标，中国酒店市场会很快趋向成熟。[1]

（六）设施建设——M101 摩天轮酒店和写字楼项目

2018 年 12 月 7 日，中国铁建国际集团副总经理、马来西亚公司董事长赵光明与马来西亚 M101 实体有限公司首席执行官叶廷浩正式签约吉隆坡 M101 摩天轮酒店和写字楼项目。吉隆坡 M101 摩天轮酒店和写字楼项目建成后，地上总高度为 316 米，被称为"四个第一"项目，即拥有世界第一高的空中摩天轮（矗立于高空 220 米）项目，世界第一高空购物商场，亚洲第一个五星级好莱坞星球酒店和马来西亚第一家保时捷设计公寓的建筑综合体。[2]

综上分析，马来西亚倾向于在中国打造高端服务业，但城市之间贫富程度不同，就需要按照不同的地域指定有计划的营销策略，这对马来西亚来说是机遇也是挑战。其次，华裔商人的投资占了比较大的比重。郑达提出华商充分利用其网络以及对中国文化和语言的掌握进行投资。[3] 华商依靠自身与中国的地缘优势，并且相比马来西亚土著更了解国内市场，因此这样的"亲缘关系"有助于在马华人更倾向于来华投资。华人与中国的

---

[1] 源码论坛：《香格里拉酒店》，https：//www.baidu.com/link？url = MVQQg7-D9aJvjYDX9 ZqD-cHWKLoYuk_ BfWFxcb8i1g0k--yWpPkR8h9ZwWHfT3NDG36Sws3-cct7gqaniIPchGK&wd = &eqid = 9171319a004c28b5000000035f1db746。

[2] 驻马来西亚经济商务处：《中国铁建签约马来西亚吉隆坡 M101 摩天轮项目》，http：//my.mofcom.gov.cn/article/sbhz/201712/20171202683884.shtml。

[3] 郑达：《马来西亚华商对华投资原因浅析》，《东南亚纵横》2009 年第 12 期。

关系更加密切，将在一定程度上遏制马来西亚土著对中国投资的积极性，影响马来西亚敏感的族群社会，负面的社会舆论会导致对中国投资的排斥。种族矛盾和排华情绪突出也使得社会动荡，引起民族之间紧张竞争，[1] 不利于促进中马双方自由经济往来。

第三节 "一带一路"建设的价值链投资效应[2]

为了进一步探讨中国推出"一带一路"建设的效果，我们研究了"一带一路"建设对中国企业对外并购的影响。我们选取了2013年正式提出建设"一带一路"倡议前后的企业并购案例进行实证研究，以检验"一带一路"倡议的政策效果是否已对企业跨国并购产生调节效应。

一 价值链甄别与模型建立

目前，国际上对全球价值链的甄别方式并不相同，有些研究者将价值链按照属性划分为全球价值链的结构（即在全球价值链中组织、关系和权力构成等）、全球价值链的升级路径、机制与类型，以及在全球价值链中的生产和分配比例。[3]部分研究者从商品生产到消费的各个环节入手对全球价值链进行剖析，如联合国工业发展组织[4]从产品设计、开发、生产、制造、营销、交货、消费、售后、服务以及最后循环利用的全增值过程，来探究不同环节参与者的经营活动、价值构成和利润分配等，Smith等人基本沿袭了这种研究思路。[5]然而，更多的研究者选择从生产网络的视角出发，Golden W. 等从价值链生产网络的三种状态进行分析，即市场、网络和层级组织，并且结合共性基础、交易方式、弹性程度、经济状况、组

---

[1] 马巍巍：《马来西亚投资前景与风险评估》，《商》2016年第22期。
[2] 该部分核心内容发表在《国际贸易问题》2020年第10期。
[3] Kaplinsky R., Morris M., *A Handbook for Value Chain Research*, University of Sussex, Institute of Development Studies, 2000.
[4] UNIDO, *Industrial Development Report* (2002–2003), http://www.unido.org.
[5] Smith A., Rainnie A., Dunford M., et al., "Networks of Value, Commodities and Regions: Reworking Divisions of Labour in Macro-Regional Economies", *Progress in Human Geography*, Vol. 26, No. 1, 2002.

织结构及行为主体特征等因素展开探讨。① Gereffi G. 等人则从生产网络理论出发，将价值链各主体归纳为五种类型：市场型、模块型、关系型、领导型和层级型。② Sturgeon T. 认为价值链的本质是商品或服务从生产到交货、消费与服务的系列过程关系和价值实现。③

根据研究数据，本章认为生产网络视角的价值链甄别方式较为合理，也更易被大多数研究者所接受。因此，按照价值链中商品或服务的生产使用过程，将价值链划分为上游的原材料与资源、中游的生产与制造、下游的销售与服务三个部分，④ 并在具体行业类别中加以对应。在确定价值链甄别的方式之后，可以进一步实证研究不同因素对中国企业跨国并购行为和选择的影响。考虑到被解释变量是企业的行为和选择，故选用离散选择模型中 Probit 模型进行相关实证分析。⑤ 其中二元 Probit 模型［式（1）］针对中国企业跨国并购行为的影响因素研究，多项 Probit 模型［式（2）］则针对中国企业跨国并购类型选择的影响因素研究，具体的计量模型构建如下。

$$Pr(Merger_i = 1) = \varphi_1(\alpha_1 + \beta_1 Company_i + \lambda_1 \ln Economy_i + \tau_1 \ln Market_i) + \varepsilon_i \quad (1)$$

$$Pr(Merger_i = j) = \varphi_2(\alpha_2 + \beta_2 Company_i + \lambda_2 \ln Economy_i + \tau_2 \ln Market_i) + v_i \quad (2)$$

其中 $i = 1、2、3\cdots$ 代表样本观测值，$j = 0、1、2、3$ 代表企业跨国并购标的资产类型（如表 1 所示）。$Merger_i$ 用来衡量企业跨国并购行为和选择，是离散型被解释变量：在二元 Probit 模型中，如果 $Merger_i$ 等于 1 则表示观测期内企业存在跨国并购行为；如果等于 0 表示观测期内企业未发生跨国

---

① Golden W., Powell P., "Exploring Inter-Organizational Systems and Flexibility in Ireland: A Case of Two Value Chains", *International Journal of Agile Management Systems*, Vol. 1, No. 3, 1999.

② Gerffi G., Humphrey J., Sturgeon T., "The Governance of Global Value Chains", *Review of International Political Economy*, Vol. 12, No. 1, 2005, pp. 78 - 104.

③ Sturgeon T., "Modular Production Networks: A New American Model of Industrial Organization", *Industrial and Corporate Change*, Vol. 11, No. 3, 2002, pp. 451 - 496.

④ 这种分类方法参照 UNCOMTRADE 数据库中 BEC 分类，同时借鉴了樊茂清和黄薇（2014）、刘志彪和吴福象（2018）等的分类方法。实际上，在对全球价值链做产业结构分析时，大部分学者仍然按照初级产品和资源产品、制造业和服务业三类进行划分（樊茂清和黄薇，2014，p.62），并对应 GVCs 上中下游的不同位置。再如 Grossman and Rossi-Hansberg (2008)、葛顺奇和罗伟（2015）、刘志彪和吴福象（2018）等也是按照工序来区分不同产业结构下的价值链分布问题。

⑤ 吴伟平、章元、刘乃全：《房价与女性劳动参与决策——来自 CHNS 数据的证据》，《经济学动态》2016 年第 11 期。

并购行为。在多项 Probit 模型中，如果 $Merger_i$ 等于 1、2 或 3 则分别表示观测期内企业发生了资源拓展类、产品加工类和技术服务类跨国并购行为；反之，如果等于 0 则表示观测期内企业未发生跨国并购行为。$Company_i$ 是影响企业跨国并购行为和选择的公司经营相关变量，由于样本选择期内存在负值，所以没有进行对数化处理；$lnEconomy_i$ 是影响企业跨国并购行为和选择的宏观经济相关变量，并且将样本数据采取了对数化处理；$lnMarket_i$ 是影响企业跨国并购行为和选择的资本市场相关变量，同样对数化处理了样本数据。此外，表Ⅲ-4-2 呈现的是中国企业跨国并购标的资产类型的具体划分标准。

表Ⅲ-4-2　　　　中国企业跨国并购标的资产类型的划分

标的资产类型	具体原则
资源拓展类	中国企业跨国并购标的资产涉及行业：贵金属与矿石、电力、金属或者非金属、农产品、煤炭和消费用燃料、石油天然气等资源消耗型行业
产品加工类	中国企业跨国并购标的资产涉及行业：医疗保健设备、饮料生产、食品加工与肉类、家用器具与特殊消费品制造、电子元件生产、机动车零配件与设备等生产加工型行业
技术服务类	中国企业跨国并购标的资产涉及行业：系统软件开发、生物科技、消费品经销商、信息科技咨询与服务、综合支持服务、航空货运与物流、多元金融服务等技术服务型行业

上述模型中，需要考虑以下一些情况。

公司经营状况方面。跨国并购本质上是企业内部决策行为，体现了企业实现长期利润最大化的动机，所以企业在经营过程中的特征决定了跨国并购行为发生的概率。本章选取总资产增长率反映企业成长性和所属行业的生命周期阶段；资产负债率来衡量企业内部对跨国并购行为资金的约束[1]；营业收入现金含量反映企业短期筹措资金参与跨国并购的能力；选取年平均个股回报率来衡量企业的盈利状况，以及投资者对企业经营活动的支持力度。

---

[1] 魏炜、朱青元、林桂平：《政治关联、多元化并购与企业并购绩效》，《管理学报》2017 年第 14 期。

宏观经济环境方面。跨国并购不仅是企业实现长期利润最大化的微观行为，也是资源、市场和技术等价值链条在全球范围内的再配置与再均衡，那么宏观经济环境变迁或冲击将会直接影响企业跨国并购实际意愿。[①] 本章选取国内生产总值（GDP）对数来衡量企业在国内市场发展的潜力与机会；居民消费水平对数反映消费愿望的层级变化；选取高技术产品进口额对数衡量经济内部对技术与服务的实际要求和迫切程度。

资本市场融资、并购成本方面。中国企业参与跨国并购依然以现金支付形式为主，无疑增加了资本市场融资、并购成本对企业财务风险的影响。本章选取一年期 Shibor 加权平均利率的对数反映企业跨国并购行为中获取资金的代价；选取直接标价法下"美元兑人民币"年平均汇率对数作为资本市场并购成本的替代变量；选取社会融资规模增长率的对数来衡量获取资金的难易程度，反映企业跨国并购中的资金总供给。

在上述式（1）和式（2）的基础上，我们引入"一带一路"建设政策的 Policy 虚拟变量，并与不同的影响因素形成交互项，重新构建如下计量模型：

$$Pr(Merger_i = 1) = \varphi_3(\alpha_3 + \beta_3 Policy_i \cdot Factors_i + \lambda_3 Factors_i + \tau_3 Controls_i) + \mu_i \tag{3}$$

式（3）中，$i = 1、2、3\cdots$ 代表资源拓展类、产品加工类和技术服务类的样本观测值。$Policy_i$ 是表示"一带一路"建设政策虚拟变量，政策实施之前取 0 值，即 2013 年以前（包括 2013 年）取 0 值；政策实施之后取 1 值，即在 2013 年以后取 1 值。$Factors_i$ 是在跨国并购选择影响因素中作用显著的变量。资源拓展类是国内生产总值和居民消费水平，产品加工类是人民币平均汇率和社会融资规模增长率，技术服务类是年平均个股回报率和社会融资规模增长率。$Controls_i$ 是除交互项中影响因素变量以外的其他变量，包括公司特征变量、宏观经济变量及资本市场变量。

二 实证结果和结论

表Ⅲ-4-3 呈现的是"一带一路"建设政策对企业跨国并购的调节

[①] 刘莉亚、何彦林、杨金强：《生产率与企业并购：基于中国宏观层面的分析》，《经济研究》2016 年第 3 期。

效应影响的回归结果。我们可以从中得出以下几个方面的结论：

首先，"一带一路"建设不仅有效缓解了国内市场规模对资源拓展类跨国并购的抑制作用，并且显著提高了居民消费能力对资源拓展类跨国并购的促进作用。在模型（1）和（2）中，国内生产总值、居民消费水平在政策实施之后的平均边际效应变为 1.383 和 5.42（交互项系数与影响因素系数的相加）。

其次，"一带一路"建设亦有效缓解了人民币的平均汇率，即并购成本对产品加工类跨国并购的抑制作用。模型（3）中，如果人民币平均汇率提高1%，企业产品加工类跨国并购行为的发生概率相比之前提高了 2.249，相同条件下跨国并购行为更容易实现。同时，社会融资规模增长率的负向影响扩大，代表政策实施后企业主动选择产品加工类跨国并购行为的可能性变大。

最后，"一带一路"建设同样对技术服务类跨国并购行为产生显著影响，重点反映在社会融资规模增长率在政策实施前后的差异上。正如模型（5）所示，政策实施前平均边际效应为 -2.522，但是政策实施后则进一步地减小，说明更多的企业选择技术服务类跨国并购提升自身的竞争力。不过，"一带一路"建设政策对另一个重要影响因素（平均个股回报率）的调节效应并不显著。

表Ⅲ-4-3 "一带一路"建设政策对企业跨国并购的调节效应回归结果

模型	（1）	（2）	（3）	（4）	（5）	（6）
	资源拓展类		产品加工类		技术服务类	
$policy \cdot lngdp_{t-1}$	4.480* (2.711)					
$lngdp_{t-1}$	-3.097* (1.856)					
$policy \cdot lnrcl_{t-1}$		3.835* (2.230)				
$lnrcl_{t-1}$		1.585** (0.758)				

续表

	（1）	（2）	（3）	（4）	（5）	（6）
	资源拓展类		产品加工类		技术服务类	
$policy \cdot \ln exchange_t$			2.249* (1.317)			
$\ln exchange_t$			-2.547** (1.214)			
$policy \cdot \ln sfs_t$				-9.285* (5.120)	-13.51* (7.890)	
$\ln sfs_t$				-1.702** (0.783)	-2.522 (1.738)	
$policy \cdot retr_{t-1}$						0.0355 (0.0343)
$retr_{t-1}$						-0.0167 (0.0327)
公司特征变量	YES	YES	YES	YES	YES	YES
宏观经济变量	YES	YES	YES	YES	YES	YES
资本市场变量	YES	YES	YES	YES	YES	YES
Wald Statistic	20.56	20.56	43.65	43.52	100.55	103.17
PseudoR^2	0.0480	0.0480	0.0551	0.0551	0.1125	0.1115
Observations	357	357	900	900	1350	1350

注：（1）***、**、*分别表示在1%、5%、10%水平上显著；（2）表中系数为Probit模型的平均边际效应，括号内为系数的公司层面聚类稳健标准误。

此外，在"一带一路"建设调节效应的实证研究结果中，可以发现，中国推动的"一带一路"建设能够有效缓解国内市场规模、人民币平均汇率（并购成本）对资源拓展类和产品加工类跨国并购的抑制作用，并且显著提高了居民消费能力对资源拓展类跨国并购的促进作用。在政策实施之后，社会融资规模增长率的负向影响扩大，更多企业主动选择产品加工类和技术服务类跨国并购来增加投资机会，从而提升自身市场竞争力。

第四节　促进中马双边投资的建议

一　中马投资中存在的问题分析

尽管中国企业凭借"入世"契机、"走出去"和"一带一路"建设等优势条件实现对内外投资快速发展，并且马来西亚放宽外商投资准入为华商投资创造了良好的环境，但是目前国内因素和国际因素都制约着双方的自由往来，中国和马来西亚之间的双边投资仍然存在许多问题。

（一）国际规则的变化为投资双方带来不确定性

国际经贸规则的目的是保证进行贸易往来的各国利益的绝对公平和优惠，目前中国已和24个国家或地区签署了16个自由贸易协定，辐射"一带一路"建设，面向全球，国际规则为中国开展国际贸易、投资合作提供了一个广阔的空间，为中国的对外贸易投资关系的发展发挥了重要的作用。[1] 其中中国与马来西亚所属的东盟合作密切，签署多份贸易协定。近年来国际规则变化的趋势从双边投资条约逐渐过渡到区域和次区域层面的领域，如亚太地区的"跨太平洋伙伴关系协定"（TPP）、"区域全面经济伙伴关系协议"（RCEP）和中日韩自贸区并行的区域合作谈判格局；美国的北美自由贸易协定（NAFTA）。新的国际规则也从普通的商品和服务扩展到知识产权、环境卫生等项目，这些变化将带给中国和马来西亚巨大的挑战。商品与劳务和知识产权结合在一起，可能导致准入门槛升高、贸易壁垒、贸易保护等问题，并且在国内和国外都会出现新的监管体系，导致中马投资面临新的挑战。

（二）对外投资缺乏有效的宏观指导

对外投资的宏观指导并非由计划经济制定，而是以市场需求为导向，明确鼓励和支持企业进行对外投资。对于一个国家的产业结构和整体世界的专业化分工来说，这是非常重要的，缺乏引导的投资将导致资源的过度浪费，配置无法达到最优化。中国对于海外投资并没有明确的指导方向，进行海外投资时步骤烦琐：首先企业应向省级发改委申请，省级发改委审

---

[1]　中国新闻网：《商务部：中国已和24个国家或地区签署16个自由贸易协定》，http://www.chinanews.com/gn/2018/03-11/8464997.shtml。

核报国家发改委批准；其次企业通过省级商务部门向商务部提出申请，获得商务部门的核准，取得中国企业境外投资证书；然后企业需到外管局办理外汇登记，凭境外直接投资主管部门的核准文件和境外直接投资外汇登记证，在外汇指定银行办理境外直接投资资金汇出手续以将外汇汇出中国。[1] 各个文件审批不迅速，程序过于复杂，并且过程不具有100%的透明度，比起世界上其他成熟的投资体来说略有欠缺。中国对外投资缺乏有效的引导同时使得中国与马来西亚之间的投资出现产业冲突，双方未能充分利用比较优势。

（三）两国对绿色环保提出更高要求

以往母国对东道国进行投资时，一直是利益导向，得到巨大财富的同时也伴随着严重的环境破坏，使得人类生态极度不平衡。随着环保意识的增强，每个国家都知道绿色资源的重要性，因此环境资源保护也成为每个国家的首要职责。中国的改革开放事业取得了巨大的成就，但是也存在忽略保护环境的问题，在进行对外投资和发展时未能侧重绿色化，在国际上遭受众多批评。自2013年习近平主席提出"一带一路"建设，在海外投资时注意环境保护就是其中的重要议题。土地荒漠化、淡水资源危机、垃圾成灾等问题严重制约一个国家的经济，事实证明，由于企业缺乏妥善管理，忽略环保的重要性，因而投资失败的例子不在少数。在中国海外投资案例中，就有对缅甸投资的"密松大坝"项目，价值2200亿元人民币，但由于破坏了当地自然景观而被缅甸政府叫停，造成双方巨大损失。因此，在时刻注意环保的基础上，如何更好地进行投资与发展是中国和马来西亚都需要考虑的问题。

（四）政治法律风险增加

政治风险指的是突发性政治事件导致东道国的投资环境发生变化，直接影响了投资的数量和质量。例如蒙古国制定政策吸引海外商人到矿产行业进行投资，但是随后爆发了"资源民族主义"浪潮，导致蒙古国制定了颇多排外的法规，限制了企业的发展，也给已经投资的企业带来损失。当前国际政治局势动荡，尤其是2020年新冠疫情的暴发间接导致世界经

---

[1] 东巢财务咨询：《境内企业对外投资基本程序及步骤》，https://www.sohu.com/a/272413117_552253。

济停滞不前，正常的经济运行流程暂时搁浅，对投资造成巨大的影响和损失；其次，各国产生严重的排华情绪，这些情绪将影响后续中国与其他国家的发展与合作。法律风险是指法律制度的不完善导致母国或是东道国的企业遭受法律纠纷，法律制度不健全的问题主要发生在一些发展中国家以及转型国家。作为发展中国家，中国在对外投资和外商投资保护方面的法律并不健全，对外投资法律制度有待完善更新。"一带一路"建设提出后，经济政策不断地修改调整，法律法规也随之变动，投资企业因此充满不确定性，降低了投资活力。

二 对策建议

马来土著对中国的投资积极性不高、贸易受政治波动影响、贸易产品结构类似等问题也值得注意。综合中国和马来西亚投资往来的实证，以下就对上述问题作出相应的对策建议。

（1）积极提升马来西亚在东南亚和"一带一路"建设中的重要作用，拓展双边贸易和投资新空间。中国与东盟国家联系紧密，尤其"一带一路"建设的提出有力地推进了中国与沿线国家开拓双向市场，降低投资和贸易成本。马来西亚作为不可或缺的东盟成员国及"一带一路"建设合作国，拥有发达的高速公路网络，主要城市中心、港口和重要工业区均有高速公路连接，是东南亚重要的空中枢纽之一，应稳步提升其重要作用，才能为双方企业创造更多商机。充分发挥两国比较优势，增加贸易互补性，扩大双方投资和优势产业合作。中国和马来西亚的产业链位置都属制造业，从出口结构来看，产品具有竞争性。中国近年来着力推进经济转型，然而经济转型是一个漫长的过程，在未来的时间内中马之间产业结构将存在一定的相似度，必须调整贸易合作的角度。马来西亚土地资源丰富，目前在资源性产品，如矿产品、木材、橡胶、原油和机电产品中零部件类，如微电子、二极管方面具有较强的比较优势，在其他产品方面具有比较劣势。因此，双方应充分利用好自身的比较优势，增强贸易互补性，共同推进优势产业的建立。

（2）加强民生重大基础设施合作。中马两国在合作方面逐步走向新的层次与领域，尤其是对外承包工程方面。如巴贡水电站是马来西亚最大的水电项目，也是中国水电在海外承运的最大桩基容量水电站。马来西亚政府发布的第十一个五年计划，特别提出要建立一系列重大基础设施计划，包括公路、交通、水电、电信设施等，总金额高达 1500 亿林吉特。2015 年至今中国多次集中吸引马来西亚投资以建设民生基础设施，项目分属房地产、电力、热力、燃气、采矿等，也有大楼建造项目等。数量并不多，但每个项目的金额都较为庞大。总的来说，马来西亚现有的基础设施能够很好地为社会及外来投资者提供服务，同时重大基础设施建设计划以及更新改造计划也能给外来投资者创造良好的合作机遇。在互惠互利的基础上，中国和马来西亚继续加强民生重大基础设施合作，将有利于双方社会发展与经济繁荣。

（3）进一步加强贸易关系，推动双边贸易再上新台阶。中马双边贸易额逐年创历史新高，中国是马来西亚最大、最稳固的贸易伙伴，也是马来西亚第二大出口贸易伙伴（仅次于新加坡）和第一大进口来源地。中马之间要加强贸易联系，降低关税壁垒仍然是主要措施。两国都对进口商品给予不同程度的税收政策，因此尚有改善空间。双方应进一步降低税率，促进本国进口与出口双增长，在互惠互利的基础上，努力消除非关税贸易壁垒，有利于两国之间资源的优化配置，巩固双边贸易纽带。

（4）继续加强环保意识，实现绿色投资。绿色可持续发展是人类共同的课题，只有保护资源、建设良好的环境，才能使得合作双方一起长久发展、立足于将来坚实壮大国家。中国和马来西亚应当持续保持高度的环保意识，在对外投资时注意相关绿色产业，对于重污染、破坏生态平衡的项目要加以限制；严格审批各个项目，严谨评估项目可行性及对环境造成危害的可能性；同时制定法律法规规范企业投资行为，对于违反法律法规的企业和个人，给予严厉的惩罚；大力鼓励企业对外投资环保行业，给予外商对本国投资的环保项目一定的关税优惠或者政策支持。

（5）淡化种族边界，摒弃政治因素对双边投资的影响。马来西亚是族群与政党相结合的国家，有 741 万左右的华人群体，然而许多投资政策仍大大保护当地土著权益，华人群体缺少政府的支持，不利于吸引外资。马来西亚应淡化种族边界，促进民族间团结和谐，实现共同繁荣发展。同时，中国将投资不局限于华裔，要鼓励企业以利益导向为主，积极与马来各种族之间进行投资与贸易合作，制定平等优惠政策。领海岛屿争端不应该成为阻碍中马关系发展的因素，双方应当秉持"国际准则"，共同维护南海和平与稳定。尤其在美国"重返亚太"战略下，美利用中国周边个别国家对中国发展的疑虑对中国进行一系列压制，国际政治局势波动不定，两国必须解决政策、安全问题，以营造出合适的投资环境。

第五章　基础设施合作的影响因素及前景
——以东铁为例

2013年9月和10月，中国国家主席习近平先后提出"丝绸之路经济带"和"21世纪海上丝绸之路"两项倡议，共同组成了"一带一路"倡议，大力推进对沿线国家基础设施建设的投资。在中国大力推进"一带一路"倡议的过程中，马来西亚积极回应了中国的倡议，"它不仅积极参加了该倡议，还通过一系列会议推动该倡议"。[1] 马来西亚前首相马哈蒂尔受邀参加了中国主办的第二届"一带一路"国际合作高峰论坛，并在开幕式上发表致辞，他是唯一一位受邀在高峰论坛上致辞的东南亚领导人。因此，马来西亚和柬埔寨、老挝一起被誉为最支持中国"海上丝绸之路"倡议的三个国家。[2] 对中国来说，马来西亚是中国基础设施投资重要目的地，是中国"一带一路"倡议最大单体基础设施项目——马来西亚东海岸衔接铁道（东铁）的所在地；对马来西亚来说，中国是马来西亚的外来直接投资（FDI）最大来源地，中国投资马来西亚的基础设施项目对当地有着广泛且深远影响。

东铁项目是由马来西亚铁路衔接有限公司（马铁）和中国交通建设股份有限公司（中国交建）联合承建。该项目自2017年8月9日启动，中间历经2018年7月3日停工、2019年4月12日复工，目前正在顺利施

---

[1] Prashanth Parameswaran, "China, Malaysia Mull Dispute Resolution for Belt and Road Countries", https://thediplomat.com/2016/09/china-malaysia-mull-dispute-resolution-for-belt-and-road-countries/.

[2] Shaofeng Chen, "Regional Response to China's Maritime Silk Road Initiative in Southeast Asia", *Journal of Contemporary China*, No. 27, 2018, p. 348.

第五章　基础设施合作的影响因素及前景　605

工中，有望于 2026 年 12 月 31 日最终完成。2017 年项目动工时，项目前两个阶段里程共 688 千米，项目价值总金额 655 亿林吉特（约 1046 亿元人民币），共 24 个站点；2019 年项目复工时，项目前两个阶段里程调整为 648 千米，共 20 个站点，连接东海岸的吉兰丹州（Kelantan）、登嘉楼州（Terengganu）、彭亨州（Pahang）、森美兰州（Negeri Sembilan）、雪兰莪州（Selangor）和布城联邦直辖区（Putrajaya），可以将最北端站点哥打巴鲁（Kota Bharu）和布城之间的旅行时间缩短至大约四个小时，旅客列车时速为 160 千米每小时。

东铁项目对马来西亚和中国来说都有着重要的战略意义。对马来西亚来说，东铁建设有助于改变国内东海岸公共交通不发达的现状，链接马来西亚东部和西部，改变马来西亚当今的铁路运输版图；[①] 东铁建设还有助于东海岸各州经济增长，平衡马来西亚东西两岸经济差距，改变马来西亚的经济—社会版图。[②] 对中国来说，东铁是中国计划构建的泛亚铁路网中不可或缺的组成部分，泛亚铁路网的西线、中线和东线在曼谷会合后如果还需再往南延伸，东铁是重要的必经路线之一。东铁启动、停工、复工的过程中，中国和马来西亚两国政府以及马铁和中国交建两家企业都全面参与了项目的谈判和实施。两家企业在企业层面采取了积极的可操作措施，推动东铁顺利复工。除此之外，中马两国贸易（特别是双边棕榈油贸易）和投资关系也深深地影响了该项目的顺利进行。本章将以东铁为案例，探讨影响中马基础设施合作的影响因素，并对中马合作基础设施项目做前瞻分析。

本章的主要研究问题有两个：第一，在东铁项目实施过程中，影响中国和马来西亚基础设施合作的因素是什么？第二，中国和马来西亚合作基础设施建设的前景如何？为了解答第一个研究问题，本章又将其分为三个小问题：(1) 在政府层面，马来西亚和中国两个国家的政策如何影响了东铁项目实施？(2) 在企业层面，马铁和中国交建两家企业的决策如何影响了东铁项目实施？(3) 在中马双边关系层面，

---

① https：//www.thestar.com.my/news/nation/2019/04/19/daim-renegotiated-ecrl-offers-plenty-of-opportunities-to-local-contractors/#eLVaBsGy3pC82bWm.41.

② https：//www.bernama.com/en/news.php?id=1718133.

双边的贸易关系和投资关系如何影响了东铁项目实施？在国家层面，马来西亚内部政府换届，纳吉布政府和马哈蒂尔政府针对东铁分别制定了不同政策，导致东铁临时停工长达十个月，严重影响了东铁的施工进度。尽管最初协议的签订可能受到马来西亚纳吉布政府贪腐的影响，双方的协议存在明显的缺陷。但是在后期谈判签订补充协议的过程中，中国政府不强制要求马来政府和马铁承担停工的赔偿款项，还允许马来西亚政府和马铁针对东铁重新谈判，允许东铁项目调整路线、降低成本等动作，促成了东铁的复工和后续的顺利施工。在企业层面，中国交建向马铁让利，通过谈判降低东铁的总价和平均单价，在东铁复工后与马铁联合成立合资公司（Joint Venture），共同负担东铁建成后的管理、运作和维修成本，这些措施均促成了东铁的复工。在中马关系层面，双方的贸易和投资关系也一度成为双方利用的杠杆，间接影响了东铁停工和复工。特别是双方在棕榈油方面的贸易，成为影响东铁进度的重要间接因素。关于第二个研究问题，本章将从马来西亚内部南北线路之争以及马来西亚当地参与率两方面来分析东铁的前景。自东铁项目启动，马来西亚政府内部一直存在着北部路线和南部路线的争执，这种争执一直持续到现在，严重耽搁了东铁项目C段路线的施工。同时，马来西亚强烈要求将东铁项目的当地参与率从30%提高到40%，但马来西亚在东铁沿线却没有足够合格的企业和工人，这也给东铁项目的前景带来极大不确定性。

在论述过程中，主要采取文献分析的方法，资料主要来自媒体关于东铁项目的报道、东铁官网关于项目的报道和学术文献三方面。由于目前该项目正在进展当中，本章关于东铁的项目进展报告资料截至2020年12月31日；学术文献也同样截至这个时间。此外，在分析中马贸易和投资双边关系层面的影响因素时，分别从联合国商品贸易统计数据库（UN Comtrade）和东盟统计数据门户搜集中马自2008年以来的棕榈油贸易量和双边FDI流量的数据，采用定量分析的方法对这些数据进行分析，以探讨他们对东铁项目的间接影响。

本章共分四部分。第一部分从马来西亚和中国两个政府层面探讨影响东铁项目进展的因素；第二部分从马铁和中国交建两个企业层面分析影响东铁项目进展的因素；第三部分从中马棕榈油贸易关系和基础设施投资关系层面研究影响东铁项目进展的因素;第四部分从马来西亚内部关于东铁项目的南北路线之争和当地参与率两方面展望东铁的前景。

第一节 政府层面的影响因素

首先,在东铁项目中的确比较难以明确区分政府层面的和企业层面的影响因素。这主要是因为:一方面,承建东铁的马铁和中国交建都是直接隶属于两国政府的国企和央企,很大程度上他们贯彻的都是各自政府的意志。其中马铁是马来西亚政府全资拥有的"财政部有限公司的全资子公司,是东铁项目和资产的所有者;[①] 中国交建是中国交通建设集团的子公司,是"东铁项目的设计、采购、施工、试运承包商"。[②] 作为两国政府的国企和央企,很大程度上马铁和中国交建在东铁项目上贯彻的都是各自政府的意志。另一方面,东铁项目对马来西亚和中国来说意义都非常重大,两国政府领导人,如马来西亚前总理纳吉布、马哈蒂尔以及现任总理穆希丁和中国国家主席习近平,都曾直接或间接关心东铁项目的进展,而这些关心都是通过马铁和中国交建两家企业的实际操作实现的。2016 年 5 月,习近平曾委派时任中央政法委书记的孟建柱作为特使出访马来西亚,会见马来西亚当时的总理纳吉布,多方关心东铁项目,这间接推动 2016 年 11 月马铁和中国交建签订东铁项目的框架合同,启动东铁项目;2018 年 5 月,马哈蒂尔上台后,立即解散曾经负责东铁项目的政府部门——陆路公共交通委员会,将其原来承担的陆上公共交通的权利包括铁路的规划等收归首相署掌控;此外,马哈蒂尔曾在多个公共场合对东铁项目进行过项目造价、金融安排、项目合作模式等方面的批评。这些动作直接导致后来 2018 年 7 月 3 日马铁致函中国交建,告知东铁项目临时停工。所以说,在讨论影响东铁项目进展的因素时,很难明确区分政府层面和企业层面的因素。

[①] http://www.mrl.com.my/en/press-release-works-on-tunnels-and-viaducts-take-centre-stage-with-relaunch-of-ecrl-project/.

[②] http://www.mrl.com.my/en/press-release-works-on-tunnels-and-viaducts-take-centre-stage-with-relaunch-of-ecrl-project/.

但是，在承认马铁和中国交建很大程度上贯彻了各自政府意志的同时，我们还必须认识到，马铁和中国交建的意志与各自政府并不是完全一致的。政府的意志更多地体现为地缘政治和地缘经济方面的顶层设计，而企业的意志包括了对经济利益最大化的考量，毕竟这才是企业的根本性质。在实际操作层面，比如东铁项目的当地参与率方面，再比如2019年4月项目重启后马铁和中国交建合作成立的合资公司的利益分配方面等，这些统统体现了两家企业对于东铁项目利润和利益的倾向性考虑。因此，本文为了细致探究东铁项目进展的影响因素，将分别从政府和企业两个层面进行考量。考虑政府层面的影响因素时，又分为马来西亚政府方面的因素和中国政府方面的因素。

一　马来西亚政府方面的影响因素

就马来西亚政府而言，不同任期政府对东铁项目的顶层规划不同，这是影响东铁项目的启动、停工和复工的决定性因素。自2016年东铁项目启动，该项目先后经历了纳吉布政府时期（自项目启动到2018年5月）、马哈蒂尔政府时期（2018年5月到2020年2月）和穆希丁政府时期（2020年2月以来）。不同任期政府对东铁有着不同的顶层设计，特别是纳吉布政府时期和马哈蒂尔政府时期，两届政府对东铁项目有着南辕北辙的考虑和规划。东铁项目于2017年8月动工，当时采用了纳吉布政府的规划；2019年4月调整复工后，采用了马哈蒂尔政府的规划；2020年2月穆希丁政府上台后，很大程度上仍然沿用了马哈蒂尔政府的规划。表Ⅲ-5-1给出了马铁和中国交建在2016年11月签订的最初协议和2019年4月签订的补充协议的内容，以对比纳吉布政府时期东铁项目启动时的规划和马哈蒂尔时期东铁项目调整后的规划，从中能够发现两任政府对东铁项目的造价、里程、路线、金融安排和完工时间等有着截然不同的规划。

马哈蒂尔上台前就对东铁项目颇有微词，上台后他更是对纳吉布时期启动的东铁项目持有诸多批判，主要表现在以下三点：

第五章 基础设施合作的影响因素及前景   609

表Ⅲ-5-1   东铁项目调整前后的不同规划

		纳吉布政府时期	马哈蒂尔政府时期
1	造价	655亿林吉特	440亿林吉特
2	里程	688千米	648千米
3	路线	北线，共分三阶段： 第一阶段：巴生港（Klang）—关丹港（Kuantan） 第二阶段：关丹港—瓜拉登嘉楼（Kuala Terengganu） 第三阶段：瓜拉登嘉楼—哥打巴鲁（Kota Bharu）	南线，共分ABC三段： A段：哥打巴鲁—龙运（Dungun） B段：龙运—文德甲（Mentakab） C段：文德甲—巴生港
4	金融安排	85%的资金由中国进出口银行提供贷款，年利率3.25%	返还部分已经拨付的款项
5	完工时间	2024年6月30日	2026年12月31日

说明：2019年4月马铁和中国交建重新谈判东铁里程和造价的时候，双方仍然以纳吉布政府时期的三阶段路线为基础；2019年11月后在相关的报道中才明确见到ABC三段工程的重新划分，参见http://www.mrl.com.my/en/ecrl-gets-green-light-for-kota-baru-dungun-realignment/；http://www.mrl.com.my/en/ecrl-project-to-unveil-proposed-kota-bharu-dungun-realignment-coming-monday；http://www.mrl.com.my/en/public-inspection-of-ecrls-new-mentakab-port-klang-alignment-starts-14-january/。

资料来源：作者根据马铁的东铁项目网站http://www.mrl.com.my的公开资料整理。

第一，马哈蒂尔认为，针对东铁项目"上届政府没有进行公开招标，而是将其直接交给基于政府对政府（G2G）安排的（中国）公司"，[1] 马铁和中国交建在2016年11月签订的设计、采购、施工、试运（Engineering, Procurement, Construction & Commissioning /EPCC）合同中，多项技术、价格和经济效益等不透明。

第二，马哈蒂尔认为东铁项目前两个阶段的总价655亿林吉特"这个

---

[1] Martin Carvalho, Hemananthani Sivanandam and Rahimy Rahim, "Dr. M: Daim Chosen to Head ECRL Negotiations with China due to His Expertise", https://www.thestar.com.my/news/nation/2019/03/20/dr-m-daim-chosen-to-head-ecrl-negotiations-with-china-due-to-his-expertise/.

打包价，要价高昂且不合理"。① 据马哈蒂尔估算，东铁前两个阶段共 688 千米的工程造价应在 344 亿—413 亿林吉特之间，② 他们希望"等到一个对马来西亚来说更公平的交易"，③ 然后再复工。

第三，马哈蒂尔对东铁项目的金融安排非常不满意。一方面，东铁项目总额 655 亿林吉特的 85% 由中国进出口银行贷款，但这笔高达"550 亿林吉特的贷款被存放在国外，然后直接拨付给中国的建筑公司"。④ 马哈蒂尔认为这极其不合理。另一方面，东铁项目的工程付款方并非按照工程进度付款，而是按照已定下的时间表付款，马哈蒂尔认为这也不合理。

基于以上三点考虑，马哈蒂尔甫一上台就紧急叫停了东铁项目。当时项目已经进展了约 10%。根据协议，如果项目完全停工，马来政府需要支付高达 217.8 亿林吉特的赔偿金，这会令马来西亚政府不堪重负。于是，在原有 EPCC 协议的基础上，马来西亚和中国方面进行了重新谈判。2019 年 4 月 12 日，马铁和中国交建签订 EPCC 协议的补充协议，为东铁项目的复工和顺利实施铺平道路。穆希丁政府上台后，除了东铁项目的 C 段路线还存在南北路线之争以外，基本上沿用了马哈蒂尔政府时期对东铁的规划。由以上的分析可以看出，马来西亚前后三届政府，特别是纳吉布政府和马哈蒂尔政府时期，由于不同政府对东铁项目有着不同规划，这直接决定性地影响了东铁项目的动工、停工和复工。

二 中国政府方面的影响因素

从短期看，马来西亚政府方面的决策直接影响了东铁项目的进展；但是，从长期看，中国政府方面的决策也影响了东铁项目的进展。中国对东南亚的基础设施建设特别是交通次行业的建设有着长远规划。在东南亚构建泛

---

① "Press Statement by Yab Prime Minister Tun Dr. Mahathir Bin Mohamad on East Coast Rail Link (ECRL) Project", http：//www.mrl.com.my/en/press-statement-by-prime-minister-on-ecrl/.

② Ho Wah Foon, "ECRL Deal with China to Include Palm Oil Buy", https：//www.thestar.com.my/business/business-news/2019/04/08/ecrl-deal-with-china-to-include-palm-oil-buy/.

③ Alifah Zainuddin, "All is Not Lost for ECRL, Experts Say ahead of PM's 2nd Visit to China", https：// themalaysianreserve.com/2019/02/20/all-is-not-lost-for-ecrl-experts-say-ahead-of-pms-2nd-visit-to-china/.

④ The Edge Malaysia, "Mahathir Says the ECRL Project Contract is Strange", https：//www.theedgemarkets.com/article/mahathir-says-ecrl-project-contract-strange.

亚铁路网一直是中国政府加强对东南亚投资基础设施的首要目标。中国政府采取积极主动姿态竞标东铁项目，并在东铁项目遭遇困难中途停工的情况下，采取措施推动东铁项目复工，这从积极的方面影响了东铁项目的进展。

一方面，中国政府在东铁项目竞标过程中采取积极主动姿态。2016年3月，马来西亚陆路公共交通委员会公布东部沿海铁路线项目计划。当时，中国、日本、德国等均有意竞标该项目。中国政府层面更是采取积极主动姿态，准备承建该项目。2016年5月，习近平主席委派时任中央政法委书记的孟建柱作为特使，出访马来西亚，会见马来西亚当时的总理纳吉布。在此次会面过程中，孟建柱积极"敦促他（纳吉布）向前推进吉隆坡—曼谷高铁线计划"，[1] 纳吉布当时答复说："马来西亚已经做好准备，与中国和泰国迅速展开可行性研究，考察吉隆坡—曼谷高铁和（马来西亚）东部沿海铁路线的可能性。"[2] 这次会面对吉—曼高铁项目并没有起到多大作用，因为这次会面之后，该条铁路线依然止步不前。但是此次会面对后一个项目——马来西亚东铁项目产生了积极的推动作用。此次会面后不久，马来西亚政府决定不对东铁项目公开招标，而是直接将项目交给中国交建承建。2016年11月，马铁和中国交建签订东铁项目融资和建设框架协议，由中国交建承建东铁项目。

另一方面，中国政府在东铁项目面临停工的严峻时刻，积极采取措施，推动东铁早日复工。2017年7月，东铁项目破土动工。2018年5月，项目进展约10%的时候，马来西亚政府换届，马哈蒂尔上台，东铁项目被迫在2018年7月临时停工。面对项目临时停工的情况，中国政府积极询问马来西亚方面的意图和要求，主动邀请马来西亚新任总理马哈蒂尔参加2019年4月举办的第二届"一带一路"国际合作高峰论坛。对此，马哈蒂尔热情回报。马哈蒂尔是第一位确定出席第二届"一带一路"国际合作高峰论坛的国家领袖。紧接着，在论坛举办期间，中国邀请马哈蒂尔在国际合作高峰论坛开幕式上致辞并发表主旨演讲，马哈蒂尔是唯一一位受中国邀请在高峰论坛上发表讲话的东南亚领导人。中国一系列紧锣密鼓的积极主动操作，

---

[1] Dragan Pavlicevic & Agatha Kratz, "Testing the China Threat Paradigm: China's High-speed Railway Diplomacy in Southeast Asia", *The Pacific Review*, Vo. 31, No. 2, 2017, p. 156.

[2] Jastin Tarmizi, "Malaysia-China Joint Military Collaborations to Tackle Threat", https://www.thestar.com.my/news/nation/2016/05/25/malaysia-china-looking-to-further-joint-collaboration.

鼓舞了马哈蒂尔的决心，他决定通过重新谈判继续东铁项目，而不是按照合同支付217.8亿林吉特的赔偿金后彻底终止东铁项目。所以，如果说马来西亚不同政府对东铁的不同规划直接导致了东铁项目的启动和停工，那么，中国政府采取积极主动姿态参与东铁项目，并在项目遭遇临时停工后，允许马来西亚政府进行重新谈判，而不是机械地按照合同要求高额赔偿，中国政府对马政府的积极举措是东铁项目得以复工的重要因素。

第二节　双边关系层面的影响因素

中国是马来西亚最大的贸易伙伴，也是马来西亚最大的 FDI 来源地，双边的贸易和投资关系间接影响了中马之间这个最大的基础设施合作项目——东铁项目。就双边的贸易关系而言，近十余年来，中国一直是马来西亚最大的贸易合作伙伴。除 2016 年，马来西亚一直是中国在东南亚地区最大的进口来源国。中国这个巨大的市场对马来西亚非常重要。所以在 2018 年下半年和 2019 年上半年中马为东铁重新谈判期间，马来西亚一直强调："无论结果如何，在这个不确定的经济时期，我们不能激怒中国，因为中国是重要的贸易伙伴。"[1]事实上，在东铁项目实施过程中，中马双边贸易，特别是棕榈油贸易，成为影响东铁的间接因素。对马来西亚来说，东铁项目成为向中国更多出口棕榈油的杠杆；对中国来说，中国的棕榈油进口在马来西亚和印尼之间游走，东铁项目成为中国从马来西亚更多进口棕榈油的杠杆。所以双方的棕榈油贸易成为影响东铁项目进展的间接因素。就双边的投资关系而言，中国是马来西亚最大的 FDI 来源地，马来西亚依赖中国对马来西亚的投资，特别是基础设施方面的直接投资。马来西亚是中国"一带一路"倡议最大单体项目——东铁的所在地。双方的投资关系直接影响了东铁项目的实施。

一　中马双边棕榈油贸易关系与东铁进展的相互影响

印尼和马来西亚是世界上第一大和第二个大棕榈油生产国；同时，印

---

[1] Peng Nian, "Restarting ECRL Project Benefits both Malaysia and China", https://news.cgtn.com/news/3d3d514d334d6a4e33457a6333566d54/index.html.

尼和马来西亚也是全球第一大和第二大棕榈油出口国。联合国商品贸易统计数据库显示，2019年，印尼向全世界出口2828万吨棕榈油，合计147亿美元；马来西亚向全世界出口1520万吨棕榈油，合计83亿美元。在全世界的出口目的地中，欧盟和中国分别是第二大和第三大出口市场。但近年来，欧盟针对马来西亚和印尼的棕榈油产品在WTO框架内以环境问题提起诉讼，并决定将于2030年全面禁用棕榈油产品。于是，中国成为马来西亚和印尼激烈竞争的一个棕榈油产品的出口目的地。对马来西亚来说，东铁成为马来西亚向中国多出口棕榈油产品的一个杠杆。对中国来说，棕榈油贸易成为东铁项目的一个杠杆，一旦东铁项目受阻，中国就转而更多从印尼进口棕榈油贸易，减少与马来西亚方面的棕榈油贸易。

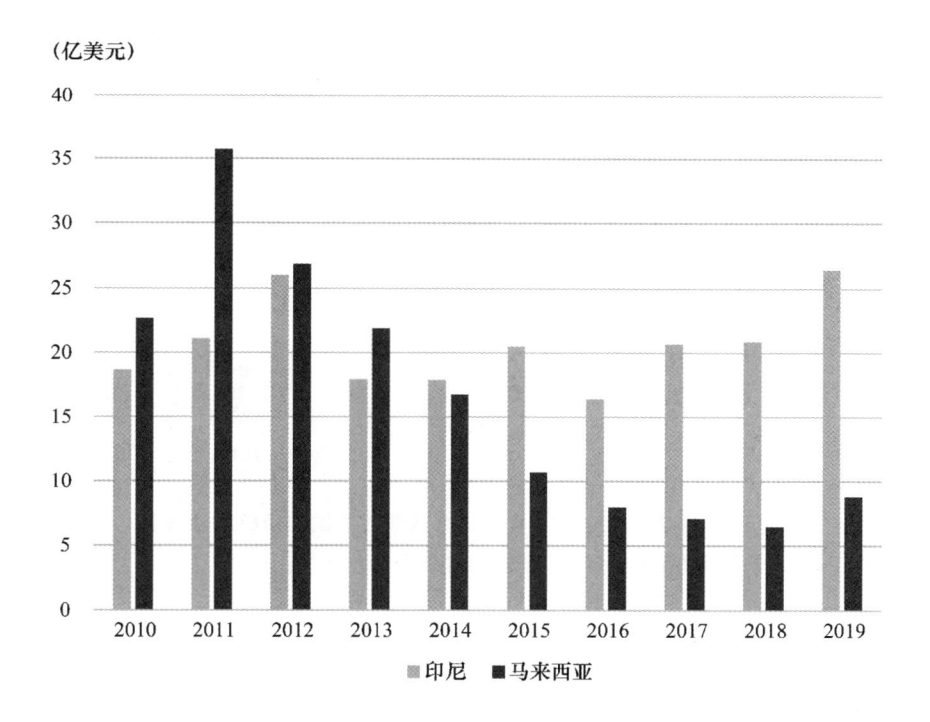

图Ⅲ-5-1 2010—2019年印尼和马来西亚对中国出口棕榈油及相关产品贸易量

资料来源：联合国商品贸易统计数据库（经作者整理计算）。

图Ⅲ-5-1给出了2010年到2019年印尼和马来西亚分别向中国出口

棕榈油产品的贸易量。其中明显能够看出，2014年是印尼和马来西亚对中国棕榈油出口趋势的一个分水岭。2014年以前，马来西亚向中国出口更多的棕榈油；2014年以后，印尼向中国出口的棕榈油产品多于马来西亚。为了扭转这一局势，纳吉布政府曾经在2016年中国和马来西亚谈判东铁项目的时候，表示希望中国能够更多从马来西亚进口棕榈油。2016年11月纳吉布访华期间，中国国家主席习近平曾向其承诺："将无上限向马来西亚购买棕榈油。"[①] 然而，这一承诺却因为2018年5月马来西亚单方面决定暂时停工东铁项目并未得到兑现。2018年，中国继续减少对马来西亚棕榈油的采购量，增加对印尼的采购，以此为杠杆，向马来西亚方面施加压力，希望马来西亚在东铁项目上采取积极措施。

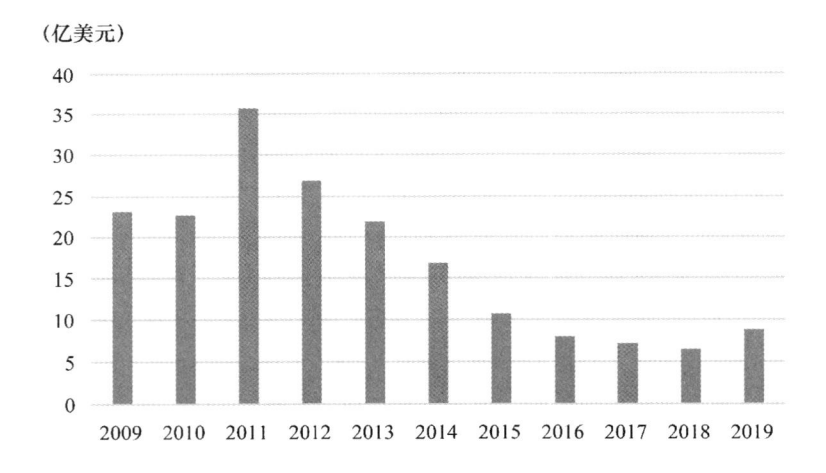

图Ⅲ-5-2　2009—2019年马来西亚对中国出口棕榈油贸易

资料来源：联合国商品贸易统计数据库（经作者整理计算）。

图Ⅲ-5-2给出了2009到2019年间马来西亚对中国出口棕榈油的贸易量。这十余年间，马来西亚对中国出口的棕榈油贸易有两个重要的趋势节点。第一个节点是2011年，可以看出自从2008年国际金融危机之后，马来西亚和中国的棕榈油贸易呈现了两年相对稳定的趋势，然后到2011

---

① Ho Wah Foon, "ECRL Deal with China to Include Palm Oil Buy", https：//www.thestar.com.my/business/business-news/2019/04/08/ecrl-deal-with-china-to-include-palm-oil-buy/.

年达到了这十年间的最高峰。当年，马来西亚对中国出口的棕榈油及相关产品价值额超过 35 亿美元。从 2012 年一直到 2018 年，马来西亚对中国出口棕榈油贸易呈现快速、稳定、下降趋势，2018 年达到十年来最低点。当年，马来西亚只对中国出口了 5 亿多美元的棕榈油及产品。这与东铁的停工密切相关。2018 年 8 月，东铁停工后，中国继续减少其对马来西亚棕榈油商品的进口，中国希望以此向马来西亚施加压力，敦促其尽快推动东铁项目复工。第二个节点是 2019 年，这一年马来西亚对中国出口的棕榈油产品贸易呈现逆转趋势，从原来的快速、稳定、下降趋势转为上升趋势。当年，马来西亚向中国出口了大约 9 亿美元的棕榈油及相关产品。这说明，2019 年是中马棕榈油贸易的新起点。可以预测，只要东铁顺利推进，这样的趋势大概至少可以持续到 2026 年东铁完工。

2019 年是中马棕榈油贸易的新起点，这恰恰与东铁项目重启的时间吻合。2019 年 4 月，马来西亚和中国进行东铁重新谈判期间，曾经多次表示，希望"中国对购买马来西亚商品，尤其是棕榈油和橡胶，做出更多承诺";[1]"马来西亚希望得到中国对其棕榈油产品的持续支持"。[2] 虽然谈判期间，中国政府坚持不将东铁项目和棕榈油贸易混为一谈,[3] 但马来西亚的这一提议的确得到中国的重视和支持。2019 年 4 月 18 日，中国驻马来西亚大使在一次媒体圆桌会议公开表示：中国"将购买更多马来西亚棕榈油及相关产品"。[4] 随后，4 月 25 日，习近平和马哈蒂尔会面的时候，表示"中国（愿意）签订协定，向马来西亚再额外购买 190 万吨棕榈油"。[5] 190 万吨的数量相当可观，超过了 2015—2018 年马来西亚向中国出口棕榈油每一年的年度数量。东铁复工，是当年马来西亚对中国出口棕榈油产品转降为升的间接和根本原因。

---

[1] http：//www.mrl.com.my/en/ministry-hopes-ecrl-will-have-more-local-content-teresa-kok/.

[2] http：// www. mrl. com. my/en/jv-model-commits-china-firm-to-long-term-ecrl-sustainability-says-deputy-minister/.

[3] http：//www.mrl.com.my/en/daim-gombak-stop-erased-from-ecrl/.

[4] Ho Wah Foon, "Expect Influx of Investment with ECRL Revived, Says China Ambassador", https：// www. thestar. com. my/news/nation/2019/04/18/expect-influx-of-investment-with-ecrl-revived-says-china-ambassador/.

[5] Ho Wah Foon, "Malaysia Set to See New Wave of China FDI", https：//www. thestar. com. my/news/nation/2019/05/05/malaysia-set-to-see-new-wave-of-china-fdi/.

所以说，东铁项目的停工和复工与马来西亚对中国出口的棕榈油贸易互相影响的。一方面，东铁停工间接造成马来西亚对中国出口的棕榈油贸易下降。另一方面，东铁项目复工间接造成了马来西亚对中国棕榈油商品贸易增加。2019年4月东铁项目复工后，中国增加了从马来西亚进口棕榈油产品，这大大缓解了马来西亚丢失欧盟这个第二大棕榈油产品市场的压力。

二 中马双边FDI关系与东铁进展的互相影响

根据东盟统计数据门户的统计，2017年中国对马来西亚FDI达到这些年来最高峰，当年中国对马来西亚的FDI流量高达16亿美元，占全世界当年对马来西亚FDI流量总量的17%。在中国对马来西亚的直接投资中，毫无疑问东铁项目是其中最大最重要的项目。马来西亚所接受的来自中国的FDI流量与东铁项目的进展密切相关，两者相互影响。在东铁项目启动并顺利进展的时候，马来西亚所接受的来自中国的FDI相应增加；在东铁项目停工的时候，马来西亚所接受的来自中国的FDI大幅减少。反过来也一样，中国对马来西亚FDI增加，意味着东铁施工顺利；中国对马来西亚FDI减少，主要是因为东铁停工导致的。

图Ⅲ-5-3给出了2012—2018年中国对马来西亚FDI流量及年度增速。从中我们可以发现，马来西亚所接受的、来自中国的FDI年度流量与东铁项目的进度密切相关。根据图Ⅲ-5-3给出的数据，我们可以发现，自从2013年中国"一带一路"倡议提出后，马来西亚所接受的来自中国的FDI比2012年大幅增加，增速达179%。此一趋势一直持续到2017年，从2018年开始突降。其中，2016年呈现最大涨幅，当年FDI流量达14.08亿美元，年度增幅高达335%。这与当年11月中国和马来西亚签订东铁项目框架协定密切关系。同时，2017年马来西亚来自中国的FDI在2016年基础上继续增长，这与当年8月东铁项目开工直接相关。2018年，马来西亚来自中国的FDI突然下降到1.77亿美元，降幅高达89%，这与2018年7月东铁临时停工直接相关。所以说，东铁进展顺利与否直接影响着中国对马来西亚的FDI流量。反过来，中国对马来西亚FDI增加，这也直接影响着东铁项目顺利进展，两者互相影响。

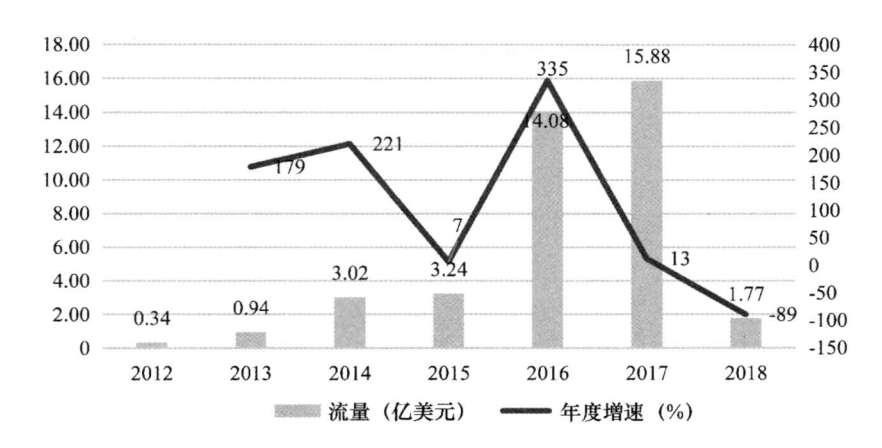

第五章　基础设施合作的影响因素及前景　617

图Ⅲ-5-3　2012—2018 中国对马来西亚 FDI 流量及年度增速

资料来源：东盟统计数据门户，https://data.aseanstats.org。

过去十年，马来西亚所接受的来自全世界的 FDI 增长缓慢，根据联合国贸发会议《世界投资报告》的统计，过去十年，马来西亚 FDI 平均增速只有 3%。2018 年，马来西亚所接受的 FDI 总量只有 80 亿美元。为此，马来西亚政府也一直采取各种措施，试图吸引更多的国家特别是中国的 FDI。2019 年，马来西亚前驻中国大使阿卜杜勒·马吉布（Abdul Majib）退休后被任命为马中友好协会（MIDA）会长，目的就是促进中马关系，并吸引更多的中国投资。

马来西亚方面采取的积极措施得到中国方面的热情回报。2019 年 4 月东铁补充合同签订后，中国承诺："加大对马来西亚投资，特别是高科技产业的投资。"[①] 马来西亚和中国方面双边采取积极措施的直接结果，就是当年中国对马来西亚的 FDI 逆势上扬。根据中国商务部、国家统计局和国家外汇管理局联合发布的《2019 年中国对外直接投资统计公报》，2019 年中国对马来西亚 FDI 流量达 11 亿美元，印证了"由于中国的 IT 公司和行业流入，今年（指 2019 年）马来西亚的 FDI 增长会

---

① http://www.mrl.com.my/en/expect-influx-of-investment-with-ecrl-revived-says-china-ambassador/.

反弹"①的预测。2020年商务部和中国驻马来西亚大使馆联合发布的《对外投资合作国别（地区）指南·马来西亚（2020版）》中多次强调，"马来西亚政府提出'国家工业4.0政策'，提出要在2025年将马来西亚打造为亚太地区智能制造战略合作伙伴、高科技产业投资目的地、高技术解决方案提供国的目标"；"马来西亚政府鼓励外国投资进入其出口导向型的生产企业和高科技领域"。该项指南旨在鼓励中国企业抓住马来西亚政府打造高科技产业的机会，加大向马来西亚高科技行业的投资。所以，几乎可以肯定，只要东铁项目顺利实施，中国将继续加大对马来西亚的FDI投入，其中高科技产业将会成为中马双边投资的新的增长点。

第三节　基础设施合作的前景

大致来说，马来西亚非常欢迎中国的基础设施投资。自从2013年中国"一带一路"倡议提出后，马来西亚采取种种措施，吸引中国对马来西亚基础设施的投资。马来西亚的目的有两个：第一，改善马来西亚近十余年来FDI流量低迷的走势。十余年来，马来西亚接受来自全世界的FDI增长缓慢，平均年度增长率只有3%左右。马来西亚希望通过吸引来自中国的FDI，改变这种低迷的走势。第二，马来西亚希望借助中国的投资改善国内的基础设施状况。整体而言，马来西亚作为东南亚未来的高等收入国家之一，②拥有较为发达的基础设施。相对而言，马来西亚西部基础设施较为完善，东部则比较落后。就基础设施的各个次行业而言，马来西亚的能源、电信两个次行业的设施相对发达，交通次行业特别是铁路交通方面长期面临投资瓶颈，供水次行业的设施相对欠缺。迄今，虽东铁项目上马，但马来西亚东部铁路设施仍然匮乏。2014年，雪兰莪州由于供水设

---

① Ho Wah Foon, "Malaysia Set to See New Wave of China FDI", https：//www.thestar.com.my/news/nation/2019/05/05/malaysia-set-to-see-new-wave-of-china-fdi/.

② OECD曾预言，马来西亚会在2020年迈入高等收入国家行列，参见https：//oecdobserver.org/news/fullstory.php/aid/5705/Can_Malaysia_become_a_high-income_country_by_2020_.html；世界银行也曾预言，马来西亚最早在2021年、最晚在2024年会成为高收入国家，参见https：//www.thestar.com.my/business/business-news/2019/07/02/malaysia-to-become-highincome-nation。

施不足还曾发生过水荒。所以对马来西亚来说，吸引来自中国的基础设施投资十分迫切。

就东铁项目而言，2019年复工后该项目又遭遇了2020年的新冠疫情。马铁和中国交建通力合作共同克服疫情影响，推进项目继续施工。与此同时，作为东铁项目的承包商，中国交建在马来西亚受疫情困扰严重的时刻，积极参与马来西亚的抗疫工作，承担了必要的社会责任，这是疫情期间东铁项目仍然得以顺利施工的基础。中国交建作为中国在马来西亚投资的最大的基础设施企业，率先响应了中国驻马来西亚大使馆发出的希望在马投资中企协助马来西亚抗击疫情的号召。[①] 2020年3月24日，中国交建通过中国驻马来西亚大使白天向马来西亚卫生部捐赠了3000个N95口罩、2000个KN90口罩、20000个外科口罩和1200个护目镜，协助马来西亚政府抗击疫情。此外，中国交建还向东铁沿线各州政府，如登嘉楼州和彭亨州政府以及当地医院提供各种医疗物资，协助东铁项目沿线各州抗疫。对马来西亚来说，中国交建这样做，较好地履行了对投资当地的社会责任，赢得了马来政府和民众的好感，从某种程度上，这也保证了东铁项目在后期的顺利施工。

但是，仍然有两个问题困扰着中国和马来西亚政府，困扰着马铁和中国交建，构成东铁项目顺利完成道路上的不确定性因素。第一，从马来西亚方面来说，马来政府内部针对东铁项目C段路线，仍然存在着南北路线之争，政府内部各派对南北线长期争执不下，为东铁的前景增添不确定性。第二，马铁在2019年4月的谈判中要求将当地参与率从30%提高到40%，但是当地并未为东铁项目储备合格、充足的企业和工人，这为东铁项目的前景带来不确定性。

一 不确定性之一：马来西亚政府内部对东铁项目C段的南北路线之争

如前所述，马来西亚三届政府对东铁项目的规划略有差别。特别是纳吉布政府时期和马哈蒂尔政府时期，对东铁的路线、造价存在截然不

[①] Shah Alam, "COVID-19: MOH Receives Medical Supplies from CCCC-ECRL", https://www.bernama.com/en/general/news_covid-19.php?id=1824393.

同的分歧。如表Ⅲ-5-1所示：纳吉布政府时期，东铁分三阶段，第一阶段从巴生港到关丹港；第二阶段从关丹港到瓜拉登嘉楼；第三阶段从瓜拉登嘉楼到哥打巴鲁。马哈蒂尔政府时期，东铁路线分为三阶段：A 段从哥打巴鲁到龙运；B 段从龙运到文德甲；C 段从文德甲到巴生港。穆希丁政府时期基本上延续了马哈蒂尔政府时期的规划路线。仔细比较纳吉布政府时期和马哈蒂尔政府时期对于东铁路线的不同规划，可以发现，双方不同的主张主要集中在东铁的 C 段路线。纳吉布政府最初对这段路线的规划，从巴生港出发，经过雪兰莪州北部的鹅麦，抵达彭亨州的文冬，然后到彭亨州的文德甲，这条路线被称为北线，路线大部在彭亨州。马哈蒂尔政府时期对这段路线重新规划，依然从巴生港出发，但是经过雪兰莪州南部的巴尼—加影（Bagni-Kajang），再经过森美兰的站点，抵达彭亨州的文德甲，这条路线被称为南线，这条路线经过三个州，在彭亨州境内只有一小段。对于雪兰莪州来说，无论路线选用南线还是北线，都经过雪兰莪，对它影响不大。但是对彭亨州来说，如果采用北线，那么 C 段只经过雪兰莪和彭亨州，且相当一段路线在彭亨州境内，彭亨州将因此大为获益。但如果采用南线，那么 C 段就经过雪兰莪，再经过森美兰州，然后才抵达彭亨州，这样一来，C 段路线就增加了在森美兰州的部分，大大减少了在彭亨州境内的部分。彭亨州认为马哈蒂尔政府采取的南线对森美兰州有益，对彭亨州有损，所以一直主张采用北线。

　　这种南北线之争一直持续到穆希丁政府时期。2020 年 7 月，彭亨州务大臣旺罗斯迪（Wan Rosdy Wan Ismail）曾公开建议恢复使用北线，让东铁项目 C 段依然经过鹅麦和文冬。马铁公司也曾经建议东铁项目仍然沿用北线设计。但森美兰州的巫统代表贾拉鲁丁则坚决反对使用北线，坚持马哈蒂尔政府时期决定使用的南线。① 据报道，马来西亚运输部长拿督斯里·韦卡雄（Datuk Seri Wee Ka Siong）曾指称："当时的政府顾问理事会主席敦戴姆·扎努丁（Tun Daim Zainuddin）提出的新（南线）建议不是

---

① 参见http：//www.mrl.com.my/en/north-v-south-tussle-over-ECRL-alignment/。

固定不变的，还只是一项提案"，因此他也"提议将东铁恢复到原来路线"。① 2020 年 7 月，穆希丁主持的国民议会会议就此展开讨论，尚无定论。

马来西亚政府内部针对东铁路线 C 段存在着南北路线之争，这种争执及路线安排方面的不确定性，是东铁未来实施的不确定因素。目前，东铁项目的 A 段和 B 段已经顺利施工，截至 2020 年 6 月，A 段和 B 段的工程已经完成项目进度的 16%。东铁 C 段则由于马来西亚政府内部的路线之争尚未开始施工。如果 C 段路线决定采用南线，可能将来东铁项目施工并不会受到多大影响。如果 C 段路线决定恢复采用北线，恐怕马铁和中国交建还要针对项目路线、重新谈判，这样必然影响东铁项目的顺利施工。

二 不确定性之二：马来西亚当地的企业和工人储备不足

2019 年初，马铁和中国交建为重新启动东铁项目进行谈判的时候，前者为了安抚马来西亚本土的企业特别是土著马来人的企业，向后者提出希望将项目的本地参与率从 30% 提高到 40%；后者为了重新启动东铁项目，表示同意。这样，造价成本 440 亿林吉特的项目约有 176 亿林吉特的工程将由当地的企业和工人承担。

2019 年 5 月，马铁和中国交建联合启动对当地企业的遴选和招标活动。在此过程中，马铁和中国交建"鼓励所有在马来西亚建筑发展局（CIDB）注册为从 G3 到 G7 级的公司，如果获得最低 2 星级评分，就可以参加资格预审"。② 最后，马来西亚共有 1321 家公司参与资格预审。马铁和中国交建根据四项预审标准：业绩记录、财务能力、技术人员、厂房和设备③，最后遴选出 331 家东铁项目的潜在竞标者。其中 G7 级 164 家；G6 级 20 家；G5 级 33 家；G4 级 69 家和 G3 级 45 家。通过资

---

① "Report: ECRL Could See Change in Alignment, Again", https://www.edgeprop.my/content/1707009/report-ecrl-could-see-change-alignment-again.

② Ganeshwaran Kana, "331 Local Contractors Shortlisted for ECRL Jobs", https://www.thestar.com.my/business/business-news/2019/08/03/331-local-contractors-shortlisted-for-ecrl-jobs#YDvocjMFbGhYpMeA.99.

③ Tan Xue Ying, "ECRL Committee Shortlists 331 Potential Bidders for 4Q Tender Call", https://www.theedgemarkets.com/article/ecrl-committee-shortlists-331-potential-bidders-4q-tender-call.

格预审的企业不超过所有注册企业的25%，这说明有资格、有能力承担东铁项目部分工程施工的企业太少。马来西亚东铁项目沿线各州政府和企业对此抱怨不已，他们认为马铁和中国交建制定的标准太过严苛，导致大多数企业不能通过资格预审，没有资格参与东铁项目。有的州，特别是登嘉楼州，有专业人士担心"由于条件过于严格，当地可能没有一家公司有资格获得东铁项目合约",[1] 于是他们希望东铁项目的承包商能够考虑当地企业的资质和困难，重新拟定授予当地公司的合同条款。此外，即使这些合格的公司能够参与东铁项目的部分项目工程，如部分工程和施工、质量保证和质量控制（QA/QC）、健康、安全和环境工作（HSE）以及公共关系和管理等，但是像建造隧道这种对技术要求较高的工程，马来西亚当地企业仍然无力承担其中的工作，最终还是只能由中国公司承担。[2]

不仅马来西亚相关企业的储备严重不足，当地的人力资源也面临严重短缺。根据工程量，东铁工程大约需要23000个工人，其中70%来自马来西亚，剩下30%，大约6900人来自中国。[3] 但是，显然马来西亚方面还没有为提供如此大量合格的建筑工人做好准备。因此，与东铁同时启动的，还有一个为马来西亚当地培养和开发人力资源的软基础设施项目——东铁产业技能培训计划（PLKI-ECRL）。该计划将为东铁项目培训5000个新工人，还会培训和开发更多的熟练工人，并发展当地在项目实施和维护方面的经验。

可以说，缺乏足够合格的企业和工人这些弱势为东铁项目的前景带来不确定性。除去2018年7月到2019年4月停工这个原因，当地要求提高当地参与率却不能确保有足够合格的相关企业和工人参与项目，这恐怕也是造成东铁项目的完工日期不得不从2024年6月30日延期至2026年12月31日的部分原因。虽然目前东铁的完工日期暂定于2026年12月31

---

[1] https://www.theedgemarkets.com/article/tganu-state-govt-urges-ccc-reconsider-ecrl-contract-conditions.

[2] http://www.mrl.com.my/en/331-local-contractors-shortlisted-for-ecrl-jobs/.

[3] "Recruitment Roadshow To Fulfill 70% Local Manpower Requirement For The ECRL Project", http://www.mrl.com.my/en/recruitment-roadshow-to-fulfill-70-local-manpower-requirement-for-the-ecrl-project/.

日，但是完工日期不仅取决于中国交建的建设速度，"还取决于（马来西亚）当地承包商是否有效参与东铁的土建工程"。①

总的来说，东铁项目自从2019年4月恢复开工以后，到目前为止工程进展顺利。但是，东铁项目未来仍然面临两方面的不确定性。

---

① Ganeshwaran Kana, "331 Local Contractors Shortlisted for ECRL Jobs", https://www.thestar.com.my/business/business-news/2019/08/03/331-local-contractors-shortlisted-for-ecrl-jobs#YDvocjMFbGhYpMeA.99.

第六章　中马产业园区合作："两国双园"

中国与马来西亚持续通过更具建设性的实质合作来提升双边关系，以期利惠两国人民。在共建"一带一路"倡议及中国—东盟战略合作框架下，为推高双边经贸投资、推动新型产业的创新与合作，两国联合建设中国—马来西亚钦州产业园区（中马钦州产业园区）和马来西亚—中国关丹产业园区（马中关丹产业园区），形成"两国双园"的跨国产业园区合作新模式。

自创建以来，"两国双园"的理念逐步发展出一种新型的国际产能合作模式，并成为中国—东盟战略合作框架下的中马合作标志项目，实质性地推动"一带一路"建设中"五通三同"理念的具体落实。在瞬息万变的国际与区域形势中，"两国双园"的发展优劣和意义值得进一步观察。

"两国双园"合作模式的创设，不仅得到政府高层的大力推动，并且促成双边重要企业的积极参与，同时借助了两地的地方智慧，有效掌握地理区位优势，以经贸商务为导向，更兼及两国和区域的技术、交通物流、旅游、政治、外交、文化、教育、学术等方面的交流与互动，营造出优势互补的双赢合作格局，具有时代前瞻性，并吸引了其他产业区域的注意，凸显其地方智慧与区域合作的特点与意义。

第一节　"两国双园"计划的缘起与基本设定

中马"两国双园"的创设——即中马钦州产业园区和马中关丹产业园区的合作共建本身即是中国与马来西亚两国友好邦交，以及中马全面战略伙伴关系的有力见证。

第六章　中马产业园区合作："两国双园"　　625

一　"两国双园"计划的缘起

中马钦州产业园区是中马两国投资合作的旗舰项目，是继中新苏州工业园区、中新天津生态城之后，中外两国政府合作建设的第三个园区，与马中关丹产业园区共同开创了"两国双园"国际园区合作的新模式，也成为"一带一路"建设的标志性项目。

"两国双园"这一种国际园区合作的新模式，即是中国与马来西亚两国所创设，在双方的国境中互设产业园区，通过贯彻共商、共建、共享的原则合作建设产业园区。"两国双园"并不是一个从开始即完整设计的共建计划，而是通过中马两国领导人的推动，并借由双边官员和企业精英共同研讨而逐步形成的全新的合作发展概念。这个起点，还必须从中方的献议开始说起。2011年4月28日，应时任中国总理温家宝的邀请，马来西亚同意在中国合作建设两国首次联合发展的产业园区。10月21日，温家宝总理和时任马来西亚总理纳吉布（马来西亚国内通译为"首相纳吉"）共同见证两国签署园区合作协议并为园区揭牌，成为第八届中国—东盟博览会的最大亮点。这是一个历史性的时刻，是中国与马来西亚这两个亚洲经济快速增长国家扩大合作的重要里程碑。

2012年4月1日，温家宝与纳吉布共同主持中马钦州产业园区开园仪式。这是两人在一年之内第三度聚首为推动中马钦州产业园区的建设共同出力，其高规格的两国领导人协力合作引起多方关注。受委马来西亚对华特使、负责协调园区推展工作的黄家定强调"两国最高阶领导人会面的频密度也是两国建交以来罕见的"[①]。纳吉布与温家宝联合主持开园仪式，并共同见证园区开发合资公司——即马方的"钦州发展（马来西亚）联营有限公司"和中方的"钦州金谷投资有限公司"——的签约仪式。在一年的时间内，从提出到奠基，纳吉布赞叹这样的建设速度和工作效率为"钦州速度"。

早在3月26日，经中国国务院批准，同意在广西壮族自治区钦州市金鼓江地区设立中国—马来西亚产业园区，实行国家级经济技术开发区政策，以后视情况发展，如需赋予其他政策，由商务部会同有关部门研究并

---

① 《星洲日报》2012年3月29日。

报国务院批准。①

中马钦州产业园区是中马两国建交以来最具体的合作项目——两国企业在双方政府的支持下,开展实质的产业园区合作。双方都以十足诚意将两国的合作提升至新的高度,将园区发展成具有代表性的国与国经贸计划、中马经贸合作的标志性项目、中国—东盟自贸区首屈一指的共赢示范区。这是自中国—东盟自由贸易区于2010年1月1日正式启动以来,中国在此自贸区框架之下与东盟国家发展的第一个产业园区,并以马来西亚多媒体超级走廊(Multimedia Super Corridor, Malaysia)为建设蓝本,别具意义。② 中马钦州产业园区的启动,使马来西亚的名字永远镌刻在中国—东盟合作开发产业园区的基石上,在中国面向东盟的合作建设努力上具有策略性区域合作的示范意义,是中马两国友好关系持续稳定成长的重要标记。

中马钦州产业园区在2012年4月1日开园当天,纳吉布献议在马来西亚东海岸经济特区内设立姐妹产业园区,获得温家宝的积极支持。纳吉布提到,中马钦州产业园区是两国首个双边合作模式,因此两国承诺扮演支援和提供设备给两国企业的角色。他说,园区首期7.87平方千米,预计吸引3亿美元的投资,主要涉及住宅、工厂、办公室和商业大厦的发展。纳吉布希望看到在马来西亚有类似发展,并要借此机会邀请中国政府及中国企业与工业,到马来西亚建设姐妹产业园区。他认为:"这样的计划将可协助中国公司在东南亚扩大版图,并提供马中企业家新经贸机会。"③ 一方面为中国企业进军东盟敞开门户,另一方面也为中国资金流入东盟创造平台。

2013年2月5日,这个名为"马中关丹产业园区"的两国共建的崭新园区,由纳吉布总理与时任中国全国政协主席贾庆林同志联合主持开园仪式,成为马来西亚的第一个国家级产业园区,从公开倡议到落实,少于一年时间。

---

① 中华人民共和国国务院:《国务院关于同意设立中国—马来西亚钦州产业园区的批复》(国函〔2012〕25号),2012年3月26日。
② 《钦州市城市总体规划修编(2012—2030)》,中国广西钦州市中马钦州产业园区,2015年3月17日,http://www.qip.gov.cn/News/Detail/5a2249e9-0c6c-420f-8194-1c1a8be1927a。
③ 《亚洲周刊》二十六卷十六期(2012-04-22)专题报道。

从酝酿到落实，凝聚着中马两国政府的心血和关怀。短短一年两个月时间，两国领导人四次会谈，共同推动了两个园区的开发合作，开创了"两国双园"的园区国际合作新模式，掀开了中马友好与务实合作的崭新一页。

"两国双园"的合作模式正式启动，并在中国新一届领导层领航下继续得到两国政府的高度重视。由此，"两国双园"不能简单定义为园区建设和经贸合作，它在政治、外交、人文交流的区域性合作方面具有积极作用，同时在"一带一路"的框架和实质助力下，"两国双园"特色与意义值得进一步观察。

二 "两国双园"计划园区的基本设定

"两国双园"并不是一个预先设计的合作发展模式。这项计划的缘起已如前所述，乃是中方在中国—东盟战略合作框架下提出在中国设立国家级合作共建园区的发展计划，并在马方积极回应之下，蜕变发展为两国在双边两地合作共建姐妹园区的大型发展计划，是在两国充分互信与合作共赢的理念下，所逐渐成形的合作发展模式。

早在 2010 年 10 月在南宁举行的第七届中国—东盟博览会，以中国"魅力之城"参加博览会的钦州市代表团，就把设立中马钦州产业园区的设想提上合作议程。此后，这一合作项目迅速被提升为中国与马来西亚两国商务部门的磋商话题，双边政府职能部门进行了广泛的对接。[①] 中马钦州产业园区的成立、建设、发展，以及马中关丹产业园区的发展都凝聚着中马两国领导人的高度重视和亲切关怀。

（一）中马钦州产业园区的基本设定

根据规划，中马钦州产业园区毗邻钦州保税港区和中国国家级钦州港经济技术开发区。园区规划面积 55 平方千米，规划人口约 47 万人，预留

[①] 尽管中马两国高层领袖对合作共建产业园区的反应积极，双方官员多次磋商却未能定案。对这项庞大的园区合作计划，马方显然步步为营。此事一直到了 2011 年 7 月才出现重要突破。当时即将接任马中商务理事会主席的原马来西亚内阁部长黄家定访问钦州，认同中马钦州产业园区的发展潜能和两国共建的重大意义，于是亲身联系马来西亚总理和国际贸易及工业部长，推动加快落实这项合作。详细经过参见叶汉伦《马中圆梦：黄家定出任首相对华特使纪实》，马来西亚—中国商务理事会 2018 年增订版，第 16—18 页。

远期发展面积。该园区毗邻钦州保税港区和广西集装干线港——1亿吨级钦州港,区位独特,交通便利。园区以打造中国—东盟合作的典范区,即"中马智造城,共赢示范区"为发展目标,定位为"先进制造基地、信息智慧走廊、文化生态新城、合作交流窗口"。① 园区重点发展三类产业,即综合制造业、现代服务业及信息技术产业。入园企业将享有中国新一轮的西部大开发政策、北部湾经济区开发政策和地方自主优惠政策,包括土地价格、税收政策及资金扶持。

按照计划,2011 年各项前期筹备工作任务基本完成;2012 年园区建设全面启动;2015 年园区一期基本建成,一批入园项目实现竣工投产;2020 年整个园区粗具规模。② 按照统一规划、分期开发的精神,园区分三期建设。一期为包含居住、产业、商业以及行政办公用地的综合区,总用地 15.11 平方千米,已于 2011 年 8 月 1 日正式动工。二期为生活性服务中心、产业区和居住区,总用地 18.1 平方千米。三期为智慧生态区以及产业区,总用地 22.2 平方千米。

依据"政府搭台、企业运作、项目带动、利益共享"的原则,钦州产业园区开发实行政企分开,由中马双方企业各自组成投资公司,再合资组建园区开发公司,作为园区开发建设主体,由中方控股 51%,马方占股 49%,共同从事土地开发和园区基础设施建设。园区不仅服务中马两国企业,同时面向全球招商,着力建设"先进制造基地、信息智慧走廊、文化生态新城、合作交流窗口",努力成为"丝绸之路经济带"和"21 世纪海上丝绸之路"、中国—东盟自贸区升级版、广西建设西南中南新战略支点和北部湾开放开发的新平台、新动力、新亮点。

(二)马中关丹产业园区的基本设定

马中关丹产业园区位于马来西亚东海岸经济特区内,地理区位优越,占有西马东海岸港口资源,连接彭亨州皇城北根的汽车工业园,幅员辽阔,其独有的天然资源、文化遗产将助力此区域发展蜕变成为具有高度竞争力的现代经济体。园区规划面积 3500 英亩,分为 3 个片区。MCKIP 1

---

① 《中马钦州产业园区发展战略》,中国广西钦州市中马钦州产业园区,2015 年 4 月 13 日,http://www.qip.gov.cn/News/Detail2/2ab171bd-6a05-4a68-9574-80dbf307a97c?SignName=fzzl。
② 《中马钦州产业园区工作进展报告》,2012 年 1 月 5 日。

和 MCKIP 2 主要为重型和中型工业，MCKIP 3 为物流枢纽、轻工业、住宅和商业区块。由马来西亚东海岸经济特区发展理事会负责规划与推动园区建设，这个理事会由总理亲自领导。① 这个特别经济区的产业园区，预料可吸引上百亿马币的投资，从而成为马来西亚各经济特区"皇冠中的宝石"。

为了促成马中关丹产业园区发展计划，马来西亚及中国投资者将注入至少 30 亿马币，联手扩建及拓深关丹码头，全面带动园区发展。协调马中关丹产业园区合作计划的黄家定指出，除了产业园区，关丹港口也是另一项重点发展计划，并强调港口与园区之间的策略性关系："在深化及扩建关丹码头方面，马中取得突破的合作关系，我国政府破例允许中方参与码头扩建工程。"②

作为协作发展的有机构成，继钦州产业园区与关丹产业园区结为姐妹园后，中国北部湾的钦州港口与西马东海岸的关丹港口也于 2014 年 9 月 15 日结为姐妹港，签字仪式在南宁举行。双方将在航线、物流、信息、人才等多领域开展合作，并进一步促进中马钦州产业园和马中关丹产业园的互动发展。

时任马来西亚总理纳吉布与中国全国政协主席贾庆林为马中关丹产业园区联合主持开园仪式。纳吉布说："在中国国家主席胡锦涛和总理温家宝的领导下，马中关系已更上一层楼，温家宝不遗余力地支持马中关丹产业园，以及其姐妹园——中马钦州产业园，证明它拥有马中两国共存共荣

---

① 马来西亚东海岸经济特区（East Coast Economic Region, ECER）成立于 2007 年，涵盖西马半岛东海岸的吉兰丹、登嘉楼、彭亨和柔佛丰盛港，总面积达 66736 平方千米（相等于马来西亚半岛总面积 51%），是继柔南的依斯干达经济特区和涵盖槟城、吉打、玻璃市和霹雳北部的北部走廊经济特区之后，马来西亚政府成立的第 3 个经济特区。马来西亚东海岸经济特区发展理事会（East Coast Economic Region Development Council, ECERDC）由总理担任主席，成员包括副总理、涉及州属的州务大臣、联邦部长、1 位公共领域代表和 2 位私人领域代表。根据其发展蓝图，东海岸经济特区计划发展成一个主要的国际和国内旅游重镇、制造商品出口点、活力商贸中心以及基建物流枢纽。作为绵延大马半岛东海岸的经济特区，它占据有利的策略性地理位置、拥有丰富独特的天然资源和优质人力资源、低廉的生活开销和生产成本，既有利于多样性旅游业，在地产业和商业种植领域都深具发展潜能。

② 马来西亚《南洋商报》2013 年 1 月 27 日。马来西亚怡保工程集团于 2013 年 2 月以 1 亿 200 万美元脱售关丹港口的 40% 股权予广西北部湾国际港务集团，脱售所得用于深水终站的建筑工程中。缘此，怡保工程集团将斥资 20 亿马币于关丹港口建筑新深水终站，可让高达 20 万载重吨的船舶停靠。参见马来西亚《南洋商报》2013 年 7 月 4 日。

的愿景。我们共享这个愿景，这（关丹产业园）是马来西亚首个获得国家级地位的产业园，表示它将在政府的指导下，由私人领域驱动；我打从开始就劝告马来西亚官员，这项发展计划必须配合钦州产业园的'钦州速度'"。而其成果是，"在短短4个月内，这两个产业园已可以推介；现在，加速的发展（计划）在马来西亚有了一个新名词，即'关丹速度'。"① 从公开倡议到园区开园，用了少于一年的时间，在两国相互共建产业园区的良性竞逐中带来了正面效益。

马中关丹产业园区的投资者在2013年2月5日开园这一天签署了5份策略性文件，每项协议皆显示马中关丹产业园区拥有长远的未来和丰硕的成果。园区共吸引了总值105亿马币的投资，制造8500个就业机会；产业园的主要发展商，即马中联营公司将再投资25亿马币，负责兴建产业园大型基建。② 园区由中马双方牵头企业在马成立合资公司作为产业园开发主体，由马方占股51%，中方占股49%，共同从事土地开发和基础设施建设以及后期招商工作。

在"两国双园"合作框架下，中马双方在政策创新、联合投资推介、海关程序、国际产能合作和跨境金融服务方面投入了大量努力。在融资、税务、土地和人才培养方面也出台了特别优惠政策。从"两国双园"的开发模式可知，主客之间都分别以51%和49%的股权分配进行合作，充分显示了双方都是在友好、互信的基础上展开精诚合作，确实是"一带一路"倡议下跨国产业合作的示范项目。

---

① 《星洲日报》2013年2月6日。
② 这5份策略性文件，分别是：(1) 马方联营公司与中国广西北部湾东盟投资有限公司联合签署的"马中关丹产业园股东框架协议"，以成立一家马中联营的"马中关丹产业园有限公司"，负责推动产业园的发展计划。(2) 东海岸经济特区发展理事会与广西北部湾国际港务集团签署的谅解备忘录，该集团将把现代钢铁厂、铝加工厂及棕油提炼厂3项重要计划，带入马中关丹产业园。(3) 广西北部湾国际港务集团与马来西亚常青集团的谅解备忘录，双方将联合投资棕油提炼厂，提炼原棕油及发展棕油下游工业，计划投资额达2亿1千万美元（约6亿3千万马币）。(4) 马来西亚怡保工程集团与广西北部湾国际港务集团签署联合投资关丹码头的发展与提升工程的谅解备忘录。(5) 由马方联营公司、中国广西北部湾东盟投资有限公司，以及中国开发银行3方签署的"财务合作框架协议"，为马中关丹产业园的投资者提供融资服务。详见马来西亚《星洲日报》2013年2月6日。

第二节 政府推动与政策扶持

"两国双园"的构建在本质上是私人企业驱动跨国园区的建设，实际上政府扮演了积极而关键的角色。其中，又以中马钦州产业园区更为突出。

早在2012年8月8日，双方在北京举行了中马钦州产业园区介绍会，这是继同年6月17日在吉隆坡举办推介会后，首次在中国正式向广大的企业界代表介绍中马钦州产业园区，并由中国商务部、马来西亚贸工部、广西壮族自治区人民政府及马中商务理事会联合举办，旨在扩大园区的影响力和知名度，介绍和宣传园区发展规划和各项政策，并加快园区招商引资。

这一项介绍会的规格非常高，地点设于北京人民大会堂三楼金色大厅，出席者包括了中国国家领导人、中马两国部委及相关机构领导、各大银行及金融机构、中国中央企业、在京商协会、世界500强企业、马来西亚在华企业和中外媒体，出席人数超过800人。介绍会在8月8日下午3时开始，由广西壮族自治区主席马飚亲自主持。会议先后由中国全国人大常委会副委员长桑国卫、中国全国政协副主席白立忱、马来西亚对华特使黄家定、广西壮族自治区党委书记兼自治区人大常委会主任郭声琨，以及中国商务部副部长王超致辞。[①] 这样的安排充分显示了中马钦州产业园区作为中国—东盟战略合作框架下标志性项目的强大政府支持力量。

一 两国领导人持续关注

自从"两国双园"成形以后，这项崭新的跨国共建计划在中马高层领导之间更具分量。2013年10月，中国国家主席习近平、总理李克强先后在会见马来西亚总理纳吉布时明确提出：建设好钦州、关丹产业园区，将其打造成两国投资合作的旗舰项目，带动两国产业集群式发展。

2014年5月31日，在纳吉布与李克强共同签署的中马建交40周年联

[①] 《南洋商报》2012年8月11日。

合公报中,积极评价了中马钦州产业园区和马中关丹产业园区取得的进展,并强调双方将进一步深化清真产业领域合作,加强马来西亚出口燕窝检验检疫交流与合作。同一天,时任中国副总理汪洋在与纳吉布同台的"中国—马来西亚经济高层论坛"上强调,中马关系正处于最广泛、最活跃、最富有成果的时期,双方应落实好两国领导人的共识,加快实施两国经贸合作五年规划,推动双方务实合作不断迈上新台阶。"一是做大贸易规模,优化贸易结构,努力实现2017年进出口贸易达到1600亿美元的目标。二是深化投资合作,把钦州、关丹两个产业园打造为投资合作的旗舰项目,支持中国企业参与马来西亚基础设施建设。三是加强农业合作,中方愿为马方优势农产品对华出口提供便利。四是共同推动区域经济一体化,合力推进21世纪海上丝绸之路建设。"①

2014年11月,习近平、李克强在人民大会堂会见在北京出席第22次APEC领导人非正式会议的纳吉布时指出,要对接各自发展战略,将钦州、关丹产业园区打造成中马合作旗舰项目和中国—东盟合作示范区。

2015年11月23日,中国总理李克强与马来西亚总理纳吉布举行会谈时提到抓住共建"一带一路"和两国经济转型升级的契机,以钦州、关丹和马六甲临海产业园区为平台,大力开展产能合作。②两国在同一天于吉隆坡发表的联合声明中提到,马方欢迎中方提出的共建丝绸之路经济带和21世纪海上丝绸之路("一带一路")合作倡议,双方同意在该框架下加强发展战略对接,推进务实合作。双方支持发展中国—东盟战略伙伴关系,进一步增进战略互信,提升中国—东盟自贸区水平。双方还声明同意继续推动"两国双园"协调发展,共同探讨推进钢铁、船舶、通信、电力、轨道交通等重点领域合作。③

李克强此前发表署名文章提到"双方发挥互补优势,大力开展国际产能合作,鼓励更多企业参与钦州、关丹两个产业园区发展,推进基础设施建设,改善互联互通条件,将产生丰厚的发展红利,为彼此稳健增长、民

---

① 《人民日报》2014年6月1日。
② 《人民日报》2015年11月24日。
③ 《中华人民共和国和马来西亚联合声明》,《人民日报》2015年11月24日。

生改善注入强劲动力,为打造东亚稳定增长极发挥重要支撑作用"。① 李克强将"两国双园"的建设与中马两国的经济转型以及双方分别在 2020 年全面建成小康社会和"2020 宏愿"高收入国目标结合在一起,希望通过两园的建设加强双边商贸合作。

2018 年 5 月,马来西亚经历了建国以来的第一次政权轮替。前总理马哈蒂尔(马来西亚国内通译为"马哈迪")领导的希望联盟在大选中获胜,马哈蒂尔再度出任总理。在 2018 年 8 月 20 日的中华人民共和国政府和马来西亚政府联合声明中,两国重申,双方同意发挥好"两国双园"联合协调理事会机制作用,共同推进中马钦州产业园和马中关丹产业园建设。②

2019 年 4 月 25 日,中国国家主席习近平在北京人民大会堂会见时任马来西亚总理马哈蒂尔时强调,中马共建"一带一路"基础扎实,前景可期,双方要加强规划,做大合作平台,推进高质量合作,要把"两国双园"做大做强,使其成为"陆海新通道"重要节点,促进两国和地区联通和发展。③ 可知两国领导人在历年的双边会谈或联合声明中,几乎每一次都提到要建设好钦州、关丹产业园区,对"两国双园"持续保持高度的关注和积极的关怀。

---

① 2015 年 11 月 20 日,李克强署名发表了《历史的航道 崭新的坐标 扬起的风帆》,表达作为中国国务院总理首次访问马来西亚的喜悦。他提到未来在三个方面中马双方将有高度默契:一是中国 2020 年全面建成小康社会的宏伟蓝图和马来西亚"2020 宏愿"的美好愿景高度契合;二是中国推进"一带一路"倡议,实施"大众创业、万众创新",加快经济结构转型升级,与马来西亚全面推行经济转型、打造更具活力的新型经济体规划互为发展机遇;三是双方发挥互补优势,大力开展国际产能合作,鼓励更多企业参与钦州、关丹两个产业园区发展,推进基础设施建设,改善互联互通条件,将产生丰厚的发展红利,为彼此稳健增长、民生改善注入强劲动力,为打造东亚稳定增长极发挥重要支撑作用。这篇文章同一天刊登在马来西亚各中文主流报章,极为罕见,备受关注的程度由此可见一斑。参见李克强《历史的航道 崭新的坐标 扬起的风帆》,中国政府网,2015 年 11 月 20 日,http://www.gov.cn/guowuyuan/2015-11/20/content_2969066.htm。
② 《中华人民共和国政府和马来西亚政府联合声明》,中华人民共和国驻马来西亚大使馆,2018 年 8 月 20 日,http://my.china-embassy.org/chn/zmgx/t1586632.htm。
③ 《习近平会见马来西亚总理马哈蒂尔》,新华网,2019 年 4 月 25 日,http://www.xinhuanet.com/world/2019-04/25/c_1124417369.htm。

二 两国政府的大力推动

为统筹推进"两国双园"开发建设，由中国商务部和马来西亚贸工部牵头的中马"两国双园"联合合作理事会成立，建立了"两国双园"联合招商机制。2014年2月25日，中马钦州产业园区和马中关丹产业园区联合合作理事会第一次会议在北京召开，由中马两国经贸主管部门及相关国家部委、地方政府共同组成。会议审议通过了"两国双园"联合合作理事会架构和工作方案及中马钦州产业园区工作报告、马中关丹产业园区工作报告。

2015年1月18日，马来西亚对华特使黄家定与身兼中马钦州产业园区管委会主任暨中马"两国两园"联合合作理事会中方主席的广西壮族自治区副主席张晓钦，在吉隆坡香格里拉酒店共同主持"中国—马来西亚钦州产业园区座谈会"，以报告园区开发建设情况及收集相关工作的建议与看法。以张晓钦为首的中方代表共有19人出席座谈会，马方出席者则以常青集团和实达集团的领导和负责人为主。[1] 黄家定对成立两国双园理事会司局级工作机制、积极发挥马中商务理事会作用推动招商工作和毛燕进口、组建中马研究院等问题提出了意见和建议。

2015年9月19日，中马"两国双园"暨马来西亚商机第一次的联合推介会在广西南宁荔园山庄国际会议中心隆重举行。此次推介会由中国广西壮族自治区人民政府、马来西亚投资发展局（MIDA）、马来西亚彭亨州政府、马来西亚东海岸经济特区发展理事会联合主办；中国商务部投资促进事务局、马来西亚外贸发展局（MATRADE）、广西商务厅、中马钦州产业园区管理委员会、马中关丹产业园合资公司共同承办。两国经贸部门领导，以及投资促进机构、商协会、重点企业代表约400人出席会议，签约项目金额超过人民币60亿元。[2]

---

[1] 《黄家定和张晓钦主持座谈会报告钦州产业园进展》，马中商务理事会，2015年1月19日，http://www.mcbc.com.my/council-update/2829。

[2] 相关签约项目包括轻工产业园项目、天然气分布式能源项目、综合生产服务运营平台项目，以及新能源应用系统及新能源生产制造基地和工程中心项目、燕窝及天然保健品健康产业园项目和产业发展平台基金项目等。详见龙能政《公司领导参加中马"两国双园"暨马来西亚商机推介会》，广西中马钦州产业园区开发有限公司，2015年9月19日，http://www.cmqip.com.cn/Home/ArticleDetail/1136。

第六章　中马产业园区合作:"两国双园"　　635

2016年5月31日,"第二届马中'两国双园'联合推介会"在马来西亚国际贸易和工业部新大厦举行。本届推介会由马来西亚国际贸易及工业部、东海岸经济特区发展理事会、彭亨州政府、中国广西壮族自治区人民政府与马中商务理事会主办,大马投资发展局、马中关丹产业园区、中国广西壮族自治区商务厅、中马钦州产业园区承办,马来西亚中华总商会(中总)与马来西亚—中国总商会协办。会上签署了8份战略合作备忘录,向马中关丹产业园区注入总值15亿8千万马币(约3亿9千500万美元)的投资额,不仅将产业园区的投资总额提升至150亿8千万马币(约37亿7千万美元),而且新投资项目一旦落成更将为马中关丹产业园区带来3000个就业机会。[1]

2019年6月14日,中马"两国双园"联合合作理事会第四次会议在马来西亚吉隆坡举行。会议充分肯定了"两国双园"建设取得的积极成效,提出进一步深化务实合作,共同将"两国双园"打造成为"一带一路"国际合作的典范,以"两国双园"为平台促进中马双方共同繁荣。

2019年9月12日,中国国务委员兼外交部长王毅在北京与时任马来西亚外长赛夫丁会谈后共同会见记者时首先表示,双方将继续建设好中马钦州产业园和马中关丹产业园项目,将"两国双园"项目进一步打造成"陆海新通道"重要节点,促进两国和地区联通发展,助力高质量共建"一带一路"。[2] 2020年10月13日,王毅在吉隆坡同新任马来西亚外长希沙慕丁共同会见记者时指出,"我们一致同意加快共建'一带一路'。双方将继续推进'两国双园'、东海岸铁路等重点项目合作,持续释放发展动能,拉动两国经济复苏增长。"[3]

---

[1] 第一项签署仪式共签署2份备忘录,分别是广西投资集团将投资5亿8千万马币,在马中关丹产业园设置铝加工生产设施及LJ高新材料技术有限公司投资10亿马币,设置高科技发展中心,以生产发展马中关丹产业园中的建筑模板与活化橡胶粉。第二项签署仪式为联合钢铁银行贷款项目。第三项签署仪式为中马科技园创新基地项目合作备忘录及棕榈油产业链—代加工与销售项目合作备忘录。第四项签署仪式则有设施与生产工业投资合作框架协议和中药民族药研发项目合作备忘录。见马来西亚《星洲日报》2016年6月1日。

[2] 《王毅:推动中马全面战略伙伴关系行稳致远》,中华人民共和国外交部,2019年9月12日,http://www3.fmprc.gov.cn/web/wjbzhd/t1697209.shtml。

[3] 《王毅谈中马八点共识》,中华人民共和国外交部,2020年10月13日,https://www.fmprc.gov.cn/web/wjbzhd/t1823555.shtml。

三 两国政府政策的明确扶持

在政策扶持方面，中马两国都推出最优政策，中方尤为重视。2014年7月，中国国务院专门出台支持园区政策，明确支持园区先行先试、深化改革，在产业发展、金融创新、外汇管理、人才建设和土地开发利用等方面给予园区一系列政策支持。① 中国中央政府通过这六大专项政策，允许中马钦州产业园区按照上海自由贸易区的创新思路，在投资便利化、贸易自由化、金融国际化、管理法制化等方面先行先试。

中国国务院办公厅同意中马钦州园区建设中国—东盟产业合作先导区和创新开放试验区，明确给予系列国家层面的优惠政策支持。国务院同意支持园区重点发展装备制造、电子信息、食品加工、材料和新材料、生物技术、海洋产业和现代服务业。同时，实施科技成果转化的股权激励政策，按照国家规定进行高新技术企业认定，加大企业研发费用税前加计扣除、技术转让税收优惠等政策的落实力度。中国对外商投资企业设立研发中心按规定给予政策支持，支持中马两国科技成果在区转化。中马钦州产业园区是中国与马来西亚两国政府合作建设的项目，是中国与东盟产业合作的实验田。为此，中国国务院量身定制出台系列优惠政策支持园区建设。②

2014年9月5日，中国财政部印发《关于下达广西壮族自治区钦州中马产业园区建设补助资金的通知》（财预〔2014〕304号），从2013年至2015年连续三年中央财政安排中马钦州产业园区建设补助资金每年8亿元共计24亿元的第二笔8亿元资金下达给园区。③

广西壮族自治区专门制定了支持中马钦州产业园区开发建设的扶持政策，并明确提出要举全区之力促进园区科学发展、跨越发展。2014年8

---

① 《国务院办公厅关于支持中国—马来西亚钦州产业园区开发建设的复函》（国办函〔2014〕67号），《广西日报》2014年7月31日。
② 中华人民共和国商务部：《中国—东盟产业合作先导区获国家优惠政策支持》，中华人民共和国商务部"中国自由贸易区服务网"，2014年9月12日，http：//fta.mofcom.gov.cn/article/shidianyj/201409/18017_1.html。
③ 《2014年中马钦州产业园区大事记》，中国广西钦州市中马钦州产业园区工管委办公室，2015年4月14日，http：// qip.gov.cn/News/Detail2/a50e1ae8-6fbd-43e7-ab80-97b083050792?SignName = yqds。

月 12 日，广西壮族自治区人民政府印发《中国—马来西亚钦州产业园区建设自治区改革创新先行园区总体方案》，要求区内各市、县人民政府、农垦局、各组成部门、各直属机构"认真贯彻执行"。其主要目标是到 2017 年，基本建立与国际规则相适应的园区开发建设和运营管理体制机制，逐步形成自治区改革创新高地。① 其重点固然在中马钦州产业园区的实体建设，但眼光也落在完善对外交流合作机制，通过"两国双园"协调工作机制的完善，创新中国—东盟海上互联互通、海上丝绸之路、中国—东盟自贸区升级版建设的合作机制，推动与马来西亚及东盟国家在政治、经贸、文化、教育、科技等领域多层次、全方位的开放合作。

马方对产业园提出的优惠政策主要分为财政优惠和非财政优惠两类。其中，财政优惠包括：自第一笔合法收入起 15 年内 100% 免缴所得税，或享受 5 年合格资本支出全额补贴，这都将惠及生产高附加值产品和涉及高科技技术转让的投资，或研发活动的投资；工业园开发、农业及旅游项目免缴印花税；机械设备免缴进口税及销售税；从 2014 年 1 月 1 日至 2020 年 12 月 31 日，在马中关丹产业园区内符合资格的高级技术员工可享有 15% 的特别所得税率的豁免。非财政优惠包括：地价优惠；工业园基础设施相对成熟；外籍员工政策相对灵活；人力资源丰富。② 另外，为加快推进基础设施建设，马来西亚政府计划为园区配套基础设施建设投入 15 亿马币。③

第三节 "两国双园"的具体建设进展

"两国双园"的共建从概念的萌发到理念的磨合与落实，历时尚短。如从中马钦州产业园区开园算起，至 2020 年底经过了 8 年半左右的建设，

---

① 《广西壮族自治区人民政府关于印发中国—马来西亚钦州产业园区建设自治区改革创新先行园区总体方案的通知（桂政发〔2014〕55 号）》，广西壮族自治区人民政府，2014 年 8 月 27 日，http://www.gxzf.gov.cn/zwgk/zfgb/2014zfgb/2014_gb_24/2013_zfbgwj_gb_2013/201408/t20140827_436413.ht。

② 参见马中关丹产业园区网站，http://www.mckip.com.my/；另可见《对外投资合作国别（地区）指南·马来西亚（2019 年版）》，第 47 页。

③ 李世泽、程文豪、甘日栋：《中马两国双园互动发展亟待新突破》，《广西经济》2017 年第 2 期。

可说是粗具规模，开始验收初期成果。尽管只有 8 年多的时间，"两国双园"的建设进程已大致转入了计划升级的阶段。其中，固然有其自身的发展脉络可循，但也与中马两国以及外部政治经济环境的变化密切相关。以下试分两个部分交代这两个阶段的发展和变迁。

一 "两国双园"的初期进展

以中马钦州产业园区的建设进度为基准，至 2015 年，钦州产业园区全面完成启动区基础设施和配套建设，"三年打基础"目标已基本实现并初显成效，具备了成片开发及项目"即到即入园"的条件。园区管委会当时的工作重心由基础设施建设为主向基础设施建设和产业项目入园建设共同推进转变，积极探索"TFM"（技术＋金融＋制造业/现代服务业）产业发展平台，即通过投资平台引入产业集群的新型招商模式，致力于建设高端产业集聚区、产城融合示范区、科教和人才资源富集区、国际合作和自由贸易试验区，着力将园区打造成中国第四代产业园区，主动融入"一带一路"共建计划框架，确保园区启动区基础设施全面建成，产业配套和服务体系基本完善，招商引资工作更加富有成效。[1]园区的开发建设相当迅速，园区管委会的方向明确，就是要认真落实两国政府和领导人达成的共识，以共建"一路一带"倡议和打造中国—东盟自贸区升级版为目标，切实把握好中马两国合作发展的大局，并围绕建设"中马合作旗舰项目和中国—东盟合作示范区"的战略定位来加快建设。[2]

按照"中马合作、全球招商"原则，园区既为中马两国企业服务，又面向东盟其他国家和全球招商。2015 年以来，中马钦州产业园区招商团队先后赴马来西亚、印度尼西亚、泰国、韩国、德国、美国、新加坡等十余个国家和中国国内十多个省份考察招商，走访了 60 多家单位和企业，

---

[1] 同时，园区管委会制定 2015—2017 年园区开发建设大纲，全力以赴推进园区产业优先发展，确保在未来三年内取得突破性成效。参见《中国—马来西亚钦州产业园区 2015 年第一季度开发建设情况》，中国广西钦州市中马钦州产业园区工管委办公室，2015 年 5 月 18 日，http：//qip.gov.cn/News/Detail/ce51e74d-7149-42cb-8fea-283758d45b12。

[2]《中国—马来西亚钦州产业园区 2015 年第一季度开发建设情况》，中国广西钦州市中马钦州产业园区工管委办公室，2015 年 5 月 18 日，http：//qip.gov.cn/News/Detail/ce51e74d-7149-42cb-8fea-283758d45b12。

80 余家企业至园区实地考察,累计签订弘信物流、易通浩、惠思通 3D 打印等 11 个项目协议,总投资额达 190 亿元。① 中马钦州产业园和马中关丹产业园,截至 2015 年底,近 50 个项目已入园和即将入园,"十三五"期间园区规模将破 500 亿元。②

2016 年 1 月 3 日,中国广西中马钦州产业园区开发有限公司新任总裁翁忠义接受媒体联访时说,中马钦州产业园区在中国的招商力度比较大,在马来西亚则有待提升,希望日后能够与马中商务理事会、大马中华总商会、马中总商会等商会配合,进行招商工作。原本的规划是在启动区建立"马来西亚城",也就是具有马来西亚特色的商城、超市、酒店,随着一些趋势和进展,之后可能改称"东盟商谷",展现东盟风味的商城、超市、酒店,目前欢迎企业进驻。"有意入驻的商家可以提出投资方案,交给由广西政府官员组成的管委会审批,只要管委会方案符合园区规划,可以即时投产。"③

2016 年 3 月 7 日至 11 日,马来西亚驻南宁总领事黄奕瑞和关丹市议会代表团一行 5 人到钦州市参观考察。市委常委、宣传部部长、副市长韩流会见了代表团一行。在两国双园的框架下,钦州和关丹的交流合作不断深化,双方经贸、投资、互联互通、人文交流日益密切,"两市双日"的长期交流机制便应运而生。④

2016 年 3 月 28 日,中马"两国双园"联合合作理事会第三次会议在广西钦州举行,两园都取得良好进展。时任中国商务部副部长高燕说:自两国双园开园以来,双方不断服务两国战略规划,合作取得了重要进展。⑤ 马来西亚是东盟的重要成员,也是 21 世纪海上丝绸之路的重要节点,马来西亚已经连续八年成为中国在东盟的第一大贸易伙伴,中国的

---

① 《中马钦州产业园完成启动区的基础设施框架建设》,新华社,2016 年 2 月 18 日,http://news.xinhuanet.com/fortune/2016-02/18/c_1118082119.htm。
② 《经济日报》2016 年 1 月 21 日。
③ 《星洲日报》2016 年 1 月 4 日。
④ 为进一步加深钦州与关丹的经济、文化交流,增进两市人民的交往与友谊,经两市协商,每年举办一次钦州—关丹"两市双日"活动。2016 年 4 月 1 日至 3 日在马来西亚关丹市首次举办"钦州日"活动,钦州市由政府官员、企业家、艺术家、运动员等约 80 人组成的代表团赴关丹市开展经贸、文化艺术交流等活动。详见《钦州日报》2016 年 3 月 8 日。
⑤ 《中马"两国双园"合作取得重要进展》,中国国务院新闻办公室网站,2016 年 3 月 29 日,http://www.scio.gov.cn/zhzc/1/32763/Document/1473005/1473005.htm。

"一带一路"倡议与马来西亚的经济发展计划实现了有效对接，双边进行了全方位的合作。

时任马来西亚副贸工部长李志亮说：中马钦州工业园的发展速度非常快，马中关丹产业园也在加速推进。马来西亚彭亨州政府已经批准扩大关丹产业园面积，确保增加超过 1000 英亩的土地，使产业园总规划面积扩大至 2400 英亩。① 马中关丹产业园区将利用邻近关丹港及东海岸经济特区优势，积极发展制造业、不锈钢制品、碳纤维电气和电子信息通信、可再生能源等产业，为当地经济发展注入新的活力。会议鉴定马中关丹产业园有潜能迎来 8 项投资计划，其中 7 项计划来自中国，总投资额达 24 亿 8000 万马币，包括铝制部件处理、重型机械制造业及石油提炼工业等。②

由于"两国双园"的渊源，马来西亚关丹市与广西钦州市是国际友好城市，钦州港与关丹港是国际姐妹港。钦州市和关丹市议会达成一致意见，决定从 2016 年起，每年轮流举办"两市双日"活动，促进两市国际交流与合作。两市根据合作备忘录共同决定，在关丹市命名钦州路，在钦州市命名关丹路。经过广泛征求意见，决定将关丹格宾工业区二分之一路正式命名为钦州路，全长 1800 米。4 月 2 日下午，彭亨州、关丹市和钦州市、中马钦州产业园区管委会在马中关丹产业园区举行"钦州路"命名仪式。2018 年 3 月，中马钦州产业园区正式将园区南五街以关丹市命名，"关丹大街"从此落户中马园。"关丹大街"的正式启用，不仅改善了园区的交通状况，也反映出与关丹产业园区"钦州路"的有机联系。

中马钦州产业园区经过五年的发展，启动区基础设施框架全面建成，并基本完成了启动区以北 7 平方千米征地搬迁工作，正在进行土地平整并开展马莱大道等主干路网建设。截至 2017 年底，园区共引进产业项目 90 余项，总投资约 900 亿元。2017 年园区共签订投资、意向或框架合作协议 42 个，引进签约入园项目 26 个，招商引资合同投资总额达到 107.6 亿元，同比增长 98.9%；园区企业实际到位资金 21.8 亿元人民币，同比增

---

① 《中马"两国双园"合作取得重要进展》，中国国务院新闻办公室网站，2016 年 3 月 29 日，http://www.scio.gov.cn/zhzc/1/32763/Document/1473005/1473005.htm. 马中关丹产业园区总规划面积由最初约 1500 英亩扩大至 2400 英亩，再进一步增加至 3500 英亩。

② 《南洋商报》2016 年 3 月 29 日。

长 142.2%；其中实际利用外资 15515.3 万美元，是 2016 年同期的 20 倍。① 中马双方持续拓展"两国双园"联合招商机制，2017 年 5 月，中马钦州产业园区与马来西亚中华总商会等四方在北京共同签署《马来西亚创新城建设暨中马钦州产业园建设合作谅解备忘录》，推动园区"马来西亚创新城"建设，也是中马合作共建产业园区在"一带一路"框架下的重要发展。以上可以略见"两国双园"初期的发展和变迁。

二 推动建设"两国双园"升级版

截至 2019 年，中马钦州产业园区 7.87 平方千米启动区"七通一平一绿"等基础设施基本建成，"三纵九横"主干道及相关支路已建成通车，其余供电、供排水、燃气、蒸汽、通信等管道已基本建成投入使用。截至 2019 年 4 月，园区注册企业超过 350 家，实施工业项目 50 多个。"两国双园"产业合作进展顺利，中马钦州产业园区国家级燕窝实验室、燕窝加工贸易基地和查验平台已经建设完成，与马来西亚企业发展部共建的"清真产业园"项目、与马来西亚中华总商会共建的"创新城"（科学城）项目均将于年内启动。② 马来西亚创新城设于中马钦州产业园区内，规划面积约 10 平方千米，由马来西亚中华总商会、中信建设有限责任公司、中润经济发展有限公司和中马钦州产业园区管委会合作共建。主要布局国际教育集聚区、马来西亚商务总部、科学家小镇、特色优势产业集聚区、高品质居住区等。

马中关丹产业园区也取得不俗的成绩：已签约项目 11 个，预计投资总额超 323 亿马币，全部运营后可望实现工业年产值超过 407 亿马币，为关丹港年增 3000 万吨的吞吐量。入园企业建设进展大大加快，其中联合钢铁（马来西亚）有限公司仅仅用了 1 年半的时间就建成了马来西亚第一个全流程、几乎"零排放"的大型钢铁厂，年产 350 万吨钢铁项目已投入运营。浦林成山（山东）轮胎有限公司年产 1200 万套汽车轮胎和

---

① 工管委办公室：《中马钦州产业园区 2017 年工作总结和 2018 年工作计划》，中马钦州产业园区管委会，2018 年 1 月 10 日，http：//zmqzcyyq.gxzf.gov.cn/zwgk/ghjh/t3468092.shtml。
② 工管委办公室：《中马钦州产业园区落实"五年见成效"总体工作方案阶段性总结》，中马钦州产业园区管委会，2019 年 6 月 17 日，http：//zmqzcyyq.gxzf.gov.cn/zwgk/ghjh/t3468134.shtml。

260万套大型车用轮胎项目、广西仲礼企业集团公司年产20万吨日用陶瓷项目等其他项目陆续开工或加紧准备。① 关丹港口则已取得自由港地位并于2019年4月1日创设自由贸易区。

2019年6月14日在马来西亚吉隆坡举行的中马"两国双园"联合合作理事会第四次会议达成五点共识,审议通过了《中马"两国双园"合作联合工作报告》,明确了下一步工作重点。其中包括:一是落实高层共识,对接双方发展战略,统筹制定"两国双园"中长期发展规划;二是紧密围绕促进跨境产业合作这一核心内容,全力建设"两国双园"2.0升级版,努力实现"两园两港""2+2>4"的发展效应;三是推动园区创新发展,优化营商环境;四是完善工作机制,加强工作协调;五是加大交流宣介,提升综合影响力,为"两国双园"发展创造更加有利的环境。② 当中不仅提出统筹制定"两国双园"中长期发展规划的要求,而且还明确建立起全力建设"两国双园"2.0升级版的共识,以促进跨境产业合作。

会议审议通过的《中马"两国双园"合作联合工作报告》是联合合作理事会的首创,体现出理事会协调机制更加成熟和完善。截至2019年6月,两园建设开发面积合计34平方千米,园区建设投入总计23.5亿美元。依托两国自然禀赋、产业优势和市场资源,中马钦州产业园区已逐步形成以棕榈油、燕窝、清真食品、生物医药、高新电子、新能源等为主的产业集聚;马中关丹产业园区形成以钢铁、轮胎、玻璃、铝型材等为主的产业集群。紧邻两园的钦州港、关丹港已开通集装箱直航班轮航线,为降低物流成本、促进两园产业互动创造了优越条件。③ 依据新的发展条件,"两国双园"出现了升级建设的需求。

这一项新的发展条件,主要动力还是来自中国内部的政策更新。2019年8月,中国国务院同意设立中国(广西)自由贸易试验区,由南宁片

---

① 潘云锋、李艳晔:《中马携手共建"两国双园"升级版》,广西新闻网,2019年6月28日,http://www.gxnews.com.cn/staticpages/20190628/newgx5d158c05-18459661.shtml。
② 周红梅、潘云锋、蓝慧:《中马全力建设"两国双园"2.0升级版》,广西新闻网,2019年6月17日,http://www.gxnews.com.cn/staticpages/20190617/newgx5d06ca98-18421040.shtml。
③ 周红梅、潘云锋、蓝慧:《中马全力建设"两国双园"2.0升级版》,广西新闻网,2019年6月17日,http://www.gxnews.com.cn/staticpages/20190617/newgx5d06ca98-18421040-1.shtml。

区、崇左片区和钦州港片区组成。其中,钦州港片区总面积58.19平方千米,包括钦州保税港区10平方千米、钦州港经济技术开发区32.14平方千米、中马钦州产业园区16.05平方千米。"两国双园"由此获得建设国际陆海贸易新通道门户港、发展向海经济产业集聚区、打造中国—东盟合作示范区的"一港两区"定位,让中马钦州产业园区增加了自贸试验区、陆海贸易新通道、保税仓储、港口保税物流等多重利好政策支持,从而进一步强化了中马两国之间合作。

2019年9月21日,由中国国家发展改革委、广西壮族自治区人民政府和马来西亚国际贸易和工业部主办的中国—马来西亚产能与投资合作论坛在南宁举行。中共钦州市委副书记、中马钦州产业园区管委会常务副主任高朴在论坛上作主旨演讲表示,自开园以来,中马钦州产业园区围绕习近平总书记提出的建设"中马两国投资合作旗舰项目""中国—东盟合作示范区"以及如今提出的"'陆海新通道'重要节点"的战略定位,不断加快推进园区基础设施和产城配套设施建设,并积极探索征拆安置、财政资金管理、法定机构治理、片区开发等创新模式,努力构建具有自由贸易试验区功能的国际化创新城,为中国、马来西亚企业搭建了一个最舒适、最便利的投资环境。中马钦州产业园区作为陆海新通道建设的桥头堡、中国(广西)自由贸易试验区钦州港片区的核心区、广西北部湾经济区一体化的中心区,享有各种机遇与政策优惠,同时也承载着中国与马来西亚及其他东盟国家开展产业合作先行先试的责任。他希望各界共同参与"两国双园"建设,在中马两国政策协同创新上进行突破,探索建设"两国双园"跨国自由贸易试验区,与东盟建设中国—东盟自由贸易区"升级版"的试验区,从而进一步深化"两国双园"以及中国—东盟国际产能合作,为广西乃至中国—东盟国家经济发展做出新的更大贡献。[①]

广西自由贸易试验区钦州港片区依托中马钦州产业园区设立片区管理机构,保持中马钦州产业园区体制机制不改变的基础上,实行中马钦州产

---

① 苏元媛:《中国—马来西亚产能与投资合作论坛举行 高朴倡议建设"两国双园"跨国自贸区》,中国—马来西亚钦州产业园区管理委员会,2019年9月22日,http://zmqzcyyq.gxzf.gov.cn/xwzx/yqdt/20190922-169043.shtml。

业园区管委会和广西自贸试验区钦州港片区管委会合署办公,探索一条具有片区特色的管理体制。该片区特别强化了中马"两国双园"合作,专门设立了联合理事会秘书处(对外合作交流局),深化"两国双园"日常联络和互动发展。同时,建立了与中马合资公司马方董事的定期沟通协调机制,正在拟订给予股东方、股东关联方特别的优惠政策,增强马方企业在中马钦州产业园区投资的信心与决心。

广西壮族自治区于 2020 年 8 月获批开展中马钦州产业园区金融创新试点,实施跨境人民币双向流动便利化、跨境人民币同业融资、境外项目人民币贷款、简化人民币 NRA 账户离岸划转业务办理流程、境内信贷资产跨境转让五项试点业务,属中国首创或前列,资本项目收入支付便利化已从广西自贸试验区试点推广至全区实施。[1]

中马钦州产业园区内有 16.05 平方千米的范围被赋予自贸试验区优惠政策,通过充分利用自贸区的创新政策,在加快推进马来西亚燕窝、榴莲、清真食品、棕榈油等传统优势产业合作的同时,鼓励马方企业积极参与钦州港片区城市建设和商业开发,大胆探索"两国双园"跨国自由贸易、金融合作以及面向东盟的文化、教育、医疗、电子商务、大数据等跨境合作,积极探索推进中马两国跨境自由贸易试验区建设。[2]

截至 2020 年中,中马钦州产业园区开发建设加快推进,总投资 100 亿元的泰嘉超薄玻璃基板深加工、总投资 15.6 亿元的马来西亚中小企业标准厂房等一批重大项目开工建设,已签约入驻燕窝企业 11 家,已开工投产 5 家,正在筹备开工 5 家;酒店、中小学、公寓楼等一批城市配套项目投入使用,一座现代化产业新城粗具规模。[3]

燕窝产业是中马钦州产业园区的特色产业之一。2019 年 11 月 20 日,马来西亚毛燕输华暨加工启动仪式在中马钦州产业园区举行,150

---

[1] 《广西自贸试验区多项金融创新试点落地实施》,广西北部湾经济区规划建设管理办公室,2020 年 10 月 29 日,http://bbwb.gxzf.gov.cn/ywdt/t6831506.shtml。

[2] 中国(广西)自由贸易试验区钦州港片区管理委员会协调指导局:《中国(广西)自由贸易试验区促中马合作提质升级》,广西北部湾经济区规划建设管理办公室,2020 年 6 月 30 日,http://bbwb.gxzf.gov.cn/jjbbw/cyfz/t5661519.shtml。

[3] 中国(广西)自由贸易试验区钦州港片区管理委员会协调指导局:《中国(广西)自由贸易试验区促中马合作提质升级》,广西北部湾经济区规划建设管理办公室,2020 年 6 月 30 日,http://bbwb.gxzf.gov.cn/jjbbw/cyfz/t5661519.shtml。

千克的马来西亚毛燕运抵园区进行深加工,成为全球首批出口至中国的毛燕,标志着历经多年筹备的燕窝产业项目正式投产。2020年8月,钦州市进口毛燕1吨,创下钦州市毛燕进口单月最高纪录。1—8月,全区累计进口燕窝3072千克,同比增长981.7%,其中钦州市进口1986千克,位列全区第一。得益于"两国双园"、自贸试验区等多重便利条件,区内企业进口毛燕只需一周即可完成从原材料采集到输入国内,减少了中间流动环节,降低了生产成本,给企业的生产和销售带来了极大的便利。①

中马"两国双园"获"陆海新通道"重要节点的新战略定位,在全国率先开展马来西亚毛燕进口加工、"两国双园""点对点"金融等特色业务,中国—东盟港口城市合作网络加入成员达到39个。② 燕窝、清真食品、棕榈油、橡胶等产业是园区重点引进的马来西亚和东盟传统优势产业,也是园区产业体系中最具"东盟风情"的特色产业。园区重点引进马来西亚及东盟国家的毛燕,构建燕窝跨国产业链,并加快发展清真食品、棕榈油等东盟传统优势产业,推动棕榈油、清真食品等东盟传统优势产业在园区集聚发展,形成区域特色产业集群。

第四节 "两国双园"的发展优势和意义

根据中国知网的搜索数据,截至2019年12月,关键词中同时包含"一带一路"和东盟成员国国名的期刊文章共602篇,中文学术界将东南亚国家中的马来西亚作为研究对象的成果数量最多,达到126篇,超过总篇数的20%。③ 中马两国在"一带一路"合作框架下所获得的关注及其重要性,可见一斑。

"两国双园"历经实践变迁,合作模式已经逐渐磨合定型,成为独树

---

① 《钦州港片区:先行先试 活力迸发》,广西北部湾经济区规划建设管理办公室,2020年10月26日,http://bbwb.gxzf.gov.cn/ywdt/t6790435.shtml。
② 《钦州:枢纽联天下 开放新支点》,广西北部湾经济区规划建设管理办公室,2020年10月22日,http://bbwb.gxzf.gov.cn/jjbbw/cyfz/t6753073.shtml。
③ 吕蕙伊、李志松、李福建:《"一带一路"框架下的中国与东盟合作研究文献综述》,《中国—东盟研究》2020年第3期。

一帜的创新跨国合作模式，并在全新的广西自由贸易试验区钦州港片区的机制下，为"一带一路"在本区域的提升与深化带来有意义的探索和示范。其特殊的启动历程所带来的发展优劣点值得进一步观察。

一　两国中央及地方政府的角色和政策扶持

"两国双园"基本上是"政府搭台、企业落实"的经营模式，现阶段而言，政府的功能和作用更多一些。中马钦州产业园区从概念的规划到建设的推动，广西壮族自治区和钦州市都动用全区全市的力量，政府的政策驱动力量和影响力非常显著。

这一点不仅反映在中马钦州产业园区管委会这个新的行政单位的规划和运作上，在中马钦州产业园区开发有限公司管理层人选也可看出原政府人员的领头作用。此前公司董事长李杏原为钦州市政府主导这项计划的副市长，并兼任中马钦州产业园区管委会副主任；当时公司总裁翁忠义先后担任马来西亚贸工部的中国处处长，以及马来西亚驻中国大使馆公使衔参赞（经济事务），曾经参与"两国双园"的规划。[①] 在中马战略合作的原则下，中方代表出任公司董事长，马方代表出任总裁。

马中关丹产业园区的政府机构主要在策划和咨询，企业自行推动建设和运营。两园都列为两国各自的国家级园区（马中关丹产业园区更是马来西亚首创的"国家级"产业园区），拥有绝对不比其他产业园区计划少的优惠政策扶助。

"两国双园"毫无意外地被视为中马之间国与国的产业建设合作项目，研究者从马中关丹产业园区切入，以其股权构成论证这项联营计划以国有企业为主导。马中关丹产业园有限公司作为园区的开发主体，由中方公司——广西北部湾东盟投资有限公司（广西北部湾国际港务集团95%、钦州市开发投资公司5%）占股49%，马方公司——马来西亚关丹彭亨控股有限公司（怡保工程集团40%、森那美产业集团30%、彭亨州发展机构30%）占股51%。中方公司俱由地方国有企业组成，而马方公司则是由私营的怡保工程集团、中央政府拥有的森那美产业集团和彭亨州政府拥

---

① 《星洲日报》2016年1月4日。

有的彭亨州发展机构。后二者的加入则与园区所需的土地供应有直接的关联。[1]

由此，中央与地方政府的力量结合也受到注意。从中马钦州产业园区的情况来看，中央与地方政府的力量紧密结合，园区是以服务"一带一路"建设和中国—东盟开放合作为重点的，而中国中央和自治区政府也从宏观发展和政策扶持的面向来支持园区发展，将中马钦州产业园区纳入广西自由贸易试验区钦州港片区，通过充分利用自贸区的创新机制和优惠政策，则为园区的提速发展创造了更多的动力。

反观，马中关丹产业园区作为马来西亚吸引中资的窗口、推动西马东海岸经济建设和转型的重要平台，以及中马友好关系的见证，在时任总理纳吉布的大力推动和支持之下，取得马来西亚工业园区最优惠的鼓励政策，并获得双边政府的大力支持，应该展现强势与迅速的发展势头。然而，实际进展明显与大众的期待出现落差，不仅其建设进度落后于其钦州的姐妹园区，也无法达到中马双边政府的预期展望。中央与地方的动力及合作关系，已为论者所注意。尽管获得马来西亚和中国中央政府的大力推动，马方中央与州政府的官僚体系无法在建设关丹产业园区方面取得有效的突破，显然是该园区"无法达成预期成果的主要原因"[2]。

另外，在政治高层强大助力的同时，很多研究者也洞悉中马合作及"两国双园"所面对的潜在政治风险。2018年5月大选中领导希望联盟胜出而二度出任总理的马哈蒂尔，在大选前曾以此前国阵政府过于亲华大做文章，并指责纳吉布政权把土地典当给外国人；执政后他喊停中国参与的东海岸铁路计划（东铁）、马来西亚城及沙巴天然气输送管计划。马哈蒂尔于2018年8月20日与中国国家主席习近平在钓鱼台国宾馆会面后表示，"我这次访华是马来西亚新政府的重要举措，旨在向中国政府和中国

---

[1] Edmund Terence Gomez, Siew Yean Tham, Ran Li, Kee Cheok Cheong, *China in Malaysia: State-Business Relations and The New Order of Investment Flows*, Petaling Jaya: SIRD & Palgrave, 2020, pp. 34-35.

[2] Ngeow Chow Bing, "The Political Economy of China's Economic Presence in Malaysia", in Diokno Maria Serena I., Hsiao Hsin-Huang Michael, and Yang Alan H. (eds.), *China's Footprints in Southeast Asia*, Singapore: NUS Press, 2019, p. 109.

人民表明，马来西亚对华友好的政策不会变化"。他还表明马来西亚支持并愿积极参与共建"一带一路"，并相信这有利于地区发展繁荣。[①] 尽管如此，他在北京直接宣布取消东铁计划，导致两国关系倒退。

2019年4月，马哈蒂尔在不到一年之内再度访问中国，声明马方支持"一带一路"倡议，欢迎中国企业来马投资，愿同中方开展经贸、科技、农业等领域的合作，这有利于促进马来西亚自身发展。两国总理共同见证了马来西亚东海岸铁路沿线开发、恢复"马来西亚城"项目、加强棕榈油贸易等双边合作文件的签署。[②]

很多政治观察也说明了尽管马来西亚在2018年5月经历政权轮替之后似乎对中马两国的"一带一路"合作造成冲击，然而随后的发展显示许多中资项目仍旧继续，而当政的希盟政府也表达了对"一带一路"的支持立场。[③] 尽管马来西亚国内的政治局势变化，但在中马双边经贸合作总体上稳定成长的趋势下，友好合作关系将持续。2020年马来西亚再度面对政权变动，并在新冠疫情的困扰下，仍然与中国保持良好的外交互动，2020年10月中国国务委员兼外交部长王毅访问吉隆坡的行程清楚地表明了这种良好互动的外交关系。

除了潜在的政治风险外，"一带一路"倡议下"走出去"的中国企业在东盟国家经商，还面临经济体制机制不同、营商环境不同等问题，也是必须注意的潜在困境。

二 结合地方智慧，发挥地理区位优势

钦州在广西北部湾处于核心地位，也是广西北部湾集装箱干线港，是中国西南经济圈、东南经济圈及中国与东盟经济圈的接合部，在三个经济圈的中心位置突出。钦州离东盟国家的港口距离近，是中国古代海上丝绸之路的始发港。钦州市具有后发城市的竞争优势，位于中国东南沿海城市

---

① 《习近平主席会见马来西亚总理马哈蒂尔》，中华人民共和国驻马来西亚大使馆，2018年8月20日，http：//my.china-embassy.org/chn/zmgx/t1586637.htm。
② 《李克强会见马来西亚总理马哈蒂尔》，中国政府网，2019年4月25日，http：//www.gov.cn/guowuyuan/2019-04/25/content_5386288.htm。
③ Ngeow Chow Bing, "Malaysia-China Cooperation on the Belt and Road Initiative under the Pakatan Harapan Government: Changes, Continuities, and Prospects", in *NIDS ASEAN Workshop* 2019: *China's BRI and ASEAN*, Tokyo: National Institute for Defense Studies, 2019, pp.36-37.

发展带和西南经济开发区的交汇处，经济发展基础条件优厚，GDP 的增长仍然以高速前进。

马来西亚半岛大部分的港口都分布在西海岸，关丹港是整个东海岸唯一一个可以处理集装箱货运的港口。关丹是西马半岛最大州属彭亨州的首府，也是半岛东海岸最重要的城市。作为文明古国彭亨的海港城市，关丹地处古代海上丝绸之路的纽带，同样具备港口资源，并且处于马来西亚东海岸经济特区的中心区块，同样具有区位优势。

自"一带一路"倡议提出以来，港口联盟意愿不断加强，沿线国家港口联盟数量不断上升，且合作领域涵盖港口开发建设、业务经营和管理、航运物流、投融资、智慧港口、绿色港口、信息技术共享人才培训与交流等众多领域。由于"一带一路"海上物流通道的航线布局以及航运需求等原因，欧洲、非洲、东南亚已成为中方港口重点合作区域对象，其中，马来西亚巴生港和关丹港、柬埔寨西哈努克港、巴基斯坦瓜达尔港、斯里兰卡科伦坡港和汉班托塔港、希腊比雷埃夫斯港、德国汉堡港、荷兰鹿特丹港等成为中方港口从连通海上丝绸之路东南沿海至欧洲沿海两端的关键物流节点和重要联盟对象。而从合作形式上看，港港联盟多以缔结友好港或签订合作备忘录的形式来构建合作关系，具有政府性行为特点，且大多数联盟仅限于两个港口之间的联盟，多边联盟组建较少，合作稳定性和紧密性尚有待提高。[①] 中马两园都分别处在经贸相对滞后的区域，加上地理区位优越，港口资源丰富，可借助中国—东盟战略合作的区域协作动能，充分利用后发优势，取得良好增长。

中马钦州产业园区规划以马来西亚多媒体超级走廊为设计蓝本正是充分利用地方智慧的最佳明证。"两国双园"的建设也必须结合地方智慧，发挥地理区位优势，带动区域发展。马中关丹产业园区地处西马东海岸，民风淳朴且具有浓厚的南洋地方特色，与中国南海另一端的钦州港遥相呼应，经过初期的园区基础设施的建设，两园应该抓紧产业对接，加强产业错位的优势互补，进一步优化两园的产业布局和经贸交流，广西自由贸易试验区钦州港片区的设立正是最大契机。

[①] 王珍珍、甘雨娇：《中国与"一带一路"沿线国家港口联盟机制研究》，《东南学术》2018 年第 1 期。

"两国双园"因地制宜,都以"港区联动"的方式推进发展,特别是集中加强以钦州港和关丹港为中心的联动通道,既有利于中国—东盟合作,更对两港周边区域贸易带来益处。

三 天时地利人和资金视野

中马钦州产业园区合资公司的两国投资公司均有国有资金准确到位的注入,毫不夸张地说,具备了天时地利人和资金的有利条件,加上规划完善具备环球视野,充分展现两国友好互信和中国—东盟战略合作框架等优势,完美衔接"一带一路"构想。

"两国双园"联合合作理事会承诺,通过两国中央和地方政府的大力支持,以及私人资本的积极参与,中马两国有信心将两园的建设与执行进一步提升,进而创造一项成功的公私合作共赢的国际合作模式。这项示范性合作将强化关丹和钦州在21世纪海上丝绸之路的重要地位。

针对"一带一路"沿线国家政策沟通、设施联通、贸易畅通、资金融通、民心相通情况,北京大学全球互联互通研究课题组开发的"五通指数"的研究显示,马来西亚在综合评估的总评分方面位居前列,属于"顺畅型"国家;又在"五通"的个别评估上都得分靠前,属于"五通均衡型"国家。[1]

一篇通过对《星洲日报》近两年半的实证数据统计的研究文章显示,马来西亚华人社会绝大多数对"一带一路"倡议的回应是持拥护态度的,华人社会普遍认为"一带一路"建设是行之有效的区域合作途径,是促进共同发展、实现共同繁荣的合作共赢之路,是增进理解信任、加强全方位交流的和平友谊之路,所以很赞成和赞成的百分比也在逐年增加。[2]

马来西亚的华裔人口绝对是一大优势。[3] 马来西亚地处多元文明的交

---

[1] 北京大学全球互联互通研究课题组:《中国—东盟"五通指数"比较研究》,《中国—东盟研究》2017年第1期。

[2] 骆立:《马来西亚华社对"一带一路"的回应——从〈星洲日报〉考察》,《文化软实力》2017年第4期。

[3] 周兴泰指出,在中马"一带一路"合作中,马来西亚华人社会具有政治、经济、教育、语言、文化、组织和财富等多方面的先天优势,因此可以成为两国"一带一路"合作的天然桥梁。但也面临诸如华社内部政治力量分化、马来人特权限制和现实对接中的困难等问题。详见周兴泰《马来西亚华人社会推动中马"一带一路"合作研究》,《八桂侨刊》2018年第4期。

汇点，具有深厚的多元交融的文化底蕴，马来西亚华人具备多语优势，可在加强民心相通方面扮演更为积极的角色。研究发现马来西亚"一带一路"差异化认同存在于不同界别、领域、群体和年份，使得"一带一路"在马拓展存在政治、经济、种族等方面的风险，必须理顺各方利益，最终化异为同。[1] 尽管近年来马来西亚国内的种族和宗教矛盾日趋凸显，然而多元的文化互动本是马来西亚的特色之一，文化、语言、宗教，甚至肤色的差异确实容易引起沟通上的困难，但这种差异和多样性正是马来西亚文化的多元价值所在。唯有通过开诚布公的沟通建立真正互信的基础，国内族群间的矛盾才能得以缓解，"一带一路"跨国合作建立理想的"五通三同"才真正能有实现的现实基础。中马"两国双园"具备多方面优越的条件，双边人员应视当前的阻力为通往成功的必由之路。

"两国双园"的起点和具体目标无疑是经贸商务导向的，却涉及两国和区域的技术、交通物流、旅游、政治、外交、文化、教育、学术等方面的交流与互动，直接影响到民间的生活和工作文化。

目前，马中双边贸易额达到千亿美元级别。中国自2009年连续11年成为马来西亚最大贸易伙伴，中马贸易已占中国东盟贸易的五分之一。这种紧密的商贸联系，同时也将更深层地促进两地的文化交流，真正触及两地的民心相通。

中国和马来西亚创新合作机制，开创"两国双园"国际合作新模式，共建中马钦州产业园和马中关丹产业园，钦州港与关丹港缔结国际姐妹港，并开通钦州港与关丹港的班轮航线，在"一带一路"构想中有机结合，优势凸显。这种新型国际合作新模式，逐渐受到关注。[2]

香港与内地经贸合作咨询委员会促进落实贸易自由化及投资便利小组在2015年12月发表的《推动香港与南沙、前海和横琴合作的建议》中，以国际合作园区经验作为参考，特别提到了中马"两国双园"，以此作为

---

[1] 张赛群：《马来西亚"一带一路"差异化认同现状、风险及启示》，《中国—东盟研究》2018年第2期。

[2] 研究者认为，中马两国正以共建产业园区为一种新型的双边经济合作形式。参见Kuik Cheng-Chwee, "Malaysia's China Policy in the Post-Mahathir Era: A Neoclassical Realist Explanation", RSIS Working Paper No. 244 (Rajaratnam School of International Studies), 30 July 2012, 第20—21页。

香港参与广东自贸区合作建设的重要参照。① 广西壮族自治区决定采取多项措施推进边境经济合作区高质量发展，将探索中越"两国两园"联动发展模式，支持开展跨境劳务合作。中国（广西）自由贸易试验区崇左片区正在打造中越"两国双园"项目，作为"双园"之一的越南谅山北投产业园重点打造"加工制造、现代物流、国际金融"三大产业体系，力争2020年底前试运营。② 这些都是"两国双园"创新概念所引起的带动和示范作用，而且作用越来越广泛和显著。

2019年4月27日，与会领袖通过了《共建"一带一路"开创美好未来——第二届"一带一路"国际合作高峰论坛圆桌峰会联合公报》，明确将中国—马来西亚钦州产业园区和马来西亚—中国关丹产业园区列为由互联互通带动和支持的经济走廊和其他项目。经济园区是中国经济发展进程中形成的一个重要亮点和特色。作为中国园区经济实践的进一步深化拓展以及中国特色发展经验在全球范围内的分享，海外园区既是"一带一路"建设的重要内容，也是承载中国与沿线国家经贸合作的重要平台，构成了中国"一带一路"建设的重要战略空间。③

综合最新发展条件，通过建构一个"政府—城市—园区—企业"多元联动来引领"一带一路"新发展，要发挥好沿线中心城市的枢纽节点功能和重点经贸园区的平台支撑作用，其核心在于将"一带一路"资源布局配置重心从国家层面下移到城市/园区尺度，这是"一带一路"发展的新阶段。④

从提出打造"两国投资合作旗舰项目"，到建设"中马合作旗舰项目和中国—东盟合作示范区"，再到建设"'陆海新通道'的重要节点"，中马"两国双园"合作的目标不断提升，内涵不断拓展，示范带动作用更

---

① 香港与内地经贸合作咨询委员会促进落实贸易自由化及投资便利小组：《推动香港与南沙、前海和横琴合作的建议》，2015年，第19—20页。建议书也提到中韩两国政府于2013年12月达成共识共同构建的新万金韩中经济合作园区和烟台中韩产业园"两国双园"计划。见建议书，第20—21页。
② 《广西探索中越"两国两园"联动发展 推进跨境劳务合作》，广西北部湾经济区规划建设管理办公室，2020年10月19日，http：//bbwb.gxzf.gov.cn/jjbbw/cyfz/t6711702.shtml。
③ 盛垒、权衡：《从政府主导走向多元联动："一带一路"的实践逻辑与深化策略》，《学术月刊》2018年第4期。
④ 盛垒、权衡：《从政府主导走向多元联动："一带一路"的实践逻辑与深化策略》，《学术月刊》2018年第4期。

加凸显,不仅成为中马两国产能合作的重要平台,也成为推动国际互联互通和经贸政策创新的有效载体。

中马钦州产业园区管委会常务副主任高朴希望围绕服务国际陆海新通道建设,加强优势资源整合,推动钦州港、关丹港联动发展,实现两国价值链、产业链、供应链之间的合作,把中马"两国双园"纳入"一带一路"建设重点项目库,推动大型企业参与港口、道路、通信等基础设施建设。从园区推动者的角度来看,借鉴国际自由贸易区通行做法,强化提升园区进出口贸易功能,建设进出口贸易示范区,是当务之急。"两国双园"的建设包括肩负起——积极参与中国—东盟信息港建设,共同推动国际数据共享和业务协作,以维护信息数据安全为核心,探索建设"数据自由贸易试验区",打造国际信息数据合作示范基地——这一系列任务。[①]

"两国双园"从一开始就是与众不同的产业园区组合,在新的发展条件下蕴含着更多的可能性。中马钦州产业园区预计在 15—20 年内完全建成,马中关丹产业园区也将在"两国双园"理念下产生协同效应促成两地的产业互动,届时不仅将成为中国—东盟战略合作框架下的中马合作标志项目,更将是"一带一路"共建计划下一个永续经营的人文地理标志。

---

① 《建设跨国自贸区 中马钦州产业园区渐入佳境》,中国—马来西亚钦州产业园区管理委员会,2020 年 2 月 14 日, http://zmqzcyyq.gxzf.gov.cn/xwzx/zmqzx/t3252146.shtml。

第七章　中马教育合作的发展现状与启示

中国国家主席习近平于2013年提出中国"一带一路"倡议，是中国迄今为止最大的倡议。"一带一路"旨在跨越连通65个国家，通过建设围绕经济、运输、能源和教育合作的大规模基础设施，为全球经济注入活力。实际上，中马之间的教育合作始于1405年，并且随着时间的推移而发展。在"一带一路"倡议的推动下，中国和马来西亚在2017年签署了相互认可两国大学谅解备忘录（MOU）。两国的相互认可加快了两国高校之间的互动，从而促进中马高校之间更牢固且正式的学术计划合作。

本章将先简单地按时间顺序描述两国之间正式或非正式教育合作的发展，接着描述两国在2017年签署的《大学谅解备忘录》相互承认之前和之后，两国之间正式或非正式的学术和研究合作之发展，然后以一个典型的正式学术计划合作为案例，描述马来西亚与中国大学之间发展正式学术计划合作的过程、所遇的挑战并提出解决方案。本章结论总结了马来西亚与中国在世界教育格局中的竞争优势，提出了相互促进彼此国家学历受国内外认可的方案。

第一节　教育合作的发展

为了更好地了解中国和马来西亚两国之间教育合作的发展，我们需要回顾马来西亚华文教育的历史，这一历史进程在很大程度上本着保留母语和慎终追远的精神面貌与尊严的初衷。

一 第一阶段中马教育合作

马来西亚华人从中国大陆移居至马来西亚的时间虽无法百分之百确认，但目前最早可追溯至 16 世纪初。人们普遍相信马来西亚华人有三次移民浪潮：一是 16 世纪初，中国商人和王室随从的年轻贵族开始在马六甲及附近定居。一些人与当地人通婚，创造了新的华人身份，即海峡华人。二是 20 世纪 30 年代初，中国移民来到英国殖民的马来亚，为了寻求更好的生活。三是 21 世纪初，华人向往温暖的南洋气候与解决家庭问题，通过跨国婚姻或在"马来西亚：我的第二家园"（MM2H）计划下定居马来西亚。然而，马来西亚华人在马来西亚总人口比率却逐渐降低，从原来 50%（20 世纪初）逐年降至 20%（2020 年）。

在同宗同族血缘关系的驱使下，马来西亚华人与其中国亲戚仍然保持联系。因此，马来西亚华人与中国的关系自华裔先祖踏足这块土地起就不曾断绝。无论是个人、商企还是社团，这样的关系一直保持着友好的联系。早在"中国—东盟伙伴关系"和"中国—东盟教育信息网络"建立之前，这样的非官方活动和互动早已在民间蓬勃发展、紧密进行。

其实马来西亚的华文教育，早在 1405 年郑和下西洋的大规模移民潮时期，或更早以前，就开始发芽。14 世纪，中国的外交政策开始积极拓展，到了 19 世纪，更扩展至小企业的劳动力、人力资本移民政策。在那个年代，马来西亚的教育主要是私塾教育和非正式的机构教育，如宗亲会馆为同乡开设的学堂。

马来西亚华人最早的办学活动，可追溯至 1819 年在槟榔屿创设的五福书院，类似富裕华人自家的私塾，或个人教师在祠堂上课的私塾义学，教学以方言为媒介语，内容以教授中国经典的传统教育制度为主，如：《三字经》《百家姓》《千字文》或《四书》《五经》等。系统化的华文教育大约在 1800 年至 1815 年前后在主要的城市开始萌芽发展。

随着华人人口稳定增长，到 1920 年，马来联邦共有华校 181 所，海峡殖民地则有华校 313 所。华文学校快速增加的原因是中国新式教育模式开始蓬勃发展并且向南洋地区宣教。学校课程的设置和定位也开始多样化，虽然学科教材与师资基本上都是从中国输入，依循中国传统文化认同模式，但在教学内容上则开始融入部分本土文化和社会相关的篇章文选。1957 年独立后，马来西亚已有 1350 所华文小学和 86 所华文中学。[1]

"1948 年至 1955 年之间，英殖民地政府依据《芝士曼计划》（Cheeseman Plan 1946）、《巴恩报告书》（Barnes Report）、《芬吴报告书》（Fenn-Wu Report 1951）、《1952 年教育法令》以及《1954 年教育白皮书》，以缺乏合格教师、设施等不足为由，欲改变马来亚母语教育的特质，建立以英文和马来文为主的学校体制。"[2] 不接受改制的学校未被认可为国立学校，无法获得政府的资助。

1957 年独立以后，执政单位开展以国族建构（nation-building）为首要政治方向的教育体制改革，根据《1956 年拉萨报告书》的建议，启动以马来文化、马来语言为主的国家教育改革工程。据《1961 年教育法令》，马来西亚政府的教育政策必须有效贯彻《1956 年拉萨报告书》中所提出的"一种语文，一种源流"的最终目标，使国家教育制度"逐步发展成为以国语（马来文）为主要教学媒介语的教育制度"。[3]

华人社会长久以来解决大部分华文教育办学经费和资源。这延伸出马来西亚华校董事联合会总会（董总）和教师总会（教总）的成立，华人社会联合全国华校董事会与华文教师以抗议单一源流教育的最终目标及争取华社对开设华文学校的需求。董总和教总在这一时期里即便发挥了民间教育发展的重要作用，但也只能发展到基础教育层次，即小学教育和中等教育的阶段。

马来西亚是东南亚的多元种族、文化和宗教国家之一，采用广泛的优惠政策来管理种族问题。因此，马来西亚的种族政治在一定程度上影响了马来西亚的华文教育。[4]马来西亚华人将教育视为生命和给下一代最重要礼物，因此尽管现有的国家政策对华文教育比较严苛，马来西亚华人经过

---

[1] Kua Kia Soong, *200 Years of Chinese Education in Malaysia: A Protean Saga*, LLG Cultural Development Centre, 2019.
[2] 莫顺生：《马来西亚教育史》，吉隆坡马来西亚华校教师会总会 2009 年版。
[3] 莫顺生：《马来西亚教育史》，吉隆坡马来西亚华校教师会总会 2009 年版。
[4] Nan Xia, Yanan Yang & Yok Fee Lee, "Chinese Education in Malaysia under Malaysian Ethnic Politics", *Journal of Politics and Law*, Canadian Center of Science and Education, Vol. 11, No. 2, 2018.

数十年的奋斗，使马来西亚成了中国以外，唯一拥有全面且完整的中文教育体系的国家，并使马来西亚成为东南亚唯一一个拥有在殖民时期与独立后都拥有不曾中断中文教育体系的国家。

今天，中国是马来西亚的主要贸易伙伴（15.8%），领先于新加坡、欧盟、美国、日本等国。诚然，双边往来的重点在商业与贸易，教育领域完全无法与之相比。尽管近40年来中马政府双边关系密切，两国在教育方面的关系更多的是在华文教育与文化上的交流。

上面提到的三个关键因素：华人重视教育的信念、促使华文教育体系不间断发挥作用的非政府组织（乡团、会馆、公会、商会、宗祠）、在两国的政经文教往来下使得教学材料与师资顺利走入马来西亚，并重点通过以下方式交流教育经验。在马来西亚教育统一教材开始之前，华文教育资源多由中国提供。大部分的教育交流都是透过董总、教总和校长职工会属下的华文小学和华文中学的教职员交流和课程共享促成。在中国教育学校/华人社区之外，中马之间几乎没有正式或非正式的教育合作。这形成了中马之间的教育合作的第一种形式。[1]

二 第二阶段中马教育合作

马来西亚于1974年正式与中华人民共和国建交，是东南亚第一个与中华人民共和国建交的国家。两国建交后不久，不约而同进行了教育政策和法案的国内改革，尤其是20世纪80年代的大规模教育改革后，两国之间正规教育合作便得以发展。自80年代初中国开始改革开放和现代化建设，1985年中国教育部宣布教育改革，在80年代至90年代，中国教育改革的重点是有计划、分阶段地实施九年义务教育、职业和技术教育，增加教育投入预算，提高教师素质，提高教育质量，注重办学效益以及高等教育要适应改革开放和现代化建设的需要，积极探索发展的新路。改革完善了教育投资体制，增加了教育经费。

更重要的是，为了达到与全球合作的目标，中国政府启动了教育体制改革，改变了政府包揽办学的格局，逐步建立以政府办学为主体、社会各

---

[1] Ang Ming Chee, *Institutions and Social Mobilization: The Chinese Education Movement in Malaysia, 1951 – 2011*, Institute of Southeast Asian Studies, 2015.

界共同办学的体制。在现阶段，基础教育应以地方政府办学为主；高等教育要逐步形成以中央、省（自治区、直辖市）两级政府办学为主、社会各界参与办学的新格局。深化高等教育体制改革，政府要转变职能，由对学校的直接行政管理，转变为运用立法、拨款、规划、信息服务、政策指导和必要的行政手段，进行宏观管理。①

尽管这些政策是在20世纪80年代至90年代宣布的，但同样的重点和实施行动一直持续到21世纪头十年。中国各相关单位特别是中国海外交流协会以及驻马中国大使馆一直给予马来西亚的华文教育各方面的支援和协助，与董教总、华人社团及文教团体合作。譬如自20世纪90年代初期就开始赞助教总组织的华小及学前老师，每年到中国各个地区进行短期的培训，提供更多在中国大专院校升学的机会，以及赞助华小和华文独中的老师到中国参加在职师资培训课程及进行教育考察等，协助提升马来西亚华校教师的专业素质，进而惠及华文教育的整体发展。与此同时，中国海外交流协会也赞助中国的专家学者前来马来西亚作巡回讲学，但仅限于中文教育。在中文教育之外，尤其是其他教育学科，没有太多的互动。

马来西亚教育部于2007年宣布了《国家高等教育计划》（NHEP 2007—2010）。该计划蓝图旨在帮助所有高等教育机构培养具有一流素养的人力资本。该计划有五个支撑未来发展的基础：治理、领导力、学术环境、教学、研究及研发。在学术环境方面，马来西亚政府鼓励文化交流，并允许与公司和国际机构加强合作，发展研发，以及加强合作和资金以提高研发产出的各个方面。例如，这项工作着重于将至少5%的研发工作商业化，同时建立了五个世界著名的研发中心，以创建国际知名的研究型大学。②

在"一带一路"倡议提出之前，两国的重点主要是加强各自教育体制改革、行政管理、教育网络、技术转让、教育质量以及整个国家的包容性。两国还宣布了国家政策和国家框架，并更加开放和接受国际合作，允许外国大学在两国建立国际分校（IBC）。中国主要允许国际分校的原因在于满足中国对高校的需求，以提高接受高等教育的比例及中国的教育质

---

① MOHEM, *National Higher Education Plan 2007 – 2010*, M. O. H. E., 2007.
② MOHEM, *National Higher Education Plan 2007 – 2010*, M. O. H. E., 2007.

量；马来西亚则允许国际分校吸引国际学生和本地人到马来西亚学习。尽管两国的目的各不相同，但在客观上，两国教育改革的努力为跨国教育合作奠定了实现国际化和全球化的基础。

马来西亚与中国之间重要的教育合作发展集中于马来西亚的商业实体和私立大学，例如西方大学，20世纪90年代在中国设立了分支机构或教育机构，向中国学生提供各种水平的学术课程。此举在中国政府允许外国公司在各层级建立教育机构，特别是学前班和大学合作办学之前，奠定了基础和各种发展可能。同样，所有这些活动都是民间运作，教育合作的规模不大。此外，两国的学历均未被对方正式认可，相较于知名度较高的美国、英国、澳大利亚和欧洲国家，这样的合作对学生缺乏吸引力。

第二节 "一带一路"倡议推动教育合作

一 推动者 1："一带一路"倡议之后两国教育改革

（一）2013年后中国教育改革（"一带一路"倡议之后）

中国国家主席习近平在2013年提出"一带一路"倡议，通过建设围绕经济、运输和能源的大规模基础设施，为全球经济注入活力。在"一带一路"倡议下，中国政府在高等教育方面制定了一些战略和实施计划，作为推动中国与其他国家之间更加活跃的教育合作的重要力量。为了达成教育国际化的目标，中国政府启动了前所未有的教育体制改革，逐步改变政府包揽办学的格局，建立以政府办学为主体，社会各界共同办学的体制。深化高等教育体制改革，政府要转变职能，由对学校的直接行政管理，转变为运用立法、拨款、规划、信息服务、政策指导和必要的行政手段，进行宏观管理。这种模式让教育更加国际化，易于执行国际合作与伙伴关系。

中共中央办公厅、国务院办公厅于2019年2月23日发布的两项实施计划，《加快推进教育现代化实施方案（2018—2022年)》和《中国教育现代化2035》加速推动了中国教育走向现代化。《2018—2022年计划》为拟议中的变革奠定了基础，而另一项《2035年计划》则列出了直至2035年之前实施的战略。值得一提的是，《中国教育现代化2035》

重点部署了面向教育现代化的十大战略任务。①② 在这十大战略任务之中提到开创教育对外开放新格局及改革先行、系统推进。充分发挥基层特别是各级各类学校的积极性和创造性，鼓励大胆探索、积极改革创新，形成充满活力、富有效率、更加开放，并促进了完善落实机制。建立协同规划机制、健全跨部门统筹协调机制，建立教育发展监测评价机制和督导问责机制，全方位协同推进教育现代化，并希望借以改善中国每个省市的教育现代化实施。这些实施计划为中马开展深入的教育合作指明了一条良好的道路。

从 21 世纪最初的学生出国留学教育到高等院校引智工作，中外合作办学，在部分国家与地区引进高等欧美澳国际化教育，跨国高等教育与粤港澳高等教育制度化，高等院校开展国际交流与合作。对外，近几年更是强调跨境高等教育、学术研究的国际合作、大学治理模式的全球趋同、高等教育大众化、高等教育市场化、世界一流大学排名与建设、世界知识体系。自 2016 年起，中国教育部陆续与 18 个省（区、市）签署了部省（区、市）共建备忘录，也与 24 个"一带一路"沿线国家签署高等教育学历学位互认协议，合作办学。中国高校还与 65 个国家中的 32 个沿线国家开展区域与国别研究中心，其中马来西亚也设立了一个中国研究中心。尽管有中国学者对中国教育国际化的层次仍感不足、认为对外开放虽由来已久，但即使是引领国际化风气的广东省也离建设高等教育强省的目标仍有相当大的距离。但是，单从国际化合作各方面数据看，③ 合作办学在层次、质量和规模等方面都取得了很大的进步，中国政府全面推进国际化进程取得了不错的成果。

（二）2013 年后马来西亚教育改革（"一带一路"倡议后）

巧合的是，马来西亚在同时期宣布了第十一大马计划（2016—2020 年）的战略和经济转型计划，以及国家高等教育战略计划（NHESP 2011 - 2015 年）和马来西亚教育蓝图（MHEB 2015 - 2025 年），以改革马来西亚教育并

---

① 《中国教育改革和发展纲要》，1994 年 7 月 3 日发布，中华人民共和国教育部，http://old.moe.gov.cn/publicfiles/business/htmlfiles/moe/moe_177/200407/2483.html。

② 中共中央、国务院《中国教育改革和发展纲要》1993 年版，http://old.moe.cn//publicfiles/business/htmlfiles/moe/moe_177/200407/2484.html。

③ 李盛兵：《高等教育国际化研究》，科学出版社 2019 年版，第 84—144 页。

加强马来西亚教育国际化。该战略计划（NHESP 2011－2015 年）被视为 NHESP 2007－2010 的第二阶段，旨在通过关键议程计划（Critical Agenda Plan's, CAP）促进所有成员之间的讨论和谈判，加强和增强 NHESP 2007－2010。关键议程计划项目团队的目标是确保国家议程的成功。总体而言，根据第一阶段和第二阶段引入的计划，马来西亚当前的高等教育体系已开始侧重于四个不同领域，即全球化、教与学、治理和塑造知识型社会等。通常，NHESP 的综合设计旨在加强高等教育的整合，使其成为国际和地区卓越的学术和教育中心，并提高就业率。

马来西亚高等教育系统的主要目标是跻身于世界领先的教育系统之列，并使马来西亚能够参与全球经济竞争，从而制定了 10 项政策转变的马来西亚高等教育蓝图（MHEB 2015－2025 年），以在规定的时间内实现这些目标，同时避免实施疲劳，修订后的路线图确定了三波活动，以确保系统容量、能力和就绪性。该路线图旨在确保在 2015 年前落实并建立基础，以加快系统改进（2016—2020 年）并通过增强运作的灵活性（2021—2025 年）走向卓越进而取得成功。明确的衡量标准在于其所宣布要实现的五个目标：收获、高质量、公平、统一和高效率。

马来西亚在国际化方面的发展相对较早，国际化教育框架也相对完善。马来西亚的大学从 20 世纪 70 年代以来直到今天，与英国、美国、澳大利亚、加拿大、法国、德国和新西兰的大学及其各种教育机构展开合作伙伴关系，提供不同类型的教育合作学位课程和特许学位课程。更在国外建有 4 所国际分支校园。到 2020 年马来西亚在全国各地以及"大学城"（如马来西亚依斯干达的 Educity）与吉隆坡教育城 [Kuala Lumpur Education City (KLEC)] 设有 20 所公立大学，24 所理工学院，37 所公立社区大学，51 所私立大学，37 所大学学院，339 所私立大学和 10 所外国大学分支校园。作为人口较少的国家，马来西亚具有很高的高等教育机构数量。因此，在马来西亚建立如此多所大学的主要目的之一就是接收国际学生。马来西亚在制定国家高等教育战略计划时将其定位为教育枢纽（Education Hub），尤其是为东南亚地区的学生提供高等教育成为其顺理成章的目标。

根据英国文化协会"全球高等教育研究报告现状"的连续研究数据

(2016—2019 年），马来西亚作为教育中心的努力取得了成功。[1] 该研究报告以 57 个国家和地区的 2900 项政策和法规为基准，37 个定性指标的详细信息来探索 43 个国家和地区政府高等教育领域对国际化的支持度。它在 2016 年对研究中的国家在以下三个领域进行了比较与评分（0—1.0），以确定各国政府为其高教提供有利的环境以实现并加强国际化合作努力的程度。马来西亚在这三个领域都得高分。

1. 开放性：即各个教育系统的开放性，意指政府对国际化的承诺以及为全球学生，研究人员，学术课程和大学研究提供的国际流动性。（马 0.8）

2. 质量保证和认可：旨在帮助学生，为教育工作者和学术计划提供国际流动的监管环境。通过质量保证体现高等教育提供（国内和国外）和认可的国际资格。（马 0.8）

3. 获取和可持续性：即公平利用机会和可持续发展政策，意指利用现有基础设施和资金来促进学生和学术流动以及国际研究合作。它考虑了国际化的后果，例如人才流失。（马 0.8）

在比较全球国际化时，马来西亚与西方国家/地区 [例如澳大利亚、德国、中国香港（SAR）、荷兰与英国] 一起脱颖而出。同时，如报告所总结，就其他东盟国家而言，马来西亚和新加坡在国内国际供应方面处于全球领先地位。

在高等教育的主要活动方面，如表Ⅲ-7-1 所示，马来西亚国际学生流动性、跨国教育（Transnational Education, TNE）项目和国际研究参与度都高。国际学生流动性仍然是政府参与高等教育的最主要指标。因为国际学生在申请赴某个国家学习时，将考虑这个国家教育系统的卓越性、学生签证申请流程、学习和技能应用到就业中的能力，等等。这些因素的成功很大程度上取决于国家政策和政府的支持。马来西亚政府和大学一直在调整其参与规则，以便更好地应对全球教育格局的变化。

---

[1] British Council, *The Shape of Global Higher Education* Vol. 1 - 5, https://www.britishcouncil.org/education/ihe/knowledge-centre/global-landscape.

表Ⅲ-7-1

主要活动	马来西亚
国际学生流动	0.8
跨国教育	0.8
国际研究参与	0.8

二 推动者2："一带一路"倡议之后的两国教育合作实施计划

（一）《大学谅解备忘录》的签署

马来西亚和中国政府认识到正式互认资格对于启用TNE的重要性。2011年4月28日，两国签署《促进高等教育学历相互认可的框架协议》，旨在促进高等教育合作并促进两国之间的学术流动。2013年发布了第一批中国大学和马来西亚大学教育学历相互认可的大学名单，2017年更新了更完整的（包含1243所中国大学和85所马来西亚大学）学历相互认可的大学名单。两国在2017年签署的相互承认的《大学谅解备忘录》里，明确启动两国之间正式的学术和研究合作之发展，提高了学生在另一个国家获得学历的信心。该备忘录的签署是促进实践中马教育合作积极发展的最重要行动。它简化了教育合作，学位课程设计工作，更为学者、行政人员的流动以及两国之间的互访提供了合法与合理性的方便。

令人遗憾的是，现在尚无正式的研究统计数据显示签署相互认可学位协议之后两国在互访、合作进行考察和合作项目方面的准确数字，也难以估计协议对两国政府在鼓励互访、提供财政支持和促进现有教育合作方面的影响。但是，根据现有资料显示，马来西亚与中国教育合作在"一带一路"倡议正式宣布后，已经取得了巨大的进步。

1. 2015年"一带一路"倡议前后的民间活动略案

在驻马中国大使馆领事部的协助下，或直接与董教总和中国各相关单位及学校等机构联系，国务院侨办和中国海外交流协会及马来西亚各单位进行了多种交流与合作，进一步加强双方在各方面的合作互动。包括以赞助或半赞助的方式让华小和华文独中的老师赴中国参加在职师资培训课程及进行教育考察，其中又以研修班、专业技能培训班、中文培训班居多。

从表Ⅲ-7-2可看出，自2013年中国海外交流协会到访董教总之后，双边的教育互动和合作力度加强，从原来的中央交流协会发展至省级海外交流协会。教育合作从华文教育发展及推广中华文化学习方面扩展到其他形式的教育合作。在"一带一路"倡议下，中国相关部门和教育机构更加了解马来西亚教育体系和治理结构，中国相关部门和教育机构通过董教总进行的活动减少了，中国大学和有关单位开始直接与马来西亚的独立中学接洽。

表Ⅲ-7-2　　　　　　　　董教总中国高等院校培训数量

年份	高等院校单位所在省市	次数
2009	福建、武汉	2
2010	福建、北京	2
2011	福建、成都、北京	4
2013	福建、北京、青岛、浙江	5
2014	福建、武汉、深圳、武夷山	5
2015	福建、北京及太原、大连、九江、西安、乌鲁木齐、南京、福州、广州、武汉、云南、山东、深圳、广东、长沙、武夷山。	14
2016	福建、南京、武夷山、厦门	3
2017	福建	1#
2018	福建、厦门、上海、杭州	4#

说明："一带一路"倡议下，中国相关部门和教育机构就更了解马来西亚教育体系和治理结构。通过董教总进行的活动减少了，中国大学和有关单位开始直接与马来西亚的独立中学接洽。

资料来源：马来西亚华校教师总会网站①。

2. 2015 年"一带一路"倡议前后的学术活动略案

校际（大学与中学）之间的互访及教育合作在大学教育学历相互认可启动后才明显活跃。大量的中国高校代表来马进行访问，也开始直接接触马来西亚的 61 所独立中学，发展教学培训和交流，进行学生招募，提

---

① 海外研习班，马来西亚华校教师总会，http：//web.jiaozong.org.my/index.php？option = com_ content&task = category&sectionid = 14&id = 102&Itemid = 49&limit = 50&limit:start = 0。

供奖学金和开展文化项目。在此以抽样的方式,从其中一所独立中学收集数据作为讨论基础,显示互动的发展。

表Ⅲ-7-3 "一带一路"倡议实施前后培风中学中国参访团比较

	"一带一路"倡议实施前后,中国与马来西亚教育文化参访交流情况调查
colspan="4"	中国参访马来西亚	colspan="4"	马来西亚参访中国
年份	参访单位	单位省市	次数	年份	参访单位	单位省市	次数
2007				2007			
2008	1. 高等院校	北京	1	2008			
2009				2009			
2010	1. 鞍山市教育国际交流协会及高等院校	鞍山	1	2010			
	2. 北京高校国际汉语专业	北京	1				
	3. 中国44所大专院校代表97人到校参访						
2011				2011			
2012	1. 高等院校	西安	1	2012			
2013	1. 中国大连高校及实验学校	大连、吉林	1	2013			
	2. 江苏中学国际部及徐州一中	辽宁、江苏	1				
2014	3. 中国北京文化遗产青年使者交流团	北京	1	2014			
2015				2015	1. 高等院校	云南	1
2016	1. 北京教育展	北京	1	2016			
	2. 高等院校	上海	1				

续表

| 中国参访马来西亚 |||| 马来西亚参访中国 ||||
年份	参访单位	单位省市	次数	年份	参访单位	单位省市	次数
2017	1. 高等院校	上海、北京	6	2017	1. 高等院校	北京	3
	2. 南京教育团队	南京	1				
2018	1. 高等院校	北京、福建、上海、云南	17	2018	1. 高等院校	北京	3
	2. 上海汉办—孔子课堂	上海	4				
2019	1. 国际教育校长考察团		1	2019	1. 高等院校	北京、上海	2
	2. 大学附属实验中学	漳州	1				
	3. 书院	兰州	1		2. 外籍生专班启动仪式	北京	1
	4. 高等院校	上海	16				
	5. 甘肃省外宾来访	甘肃	1				

根据表Ⅲ-7-3数据，教育文化参访交流在2015年有所增加，在2017年之后增加幅度显著。学术活动内容加深，从提供奖学金和"优秀国际高中生暑期学校"活动，到孔子课堂举办开课仪式与第一届汉字文化大赛、文史老师交流、专题讲座、签订"教育硕士研究生课程"乃至纳入博雅海外人才培养计划的招生范围之内。其中也缔结姐妹校和发展两校美术馆（云南财经大学钟正山美术馆与培风美术馆同步缔结姐妹馆）。

大学与大学之间的互访及教育合作在两国大学教育学历相互认可启动下更加明显。在此依旧以方便抽样的方式，提供拉曼大学学院数据作为讨论基础。表Ⅲ-7-4数据显示，尽管自20世纪70年代中马建交之后常有研究人员或学部间学术活动的互访，但自2016年以来，不管是在研究项目、工商业项目、学术交流方面的项目、市或省级国际合作活动数量都有显著增加。由于拉曼大学学院是一所由华人政党创办的高校，有文化和语言上定位的优势，因此中国高校代表到拉曼大学学院进行访问的数据相比其他高校要高得多。为此，预计在两国其他高校之间的互访及教育合作也会出现同样的趋势。

表Ⅲ-7-4　　　　拉曼大学学院中国参访团比较

中国参访马来西亚				马来西亚参访中国			
年份	参访单位	单位省市	次数	年份	参访单位	单位省市	次数
2007				2007			
2008				2008			
2009				2009			
2010				2010			
2011				2011			
2012				2012			
2013				2013			
2014				2014			
2015				2015			
2016	1. 高等院校	江苏、南京	2	2016	1. 高等院校	江苏、北京、广西、广东	5
	2. 高等院校	四川、成都	1				
2017	1. 高等院校	广西、广东、天津、四川成都、湖南、河北、山东	10	2017	1. 高等院校	广西、广东	6

续表

| 中国参访马来西亚 |||| 马来西亚参访中国 ||||
年份	参访单位	单位省市	次数	年份	参访单位	单位省市	次数
	2. 高等院校	南京、广东、四川、广西	4		2. 研究院与研究机构基地	松山湖	1
	3. 四川省教育厅，四川省教育厅国际处，教育国际交流服务中心与16所四川省高等院校	四川	1		3. 成都国际处与高等院校	成都	7
	4. 广东省阳江留学生协会	广东	1		4. 高等院校	四川	1
	5. 高等院校与马来西亚实践家教育集团	河南	1				
	6. 教育科技公司	北京	1				
	7. 高等院校与科技公司	北京	1				
	8. 高等院校	广西、广州	2				
2018	1. 高等院校	四川、北京、贵阳、广西、江苏、湖北	7	2018	1. 高等院校	广西、广东	2
	2. 高等院校	四川、山东、河北	3		2. 研究院，高等院校与研究机构基地	北京、松山湖、上海	4
	3. 高等院校	广州	4		3. 高等院校	成都	1

第七章 中马教育合作的发展现状与启示　　669

续表

| \multicolumn{3}{c|}{中国参访马来西亚} | \multicolumn{3}{c}{马来西亚参访中国} |
年份	参访单位	单位省市	次数	年份	参访单位	单位省市	次数
					4. 高等院校	广东、四川、浙江、上海	7
					5. 成都市与高等院校	成都	2
					6. 高等院校	河北、广东	3
					7. 高等院校	成都	1
					8. 高等院校	广州	1
2019	1. 中关村科技公司	北京	1	2019	1. 高等院校	福建、河南、江西、山东、广东、江苏	28
	2. 高等院校	浙江、广东、上海	4		2. 高等院校	山西、北京	2
	3. 高等院校	江苏、广东、上海、山东、天津、河北、湖南	10		3. 高等院校	贵阳、上海、广西	4
	4. 高等院校与中马铁路集团	广东	1		4. 高等院校	广东、四川	2
	5. 社会科学研究院	上海	1		5. 高等院校	浙江、贵州、广东	3

续表

中国参访马来西亚				马来西亚参访中国			
年份	参访单位	单位省市	次数	年份	参访单位	单位省市	次数
	6. 社会科学研究院	海南	1				
	7. 高等院校	广州、贵州、天津、浙江、河北	9				
2020	1. 高等院校	广西、辽宁、河南	3				

3. 马来西亚孔子学院（KongZi Institute）的设立

促进中国与马来西亚之间的教育合作的另一个重要推动力是马来西亚马来亚大学（UM）的孔子学院。

第一所马来西亚孔子学院成立于 2009 年。早期马来西亚领导人认为没有必要在马来西亚开设孔子学院。因为马来西亚已经拥有从学前教育到高等教育的完整中文教育体系，并且拥有 61 所华文独立中学。孔子学院的原本职能在马来西亚似乎未能彰显其特色。为此，它被认为是针对马来西亚的非华裔人士的计划。经过讨论，孔子学院附属在一所国立大学（马来西亚马来亚大学 UM），英语名称由中国提议的孔子学院（Confucius Institute，CI）易名为孔子学院（KongZi Institute，KI）。[1][2] 与其他国家的 CI 相比，马来西亚的 KI 发挥的功能略有不同。马来西亚马来亚大学的 KongZi Institute（KI）提供汉语和华语课，并向马来西亚的非华裔人士以及母语非华语的马来西亚华裔推广书法和围棋等中华文化活动。自 2012 年起，KI 与拉曼大学学院在围棋相关的各类活动中一直保持密切的合作。

---

[1] Jakub Hruby & Tomá Petrů, China's Cultural Diplomacy in Malaysia During Najib Razak's Premiership, *Austrian Journal of South - East Asian Studies*; Vienna Vol. 12, Iss. 1, 2019.

[2] Nan Xia, Yanan Yang & Yok Fee Lee, "Chinese Education in Malaysia under Malaysian Ethnic Politics", *Journal of Politics and Law*, Canadian Center of Science and Education, Vol. 11, No. 2, 2018.

在"一带一路"倡议提出之后，马来西亚政府积极地接受了"一带一路"倡议，马来西亚人也在普遍程度上意识到了学习汉语和中国文化的重要性。KI 活动因此变多。2016 年，除了在马来亚大学为学生教授普通话课程外，KI 还扩展至马来西亚其他 11 所州立大学，还向州级官员、警察和政府官联公司管理层传授普通话课程。除此之外，KI 还扩大了课程选项，成功在北京举办了年度夏、冬令营，并提供了由国家汉办为马来西亚国立中学生而设的各种奖学金（国家汉办奖学金），促成中国与马来西亚国立高校合办伊斯兰教论坛。

第二所孔子学院成立于 2014 年，是马来西亚私立高校和中国海南一所高校的一项合作计划。私立高校的 CI 也提供普通话课程，促进文化活动并在大学孔子学院奖学金或中国驻马来西亚大使馆的协助下在海南岛组织学生活动。尽管此 CI 的范围比马来西亚马来亚大学中的 KI 小，但它有助于为两国之间的教育合作提供另一条途径。

4. 中国在马来西亚的第一所大学分校：厦门大学马来西亚分校

2013 年，马来西亚高教部邀请中国"211 工程"和"985 工程"重点建设的高水平大学厦门大学到马来西亚设立分校。选择厦门大学也是基于近百年来厦门大学与马来西亚社会有着千丝万缕的深厚渊源。马来亚已故橡胶大亨陈嘉庚先生 1921 年倾资在福建省创办厦门大学。进入 21 世纪，厦门大学更是首先进入马来西亚高等教育领域，于 2016 年 2 月 22 日正式开课，距离马来亚橡胶大亨陈嘉庚倾资创校近 95 年，书写了马来西亚高教史和中马高教学术合作史的新篇章。

厦大分校被视为"一带一路"框架下，在中马两国政府最高领导层的大力支持下的重点合作项目。整体格局上，中国将马来西亚看成是中国—东盟合作关系的领头羊，厦大分校矗立于马来西亚，成为"一带一路"框架下教育、学术、文化，乃至政治经济、外交等领域的一颗明珠。厦门大学在马来西亚的分校与其他欧美大学的分校有不同的意义。在学术与教育互动方面，厦大分校采用马来西亚课程结构，教学语言是英语；分校的毕业生将获颁厦门大学学位，受马来西亚政府和中国政府的双重认证，毕业生将拥有在两国就业或升学的机会。

2017 年 9 月，厦门大学分校拥有近千名中国学生，分校的学习环境致力于为中国学生和马来西亚学生提供全球多元化的学习经验。传统上，中马关系源远流长，两地民心早已相通；历史上，厦门大学与马来西亚社会渊源深厚，牵动着两地民心。如今厦大分校与"一带一路"倡议无缝接轨，不仅形成了马来西亚高教领域的一股新动力，而且在文化、教育、学术、政治经济、社会等各方面都将推动新的发展。[1]

第三节 高等教育合作的挑战与现状

在过去数十年间，两国都实施了许多举措和政策，为成就教育国际化（特别是高等教育）的成功做出了贡献。如前文所述，成功的教育交流可以直接从参加国际教育交流活动的学生人数和教育合作项目的数量两个主要指标中看出来。两国高等国际化政策、战略和实施驱动已经做得相当到位。照理说，两个国家的国际学生人数应该会有显著增加。其实并不然，以下的数据显示中国和马来西亚近十来年跨国学生流动人数和教育合作项目的数量跟两国高等教育国际化合作的努力并不同步。

一 中马的出入跨境学生

马来西亚的入境留学生从70423人（2008年）速增至127583人（2019年）。[2] 学生来自80多个国家，以孟加拉国、中国、印度尼西亚、尼日利亚为最活跃的派出国，略微过半的国际学生在马来西亚的私立大学学习。而马来西亚的出国留学生则从58963人（2009年）增至79254人（2010年），后来跌至65000人（2015年）。[3][4] 2010年的突然增加是因为教育部和私人机构赞助28291名学生跨境出国深造。自2013年以来，享有声望的公共服务部门（PSD）奖学金数额骤减，政府鼓励学生在本地大学和外国大学国际分校就读，以便实现以马来西亚为教育中心的目标。

---

[1] Yap Hon Lun，《厦门大学马来西亚分校建设与"一带一路"倡议》，会议论文，上海社会科学院，2018年。

[2] 中国教育部，2019年，http://en.moe.gov.cn/。

[3] MOE, "Brief report on Chinese Overseas Students and International Students in China 2017", China's Ministry of Education Website, 2018, http://en.moe.gov.cn/documents/reports/201901/t20190115_367019.html.

[4] Monitor ICEF, "China Moving to Expand Student Recruitment in Southeast Asia", 2016, https://monitor.icef.com/2016/12/china-moving-expand-student-recruitment-southeast-asia/.

第七章　中马教育合作的发展现状与启示

中国的入境留学生自 2006 年至 2017 年间每年平均增长 10%，从 162695 名（2006 年）增至 489200 名（2017 年）。虽然较 2017 年，2018 年入境学生增长率仅 0.62%，但人数仍达 492185 名。[①]数目之大显示中国在很短的时间内吸引国际学生的能力。有人将 2018 年人数下降归咎于学生对于学习环境满意度的下降，但是此说法无可靠数据的支持。另一方面，相比于其他国家，离开中国前往海外进修的出国学生的总数要高很多。个中原因也有中国政府提供"一带一路"倡议奖学金以提高跨境学生人数的因素。2018 年有 662100 个名额，其中 65800 个由公共资金赞助，而 596300 个是自筹资金。2018 年共有 153 万学生在海外学习和进行研究。

尽管两国的国际学生人数在过去十来年中均增长了数倍，中马大学学生交换与交流流动学生占总数的百分比仍然比较低。自 21 世纪第一个十年末期至今，马来西亚的中国留学生仍然在 15000 名左右，没有增加。中国是前几年在马国际学生人数排名第一的国家（2008 年为 22.02%），但在 2017 年被孟加拉国超过（孟加拉国 30530 名，中国 14850 名）（2017 年为 11%）。马来西亚在 2018 年中国学生的选择中排名第 15 位。[②] 事实上，根据 2016 年 8 月的统计，马来西亚在全球十大最佳升学目标的排行榜中排名第九，是全球升学的重点目标之一。另外，中国的马来西亚留学生相较于其他国家亦显偏低。基于历史因素，马来西亚学生偏爱选英国、澳大利亚、美国和埃及以接受高等教育，在 2009 年和 2010 年中国则排名第 7，尽管"一带一路"倡议实施后学生人数有所增加，2011 年有 4338 人选择中国，相比 2009 年的 2114 人和 2010 年的 2792 人，2011 年虽人数翻倍，但只有 1.5% 的跨境学生选择在中国就读。人数在"一带一路"倡议的推动下上升到 7900 人（2017 年）和 9500 人（2019 年）。这种增长与全球流动性的增强和两国的出入跨境学生人数增长并不同步。

[①] Monitor ICEF, "Malaysian Government Cools on Study Abroad but Outbound Still Growing", 2017, https://monitor.icef.com/2017/04/malaysian-government-cools-study-abroad-but-outbound-still-growing/.

[②] MOE, "Brief Report on Chinese Overseas Students and International Students in China 2017", 2019, http://en.moe.gov.cn/documents/reports/201901/t20190115_367019.html.

二　中马教育合作项目的数量

国际化学术合作，尤其是在高等教育合作中，通常以如下典型的国际化学术合作计划形式进行：

（1）学者讲学、研究、参加学术会议，开展文化交流活动；

（2）共同举办高层次学术会议；

（3）国际学生参加学术会议，开展文化交流活动，游学；

（4）国际学生在校学习学位课程；

（5）通过多种跨境教育形式来实现高等教育的国际发展；

（6）教材与课程的引进；

（7）跨国教育合作课程：共同提供双学位或联合学位；

（8）跨国教育合作项目：中马大学互设分院；

（9）通过国际大学分支校园开设课程。

其中互动（1）—（6）对口直接，挑战不大，容易克服；互动（7）—（9）涉及学术课程结构、国家人才培养方案、国家教育准则和政策，甚至各国法律，执行工作比较复杂，需要大学各层次和部门人员的参与，因此，挑战性比较大。一般的学术计划合作流程如下：

● 选择国际化的愿景和使命相近的大学及可行性

● 相互评估大学的领导，管理层对国际化的意愿

● 评估大学的学术实力，成绩记录以及该计划如何为这两个机构增加价值

● 评估学术人员的优势和资源

● 评估学者提供内容和国际化观点的能力

● 课程开发和审查国家教育准则和政策

● 向当局申请

● 市场营销和信息传播

● 行政和学生支持

● 课程教学和学习

● 联合管理，质量保证能力和持续监测结果

以上工作涉及比较深层次的计划过程，在流程的每个阶段都存在的挑战主要在于大学执行两国国际化合作的意愿和准备、开放和灵活性的程度

以对待国际化合作需做的改变。还有学术人员，大学各层次和部门人员及学生的思想准备，为国际化教育落实做出改变的能力及决心。比如：大学的领导、管理层及学术人员对自己国家教育准则、政策、教育框架和人才培养方案的熟悉度，并能有效地开发和编改现有的人才培养方案以与国际化课程合并，却不偏离本国教育准则和政策。甚至是师生有决心在语言能力、文化差异和教学策略上做调整甚至大幅度改变，而这些改变都需要家长和学生做好负担更高学费的心理准备。

也许是因为参与教育合作计划的广度和深度差异，中马的（7）—（9）教育合作项目到 2020 年为止，只有一所中国大学在马来西亚设立国际分校和 3 个大学学士学位合作课程（浙江、天津、成都的大学分别与马来西亚的 3 所私立大学），这与英国、澳大利亚、美国等地的教育合作课程的数量相差甚远。两国高等院校国际化实施现状是一个亟待开发的领域，具有很大的扩展空间。

三 开发合作计划的挑战

实际上，教育合作计划的实际挑战并不只是在于以上列出的合作计划工作的设计和让大学各层次人员及学生做好充足准备，更是有关人士对另一个国家的社会经济、文化和总体印象的根深蒂固的观念和接受程度。本章对这几年与中国大学交流中积累的经验略作总结：

（一）国际化教育的刻板印象

毫无疑问，国际化教育是由西方国家的大学所发起的。从 20 世纪 70 年代至今，美国、英国、法国和其他西方国家被视为国际化方面的世界领先教育提供者。美国、英国和法国分别在全球拥有 77 个、39 个和 28 个国际大学分支校园[1]。因此，人们倾向于将国际化等同于西方化，西方国家的大学是一般公众心目中跨境教育的首选。西方化的教育经历是否适合年轻人？西方文化是否适合背景迥异的年轻人？这些都是需要考虑的因素。另外，全球排名被广泛用作评估大学的重要标准。著名的世界大学排行榜包括泰晤士报高等教育世界大学排名、QS 世界大学排名、RUR 世

---

[1] Kevin Kinser and Jason E. Lane, "Top Countries Hosting IBC (2017 Cross-Border Education Research Team", *C-BERT Branch Campus Listing*, 2017.

界大学排名、世界大学排名中心（CWUR）及世界大学排名网络 Webometrics。各大学排名组织预先设定校准的绩效指标，衡量大学在教学、研究、知识转移和国际视野等方面的绩效，经过评估大学提交的内容，显示参与大学在设定标准方面的差异。大学通常有自己的使命和愿景，并非所有大学都符合全球排名组织设定的标准。而且，并非所有学生都适合进入特定排行榜中列出的大学。因此，选择排行榜中的一所大学是必须的吗？抑或只是多种看法中的一种？仍然是一个问题。国际化对精英人士和更广泛的学生而言，仍然是一个有待回答的有趣问题。这种刻板印象限制了学生对国际教育的选择。

（二）对各国社会经济地位和教育制度固有的看法

在过去的 5 年中，没有接触过中国的发展、没有访问过中国的人们可能对中国的社会经济和教育体系的发展不了解。他们可能仍然认为中国教育在总体上相对落后并且欠缺现代化。除了参与全球排行榜排名的少数大学和东部沿海城市的一些大学之外，马来西亚的父母和学生对大多数大学并不熟悉，担心学生对于中国的教育思想、教学内容和教学方法程度，以及教育体制和运行机制不能适应，甚至对留华的招生和管理方法也无法理解，因为其中有些地方确实有别于马来西亚大学。马来西亚大学更专注于客户服务和个性化服务。同样的，中国人普遍对马来西亚的大学教育体系和体制不了解。除了少数在全球排名排行榜的最高排名中列出的几所大学外，中国的父母和学生并不知晓大多数的马来西亚大学。许多人甚至认为，马来西亚大学在教育水平和国际化方面与其他东盟国家非常相似，使用的语言是马来语。因此，两国的大学管理人员很少考虑与另一国的高等教育机构建立联系，父母或学生也没有意识到马来西亚或中国是高等教育的目的所在。有趣的是，访问马来西亚的大学代表惊讶地发现，马来西亚高等教育使用英语作为主要教学语言，是高水平国际化和全球化教育国家，许多私立大学由马来西亚华人创办和经营，这些私立大学的学生可以说流利的普通话。

（三）能力和期望的鸿沟

就国土面积和国家人口而言，中国是一个巨大的国家。对于生活在先进城市或农村城镇的学生，其在学习水平、语言能力、接触全球问题的机会、财务状况、文化倾向和世界观总体上存在相当大的差异。数据显示，来自一、二线城市的学生大都期望进入世界前10名的西方国家大学。他们精通英语，具有良好的财务和技术水平。他们的世界观广泛、独立并且能够适应国际教育方法。马来西亚不在这些学生的选择范围内。随着经济发展，中产阶级父母或三、四线城市家庭也计划将其子女送到国外求学。这些学生中的大多数没有为海外学习做好准备，对于这些中国学生来说，在说英语的环境中学习可能是一个挑战，即使是在华裔子弟占多数的马来西亚私立大学。主要是因为马来西亚高等院校的课程结构、入学要求与西方大学的标准相同，马来西亚高校的教学用语也是英语。

中国大学在招募马来西亚学生时也面临类似的挑战。除了在中国排名靠前的大学中的少数课程外，中国几乎所有课程都是以中文进行的，交流的媒介是普通话，而马来西亚学生习惯以其本国国语（马来语）和标准交流语言（英语）进行说和写。除了那些在华文独立中学接受过中文教育的人以外，马来西亚大多数人无法使用中文学习。对于马来西亚非华语人口来说，在中国大学学习或与中国同行合作也同样困难。研究表明，许多国际学生对他们在中国学习的经历的总体满意度较低，主要是对中国教育体系在综合素质、生活和服务支持方面不能习惯。因此将中国大学排除于马来西亚学生的选择范围之外。阻碍马来西亚学生到中国学习的另一个障碍是清真食品。马来西亚是一个穆斯林居多的国家，占人口70%以上。据了解，中国大学的多数食堂没有设立清真摊位。

在大学与大学的合作中也观察到了相同的失配。一、二线城市的大学的学术人员和研究人员可以很好地表达并具有与马来西亚大学合作的潜力，但他们重点放在与全球排名靠前的大学的合作上。三、四线城市的大学则需要更多的人员和精力来建立合作关系。

（四）提供课程、教育框架、课程开发

根据中国的教育政策改革，中国政府试图赋予大学自治权。但是，仍然要求中国大学遵循分配的计划学科、教育框架和必修课程。在教育合作的程序设计上，受到一定程度的限制。另一个障碍是，两国在相同水平的教育学习中，课程所需时间存在差异。例如，中国文凭需要3年完成，马来西亚文凭需要2—3年。中国学士学位需要4年完成，马来西亚学士学位则需要3—4年。两国之间的联合或双重授予学位课程必须进行创造性的设计，才能符合两国的准则和政策。两国之间存在差距，使得教育合作在实施中不那么简单直接。

以上所有内容表明，两国高等教育合作的现状薄弱，执行方式需要调整。以区域或更高、更全面的视角，推动学生流动、合作办学和研究合作工作。透过加强沟通，进一步拓展双边合作机制和寻求可行的解决方案。

第四节 教育合作的长期战略

一 当前世界教育格局

全球高等教育学府为了大学的可持续发展和服务国家的宗旨，推动教育机构，特别是在跨国高等教育合作的快速发展，已经日益成为一种全球性的教育现象。从英国 QS[1][2]，英国文化协会[3][4][5]和中国学者[6][7]近期的研究可以清楚地看到这一点。三个主要的驱动转变因素在国际大背景下正在迅速发生变化，并且将颠覆性地改变全球高等教育学府的格局，高等教育国际化更是向纵深发展。这些三个驱动因素正是让中马教育合作有机会朝更积极方向发展的催化剂。包括（1）学生因人口、社会、工业和经济驱动因素而转移到亚洲的拉力；（2）学生财务、国际关系动态的影响而转离欧美的推力；（3）高等教育新形式的发展和科教兴国战略的需要。

---

[1] Quacquarelli Symonds, "Growing Global Education I Rising to the International Export Challenge, Malaysia International Student Survey, 2019", http：//info.qs.com/rs/335-VIN-535/images/QS_ISS19_Malaysia.pdf.

[2] Quacquarelli Symonds, "Your Higher Education Spotlight on Asia' Report：Exploring the Mobility, Decision, and Top Destination Choices for Prospective Students from Asia", 2019, http：//info.qs.com/rs/335-VIN-535/images/Your-Higher-Education-Spotlight-on-Asia-Report_FINAL.pdf/.

[3] British Council, "The Shape of Things to Come：Higher Education Global Trends and Emerging Opportunities to 2020：Going Global 2012".

[4] University World News, https：//www.universityworldnews.com/.

[5] British Council, *The Shape of Global Higher Education*, Vol. 1 – 4, https：//www.britishcouncil.org/education/ihe/knowledge-centre/global-landscape.

[6] 郭丽君：《全球化下的跨国高等教育：视点、问题与中国的应对》，中国社会科学出版社2009年版。

[7] 《2019中国留学白皮书》，新东方教育科技集团2019年版。

（一）学生因人口、社会、工业和经济驱动因素而转移到亚洲的拉力

英国文化协会从50多个国家（包括发达经济体和新兴经济体）数据研究发现，人均国内生产总值（GDP）和购买力平价与高等教育总入学率之间的相关性是正向的，清楚地说明经济增长对未来高等教育需求的驱动力是重要且在统计上有着显著反映。更重要的是，在人均国内生产总值较低的情况下，随着人均GDP的相对较小的增长，高等教育的总入学率往往会更快地增加。[1]因此，亚洲国家高等教育入学率将比西方发达国家有更大的增长空间，再加上目前占世界18—22岁人口一半的四个国家（印度、中国、美国和印度尼西亚）中，有3个在亚洲，亚洲受人口变化的影响，2020年以后的十年内入学率将继续攀升，高等教育需求会强劲增长。可以预想2020年及以后，中国和马来西亚将成为国际学生的十大接受国。

除了人口和大学入学率的变化，城市化也在影响着世界经济的转型。城市化对于国家增长和发展确实是必不可少的。它提供了效率和不断提高的经济效益，让市民渴望更高的生活水平，对教育和医疗保健、文化活动社会服务等也有更高要求，从而驱动社会、工业和经济的进步，直接影响国家社会和经济发展。再加上2000年初技术革命的到来，互联网、工业4.0、人工智能和各项21世纪技术的获取和提供者的成本却更低，使得国家整体发展更为快速。近十几年来亚洲国家城市化和整体发展更是快速地进行。中国和一些亚洲国家不仅正在引领21世纪所需的一些开发技术、应用产品以及使用市场，而且其整体社会消费与劳动力市场格局仍在不断发展，将继续影响和改变世界经济转向的发展。亚洲明显受益于人才、创新资源与经济实力的结合，吸引全球人才，导致人才前往亚洲的流动性激增，因而改变了全球劳力市场的格局。

目前，亚洲的社会经济前景比欧美国家更具发展空间。以上推论在QS2020年"您的亚洲高等教育聚焦"的研究报告里得到印证。QS的研究探讨了亚洲潜在学生的决策过程，提供了来自中国、印度尼西亚和马来西亚的20个焦点小组的数据，多次个人访谈以及300多项的调查反馈。在

---

[1] British Council, "The Shape of Things to Come: Higher Education Global Trends and Emerging Opportunities to 2020: Going Global 2012".

未来的几年中，潜在的亚洲学生可能会越来越多地选择"区域内"大学来学习，而不是西方的热门目的地，虽然目前全球在亚洲寻找课程的学生比例仍然低于英国和澳大利亚的热门目的地，马来西亚、新加坡和韩国，仍是大量学生探索选择的目的地。①

（二）学生财务、国际关系动态的影响而转离欧美的推力

QS 的同个研究还揭示了当前政治和社会环境以及就业前景的综合性影响也是学生在选择留学外国决策过程中关键的考量。研究发现，毕业生的就业能力是影响潜在的亚洲学生抉择的关键因素。41% 的人将职业前景作为选择大学的最重要因素。②同时，《2019 中国留学白皮书》发布 5 年数据积累展示中国留学群体全貌，也同样发现，对比 5 年数据，美国虽然还是留学人群首选的留学国家，但优势已不再明显，占比 43%。而倾向英国的群体占比在 2019 年大幅上升，占比 41%，大有赶超美国的趋势。与此同时，倾向选择中国香港、德国、日本的群体也逐年上升。整体来看，留学目的地的选择多元化趋势仍在持续。不难想象，在发达国家的高教学习成本稳定增长；部分国家民族主义和民粹主义的崛起、边境收紧、学生的签证申请程序更加严格；中国持续崛起及亚洲国家在技术革命上的成绩对世界各地区贸易、政治和就业机会的持续影响；地缘政治变化等③④⑤因素正在改变全球贸易动态、社会规范、教育服务和人员的流动，包括影响学生对出国深造目的地的选择。正如美国本是全球最多外国留学生的国家，现在却成为中国学生相当困难的选择。国际教育研究所 2018 年已概述了这些变化可能影响学生的流动性趋势，QS 在 2020 年再次阐述。

不管是《2019 中国留学白皮书》、英国文化协会、QS、国际教育研究

---

① University World News, https://www.universityworldnews.com/.
② Quacquarelli Symonds, "Your Higher Education Spotlight on Asia' Report: Exploring the Mobility, Decision, and Top Destination Choices for Prospective Students from Asia", 2019. http://info.qs.com/rs/335-VIN-535/images/Your-Higher-Education-Spotlight-on-Asia-Report_ FINAL. pdf/.
③ 《2019 中国留学白皮书》，新东方教育科技集团 2019 年版。
④ Quacquarelli Symonds, "Your Higher Education Spotlight on Asia' Report: Exploring the Mobility, Decision, and Top Destination Choices for Prospective Students from Asia", 2019, http://info.qs.com/rs/335-VIN-535/images/Your-Higher-Education-Spotlight-on-Asia-Report_ FINAL. pdf/.
⑤ University World News, https://www.universityworldnews.com/.

所的数据都显示虽然美国、欧洲、英国现在仍然是国际学生的主要接收国，但是，来美、欧、英的国际留学生总数在这几年持续下降，在美留学的中国学生的增长率更是已经连续九年下降。马来西亚赴欧美英留学人数也逐年减少。考虑到入学后的长期财务负担，学生寻求负担得起的教育；他们更是从目前的形势去预测区域科学技术的发展潜能，寻找可以在毕业后容易得到就业机会及更广阔的发展空间的学科。中国与东盟高等教育体系恰逢此时加强了国际教育与合作的开放程度，促成学生从欧美转移到亚洲的可能性。

（三）高等教育新形式的发展与科教兴国战略的需要

随着经济和社会的快速发展，社会对就业能力的要求日益丰富多样，需求在不断增加，本科教育和成人高等教育的主客观也在发生变化。无论如何，大学正在进行必要的调整，在学生学习课程结构的构建中发生了许多新变化。整合本科、专业、成人高等教育，在课程结构注入自考、高水平的工业技能教育、工业认证与专业认证教育、个性化教育选项等多种教育新形式的发展已是一种确定的趋势，以迎合科技、社会、经济发展的需求。21世纪是一个机遇与挑战并存的时代，西方国家极力对各方面条件做改善，领先高等教育的改革，发展科教兴国和人才强国战略及实施。例如，行业参与进大学教育、工业认证、微徽章课程计划等。马来西亚的大学教育是亚洲的前锋，在2015年马来西亚教育蓝图中已经鼓励行业相关课程计划结构，如"2年期大学学习＋2年期产业实践"（2U2I）课程计划，微证书计划（Micro-credential Programme，MCP）。各种教育规模的迅速扩张直接冲击了高等教育的课程模式。

《2019中国留学白皮书》指出人们衡量教育国际化程度的重要指标也在不断变化。人们开始关注教育知识体系的国际化涉猎程度，如教材和研究的内容，即国际教育项目与所在地域之间是否有相关性，师生们的研究领域是否与当地经济和产业发展相互关联，对本土的知识生产是否产生预期的影响，等等。报告也指出，在教学的过程中，教学方式应以文化嵌入式，通过采取参与性和探究式学习、多中心教育等不同的方式对学生产生影响。国际化只是全球经济一体化下的一种发展方向，并不天然具有优势，它既不以"欧美化"为标签，也不体现独特之处，而是以教育成效为重要内容（《2019中国留学白皮书》）。① 另外，学生和家长对大学是否为国际学生提供全面服务和福利也越来越重视，学生期望大学能针对新生群体的需求，从学术、个人咨询到住房等方面，在入学之前都事先做好准备工作。

很明显，由于亚洲科技、经济发展和客户需求、社会文化、国家民族主义主权压力，加上国际教育"欧美化"标签渐渐消失，全球高教竞争将会在较为公平的平台上进行。

二 中国与马来西亚在世界教育格局中的竞争优势

根据英国文化协会的数据看来，目前最高出国留学人数的非欧美国家仍然是中国、印度、韩国和尼日利亚。反而2015年间被看好的越南、印度尼西亚在2020年并不在学生出国留学选择的前10名。另外，未来十年可以继续开拓国际学生出国留学的国家竟是亚、非和中东国家。令人惊讶的是，未来十年中国学生出国留学人数未在前十名之中。②但是，《2019中国留学白皮书》最新发布的5年数据积累显示，更多人倾向通过留学实现自我提升，占比逐年攀升。总的来说，学生对国际化教育的需求将持续增长，中国和马来西亚都是2020年以后全球教育的潜在国家，这是中马携手合作、积极探索国际化教育战略强大的动力。

表Ⅲ-7-5　2020年全球参与未来高等教育机会热门国家列表

排名	国内高等教育体系 规模 2020	国内高等教育体系 成长 未来十年	国际学生流动——出境 规模 2020	国际学生流动——出境 成长 未来十年	国际学生流动——入境 规模 2020	国际学生流动——入境 成长 未来十年
1	中国	印度	中国	印度	美国	澳大利亚
2	印度	中国	印度	尼日利亚	英国	英国
3	美国	巴西	韩国	马来西亚	澳大利亚	美国

---

① 《2019中国留学白皮书》，新东方教育科技集团2019年版。
② British Council, "The Shape of Things to Come: Higher Education Global Trends and Emerging Opportunities to 2020: Going Global 2012".

续表

排名	国内高等教育体系		国际学生流动——出境		国际学生流动——入境	
	规模	成长	规模	成长	规模	成长
	2020	未来十年	2020	未来十年	2020	未来十年
4	巴西	印度尼西亚	德国	尼泊尔	加拿大	加拿大
5	印度尼西亚	尼日利亚	土耳其	巴基斯坦	德国	
6	俄罗斯	菲律宾	马来西亚	沙特阿拉伯	法国	
7	日本	孟加拉国	尼日利亚	土耳其	日本	参照 b
8	土耳其	土耳其	哈萨克斯坦	伊拉克	俄罗斯	
9	伊朗	埃塞俄比亚	法国	津巴布韦	参照 a	
10	尼日利亚	墨西哥	美国	安哥拉		

说明：1. 尽管中国有潜力成为前三大东道国之一，但很难预测这些东道国确切的排名位置。

2. 中国、马来西亚、新加坡和印度将跻身国际流动学生增长最快的十大东道国之列。

资料来源：英国文化协会。British Council, "The Shape of Things to Come: Higher Education Global Trends and Emerging Opportunities to 2020: Going Global 2012".

在探索两国国际化教育战略之前，本章先讨论两国的共同及各自特有的优势，希望可以加以利用，从而发展出更多有价值的国际合作项目，营造优良的国际化学习环境，互相吸引两国的留学生。

（一）亚洲高水平国际化和全球化教育国家

马来西亚，自1957年独立已有60年的历史，是一个全球化和国际化的国家，主要归因于伊斯兰文化（1400s）、中国文化（1500s）、葡萄牙殖民时期（1511—1641年）、荷兰殖民时期（1640—1825年）英国殖民时期（1826—1946—1957年），包括被日本占领的1942—1945年。在多元文化长期熏陶下，马来西亚对国际贸易和环球企业，西方管理和行政都采取开放的态度。殖民时期，特别是英国殖民时期，包括教育机构在内的国家的治理和管理制度已经相当成熟。[1] 一直到20世纪70年代，教学与

---

[1] British Council, "The Shape of Things to Come: Higher Education Global Trends and Emerging Opportunities to 2020: Going Global 2012".

社交媒介语也一直都是英语。之后虽然转换到和马来西亚语，高教还是以英语教学为主。由于地理位置和历史背景的优势，马来西亚凭借处于东西方贸易的十字路口的战略位置而获益匪浅。自 1970 年开始，与英国大学与英国剑桥 A 水平考试委员会、美国大学与美国认证学院与学校委员会各种学位课程或考试合作至今，并且与其他英国/澳大利亚/美国专业认证团体合作，这些合作计划包括工程师理事会、会计师公会、律师公会等各行各业公会，为国际化计划提供符合专业标准全球化的教育课程。马来亚大学（University Malaya）在 2020 年 QS 世界大学排名中排名第 59，亚洲第 13，东南亚第 3；在 2019 年《泰晤士报高等教育》国际大学排名（THE）排名中位列第 301—350，其他四家马来西亚院校在 QS 计划中排于第 250—350。

中国的教育体系同时经历了前所未有的扩展和现代化，自 2018 年至 2000 年增长 6 倍后，已成为全球最大的教育系统，并实现了高等教育的普遍参与。中国国内有文献显示，中国高等教育的整体办学体制、评价机构、管理模式等尚未与国际接轨，高等教育国际化政策与措施之间存在矛盾。尽管如此，中国正将几所取得了多样化发展实践成功的大学模式推行到其他高校，促使其他高校建设高校质量保障体系与评估文化、教师队伍、各方面适应国际化，加强高校的全球思维、国际交往和国际竞争能力。中国的顶尖大学在《泰晤士报高等教育》国际大学的排名中名列前茅。如在 2020 年，清华大学在 THE 和 QS 世界大学排名中位居第 22 和第 15；北京大学在 THE 和 QS 世界大学排名中位居第 24 和第 22。

总之，中马两国都在持续地营造优良的国际化学习环境，注重教育理念的创新，高度重视师资力量的建设，继续扩大留学生教育的规模，积极开拓国际市场。

（二）高等教育多元化

国际化改变了高等教育的格局，跨境教育在过去 40 年中不但范围和规模不断扩大，而且更加多元化。从国际分校、联合/双学位课程、特许经营和课程配等安排，发展成为区域教育枢纽（Regional Education Hub）。教育中心将自己定位为网络、学生招募、教育和培训以及在某些情况下研究与创新的教育区域中心，以便吸引国际学生。为了确立为区域教育枢纽提供学术课程和高质量的教育,并培养熟练的劳动力,马来西亚在伊斯干达教育城(Iskandar Educity)和 KLEC 建立多所大学分校,联合研究实验室和设计中心支持学术界与产业界的合作。马来西亚高等教育在教育提供者和提供方式方面更加多元化,并引入适当的教育法规,多次更改教育政策和准则,从而促进外国和本地提供者之间的各种形式的教育、学术合作。

马来西亚还是发展国际分校(IBC)的四个国家中的第一个。20 世纪 70 年代初,马来西亚政府开始允许外国大学在马来西亚开设课程或大学,以便为本地学生,特别是为那些由于种族入学政策受到限制,无法在公立高等教育机构中获取名额的子弟提供升学管道。到 20 世纪末,马来西亚政府已将其重点从需求转移到经济增长,旨在成为亚洲的教育中心,并利用 IBC 的涌入吸引更多的国际学生来马来西亚升学。1998 年后至今,马来西亚有 12 个 IBC,包括 1 个中国的 IBC。

中国从 2003 年积极发展高等教育多元化,鼓励大学特别是农村地区的大学与外国机构合作,以改变中国的高等教育体系。2010 年中国政府发布了《国家中长期教育改革和发展计划(2010—2020 年)》,旨在通过邀请世界一流的外国大学在中国建立 IBC 来提高中国高等教育的质量。到 2019 年,中国是亚太地区国际分校的最大接待国,有 32 个国家和地区的 IBC、国际学校和国际部共超过 1150 所。随着十几年中外合作办学的摸索,中国优秀的国际学校/国际部具备了丰富的经验,尤其在课程开设、师资培养、学生培育上有了自主性。它们先后研发出自己的课程,从整体上提升了国际课程的教学能力。从实际执行层面来看,中国大学的高等教育多元化是在"一带一路"倡议后才得以普及的。

(三)具有监管框架支持的跨国办学

跨国教育的监管框架已发生重大变化。关于跨国办学中的机构认证、学历承认、质量保证,都是国际社会激烈争论的热点。TNE 双方的国家正在调整其参与规则,以更好地应对全球教育格局的变化。英国文化协会 2019 报告显示,似乎还缺乏统一性的质量保证和学位认可监管框架来支持 TNE。虽然 38 个中的 27 个接受研究国家和地区都支持 TNE 监管框架,但是只有 13 个国家(34%)有在 TNE 项目中做质量保证的工作并正式承认各自的 TNE 资格。①马来西亚和中国在 IBC TNE 中都有质量保证国家政策，如马来西亚资格认证机构（MQA）的《程序认证实践准则》（COPPA）和《机构审计实践准则》（COPIA）和中国的《中华人民共和国中外合作办学合作规定》。另外，IBC 人才培养方案需要满足两个国家的课程要求。其他质量保证准则实作过程、监控程序，大学内部质量保证机制及外部审查的方法保证质量机制却不同。②不是所有高校都拥有质量保证机制，即使有，实际操作有不一致之处。简单来说，马来西亚和中国分别属于自由管制和限制性管制的范畴，但都具有全面的质量保证程序，足够支持高等教育多元化的成功和可持续发展。

（四）经济增长工作前景佳

2018 年普华永道（PWC）在招生和就业能力效率方面的研究显示，马来西亚在 50 个国家中排名前 25。马来西亚具有商业环境和市场潜力，是以让美国公司将其视为重要出口对象的主要原因。包括当地广泛使用英语、外汇放宽、汇回资本和利润的能力及完善的法律框架，并拥有良好的基础设施以及符合时代所需的法规和标准。③另一方面，马来西亚大学可以快速响应产业界的需求，快速调整课程，与企业相关联并且以企业为导向，拓展产学合作。所有的课程都有 3—6 个月的实习安排，学生几乎可以立即就业。

至于中国，经济高速增长，是投资工厂、高科技创业公司、区域商业中心、旅游以及教育中心的热点。尽管从大多数世界分析统计来看，中国在很多方面仍然被列为发展中国家，但中国从 2011 年已为世界第二大经济体是不争的事实。得益于经济高速增长，中国的教育的国际影响力也日益增强。随着中国 GDP 总量提升至全球第二，必然为毕业生提供更多的就业机会，加上政策支持与市场需求的增加，毕业生几乎也可以立即就业。

---

① British Council, "The Shape of Things to Come: Higher Education Global Trends and Emerging Opportunities to 2020: Going Global 2012".

② Hou, Hill, Chen, & Tsai, "A Comparative Study of International Branch Campuses in Malaysia, Singapore, China, and South Korea: Regulation, Governance, and Quality Assurance. A Comparative Study of International Branch Campuses in Malaysia, Singapore, China, and South Korea: Regulation, Governance, and Quality Assurance", *Asia Pacific Education Review*, 2018.

③ PWC Growth Markets Centre, "The Future of ASEAN - Time to Act", 2018, https://www.pwc.com/sg/en/publications/assets/healthcare-future-asean-2018.pdf.

（五）国家支持国际化力度大

在英国文化协会2016—2019年报告里，德国、荷兰、马来西亚和中国香港（SAR）是在政策上给予学生、学者和学术计划的流动性最大支持度的国家和地区。如以高教教育部门的积极性来衡量国家对国际化的支持，澳大利亚、中国香港（SAR）、荷兰、马来西亚和英国是最全面的国家。这两个指标反映出国家和高等教育部的积极性，也决定了国际化发展能力。马来西亚特别被指名是大力支持国际化高等教育和提供政策和基础设施的国家。与其他东盟国家相比，马来西亚的国际化更加成熟，尤其是私立的高等教育机构一直非常积极地向国际扩张，马来西亚教育部也正在探索公立大学在区域内设立分校的可能性。[1][2]

虽然中国没在英国文化协会分析支持国际化力度的统计下出现，但如果从中国政府资助国际化的各项活动和投资数额而不是以比率来分析，其发展程度有过之而无不及。由于政府的投资和中国高等教育体系的稳定改善，加上中国经济的快速增长和"一带一路"倡议的推动，将有更多的中国学生前往"一带一路"沿线国家、美国和西欧等国家和地区，也会有越来越多的各国留学生在中国的高校学习。统计数据显示，自2016年以来，总共有66100名学生在37个"一带一路"沿线国家学习，其中包括3679名政府资助的学生，这一增速高于平均水平15.7%。另外，2017年来自180个国家的58600名外国留学生获得了中国政府奖学金，占总数的11.97%，比2016年增长了20.06%。自费生的数量为430600名，占所有海外学生的88.03%。[3] 中国还放宽签证政策，包括将五年工作许可换成五年许可的试点计划，允许外国学生参加短期实习，以及北京的学生从事兼职工作或创造就业机会，等等，通过使外国学生获得工作和实习机会，来提高其作为国际学生接待国的吸引力。

---

[1] British Council, "The Shape of Things to Come: Higher Education Global Trends and Emerging Opportunities to 2020: Going Global 2012".

[2] 郭丽君：《全球化下的跨国高等教育：视点、问题与中国的应对》，中国社会科学出版社2009年版。

[3] PWC Growth Markets Centre, "The Future of ASEAN - Time to Act", 2018, https://www.pwc.com/sg/en/publications/assets/healthcare-future-asean-2018.pdf.

三 相互促进学历受到国内外认可是国际化教育的策略

上一节中列出的优势是基于两国在教育基础设施、教育政策和便利化方面的支持，以及社会经济的稳定性，加上全球教育格局的变化，从而使受访者对两国国际化教育产生了信心和积极的看法。凭借国家支持、教育水平国际化和全球化办学、多元化教育、监管框架、经济增长、工作前景，中马两国高教工作者能够积极开发更多有价值的国际合作项目，相互促进颁发学历受到国内外认可的学术文凭，营造优良的国际化学习环境，互相吸引两国或外国的留学生。有许多可以促进两国学历受国内外认可的策略，以下列出三个专注于实现教育平等、携手实现全民国际化教育的策略，供两国高教工作者参考。

（一）在地国际化以实现全民国际化教育

世界经济日益全球化和一体化的背景下，21世纪的工作场所需要具有高创造力、适应能力和国际视野的人才。学生能在进入职场之前就拥有正确的国际化世界观与全球化思维将有更多的竞争优势与适应力。而这种优势要让全民拥有，则有赖于国际教育普遍化。与马来西亚相比，中国是个大国，人口统计特征、背景更为复杂，全民国际化教育的实现也比马来西亚困难。可惜的是当前全世界的国际教育都是针对精英和经济条件较好的学生设计的，受国内外认可正式学历又让学生负担得起的国际项目太少。国际教育办学方法一般是通过大学里开设国际项目、国际分支校园或出国留学。除了财务上的负担，学生需要适应和克服学习和生活环境中所面临的突然变化带来的挑战。特别是语言障碍、学习方式、文化、宗教信仰、日常生活差异带来的挑战。中国市场研究表明，大多数接受国际化教育学生来自经济发达地区和一、二线城市。中产阶级家庭或经济发展地区和"非二级"城市因社会经济中的快速增长发生了变化，也意识到让孩子接受国际化教育或出国留学的重要性。家庭比较富裕的可以负担，也有一部分学生依赖奖学金或贷款留学，但农村乡下的学生没有这样的机会或视野，入学无门。对学生是如此，对学校管理层，行政、教务人员也一样缺乏接触国际化的机会，这种现象也同样发生在马来西亚。

《2019中国留学白皮书》还发现现代的学生更希望通过留学来拓宽国际视野、丰富人生经历、学习国外先进知识、得到更好就业前景，只想着提高外语能力，就读外国名校和追求外国文化留学的人变少了。此外，学生出国更多是被国外教育体制吸引并在中国国内教育的压力下有其他的选择。① 这些学生对自己可能进入的学校抱有更加均衡的期望，并且对值得考虑的学校进行了更为广泛的评估。将国际教育视为改善学业、掌握跨文化技能，而不单是获得顶级教育的一种手段，学生对留学的期望更多样化了。

公众对高等教育和国际化的广泛认知与政府的新政策支持，使多样化的教育计划工作更加容易展开，给全民国际化教育合作更宽的发展空间。两国大学可以发挥各自优势，共同开发多元化、多样化并适合自己大学办学目标、价值取向和国家发展的教育计划模式，而不是执行特许经营国外学术课程。教育计划模式可以以灵活人才培养的方案在两国互认本科教育、硕士教育到博士教育双学位、联合学位课程的方式进行，实现在本地执行国外教育或科研体制、地方化人才培养的目的。整个人才培养过程中，结合两所大学独特的历史与文化、资源（设施、师资）教育倾向与特色、讨论与互动，达到双向接轨，将国际化理念融入到日常教学、科研、行政和管理工作之中，内化国际化的真正含义。以四川成都一所大学三年前以这种教育计划模式展开的本科国际合作项目的经验来看，不同国家甚至院校在各方面都会存有差异，因此要为这一策略勾勒出一套详尽的推进蓝图比较困难。但有一点可以肯定，两所大学各层人员必须以开放的思维解决面对的问题，作出实际调整，缩小各层面的差异。不断深化国际教学、监管、行政和管理方面的措施，虽是一个复杂的过程，历程漫长却十分有意义。通过国际合作项目，某些专业课程还以英语授课（目前只能安排单向授课），使学生接触外国教科书，课程教学方法和老师，并将合作大学的教室带到中国校园。

（二）整合嵌入更多有国际价值的专业资格入合作项目

因为经济全球一体化，跨境认可学历学位更为重要。除了大学学历，专业资格及行业认证正在广泛的行业领域中变得越来越受欢迎，特别是专业监管机构认可的专业资格。因为它们不仅有助于为员工提供特定于行业的技能，而且可以表现出对培训和职业发展的承诺，更是不管在任何国

---

① 《2019 中国留学白皮书》，新东方教育科技集团 2019 年版。

家，只要是在各自行业或专业中都看得到认可，面向全球市场。整合大学合作项目，嵌入更多有国际价值的专业资格人才培养方案，提前学习专业所需状态、语言和术语。将实践技能的教学价值融入理论技能内，为学历增值。还能提前认识各自行业或专业领袖，从中受益。教学人员、实验室技术员也将涉及教师或技术培训，提高他们的技术知识水平。该策略符合两国最新宣布的教育蓝图，因为经济发展趋势需要高水平的技能，推动培养高技能知识工作者变得更加关键与重要。

马来西亚由于其历史背景，很多大学早在20世纪60年代便提供受本国及欧美专业监管机构认可的学术课程，也嵌入工业认证在学术课程中。2015年教育蓝图更呼吁产学合作，积极推行2U2I人才培养方案，"微型证书"计划新形式的课程发展，方便在职人员或学生更有弹性地学习其所在领域新技能。而中国在2004年全国考委各专业委员会积极开展行业自学考试并进行监管工作。另外，中国公司主导的教育技术（EdTech）吸引研究和开发公司、专门从事知识经济和服务业的跨国公司、大学教育等培训和准备标准化考试。两国大学可以再次发挥各国优势，共同整合嵌入更多有国际价值的专业资格、工业认证进入合作项目的教育人才培养方案，为跨境认可学历学位增值。尽管为了达到这样的目标需要许多行政程序和后续工作，但学生、学术人员和大学所获得的收益是无法衡量的。

（三）加强两国非政府组织的职能

对于全面提升国际交流合作水平，推动两国之间学历学位互认、标准互通、经验互鉴，开创教育对外开放新格局以适应全球高教的快速发展，我们需要加强与联合国教科文组织等国际组织和多边组织的合作，提升中外合作办学质量，优化出国长期留学和举办短期学习或研究考察服务。此外，亦须积极参与全球教育治理，深度参与国际教育规则、标准、评价体系的研究制定，推进与国际组织及专业机构的教育交流合作。从而建构健全的对外教育援助机制，并在共同关心的问题上面对新趋势。强化优化工作可以通过现有平台进行。例如，中国—东盟教育信息网、中国—东盟教育交流周、中国—东盟教育部部长圆桌会议、中国—东盟中心（ACC）、东盟大学网络（AUN）、东南亚协会（ASA）有许多机构活跃于泛东盟高等教育社区的发展中。特别是负最大直接责任的两个组织ASEAN和SEAMEO（尽管联合国教科文组织也在积极营造可以开展教育合作的环境）。

两国都有优秀的教育传统和教育资源，在教育体制、培养模式和优势学科方面各有特色，应该扩大双边和多边合作，开展在本地区最为急需领域的科研合作，增进合作的深度和广度。开展全方位、多层次和宽领域的交流与合作；采取多种措施不断扩大两国之间的学生流动，加快学历、学位互认的进程，互相间开设语言、文化、历史课程，以增进本地区青少年对各国情况的了解。强化国际人才培养的合作，增强人才的国际竞争力。中国与东盟各国都面临区域发展不平衡、贫富差距大、资源环境制约、经济增长的质量和效益不高等各种严峻挑战，必须改革传统的人才培养模式和评价制度。其次，创新能力是大学的灵魂，创新能力不仅已经成为企业招收人才的重要标准，而且越来越成为大学的培养目标。中国—东盟高校应加强创新、创业教育合作，推动创新、创业教育面向全体大学生，并贯穿人才培养的全过程。

第八章　马来西亚华裔知识青年对"一带一路"倡议的认知

　　马来西亚2013年就加入"一带一路"的倡议中,成为此倡议的参与者。在当时的执政党国民阵线(简称"国阵")的领导下,马来西亚在极短的时间内成为"一带一路"倡议的坚定支持者。然而,在马来西亚第14次大选之后,马来西亚新任首相马哈蒂尔采取了与前政府相异的政策,对与"一带一路"倡议有关联的发展项目持相对谨慎的立场。他以财政状况不佳为由,叫停了许多与"一带一路"倡议相关的大型工程,其中包括"东铁"计划(东海岸铁路计划)与跨沙天然气管项目(跨越沙巴州天然气管计划)。事实上,马哈蒂尔对"一带一路"倡议的相关项目的冷淡并非新鲜事,早在马来西亚第14届大选期间,马哈蒂尔已经公开指责当时的国阵政府批准与"一带一路"倡议相关的工程项目。然而,在马哈蒂尔执政一段时间以后对"一带一路"倡议的立场迅速转变,认可"一带一路"倡议可以给马来西亚经济发展带来积极的影响。在这样的背景下,研究马来西亚公众对于"一带一路"倡议的看法是一件相当有意义的事。与许多国家一样,"一带一路"倡议本身对马来西亚而言不仅仅是经济与基建发展项目,更演变为一个极为重要的本土政治课题。反对它的人不断对"一带一路"倡议的经济、政治甚至安全影响进行诟病;而许多支持者则反复强调:"一带一路"倡议所带来的正面效益。

　　作为马来西亚第二大族群,马来西亚华裔与中国在历史与文化上的纽带紧紧相连。到底他们,特别是马来西亚华裔中年轻、受过良好教育的一代,是如何看待"一带一路"倡议的?他们能够熟练地从各类媒体中获取海量的信息,对"一带一路"倡议中不同的看法与观点极为了解。他们是否会因此被这些看法与观点所左右吗?他们作为马来西亚华裔,究竟是如何看待这个由中国发起的倡议?对于他们而言,"一带一路"倡议又有着什么样的意义?本章将以质化研究方法中小组焦点座谈会形式对以上问题进行探讨。希望借此研究可以为马来西亚华裔如何看待"一带一路"倡议提供更多的参考。同时,也希望调研的结果可以向马来西亚、中国甚至所有相关国家或团体的决策者,提供更多的视角与观点,以便更了解"一带一路"倡议在实施后,产生了什么样的意义。

第一节 研究背景

"一带一路"倡议由中国国家主席习近平于2013年提出。正如中国政府所称,"一带一路"倡议的最终目标,在于提供平台让参与此倡议的国家彼此之间可以建立更紧密的连通性,这种连通性将创造更多刺激区域经济成长的机会。

"一带一路"倡议初始提出之际,在国际上被称为OBOR(ONE BELT ONE ROAD),包含了两大通道,即"丝绸之路经济带"(简称"一带",英文缩写SREB)与"21世纪海上丝绸之路"(简称"一路",英文缩写MSR)。2015年9月23日,中国政府以BRI(Belt and Road Initiative)取代原有的OBOR作为"一带一路"倡议的英文缩写,这么做最大的考量在于OBOR容易让人产生误解,以为此倡议仅仅包括一条海上通道与一条陆地通道。事实上,在此倡议中具备多条通道或经济走廊将不同区域的参与国家连接起来。[1]这项举动说明了中国政府相当关注国际社会如何看待"一带一路"倡议。在英语的诠释下,OBOR当中的"一",无论有意或无意,可能蕴含着中国借此倡议扩大影响力,最后达致"一天下"之意涵。而将英文译名当中的"一"去掉,将倡议的国际名称规范为"BRI",则可以更好地规避对这方面的质疑。而BRI这一名词本身,也有助于为"一带一路"倡议建立更为柔性与包容性的形象。这反映了中国纯粹是希

---

[1] Shepard Wade, "Beijing To The World: Don't Call The Belt And Road Initiative OBOR", August 1, 2017, https://www.forbes.com/sites/wadeshepard/2017/08/01/beijing-to-the-world-please-stop-saying-obor/#560ca25c17d4.

望借此倡议，让中国与参与倡议的国家可以共同推动区域经济发展，达致彼此双赢的目的。

作为"一带一路"的参与者，马来西亚在初始阶段即表达了对此倡议的支持。而更甚者，马来西亚亦被国际社会公认为将是在此倡议中受惠最大的国家之一。[1]然而，与其他参与的国家一样，国内对此倡议必然存在着反对的声音，马来西亚也不例外。事实上，马来西亚参与"一带一路"倡议的事项被马来西亚的朝野双方——即当时执掌政权的"国阵"与在野反对党联合阵营"希望联盟"（简称"希盟"）当成是国内第14届大选主要的竞选课题，以此进行争论以获取更多的民意支持。当国阵强力支持马来西亚加入"一带一路"之际，"希盟"则开始关注"一带一路"相关项目在马来西亚国内落实的情况。[2] 在这样的背景下，对马来西亚而言，"一带一路"项目事实上正逐步由国际关系课题演化成国内政治辩论课题。双方都希望可以更好地借此拉拢民心。"国阵"认为，让马来西亚参与到"一带一路"倡议当中最终会给本国带来实惠，利大于弊；而"希盟"则认为，马来西亚参与到此倡议当中最终只会反受其害，弊大于利。

一　马来西亚政治与"一带一路"：利大于弊或弊大于利？

当"一带一路"倡议提出以后，马来西亚政府立即表达了希望加入的意愿。时任首相纳吉布在其任期内（2009—2018年）曾多次率领代表团到华进行访问。倡议提出后，其访问次数显得更加频密。2013年纳吉布首次带团访华期间，其代表团成员即在双方政府要员见证下，签订了6项双方政府之间的合作以及11项双方商业领域之间的合作之备忘录。尔后，2016年，纳吉布再次率团访华，其间签订了更多的合作备忘录，涉及的合作范围极广，包括铁路、港口、制造业、燕窝、电子商务等领域与项目。[3] 2017年，纳吉布再次对中国进行访问，而在这一次访华过程中他

---

[1] Nomura, "Bangladesh, Malaysia and Pakistan to Gain Most from China's Belt and Road Initiative", April 18, 2018, https://www.asiaasset.com/news/NomuraBRI-gte_nim3_final_DM1804.aspx

[2] 赵祺：《大国竞争条件下马来西亚调整对华政策的动因研究》，《西部学刊》2019年4月上半月刊。

[3] Tham Siew Yen, *Chinese Investment in Malaysia: Five Years into BRI*, Singapore: ISEAS, 2018.

会晤了中国的商界翘楚马云。在马来西亚政府长期而持续的努力下，中国一跃成了马来西亚经济发展中最主要的投资者。这一点可以在2014年以后中国对马来西亚激增的投资额当中清楚地显示出来。2008年，中国仅占马来西亚所得到的对外直接投资的0.8%；而到了2016年，这一比例暴增至14.4%。截至2019年1月，马实际对华投资累计达78亿美元，中国企业对马累计直接投资达59.5亿美元。①

在马来西亚加入中国"一带一路"倡议的初始阶段，当时的马来西亚国内并无太多反对声浪。然而，在2015年，当中国广核集团有限公司（CGN）收购了马来西亚的埃德拉全球能源公司以后（Edra Global Energy Bhd），马来西亚国内对此倡议才开始出现较大的负面声音。自此之后，只要是涉及中国资本的大型项目，无论其资本背景是中国政府还是企业，都会引起马来西亚国内公众的极大关注。② 其中包括大马城③项目、东海岸铁路计划（简称"东铁"）、马六甲皇京港巨型综合发展计划④以及其他诸多项目。

---

① 《中国同马来西亚的关系》，中华人民共和国外交部，2020年5月，https：//www. fmprc. gov. cn/web/gjhdq_ 676201/gj_ 676203/yz_ 676205/1206_ 676716/sbgx_ 676720/。

② Tham Siew Yen, *Chinese Investment in Malaysia：Five Years into BRI*, Singapore：ISEAS, 2018.

③ 大马城是一项庞大的综合性发展计划，面积达194公顷，范围比双塔楼大5倍，距离双塔楼约7千米，占地486英亩，地点位于吉隆坡新街场的旧空军基地，为一个20年的开发项目，土地估价123亿5000万林吉特。该项目以加拿大蒙特利尔地下城（Montreal Underground City）为设计蓝本，计划打造集商业、金融、文化、旅游、高级住宅功能于一身的国际经济中心，亦是全球第2大规模同类型项目，有望吸引约80万人口。该项目地点亦设有隆新高铁（HSR）的吉隆坡终点站、衔接电动火车（KTM）、机场快铁（ERL）、第二及第三捷运（MRT），建成后将成为吉隆坡公共交通枢纽。同时也将建立一个综合地下城。在这个计划内，会兴建人民公园、1万个单位的可负担房屋，并让土著参与该计划。大马城计划将为大马经济带来重大影响，并成为国际枢纽，以进一步吸引全球金融、技术和创业公司。此计划复工后，由依海控股（IWH）和中国中铁（CREC）组成的联营财团再次承包有关计划。中铁只占24%的股份，其余股份仍然属于大马公司。大马城项目料可达到1400亿林吉特的发展总值，并吸引主要的国际金融机构、跨国公司和世界500强企业（Fortune Global 500）在大马城设立区部总部。

④ 马六甲皇京港项目是一个巨型综合发展计划，属于马来西亚国家级二号工程，由一个深水港以及三个人造岛和一个自然岛屿组成，占地1366英亩，总投入400亿马币（约800亿元人民币）。按照规划，仅深水港一项即已投资80亿马币，由中国电建集团国际工程有限公司承建；岛屿方面，第一岛将建造旅游、文化遗产及娱乐区；第二岛将建成物流中心、金融、商业、补给与高科技工业区；第三岛为综合深水码头及高科技海洋工业园；第四岛则为码头、临海工业园。疫情暴发前预计全部配套工程将于2025年竣工，届时马六甲将超越新加坡港成为马六甲海峡上最大的港口。为迎合马来西亚政府借此推动旅游发展的战略，此项目已经规划了16000平方米的国际时尚街区，大约450家商店，国际豪华游轮码头，拥有未来亚洲最大的豪华游艇码头，以打造更大旅游平台并吸引更多的游客到访。

"希盟"领袖潘俭伟曾发文称,时任首相纳吉布邀请中方机构参与大马城项目中的做法完全没有必要、也无益于马来西亚。①大马城项目是坐落于马来西亚首都吉隆坡市中心的一个大型发展项目,当时是由时任首相纳吉布所成立的战略发展机构,即一个马来西亚发展公司(简称"一马发展公司")所主导推动的。然而,由于在马来西亚第 14 次大选之前,一马发展公司爆发了财政危机,同一时间纳吉布邀请中方参与此项目的做法,被反对者描绘成纳吉布是尝试借此达到筹集资金来为一马发展公司纾困的目的;而埃德拉全球能源被允许出售给中国广核集团的事件上,纳吉布也被视为有着同样的目的。②而其他基建发展计划,如耗资近 550 亿林吉特的东铁项目亦被在野的"希盟"领袖视为毫无必要,参与其中只会导致国家深陷于巨额债务当中。③除此以外,坐落于新山的森林城市计划也被在野政党领袖马哈蒂尔猛烈抨击为最终将导致马来西亚出卖国家主权,④他担心在此项目结束后将会有大量中国公民涌入新山地区。

各种由在野党领袖所发动对马来西亚参与"一带一路"倡议的责难,其目的在于让马来西亚民众接受"一带一路"倡议对马来西亚而言是弊大于利的立场。简而言之,反对党宣传的立场即是,在纳吉布政府的管理下,马来西亚参与"一带一路"倡议的做法,本质上就是纳吉布要解决一马发展公司的问题之私心作祟,这事实上将无助于马来西亚的发展,最终也会因此严重损害马来西亚之间的族群关系等诸般恶果。而以纳吉布为首的执政党当然极力否认这样的指控,并大力突出参与到"一带一路"倡议的相关项目,可以给马来西亚发展所带来的益处。而一般来说最常见的证明方法,即引用马来西亚剧增的对外直接投

---

① Tony Pua: "Why Beg Chinese Developers to Come Develop Bandar Malaysia?" May 15, 2017, http://www.theedgemarkets.com/article/tony-pua-why-beg-chinese-developers-come-develop-bandar-malaysia.

② Anthony Daniel: "Dr M: How Will 1MDB Repay the Rest of the RM40b Debt?" March 30, 2017, https://www.malaysiakini.com/news/377581.

③ Koon Yew Yin: "RM55 Billion East Coast Rail Link", August 18, 2017, http://koonyewyin.com/2017/08/18/rm-55-billion-east-coast-rail-link/.

④ Mohammad Mahathir: "Bandar Raya Hutan (Forest City)", March 13, 2017, http://chedet.cc/?p=2459.

第八章 马来西亚华裔知识青年对"一带一路"倡议的认知　697

资数据作为"一带一路"倡议对马来西亚发展有益的理据。除了引用对外直接投资的数字进行说明以外,因参与到"一带一路"倡议当中而受惠并得到长足发展的领域如公共交通、电子虚拟经济、农业与教育等亦是执政方用于说明与支持马来西亚在参与到"一带一路"倡议中可以得益之论据。

二 "一带一路"倡议与马来西亚人的公众观点

由于第 14 次大选的因素,马来西亚的政治家们分为两个不同的阵营,"国阵"试图证明与捍卫马来西亚参与到"一带一路"倡议当中是利多于弊,以证实自己在此方面决策的正确性;而另一边厢,"希盟"则大力指控在"国阵"领导下,让马来西亚参与到"一带一路"倡议的相关项目是弊多于利的做法,由此说明"国阵"的决策失误。双方为此展开剧烈争辩,"一带一路"倡议成为双方争论的重要议题。在此背景下,媒体也变成双方大打宣传战的战场,"希盟"屡发文告猛烈抨击"国阵"的战略与决策将引领马来西亚走向不可测之深渊并极大地损害本国利益,而"国阵"则针锋相对地发布文告为自己的决策与行动进行辩解。双方都在寻求马来西亚民众的认同并据此民意为自己的立场与行为背书。

对"国阵"而言,只要能够让马来西亚民众认同政府参与到"一带一路"倡议的做法,就相当于肯定政府的施政表现,也意味着取得了与在野阵线舆论攻防战的胜利。为此,"国阵"尽其所能,让马来西亚民众认同他们带领国家加入到"一带一路"倡议中是一个非常正确的决定;而"希盟"则希望马来西亚民众认同"国阵"施政不力,是个失败的政府。为此强烈质疑"国阵"是否有能力带着马来西亚参与到"一带一路"倡议后,真的可以让国家与民众受惠。

曾有学者,如斐迪南·滕尼(Ferdinand Tonnies),[①]将公众意见与宗教的重要性并列,视之为人类社会当中极重要的角色之一。公众意见的表现与倾向,将左右社会集体行动的方向,如形成支持变革或抗拒变革的风

---

① Palmer, P. A., "Ferdinand Tonnies Theory of Public Opinion", *Public Opinion Quarterly*, Vol. 2, No. 4, 1938, pp. 584 – 595.

向。斯拉甫科·斯皮里乔尔[1]同意斐迪南的说法,据他的观察与发现,民意调查确实可以在选举当中左右并形塑公众意见,而许多实例也证明了其观点的正确性。他揭露了一个事实,即公众意见可以通过某种方法进行塑造。而在马来西亚的情况是,"国阵"试图塑造并推动"一带一路"倡议是真正可以惠及马来西亚国民的思想;而"希盟"的战略则是让"国阵"的做法失效,无功而返。"国阵"希望国民可以接受与采取,他们领导下的马来西亚参与到"一带一路"的决策,是正确的决策与想法,以便借此帮助他们在第 14 次大选当中胜出。

另一位学者,尤尔根·哈贝马斯则强调公众意见很容易受到人为操纵并因此被影响。各方团体与政党一般通过庞大的宣传攻势与无孔不入的渠道(如媒体)来形塑对自身有利的公众意见。因此,哈贝马斯的结论是,公众意见本质上是一种伪造意识,实质上就是部分团体或政党为达致自身目的所创造出来的产物。哈贝马斯的观点也得到许多学者的认同,其中就包括文森特·普赖斯(Vincent Prince),[2] 他曾在对公众意见形成过程的论述中,有过极为详尽的分析。回到本章讨论的焦点,马来西亚朝野双方均通过各种不同的渠道与方法(特别是媒体)试图塑造马来西亚的民众关于国家参与到"一带一路"倡议当中的做法究竟是正确还是错误的想法与观念。执政一方希望让民众拥有"参与到'一带一路'倡议中将对马来西亚有利"的观念;而另一方则努力为马来西亚民众塑造相反的观念,"参与到'一带一路'当中将使马来西亚蒙受损害"。

赫伯特·乔治·布鲁默[3]在公众意见上提供了另一种观点与看法。无论是斐迪南或哈贝马斯都是从宏观视角来看待公众意见的影响,而布鲁默则从微观的角度来观察这一议题。他观察到公众意见事实上就是一群人在特定的时间对某件事进行探讨的表现。因此,从这一角度而言,公众意见

---

[1] Splichal, S., "'New' Media, 'Old' Theories: Does the (National) Public Melt into the Air of Global Governance?" *European Journal of Communication*, Vol. 24, No. 4, 2009, pp. 391-405.

[2] Prince, V., "Social Identification and Public Opinion: Effects of Communicating Group Conflict", *Public Opinion Quarterly*, Vol. 53, 1989, pp. 197-224.

[3] Blumer, H., "Public Opinion and Public Opinion Polling", *American Sociological Review*, Vol. 13, No. 5, 1948, pp. 542-549.

与其说是公众整体的对于整个事件的一种客观倾向，倒不如说是公众个体对于特定事项的主观解读。这也意味着，当一个个体对某个特定事项进行思考，与其说他是对整个事件情况有着真正客观的掌握，倒不如说是一种基于自身角度理解的主观解读。

照此原理，意味着马来西亚人其实并没那么容易受朝野双方争辩的观点与立场的影响。马来西亚公民有能力对相关课题进行思考，并可能形成对朝野双方立场都同时持有不认同的公众意见或立场。

第二节　问题意识

如今马来西亚公民是否也属于理性公众之列？抑或其实马来西亚公民还是很容易受到朝野双方操纵下的舆论所影响，并被人为地塑造出符合其中一方利益的"伪造意识"？在第14届大选以后，"希盟"成功地从"国阵"取得了执政权，入主中央政府。是否"希盟"的胜利意味着多数马来西亚公民都在自己的感知中认同马来西亚参与到"一带一路"倡议里，是弊大于利，因此才拒绝"国阵"继续执政？

当以马哈蒂尔为首的"希盟"阵营在2018年第14届大选中胜出并入主布城以后，为了迎合大选前所宣称的口号的考量，宣布搁置与暂停多项与"一带一路"相关的合作项目，并对一些前政府批准的项目进行审查。2018年8月时任首相马哈蒂尔访华，虽然两国政府共同发表了联合声明并表达愿意推动双方合作的意愿，然而，相关项目搁置的问题并没有马上得到解决。直至2019年4月马来西亚政府才宣布"东铁"与大马城计划重启。[①] 在这反复的决策背后，是否也有被主流民众意愿所左右的因素？

所以探究马来西亚公民究竟是如何看待"一带一路"倡议是相当有价值的研究。如果说政治上关于"一带一路"倡议的争辩会左右马来西亚公民对于这一议题的立场与看法，那么，马来西亚公民是不是真的对这一倡议有充分而足够的了解？他们是否察觉到"一带一路"倡议给马来西亚经济、文化、教育等各方面带来的益处？毋庸置疑，马来西亚公众的

---

① 史田一：《中马"一带一路"合作项目的进展和问题》，《战略决策研究》2020年第3期。

观点，既可能受到政治家或相关实力的影响；也可能反过来形成一种公众力量，从而成为新局势的缔造者。而若能更好地观察与了解这一种公众的观点并深入探索其背后形成的缘由，及其未来发展的趋势，对研究"一带一路"及相关议题在马来西亚实施的情况以及可能改善的方向与空间有着相当积极的意义。

作为与中华民族同文同种，在血统与文化的纽带上有着极深联系并且拥有一定中文造诣的马来西亚华裔（甚至有些程度还相当高），应是对中国"一带一路"倡议宣传和引导最易感的人群，一是他们对中国在文化意义上认同；二是与中国的语言文字相通，在沟通上基本不存在太多问题，甚至在马来西亚华裔年轻一代中，由于各种平台如书籍、游戏、电影、电视剧等的渲染，对中国网络新生的潮语词汇，甚至种种社会现状亦有所了解。因此，了解马来西亚人，特别是马来西亚年轻的华裔如何看待"一带一路"倡议，事实上是相当有价值和意义的。

这种价值与意义并不仅仅局限于文化同根与语言沟通的程度，从实际的政治运作角度来看，作为马来西亚第二大族群和第二大选民群，马来西亚华人的观点事实上具备相当的政治分量。因此，每逢国家选举之际，各方政治势力、联盟都会想尽办法试图左右马来西亚华人的政治观点与立场，以让华裔的选票在关键性时刻投向自己所属的政治阵营并获得选举的胜利。因此，寻找并在华裔所关注的议题上着力表现，也成了政治家们在大选前的必然选择。由于"一带一路"倡议已经成了吸引华裔选民的议题，相关的政党借此议题强调他们与中国方面的互动情况良好，以达到吸引华裔选民选票的目的；除此之外，从更深的层次、以更务实的角度来看，通过"一带一路"倡议与中国合作，也能够充分显示该政党将积极参与到"一带一路"倡议相关的项目中，从而树立一心推动国家发展的进步性政党形象。

政治家们会有这样的做法，也是因为他们都清楚华裔选民因文化与血统的联系对中国所存在的情感联系，部分政党亦尝试在马来西亚华裔族群内树立一种形象，即他们对华裔是友好的，华裔可以放心地让他们来代表华裔为自身的族群权利而奋斗。那应该怎么来证明自己对华裔的友好与关注呢？其中一个方法就是通过加强与中国的合作以呼应华人族群传承感的情感需求。毕竟，在马来西亚华人族群意识当中，中国即"祖籍国"的意识还是不可或缺的一环。因此,在"一带一路"倡议下与中国合作,有助于帮助自身政党在华裔普遍关注的课题上树立正面的形象,并进而在相关的华裔群体中为自己加分。

在研究方法与资料收集方面,本章将更集中于马来西亚华裔,特别是受过良好教育的华裔青年。这一年轻群体有机会通过不同的渠道,如社交媒体、网络新闻平台、传统媒体,获得各种各样的资讯。通过调研了解他们对"一带一路"倡议的观点与想法将有助于评估在资讯泛滥的时代,各类信息与资讯如何影响他们对于"一带一路"倡议的观感。

为完成上述调研目标,本次调研组织了三次焦点讨论小组对"一带一路"课题进行探讨。在每一次焦点小组的讨论中,都会有3—4个受访者。其中一组受访的组员皆是大学在籍本科生;另外两组则已经完成大学课程,一组是尚在深造攻读研究生学位的年轻华裔,另一组则是已经踏入职场工作的年轻华裔,表Ⅲ-8-1是受访者的相关信息。

表Ⅲ-8-1　　　　　焦点小组讨论的受访者信息

	第一组	第二组	第三组
性别	3位女性	2位女性1位男性	1位男性2位女性
最高学历	3位皆本科毕业生学历,同时都在研究所深造中	3位皆本科学历,目前都属于全职工作状态中	3位受访者皆在本科课程进修中
年龄	介于24—26岁之间	介于28—32岁之间	介于19—21岁之间

在主持人的引导与掌控下,所有焦点小组讨论皆在1.5个小时左右完成了讨论。为了鼓励与推动受访者对课题进行讨论与回应,主持人在讨论过程中适当导入了一些开放式的问题,以提出相关问题的方式让受访者可以更具体并更迅速地对相关课题进行思考与回应。主要讨论问题参考表Ⅲ-8-2。

表Ⅲ-8-2　　　　　　焦点讨论小组探讨的主要问题

号码	问题
1.	马来西亚年轻华裔如何看待"一带一路"倡议？
1a.	请问您是否听过、知道或了解"一带一路"倡议？
1b.	可以请您简单地说说"一带一路"的概念吗？
1c.	以您的看法，"一带一路"倡议是否会让参与者受惠？
2.	年轻人是否容易被政治家的论调所左右？
2a.	您怎么看以马哈蒂尔为首的政治人物在大选前对"一带一路"倡议的言论？
2b.	您是否曾尝试不假思索地完全接受一个政治家对"一带一路"倡议的观点？
2c.	您怎么看待"国阵"领袖在第14届大选前对"一带一路"倡议的评论？
3.	"一带一路"倡议与华裔的相关性如何？
3a.	您觉得本人是否有从"一带一路"倡议的一些项目或工程当中受惠？
3b.	您是否曾参与"一带一路"倡议的相关项目或工程？
3c.	作为马来西亚华裔，您觉得"一带一路"倡议相对于其他族群而言，会让你拥有更多的好处？

第三节　调查结果

一　对"一带一路"倡议的了解程度

一般而言，受访者都听过、也知道"一带一路"倡议的存在。他们中多数都可以根据从新闻中取得的资讯对"一带一路"倡议进行简单而概括性地叙述。同时，他们也可以明确提及"一带一路"倡议的项目，如第一组的受访者林女士，第二组的翁先生、曾女士以及第三组的冼女士曾提到过"东铁"项目；第一组的蔡女士，第二组的翁先生、曾女士曾提到过马六甲皇京港项目；第二组的翁先生和张女士曾提到过碧桂园[①]的

[①] 碧桂园控股有限公司，2020年《财富》世界500强排名第147位，是中国以一家房地产开发为主要业务的大型综合企业，名字由广东顺德的"碧江村"和"桂山"合称而成。集团董事长是杨国强，公司总部设在广东顺德北滘镇。2013年开始即在马来西亚柔佛州所属伊斯干达经济特区推动价值高达一千亿美元的森林城市房产项目。森林城市已拥有规划部分面积约为20平方千米，规划建设周期约为20年，永久产权，享受各项优惠政策。马来西亚时任首相纳吉布宣布森林城市为免税区。

森林城市项目；第二组的张女士与第三组的李先生曾提到过马新高铁[①]以及第三组的冼女士提过大马城等。由这些例子可见，一般的华裔年轻人至少对"一带一路"倡议在马来西亚国土上的相关发展项目有一定的认知度。

然而，他们几乎都无法将"一带一路"倡议中的双赢概念在叙述中清晰地表达出来。如第一组的廖女士曾提过，对相关倡议的概念确实比较模糊，这因为"一带一路"倡议的项目与马来西亚国人的日常生活有一定距离。对"一带一路"倡议中关于非经济类别的合作事务，受访者们都表示对这一方面确实不甚了解，甚至未曾有所耳闻。受访者们一般都会将"一带一路"概念集中于经济层面进行理解，并且会在这一方面进行叙述，但几乎没有注意到"一带一路"倡议中关于文化交流、教育领域等相关部分的合作。在文化教育方面，除了第二组的张女士曾明确指出马来亚大学（University Malaya）与世纪大学学院（Segi University College）内的孔子学院以外，其余受访者都表示基本不知道或不了解中国与马来西亚之间，在"一带一路"倡议的框架下，有怎样的文化或教育方面的交流。

这一点在受访者中也有两种比较值得注意的看法，第一种是，第二组的曾女士，以及几乎第三组全体受访者所持之观点，即"一带一路"倡议当中的经济属性过强，几乎掩盖了可能存在的文化和教育部分的合作与交流；第二种是，第一组中蔡女士和林女士的观点，她们认为在教育或文化交流上，更多看到的似乎是中国单方面输出到马来西亚，而马来西亚的文化与教育方面是否有进入中国并形成影响，似乎没有察觉得到。因此，如果交流是以双方互相加深了解为目的的话，这一点就似乎处理得不够理想。

从受访者的反馈可以看出，许多不同渠道的资讯，都将"一带一路"

[①] 马新铁路，即指吉隆坡—新加坡高速铁路（隆新高铁）是一条拟建的高速铁路，将连接马来西亚首都吉隆坡和新加坡。2010年，马来西亚时任首相纳吉布启动经济转型执行方案后，曾打算修建一条高铁，连接吉隆坡和新加坡。马新两国领导人在2013年1月举行会晤期间同意修建这条高速铁路线，并于2016年签署双边协议，推动高铁项目。然而2018年马来西亚大选实现政党轮替之后，马来西亚政府因为经济原因决定把高铁项目展延两年。这条高铁连接吉隆坡和新加坡，计划在布城、森美兰州、马六甲州和柔佛州设立中途站，预计于2020年动工，并于2031年或之前落成。通车后，乘客乘搭高铁来往吉隆坡和新加坡，只需1小时30分钟。

倡议从经济角度进行解读，进而在人们心中形成"一带一路"倡议即是经济类合作的概念。在此情况下，大家都会认为此倡议本质上就是一场"交易性"的合作，而这也促使一般民众都更关注涉及参与各国在参与此倡议后的经济盈亏状况。因此，总体而言，"一带一路"倡议对受访者而言，更多是关注在国家之间经济利益上的得失；而当自己国家参与后，更多时候都在计算损益，而这也导致人们更倾向将"一带一路"倡议视为一种利益上的博弈。

在利益博弈概念的前提下，对受访者们而言，"一带一路"倡议与其说可以让参与的国家之间达成包括经贸关系在内的各方面互补，事实上更多时候人们更倾向于视此倡议为一种可以让某些国家受益的同时亦会让某些国家利益受损，一种充满竞争意味的零和游戏而非双赢倡议的庞大战略。长期来看，如果简单概括受访者们的看法，对他们而言，"一带一路"倡议仅仅被视为一种商业项目，进而，他们对"一带一路"的观感，也非常容易受到负面评价的影响。

二　马来西亚年轻华裔如何看待"一带一路"倡议？

对于受访者们而言，马来西亚虽然很应该参与到此倡议中，然而参与的过程必须抱以极为谨慎的态度。现阶段，无论是因为经济需要或者地缘政治考量等因素，马来西亚确实已在国家领导人的领导下，参与到相关的倡议中。但是，由于政治局势的持续变化与动荡，导致许多与中国合作的项目始终处于走走停停的状态中。关于马来西亚是否应该继续参与到相关倡议中，在这一点上，受访者们几乎都意识到"一带一路"对马来西亚经济的重要性，并因此而表示赞同；同时，他们也认同这是一个马来西亚不能缺席的倡议，如果马来西亚置身事外，将会错过一个可以加速发展自身经济的绝佳机会。

根据受访者的反馈，马来西亚参与到"一带一路"倡议当中，事实上可以让自身经济享有相当多的优惠，如第一组的林女士与第三组的冼女士就指出"一带一路"倡议的相关项目，可以为马来西亚的国民带来更多的就业机会；第一组的林女士、第二组的翁先生和第三组的李先生也指出在马来西亚的交通基础建设方面，中国的资本与技术支持，将加速马来西亚在这一方面的发展；而第一组的蔡女士、第二组的曾女士与张女士也

第八章 马来西亚华裔知识青年对"一带一路"倡议的认知

表示,加入到"一带一路"的倡议当中可以促进马来西亚与"一带一路"的相关国家进出口贸易,并因此提升马来西亚在贸易往来当中的额度与收入。而曾女士这里也强调了网络技术合作与金融合作等方面之协议的签订,间接或直接地催生与推动了马来西亚微商群体的萌芽与成长,在推动两国的贸易成长上扮演着相当重要的角色。而第二组的翁先生也补充,随着中资企业入驻到马来西亚市场,也可以给马来西亚本地企业带来一种鲶鱼效应的刺激作用,为了在中资企业面前维持足够的竞争力,马来西亚本地企业将主动或被动地加强自身的价值,并在某种意义上,无形当中成长得更具国际竞争力。

从受访者本身的反馈来看,他们都意识到马来西亚加入"一带一路"倡议将大有裨益,包括就业机会、交通基础建设、贸易额的增长等。然而,受访者们在认可马来西亚在加入"一带一路"倡议会给自己诸多益处的同时,也认为马来西亚参与其中必须非常谨慎。这些谨慎心态的背后是由于接触到关于"一带一路"倡议的许多负面信息,并进行思考后所做出的反馈。

如第三组的冼女士表示,中国在帮助马来西亚的背后,可能隐藏着自己的一些目的与议程。其目的,一是可能借拉近与"一带一路"参与国家之间的距离,加大在相关国家的影响力,并最后达到影响相关国家外交政策、立场甚至内政事务的程度。就像第三组的李先生和谢女士,以及第一组的蔡女士及林女士所表达的担忧那样,中国在帮助马来西亚,但马来西亚在获得利益的同时难免会失去一些,在对外事务等部分议题上将被迫与中国采取同一外交立场、声援甚至支持中国的主张与索求;在内部事务上由于过于依赖中国资本,也可能陷入被中国以经济、金融的力量所主导甚至掌控的情况。关于这一点,第二组的曾小姐进行了补充,即现阶段很可能发生的情况就是,马来西亚欠下中国一笔几近无法及时偿还的债务,将因此坠入到"债务陷阱"中,在许多亚非国家也有着相关的先例。

在对马来西亚内部情况担忧的问题上,第二组的受访者也进行了更深入的阐述。翁先生表示,由于中国在此倡议的相关项目上,大量采用中方本身的公司担任上游货源供应商以及承建商,从而导致马来西亚本地公司无法参与到发展中,无法享受发展红利从而真正受惠;张女士也表示,在劳动力提供方面，中方公司也尽可能从中国国内引入中国籍的劳工，导致本地人的就业机会并没有真正得到更多的改善。翁先生与张女士都认为，随着这样的情况持续发展，中资企业在本地持续坐大中国劳工持续输入，将反过来威胁马来西亚本地公司的生存、给本地员工的就业机会带来更多的负面影响；同时，由于中国企业掌握了马来西亚许多的经济发展命脉，本地政府在与中方企业或机构协商对谈时也会丧失更多的议价能力。

正是由于上述的担忧，受访者表示，马来西亚在"一带一路"倡议中一定要谨慎处理相关立场与事务，以保证自身不至于陷入上述可能发生的危机当中。综观上述受访者的反馈，其中非常重要并值得关注的是，他们认为"一带一路"倡议基本上就是一种以商业合作模式进行的经济工具，其中蕴含着极为浓厚的竞争意味，有竞争就会有损益，也就会有赢家和输家。在此前提下，不难理解为何受访者均非常关注马来西亚参与到"一带一路"项目时的利益得失了。这也是为什么受访者们均认同马来西亚应该继续参与到"一带一路"倡议中，其目的是享受其带来的发展红利，但同时也要避免其中的弊端，以免沦为受害的一方。

三 年轻人是否容易被政治家的论调所左右？

受访者们在看待"一带一路"倡议方面显得相对理性，不易被政治人物的主张或者论调所左右。受访者反馈出的他们对于"一带一路"倡议的印象，除了受到"一带一路"倡议的相关宣传的影响之外，是否也受到马来西亚政治家们因政治需要所提出的主张的影响呢？毕竟，如前所述，事实上人们非常容易受到公众人物的煽动甚至影响。对于参与"一带一路"倡议的议题，在马来西亚第14次大选前确实是朝野双方各执一词进行争论的焦点。

通过小组讨论了解到，许多受访者都意识到，"一带一路"倡议事实上已经被许多本地政治家政治化。如前所述，许多政治家为了本身的利益与目的，将"一带一路"倡议过度美化或者过度丑化。其背后的目的，是为了塑造对自己和己方阵营有利的公众舆论，以取得更多的支持，进而赢得大选取得执政权。正因为如此，"一带一路"倡议成了一个被政治家们政治化的课题，不断被过度妖魔化或神圣化。

然而，受访者并未轻易受到动摇。当问起受访者们是否有曾被马哈蒂

第八章　马来西亚华裔知识青年对"一带一路"倡议的认知　707

尔所发表对于"一带一路"的观点所影响时，他们的反馈都非常清楚地表现出，有的人并不关注政治人物在说什么，如第一组的林女士等。而几乎所有人的立场都非常清晰，他们都希望马来西亚可以继续参与到"一带一路"项目中。对马来西亚而言，这是难得的发展机遇。唯有对时任纳吉布政府过多的贪污劣迹，认为在合作时应以更透明、公开的方式处理各种重大的投资、财政事项。另外，需补充的是，一如第二组的张女士提出的观点：一个国家过于依赖另一个国家客观上也会给自己国家带来某种程度上的风险。

综合受访者上述的反馈来看，对于马哈蒂尔所主张的全面停止与中国在"一带一路"倡议上的合作，以及纳吉布所主张的全面加强与中国在"一带一路"倡议上的合作，大家都认为两方所主张的是极端立场，正确的态度是谨慎地部分接受，即支持马哈蒂尔提出要更透明、公开地进行管理，但不赞成全面喊停的主张；赞成纳吉布方面的继续合作，但合作的项目等各方细则以及整体过程必须表现得更加廉洁、透明与公开。

可以看出，受访者们并未轻易地被政治家动摇或者左右，他们对这方面问题进行了自己的探索与思考。虽然朝野双方的说辞锋利，然而，所有的受访者在这样的舆论攻势下依然都一致认同马来西亚应该继续参与到"一带一路"倡议中即是明证。其中，第一组蔡女士、第二组翁先生和曾女士指出，马哈蒂尔在这一点的主张过于夸张，虽然曾女士补充称确实马来西亚存在被利益绑架的风险，第二组的张女士也举出了诸如肯尼亚、斯里兰卡等国家因欠下巨额债务而被迫将港口股权转让给中国从而引发主权受侵害的疑虑；然而，正如第一组林女士所说的那样，虽然确实有许多案例和潜在的风险，但在客观评估之后仍然觉得相比置身"一带一路"倡议之外，积极参与到"一带一路"倡议中对马来西亚更加有利。

事实上，这是全体一致认同的结论。这个结论并非凭空想象，而是受访者在理解双方立场与观点的基础上，通过不同的渠道获得各方面的资讯与信息，并进行对比，对资讯来源进行了解以确认其可信度，才做出判断。通过这样的过程，他们得出结论——马来西亚应该参与到"一带一路"倡议当中，但这一过程必须非常谨慎。正如第三组李先生和谢女士所说的那样，公众会接触与听取朝野双方的说辞，在思考分析的同时也会观察他们这些言论背后的论据支持，判断其是否强有力和足够可信。

受访者并未在受访过程中轻易表达他们自身的政治立场。正如第三组冼女士所称，在双方政治家辩论之际，尽可能让自己保持中立，才可以更清晰、客观地看待单一事件，甚至整个局势的发展。由此可见，马来西亚华裔知识青年们并未被政治家们左右，反而在这个过程中保持中立、客观的认知，在受访者个人并未真正经历体验与"一带一路"相关项目的情况下，从所获得的诸多资讯中形成相对理性的认知。

四 "一带一路"与华裔的相关性如何？

根据受访者反馈，"一带一路"倡议将让马来西亚全民受惠，而不仅仅局限于华裔群体；但在谈及华裔群体在争取"一带一路"项目所提供的若干机遇，如就业机会、承包工作时，是否相对拥有更多优势这一点上，受访者们则有所分歧。事实上，受访者们都没有亲身参与或直接受惠于"一带一路"倡议相关项目。

在了解受访者们以国家为视角看待"一带一路"倡议的观点之后，把看待这个倡议的角度转变为国内族群的视角时，受访者们又会有怎样的观点与立场，也是一个相当有趣的话题。毕竟，马来西亚本身是一个多元文化、多种族裔共存的国家。作为和中华民族同文同种的华裔，天然在文化、语言等特质上相对其他族裔更易与中国亲近与沟通。而这种特质是否可以有效地转化为一种相对竞争优势，在其他种族争取"一带一路"发展红利时脱颖而出，也是大家普遍关注的话题。然而，受访者们事实上都很清楚，"一带一路"倡议的发展红利并非由马来西亚华裔所独占。

虽然部分受访者表示，由于马来西亚华裔对于中华文化的理解，以及对中文的掌握会让他们在"一带一路"倡议项目当中拥有更多的发展机会。关于这一点，第一组的如林女士，第三组的李先生、谢女士、冼女士都认为当中资企业进入马来西亚以后，在考量各方面的因素之下，确实聘请华人的机会相对别的族群的概率更高。这是基于华人本身所具备的语言优势以及对中国和本地文化的理解，在受中资企业聘请以后，能够成为中资企业与本地各方沟通的桥梁，可以促进两国文化交流。

但另一部分受访者则认为，与其说华裔会在"一带一路"倡议中相对其他族群在就业等方面拥有更强的竞争力，不如说是掌握中文、理解中

第八章 马来西亚华裔知识青年对"一带一路"倡议的认知 709

华传统习俗的人士拥有更强的竞争力。而这类人不限于华裔,毕竟华裔当中也有不谙中文的人士,但其他族群的同胞中也有一些精通中文并了解中华传统习俗的群体存在。第二组的翁先生和张女士就持有这样的观点。在此背景下,与其说以族裔来划分哪个群体在"一带一路"项目中更具竞争力,不如以会中文或不会中文来进行划分,也许更能准确地认知更具竞争力的群体。当大家都认同掌握中文群体将在就业方面更具优势的前提下,许多汉语老师的岗位得以创设,并在无形中给精通中文和本地语言的人士提供了就业机会。

另一方面,第二组曾女士也指出,中资企业在"一带一路"倡议下与马来西亚合作的项目中,有许多是直接与当地政府,无论是联邦或者州政府进行接洽与签署协定。相关的发展红利在本地政府分配下,不可能更多地向马来西亚华裔群体倾斜,反而土著群体在其中可以得到更多参与和发展机会。因而,在马来西亚华裔群体是否有机会在"一带一路"倡议中相对其他本地族群拥有更强的竞争力从而享有更明显的优势这一问题上,受访者的观点显然是有分歧的。

然而,当涉及"一带一路"倡议是否可以有效地惠及全体国民的问题时,几乎所有受访者都认同"一带一路"倡议可以让全大马人都受惠。如第一组廖女士指出,有许多从事物流运输工作的人士并非华裔,但也同样因中马两国贸易额的激增而获得更多就业和提高收入的机会;第二组翁先生也分享了他自己的理解,马中两国在"一带一路"相关项目,如基础设施、旅游等领域上的合作,将有效地拉动马来西亚各个领域,如金融、物流等行业的发展,在这一过程中以及发展后分享红利时,受惠的绝不仅是马来西亚华裔,也不仅限于华人;第二组曾女士则提出,除就业机会与提高收入外,在"一带一路"框架下的合作会让两国拥有更多文化交流的机会,无形中推动各种族同胞主动接触、了解中国文化和语言;张女士也认同曾女士的观点,她补充道,两国因"一带一路"倡议而增进和深化文化领域的交流,会让本地研究工作者或感兴趣的社会人士有更多机会接触中华文化及次文化,这种现象,如本地其他族群开始观赏中国电视剧、电影以及开始穿戴中国服饰等。

除了上述几位受访者的观点以外,几乎所有受访者都表达了他们认同"一带一路"倡议可以使马来西亚全民受惠的观点。然而,当具体问及是否可以切身感受到"一带一路"倡议实施后给自己带来的改变时，受访者们都认为，自身并没有直接接触或受惠于倡议相关项目的经历。据受访者们反馈，他们几乎都没有真正接触甚至参与到"一带一路"项目中（如，第一组林女士提出有朋友得到东铁的工作机会），所了解的信息都只是通过参与到项目中的朋友处得来。因此，受访者表示，他们仅能够以观察者的角度，给予相关意见。

确实有相当多的案例显示许多本地企业，甚至华资企业与社会团体在"一带一路"倡议的推动下受惠，如白天大使于2019年4月23日在《星洲日报》上所提到，截至2018年底，从贸易角度来看，中国连续十年成为马来西亚最大贸易伙伴国。在制造业方面，中国对马来西亚制造业投资额从2013年的9.2亿美元上升到2018年的47.5亿美元，增长了4倍多；在中国对马来西亚投资方面，中国企业在马来西亚制造业投资项目累计达422个，为当地创造约7.3万个就业岗位；比较大型的项目，如中马钦州产业园和马中关丹产业园"两国双园"建设日新月异、南部铁路等合作项目稳步推进、东海岸铁路项目也在双方协商调整线路后重启。值得一提的是，中国中车在霹雳州设立东盟制造中心，使马来西亚拥有了东盟十国中轨道交通装备技术水平最高、生产能力最强的"铁路工厂"。吉利和普腾的合作使后者在一年内扭亏为盈，普腾经销的吉利汽车博越系列以及缤越转变而来的普腾X70与X50系列深受马来西亚人民的追捧。[①]

在文化交流方面，中国推动厦门大学在马来西亚设立分校，支持"印象马六甲"等文化产业合作项目、推动多项包括中学生、大学生参加的跨国游学团、寻根之旅文化交流营等，以及大力兴办包括孔子学院、汉语桥考试等在内的汉语推广活动。然而，一般民众却很少察觉到"一带一路"倡议在他们身边发挥的作用，这显示出"一带一路"倡议本身在马来西亚民间并没有得到足够广泛和深入的宣传。

通过与受访者互动所得到的信息也显示出他们更了解的是商业合作、经济发展互助方面的事项，因此对"一带一路"倡议的理解更倾向于从

[①] 白天：《"一带一路"助中马合作扬帆远航》，中华人民共和国驻马来西亚大使馆，2019年4月23日，http://my.china-embassy.org/chn/dsxx/dashixinxi/t1657039.htm。

功利方面解读，忽略了"一带一路"倡导的"五通"中的民心相通，因此对"一带一路"倡议的看法无法真正摆脱以利益得失为关注点的"零和"观点，无法真正了解到倡议中互惠互利的双赢部分。由此可见，从受访者的反馈分析来看，"一带一路"倡议在马来西亚华裔知识青年群体心中的形象里，显得刚硬刻板，在政治、经济方面的印象过于深刻；反之，相对于政经等硬实力概念，通过文化交流等软实力的影响作用建立更正面、柔和和友善的形象方面有待加强。

第四节　分析与建议

通过调研可以很清晰地观察到，受访者们在政治家发表的言论面前都会进行自己的思考、形成独立的想法，并且懂得去探讨分析再形成自己的结论，这是难能可贵的；同时，在对待"一带一路"倡议的立场方面，基本是支持马来西亚继续参与其中。

然而，当具体到对于"一带一路"的了解程度时，大家的了解程度深浅不一，有些对时政比较有兴趣的受访者，可以进行更多的分享与讨论，但终究人数比较少，更多的只能以极为有限的对一些倡议相关的工程项目为例来进行说明。究其原因，是"一带一路"倡议的相关项目过于集中关注于国与国之间的决策层次、官僚群体和大型商业集团的沟通与合作，多多少少忽略了对合作国基层人民的广泛、深入的宣传工作，导致拥有庞大基数的基层人民对于发生在身边的倡议感觉却是那么的遥远，所以一般都以"事不关己，己不劳心"的态度来反应。在询及受访者们是否受惠于"一带一路"倡议或参与到"一带一路"倡议时，他们的回应明显显示出这种情况。

与此同时，由于"一带一路"倡议在落实阶段，参与国家或倡议的决策者们过于强调和放大经济、政治层面的合作，虽说这极为符合各国的利益，也符合"一带一路"创设时的部分目标，如中国驻马来西亚前大使黄惠康先生[1]曾在其演讲词中提及"五通"中的"四通"，即政策沟通、

---

[1] 黄惠康：《中马"一带一路"合作符合两国根本利益》，中华人民共和国驻马来西亚大使馆，2017年5月18日，https://www.fmprc.gov.cn/ce/cemy/chn/sgxw/t1463113.htm。

设施连通、经贸互通、资金融通。政、经甚至军（即安全）等议题的发展，导致"一带一路"倡议所树立的形象过于刚硬，这与政治、经济、军事等本身即硬实力的特质有关。但是正因为这样，过于强调从利益角度出发、过于重视对双方盈亏损益的宣传所树立出来的形象，事实上对于"一带一路"倡议与普通民众的沟通和促进民间了解是极为不利的。以上述"五通"为理论依据，前四项被过于看重甚至放大，而对最后一项"民心相通"这一相对柔和的目标的推动发展却相对弱势。这也是"一带一路"倡议无法深入民心，无法建立一个柔和、具包容性以及极为正面的形象，反而很容易被包装成一个居心不良甚至暗藏玄机的大型阴谋，进而被政治家或别有用心人士以此为手段和谈资对中国和"一带一路"倡议的拥护者进行抨击。

因此，将"一带一路"作为一个以提升参与国国家实力、参与国国民生活素质为终极战略目标之一的倡议来看，其本身在宣导、定位与布局上应有更长远的规划。若要走得更远，参与国的公众意识对"一带一路"倡议的印象和概念就显得非常重要。如果仅仅集中在政府与政府之间的协议和互动而忽视了民心沟通，一旦参与国政局生变或其他变数发生，曾经谈好的合作可能被全部喊停，甚至腰斩。因此，在"一带一路"项目的处理上，建议应以"民心相通"为优先议题，在树立更好的形象之后，其余的合作自然水到渠成。

由此可见，本着双赢目的推行的"一带一路"倡议，应该如何树立一个更加正面、更加柔和，却有着比现阶段影响更广泛、印象更根深蒂固的形象，并以此争取更多合作国基础民众的关注与支持，形成与中国合作并加入到此倡议中是极为正确的选择，是倡议相关决策者应该更深入细思、研究和努力的方向。如何处理和解决形象不够正面、容易被负面评论所冲击，以及影响不够广泛和深入的问题，综合受访的资讯来看，"一带一路"倡议决策者可以从以下三个方面着手进行自我调整。

一 重新调整并自我定位成更为全面的社会发展项目

"一带一路"一般被视为与经济和商业相关项目，如前所述，损益盈亏的味道极重，当中互助共赢的含义被冲淡不少；而过于重视政经之合作造成形象过于硬朗，无法以更柔和的姿态悄然扎根于公众的意识之中。也因此，由于当中双赢共生的味道日益缩减，很容易被一些别有用心人士炒作，让公众拥有一种意识，即"一带一路"倡议是中国通过剥削参与让自己成为更强大的政治、经济强权并更具国际竞争力的手段。一旦公众开始从国家彼此竞争、此消彼长的角度来看待问题，就会让人产生中国是赢家，其余参与国最后都是输家的感觉。是以，"一带一路"倡议有必要重新对其形象和定义进行调整，塑造出一种真正将全球社会福利发展视为首要目标，并以这一目标的推广为己任的形象。在事关全球人民福祉以及全人类共生的重大议题上，中国立场需要非常清晰和坚定，同时也要有相应的宣传手段加以配合；在国与国、民与民的互动上，也应表现出更有素质和担当的一面，让世界各国民众都很清楚地看到、了解到和关注到，中国作为一个重新崛起的大国所拥有的胸怀、眼光与风范，因而建立起对中国和"一带一路"倡议的正面形象认知。

二 集中力量推动拥有更广泛、更深入、能够让更多受众接触和参与的项目

为了让更多民众可以更加切身地关注"一带一路"倡议，并对其产生比较正面的看法和观点，中国和参与国家应更多地推动那些能够被民众广泛接触以及惠及更多普通人的项目。从受访者的反馈来看，现阶段，仅有极少数一部分民众有机会参与到"一带一路"的项目中，因此，因距离所导致的疏离感无法避免。那么，应该如何以更柔性和更广泛的方式让更多民众，或者至少是掌握社会话语权的民众更多地参与到"一带一路"倡议的相关项目中并因此受惠是未来各国面临的主要议题。在文化、教育等领域的扶持与交流，可以更好地在这方面助力"一带一路"建立更正面、更柔和却深入民心的形象。

这一点也符合"一带一路"中文明交流、包容与平等对话的初衷和目标，在具体实施方面，更多的教育合作互动，如高校、中学，甚至小学之间的合作交流；更多的旅游业合作，如各机构之间配合推动两国之间民间相关旅游单位的整合与合作，对于促进两国人民的互动和理解有着极为积极的意义。除此之外，一些简单的项目，诸如环境保护对话项目等，可以引起更广泛的关注，应适当地加以考虑、重视并予以推动。

为了让这些合作互动项目发挥更长期效果，执行时就要避免一锤子买

卖的心态。一切文教等领域的合作，应在妥善的长期规划以后，才着手启动等举措，并在之后进行持续跟进和维护，借以表现出重视合作和双方长期关系的态度。唯是，才可以塑造出更深入影响民心的效果。

三 保持和跟进对参与国民意方面的调研

除以上两点建议之外，为了避免良好的计划在海外执行阶段因文化等因素的差异而导致效果不佳，"一带一路"决策者应考虑定期或不定期地对"一带一路"参与国家的国民进行调研，以获得反馈并据此改进、调整和完善与该国政府及其国民之间的互动。因此，建议设置"'一带一路'"国际调查基金，支持和鼓励海外华人社团中的人士进行"一带一路"研究。"一带一路"项目建设急需切实的资讯调查，而海外华人在当地具有天时、地利、人和等调研优势，但需要科研经费的支持。[①] 通过这样的科研经费支持，无形中也可以为"一带一路"倡议在当地的实施和推动上提供更多准确的数据与资讯，为"一带一路"决策者在设定和选择方案、政策上提供更多客观而有力的依据。

为了更好地促进"一带一路"倡议参与各国的了解、对话和互动互信，强化、深化和推广国与国、民与民之间的接触互动、合作共事，是非常必要的。一旦"一带一路"倡议让更多民众切身感觉到好处，正面形象深入民心，根基深厚，公众舆论很自然地会倾向于支持自己国家更多地投入到"一带一路"建设中，并认同"一带一路"倡议是一个非常好的双赢倡议。有了这样的民意基础，许多关于倡议的负面评价自然将不攻自破。从现阶段情况来看，要达到这一目标无疑还有很长的路要走。因此，开始反思并执行正确的政策，以更广泛、更柔和的方法为自身树立正面且带着善意的形象，同时在此过程当中不间断地进行调研，以非常专业的民意调查方法取得拥有更高可信度的数据，并以此为根据，随时反馈，从而对"一带一路"倡议的具体策略和做法进行及时调整，以便更好、更快地融入当地文化之中，建立起深远的影响力。借此，"一带一路"倡议的推动与实施可以在将来事半功倍。

---

① 骆立：《马来西亚华社对"一带一路"的回应———从〈星洲日报〉考察》，《文化软实力》2017年第4期。

"一带一路"国别研究报告已出书目

"一带一路"国别研究报告·匈牙利卷
"一带一路"国别研究报告·波兰卷
"一带一路"国别研究报告·摩洛哥卷
"一带一路"国别研究报告·希腊卷
"一带一路"国别研究报告·以色列卷
"一带一路"国别研究报告·土耳其卷
"一带一路"国别研究报告·菲律宾卷
"一带一路"国别研究报告·巴基斯坦卷
"一带一路"国别研究报告·埃及卷
"一带一路"国别研究报告·马来西亚卷